U0731028

白鹿會講考亭金石播風雅

陽明論道傳習文章醒世心

戊戌冬

景南

束景南教授完成书稿后撰联总结（2018 年）

束景南／著

修订版

阳明大传

"心"的救赎之路

上卷　走向心学的觉悟之路

出版社

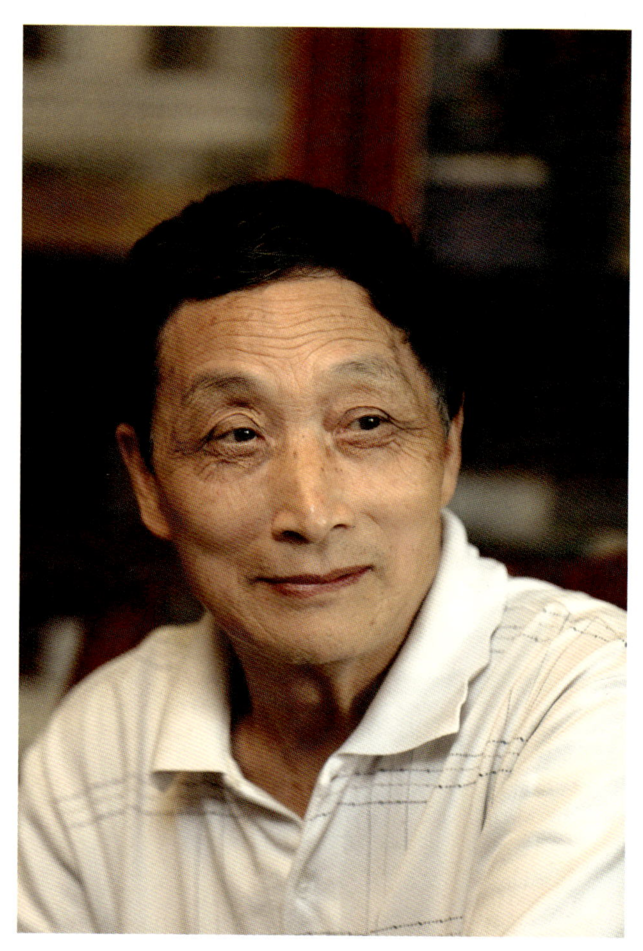

束景南先生

（1943—2024）

目 录

上 卷
走向心学的觉悟之路

中 卷
文韬武略的心学宗师

下 卷
良知心学的人文情怀

上 卷 |

走向心学的觉悟之路

引　论
心学四悟
——王阳明心学思想发展历程的四个“里程碑”

（21 世纪新阳明学宣言）

人“心”的向善，人“心”的复明，人“心”的救赎，人“心”的复归，是一个千百年来困扰人类自身进化发展的古老而沉重的话题，也困扰了心学大师王阳明不息追问良知自我的“此在”的一生。他一生都在上下求索着沉沦异化之“心”的光明复归之路，到死都还向“拔本塞源”、沉沦不醒的世人发出了“复心体”的痛苦呐喊：

夫圣人之心，以天地万物为一体，其视天下之人，无外内远近，凡有血气，皆其昆弟赤子之亲，莫不欲安全而教养之，以遂其万物一体之念。天下之人心，其始亦非有异于圣人也，特其间于有我之私，隔于物欲之蔽，大者以小，通者以塞，人各有心，至有视其父子兄弟如仇雠者。圣人有忧之，是以推其天地万物一体之仁以教天下，使之皆有以克其私，去其蔽，以复其心体之同然。

其教之大端，则尧、舜、禹之相授受，所谓“道心惟微，惟精惟一，允执厥中”。而其节目，则舜之命契，所谓“父子有亲，君臣有义，夫妇有别，长幼有序，朋友有信”五者而已。唐、虞、三代之世，教者惟以此为教，而学者惟以此为学……无有闻见之杂，记诵之烦，辞章之靡滥，功利之驰逐，而但使之孝其亲，弟其长，信其朋友，以复其心体之

> 同然。
>
> 盖其心学纯明，而有以全其万物一体之仁，故其精神流贯，志气通达，而无有乎人己之分，物我之间。譬之一人之身……盖其元气充周，血脉条畅，是以痒疴呼吸，感触神应，有不言而喻之妙。此圣人之学所以至易至简，易知易从，学易能而才易成者，正以大端惟在复心体之同然。[1]

阳明这样痛切的拔本塞源、复心体之同然的“复心”的呐喊，堪称是人类16世纪最醒世救民的人心复归的“呼吁书”。实际上，阳明的心学就是一个致良知、复心体的本体工夫论思想体系——通过致良知的工夫以复归心的本体。他一生都在探索着这种致良知、复心体的心学，他也一生跋涉在这条致良知、复心体的坎坷心路上，做着自我心的救赎与他者心的救赎。在他看来，心体本然至善，但由于道心惟微，人心惟危，至善的心本体被物欲玷污，私恶蒙蔽，当下在世的现实人的人心本拔源塞，沉沦异化，良知迷失，由“善”堕入“恶”的深渊，一切人存在的价值、意义与信念在“心”的沉沦堕落中分崩离析，“间于有我之私，隔于物欲之蔽”，自我与他者在当下世界的沉沦性、荒诞性与破碎性中隔膜异化。因此他的良知心学的人文担当，就是要唤醒良知，克心之私，去心之蔽，复其心体之本然同然，把人从普遍的人心陷溺中拯拔出来。这种人“心”的拯救，意味着净化人的良知，重建人的心灵世界——复心，这就是他的致良知、复心体的心本哲学真正的人文精神之所在。在《拔本塞源论》中，阳明几乎用一种

[1]《传习录》卷中《答顾东桥书》（一名《拔本塞源论》）。

悲天悯人、惨痛愤惋之笔描绘了一幅千年人心本拔源塞、异化沉沦的历史图景，阳明的心学作为一个易简广大的致良知、复心体的心本哲学思想体系，是以心为本体，心的本体圆满具足，心物合一，心理合一，体用合一，知行合一，良知良能合一，身心意知物事合一，形上形下合一，主客合一，人与天地万物浑然一体，这是一种主客“合一”的哲学思维模式，提出了宏大的“主一”的哲学思想体系，它超越了主观与客观二元对立的思维方式，从存在论的视阈统一了“唯物”与“唯心”，从追问人的“心”本真存在出发，最终达到人“心”异化的复归。因此用阳明的话来说，这种主“一”（主“合一”）的本体工夫论思想体系，就是以“为善去恶”为终极的人文指归，表明阳明已经超越了传统的观念论（唯心论）的视阈，转向了更本真的存在论的终极人文思考。

对这种致良知、复心体的主“一”的心本哲学，阳明经历了曲折漫长的求索历程。在早年的前心学思想时期，阳明的探索有进退反复，困惑迷茫，也有迷途歧路，彷徨顾反，但他历尽磨炼，终于冲破佛道与程朱官学的迷雾，从游“九华山”的禅路、游“茅山”的仙路走上了游“泰山”的儒路，回归孔孟之学，踏上了心学之路。接着在心学之路的进一步探索上，他又历尽磨炼，日进日新，终于登上了良知心学的巅峰，实现了他的良知心学终极境界的提升，在他永不停息的探索的心路历程上留下了一个一个自我“心悟”的闪光足迹。探明阳明良知心学思想发展上的这些“心悟”，尤具有重要的意义，但历来人们多好把阳明的“心悟”神秘化，越说越玄。其实，所谓“心悟”并不玄虚神秘，它不过是指人在经过长期思考刹那间生发领悟到的一种新认识、新感知，它是新认识对旧认识的顿悟超越，新感知对旧感知的顿悟超越，这是人的认识过程中常发生的认知飞跃现象。能指指向所指，任何一个自我陈述都具有具体的意指，心“悟”具有所直接感悟的丰富的意指内蕴，所谓“悟”，总是指悟到“什么”的悟，要追问感悟到“什么”的意指内蕴，但“悟”的外在神秘形式会遮蔽了“悟”的具体丰富的理性内蕴。因此对人们认识中发生的“心悟”，我们首要关注的是他“悟”到了什么，他的心“悟”指称什么，而不是去关注这个“悟”的外在言筌的神秘性。在阳明一生对良知心学的漫长探索上，并不是只有一次“龙场之悟”，他在心学认识的进程中发生过大大小小的“心悟”，都是了解阳明心学思想发展演进的“关节点”，特别是他最关键的四次大“心悟”，都各具有具体特定的心学思想的感悟内蕴。只有揭开遮蔽这些心悟理性内蕴的外在神秘言筌，阳明这四重重要心悟的心学真蕴才能灿然大明，由此也才能准确把握阳明整个一生的良知心学思想演进的内在脉络与进路，从而使他的致良知、复心体的心本哲学的人文精神得到真正的彰显弘扬。

（一）弘治十八年的“心学之悟”
——踏上白沙心学之路

阳明弘治十八年（1505 年）的“乙丑之悟”，就是心学之悟，是他以回归孔孟儒学的“泰山之思”为起点、以陈白沙的心学为转换中介的一次向心学的思想转型，标志着他从此真正走上了心学之路。湛甘泉在《叙别》中说：“郑子（郑伯兴）崇乎于白沙，而莫逆于予；朱子（朱节）莫逆于予，而学自阳明。阳明崇乎于白沙，白沙得之周、程。”（《泉翁大全集》卷十五）湛甘泉说的阳明崇信白沙，其实就是指阳明弘治十八年的“心学之悟”，是他在同阳明共倡圣学时亲眼所见。就是在这一年，白沙门人张诩将新编刻成的《白沙先生全集》带入京师，赠给了王华、阳明。正是这部《白沙先生全集》，激发了阳明的“心学之悟”。他在精心研读了《白沙先生全集》后，大悟了白沙心学的宗旨，兴奋地给白沙的心学写下了一段自我感悟的评语：“白沙先生学有本源，恁地真实，使其见用，作为当自迥别。今考其行事，事亲信友、辞受取予、进退语默之间，无一不概于道；而一时名公硕彦，如罗一峰、章枫山、彭惠安、庄定山、张东所、贺医闾辈，皆倾心推服之，其流风足征也。”这就是阳明对自己弘治十八年的“心学之悟”的记录。阳明说的“学有本源，恁地真实”，就是指白沙上承程颢、李侗、陆九渊的心学儒脉渊源；阳明说的“无一不概于道”，就是指白沙的“默坐澄心，体认天理”的心学宗旨。所以他立即又拈出了白沙的“默坐澄心，体认天理”，作为自己心学的座右铭，开始了自己新的心学探索的心路历程，这“默坐澄心，体认天理”的座右铭的确立，就成了阳明弘治十八年的“心学之悟”的标志。“心学之悟”是阳明生平心学之路的起点，它鲜明表明了阳明走上心学之路是直接受到陈白沙的影响。陈白沙的“默坐澄心，体认天理”是上承自宋儒李侗，但他已把李侗的这个理学命题转化成为一个心学的命题。从理学发展的儒脉进路看，李侗是从“性即理”“理一分殊”上提出了“默坐澄心，体认天理”，所以他的“默坐澄心，体认天理”基本还是一个理学的哲学命题，为朱熹所接受；而陈白沙是从“心即理”“心理合一”上诠释了李侗的“默坐澄心，体认天理”，所以他的“默坐澄心，体认天理”已是一个具有心学意义的哲学命题。阳明显然是从陈白沙的心学诠释理路上接受了“默坐澄心，体认天理”

的思想，同甘泉湛若水的"心学之悟"取径一致。

李侗理学的特点，就是在本体论上，一方面认为理在吾心，心含万理；另一方面又认为理在物中，理一在分殊。所以在工夫论上，一方面讲"静中体认"，另一方面又讲"分殊体认"：静中体认就是"默坐澄心"，分殊体认就是"体认天理"。所谓"默坐澄心"，就是以静摄心，默照澄观，于澄心静坐中体认大本达道，于心静中体认喜怒哀乐未发时气象，于静一中体认心体。所谓"分殊体认"，就是即物穷理，格物求理，由"分殊"中体认"理一"。静中体认与分殊体认的统一，构成了李侗杂糅心学与理学的思想体系。而陈白沙全面接受了李侗的默坐澄心与体认天理的思想，把自己的思想体系看成是一个动静一如、体用一致、内外合一的本体工夫论心学体系，一方面强调"所谓虚明静一者为之主……此心学法门也"；另一方面又强调"日用间随处体认天理"，"能于万化之中，而知一体之实，可以语性矣"。陈白沙的思想体系固然还是一个不彻底的心学体系，正如阳明后来说的："譬如这一碗饭，他人不曾吃，白沙是曾吃来，只是不曾吃了。"但是正是白沙这个"不曾吃了"的不彻底的心学体系，成了阳明走向心学之路的最好的过渡桥梁。所以阳明弘治十八年的"心学之悟"实际是"白沙心学之悟"，他立陈白沙的"默坐澄心，体认天理"的心学宗旨为自己心学的座右铭，标志着他由词章之学向圣贤之学（心性之学）转型的完成，他超越了词章之学，超越了宋儒之学（程朱学），踏上了陈白沙的心学之路，这就是阳明生平的第一次心悟——心学之悟，自十五岁格竹失败以来对宋儒的怀疑迷茫，彷徨无路，至此才脚踏心学实地，有了坚实的归宿。

弘治十八年的"心学之悟"，显示了陈白沙的心学对阳明心学思想的生成的决定影响。而弘治十八年的“心学之悟”对阳明的影响也是深远的，即使是在后来阳明超越白沙建立了自己的良知心学后，他对陈白沙仍抱着崇高的尊仰，从白沙的心学体系中汲取心学思想的“心泉”。晚年阳明在伯府中建读书楼，他就把陈白沙的《题心泉》诗大书在楼壁上，作为自己晚年的座右铭，把读书楼取名为“天泉楼”，表示要在天泉楼中不断汲取陈白沙的心学的“心泉”，日日常新。其中最引人注目的，就是在这座天泉楼中，阳明汲取了陈白沙的“诗教”，依据陈白沙的“古诗歌法”，创立了“九声四气歌法”。他作了一首诗赠董沄：“尔身各各自天真，不用求人更问人。但致良知成德业，谩从故纸费精神。乾坤是易原非画，心性何形得有尘？莫道先生学禅语，此言端的为君陈。”这里说的“先生”向来不知是谁，但据董沄的一首和诗《敬次先师韵求教》云：“为学当从一念真，莫将闻见骇时人。要知静默无为处，自有圆虚不测神。谷种滋培须有事，镜光拂拭反生尘。藏而后发无方体，听取江门碧玉陈。”这里说的“江门碧玉陈”就指陈白沙，可见阳明诗里说的“先生”必指陈白沙无疑。所谓“要知静默无为处”，就是指陈白沙的“默坐澄心，体认天理”；所谓“镜光拂拭反生尘”，就是指陈白沙《题心泉》诗说的“飞尘亦无害”；因此阳明诗所说的“此言端的为君陈”的“此言”，必就是指陈白沙的《题心泉》诗。从作读《白沙先生全集》心悟评语，立陈白沙“默坐澄心，体认天理”为座右铭，到汲取陈白沙的“古诗歌法”而创立“九声四气歌法”，大书白沙的《题心泉》诗为座右铭，展现了阳明一生受陈白沙心学思想影响的全过程，也充分显示了弘治十八年的“心学之悟”对阳明一生良知心学的形成发展的重要意义。

（二）正德四年的"龙场之悟"
——是陆非朱，超越白沙心学

阳明正德四年（1509年）的"龙场之悟"，并不是良知之悟。根据阳明的自述，他的龙场之悟实际是"悟朱学之非，觉陆学之是"之悟，也即"是陆非朱"之悟。具体地说，这种"是陆非朱"之悟包含了三方面之"悟"：一是悟释、老二氏之非，立儒家"简易广大"的心学；二是悟朱子向外格物之非（理在物中，求理于物），立古本《大学》向内格物、自求于心之旨（正心，吾心自足，天下之物本无理可格）；三是悟朱子敬知双修、先知后行之非，立心学知行合一之教。

阳明的"龙场之悟"，是从体认陈白沙的"默坐澄心"悟入，扬弃了陈白沙的"随处体认天理"，通过邵雍心学心法的易学，达到了知行合一的心学本体工夫论境界。钱德洪明确地说阳明在龙场驿是大悟"格物致知之旨"，"始知圣人之道，吾性自足，向之求理于事物者误也"。这是说阳明大悟到心即理，心即太极，心具万理，心含万物，所以吾性圆满自足，理在吾心，心外无理，自然不假外求，毋须向外格物求理，而只须自求其心，格正心中之理。这是一种宏大开阔、易简直截的心学本体工夫论之悟，在这种对"格物致知"的大悟中，又包含了本体论之悟与工夫论之悟两大悟：（1）在"格物"上，阳明悟到"心即理"作为一种心学本体论，是认为理在吾心，格物是格正心中之理，不是格外物之理，于是他把格物解释为"正心"；（2）在"致知"上，阳明悟到"致知”作为一种心学工夫论，是“知”，也是“行”，知即是行，行即是知，致知即行知，于是他把“致知”解释为“知行合一”。钱德洪没有把阳明的龙场之悟说成是“良知之悟”，而是将“知行合一”说看成是阳明生平学术思想三变中的首变，实际上就是认为这是阳明心学思想嬗变历程中最关键的一“悟”。这一龙场之悟，宣告了阳明的“心具万理，知行合一”的心学本体工夫论体系的诞生。

在这样一个总的心学本体工夫论之悟下，阳明以一种更恢弘的心学文化视野重新审视朱学，比较朱陆之学的异同，豁然又有三悟，促成他写出了三部是陆非朱的著作。

一是重新审视朱熹的五经注疏之说，发觉朱熹繁琐训诂注解之误，推动他写出了《五经臆说》。这就是黄绾说的“一夕，忽大悟，踊跃若狂者。以所记忆《五经》之言证之，一一相契，独与晦庵注疏若相牴牾，恒往来于心，因著《五经臆说》”。阳明的《五经臆说》是从批评朱熹的五经注疏之说切入，他的“臆说”实质上是一种“心说”，正如他在《五经臆说》的“元年春王正月”中说：“元者，始也……故天下之元在于王，一国之元在于君，君之元在于心。元也者，在天为生物之仁，而在人则为心……则人君者，尤当洗心涤虑以为维新之始。故元年者，人君正心之始也。”以心释元，以心说天地之始，这是地地道道的邵雍的心学心法。阳明以心说经，以心说史，完全是对儒家经典的心学诠释。

二是重新审视朱熹《大学》定本及其《大学章句》的格物致知之说，发觉朱熹《大学》定本与补写“格物”一章之误，《大学章句》非圣门本旨，阳明便自定《大学》古本，确立格物即正心的《大学》宗旨，推动他后来写出了《大学古本傍释》。这就是钱德洪说的“先生在龙场时，疑朱子《大学章句》非圣门本旨，手录古本，伏读精思，始信圣人之学本简易明白。其书止为一篇，原无经、传之分。格致本于诚意，原无缺传可补。以诚意为主，而为致知格物之功，故不必增一'敬'字"。钱德洪把阳明的"格物致知"之悟已说得很清楚，摆出了他的心学的《大学》体系与朱熹的理学的《大学》体系的根本不同。阳明这一《大学》之悟从根本上推倒了朱学，不仅推动他后来写出了《大学古本傍释》，而且也直接打开了通往"致良知"之学的通道。

三是重新审视朱熹的全部著作，发觉朱熹的早年之说与晚年之说全然不同，晚年朱熹思想已转向了陆九渊，也就是说，由朱学（性学）转向了陆学（心学），故晚年之说才是朱熹思想的定论，于是阳明提出了"朱子晚年定论"之说。这就是黄绾说的"公因取《朱子大全》阅之，见其晚年论议，自知其所学之非，至有诳己诳人之说，曰：'晦翁亦已自悔矣。'日与学者讲究体察，愈益精明，而从游者众"。其实最早提出"朱子晚年定论"的是程敏政，他在《道一编》中首倡朱、陆之学早异晚同之说，认为朱子晚年定论已与陆学相同。阳明肯定在弘治中就已读过《道一编》，所以他在龙场驿重读《朱子全书》，便一触即悟，脑中闪现出了程敏政的"朱子晚年定论"说。只是在龙场驿他的"朱子晚年定论"的思想还刚萌芽，要到后来在南都经过朱陆之学异同的论战，他的"朱子晚年定论"思想才最终形成，并推动他写出了《朱子晚年定论》一书。

从"龙场之悟"的儒脉进路看，阳明总的是从《大学》的"格物致知"之说悟入，建立了以心为本体、以知行合一为工夫的心学本体工夫论体系。但在"格物致知"说上，他又主要是从"格物"的思路上悟入，把"格物"解释为"正心"，达到了对心具众理、心外无物、吾性自足、不假外求、知行合一的心学认识高度；但是他却还没有能从"致知"的思路上悟入，把《大学》

说的“致知”同《孟子》说的“良知”联系起来，把“致知”解释为“致良知”，达到以良知为体、以致良知为工夫的心学认识高度。因此，他的“龙场之悟”还是一个不彻底的心学之悟，他超越了白沙的心学，却还没有能超越陆九渊的心学。但是这种从“格物”思路上悟入的“龙场之悟”，却为阳明后来从“致知”思路上悟入的“良知之悟”准备了充分条件。

（三）正德十四年的“良知之悟”
——良知心学的建立

阳明的“良知之悟”发生在正德十四年（1519年）。在这年的四月，安福邹守益来赣州受学，向阳明问“格物致知”之说，顿时激发了阳明从“致知”的思路上向邹守益大阐“致良知”之说。后来耿定向在《东廓邹先生传》中清晰地记叙了这次“良知之悟”的经过：“（守益）一日读《大学》《中庸》，讶曰：‘子思受学曾子者，《大学》先格致，《中庸》首揭慎独，何也？’积疑不释。己卯，先生年二十九，就质王公于虔台，王公曰：‘致知者，致吾心之良知于事事物物也；致吾心之良知于事事物物，则事事物物皆得其理矣。独，即所谓良知也；慎独者，所以致其良知也；戒慎恐惧，所以慎其独也。《大学》《中庸》之旨，一也。’先生豁然悟，遂肃贽师事焉。”聂豹更把这次他们两人讲论“格物致知”称为“妙悟良知之秘”：“已闻阳明先生讲学虔南，牵舟往从之。一见相契，妙悟良知之秘，涣然自信，曰：‘道在是矣！’反顾胸中所蓄数万卷书，糟粕也。于是四拜北面，奉以终身，如蓍龟焉。先生赠之诗曰：'君今一日真千里，我亦当年苦旧迷。'盖亦恨相契之晚也。"可见这一次的"良知之悟"是阳明与邹守益两人在讲学论道的心灵共同的交融感通中激发的"妙悟"——由迷到悟。阳明诗说"君今一日真千里"，是说邹守益的"良知之悟"；"我亦当年苦旧迷"，是说阳明自己的"良知之悟"。"良知之悟"，是对"良知"与"致良知"的心悟，包含了三方面的新觉妙悟：一是悟所谓"致知"，认为致知就是致吾心之良知于事事物物，致知即致良知；二是悟所谓"良知"，认为良知就是指吾心之"独"（独知），所以慎独即致良知，戒慎恐惧即慎独，亦即致良知；三是悟所谓"格物"，认为格物就是致吾心之良知于事事物物，从而事事物物皆得其理，因为心外无理，理不在物，是心通过致良知将心中之理推及于事事物物，从而事事物物皆得其理，这就叫"格物"。

在整个正德十四年中，阳明都是沿着他的"良知之悟"新思路发展自己的良知心学。到七月阳明进入省城南昌，他开始向四方来学士子大揭"良知"之教。亲睹这一幕的邹守益说："先生开讲于南昌。门人舒芬、魏良弼、王臣、饶得温、魏良政、良器等同旧游毕集……尝语学者曰：'吾党知学问头脑，不虑无下手处。只恐客气为患，不肯实致其良知耳。'"其中陈九川来南昌同阳明的讲学论良知心学，标志着阳明已初步建构起了一个致良知的本体工夫论心学体系。阳明主要从三方面精要阐释了自己这一致良知的本体工夫论心学体系。

一是把《大学》的"致知"与《孟子》的"良知"结合起来，确立以良知为本体，以致良知为工夫，贯通了格物、致知与正心、诚意的工夫。阳明指出陈九川在做"明明德"的工夫上无法步步由"诚意""正心"推到"致知""格物"上去，是因为他没有认识到“致知”即是“致良知”，“知”即是“良知”本体。明乎“良知”本体与“致良知”工夫，便自然可由“诚意”上推至“致知”“格物”，直达“良知”本原。“诚意”之前所以还有“格物”“致知”的工夫，就是因为这里所说的“物”是指“理”，“知”是指“良知”，所以格物就是正心，格其不正以归于正；致知就是致良知，推及良知于事事物物。这样，阳明就把“诚意”的工夫同“格物”“致知”的工夫打通起来。

二是以《大学》的三纲八目为依据，以身、心、意、知、物为一体，构建了一个身—心—意—知—物的多重逻辑结构层次的心学思想体系。阳明强调身、心、意、知、物是一件事，他特别强调物与身、心、意、知为一体，因为在他看来，心外无物，心外无理，故如“意”不可能悬空存在，它必须显现在物中，落实到物处，所以物是意的着在、涉着。因为心含万理，心包万物，吾心便是宇宙，所以心无内外，身、心、意、知、物是一件，是一物，无分内外。显然，这是以心为“体”（本体），以身、意、知、物为“用”（现象），体用一如，显微无间。

三是把《大学》的格物致知与《中庸》的戒慎恐惧结合起来，构建了一个默坐澄心与事上磨炼相统一的致良知的工夫论体系。阳明认为，动静是统一的，静中有动，动中有静。默坐澄心（体认心体）的心“静”是一种动静合一的心“定”，是一种活泼泼的“主其本体”，故它还须同“事上磨炼”结合起来，才能形成一种动静一贯的致良知的工夫。致良知的工夫包含了两个方面的致知工夫：一是“去蔽”，不断致力于清除蒙蔽在良知上的私欲、尘污，使良知澄明灵觉，知善知恶（默坐澄心，正念头）；二是“扩充”，不断扩充良知，推致良知及于事事物物，使事事物物各具其理（事上磨炼）。所以阳明的致良知工夫，一方面强调要作默坐澄心的体认工夫,“即是那静坐之心,功夫一贯,何须更起念头”,以去良知之蔽;另一方面又强调“人须在事上磨炼,做功夫乃有益”,以扩充良知之心。

对正德十四年阳明的这一“良知之悟”及其致良知的心学本体工夫论体系的哲学建构思路,费纬祹在《圣宗集要》中作了最好的总结:“(阳明)诛宸濠后,居南昌,始揭‘致良知’之学,曰:‘圣人之学,心学也。宋儒以知识为知,故须博闻强记以为知;既知矣乃行,亦遂。终身不行,亦遂终身不知。圣贤教人,即本心之明,即知;不欺本心之明,即行也。于是举《孟子》所谓“良知”者,合之《大学》“致知”,曰“致良知”,以真知即是行,以心悟为格物,以天理为良知。’”自此“良知”成为阳明心学思想体系无上的“大头脑”,儒家圣门的“正法眼藏”,人人心中具有的“太极”,照耀世人的人心救赎之路的“明灯”。良知心学的建立,标志着王学的真正的诞生。

(四)嘉靖六年的“天泉之悟”
——传心秘藏,良知心学的终极教法

嘉靖六年(1527年)九月的“天泉证道会”,实际上是阳明对自己的良知心学的终极之悟,是阳明超越他的“王门四句教”之悟,也即他的“王门八句教”(四有教与四无教)之悟。在天泉证道会上,阳明并不是发“王门四句教”的旧说(按:“王门四句教”在嘉靖五年春间已提出),而是发“王门八句教”(四有教与四无教)的新说,这是在王畿与钱德洪二人的提问下激发

的良知心学之悟，王畿在《天泉证道纪》中作了明晰的记述：

> 夫子曰：“正要二子有此一问。吾教法原有此两种：四无之说，为上根人立教；四有之说，为中根以下人立教。上根之人，悟得无善无恶心体，便从无处立根基，意与知、物，皆从无生，一了百当，即本体便是工夫，易简直截，更无剩欠，顿悟之学也；中根以下之人，未尝悟得本体，未免在有善有恶上立根基，心与知、物皆从有生，须用为善去恶工夫，随处对治，使之渐渐入悟，从有以归于无，复还本体，及其成功，一也。世间上根人不易得，只得就中根以下人立教，通此一路。汝中所见，是接上根人教法；德洪所见，是接中根以下人教法。汝中所见，我久欲发，恐人信不及，徒增躐等之病，故含蓄到今。此是传心秘藏，颜子、明道所不敢言者。今既已说破，亦是天机该发泄时，岂容复秘？然此中不可执著。若执四无之见，不通得众人之意，只好接上根人，中根以下人无从接授；若执四有之见，认定意是有善有恶的，只好接中根以下人，上根人亦无从接授。但吾人凡心未了，虽已得悟，不妨随时用渐修工夫。不如此，不足以超凡入圣，所谓上乘兼修中下也。汝中此意，正好保任，不宜轻以示人，概而言之，反成漏泄。德洪却须进此一格，始为玄通。德洪资性沉毅，汝中资性明朗，故其所得，亦各因其所近。若能互相取益，使吾教法上下皆通，始为善学耳。”自此海内相传天泉证悟之论，道脉始归于一云。

王畿也把这次天泉之会称为“天泉证悟”，这是说阳明对“四有教”与“四无教”的思想早有潜在的认识，“我久欲发”，故在天泉之会上因王畿与钱德洪一问而一触即悟，提出了"王门八句教"（四有教与四无教），作为他的良知心学的"传心秘藏"，要弟子按此"教法"修行。由天泉之会后直到去世，他都是向弟子学者大揭"王门八句教"之教法，他在出山赴两广途中向王畿、钱德洪等浙中学者明确提出"我此意（四有教与四无教）蓄之已久，不与轻言，以待诸君自悟。今被汝中拈出，亦是天意该发泄时。吾虽出山，德洪、汝中与四方同志相守洞中，究竟此件事"。甚至当面对江西学者说"诸君只裹粮往浙，相与聚处，当自有得。待予归，未晚也"。而阳明自己一到两广，就首先同聂豹通信往还展开了"王门八句教"的讨论。要江西与浙中的弟子学者会聚阳明洞讲究讨论他的"王门八句教"的"传心秘藏"，成了阳明最后的弘道"遗嘱"，而后来江西、浙中的弟子学者也果然完成了阳明的这一弘道"遗嘱"。

阳明之所以要用"王门八句教"（四有教与四无教）代替原先的"王门四句教"（一无三有教），实际是他看到了"王门四句教"的教法的偏颇与不切实用，因为现实中的人（世人）都是"本拔源塞"的无根基的异化人，一个在不同程度上人心沉沦、良知迷失的人，要这样的人去直接体认心体、致良知、复心体、本归源通、超凡入圣是不现实的，也就是说，要他们按照"王门四句教"第一句所说的"无善无恶心之体"从本体入手修行是行不通的。所以他提出了一个"四有教"加以补救，把第一句改为"心有善有恶"，要拔本塞源、心有善有恶的现实的人（世人）从工夫入手踏踏实实循序修行，不能超阶躐等。为此阳明的"王门八句教"突显了两个"传心秘藏"的思想。

一是体用一源、心一分殊、知行合一的思想。阳明早认识到中国传统哲学中的体用一源、形上形下合一的思想，认为心为体，物为用，心一为体，分殊为用，形上本体至善永恒，形下发用则显善显恶。因此从体（形上未发）上说，心、意、知、物的自体本然无善无恶；但从用（形下已发）上说，心、意、知、物的发用有善有恶。这一思想在“王门四句教”中还没有得到充分贯彻，混同了体与用、本体与工夫的范畴；而在“王门八句教”中得到了明晰的表述，区分了体与用、本体与工夫的范畴及其修行的方法进路。

二是依据人的“知”的不同根基因人设教的思想。阳明也早认识到人在知上根基的不同，他根据《中庸》说的“或生而知之，或学而知之，或困而知之”，把人的知分为三等：生知安行，是为圣人；学知利行，是为贤人；困知勉行，是为学者。与《中庸》相对应，在良知心学的修行上，他把人的修行的根器也分为三等：下根之人、中根之人、上根之人，更进一步分为“尽心知天”“存心事天”“修身以俟”三个人品等级。根基不同，立教有别，修行方法、进路及其达到的境界也不同，针对不同根基的人，须因材设教，不能躐等。这一设教思想也是在“王门四句教”中没有得到贯彻，而在“王门八句教”（四有教与四无教）中得到了切于实用的实行。

无疑，阳明的“王门八句教”（四有教与四无教）相对于“王门四句教”（一无三有教），实现了一次良知心学教法的终极提升。它把良知心学从形而上学的玄思外壳中解放出来，成为真正切实可行的道德践履的实践论工夫哲学；它扬弃了“王门四句教”，而又包含了“王门四句教”；它摈弃了传统那种把人设定为一个先天存在抽象完善的本我的人文视角，而以现实中的有血有肉、本拔源塞、有不同根基气质的异化的自我作为审视的中心，考量着异化的人心与生存世界的价值贫乏及人的归宿问题，它是对人心、生命与存在的忧思，这种心物合一、知行合一的心学体系，实现了双重的思想超越：一是超越了传统儒家士大夫那种狭隘的忧君忧国忧民的思想境界，上升到了忧人忧心忧道的终极人文关怀；二是超越了传统的"唯心论"（观念论）的视域与主客二元分立的思维方式，上升到了本真的"存在论"的视域与主客合一的思维方式。一句话，阳明的良知心学是一种充满实践理性张力的心性道德修养论，是一个旨在解决人"心"问题的思想体系，它以堕落异化的人心的复归为指归，教人如何通过致良知以复归心体，做一个有真正价值意义的良知人。

阳明的致良知、复心体的心本哲学思想体系，是解决"人"自身的存在问题的人文学，是教人如何做"人"的生存哲学。人自身作为"此在"存在的根本问题有两个："人性"的问题与"人心"的问题。儒家的思想就是解决人"性"问题与人"心"问题的心性论道德哲学体系。如果说，朱熹的"性即理"与"复性"的性学是主要旨在解决人"性"问题的思想体系；那么，阳明的"心即理"与"复心"的心学就是主要旨在解决人"心"问题的思想体系，两者在儒家的心性论哲学体系内构成了互补共进的关系。他们都走着同一的"人"的救赎之路，使人成为人，格物穷理尽性的"性一分殊"与致良知复心体的"心一分殊"，就是他们给现实中拔本塞源的异化的人（世人）开的两帖拯世救民、异化复归的哲学良方，用以"诗意地"解决此在人的当下生存方式与人生困境问题，从而使异化复归的人"人性地栖居在大地上"，由"遮蔽"到"澄明"，充分绽放人在本真存在状态下的"人性"与"人心"的大美之光交相辉映的魅力。

第一章
天上“石麒麟”的降生

秘图山王氏家族的崛起

饱经历史风雨沧桑的绍兴古城雄踞在钱塘江与姚江中间。从远古以来，每一次历史风暴的吹打摧残，淘洗了绍兴古城墙的斑驳泥沙，却留下了粗犷的越文化的丰厚积淀。绍兴被称为古荒服国，传说大禹治水到绍兴，大会诸侯，稽功于涂山（茅山），后来涂山改名为会稽山，这座荒服古城便名为会稽。大禹在稽山的洞穴中得到一部黄帝的水经，治理好水土，这座洞穴便被称为禹穴。后来大禹又巡守到会稽病亡，葬在会稽山阴，那里建起了大禹陵，世世代代受到享祭。到春秋战国之交，吴越争霸风云突变，越王勾践灭了吴国，越国成为东南最强大的霸主。勾践命范蠡筑城建郭，范蠡应天象紫宫建会稽城，西北造飞翼楼以象天门，东南开漏石窦以象地户。东南司马门建游台，山巅立层楼以望天气。龟山上起灵台，建高楼以望云物。卧龙山下建起了规模宏大的越王台，以表彰勾践卧薪尝胆报仇雪耻的霸业。从此，会稽发展成了雄镇浙东的“东南之维”个象征越文化发祥地的人文荟萃的东南大都会，在广袤的南越大地上演绎出了一幕幕风诡云谲的历史画卷。

会稽城东面，有一条古运河直通姚江。姚江发源于太平山，一路挟带着绍兴的蕙风兰香，东流曲折十八弯，经慈溪北折入海。余姚县城坐落在姚江畔，也是一方钟灵毓秀的吴越要冲之地，在人文儒脉上同会稽城有千丝万缕的联系。相传舜母生大舜于姚墟，便以姚为姓。舜穷困时曾耕田于历山，受尧禅让以后，支庶都分封在余姚、上虞一带。以“虞”称国，故名上虞；以“姚”称姓，故名余姚。一条江水也就称姚江（舜江）。余姚县城北也有一座历山，传说是舜耕作的地方，田有象田，井有舜井，实际都是舜的后裔们的耕作居住之地。余姚的山水也同会稽一样奇秀壮丽。城外山水交会，南连嵊嵊，北接钱塘，襟江枕海。城内丰山北驰，秘图南走，姚江横贯东西，竹山、西石山镇立中流，龙泉山、凤山、黄山拱卫，形成一方山明水秀、风气委藏的"世外桃源"。魏晋以来，中原大地战火连绵，北方世家大族纷纷渡江南迁，会稽郡连同余姚县成为北方王氏世族衣冠过江南渡首选的山水居地。

北方源远流长的太原王氏世族，在秦汉时，除了王威仍居太原，传承太原王氏世系，王元一支移家山东琅琊，成为琅琊王氏的始祖。到西汉末年，王吉一支移家临沂，成为临沂王氏的始祖。至西晋末年，王览孙王导渡江居金陵，成为乌衣王氏的始祖，形成乌衣王氏世系；而王览曾孙王羲之则渡江居家绍兴，成为绍兴王氏的始祖，形成绍兴王氏世系。王导的乌衣王氏世系绵延不绝，到宋室南渡时，有王道一支迁居余杭。王道子王补之又迁居到上虞达溪，成为达溪王氏的始祖。到南宋末年，王补之的曾孙王季避战乱，又从上虞达溪迁居到余姚秘图山，成为余姚秘图王氏的始祖。王阳明就是王季的十世孙。[1]

原来余姚的秘图山是从龙泉山延伸而来的一座小山，山不在高，有仙则灵，秘图山却是一方灵异的山水胜境。山顶有一天然石匮，里面藏有大禹治水的灵秘图。秘图山下有一泓湖水，称为秘图湖，流泉清澈，花木葱茏，紫薇摇曳，竹篁参天，俨然是一派绍兴兰亭的风光气象，秘图湖畔成为世家大族与骚客隐士们居住的乐地。秘图山原名方丈山，早在秦代，就在山南麓建立了县署。据说三国时的朱然也是在秘图山畔建筑了余姚的旧城。到唐

[1] 按：关于余姚秘图王氏的源流播迁，历来说法有误，详参见《王阳明年谱长编》。

天宝年间，方丈山改名为秘图山，山南建起了严公堂、高风阁、寿圣观。北宋时代的余姚县署规模扩大，背负秘图山，建起了清新堂、翰墨堂、不欺室、鉴止轩、翠窦亭、秀野亭，高风阁后建钓隐亭，翰墨堂前建芙蓉亭，刊刻收藏众多苏东坡的名帖。到南宋末王季迁居到秘图山，王氏家族成为秘图湖畔最大的隐居遗民。在整个元朝时期，他们不愿出仕做官。元至正二十年（1360 年）三月，越帅刘仁本因治兵事来到余姚，在余姚州署后面的秘图山发现了神禹藏灵秘图的地方，看到秘图湖畔的景色同绍兴的兰亭一模一样，十分惊异，他立即修造了一座雩咏亭，召集四十二名文人雅士，在秘图湖畔举行了一场上巳修禊的“续兰亭会”。他作了一首《续兰亭会补参军刘密诗并序》说：

至正庚子春，仁本治师会稽之余姚，乃相龙泉之左麓，州署之后山，得神禹秘图之处。水出岩罅，潴为方沼，疏为流泉。卉木丛茂，行列紫薇，间以竹篁，仿佛乎兰亭景状。因作雩咏亭以表之，合瓯越来会之士得四十二人，同修禊事。取晋人兰亭会图诗缺不足者，各占其次补之。总若干首，因曰“续兰亭会”云。

俯仰宇宙，睠兹山川。欣欣卉木，泠泠流泉。
岂伊独乐，尚友千年。飞觞拊咏，万化陶然。

阳春沐膏泽，草木生微暄。
灵图发幽秘，感此禹迹存。
衣冠继芳集，临流引清樽。
性情聊自适，理乱复奚言。[1]

---

[1] 刘仁本：《续兰亭会补参军刘密诗并序》，《万历绍兴府志》卷九《古迹志》。

四十二名修禊雅士中就有一个"秘图隐者"郑彝，作了补山阴虞谷诗：

兴怀古先，仰观玄造。尼叹逝川，平念芳草。
莫春维和，爰舒幽抱。皎焉白驹，嘤其黄鸟。

夙驾税幽麓，泛醴循流澜。
荒蕤被岩濑，葩萼耀林端。
靡靡时运近，斯焉抚巑岏。
主欣远宾集，陶然有余欢。[1]

刘仁本的"续兰亭会"，向世人展露了秘图山下、秘图湖畔高人隐士居住的一方"世外桃源"的秘境。这时正当王季的曾孙王纲在苦苦支撑着秘图王氏大族的家业，他也是一个"秘图隐者"，一个遁世的"隐儒"。他隐居在秘图山下，目睹了刘仁本在秘图湖畔举行的"续兰亭会"。他少时就同高则诚的族人高元章交游往来于山水之间。元末大乱，他奉母避居于五泄山中，遇到终南山隐士赵缘督，传授给他筮法。善神算秘术的刘伯温经常来拜访他，两人谈道说术相得，王纲对刘伯温预言说："子真王佐才，然貌微不称其心，宜厚施而薄受之。老夫性在丘壑，异时得志，幸勿以世缘见累，则善矣。"但刘伯温后来还是向朝廷举荐了王纲。洪武四年（1371年），王纲以文学征召进京，拜为兵部郎中。这时潮州一带发生民乱，朝廷便命王纲为广东参议，往潮州督征兵粮，劝谕潮民归顺。王纲携子王彦达同行赴广，驾单舸往潮州劝

[1]《万历绍兴府志》卷九《古迹志》。

谕潮民，平息了民乱。但是在回途经增城时，遇到海寇被害，王彦达进入寇巢，哭骂求死，终于以羊裘裹父尸归葬余姚禾山。王彦达悲痛父尽忠而死，从此躬耕秘图山下养母，自号“秘图渔隐”，终身不仕。他把秘图王氏先祖的遗书都付托给子王与准，说：“但毋废先业而已，不以仕进望尔也。”

王与准继承了秘图王氏隐操隐儒的家风，闭门力学，尽读王氏先祖遗书。又从四明赵先生学《易》。赵先生劝他出仕，他回答说：“昨闻先生‘遁世无闷’之诲，与准请终身事斯语矣。”他又精研了当年王纲从终南山赵隐士得到的一部筮书，习得神奇筮术，为人占筮，凿凿奇中，远近闻名，连县令也遣人来请他占筮。王与准说：“王与准不能为术士，终日奔走公门，谈祸福。”他逃入四明山石室中，一年不归。部使者派人入山搜捕，王与准坠崖伤足被捉，部使者见他是隐遁贤君子，说：“足下不仕，终恐及罪，宁能以子代行乎?”王与准无奈之下，同意让子王杰补为邑庠弟子员。他叹息说：“吾非伤于石，将不能遂栖遁之计，石有德于吾，不敢忘也。”从此自号为“遁石翁”，隐遁而终。他精研《易》学与礼学，著《易微》数千言。秘图王氏大族到他这一代已经衰微，后来阳明感叹说：“於惟我祖，效节于高皇之世。肇禋兹土，岁久沦芜。无宁有司之不遑，实我子孙门祚衰微，弗克灵承显扬。盖冥迷昏隔者八九十年，言念怆恻。”[1] 但王与准却相信后世不久会复兴。一次他占筮卜居秘图湖阴，蓍得《大有》之《震》，对子王杰说：“吾先世盛极而衰，今衰极当复矣。然必吾后再世而始兴乎?兴必盛且久。”他的预言果然应在了王

[1]《王阳明全集》卷二十五《祭六世祖广东参议性常府君文》。

华、阳明身上。

王杰号槐里子,是追念秘图王氏的先祖宋王祐曾植三槐于庭,名为“三槐堂”。王杰从童子时就有志于圣贤之学,十四岁时已尽通《四书》《五经》以及宋大儒之说。他受父命入为邑庠弟子员,教谕程晶一见到他,就对人说:“此今之黄叔度也。”但他无意于应试出仕。宣德中,朝廷命中外举异才堪风宪者任用,县令黄维强命王杰应诏,王杰却把名额让给了学友汪叔昂。第二次,县学选贡,又轮到王杰,他却以母老辞,把名额让给了学友李文昭。直到王杰守丧终,他才应贡以明经入了南雍。祭酒陈敬宗对他寄予大儒的厚望,命他毋就弟子列。王杰在南雍恪守古圣贤之训,对人说:“学者能见得曾点意思,将洒然无入而不自得,爵禄之无动于中,不足言也。”他在南雍著《易春秋说》《周礼考正》等书,颇有声誉。陈敬宗向朝廷举荐了王杰。不料朝命未及下,王杰病故。书稿散失,家徒四壁,他传给子王伦的,只有数箧书史。

王伦就是阳明的祖父。秘图王氏到他这一代,已是王与准说的“衰极当复”的时候。他生性爱竹,学“不可居无竹”的苏东坡,环绕居住的轩屋种植上参天篁竹,日日啸咏竹林间,自号“竹轩”,常指着竹林对来客说:“此吾直谅多闻之友,何可一日相舍耶?”他自幼受王杰的庭训,聪慧夙成。王杰留给他数箧书史,他每次打开书箧,都要流着眼泪说:“此吾先世之所殖也。我后人不殖,则将落矣。”自小他就整日口诵心惟这些箧中书史,尤好读《仪礼》《左氏传》与《史记》。虽家景清寒,他却苦中作乐,雅善鼓琴,喜吟诗作赋,不堕隐儒的家风。年方弱冠,浙东、浙西的大家都来延聘他为子弟师。但终因家贫母老,王伦一生未出仕,在家设私塾授徒为生，课读子王华，对门人弟子教导和蔼严肃。夫人岑氏善操持家事。王伦闲暇与同里菊庄翁魏瑶等人吟诗唱酬，订盟结社，胸襟洒然，颇有陶渊明、林和靖的“隐儒”气度。他把秘图王氏的复兴的希望完全寄托在了王华身上，期待着王氏大族否极泰来的机遇。

王华生来警敏聪颖，据说他出生时，祖母孟氏梦见其姑抱了一绯衣玉带童子给她，说：“妇事吾孝，孙妇亦事汝孝。吾与若祖丐于上帝，以此孙畀汝，世世荣华无替。”于是便给这个孙子取名为王华，兄取名为王荣，以符上帝赐神童之梦。这个故事恐出于王伦所造，反映了秘图王氏家族期盼荣华复兴的潜在家族心理。这种潜在家族心理后来又在王华身上一再得到表现，又造出神化自己出生与阳明出生的故事。王华是神童转世，刚会说话，祖父槐里子王杰就把他抱在手上，向他口授古诗歌，他一听即能成诵。稍长读书，过目不忘。六岁的时候，他同群童在水边玩耍，看见一个醉醺醺的过客来洗脚，把一个提囊遗落在岸边，王华打开一看，里面有几十金。他怕别人来拿去，就将提囊投入水中，坐着等待醉客来取。不久醉客果然哭着回来，王华迎上去问：“求尔金邪？”就指着投水处告诉他。醉客得到提囊后，要以一金酬谢，王华笑着婉谢说：“不取尔数十金，乃取尔一金乎？”

王华自小勤学苦读，继承了秘图王氏的家学，尤精通礼学与易学。有一年春间，岑太夫人在窗下纺织，王华坐在旁边读书。这时邑中举行热闹的迎春社会，家家小孩都奔出去观看，王华却依旧坐着安心读书。岑太夫人对他说：“若亦暂往观乎？”王华回答说：“大人误矣。观春何若观书？”岑夫人高兴地说：“儿是也，吾言谬矣。”十一岁时，王华拜里师钱希宠为师受学。一个月学对句，两个月学诗，再几个月学文，半年下来，学中诸生没有一个能比得上王华，钱希宠赞叹说："岁终，吾无以教尔矣。"有一次县令带领一班从人来到塾学，同学们个个都放下学业围上来看县官，只有王华一人依旧坐在书案前朗诵经书，旁若无睹。钱希宠对他说："尔独不顾，令即谓尔倨傲，呵责及尔，且奈何？"王华回答说："令亦人耳，视之奚为？若诵书不辍，彼亦便奈呵责也？"钱希宠对竹轩王伦说："公子德器如是，断非凡儿。"十四岁时，王华同几个亲朋子弟入山读书于龙泉山寺。龙泉寺一直传说有妖作祟，这天晚上真的出来作怪，打伤好几个亲朋子弟。亲朋子弟都纷纷逃归，只有王华仍留在寺中读书，晚上却也不再闹鬼。寺里僧人想把王华也赶走，每天晚上装作闹鬼，发出鬼叫声，用瓦石投入房中，敲打房门恐吓。王华正襟危坐，神色自若。僧人没有办法，问他："向妖为祟，诸人皆被伤，君能独无恐乎？"王华说："吾何恐？"僧人问："诸人去后，君更有所见乎？"王华说："吾何见？"僧人又问："此妖但触犯之，无得遂已者，君安得独无所见乎？"王华笑着说："吾见数沙弥为祟耳。"僧人假意说："此岂吾寺中亡过诸师兄为祟邪？"王华笑着说："非亡过诸师兄，乃见在诸师弟耳。"僧人掩饰说："君岂亲见吾侪为之？但臆说耳。"王华说："吾虽非亲见，若非尔辈亲为，何以知吾之必有见邪？"僧人最后讲了真话，说："吾侪实欲以此试君耳。君天人也，异时福德何可量！"王华在龙泉寺苦读不怕鬼的故事传了开来，后来学者都称他为"龙山先生"。

天顺六年（1462 年），十七岁的王华结束了龙泉山苦读的日子，走出了龙泉山。他作了一篇《三礼大论》投试县学，县令惊异他的奇文非凡，过了几天，又专门出题考他，试题一下，王华一挥而就。县令怀疑他正好遇到先前作的“宿构”，再三下题考试，王华都思维敏捷，对答如流。县令高兴地对他说：“吾子异日必大魁天下。”王华顺利选入了县学。

意想不到的是，从天顺六年进县学到成化十六年（1480年）乡试中举人，这十八年的时间，却成了王华生平最困顿艰辛的日子。[1] 大致他还在县学中时就开始参加每届的乡试，但都落第不中。因为家贫，不能待家坐食，所以他从县学肄业后，就以地方“儒士”的身份外出四处任子弟师（塾师），养家糊口。直到成化七年，王华二十六岁时，才从秘图王氏故居中搬出，租赁了莫氏楼，与郑氏完婚。[2]

成化八年（1472年）九月三十日，正当王华在乡试又一次落第一年以后，阳明在莫氏楼中诞生了。秘图王氏家族接连出了两个“神童”，秘图王氏家族“衰极当复”的曙光终于出现。

瑞云楼：“石麒麟”的诞生

莫氏楼在龙泉山北麓，与秘图王氏故居相近。郑氏夫人大约也是隐居秘图山的郑氏家族出身的闺秀。她在成化七年（1471

[1] 按：王华天顺六年以后到成化十年的行事出处，陆深的《海日先生行状》与杨一清的《海日先生墓志铭》都讳言空阙。今据《成化十六年浙江乡试录》载：“第一名，李旻，钱塘县学增广生，《易》；第二名，王华，余姚县儒士，《礼记》。”称王华为“余姚县儒士”而不称“余姚县诸生”，则当是王华从余姚县学肄业后，因连届参加乡试失利不中，乃以子弟师外出谋生，故称其为“余姚县儒士”。

[2] 按：黄绾《阳明先生行状》称“郑氏孕十四月而生公”，则王华与郑氏完婚在成化七年。又秘图山也有郑氏大族隐居，如郑彝就自称“秘图隐者”。王郑两族世代同里相好，故王华所娶郑氏或即秘图山郑氏大族中人。

年）嫁给王华这个穷秀才，怀孕阳明十四个月。成化八年九月三十日亥时，阳明出生在莫氏楼上。据说阳明诞生时，祖母岑太夫人梦见一绯袍玉带的神人乘五色云下，抱一赤子授给岑太夫人，说："与尔为子。"岑氏说："吾已有子，吾媳妇事吾孝，愿得佳儿为孙。"神人答应。岑氏梦醒，便听到了婴儿的哭声。王伦感到很惊异，就给这婴儿取名王云，后来这座莫氏楼也改称瑞云楼。这个神人授受的故事恐也出于王伦、王华的虚构，同王华以神童降生的故事如出一辙。实际上阳明神人授受的降生故事有好几个版本，王同轨就提到另一个更神奇的降生版本说：

> 余姚王海日翁华，状元宗伯。其先世皆贫儒，而皆好行阴德，其清谨皭然不滓。海日未第时，梦诸神奏天帝曰："此人九世廉贫，一身之报未恝。"帝曰："与他十世富贵。"乃令诸神以鼓乐导送文曲星，与他作子。亲见彩联云："守正承先业，垂谟裕后昆。"后生文成，名守仁。孙以下曰正、曰承，皆以神语十字定名序云。[1]

从后来秘图王氏真的自阳明起以"守正承先业"排辈名次序来看，这则阳明为文曲星（石麒麟）下凡的故事也显为王伦、王华所造，这首辈名次序联也肯定是王伦、王华所定，更强烈流露了他们期盼秘图王氏大族复兴的家族潜在急迫心理。阳明为神童乘云下凡的故事与阳明为文曲星鼓乐下凡的故事是先后沟通相合的：从岑太夫人梦见阳明为神童乘云下凡的故事来说，王伦、王华在成化八年给阳明取名王云；从王华梦见阳明为文曲星（石麒麟）

[1] 王同轨：《耳谈类增》卷四《海日翁梦》。

鼓乐下凡的故事来说，王伦、王华在成化十二年给阳明改名为王守仁，字伯安，从此秘图王氏即以“守正承先业”排辈名次序，以符阳明文曲星鼓乐下凡之梦。后来王华也是着意把阳明当作像徐陵一样下凡的“石麒麟”来培养的。《陈书》中的《徐陵传》说：“徐陵，字孝穆……母臧氏，尝梦五色云化而为凤，集左肩上，已而诞陵焉。时宝志上人者，世称其有道，陵年数岁，家人携以候之，宝志手摩其顶，曰：‘天上石麒麟也。’光宅惠云法师每嗟陵早有成就，谓之‘颜回’。八岁，能属文。十二岁，通庄、老义。”[1] 阳明祖母梦见五色云降而阳明生，王华梦见文曲星下凡，神僧摩阳明顶而称为“宁馨儿”，阳明八岁而会作诗，通佛、老义，这都是比仿徐陵而认阳明是“石麒麟”下凡了。后来阳明改名王守仁，字伯安，固然是用《论语》说的“知及之，仁能守之”，但从阳明字“伯安”看，王华给阳明取的名字也隐寄了“石麒麟”的深意。按孔子的说法，麒麟者，仁兽也，太平安世方出，王华给阳明取名守仁，字伯安，无异是把阳明认作为太平安世一出的“麒麟”。又麒麟是文兽，“石麒麟”隐指文曲星，也同王华梦见天帝命文曲星下凡相合。[2]

但是石麒麟下凡注定要经受一番无尽磨难。阳明生下后，有五年不开口说话（大概是一种小儿“自闭症”）。在这五年之中，王华为生计长年奔波在外任子弟师，阳明在瑞云楼，全靠郑母悉心照料，躬操家务。王伦设家塾授徒，清寒度日。在成化十年，王华又一次参加乡试，依旧落榜。他自己伤心地说：“成化甲午秋

[1]《陈书》卷二十六《徐陵传》。

[2] 按：古人将长颈鹿认作“麒麟”，而长颈鹿正是怀胎十四月生子。又传说尧母怀胎十四月生尧。故怀胎十四月而生是帝王贵人出世之象。说阳明怀胎十四月而生，亦是暗寓其为贵人降世，未必实有其事。“郑娠十四月”者，亦是暗示阳明为“石麒麟”下凡。

试，督学张时敏公首以华与谢公迁同荐。其年，谢发解，华见黜。”[1] 到成化十一年，王华被浙江布政使宁良聘为子弟师，远赴祁阳，客居梅庄书屋三载，课教宁良子宁竑。这时阳明在瑞云楼还没有开口说话，王华在祁阳任子弟师仿佛迎来了科举仕途上的一线希望之光。他自己在《瑞梦堂记》中谈到在祁阳的生活与梦遇说：

> 成化甲午秋试……明年，谢公状元及第。华时以方伯宁公良延课其子竑于梅庄书屋，夜梦归家，如童稚时逐众看迎春状，众舁白色土牛一，覆以赭盖，旌纛幡节，鼓吹前导，方伯昌黎杜公肩舆随，自东门入，至予家而止。既寤，与竑语之，竑曰：“牛，一元大武也；春，岁之首，而试之期也。状元，亦谓春元也。金，白色，其神为辛；牛之神，丑也。中之岁，其辛丑乎？（按：指成化十七年辛丑）鼓吹前导者何所谓华盖仪从送归第者也。送归第而以杜公从，意者，是岁京兆尹其杜公乎？”余笑曰：“噫！有是哉？子之言，殆隍中之鹿也。”及岁庚子，始领乡荐。辛丑，传胪第一，承制送归私第者，果杜公，始信梦之不诬。遂易“梅庄书屋”为“瑞梦堂”，而操觚为之记。

王华这篇《瑞梦堂记》作在他成化十七年中状元以后，实际是他后来的虚构与附会解释，他把梅庄书屋改名为“瑞梦堂”，正同他把莫氏楼改名为“瑞云楼”一样。他不过做了一个普通的梦，竟去向一个六七岁的幼童宁竑问卜吉凶，也使人感到匪夷所思。

[1] 王华：《瑞梦堂记》，见程时用：《风世类编》卷八。

后来周亮工更以夸饰之笔提到这件事说：

> 成化乙未，余姚谢文正公迁举进士及第，谢亦张公识拔士也。宁公移书慰公，以谢大魁语相勖。公谓宁氏子曰：“尊公念我潦倒，故以是语相劝勉，岂谓我真能尔尔乎？”比夜，公梦里中迎春牛，至其家，牛色白，导引鼓吹，如王者仪从，后以方伯杜公某殿焉。公觉而异之，因语宁氏子。宁年方髫龀，凝眸移时，再拜手额曰：“此先生状元兆也。”公诘所以，宁曰：“牛，谓一元大武；春牛者，春榜之元也。牛属丑，白主金，当作辛丑状元。”公曰：“王者仪从云何？”宁曰：“状元赐宴，撤殿前仪从一半送之。”公曰：“后之杜公云何？”宁曰：“闻京兆应随状元游街，意是年杜公其为京兆乎？”公笑曰：“子言何诞也？”宁曰：“异日自验。请为文以记之。”公笑曰：“验而后记，未晚也。”比庚子，公首乡荐；辛丑，成进士及第，亦不复记忆是梦矣。适游街，公马上顾盼，后乘果系杜公，杜是时果为京兆。公忽悟前梦，因大异之。宁喜其言验，题其斋曰“瑞梦堂”，索记于公。公因为《瑞梦堂记》以贻之。[1]

宁竑占梦，全不像一个六七岁幼童说的话，可见实无如此圆梦之事。王华依旧在梅庄书屋过着课督幼童宁竑的清寒日子。到成化十三年，王华在祁阳已经三年，又到了新一届的乡试，他才告别祁阳，回到余姚家中。这时阳明已开口说话，显示出颖异非凡的聪明睿智。有一天，他忽然诵读起了竹轩王伦读过的书，王伦惊

[1] 《书影》卷十。按：陆深《海日先生行状》叙此事更荒诞不可信。

奇地问他怎么会记诵的，他回答说："闻祖读时，已默记矣。"这件事使王伦坚信阳明确是天降的"神童"与"文曲星"，于是他把阳明改名为守仁，字伯安（并不是因神僧摩顶而改）。王华回到家里，又忙于秋试的大事，但出乎意料，他再一次落榜。因为阳明已能开口说话诵读，王华便不再外出做子弟师，而是留在家塾中课教阳明及一班王氏子弟。连阳明的叔父王德声也同阳明一起受王华家教。阳明后来有诗回忆这一段与王德声一同受王华家教的日子说：

送德声叔父归姚

守仁与德声叔父共学于家君龙山先生。叔父屡困场屋，一旦，以亲老辞廪归养。交游强之出，辄笑曰："古人一日养，不以三公易。吾岂以一老母博一弊儒冠乎？"呜乎！若叔父可谓真知内外轻重之分矣。……

犹记垂髫共学年，于今鬓发两苍然。
穷通只好浮云看，岁月真同逝水悬。
归鸟长空随所适，秋江落木正无边。
何时却返阳明洞，萝月松风扫石眠。[1]

阳明就在这一年多短暂的家教中学会了写诗作文。第二年，王华又携阳明外出四处任子弟师，阳明随父受教受学，接触了纷繁的社会现实，更增长了见识，这是阳明知识遽增与思想遽变的时期，小小年纪对佛、道已产生很大兴趣。大约在成化十四年岁终，王华与阳明归余姚过年，王伦又向阳明传授了《礼记》中的《曲

[1]《王阳明全集》卷二十。

礼》，阳明过目成诵。到成化十五年开春，王华又携阳明往海盐任子弟师，寓居在资圣寺的杏花楼。阳明生活在一个佛寺禅院的环境中，钟声梵音耳濡目染，滋长了他的好佛道的童心。他后来说自己从八岁时好佛老，沉溺在佛老异说中三十余年，就是指从资圣寺杏花楼中的生活开始的。他看到杏花楼上题有张宁的一首诗《资圣古杏楼赏花诗》：“何处招寻泛羽觞，高楼花近净年芳。荒村暮雨曾沽酒，梵境春风不出墙。老我重思曲江院，是谁今卧午桥庄？相逢尽是凭栏者，莫道偷闲过竹房。”阳明便也题壁大书了一首诗：

资圣寺杏花楼

东风日日杏花开，春雪多情故换胎。
素质翻疑同苦李，淡妆新解学寒梅。
心成铁石还谁赋？冻合青枝亦任猜。
迷却晚来沽酒处，午桥真讶灞桥回。[1]

后来在这一年冬间回余姚时，阳明又作了一首告别诗：

寓资圣僧房

落日平堤海气黄，短亭衰柳舣孤航。
鱼虾入市乘潮晚，鼓角收城返棹忙。
人世道缘逢郡博，客途归梦借僧房。
一年几度频留此，他日重来是故乡。[2]

---

[1] 《天启海盐县图经》卷三。按：《天启海盐县图经》于阳明此诗下注云：“王守仁幼从海日公授徒资圣寺，寺有杏花楼。”

[2] 《万历嘉兴府志》卷二十九。

阳明认为他来寓资圣寺杏花楼是一种"人世道缘"，海盐资圣寺成为他精神上的"故乡"。这二首诗成了阳明八岁始好佛老的标志与明证。三十年后他自悔说："吾亦自幼笃志二氏，自谓既有所得，谓儒者不足学。其后居夷三载……始自叹悔错用了三十年气力。"[1] 但这三十年的学佛道有得却还是永远积淀在了他的心理深层。

王华与阳明所以在成化十五年底离海盐回余姚，自是因为王华要参加来年的乡试。所以在成化十六年中，阳明在瑞云楼受竹轩王伦的家教，王华则全力准备秋中的乡试。这一次王华终于时来运转，他中了乡试第二名。蒋一葵谈到王华这次中举的曲折说：

> 李旻，字子阳，号东崖，钱唐人。与王华同庚，而长三十五日。庚子，考官取华为解首，监临谢御史嫌华白衣，乃更李。李、王皆营膳所正班，班主文者梦中得"一举中双元"之句，以为必无此事，后相继首擢。[2]

礼学是秘图王氏家族世代相传授的家学，王华与阳明都是以治《礼记》起家，相继考中了举人与进士。《礼记》中有《中庸》《大学》篇，所以《礼记》学又是同《四书》学贯通的。王华在这次乡试中崭露头角，充分显示了他在礼学上的真知卓见。他的《礼记》试卷论历代庙祭之礼，简要精当；他的《四书》试卷论井田制法，道出先王王制遗意；他的《第五问》论浙中赈荒救灾、修筑石塘之法，切于实用。这都表现出了他的礼学因时制礼、

[1] 《传习录》卷上。
[2] 《尧山堂外纪》卷八十八。

古为今用的实学特色，为考官所看中。王华的《礼记》学，是王伦传授给他的，王华以《礼记》中举而归，又更刺激王伦向阳明精心传授了全本《礼记》。后来阳明也以治《礼记》参加科考，无疑就是在这时由王伦给他打下了基础，王华给他提供了榜样。

第二年的春天，王华赴京师参加了会试。王华终于梦想成真，高中状元——廷试第一甲第一人。《成化十七年进士登科录》上是这样介绍状元王华的：

> 王华，贯浙江绍兴府余姚县民籍，儒士，治《礼记》。字德辉，行二，年三十六，九月二十九日生。曾祖与准，祖杰（国子生），父天叙，母岑氏。具庆下。兄荣，弟衮、冕、黼、黻。娶郑氏。浙江乡试第二名，会试第三十三名。

同时还详细记叙了这一届新科状元进士的殿试与荣耀恩赏，同王华梦中所见一样：

> 成化十七年三月十五日早，诸贡士赴内府殿试，上御奉天殿，亲赐策问。三月十七日早，文武百官朝服侍班。是日，锦衣卫设卤簿于丹陛丹墀内，上御奉天殿。鸿胪寺官传制唱名，礼部官捧黄榜，鼓乐导引出长安左门外，张挂毕，顺天府官用伞盖仪从送状元归第。三月十八日，赐状元朝服冠带及进士宝钞。三月二十日，状元率诸进士上表谢恩。三月二十一日，状元率诸进士诣先师孔子庙，行释菜礼。礼部奏请，命工部于国子监立石题名。

王华仍是以他家传的坚实深厚的礼学高中状元，但这里也有一个微妙的机遇成就了他的大魁天下的状元梦。施显卿谈到这件秘事说：

> 国朝成化辛丑科，山东刘珝在内阁，其西席（按：指塾师）乃余姚黄珣也。一日，刘使其子送柬于黄曰："汉七制，唐三宗，宋远过汉、唐者八事，亦可出乎?"黄答曰："但刻本常有之。"盖刘之意，欲西席详考，答策掇魁，而黄则未尽领会也。他日，黄之乡里王华来访，见案前此柬，意或为廷试策问也，归即操笔成篇。至日，果问此策，王遂大魁天下，而黄居第二。黄固不当漏泄此柬，而刘亦不意为他人所得也。此与东坡送柬与李方叔而为二章所得事颇相似。[1]

明代儒士在中举出仕之前好投达官公卿门下就做子弟师（塾师），本也有冀望在科举上近身得到达官公卿提携扶持的用意。刘珝是以户部尚书入阁的阁老，这一年的殿试策问题应就是他所出，他有意向塾师黄珣作了暗示，但却被王华看破天机，先有了思想准备。王华这篇策问对卷写得大气磅礴，融古通今，高屋建瓴，俯察古今治道大法。最引人注目的是，他从自己通贯礼学与《四书》学的思想出发，提出了"心学"，并用这种"心学"来论述三代以来的治道大法。他在文章一开首就提出了这种治天下的"心学"说：

> 臣闻人君之治天下，有体焉，有用焉。体者何？道是也；用者何？法是也。道原于天，而不可易，所以根柢乎法者也；

[1] 施显卿：《奇闻类记》卷三《得柬掇魁》。参见黄宗羲：《姚江逸诗》卷五《黄珣传》。

> 法因乎时，而制其宜，所以品节乎道者也。道立而法未备，则民生未遂，民患未除，未足以言治；法具而道未立，则纲常沦斁，风俗颓靡，又奚足以为治哉！故善为治者，不徒恃乎法，以制天下之人，要必本于道；而善为法者，不徒徇乎名，以诬天下之人，要必求其实焉。夏、商、周之所以致天下于大治者，以其有得乎此也；汉、唐、宋之所以治不古若者，以其胥失乎此也。然则今日欲究化理而求定论，亦惟遵三王之道，行三王之法，务使全体大用之毕举，而陋汉、唐、宋于不可为也，岂必外此而他求哉？……钦惟皇帝陛下睿智聪明，根于天性，宽仁庄敬，见于躬行。丕承一祖四宗之鸿图，默契二帝三王之心学，涵养深而天理明，历阅久而世故熟，是以十有八年之间，圣德日新，治效日隆……臣有以知陛下之心，其即古帝王好问好察、谋及士庶之心也。

心具万理，道、法本乎一心，所以王华把这种体用一原、道法兼资、名实相须的三代之法称为“心学”。这种“心学”就是强调人心是至虚至灵的本体，所以能应万事万物；心具众理，故天下大治在于一心；心为私欲所蔽，故必须正心以复心体之明；正心之要又在于意诚。他在策论最后详细论述这种“心学”说：

> 于道欲探精微之蕴，于法欲参其制作之详，于所谓名与实者，欲考求三代之所以相须而治，后世之所以不相须而治不古若者，臣以为此无他，在陛下一心转移间耳。盖人之一心至虚至灵，所以具众理者在是，所以应万事者在是。但为气禀所拘，物欲所蔽，其全体大用始有不明矣。陛下诚能先明诸心，复其本然之正，去其外诱之私，不为后世驳杂之政

> 所牵滞，不为流俗因循之论所迁惑，则于道也，必能探求其精微，而见于日用彝伦之间，莫不各有以尽当然不易之则矣……虽然，人君之治，固本于一心，而正心之要，尤在于意诚，《大学》曰："欲正其心者，先诚其意。"使意有不诚，则无以正其心而推于治矣。臣愿陛下穷理以致其知，存诚以立其本……则一理混融，万机密勿，将见体用兼全，本末具举。陛下今日之治道，与三王同一道心之精微；陛下今日之治法，与三王同一时中之妙用……[1]

王华的"心学"思想的特点，是以心具众理为本体，以诚意致知为工夫，通过正心去蔽以复心体，"先明诸心，复其本然之正"。王华这种复心的本体工夫论心学思想，正同明代心学思想崛起演变的历程合拍一致，接续了明初以来心学儒脉的发展进路。实际上，从明初起，理学已开始了从注重"性学"（人性）的研究向注重"心学"（人心）的研究的转型。从战乱生死中过来的朱元璋深感到"人心"败坏堕落的严重，远过于"人性"的败坏堕落，所以他带头提倡要治"心"，认为"人之一心，最难点检"，"心为身之主帅，若一事不合理，则百事皆废，所以常自点检"，"人心易放，操存为难"。因此他主张要"斋整心志，对越神明"，以实现人心的复明，"精白一心"[2]。朱棣亲自撰写了《圣学心法》，系统论述了圣人的心学心法，提出了修德以复心体之明的思想："万事必根于一心，先明诸心，立求其至，使本体复明，贯通透彻，无毫发之蔽。""修德以合天心。"[3] 认为万理具于吾心，

[1] 《成化十七年进士登科录》。
[2] 余继登：《典故纪闻》卷三。
[3] 朱棣：《圣学心法·序》。

通过正心以明天理，心与天合一，所以他强调说：“一心明，万理明；一心正，万理正。”“吾心既明，天地万物之理皆具于吾心。”[1] 王华在殿试卷中说的话几乎就是从《圣学心法》上引来的。明初统治者对复心的心法的重视与提倡，给心学的兴起带来了契机，明初的理学家已有转向注重说“心”与“心法”的倾向。刘伯温的心性论强调“主一心”[2]，主敬以明心、立心、养心、固心，主张默坐澄心、虚心观理的涵养心法[3]，已同后来陈白沙的“默坐澄心，体认天理”的心学宗旨相合。潜溪宋濂以心为理，提出了“六经皆心学”说，认为：“六经皆心学也。心中之理无不具，故六经之言无不该。六经所以笔吾心之理者也。是故说天莫辨乎《易》，由吾心即太极也；说事莫辨乎《书》，由吾心政之府也；说志莫辨乎《诗》，由吾心统性情也；说理莫辨乎《春秋》，由吾心分善恶也；说体莫辨乎《礼》，由吾心有天序也；导民莫过乎《乐》，由吾心备人和也。……因心有是理，故经有是言……然而圣人一心皆理也，在人理虽本具，而欲则害之，盖有不得全其正者，故圣人复因其心之所有而以六经教之……呜呼！圣人之道惟在乎治心。”[4] 故到永乐中，一方面有敬轩薛瑄揭起“复性”的旗帜，大力倡导程朱理学的性学；另一方面也有康斋吴与弼揭起“复心”的旗帜，开了明代心学的先河。到了康斋的弟子白沙陈献章，心学正式形成，自然也为王华所注目。尤值得注意的是，浙东本来就是一方有深厚心学传统的文化热土，在南宋时代，从杭州、绍兴、余姚到慈溪、宁波，都活跃着一群信奉

[1] 朱棣：《圣学心法》卷二《学问》。
[2] 《刘基集》卷十四《连珠·演连珠》。
[3] 《刘基集》卷一《郁离子》。
[4] 《潜溪前集》卷六《六经论》。

陆氏心学的学者，他们思想的特点就是把江西陆氏的心学同浙中的事功学结合起来，形成了一种独具特色的心学。"甬上四先生"杨简、沈焕、舒璘、袁燮，作为在浙中的陆学分派，他们好把陆学的默坐澄观、发明本心同浙学的推尊事功、功利行道结合起来。在余姚，也有一批尊信江西陆氏心学的学者，以胡崇礼为代表，相信陆氏形上心学所具有的形下事功的世俗功用，叶适描述他们热衷于做陆氏心学的默照澄观的向内工夫说："初，朱元晦、吕伯恭以道学教闽、浙士；有陆子静后出，号称径要简捷，诸生或立语已感动悟入矣。以故越人为其学尤众，雨并笠，夜续灯，聚崇礼之家，皆澄坐内观……士既成名，无不向重崇礼。"[1] 从王华的殿试卷看，他的心学也具有将陆氏心学与浙中事功学结合起来的色彩。阳明的心学原来也有秘图王氏的家学渊源，得以同陈白沙的心学取得了沟通。

王华的高中状元，整个改变了王华、阳明的生活道路。三月二十四日，朝廷授王华为翰林院编修。王华进入到朝廷权力结构的高层，阳明也走出了瑞云楼的狭窄天地。

格竹：在京师塾馆受教

成化十八年（1482 年）春中，在京的王华迎养竹轩翁王伦，王伦便携阳明一起赴京师。舟过镇江金山时，只见金山突兀耸立于大江之中，如中流砥柱，妙高峰下，千帆竞流，不尽长江滚滚

[1] 《水心文集》卷十七《胡崇礼墓志铭》。

东去。镇江守月夜来迎王伦，与一班骚人禅客登金山寺饮酒赋诗，众诗客都还未吟诵成篇，阳明已先在旁即兴口占了一首诗：

金山一点大如拳，打破维扬水底天。
醉倚妙高台上月，玉箫吹彻洞龙眠。

众骚人墨客都十分惊异，便叫阳明即景再赋蔽月山房诗，阳明又冲口吟了一首：

山近月远觉月小，便道此山大于月。
若人有眼大于天，还见山小月更阔。[1]

这首诗颇类似于禅家的机锋悟偈，是用山月的大小变化说明事无大无小，物非有非无，一切变化都是虚幻不实的假相，是人“心动”的着相。阳明以诗说禅，使人联想到禅家“月印万川”的故事。

阳明就这样带着一个神童才子的“光环”进入京师，居住在长安西街。王华供职的翰林院在长安东街，王华的官舍居地则在长安西街。长安西街有一著名的大坊叫长安街坊，简称长安街，又名时雍坊，王华、阳明就住在长安街坊中。[2] 这长安街坊正是

[1] 钱德洪：《阳明先生年谱》。

[2] 按：《光绪顺天府志·京师志》卷十三《坊巷》上云：“西长安街，中有坊曰长安街，井一。街南曰河漕沿，下有枯渠。”阳明即居长安街坊，邹守益说阳明“走长安街”，钱德洪说阳明“与同学生走长安街”，均指长安街坊，尤可见阳明是居住在长安街坊。盖长安街坊乃多为京官居住之地，故《光绪顺天府志》于“长安街坊”下特引王世贞《艺苑卮言》曰：“崔子锺好剧饮，尝五鼓踏月长安街，席地坐。李文正（东阳）时以元相朝天，偶过早，遥望之曰：‘非子锺耶？’崔便趋至舆傍，拱曰：‘吾师得少住乎？’李曰：‘佳。’便脱衣行觞，火城渐繁，始分手别。”这里说的“长安街”也指长安街坊。《光绪顺天府志》于其下又引石珤《熊峰集》云：“翰林编修李宗易建亭于时雍坊居第之后，名曰‘午风’，南城罗侍读景鸣隶书其上。”这里说的“时雍坊”也指长安街坊。

京城最热闹的繁华去处，佛刹道观林立，三教九流杂居。誉为"第一丛林"的大兴隆寺就在长安街坊北[1]，阳明就居住在大兴隆寺旁，大兴隆寺成为好佛道的阳明最喜欢来玩的地方。原来这大兴隆寺是创建于金世宗大定年间的古刹，原称庆寿宫。到元代改称大庆寿寺，因寺内建有两座巍峨壮丽的巨塔，所以寺又称双塔寺。明时高僧姚广孝就病逝于双塔庆寿寺。正统年间，大太监王振动用民役共二万余人大修双塔庆寿寺，花银数十万两，修造得金碧辉煌，寺前建高大牌楼，匾题"第一丛林"，改名大兴隆寺，又名大慈恩寺。自此大兴隆寺名冠京师，连皇帝都亲往寺中问经受法，称为"弟子"。朝中大臣也多好居住在大兴隆寺四周，地方大员与名贤应召进京也多住在大兴隆寺中，讲经说法。除大兴隆寺外，长安街坊一带还有五显庙、文昌阁、土地庙、关帝庙、火神庙、马神庙、城隍庙、张相公庙（河神）、鹫峰寺、灵济宫、显灵宫等，多是斗鸡走狗之徒、卖卦相命之士聚集活动的场所。像城隍庙市，规模尤盛大，孙国敉说："庙市者，以市于城西之都城隍庙而名也。西至庙，东至刑部街止，亘三里许。"（《燕都游览志》）城隍庙市成为相卜巫祝、商贩走卒、杂技戏耍、斗鸡玩鸟的最大交流活动市场。另外还有规模宏壮的朝天宫，是北京城内最大的皇家道观，与大兴隆寺齐名。朝天宫在宣德八年（1433年）建成后，宣宗就下诏命百官今后习仪于大兴隆寺与朝天宫中。成化十七年六月，就在王华高中状元任翰林编修、阳明来京师前一年之际，宪宗又大规模重修了朝天宫，亲洒宸翰作了一首御诗，刻石立碑于朝天宫，昭示天下："元气鸿濛帝所居，三清景界神所都。星辰环拱天之枢，风雷鼓荡天之隅。龟蛇蟠结昭灵符，文昌

[1] 按：《光绪顺天府志·京师志》卷十三《坊巷》上云："西长安街，中有坊曰长安街……北有双塔庆寿寺，金遗刹，详《寺观》。"双塔庆寿寺即大兴隆寺。

道化弥玄虚。诸祖通明如可呼，诸真妙应无时无。矜怜万姓本来愚，长养万物同洪垆。眷兹玄教匪妄传，古今崇事殊精虔。琳宫玉宇在在然，金身宝像霞光连。麒麟不断焚龙涎，胆瓶高插璚葩鲜。春祈秋报清灯前，朝瞻夕礼幡幢边。禁城西北名朝天，重檐巨栋三千间。创自我祖宣皇时，朕今承继载新之。辉煌不减先成规，神祇下上鸾凤随。百官预于兹肄仪，羽士日于兹祝釐。祝我祖庙明灵绥，祝我慈闱乐耆颐。祝我皇图民物熙，千秋万载无穷期。”[1] 阳明住在长安街坊，就生活在这样一个弥漫浓郁佛道氛围的环境中，大兴隆寺与朝天宫成为他学佛问道的两大去处。少年阳明也变得性格放逸，旷达不检，喜好任侠，骑马射箭，常出入于佛、道、相、卜的场合。湛若水说阳明“初溺于任侠之习；再溺于骑射之习；三溺于辞章之习；四溺于神仙之习”，“长而任侠，驰马试剑，古人出入。变化屡迁，逃仙逃禅”[2]，黄绾说他“性豪迈不羁，喜任侠……少喜任侠，长好词章、仙、释”[3]，就主要指阳明少时在京师的一段生活行事。邹守益在《王阳明先生图谱》中记叙阳明一次在长安街与相士争黄雀的事说：

一日，走长安街，弄一黄雀，见众拥听相语，因失之，遂撚相士须责偿。相士偿之，为之相曰：“须拂领，其时入圣境；须至上丹台，其时结圣胎；须至下丹田，其时圣果圆。”先生大笑，放其雀而归。自是对书静坐，思为圣学，而未得所入。公怪问曰：“不闻书声。”曰：“要做第一等事。”公曰：“舍读书登第，又何事耶?”对曰：“读书登第还是第二

[1] 《帝京景物略》卷四《西城内·朝天宫》。
[2] 湛若水:《阳明先生墓志铭》
[3] 黄绾:《阳明先生行状》。

等事，为圣贤乃第一等事。”[1]

古代相士有以黄雀衔牌算命的相法，阳明手中的黄雀就是作为衔牌算命用的。少年阳明思想性情的转变，表面上好像是因为相士给他算卦，说他有圣贤之命，从此他收敛身心，认真读书为圣贤之学。实际上主要还是王华给他请塾师，在塾馆中受正统儒家思想教育的结果。王华在阳明住京师的第二年（成化十九年）就把阳明送进了塾馆，邹守益在《王阳明先生图谱》中谈到阳明在塾馆最初受教的情况说：

（成化）十九年癸卯，龙山公命就塾师。督责过严，先生郁郁不怿，伺塾师出，率同学旷游，体甚轻捷，穷崖乔木，攀援如履平地。公知之，锁一室，令作经书义，一时随所授辄就，窃启钥以嬉。公归，稽课无所缺。久而察而忧之。

钱德洪在《阳明先生年谱》中谈到阳明在塾馆中受教育的思想转变说：

明年，就塾师。先生豪迈不羁，龙山公常怀忧，惟竹轩公知之。一日，与同学生走长安街，遇一相士，异之曰：“吾为尔相，后须忆吾言：须拂领，其时入圣境；须至上丹台，其时结圣胎；须至下丹田，其时圣果圆。”先生感其言，自后每对书辄静坐凝思。尝问塾师曰：“何为第一等事？”塾师

[1] 邹守益：《王阳明先生图谱》。参见钱德洪：《阳明先生年谱》。按：黄绾《阳明先生行状》只说“出游市上，与鬻雀者争。有相者目而异之，以钱买其雀与公，送归书馆”，比较含混。

曰：“惟读书登第耳。”先生疑曰：“登第恐未为第一等事，或读书学圣贤耳。”龙山公闻之，笑曰：“汝欲做圣贤耶！”

王华为阳明请的塾师，估计就是石谷吴伯通。据后来阳明写给吴伯通的信中说：

生自壬子岁拜违函丈，即羁縻太学……居先生门下，为先生谋，则不宜致叹如此……且尔先伸数载间阔之怀，以请罪于门下。伏惟大贤君子……仍赐收录，俾得复为门下士，岂胜庆幸感激哉！[1]

阳明尊称吴伯通为“先生”，自称为“门下士”，显可见吴伯通为阳明少时业师。吴伯通也是当时一大名儒，他从天顺七年（1463年）举进士到弘治元年（1488年）出任按察使，滞留京师二十余年，仕途乖蹇，其间可能开过塾馆授徒。王华把阳明送进了吴伯通的塾馆，阳明成了他的“门下士”。吴伯通尊信程朱理学，阳明在塾馆中主要接受程朱理学的教育。

就是在成化十九年阳明进塾馆受教这一年，在阳明的生活上发生了两件大事：一是他见到了心学大儒陈白沙，二是诸让把女儿诸氏许配给了他。先是见素林俊在京任刑部员外郎，同王华比邻而居，阳明认识了林俊兄弟，两家之间经常往来讲学论道。后来阳明在给林俊的信中提到这件事说：

执事孝友之行，渊博之学，俊伟之才，正大之气，忠贞

[1]《新刊阳明先生文录续编》卷二《奉石谷吴先生书》。

> 之节。某自弱冠从家君于京师，幸接比邻，又获与令弟相往复，其时固已熟闻习见，心悦而诚服矣。第以薄劣之质，未敢数数有请……[1]

所谓"幸接比邻"，就是指林俊也住在长安街大兴隆寺附近，与王华、阳明比邻而居，两家同处熟识，所以阳明得以同林俊兄弟经常往来论学，达到了对林俊"熟闻习见，心悦而诚服"的地步。就在阳明与林俊兄弟日日往来论学的时候，三月三十日，白沙陈献章应召到京，也居住在大兴隆寺中。陈白沙早年举乡试，后来三上公车不第，拜康斋吴与弼为师，归白沙林下习静论道三十载，成为一代心学大儒，祭酒邢让惊叹说："真儒复出矣!"成化十八年（1482 年），广东左布政使彭韶、巡抚右都御史朱英都荐举陈白沙入朝。陈白沙到成化十九年三月才进京，寓居在长安街坊的大兴隆寺。门人张诩在《白沙先生行状》中说："先生不得已遂起，至京师……祭酒某先生，同省人也，素忌先生重名，及至京师，使人邀先生主其家。已而先生僦居庆寿寺某寓之后，因修述阴令所比诬先生，学士某（张元正）见之不平，为削去。"[2] 后来陈白沙作《有怀故友张兼素》回忆自己寓居京师的情况说："万里长安看我病，夜阑两马出携灯。如今只有西涯在，宿草江边露满茔。"[3] 所谓"长安"就指长安街（坊）的大兴隆寺。陈白沙在京待了半年时间，而同他关系最密、日日讲论学问的，恰正是林俊。杨一清在《林公俊墓志铭》中说："陈白沙先

---

[1] 《王阳明全集》卷二十七《与林见素》。
[2] 见《陈献章集》附录二。
[3] 《陈献章集》卷六。

生以荐至京，日与讲学，大有所得。”[1]《杨园集》中载有《近古录》也说：“林司寇俊筮仕刑曹，陈白沙荐至京，公日与讲学有得。”林俊的《见素集》后附录有《编年纪略》说得更清楚：

> 十八年壬寅正月，秩满三载，敕进阶承德郎，封父菊庄公如其官，母黄、配方，俱安人。与白沙陈献章讲明理学。献章取至京师，久未有所处，公荐之尹冢宰旻，旻为具题，寻有检讨之命。

林俊所以能够同陈白沙在一起日日讲学论道，显然是因为他与陈白沙比邻而居。而阳明又同林俊比邻而居，当林俊同陈白沙日日讲学论道的时候，也恰当阳明经常出入于林俊家问学问道的时候，自然常会看到林俊与陈白沙两人讲学论道的情景，所以阳明说的“熟闻习见，心悦而诚服”，自然包括他对林俊与陈白沙两人讲学论道的“熟闻习见”。从王华方面说，他也更能见到陈白沙，因为这次陈白沙以心学大儒应诏入都，海内瞩目，他在京师的半年中，公卿大夫“日造其门数百，咸谓圣人复出”[2]。王华信奉心学，是必然要拜访这个比邻而居的心学大儒的。王华与林俊以都尊信心学交游相好，多有往来，林俊荐陈白沙为翰林检讨，而王华任翰林编修，他与陈白沙肯定会在翰林院中相见的。陈白沙住在大兴隆寺达半年之久，王华更可以常携阳明登门拜访陈白沙。王华、阳明认识陈白沙，还可以从第二年白沙门人张诩进京考中进士进一步得到证实。成化二十年的会试，王华任廷试弥封官，

[1]《国朝献征录》卷四十五《荣禄大夫太子太保刑部尚书见素林公俊墓志铭》。
[2] 见阮榕龄：《编次陈白沙先生年谱》。

阳明侍父龙山公为考官，入场评卷。而白沙门人东所张诩就在这年奉师命参加会试中进士，他实际是王华的"门生"，在场屋中同王华、阳明相识。后来张诩在弘治十八年入京师将《白沙先生全集》赠王华、阳明，也可见阳明与张诩很早熟识，可以说张诩是阳明最早结识的白沙弟子。阳明为什么一生尊仰陈白沙，从早年立白沙的"默坐澄心，体认天理"为座右铭，踏上心学之路，到晚年立白沙的《题心泉》为座右铭，发明"九声四气歌法"，由此可以得到完全的说明。

阳明在京师接受的思想十分驳杂，但他思维活跃，显露了他机敏过人的才华，被介庵诸让一眼看中，欣然把女儿许配给他。诸让是余姚人，与王华早相识，两人定为金石之交。他在成化十一年就中了进士，《成化十一年进士登科录》上介绍他说："诸让，贯浙江绍兴府余姚县官籍，国子生，治《礼记》。字养和，行十一，年三十七，七月十二日生。曾祖和仲，祖胜仲，父浩（封刑部主事）。母方氏（赠太安人），继母叶氏。严侍下。兄谔、正（按察司佥事）、詠、谌、谏（贡士），弟谧。娶张氏。浙江乡试第三十四名，会试第五十六名。"成化十九年，诸让任吏部郎中，在八月命主考顺天府乡试，来见王华，看中了正在嬉戏的阳明，当场定下将女儿许配给他。阳明后来在《祭外舅介庵先生文》中提到这件事说：

> 公与我父，金石相期。公为吏部，主考京师。来视我父，我方儿嬉。公曰尔子，我女妻之。公不我鄙，识我于儿。服公之德，感公之私。[1]

[1] 王守仁：《祭外舅介庵先生文》，见《姚江诸氏宗谱》卷六。

自此阳明也受到诸让的教诲。但不幸的是阳明母郑氏在第二年去世，诸让也以外舅的身份致书来慰问。阳明自己说：“悯我中年，而失其慈。慰书我父，教我以时。”[1] 王华将郑氏归葬余姚穴湖。成化二十一年，王华在京娶了继室赵氏，侧室杨氏。这时赵氏方十七岁，阳明十四岁，也已定婚待娶，自称是“中年”人，意思是说过了少年。后世说赵氏对幼童阳明养育爱抚无微不至是不符事实的。钱德洪谈到赵氏的贤妻良母的形象说：

> 夫人受性孝谨，年甫及笄，不出闺阁，异姓兄弟鲜见其面，有古闺门之肃焉。既归龙山先生，恭顺日茂，相待如宾友，有古馌耨之敬焉。妾媵虽众，恒事绩纺，诸子劝沮，愀然不乐，深示戒辞，有古主绩之俭焉。人苟非己子，絜芦而守，奈阳明幼年倜傥，庭训甚严，夫人曰：“此儿聪慧，后当大成。”委曲保育，无所不至，不慈而能之乎？人苟欲利己，分荆而斗禽，伯叔早逝，遗孤咸幼未大，夫人念之不置也，乃携入京师，抚若己出，不义而能之乎？人苟欲私国，摄隐以俟桓，龙山先生为少宗伯时，例应荫子入监，时守文幼，守俭虽长，庶出也，先生欲迟之，以属守文，夫人曰：“守俭独非吾子邪？”不公而能之乎？[2]

这都是说的后来的事。阳明这时主要在塾馆受教，王华对他庭训甚严。到成化二十二年，阳明在塾馆已经受教有成，自以为学得了宋儒格物穷理之学，有做圣贤之分。但儒家内敛的心性之学并没有消磨掉他好骑马射箭、文韬武略的倜傥放逸的性格，反

[1] 王守仁：《祭外舅介庵先生文》。
[2] 《泾野先生文集》卷五《寿诰封一品夫人王母赵内君六十序》。

而使他更沉浸于读兵书，习兵法，关注天下兵事，慨然兴起了经略四方之志。他后来回忆自己童年时好读兵法方志之书说：

> 高平即古长平，战国时秦白起攻赵，坑降卒四十万于此，至今天下冤之。故自为童子，即知有长平。慷慨好奇之士，思一至其地，以吊千古不平之恨而不可得。或时考图志，以求其山川形势于仿佛间。予尝思睹其志，以为远莫致之，不谓其无有也。[1]

这里说的"童子"，就指他在京师塾馆受学之时。对兵书方志的爱好，形成了他作战注重考察山川形势的兵法思想。就在这一年，朝中政局动荡，内忧外患加剧，北边战事紧张，农民起义四起。大约在春夏间，漠北鞑靼别部那孩率三万人马入侵大宁、金山，直达老河，攻杀三卫头目伯颜等人，掳掠人畜数以万计，三卫百姓扶老携幼大逃亡。边寇入侵事飞传入京中，王华、阳明都自然会听到的。朝廷大臣对边患无计可施，连巡抚甘肃的右副都御史唐瑜上备边方略疏，竟也都是些迂腐谬说，被罚夺俸三月。大概就是受到这些边寇入侵事件的刺激，阳明胸中生起了要学"马伏波"征讨边寇、建功立业的豪情壮志。有一次他梦见自己南征来到了广西的马伏波庙，在庙壁大书了一篇题辞、一首题诗：

题　辞

铜柱折，交趾灭，拜表归来白如雪。

---

[1] 《王阳明全集》卷二十九《高平县志序》。

题　诗

拜表归来马伏波，早年兵法鬓毛皤。
云埋铜柱雷轰折，六字铭文永不磨。[1]

这自然是因为他在平时的读兵书、习兵法中对征讨边寇已有过深入的思考，所以才会在梦境中显现自己南征题诗的情景。他决定学南征交趾的马伏波出关外考察边情。大约在秋中，他一人潜出居庸关，考察山川形势，四处寻访少数民族居住的群落，探明造堡备御之策，逐胡儿骑射之法，一个多月后他才返回京师。这是为他上书朝中宰辅陈述消弭边患的实战方略做了准备。阳明又看到边患寇侵的严重是同流民起义的炽燃交织在一起的，从正月起，就有广西瑶民发动大规模的叛乱，攻城掠地。贵州也有一万多苗民起来闹事。连京畿地带也爆发了石英、王勇的叛乱，惊动朝廷。阳明又想学做请缨的“终童”，作书献于朝廷，自请往征石英、王勇叛乱。后来王华怒斥他太“狂”，书终于未上。阳明“经略四方”的努力未成功，自此他更沉潜在塾馆研习程朱理学，遍求朱熹遗书苦读，学宋儒格物之学。朱熹说理在物中，须格物穷理。阳明便试着想要实践去格天下之物。有一天，他坐在书斋，面对窗外亭前几株绿竹，想要格竹子中的“理”，他坐在窗前格“竹”了七天，竹子之“理”没有格到，自己反而生了一场大病。这件格“竹”之事，记载在黄直编的《阳明先生遗言录》中，说：

某年十五六时，便有志圣人之道，但于先儒格致之说，

[1] 《董汉阳碧里后集·杂存·铜柱梦》。参见钱德洪《阳明先生年谱》与邹守益《王阳明先生图谱》。

> 若无所入，一向姑放下了。一日，寓书斋，对数茎竹，要去格他理之所以然，茫然无可得，遂深思数日，卒遇危疾，几至不起。乃疑圣人之道恐非吾分所及，且随时去学科举之业。既后心不自已，略要起思，旧病又发，于是又放情去学二氏之学。[1]

《传习录》中也有记录说：

> 众人只说格物要依晦翁，何曾把他的说去用？我着实曾用来。初年，与钱友同论做圣贤，要格天下之物，如今安得这等大的力量？因指亭前竹子，令去格看。钱子早夜去穷格竹子的道理，竭其心思，至于三日，便致劳神成疾。当初说他这是精力不足，某因自去穷格。早夜不得其理，到七日，亦以劳思致疾。遂相与叹圣贤是做不得的，无他大力量去格物了。[2]

阳明说的“钱友同”，应就是在京塾馆中的同学。两人格“竹”，显然都误解了朱熹的格物穷理之说。朱熹说的格物穷理，是认为事事物物各具其理，一草一木都有其理，这个“理”是指事物发展运动变化的规则，他称为“理则”“物则”“物理”；所谓格，就是去探究、穷究事物的发展运动变化的规则的意思。如朱熹举例说，农作物都有自己的生长规律，它什么时候播种，什么时候

[1] 黄直编：《阳明先生遗言录》下，又见《续传习录》。按：《续传习录》见郜永春《皇明三儒言行要录·阳明先生要录》卷二《语录》下，其中“筮”作“茎”，乃是。

[2] 《传习录》卷下。

生根发芽，什么时候开花结实，什么时候施肥，什么时候浇水，什么时候收割等，都有一定的规律，这就叫农作物的生长之“理”与种植之“理”，所谓格物穷理，就是去到种植的实践中认识探究农作物的种植生长的规律，并不是说农作物（包括竹）的体内有一个什么看得见、摸得着的“理”这个东西存在，可以看到它，把它格出来。阳明与钱友同坐在那里痴痴盯着“竹”看，这并不叫“格”，当然也格不出一个看得见、摸得着的“理”这个东西。反过来说，如果像心学家说的“理”不在物中，而在心中（心即理），那么去心中格物，痴痴盯着“心”看，就更不可能看到和格出竹之“理”这个东西了。所以阳明格竹的失败只反映了他对朱学的误解，而不是表现了他对心学的觉悟。格竹的失败，使阳明对朱学感到了失望怀疑，以为自己做圣贤无分，他没有转向心学，而是转向了科举之业与辞章之学，钱德洪说“先生自委圣贤有分，乃随世就辞章之学”[1]，阳明自己也说“乃疑圣人之道恐非吾分所及，且随时去学科举之业”。

阳明格竹的失败，在阳明少年思想的发展转变上有重要意义。总的来看阳明在京师塾馆受学的五年，是阳明思想曲折剧变的时期，他从好佛老之学转向了信程朱理学，又从好程朱理学转向了习科举之业与辞章之学，又恢复了对佛老二氏的耽迷。格竹是他的思想转变历程上的一个关节点。格竹失败，他对程朱理学表示了怀疑，自认无做圣贤之分；上书不成，“经略四方”的路也行不通。留下来的也只有习举业，走科举入仕之路了。就在阳明格竹的第二年，王华在二月充会试同考官，这一科得名贤尤多，像文森、石珤、刘春、吴廷举、李堂、杨子器、杨廉、罗玘、费宏、

[1] 钱德洪：《阳明先生年谱》。

夏锿、傅珪、蒋冕、潘府等人，都成了王华的“门生”，阳明也就是在这时同他们相识，在后来的一生中阳明都同他们打交道往来。他们的高中进士也激励了少年阳明科举入仕的雄心。八月十九日，宪宗卒，九月六日，孝宗即位。新帝登极，朝中出现更化升平的新气象，明年就是大比之年，阳明在塾馆中也坐不住了。正好这时他在塾馆五年学满。大约在冬间，阳明结束了塾馆学业，告别寓居五年的京师归余姚，开始了他的科举入仕之路。

归居余姚
——习举业之路

在弘治新帝的太平盛世下，唯有科举是天下士子梦寐以求的入仕的第一正途。但十六岁的阳明还只是一个塾馆童生，王华原打算自己任京官可望荫一子入监，让阳明进太学，但宪宗去世，他的这个愿望一时不能实现，只能让阳明走科举入仕一路。他所以在成化二十三年命阳明归余姚，实际就是要他入余姚县学，成为县学诸生的“秀才”，取得下一届乡试考试的资格。阳明奉父命归余姚，居住在秘图王氏故居。他归来的第一件事，就是先赴洪都完婚。这时诸让在洪都任江西布政司参议，书来招亲，王华对阳明说：“尔舅有命，尔则敢迟？”[1] 于是在弘治元年七月，阳明只身远赴洪都去见诸让，在布政使司官署中献纳了彩礼。他就在诸让居住的官舍中同诸氏完婚。据说结婚那天，阳明却走入

[1] 王阳明：《祭外舅介庵先生文》。

有名的铁柱宫，与宫中道士对坐谈养生修炼之道，谈到深夜不归，把新娘冷落在洞房。诸让派人去寻找不见，阳明到第二天早上才回来。这件离奇的故事，除了钱德洪在《阳明先生年谱》中有记载外，阳明的弟子汉阳董穀还有一段更详细的叙述：

> 阳明壮年受室时，以妇翁宦江西，因往焉。一日，独游铁柱观，至一静室中，见一老僧，坐与语相得，僧乃出书一编，授先生而别。且曰："三十年后再相见。"后平宸濠，入洪都，复往游焉。老僧尚在，以诗遗先生曰："三十年前曾见君，再来消息我先闻。君于生死轻毫末，谁把纲常任半分？穷海也知钦令德，老天应未丧斯文。东归若到武夷去，千载香灯锁白云。"先生亦有和章，今失记。昔所授编，亦竟不知何书也。[1]

钱德洪与董穀所记，显然都本自陆相的《阳明山人浮海传》，本不足信。[2] 董穀明确讲阳明往铁柱宫与道士谈道不是发生在新婚之夜，因此说阳明在南昌一日入铁柱宫与道士谈养生之道是完全可能的，但说阳明新婚之夜入铁柱宫与道士谈养生之道不归则显然是虚妄之说。阳明自称在格竹失败后又沉迷于佛老二氏之学，“旧病又发，于是又放情去学二氏之学”，所以他在南昌往铁柱宫与道士谈养生修炼之道并不奇怪。

新婚的阳明在南昌居住了一年半的时间。在这一段新婚日子中，他主要在布政司的官署中读书习字，书法大进。这自然都是为他以后参加科举考试做准备，但是他把读书写字同程朱理学的

---

[1] 《董汉阳碧里后集·杂存·铁柱老僧》。
[2] 按：详考见《王阳明年谱长编》。

格物穷理思想结合起来，钱德洪谈到阳明在南昌的读书习字说：

> 官署中蓄纸数箧，先生日取学书，比归，数箧皆空，书法大进。先生尝示学者曰：“吾始学书，对模古帖，止得字形。后举笔不轻落纸，凝思静虑，拟形于心，久之始通其法。既后读明道先生书曰：‘吾作字甚敬，非是要字好，只此是学。’既非要字好，又何学也？乃知古人随时随事只在心上学，此心精明，字好亦在其中矣。”后与学者论格物，多举此为证。[1]

阳明说的“对模古帖”，主要就是临摹唐僧怀素的字帖。有一次他临摹了怀素的《自叙帖》，在后面题一跋说：“弘治二年，伯安王守仁临僧怀素书于茶铛书斋。”[2] 书学怀素，对这时好佛道的阳明也产生了很大影响，后来阳明把自己从弘治五年到正德元年在京师所作的诗文集为一编，题名《上国游》，就是本自怀素《自叙帖》说的“西游上国，谒见当代名公，错综其事”，他是把自己比为上国游的怀素了。

这时王华在朝任官也渐有起色，他先在弘治元年闰正月被命预修《宪宗实录》，充经筵讲官。到弘治二年，他秩满九载，大有升迁的希望。但在冬间却传来了王伦病危的消息，他马上移病不出。朝廷遣人来促他任职，亲友也劝他先出任迁官再说，王华回答说：“亲有疾，已不能匍匐侍汤药，又逐逐奔走为迁官之图。须家信至，幸而无恙，出岂晚乎？”阳明在南昌得知王伦病危，马上在十二月偕夫人诸氏归余姚。引人注目的是，他在舟过广信时，

---

[1] 钱德洪：《阳明先生年谱》。
[2] 按：阳明此书真迹在“说宝网”上公布，参见《王阳明佚文辑考编年》。

拜访了一斋娄谅。因为娄谅的长子娄性与王华为同年，王华同娄谅、娄性早已相识。娄谅是康斋吴与弼的弟子，同陈白沙不同，仍是一个尊信程朱理学的正统大儒。学以朱熹的主敬穷理为主，他曾花重金抄录一部古本《朱子语类》，说：“吾道尽在此矣!”[1] 他对来访的阳明，从思想上对症下药，一说宋儒格物之学，二说圣人可学而至。钱德洪说：“先生以诸夫人归，舟至广信，谒娄一斋谅，语宋儒格物之学，谓‘圣人必可学而至’，遂深契之。”[2] 湛若水说：“十七年闻一斋‘圣人可学’之语，曰：‘其有所启之矣。’”“志学逾二，广信馆次，娄公一言：圣学可至。”[3] 阳明在格竹失败后，正是一对宋儒格物之学感到失望，二自认做圣贤无分，娄谅的教导正抓住了阳明的这两个“心病”，所以使阳明“遂深契之”，就是说，他又恢复了对做圣贤与宋儒格物之学的信心。当然，这也是阳明要成功走科举入仕之路所必需的信念。

阳明在十二月回到余姚。王伦在弘治三年正月去世，王华也在正月自京奔丧回余姚，葬竹轩王伦于穴湖山，庐墓守丧。丁忧期间，王华又有时间对阳明及王氏宗人子弟亲友进行家教。住在秘图王氏家族故居中，阳明与从姑父牧相，从叔王冕、王阶、王宫，太叔王克彰，从叔王德声都一起进入王氏家塾受教，王华课督他们讲析经义，勤读经子史书，实际主要是在为下一届的乡试做准备。阳明在习举业中，更加关注身心之学，收敛了往昔放逸不羁的习气。钱德洪描述这时阳明在王氏家塾中的受教说：

---

[1] 《夏东岩先生文集》卷五《娄一斋先生行实》。
[2] 钱德洪:《阳明先生年谱》。
[3] 湛若水:《阳明先生墓志铭》。

> 明年，龙山公以外艰归姚，命从弟冕、阶、宫及妹婿牧相，与先生讲析经义。先生日则随众课业，夜则搜取诸经子史读之，多至夜分。四子见其文字日进，尝愧不及，后知之，曰："彼已游心举业外矣，吾何及也！"先生接人故和易善谑，一日悔之，遂端坐省言。四子未信，先生正色曰："吾昔放逸，今知过矣。"自后四子亦渐敛容。[1]

王克彰、王德声也得以再来受王华家教。石川王克彰在秘图王氏家族中辈分最高，阳明称他是"吾宗白眉"，钱德洪说："克彰号石川，师之族叔祖也。听讲就弟子列，退坐私室，行家人礼。"[2]王克彰初从王华受学，后又从阳明受学，终身未仕，所以阳明后来说："石川叔公，吾宗白眉。遂所论或不能无过，然其志向清脱，正可以矫流俗污下之弊。今日又日夕相与，最可因石川以求直谅多闻之友，相与讲习讨论。"[3]

就在这一年，阳明的塾馆业师石谷吴伯通来任浙江提学副使，提督学政，阳明得以顺利进入了余姚县学。阳明后来在给吴伯通的信中说：

> 生自壬子岁拜违函丈，即羁縻太学，中间余八九年，动息之所怀仰，寤寐之所思及，其不在函丈之下者，有如白日……居先生门下，为先生谋，则不宜致叹如此……仍赐收录，俾得复为门下士，岂胜庆幸感激哉！[4]

---

[1] 钱德洪：《阳明先生年谱》。
[2] 《王阳明全集》卷二十六《与克彰太叔》题下。
[3] 王守仁：《与弟书》，《辛丑消夏记》卷五。
[4] 《新刊阳阳先生文录续编》卷二《奉石谷吴先生书》。

所谓“壬子岁拜违函丈”，就指阳明弘治五年秋中乡试后拜别吴伯通赴京师来年会试。在此之前吴伯通来任浙江提学副使，选拔阳明入余姚县学为诸生，取得了弘治五年乡试的资格，所以阳明称自己为“门下士”。《万历杭州府志》上谈到吴伯通的拔识县学诸生说：

> 吴伯通，字原明，四川广安州人。天顺甲申进士。弘治三年，擢浙江提学副使。覃精百家，尤粹于性命之学。严立科条以督诸士，诸士亦严事之。甄别精当，善奖进人，如胡端敏、孙忠烈、秦从简辈，皆识拔于畴伍中，以国器期之，后皆树忠节，以功德知名当世。[1]

所谓“畴伍”，就指浙江府县学中的诸生（诸士），这里提到了胡世宁、孙燧、秦文，却把最重要的王阳明遗漏了。

从弘治三年到五年，阳明都是在余姚县学中习举业，学性命之学，同吴伯通关系密切，学问思想大进。他充满信心参加了弘治五年八月在杭州举行的乡试。弘治五年的浙江乡试，正是由吴伯通负责，凡得到他拔识的诸士都高中了举人。张瀚在《松窗梦语》中提到吴伯通在这次乡试中选拔诸士的内情说：

> 胡端敏（世宁）为诸生，寄籍昌化。督学使（吴伯通）得公卷，奇之，曰：“小邑安得有此异才？”乃批云：“草里灵芝，鸟中丹凤。”后询知为仁和人，乃曰：“吾固知非此中士。”因期以解首。胡云：“尚不如姚江之王守仁。”督学云：

[1] 《万历杭州府志》卷六十二《名宦》。

> "王亦可首。"又云："尚不如天台之秦文。"督学云："此小有才，不能大用也。"后秦举第一，胡第二，王第六。后秦无建立；王执宸濠，封新建伯；胡豫发宸濠奸，位至大司马。[1]

王世贞专门谈到了浙江弘治五年乡试中举的"三杰"说：

> 浙江壬子举人为余姚孙公燧、钱唐胡公世宁、余姚王公守仁。宸濠之变，胡公以按察副使指其渐，孙公以巡抚右副都御史殉其节，王公以提督右副都御史戡其乱。胡至太子太保、兵部尚书，赠少保，谥端敏；孙赠礼部尚书，谥忠烈；王封新建伯，赠侯，谥文成。[2]

实际这次浙江乡试还发生了不小的风波，刘世节在《刘忠宣公年谱》中谈到这场场屋风波说：

> 弘治五年壬子，公（刘大夏）为浙江左布政使……是年浙江乡试，至期大雨如注，贡院号舍皆漂流。诸生避雨，悉奔公堂。按察使令逐之，诸生急，乃投瓦砾掷按察，按察走匿，堂阶哄然。监临大惧，欲易明日覆试。公曰："非制也。且雨骤，势必晚霁。"乃令一武官立案上传言："诸生宜各自度，拭目可决第者留，否者出。"诸生皆听如公言，已而出者云涌，监临惧，以为遂空群矣。薄暮雨止，诸生请烛者尚八百余众，方喜公处分得宜。是岁就试者既少，主司精于检阅，

[1]《松窗梦语》卷六《感遇记》。
[2]《弇山堂别集》卷三《王子浙江三仁》。

> 得人最盛，而王守仁、胡世宁、孙燧俱出门下云。

场屋闹事，淘汰了平庸考生，阳明终于脱颖而出，他不仅是吴伯通的门人，而且还是刘大夏的“门生”。这一科乡试依旧“得人最盛”，除了胡世宁、孙燧外，还有秦文、陈璠、程文楷、郑满、魏朝端、张文渊（疑即张体仁）、陆偁、姚镆等人，后来都名闻当世，同阳明关系密切。单是余姚一县，就有韩廉、姜荣、魏朝端、吴天祐、诸文实、杨忭、陆唐、闻人才、朱跃、杨祐、方玺、诸忠、杨梁等十五人中举，为余姚争得了“人文荟萃”的声誉。

弘治五年的乡试中举，不仅是阳明科举出仕之路上的一个转折点，而且也显示了他在思想发展之路上达到了一个新的高度。他的《四书》试卷，鲜明地表明他在四书学思想上已经成熟。最引人注目的是他的论“心”的“《论语》卷”（“志士仁人一节”），发“心体光明”“心有定主”之说，令人耳目一新，涤心荡胸，眼界大开。文章说：

> 圣人于心之有主者，而决其心，德之能全焉。夫志士仁人皆心有定主，而不惑于私者也。以是人而当死生之际，吾惟见其求无愧于心焉耳，而于吾身何恤乎？此夫子为天下之无志而不仁者慨也，故言此以示之，若曰：天下之事变无常，而死生之所系甚大，固有临难苟免而求生以害仁者焉，亦有见危授命而杀身以成仁者焉。此正是非之所由决，而恒情之所易惑者也。吾其有取于志士仁人乎？夫所谓志士者，以身负纲常之重，而志虑之高洁，每思有以植天下之大闲；所谓仁人者，以身会天德之全，而心体之光明，必欲有以贞天下之大节。是二人者，固皆事变之所不能惊，而利害之所不能

> 夺，其死与生，有不足累者也。是以其祸患之方殷，固有可以避难而求全者矣。然临难自免，则能安其身，而不能安其心，是偷生者之为，而彼有所不屑也。变故之偶值，固有可以侥幸而图存者矣，然存非顺事，则吾生以全，吾仁以丧，是悖德者之事，而彼有所不为也。彼之所为者，惟以理欲无并立之机，而致命遂志以安天下之贞者，虽至死而靡憾；心迹无两全之势，而捐躯赴难以善天下之道者，虽灭身而无悔。当国家倾覆之余，则致身以驯过涉之患者，其仁也，而彼即趋之而不避，甘之而不辞焉，盖苟可以存吾心之公，将效死以为之，而存亡由之不计矣；值颠沛流离之余，则舍身以贻没宁之休者，其仁也，而彼即当之而不慑，视之而如归焉，盖苟可以全吾心之仁，将委身以从之，而死生由之勿恤矣。是其以吾心为重，而以吾身为轻，其慷慨激烈以为成仁之计者，固志士之勇为，而亦仁人之优为也。视诸逡巡畏缩而苟全于一时者，诚何如哉！以存心为生，而以存身为累，其从容就义以明分义之公者，固仁人之所安，而亦志士之所决也，视诸回护隐伏而觊觎于不死者，又何如哉！是知观志士之所为，而天下之无志者可以愧矣；观仁人之所为，而天下之不仁者可以思矣。[1]

阳明论志士仁人视角独特，他是以“心”说“志士仁人”，以“心学”说仁学。在他看来，心是光明的本体，所以能正天下，“贞天下之大节”。心是身主，圣人心有定主，所以能德全至善；志士仁人心有定主，所以能行仁仗义，不惑于公私。仁就是德全，

[1] 《钦定四书文·化治四书文》卷三。

就是天德，因此心即仁，所谓志士仁人，就是能与仁心合德者，所以他说：“所谓仁人者，以身会天德之全，而心体之光明，必欲有以贞天下之大节。”心体要光明，心要有定主，必须要做“存心”的修养工夫，存心就是安心，通过存心“以全吾心之仁”，“以存吾心之公”，“以安其心”，即复心体之光明。显然，这种“心学”贯穿在他对志士仁人的整个论述中，同王华在殿试卷中提出的“心学”如出一辙。心学是王华的家学，这种心学思想虽然同阳明后来提出的心即理的心学与致良知的心学还距离甚远，但它却是后来这种心学的初始萌芽与源头，表现出了他由传统对“人性”复归的召唤转向对“人心”复明的深切关注。只是这种心学的锋芒被他这时勤修的宋儒格物之学所掩盖，所以在《中庸》卷（“诗云鸢飞戾天一节”）中，他转而用程朱理学的“理一分殊”来论述“鸢飞戾天，鱼跃于渊”的思想，说：

> 《中庸》即《诗》而言，一理充于两间，发费隐之意也。盖盈天地间皆物也；皆物，则皆道也。即《诗》而观，其殆善言道者，必以物欤？今夫天地间，惟理气而已矣，理御乎气，而气载乎理，固一机之不相离也，奈之何人但见物于物，而不能见道于物；见道于道，而不能见无物不在于道也。尝观之《诗》，而得其妙矣，其曰：“鸢飞戾天，鱼跃于渊。”言乎鸢鱼，而意不止于鸢鱼也；即乎天渊，而见不滞于天渊也。为此诗者，其知道乎？盖万物显化醇之迹，吾道溢充周之机。感遇聚散，无非教也；成象效法，莫非命也。际乎上下，皆化育之流行；合乎流行，皆斯理之昭著。自有形而极乎其形，物何多也，含之而愈光者，流动充满，一太和保合而已矣；自有象而极乎其象，物何赜也，藏之而愈显者，弥

> 漫布濩，一性命各正而已矣。物不止于鸢鱼也，举而例之，而物物可知；上下不止于天渊也，扩而观之，而在在可见。是盖有无间不可遗之物，则有无间不容息之气；有无间不容息之气，则有无间不可乘之理。其天机之察于上下者，固如此乎?[1]

阳明认为，盈天地之间皆理，盈天地之间皆物，所以道（理）即物，物即道（理）。天地之间唯有一道运行，一理充盈于宇宙，理御于气，气载于理。这正是程朱说的"理一分殊"。因为理在物中，所以须即物观道，格物穷理，故他强调说："人但见物于物，而不能见道于物；见道于道，而不能见无物不在于道也。"这就是朱熹说的"分殊体认"。阳明就用这种"理一分殊"解说"鸢飞戾天，鱼跃于渊"，认为这两句诗是形象描述"万物显化醇之迹，吾道溢充周之机"，表现道在天地之间的上下化育流行，显现道由有形到无形、由有象到无象的流布充盈。这篇《中庸》试卷，显示了二十一岁的阳明在认识程朱理学上所达到的高度。

乡试中举，成为阳明人生道路上的一个新起点。十二月，他离余姚赴来年会试入京师。这时诸让也正好服阕起复入朝，给了阳明极大鼓励。阳明说："公既服阕，朝请于京。我滥乡举，寻亦北行。见公旅次，公喜曰甥，尔质则美，勿小自盈。"[2] 弘治六年二月，他参加了会试。意外的是他却南宫下第。据钱德洪与林俊说，他大概是遭忌者落榜。钱德洪在《阳明先生年谱》中说：

> 明年春，会试下第，缙绅知者咸来慰谕。宰相李西涯戏

[1] 《钦定四书文·化治四书文》卷四。
[2] 王守仁：《祭外舅介庵先生文》。

> 曰：“汝今岁不第，来科必为状元，试作《来科状元赋》。”先生悬笔立就。诸老惊曰：“天才，天才！”退有忌者曰：“此子取上第，目中无我辈矣。”

看来阳明过于锋芒毕露，被忌者所黜落。但阳明并没有气馁，四月，他出京归余姚时，又是诸让给了他很大鼓励，阳明后来说：

> 南宫下第，公弗我轻。曰利不利，适时之迎。屯蹇屈辱，玉汝于成。拜公之教，夙夜匪宁。从公数月，启我愚盲。我公是任，语我以情。此职良苦，而我适丁。予谓利器，当难则呈。公才虽屈，亦命所令。公曰戏耳，尔言则诚。临行恳恳，教我名节。踯躅都门，抚励而别。[1]

阳明回到余姚后，正好王华服阕，朝廷在闰五月擢王华为右春坊右谕德，充经筵讲官。王华走出了四年仕途上的阴影，阳明也结束了在余姚习举业的生活。在秋九月，王华携阳明赴京供职。舟过南都时，林俊作了一首意味深长的长诗送王华还朝：

送王德辉还朝

西风息庭树，落月在双杵。
揽衣候残星，送别江之浒。
岸枫叶赤天雨霜，日出未出江苍凉。
黄花白酒动春色，落霞孤鹜催归航。
客子流光一过鸟，别时转多会转少。

---

[1] 王守仁：《祭外舅介庵先生文》。

健翮宜凌霄汉间，倦身只爱风尘表。
状头学士君不孤，千年文气须人扶。
六朝典籍要秦火，此语外激中非迂。
平生独得言可为，知者道完质变青。
黄皇风薄丽藻君，归语伯安浮艳轻。
一扫商彝周鼎自有真，拽以万马酬千缗。
声名太早物所忌，未信今人非古人。[1]

林俊诗里说的话比较含蓄。所谓"客子流光一过鸟，别时转多会转少"，是回顾了当年在京中他与王华、阳明的交游讲学，包括他同陈白沙的讲学论道。所谓"六朝典籍要秦火，此语外激中非迂"，似是隐指明统治者尊程朱理学，禁陆氏心学（牵连到白沙学），对王华、阳明在科举试卷中讲"心学"提出了警戒。所谓"归语伯安浮艳轻。一扫商彝周鼎自有真"，也是对阳明这时沉溺诗赋辞章之学的忠告。对阳明的科场失利，他认为并非坏事，声名太早必招人忌，所以说"声名太早物所忌，未信今人非古人"。林俊这些话，对进京"上国游"的阳明多少也是一种善意的警示。

阳明一到京师，王华就把他送进了太学。阳明告别了六年余姚习举业的生活，又开始了三年太学受教的苦寒生活，继续走着未完成的科举出仕之路。

[1] 林俊：《送王德辉还朝》，见《石仓历代诗选》卷四百十五。

第二章

太学上舍生：好作古诗文的名士

在北雍

——“上国游”的前奏曲

王华在弘治六年（1493年）九月回到京师。十月，他就以经筵讲官的身份上了《劝学疏》，劝孝宗常御经筵，勤于圣学圣政，说：“贵缉熙于光明。今每岁经筵不过三四御，而日讲之设，或间旬而始一二行，则缉熙之功，无亦有间欤？虽圣德天健，自能乾乾不息；而宋儒程颐所谓涵养本原，薰陶德性者，必接贤士大夫之时多，而后可免于一暴十寒之患也。”[1] 孝宗增加了御经筵的次数，表示对圣学的尊崇，多接贤士大夫以熏陶帝德。这时正处在科举大比的间歇期，就在王华上《劝学疏》的同时，他把阳明送入了太学，一方面是要让阳明进一步受圣学之教，可与京中贤士大夫广泛交游；另一方面也是期望阳明将来可以太学生的资历参加下一届的会试，顺利科举出仕。

阳明入北雍成为上舍生，他一生中重要的“上国游”开始了。关于他在太学中的受教生活及与程文楷、林庭棉、王寅之、刘景素等一班太学贤士大夫交游的情况，后来阳明在《程守夫墓碑》中回忆说：

> 吾友程守夫……君之父味道公与家君为同年进士，相知甚厚，故吾与君有通家之谊。弘治壬子，又同举于乡，已而又同卒业于北雍，密迩居者四年有余。凡风雪之晨，花月之

[1] 陆深：《海日先生行状》。

> 夕，山水郊园之游，无不与共。盖为时甚久而为迹甚密也，而未尝见君有愤词忤色，情日益笃，礼日以恭。其在家庭，雍雍于于，内外无间。交海内之士，无贵贱少长，咸敬而爱之。虽粗鄙暴悍，遇君未有不薰然而心醉者。当是时，予方驰骛于举业词章，以相矜高为事，虽知爱重君，而未尝知其天资之难得也。[1]

可见三年太学上舍生的生活时期，是阳明沉溺于举业之学与诗赋词章之学的时期，他自己说"予方驰骛于举业词章，以相矜高为事"，但他仍旧潜心于探求圣贤之学与圣贤之道。程文楷也是吴伯通奇其文而与阳明同年中举，并也与阳明同年入太学，密迩相居四年。两人习举业，学词章之学，交游唱酬最多。在太学，同他们两人交游唱酬、讲学论道最密切的，还有林庭㭿、王寅之、刘景素等同舍生。阳明后来谈到他与王寅之、刘景素在太学的学习受教与讲学论道说：

> 往时仆与王寅之、刘景素同游太学，每季考，寅之恒居景素前列，然寅之自以为讲贯不及景素，一旦执弟子礼师之。仆每叹服，以为如寅之者，真可为豪杰之士。使寅之易此心以求道，亦何圣贤之不可及？然而寅之能于彼，不能于此也……[2]

林庭㭿是在弘治八年乡试中举，并在这一年也入太学，与阳明相识，后来在弘治十二年又与阳明一同中进士。《淳安县志》上说

---

[1]《王阳明全集》卷二十五。
[2]《王阳明全集》卷二十《答储柴墟》书二。

“程文楷……领弘治五年乡荐，与王守仁、林庭棉友善，赓和盈几”[1]，就是指阳明、程文楷与林庭棉三人在太学的唱酬交游，可惜三人赓和盈几的篇什都已散失。在弘治七年五月，京师大暑酷热，阳明曾作了一首感怀诗寄程文楷：

毒热有怀用少陵执热怀李尚书韵
寄年兄程守夫吟伯

晓来梅雨望沾凌，坐久红炉天地蒸。
幽朔多寒还酷烈，清虚无语漫飞升。
此时头羡千茎雪，何处身倚百丈冰？
且欲泠然从御寇，海桴吾道未须乘。[2]

这首诗反映了阳明在太学清苦的学习与生活情景，是他在太学作诗赋词章的代表作，表明他的习诗赋词章之学是从盛唐杜诗的路径入手学“古诗文”（针对宋以来的“今诗文”而言），开始了他的以复古为革新的诗歌文学创作道路。弘治八年正月，阳明的外舅诸让卒，他在四月作了一篇沉痛的《祭外舅介庵先生文》驰奠：

维弘治八年，岁次乙卯，夏四月甲寅朔，寓金台甥王守仁帅妻诸氏南向泣拜，驰奠于故山东布政司左参政岳父诸公之灵曰：呜呼痛哉！孰谓我公，而止于斯！公与我父，金石相期。公为吏部，主考京师。来视我父，我方儿嬉。公曰尔

[1]《光绪淳安县志》卷十《文苑》。
[2]《光绪淳安县志》卷十五。

子，我女妻之。公不我鄙，识我于儿。服公之德，感公之私。悯我中年，而失其慈。慰书我父，教我以时。弘治己酉，公参江西。书来召我，我父曰咨，尔舅有命，尔则敢迟。甫毕姻好，重艰外罹。公与我父，相继以归。公既服阕，朝请于京。我滥乡举，寻亦北行。见公旅次，公喜曰甥，尔质则美，勿小自盈。南宫下第，公弗我轻。曰利不利，适时之迎。屯蹇屈辱，玉汝于成。拜公之教，夙夜匪宁。从公数月，启我愚盲。我公是任，语我以情。此职良苦，而我适丁。予谓利器，当难则呈。公才虽屈，亦命所令。公曰戏耳，尔言则诚。临行恳恳，教我名节。踯躅都门，抚励而别。孰谓斯行，遽成永诀。呜呼痛哉！别公半载，政誉日彻。士论欢腾，我心则悦。昨岁书云，有事建业。五六月余，音问忽绝。久乃有传，便道归越。继得叔问，云未起辙，窃怪许时，必值冗结。孰知一疾，而已颓折！西江魏公，讣音来忽。仓遽闻之，惊仆崩裂。以公为人，且素无疾。谓必谗言，公则谁嫉。谓必讹言，讹言易出。魏公之书，二月六日，后我叔问，一旬又七。往返千里，信否叵必。是耶否耶，曷从而悉。醒耶梦耶，万折或一。韩公南来，匐匍往质。韩曰其然，我吊其室。呜呼痛哉！向也或虚，今也则实。孰谓我公，而果然也？天于我公，而乃尔耶？公而且然，况其他耶？公今逝矣，我曷望耶？廷臣佥议，方欲加迁，奏疏将上，而讣忽传。呜呼痛哉！今也则然。公身且逝，外物奚言？公之诸子，既壮且贤。谅公之逝，复亦何悬。所不瞑者，二庶髫年。有贤四兄，必克安全。公曾谓予，我兄无嗣，欲遣庶儿，以承其祀。昔也庶一，今遗其二，并以继绝，岂非公意？有孝元兄，能继公志。忍使公心，而有勿遂？令人悲号，苏而复踬。迢迢万里，涯

> 天角地。生为半子，死不能襚，不见其柩，不哭于次，痛绝关山，中心若刺。我实负公，生有余愧。天长地久，其恨曷既！我父泣曰，尔为公婿，宜先驰奠。我未可遽，哀绪万千，实弗能备。临风一号，不知所自。呜呼哀哉！呜呼痛哉！尚飨！[1]

这是阳明生平写得最悲苦哀痛的一篇祭文。诸让的去世对在太学中的阳明是一个很大的打击，阳明在祭文中回顾了他与诸让之间相互砥砺往来的甥舅亲情，从中可以看到阳明在太学习举业词章时期前后挣扎在科举仕途上的身影。祭文中提到的人中，“叔”是指叔父易直王衮，时居秘图王氏故居不出。“西江魏公”指五松魏瀚，这时已以江西布政使致仕归居余姚。“韩公”指宜庵韩邦问，任四川左布政使，这时也丁忧归绍兴，在弘治八年二月有事赴京，向王华、阳明告诉了诸让去世的确实消息。至于“我兄”“庶儿”，是指诸让有子南野诸绣庶出，过继给诸让之兄诸正为嗣子。从祭文中也可以看出阳明在太学“上国游”中同朝内外贤士大夫唱酬交游的身影。这篇祭文作法别具一格，写得声情并茂，如诗如歌，感人至深，可以说是阳明在太学期间诗赋词章创作的代表作，标志着他的自求复古革新的“古诗文”的创作已渐趋成熟。一个还未登科入仕的太学上舍生，已经以一个善作诗赋词章的高手声誉鹊起，朝内外的贤士大夫都来请他写序作文。就在这一年，高平县令杨子器编成《高平县志》，他遣人迢迢入京来请阳明作序。柳塘杨子器在成化二十三年（1487 年）中进士，是王华的“门生”，已经是名著士林的大家，却请一个未入仕的

[1] 《姚江诸氏宗谱》卷六。

太学生作序，表现了对阳明学问才华的极大赏识。阳明作了一篇序，也显露了他的真才实学：

> 《高平志》者，高平之山川、土田、风俗、物产无不志焉。曰高平，则其地之所有皆举之矣。《禹贡》《职方》之述，已不可尚。汉以来《地理郡国志》《方舆胜览》《山海经》之属，或略而多漏，或诞而不经，其间固已不能无憾。惟我朝之《一统志》，则其纲简于《禹贡》而无遗，其目详于《职方》而不冗，然其规模宏大阔略，实为天下万世而作，则王者事也。若夫州县之志，固又有司者之职，其亦可缓乎？弘治乙卯，慈溪杨君明甫令泽之高平。发号出令，民既悦服。乃行田野，进父老，询邑之故，将以修废举坠。而邑旧无志，无所于考。明甫慨然太息曰："此大阙，责在我。"遂广询博采，搜秘阙疑，旁援直据，辅之以己见，遵《一统志》凡例，总其要节，而属笔于司训李英，不逾月编成。于是繁剧纷沓之中，不见声色，而数千载散乱沦落之事，弃废磨灭之迹，灿然复完。明甫退然若无与也。邑之人士动容相庆，骇其昔所未闻者之忽睹，而喜其今所将泯者之复明也。走京师，请予序。予惟高平即古长平，战国时秦白起攻赵，坑降卒四十万于此，至今天下冤之。故自为童子，即知有长平。慷慨好奇之士，思一至其地，以吊千古不平之恨而不可得。或时考图志，以求其山川形势于仿佛间，予尝思睹其志，以为远莫致之，不谓其无有也。盖尝意论赵人以四十万俯首降秦，而秦卒坑之，了无哀恤顾忌，秦之毒虐，固已不容诛，而当时诸侯，其先亦自有以取此者。夫先王建国分野，皆有一定之规画经制。如今所谓志书之类者，以纪其山

> 川之险夷，封疆之广狭，土田之饶瘠，贡赋之多寡，俗之所宜，地之所产，井然有方。俾有国者之子孙世守之，不得以己意有所增损取予，夫然后讲信修睦，各保其先世之所有，而不敢冒法制以相侵凌。战国之君，恶其害己不得骋无厌之欲也，而皆去其籍。于是强凌弱，众暴寡，兼并僭窃，先王之法制荡然无考，而奸雄遂不复有所忌惮。故秦敢至于此。然则七国之亡，实由文献不足证，而先王之法制无存也。典籍图志之所关，其不大哉！今天下一统，皇化周流。州县之吏，不过具文书，计岁月，而以赘疣之物视图志。不知所以宜其民，因其俗，以兴滞补弊者，必于志焉是赖，则固王政之首务也。今夫一家，且必有谱，而后可齐，而况于州县？天下之大，州县之积也。州县无不治，则天下治矣。明甫之独能汲汲于此，其所见不亦远乎！……[1]

这篇序可称为阳明在太学受学期间作“古文”的代表，同他为习举业作的“八股文”大异其趣。在这篇文章中，他没有涉及心性的形上玄学问题，而是直论有关经邦治国、经世致用的实学道理。他把方志图经的编纂提到了一个“王政之首务”的高度，认为方志图经是载历代先王大道法制之书，“纪其山川之险夷，封疆之广狭，土田之饶瘠，贡赋之多寡，俗之所宜，地之所产，井然有方”。古代先王建国分野，都有一定的规划经制。战国七雄所以灭亡，就是因为方志史书文献不足征，先王法制荡然无存造成的。所以今世当政者要想天下大治，“宜其民，因其俗，以兴滞补弊”，方志图经是最重要的“龟鉴”之书，“必于志焉是赖”。阳

[1] 《王阳明全集》卷二十九《高平县志序》。

明这篇序文，表明他在太学习举业中已十分关注对现实问题的思考，这就是当年王冕、王阶、王宫、牧相早说的"彼已游心举业之外矣，吾何及也"。他心目中的圣贤之学不仅是指心性格致之学，也包含了经世致用的实学。

在太学中，阳明已游心于举业之外，超然有得，对他来说，能不能科举中进士是迟早的事，已无关紧要。弘治九年二月，他参加了会试，由于忌者的从中作祟，他又一次落榜。但他却坦然处之，当一个同舍生以科举不第为耻时，阳明安慰他说："世以不得第为耻，吾以不得第动心为耻。"[1] 他对前途更充满了自信，科举的落榜，太学的肄业，反而使他久被压抑的学圣贤之学、作"古诗文"词章的壮心得到了极大的释放。这时王华在仕途上正当春风得意之时，三月，他被命为日讲官。四月，又选为东宫辅导。阳明也以一个善作古诗文的名士走出了太学，更贴近了现实，在京师的文坛上活跃起来。五月，户部郎中李邦辅忽然出为柳州知府，阳明作了一篇含蓄的《送李柳州序》送李邦辅说：

> 柳州去京师七千余里，在五岭之南。岭南之州，大抵多卑湿瘴疠，其风土杂夷从，自昔与中原不类。唐、宋之世，地尽荒服。吏其土者，或未必尽皆以谴谪，而以谴谪至者居多。士之立朝，意气激轧，与时抵忤，不容于侪众，于是相与摈斥，必致之远地。故以谴谪而至者，或未必尽皆贤士君子，而贤士君子居多。予尝论贤士君子，于平时随事就功，要亦与人无异。至于处困约之乡，而志愈励，节益坚，然后心迹与时俗相去远甚。然则非必贤士君子而后至其地，至其地而

[1] 钱德洪：《阳明先生年谱》。

> 后见贤士君子也。唐之时，柳宗元出为柳州刺史，刘蕡斥为柳州司户。蕡之忠义，既已不待言。宗元之出，始虽有以自取，及其至柳，而以礼教治民，砥砺奋发，卓然遂有闻于世。古人云："庸玉女于成也。"其不信已夫？自是寓游其地，若范祖禹、张廷坚、孙觌、高颖、刘洪道、胡梦昱辈，皆忠贤刚直之士，后先相继不绝。故柳虽非中土，至其地者，率多贤士。是以习与化移，而衣冠文物，蔚然为礼仪之邦。我皇明重熙累洽，无间迩遐，世和时泰，瘴疠不兴。财货所出，尽于东南。于是遂为岭南甲郡，朝廷必择廉能以任之。则今日之柳州，固已非唐、宋之柳州，而今日之官其土者，岂惟非昔之比，其为重且专亦较然矣。弘治丙辰，柳州知府员缺，内江李君邦辅自地官正郎膺命以往。人皆以邦辅居地官十余年，绰有能声，为缙绅所称许，不当远去万里外。予于邦辅，知我也，亦岂不惜其远别？顾邦辅居地官上曹，著廉声，有能绩，徐速自如，优游荣乐之地，皆非人所甚难，人亦不甚为邦辅屈，不知其中之所存。今而间关数千里，处险僻难为之地，得以试其坚白于磨涅，则邦辅之节操志虑，庶几尽白于人人，而任重道远，真可以无负今日缙绅之期望，岂不美哉！夫所处冒艰险之名，而节操有相形之美，以不满人之望，加之以不自满之心，吾于邦辅之行，所以独欣然而私喜也。[1]

李邦辅即李文安，在成化十七年中进士，与王华为同年，所以也成为阳明"上国游"交结的贤士大夫。但李文安仕途乖蹇，滞处

[1] 《王阳明全集》卷二十九。

主事小官十五年，忽然外放为柳州知府，朝议一片哗然，为李文安抱不平。阳明对朝廷的用人不当也有微词，但他避开了从正面对朝廷的批评，而却从李文安的慨然赴任上歌颂了李文安的高尚节操品德，认为他"处冒艰险之名，而节操有相形之美，以不满人之望，加之以不自满之心"，"邦辅之节操志虑，庶几尽白于人人"。这其实也是阳明自况，借李文安的远放僻郡表达了自己科举落榜而不改节操志尚的决心。

同样的事情又发生在左府经历骆珑身上。骆珑也是与王华为同年，忽然在五月外放潮州知府。阳明作了一篇相类的序送骆珑赴任。如果说阳明作《送李柳州序》是把李文安比为贬柳州的柳宗元，那么他作《送骆蕴良潮州太守序》就是把骆珑比为贬潮州的韩愈。序说：

> 昔韩退之为潮州刺史，其诗文间亦有述潮之土风物产者，大抵谓潮为瘴毒崎险之乡；而海南帅孔戣又以潮州小，禄薄，特给退之钱千十百，周其阙乏。则潮盖亦边海一穷州耳。今之岭南诸郡以饶足称，则必以潮为首举，甚至以为虽江、淮财赋之地，亦且有所不及。岂潮之土地啬于古而今有所丰，抑退之贬谪之后，其言不无激于不平而有所过也？退之为刑部侍郎，谏迎佛骨，天子大怒，必欲置之死。裴度、崔群辈为解，始得贬潮州。则潮在当时不得为美地，亦略可见。今之所称，则又可以身至而目击，固非出于妄传。特其地之不同于古，则要为有自也。予尝谓：牧守之治郡，譬之农夫之治田。农夫上田，一岁不治则半收，再岁不治则无食，三岁不治则化为芜莽，而比于瓦砾。苟尽树艺之方，而勤耕耨之节，则下田之收与上等。江、淮故称富庶，当其兵荒之际，

> 凋残废瘠，固宜有之。乃今重熙累洽之日，而其民往往有不堪之叹，岂非以其俗素习于奢逸，而上之人又从而重敛繁役之，刓剥环四面而集，则虽有良守牧，亦一暴十寒，其为生也无几矣。潮地岸大海，积无饶富之名，其民贡赋之外，皆得以各安地利，业俭朴，而又得守牧如退之、李德裕、陈尧佐之徒相望而抚掬梳摩之，所以积有今日之盛，实始于此。迩十余年来，富盛之声既扬，则其势不能久而无动，有司者又将顾而之焉。则吾恐今日之潮，复为他时之江、淮，其甚可念也。今年潮知府员缺，诸暨骆公蕴良以左府经历擢是任以往。公尝守安陆，至今以富足号，遂用是建重屏其地。继后循其迹而治之者，率多有声闻。及入经历左府都督事，兵府政清，自府帅下迨幕属军吏，礼敬畏戴，不谋而同。其于潮州也，以其治安陆者治之，而又获夫上下之心，如今日之在兵府，将有为而无不从，有革而无不听，政绩之美，又果足为后来者之所遵守，则潮之富足，将终保于无恙，而一郡民神为有福矣。……[1]

《送李柳州序》与《送骆蕴良潮州太守序》二序有异曲同工之妙，它们都涉及现实中尖锐的朝政弊端问题，阳明已敢于用敏锐的批评眼光审视朝局政事，大胆作直言无忌的“古诗文”。在六月，朝廷平反了南京兵部郎中娄性的冤案，在京贤士大夫发起了一个诗会，作诗送娄性致仕归居，阳明作为一个太学出身的名士参加了这次诗会。原来野亭娄性是娄谅的长子，与王华为同年。娄谅在弘治四年（1491 年）去世。娄性在弘治七年任南京兵部郎中

---

[1]《王阳明全集》卷二十九。

时，曾修筑高邮湖堤，亲临督造，很快修成，孝宗御赐名"康济渠"，但娄性却遭到了权贵阉官的陷害。《国榷》上记载这桩大冤案说：

（弘治七年五月）戊戌，南京兵部郎中娄性削籍。初，南京守备太监蒋琮劾性立宿州生祠，又侵皂隶银，遣官按之。琮又劾性饰牍，又南京兵部员外郎袁慊侵船价，性疏辨。而广洋卫指挥同知石文通劾琮伤聚宝山脉、毙商、占军匠诸不法，琮又屡诉，蔓引数百人，成大狱。又遣官，狱上，性坐赃免。南京兵部右侍郎王继适入朝，以不举，下台狱，赎杖还任。[1]

直到两年后，这场大狱才终于辨白平反，娄性起复入京，得以挂冠归田。王华发起诗会，京中贤士大夫纷纷作诗鸣不平，集成《白驹联句》赠娄性。半江赵宽特作《白驹联句引》说：

《白驹联句》者，春坊谕德王君德辉饯其友娄君原善于私第，席上诸公话别往复之作也。诗凡十七首，题之曰"白驹"者，取《诗》人"絷之维之，以永今夕"之义，惜君之遂去，而幸君之少留也。盖娄君以进士历官南京兵部郎中，直道自将，勇于有为，权臣疾之，竟坐落职。久之，公论渐回，遂得冠带归田。而德辉，君之同年友，且同甲子，相善也，故有是会。在坐者，春坊中允张天瑞，赞善费子充，翰林编修徐某，检讨毛维之，刑部副郎傅日彰，吏部主事杭世

[1] 《国榷》卷四十二。

> 卿，暨德辉之冢器、乡进士守仁也。而予亦以年家之末预焉。诗既成，德辉谓予宜书其简首，遂述联咏之由，为之引。弘治丙辰六月廿日。[1]

阳明的联句诗也表达了对朝廷制造大冤案的批判立场与对娄性不幸命运的同情态度。赵宽引中提到的张天瑞、费子充（费宏）、徐某、毛维之（毛纪）、傅日彰、杭世卿（杭济）、赵宽等人，实际都是阳明在京“上国游”结识的主要贤士大夫，通过他们阳明也得以洞烛到了朝政的败坏。弘治帝政其实一开始就已呈现乱象，朝廷内斗加剧。到七月，又发生礼科都给事中吕献出任应天府丞的事件。阳明又作了一篇《送吕丕文先生少尹京丞序》，含蓄地说：

> 昔萧望之为谏议大夫，天子以望之议论有余，才任宰相，将观于郡事。而望之坚欲拾遗左右，后竟出试三辅。至元帝之世，而望之遂称贤相焉。古之英君，其将任是人也，既已纳其言，又必考其行；将欲委以重，则必老其才。所以用无不当，而功无不成。若汉宣者，史称其综核名实，盖亦不为虚语矣。新昌吕公丕文，以礼科都给事中擢少尹南京兆。给事，谏官也；京兆，三辅之首也。以给事试京兆，是谏官试三辅也。是其先后名爵之偶同于望之，非徒以宠直道而开谠言，固亦微示其意于其间耳。吕公以纯笃之学，忠贞之行，自甲辰进士为谏官十余年。其所论于朝而建明者，何如也？致于上而替可否者，何如也？声光在人，公道在天下。圣天

[1]《半江赵先生文集》卷十二。

> 子询事考言，方欲致股肱之良，以希唐虞之盛，耳目之司，顾独不重哉？然则公京兆之擢，固将以信其夙所言者于今日，而须其大用于他时也。其所以贤而试之，有符于汉宣之于望之；而其所将信而任之，则吾又知其决非彼若而已也。君行矣，既已审上意之所在，公卿大夫士倾耳维新之政，以券其所言，且谓日需其效以俟庸也，其得无念于斯行乎哉！学士谢公（谢迁）辈与公有同举同乡之好，饮以饯之。谓某也宜致以言。予惟君之文学政事，于平常既已信其必然，知言之弗能毫末加也。而超擢之荣，又不屑为时俗道。若夫名誉之美，期俟之盛，则固君之所宜副，而实诸公饮饯之情也。故比而序之以为赠。[1]

这又是一篇委婉抨击朝政的文章。吕献在成化二十年（1484 年）中进士，是王华的"门生"，与阳明早识。应天府丞实不过是一无权的闲职，他从都给事中出为南京丞，同汉宣时萧望之以谏议大夫出为三辅不可同日而语。阳明在这里是出于安慰鼓励吕献赴任有所作为，才作了这样的比较，实际对孝宗的用人失察作了委婉的劝谏，所谓"宠直道而开谠言"，"圣天子询事考言，方欲致股肱之良，以希唐虞之盛"云云，都只是对孝宗的微讽劝谏，并非实有其事。吕献出为南京丞的真正原因，恰是他的直言谠论得罪了孝宗所致。《新昌县志》上有《吕献传》道出了事情的真相：

> 太监李广怙势受金，以富儿为驸马，献劾罢之。又因灾异陈八事，如策大臣以答天变，抑亲贵以昭至公，尤人所不

[1]《王阳明全集》卷二十九。

> 敢言者。及孝陵灾，抗疏直陈阙失，上嘉纳之。时寿宁侯张鹤龄兄弟倚宫掖势，熏炙一时，游宴后庭，出入无禁。献反复极论之，上怒，廷杖三十，下锦衣卫狱。献慷慨赋诗，既以其言直释之，迁礼科给事中。[1]

李广是孝宗最宠爱的太监，正是李广阴使孝宗去抱领一个“民间子”养在内宫，立为太子（武宗）。张鹤龄兄弟又是孝宗最宠信的内眷贵戚，在宫中横行跋扈。可以说宠信阉竖与贵戚是孝宗至死不改的两大“帝病”，对直言敢谏的吕献是从心底深恶痛绝的，把他外放为应天府丞正是孝宗驱逐诤臣的惯用手法，阳明从吕献的外放上也看清了孝宗的真面目。

在京师，阳明感受到了朝政的污浊混乱，生起了离京回余姚准备下一届会试的念头。王华也早有了移家绍兴的打算。正好这时佟珍起复入朝，擢升绍兴知府，给王华与阳明带来了期盼的好兆头。佟珍是王华与阳明父子的老友，阳明兴奋地作了一篇《送绍兴佟太守序》，称颂佟珍的政绩，盼望佟珍来治理好绍兴府，说：

> 成化辛丑（按：当作成化壬寅），予来京师，居长安西街。久之，文选郎佟公实来与之邻。其貌颀然以秀，其气熙然以和，介而不绝物，宽而有分剂。予尝私语人，以为此真廊庙器也。既而以他事外补，不相见者数年。弘治癸丑，公为贰守于苏。苏大郡，繁而尚侈，机巧而多伪。公至，移侈以朴，消伪以诚。勤于职务，日夜不懈。时予趋京，见苏之

[1]《民国新昌县志》卷十一《吕献传》。

> 士夫与其民之称颂之也，于是始知公之不独有其德器，又能循循吏职。甲寅，移守嘉兴。嘉兴，财赋之地，民苦于兼并，俗残于武断。公大锄强梗，剪其芜蔓，起嘉良而植之。予见嘉之民欢趋鼓舞，及其士夫之钦崇之也，于是又知公有刚明果决之才，不独能循循吏事，乃叹其不可测识固如此。今年吾郡太守缺。吾郡繁丽不及苏，而敦朴或过；财赋不若嘉，而淳善则逾。是亦论之通于吴、越之间者。然而迩年以来，习与时异，无苏之繁丽，而亦或有其糜；无嘉之财赋，而亦或效其强。每与士大夫论，辄叹息兴怀，以为安得如昔之化苏人者而化之乎？安得如昔之变嘉民者而变之乎？方思公之不可得，而公适以起服来朝；又惧吾郡之不能有公也，而天子适以为守。士大夫动容相贺，以为人所祝愿，而天必从之意者，郡民之福亦未艾也。公且行，相与举杯酒为八邑之民庆，又不能无惧也。公本廊庙之器，出居于外者十余年，其为苏与嘉，京师之士论既已惜其归之太徐，其为吾郡，能几月日？且天子之意，与其福一郡，孰与福天下之大也。虽然，公之去苏与嘉，亦且数年，德泽之流，今未替也。[1]

原来阳明早在成化十八年入京师就已同佟珍相识，比邻而居，对他的施政才干非常信任和赏识。王华一向认为自己的先祖是绍兴的王羲之，怀念山阴的佳丽山水与王羲之的故居，早想要移家绍兴。现在阳明从太学肄业，佟珍又来任绍兴知府，王华感到移家绍兴的时机终于到了。他决定让在科举大比间歇期的阳明回余姚，措置移家绍兴的大事。九月，阳明告别了京都归余姚。他的不寻常的"上国

[1] 《王阳明全集》卷二十九。

游”暂时中断，开始了蛰居绍兴等待下一届科举会试的生活。

“静入窈冥”：向尹真人学道

阳明多少怀着科举落第的失落感回余姚，要想归山林当蛰居待出的“山人”。他的“上国游”交结的一班公卿士大夫却把他当作一个名满京华的诗人与名士送归余姚。户部左侍郎刘大夏作了一首送别诗，把他比为千里骏奔的良骥：

送王上舍南还

右军孙子富才猷，万里青云志未休。
献艺暂辞金阙去，束书还向辟雍游。
绿杨黄鸟离筵晓，碧渚红菱故国秋。
看取百花收老骥，盐车未必久淹留。[1]

翰林编修顾清作了一首送别诗，把他比为高鸣南飞的丹凤：

送王伯安下第还余姚

五十光中炫早曦，丹山秋日凤南飞。
常疑劲翮冲霄汉，未信中原结网稀。
吴越天连双阙回，蓬莱云近一星辉。
杏花江上春如海，莫待西风吹绿衣。[2]

[1]《刘大夏集》卷三。
[2]《东江家藏集》卷七。

翰林检讨石瑶作了一首送别诗，把他比为搏击九天的鹍鹏：

送王伯安还江东

吾欲歌吾诗，歌诗已盈卷。
知君归驾速，不作题桥炫。
春兰与秋菊，万事类轮转。
未成山龙补，且息鹍鹏倦。
人从日边来，豹向山中变。
长路多西风，看云亦北面。
谁垂见花泪，自镞达犀箭。
国士称无双，数奇本能战。
况闻玉署翁，昨侍青宫燕。
神惊兔颖出，目击龙头眩。
君学有源委，文场许独擅。
高吟激青空，逸草翻白练。
运斤忽成风，疾足诧追电。
志屈艺乃奇，才高君不见。
伏波穷益坚，淮阴多益善。
木大须十围，金精亦百炼。
巍巍蓬莱宫，郁郁白兽殿。
看君来献书，首被贤良荐。[1]

所谓"君学有源委，文场许独擅"，是对诗人兼学者的阳明学圣贤之学与学诗赋词章之学的崇高评价。"高吟激青空"，是对他作

[1] 《熊峰集》卷一。

潇洒的“古诗”的肯定。“逸草翻白练”，是对他作壮遒的“古文”的激赏。“运斤忽成风，疾足诧追电”，是对他整个文章学问的由衷赞叹。而“伏波穷益坚，淮阴多益善”，更是对这个读兵书、习兵法、会用兵的文秀才的空前赞许了。阳明也自认是一个运斤成风、疾足追电、独擅文场的“李太白”，舟过济宁（任城）时，他登览太白楼，凭吊诗仙李太白，即兴作了一篇气势雄浑的《太白楼赋》：

> 岁丙辰之孟冬兮，泛扁舟余南征。凌济川之惊涛兮，览层构乎任城。曰太白之故居兮，俨高风之犹在。蔡侯导余以从陟兮，将放观乎四海。木萧萧而乱下兮，江浩浩而无穷。鲸敖敖而涌海兮，鹏翼翼而承风。月生辉于采石兮，日留景于岳峰。蔽长烟乎天姥兮，渺匡庐之云松。慨昔人之安在兮，吾将上下求索而不可。蹇余虽非白之俦兮，遇季真之知我。羌后人之视今兮，又乌知其不果？吁嗟太白公奚为其居此兮？余奚为其复来？倚穹霄以流眄兮，固千载之一哀。昔夏桀之颠覆兮，尹退乎莘之野。成汤之立贤兮，乃登庸而伐夏。谓鼎俎其要说兮，维党人之挤诟。曾圣哲之匡时兮，夫焉前枉而直后？当天宝之末代兮，淫好色以信谗。恶来、妹喜其猖獗兮，众皆狐媚以贪婪。判独毅而不顾兮，爰命夫以仆妾之役。宁直死以颛颔兮，夫焉患得而局促？开元之绍基兮，亦遑遑其求理？生逢时以就列兮，固云台、麟阁而容与。夫何漂泊于天之涯兮，登斯楼乎延伫。信流俗之嫉妒兮，自前世而固然。怀夫子之故都兮，沛余涕之湲湲。庙堂之偃蹇兮，或非情之所好。唯不合于斯世兮，恣沈酣而远眺。进吾不遇于武丁兮，退吾将颜氏之箪瓢。奚曲蘖其昏迷兮，亦夫子之

> 所逃。管仲之辅纠兮，孔圣与其改行。佐璘而失节兮，始以见道之未明。睹夜郎之有作兮，横逸气以徘徊。亦初心之无他兮，故虽悔而弗摧。吁嗟其谁无过兮，抗直气之为难。轻万乘于褐夫兮，固孟轲之所叹。旷绝代而相感兮，望天宇之漫漫。去夫子其千祀兮，世益隘以周容。媒妇妾以驰骛兮，又从而为之吮痈。贤者化而改度兮，竞规曲以为同。卒曰：峄山青兮河流泻，风飕飕兮淡平野。凭高楼兮不见，舟楫纷兮楼之下。舟之人兮俨服，亦有庶几夫子之踪者。[1]

这篇赋倒真正成为他在京中三年学诗赋词章、作"古诗文"的代表作品。该赋愤慨发千古文人命运生死浮沉的大悲大哀，既是悲悼太白的怀才不遇、遭谗被逐、天涯漂泊的一生，也是悲悼自己的遭忌落第、世路险巇、天涯归居山林的命运，抨击了现实朝政的腐败，人心的险恶，奸佞当道，贤人远斥。所以赋最后大胆呼喊："去夫子之千祀兮，世益隘以周容。媒妇妾以驰骛兮，又从而为之吮痈。贤者化而改度兮，竞规曲以为同。"尤值得注意的是，赋悲叹自己没有能像太白那样遇到一个"季真"的知己同道，"蹇余虽非白之俦兮，遇季真之知我。羌后人之视今兮，又乌知其不果?""季真"是贺知章的字，李太白在《对酒忆贺监》中说："四明有狂客，风流贺季真。"贺知章号"四明狂客"，是八仙中人，与李太白倾心相知，称李太白是"谪仙人"。所以李太白与贺知章都成为这时沉迷仙佛的阳明倾仰的仙中人物。贺知章取字"季真"是本自先秦战国时代的道家人物季真。季子是稷下人，崇尚道本自然，学主"莫为""虚无"，也是阳明心目中的"真

[1]《王阳明全集》卷十九。

人”。他期望能一遇季真这样的真人。果然，他经过南都时，真的遇到了一个“知我”的“季真”——朝天宫道士尹真人。

阳明在十月到达南都，立即拜访了朝天宫的著名道士尹真人(尹从龙)，向他问道学仙。这件事，彭辂在《尹山人传》中记载说：

> 尹山人者，北地产也……成化间游南都，发累岁忘栉，而自不团结，南都人呼为“尹蓬头”云……王文成公守仁试礼闱卷落，卒业南雍（按：应为北雍，盖涉下南都而误），走从尹游。共寝处百余日。尹喜曰：“尔大聪明，第本贵介公子，筋骨脆，难学我。我所以入道者，危苦坚耐，世人总不堪也。尔无长生分，其竟以勋业显哉！”文成怅然惋之。[1]

尹真人是北地人，早年一直在京师传道修仙，早已声名大显。罗洪先说：“弘治间，京师多传尹蓬头。”[2] 尹真人约在成化末来到南都朝天宫传道修仙，已经七十多岁。所谓“守仁试礼闱卷落，卒业北雍”，就指弘治九年阳明会试落第，从太学卒业，归居余姚，路经南都，向尹真人问道学仙。实际上，阳明居住在京师时也完全有可能听到和见到过尹真人。阳明住在长安西街，北京朝天宫也在长安西街，阳明是完全可以遇到尹真人的。钱德洪在《阳明先生年谱》中说阳明在成化十八年进京师，一日游长安街，遇到一名“相士”，相士十分惊异地对他说：“吾为尔相，后须忆吾言：须拂领，其时入圣境；须至上丹台，其时结圣胎；须至下

[1] 《国朝献征录》卷一百一十八，另见《冲谿先生集》卷十八。
[2] 《罗洪先集》卷十一《水崖集序》。

丹田，其时圣果圆。”[1] 这实际是一种结胎果圆成圣（真人）的内丹修炼法：所谓“须拂领，其时入圣境”，是说修炼到成年，开始进入圣境；“须至上丹台，其时结圣胎”，是说修炼到中年，进入结成圣丹的境界；“须至下丹田，其时圣果圆”，是说修炼到老年，进入圣果圆熟（婴儿现形）成圣人的境界。这正是尹真人独家的由凡成圣的内丹修炼之说，尹真人的《性命圭旨》就是专门讲这种结胎果圆成圣的内丹修炼的。他一开始在《大道说》中就提出了这种内丹修炼说：“是以法乾坤之体，效坎离之用，握阴阳之柄，过生死之关，取坎中之阳，填离中之阴，离阴既实，则复纯白为乾矣……再加向上工夫，精进不怠，则金丹成而圣胎圆；圣胎圆而真人见；真人出现，变化无穷。”[2] 接着在《邪正说》中，他更具体论述这种结胎果圆成圣的九转修炼大法说：“其一曰涵养本原，救护命宝；其二曰安神祖窍，翕聚先天；其三曰蛰藏气穴，众妙归根；其四曰天人合发，采药归壶；其五曰乾坤交媾，去矿留金；其六曰灵丹入鼎，长养圣胎；其七曰婴儿现形，出离苦海；其八曰移神内院，端拱冥心；其九曰本体虚空，超出三界。于中更有炼形、结胎、火候等诸心法（按：指真空炼形法）。”[3] 后面还有《长养圣胎图》与《婴儿现形图》，更形象具体地描述了这种结胎果圆成圣之法，在《婴儿现形出离苦海》中总结说：“前面火候已足，圣胎已圆，若果之必熟，儿之必生，弥历十月，脱出其胞……此谓之赤子，又曰婴儿。”[4] 所谓婴儿现形，就是指神炁凝成大丹，丹胎圆熟，修炼成圣。这就是“相士”说的

[1] 钱德洪：《阳明先生年谱》。邹守益：《王阳明先生图谱》同。
[2] 《性命圭旨》元集《大道说》。
[3] 《性命圭旨》元集《邪正说》。
[4] 《性命圭旨》贞集《婴儿现形出离苦海》。

“须至下丹田，其时圣果圆”。所以尹真人在《三家相见说》中更明确说：“身、心、意，谓之三家。三家相见者，胎圆也；精、气、神，谓之三元，三元合一者，丹成也；摄三归一，在乎虚静……身、心、意合，则三家相见，结婴儿也。”[1] 由此看来，这个京中“相士”有极大可能就是尹真人，因为他经常化装出游，行踪诡秘不定，钱德洪不知实情，所以说得含混不明。当初这个相士对阳明说“后须忆吾言”，现在阳明已是“须拂领”的年纪（成年），所以到南都朝天宫来再向尹真人问道了。

《性命圭旨》无疑是尹真人的著作，虽然后来曾由他的弟子赵教常补充成完书（其实也是补充尹真人的思想与材料），但尹真人在世时已经大致写成此书，而他的结胎果圆成圣的内丹修炼思想也早已形成。彭辂说阳明“走从尹游”，向他问道，是可以肯定的。尹真人只是认为阳明没有修炼成仙的份，但学道学仙还是可以的，尹真人对他讲的也都是实话。至于说阳明与尹真人“共寝处百余日”，则是彭辂的误解，这是因为阳明向尹真人学修炼百日的“真空炼形法”，彭辂便误以为阳明在南都待了一百余日。实际阳明在南都问得了“真空炼形法”后，即回余姚进行修炼，并很快找到了阳明洞作为修炼的场所，他在南都待的时间并不长。尹真人认为，他的结胎果圆成圣的内丹修炼有六种心法，而以“真空炼形法”为最上乘的法门。《性命圭旨》中有《真空炼形图》，他在《炼形》中详论这种真空炼形第一法说：

张紫琼曰：“天人一气本来同，为有形骸碍不通。炼到形神冥合处，方知色相即真空。”薛复命曰：“不知将谓气，得

[1] 《性命圭旨》元集《三家相见说》。

后自然真。”董汉醇曰：“金用矿销，形由炁炼。”炼形之法，总有六门：其一曰玉液炼形，其二曰金液炼形，其三曰太阴炼形，其四曰太阳炼形，其五曰内观炼形；若此者，总非虚无大道，终不能与太虚同体；惟此一诀乃曰真空炼形，虽曰有作，其实无为；虽曰炼形，其实炼神，是修外而兼修内也。依法炼之百日，则七魄亡形，三尸绝迹，六贼潜藏，而十魔远遁矣。炼之千日，则四大一身，俨如水晶塔子，表里玲珑，内外洞彻，心华灿然，灵光显现。灵光者，慧光也。故曰：慧光生处觉花开。盖慧觉花开，非炼形入微，与道冥一者，不能有此。[1]

所谓“真空炼形法”，是说可炼到形神俱化，内外洞彻，心身皆空，通体光明，有如水晶塔子，与虚空同体。所以尹真人在《炼形》中解说“真空”与“炼形”的两个方面说：

张全一曰：“太虚是我，先空其身。其身既空，天地亦空。天地既空，太空亦空。空无所空，乃是真空。”

《清静经》曰：“内观其心，心无其心；外观其形，形无其形。”形无其形者，身空也；心无其心者，心空也。心空无碍，则神愈炼而愈灵；身空无碍，则形愈炼而愈清。直炼到形与神而相涵，身与心而为一，方才是形神俱妙，与道合真者也。

阳明就是向尹真人学了这种真空炼形第一法，以后在阳明洞中也

---

[1] 《性命圭旨》贞集《炼形》。

是修炼这种“真空炼形法”。后来王畿亲耳听到阳明说他在阳明洞中是修炼这种“真空炼形法”说：

> （阳明）乃始究心于老、佛之学，缘洞天精庐，日夕勤修，炼习伏藏，洞悉机要，其于彼家所谓“见性”“抱一”之旨，非惟通其义，盖已得其髓矣。自谓：“尝于静中，内照形躯如水晶宫，忘己忘物，忘天忘地，与虚空同体，光耀神奇，恍惚变幻，似欲言而忘其所以言，乃真境象也。”[1]

所谓“洞天精庐”就指阳明洞。阳明说的“水晶宫”，就是尹真人说的“水晶塔子”；阳明说的“与虚空同体”，就是尹真人说的“与太虚同体”；阳明说的“内照形躯”，就是尹真人在《内照图》中说的“指使五脏六腑、二十四椎、任督两脉，使内观者知有下手处”[2]；阳明说的“忘己忘物，忘天忘地”，就是尹真人说的“七魄忘形”，“天地亦空”，“形无其形，心无其心”；阳明说的“真境象”，就是尹真人说的“灵光显现”，“神愈炼而愈灵，形愈炼而愈清”；阳明说的“恍惚变幻”，就是尹真人说的“窈窈冥冥生恍惚，恍恍惚惚结成团”（入窈冥）；阳明说的“学道百日”，就是尹真人说的“炼之百日”。这里清楚可见阳明在阳明洞中“行导引术”原来就是在做“真空炼形法”的修炼。这一真相，除王畿外，就连后来耿定向也看出来了，他在《新建侯文成王先生世家》中说：“壬戌，秋，请告归越，年三十二。究心二氏之学，筑洞阳明麓，日夕勤修。习静中，内照形躯如水晶宫，忘己

[1]《王畿集》卷二《滁阳会语》。
[2] 按:《性命圭旨》元集中有《内照图》。

忘物，忘天忘地，混与太虚同体，有欲言而不得者。"最令人注目的是，在《性命圭旨》的《天人合发采药归壶》中，著录了一首阳明体验"入窈冥"的《口诀》诗：

闲观物态皆生意，静悟天机入窈冥。
道在险夷随地乐，心忘鱼鸟自流行。[1]

原来，"静入窈冥"正是尹真人的"真空炼形法"的根本修炼思想，是结胎果圆成圣的根本法门。他在首篇《大道说》中就开门见山揭示他的"入窈冥"法门说：

赫赫发乎地，肃肃出乎天。我为汝遂于大明之上矣，至彼至阳之原也；为汝入于窈冥之门矣，至彼至阴之原也。[2]

接着他在《天人合发采药归壶》中反复论述他的"入窈冥"思

---

[1] 《性命圭旨》利集《天人合发采药归壶》。按：阳明这首咏"入窈冥"的七绝诗，后来在正德五年增改为《睡起写怀》的七律诗，并将"行"字改为"形"。本人早在《王阳明全集补编》中就指出："诗见《性命圭旨》利集《口诀》。按：《王阳明全集》卷十九有《睡起写怀》，中四句与此《口诀》同，可见乃是阳明自将早年之作《口诀》七绝改为《睡起写怀》七律。"阳明好改自己与他人作的诗文，本无足怪，兹举数例，如他将邵珪作的《堕马歌》少改一二字，变为己作《堕马行》。将原在九华山作《和九柏老仙诗》改为《梅涧》，变为在嘉兴所作诗。将原来在九华山作《化城寺》诗改为《蓬莱方丈偶书》，变为游茅山诗。将王华所作《矫亭说》稍改一二句，变为己作。将原来"王门四句教"增改为"王门八句教"等。就《睡起写怀》一诗看，中间四句同其他四句所咏明显不协调，其增改之迹一目了然。按尹真人在正德初因得罪大阉刘瑾，以"妖言惑众"被逮入狱，押发原籍禁锢钳束，其说遂斥为"邪说"遭禁。明代皇帝多好道教外丹烧炼术，沉迷服食仙丹，不信道教内丹修炼，故也禁绝尹真人的内丹修炼之说，在刘瑾专权下，士夫都不敢谈尹真人，避之唯恐不及。其时阳明或亦欲掩饰自己早年向尹真人学道之事，乃将《口诀》七绝增改为《睡起写怀》七律，时在正德五年二月，盖刘瑾尚在朝中擅权作恶未败也。第二年，即正德六年阳明又把《和九柏老仙诗》改为《梅涧》，也是出于此意。

[2] 《性命圭旨》元集《大道说》。

想说：

> 天地以混混沌沌为太极，吾身以窈窈冥冥为太极……混沌乃天地之郛郭，窈冥亦是大药之胞胎也。
>
> 心中无物为虚，念头不起为静……大道有阴阳，阴阳随动静。静则入窈冥，动则恍惚应……身心方入定，曰动静，曰窈冥，曰真土，皆是发明活子时之口诀也。
>
> 凡人动极而静，自然入于窈冥……何谓有此真意，真铅方生？盖动极而静，真意一到，则入窈冥。
>
> 窈冥所生，真精方无走失，所谓采取工夫……纯阳祖师云："窈窈冥冥生恍惚，恍恍惚惚结成团。"正是此诀……人若知此天人合发之机，遂于中夜静坐，凝神聚气，收视返听，闭塞其兑，筑固灵株，一念不生，万缘顿息。混混沦沦，如太极之未分；溟溟涬涬，如两仪之未兆。[1]

阳明诗云"静悟天机入窈冥"，正精辟概括了尹真人的"静入窈冥"的修炼思想，所以尹真人才把阳明这首诗作为"口诀"收入了《天人合发采药归壶》中，同尹真人自己作的悟入窈冥诗"欲达未达意方开，似悟未悟机正密。存存匪懈养灵根，一匊圆明自家觅"有异曲同工之妙。阳明这首"口诀"诗收入《性命圭旨》有两种可能：一是阳明在南都聆受了尹真人的"静入窈冥"的修炼之教，自己静坐修炼体验有得，作了这首咏"静入窈冥"诗呈尹真人；二是阳明在聆受了尹真人的"真空炼形法"后，归绍兴在阳明洞中静坐修炼，静悟天机，作了这首咏"静入窈冥"诗寄

[1] 《性命圭旨》利集《天人合发采药归壶》。

呈尹真人。阳明的这首诗就这样被尹真人收进了《性命圭旨》中。[1] 毫无疑问，阳明的"静悟天机入窈冥"来自尹真人的"静入窈冥"说。《口诀》七绝诗与《睡起写怀》七律诗，是阳明向尹真人学道的最好证明。

其实从《性命圭旨》中可以看出，尹真人的"真空炼形法"的修炼（结胎果圆成圣的修炼）有三个特点，都对阳明的思想产生了直接的影响。

一是认为"真空炼形法"的修炼就是"炼心""修心""复心"，通过修炼以复归心体。尹真人认为："千圣一心，万古一道。""百千法门，同归方寸；河沙妙德，尽在心源。"[2] 万理归于一心，故《性命圭旨》中有《九鼎炼心图》，以心为本体，强调炼心、修心、复心，说："炼丹也者，炼去阴霾之物，以复其心之本体……故五帝三王君也，而以君道而日炼其心；伊、傅、周、召相也，而以相道而日炼其心；孔、曾、思、孟师也，而以师道而日炼其心。无时而不心在于道，无时而不以道而炼其心。此乃古先大圣大贤为学之要法，百炼炼心炼性之明训也。"[3] 又说："天下最亲，莫过心也。百姓日用而不知心，如鱼在海而不知水……一切境界，皆是心光，若人识得心，大地无寸土。"[4] 尹真人这些话，后来阳明也都说过。

二是认为"真空炼形法"的修炼就是要静坐，静观内照，

[1] 按：尹真人卒于正德元年，不及见阳明正德五年作的《睡起写怀》，故他绝不可能去从《睡起写怀》中取出中间四句为"口诀"放入《性命圭旨》中。其弟子赵教常在嘉靖中整理补充尹真人师的《性命圭旨》，其时正当嘉靖"学禁"，尹真人内丹修炼说与阳明心学皆禁为"邪说"，赵教常更不可能去从《睡起写怀》中取出中间四句作为"口诀"放入《性命圭旨》中。

[2] 《性命圭旨》亨集《涵养本源图》。

[3] 《性命圭旨》元集《九鼎炼心说》。

[4] 《性命圭旨》亨集《涵养本原救护命宝》。

“静入窈冥”。《性命圭旨》中载有的修炼图都是静坐修炼图。除《内照图》外，尹真人在《坐禅图》中说：“静坐少思寡欲，冥心养气存神，此是修真要诀，学者可书绅。”“坐不趺跏，当如常坐。虽与常人同，而能持孔门心法，则与常人异也。所谓孔门心法者，只要存心在真去处是也。”[1] 静坐就是“悟入”，冥心就是“入窈冥”，如要能“静入窈冥”，就须“中夜静坐，凝神聚气，收视返听，闭塞其兑，筑固灵株，一念不生，万缘顿息”。阳明也是把静坐内照同静入窈冥联系起来“静悟天机”的。

三是认为真空炼形法的修炼是以知为心体，故可以前知、预知、先知，尹真人称为“先知”，“先觉”，“真知”，“良知”，“他心通”。他以心为知，知即是心，知为心体，认为：“心地湛然，良知自在。”[2] 在《移神内院端拱冥心》中他论这种先知先觉的“他心通”神通功能说：

> 《禅源集》云：“言心者是心之名，言知者是心之体。”荷泽云：“心体能知，知即是心。”……由空寂虚灵而知者，先知也；由空寂虚灵而觉者，先觉也；不虑而觉者，谓之正觉；不思而知者，谓之真知。……
>
> 神通变化，出入自如，洞鉴十方众生，知他心内隐微之事。他虽意念未起，了了先知；他虽意念未萌，了了先觉。此是他心通也。
>
> 子思曰：“心之精神之谓圣。”故心定而能慧，心寂而能感，心静而能知，心空而能灵，心诚而能明，心虚而能觉。

[1]《性命圭旨》亨集《坐禅图》。
[2]《性命圭旨》亨集《卧禅图》。

四祖道信曰："一切神通作用，皆是自心感现。"[1]

阳明后来也认为知即心，良知即心，心体能知，良知即心体。尹真人堪称是道门中的心学宗师，他的这三个心学思想，对阳明后来的思想发展都一直在起着有形无形的潜移默化的作用。如仅就先知的"他心通"来说，阳明就认为自己已修炼到了"他心通"的境界，承认是在阳明洞中"行导引术"修炼成了这种"先知"的神通工夫，他的弟子记录下了阳明两次在阳明洞中"先知"的神通事迹，一次是在弘治十五年，钱德洪记录说：

> 遂告病归越，筑室阳明洞中，行导引术。久之，遂先知。一日坐洞中，友人王思舆等四人来访，方出五云门，先生即命仆迎之，且历语其来迹。仆遇诸途，与语良合。众惊异，以为得道。[2]

钱德洪说阳明在阳明洞中"行导引术"而先知得道，无异等于承认了阳明在阳明洞中是在进行"真空炼形法"的修炼。另一次是在正德二年，董穀记录说：

> 习静。正德初，先师阳明习静于阳明洞。洞在南镇深山中，先生门人朱白浦、蔡我斋等数辈，自城往访焉。道遇先生家童，问以何往，对曰："老爹知列位相公将至，故遣我归取酒肴耳。"

[1] 《性命圭旨》贞集《移神内院端拱冥心》。

[2] 钱德洪：《阳明先生年谱》。邹守益《王阳明先生图谱》则云："久之，忽能预知。王思裕四人自五云门来访，先生命仆买果殽以候，历语其过涧摘桃花踪迹，四人以为得道。"

> 众异之。既至，问曰："先生何以知某等之将至也?"先生曰："诸君在途，某人敲冰洗手，某人刻竹纪诗。"皆如目击，众益大骇。盖无事则定，定则明，故能心通，岂他术哉![1]

董穀把阳明的"先知"说成是"他心通"，认为"无事则定，定则明，故能心通"，这同尹真人说"心定而能慧，心寂而能感，心静而能知，心空而能灵，心诚而能明，心虚而能觉"，"他虽意念未起，了了先知；他虽意念未萌，了了先觉。此是他心通也"，如出一辙。可见阳明的弟子其实都知道阳明在阳明洞中修炼的是尹真人的"真空炼形法"。

湛若水在谈到阳明生平思想的演变时，一再说阳明"四溺于神仙之习"，"变化屡迁，逃仙逃禅"，实际就是指阳明早年向尹真人的学仙学道，他只是没有把尹真人的名字直接点出来。阳明就是在这时候开始了他的"溺于神仙之习"的"逃仙"的心路历程。确实，阳明在南都聆受了尹真人的结胎果圆成圣的修炼之教后，对他来说，自然就是要回去寻一方道家的洞天进行"真空炼形法"的实践修炼了。他回到余姚后，果然在移家绍兴中找到了会稽山中的"阳明洞"，开始以一个导引行气、静入窈冥的"阳明山人"在洞中进行"真空炼形法"的修炼。

移家绍兴：阳明洞中的阳明山人

阳明在十月回到余姚后，居住在秘图王氏故居中，往返余姚

[1] 《董汉阳碧里后集·杂存》。

与绍兴之间，开始忙碌奔波于移家绍兴的事情。在余姚，他同乡里名士魏瀚、韩邦问、陆相、魏朝端等人结诗社于龙泉寺，经常游山唱酬。其中致仕归居的五松魏瀚尤有诗名，与张琦、张宁、姚绶合称为"浙江四才子"，同阳明关系密切，经常与阳明登龙山，对弈联诗，阳明多先得佳句，魏瀚不禁钦佩道："老夫当退数舍。"有一次阳明与魏瀚游龙山，二人吟诗唱酬，阳明作了二首和诗：

雨霁游龙山次五松韵

晴日须登独秀台，碧山重叠画图开。
闲心自与澄江老，逸兴谁还白发来。
潮入海门舟乱发，风临松顶鹤双回。
夜凭虚阁窥星汉，殊觉诸峰近斗魁。

严光亭子胜云台，雨后高凭远目开。
乡里正须吾辈在，湖山不负此公来。
江边愁思丹枫尽，霜外缄书白雁回。
幽朔会传戈甲散，已闻南徼授渠魁。[1]

又有一次阳明与魏瀚登览荷亭，吟诗唱酬，阳明作了二首和诗：

次魏五松荷亭晚兴

入座松阴尽日清，当轩野鹤复时鸣。
风光于我能留意，世味酣人未解醒。
长拟心神窥物外，休将姓字重乡评。

[1]《王阳明全集》卷二十九。

飞腾岂必皆伊吕，归去山田亦可耕。

醉后飞觞乱掷梭，起从风竹舞婆娑。
疏慵已分投箕颍，事业无劳问保阿。
碧水层城来鹤驾，紫云双阙笑金娥。
抟风自有天池翼，莫倚蓬蒿斥鷃窠。[1]

阳明这些诗自我描绘出了一个抱道之士归居林下的闲云野鹤的形象。科举下第归隐，他自认为“疏慵已分投箕颍，事业无劳问保阿”。但他本来就向往林下物外的生活，“长拟心神窥物外”，认为“飞腾岂必皆伊吕，归去山田亦可耕”，所以他要学严子陵林下修道，追求“碧水层城来鹤驾，紫云双阙笑金娥”的修炼成仙的境界，期待着“抟风自有天池翼，莫倚蓬蒿斥鷃窠”的抱朴得道的超升。他往绍兴寻觅王羲之的故居也有寻访修炼洞天的用意，山阴萧鸣凤就是在这年阳明到绍兴来寻访王羲之故居时来问学的，他成了阳明的第一个弟子。[2]

弘治十年春，阳明又往绍兴寻访王羲之故居，想移家于王羲之故居之地。这时桃花烂漫盛开，他寻访右军故居无得，叩天发问，作了二首《春晴散步》诗：

清晨急雨过林霏，余点烟稍尚滴衣。
隔水霞明桃乱吐，沿溪风暖药初肥。

[1]《王阳明全集》卷二十九。

[2] 按：薛应旂《广东提学副使萧公鸣凤墓表》云：“年十七，即厌弃之（修词艺文），从阳明王先生游，讲明圣学。”（《国朝献征录》卷九十九）萧鸣凤生于成化十六年，十七岁则在弘治九年。

物情到底能容懒，世事从前且任非。
对眼春光唯自领，如谁歌咏月中归。

只用舞霓裳，岩花自举觞。
古崖松半朽，阳谷草长芳。
径竹穿风磴，云萝绣石床。
孤吟动《梁甫》，何处卧龙冈?[1]

从“孤吟动《梁甫》，何处卧龙冈”看，阳明是把自己比为归隐的“卧龙”，寻问当年诸葛归隐的山林之地，隐喻自己来绍兴寻访王羲之故居与移家绍兴之地。绍兴有卧龙山，是一郡山水之胜，绍兴府署在山东麓，山阴县署在山南麓，阳明来绍兴拜访知府佟珍是很方便的。这两首诗咏叹卧龙山，可见是阳明来绍兴所作。到三月上巳节，阳明又同南京行人秦文再来兰亭，寻访王羲之的故居与当年曲水流觞修禊的遗迹，咏了一首诗：

兰亭次秦行人韵

十里红尘踏浅沙，兰亭何处是吾家?
茂林有竹啼残鸟，曲水无觞见落花。
野老逢人谈往事，山僧留客荐新茶。
临风无限斯文感，回首天章隔紫霞。[2]

王羲之故居就是王华、阳明父子的祖居，所谓“十里红尘踏浅沙，兰亭何处是吾家”，就是说阳明这次十里踏沙来兰亭寻访王羲之的

[1] 《王阳明全集》卷二十九。
[2] 此诗见沈复灿:《山阴道上集》，出自张元忭:《兰亭遗墨》。

故居仍然无得，不禁发出了家在何处的怅问。天章寺在右军墨池畔，当年王羲之就在天章寺修禊。所谓“临风无限斯文感，回首天章隔紫霞”，就是说阳明终于惆怅告别了兰亭归去，决定把绍兴新居选定在府城西北的东光相坊，同兰亭遥遥相对。原来旧传说王羲之的故居有两处，一在戒珠寺，一在天章寺。《绍兴府志》上提到王羲之故居在戒珠寺说：

> 府城内，王右军别业，今戒珠寺是也。山阴地。旧经云：羲之别业，有养鹅池、洗砚池、题扇桥存焉。今寺有右军祠。[1]
>
> 王右军祠，在蕺山戒珠寺东，寺即右军别业。嘉靖十年，知府洪珠移置于佛殿之西。寺门外鹅池、墨池尚在。[2]
>
> 戒珠寺，在蕺山南，晋右军王羲之故宅，或曰别业也。其创始年莫考。[3]

《绍兴府志》中又提到王羲之故居在天章寺说：

> 山阴右军墨池，在府城西南二十五里，兰亭桥东。宋华镇《记》云：闻右军上巳日修禊在天章寺，有墨池、鹅池，皆遗迹。池不甚深广，引溪为源。每朝廷恩命至，池墨必先见……鹅池，与墨池相近。[4]
>
> 山阴天章寺，在兰渚山，今兰亭曲水在其侧。旧有右军

---

[1]《万历绍兴府志》卷十《别业》。
[2]《万历绍兴府志》卷十九《祠》。
[3]《万历绍兴府志》卷二十一《寺》。
[4]《万历绍兴府志》卷八《池》。

> 画像及书堂。宋至道二年，仁宗降御书"天章之寺"四字额。或谓仁宗书此额时，本书真宗御集阁"天章之阁"四字，既成，圣意未惬，再书之，前本遂不用。有内侍奏章献太后，言越州天章寺，天下名山，今欲乞皇帝更书一"寺"字，易"阁"字以赐。太后与帝皆欣然许之，此四字是也。绍兴八年，高宗降御书《兰亭序》石刻。元季寺毁于火，碑像犹在。旧有供应田千亩，今则蚀于豪右久矣。[1]

阳明是来天章寺与兰亭寻访王羲之的故居，但天章寺在元时已毁于大火，千亩寺田也被豪右侵占，所以他没有寻访到王羲之故居，只有转而确定东光相坊为移家绍兴的新居之地。《山阴县志》上引录了马如龙作的《王文成祠碑记》，揭开了阳明何以移家东光相坊的原因：

> 王文成祠，在府北二里东光坊。明嘉靖十六年御史周汝贞建，祀新建伯王守仁。初名新建伯祠，后改为阳明先生祠……案：世皆知文成公为余姚人，越中人士则知公已迁居山阴。读马方伯如龙《碑记》，又知公世居山阴，后徙姚江。然则公之不忘山阴，即营丘反葬之谊。《碑记》又云：其里居旧有专祠，太守李君修之。是今之东光坊即公旧第，发祥有自，俎豆允宜，高山景行，弥深向往焉。[2]

所谓"公世居山阴"，"东光坊即公旧第，发祥有自"，就是说东光相坊也有绍兴王氏的旧第。王羲之的后人有迁居东光相坊的，留下

[1] 《万历绍兴府志》卷二十一《寺》。
[2] 《嘉庆山阴县志》卷二十一《坛庙》。

了王氏旧第，所以既然王羲之的故居没有找到，阳明便自然定居到有王氏旧第的东光相坊，这仍然可以表明自己是王羲之的后人，故称“东光坊即公旧第，发祥有自，俎豆允宜，高山景行”了。

靠了绍兴知府佟珍从中的护助，阳明选定了东光相坊这块王氏旧地，绍兴新居很快落成，大约在秋末冬初，阳明搬进了东光相坊新居。接踵而来的就是到会稽山中寻访一方导引修炼的洞天。他迫不及待地在暮冬多次冒着大雪，踏着冰磴上山，终于发现了一方修炼的洞天福地——阳明洞。后来他在《来两山雪图赋》中描述自己多次冒着漫天风雪上山寻访阳明洞说：

> 昔年大雪会稽山，我时放迹游其间。岩岫皆失色，崖壑俱改颜。历高林兮入深峦，银幢宝纛森围圜。长矛利戟白齿齿，骇心慄胆，如穿虎豹之重关。涧溪埋没不可辨，长松之杪，修竹之下，时闻寒溜声潺潺。杳嶂连天，凝华积铅。嵯峨崭削，浩荡无颠，嶙峋眩耀势欲倒；溪回路转，忽然当之，却立仰视不敢前。嵌窦飞瀑，忽然中泻。冰磴崚嶒，上通天罅。枯藤古葛倚岩嶅而高挂，如瘦蛟老螭之蟠纠，蜕皮换骨而将化。举手攀援足未定，鳞甲纷纷而乱下。侧足登龙虬，倾耳俯听寒籁之飕飕。陆风蹀躞，直际缥缈，恍惚最高之上头。乃是仙都玉京，中有上帝遨游之三十六瑶宫，傍有玉妃舞婆娑十二层之琼楼。下隔人世知几许，真境倒照见毛发，凡骨高寒难久留。划然长啸，天花坠空，素屏缟障坐不厌，琪林珠树窥玲珑。白鹿来饮涧，骑之下千峰。寡猿怨鹤时一叫，仿佛深谷之底呼其侣，苍茫之外争行鼜阵排天风。鉴湖万顷寒濛濛，双袖拂开湖上云，照我须眉忽然皓白成衰翁。手掬湖水洗双眼，回看群山万朵玉芙蓉。草团蒲帐青莎蓬，浩歌夜宿湖水东。梦魂清彻不

得寐，乾坤俯仰真在冰壶中。……[1]

阳明何以要在寒冬冒着风雪猛、冰磴滑的危险多次上会稽山，唯一可解释的原因就是他要上山寻访修炼的阳明洞，并在洞中进行静坐行气导引的修炼。这篇用游仙赋笔法写就的赋，实际就是一篇阳明游山寻访阳明洞的赋。原来绍兴的会稽山周回三百五十里，是"仙圣天人都会之所"的道家第十一洞天，总名为"阳明洞天"，山中有三十六洞天福地，阳明洞就是其中之一。阳明赋中说的"三十六瑶宫"，就包括阳明洞在内，这句话透露了阳明冒雪上山寻访阳明洞的消息。阳明洞的方位，钱德洪说是"洞距越城东南二十里"。《万历绍兴府志》上考定阳明洞的所在说：

会稽阳明洞，在宛委山。洞是一巨石，中有罅，长亘龙瑞宫旁。旧经：道家之第十一洞天也，一名"极玄太元之天"。《龟山白玉上经》：会稽山，周回三百五十里，名阳明洞天，皆仙圣天人都会之所，则第十一洞天，盖会稽诸山之总名，不独此石罅也。石名飞来石，上有唐宋名贤题名……明王新建守仁以刑部主事告归时，结庐洞侧，因以为号，今故址犹在。[2]

会稽龙瑞宫，在宛委山下。其旁为阳明洞天……宫当会稽山南，峰障遒翠，其东南一峰崛起，上平如砥，号"苗龙上升台"。[3]

---

[1] 《王阳明全集》卷二十九《来雨山雪图赋》。按："来雨山"当是"来两山"之误。
[2] 《万历绍兴府志》卷六《洞》。
[3] 《万历绍兴府志》卷二十二《宫》。

阳明洞其实原来比较大，宋人徐天祐有诗云："何年灵石措夸娥，洞穴云深锁碧萝。巨木千章阴翳日，阳明时少晦时多。"[1] 所以阳明寻访到阳明洞后，立即在洞里筑室作为静坐修炼之所。实际上，阳明洞是和龙瑞宫连成一体的，所谓"长缅龙瑞宫旁"，阳明洞从属于龙瑞宫，所以古人来游都以阳明洞与龙瑞宫并提，唐人孙逖《寻龙瑞》诗云："仙穴寻遗迹……渔火歌金洞，江妃舞翠房。"[2] 元人杨仲弘有诗也云："衣冠永闭阳明洞，夜闻鬼哭岩之幽。珠宫贝阙号龙瑞，天造地设非人谋。"[3] 后来阳明门人弟子来阳明洞问学受教，实际阳明都是在龙瑞宫中聚讲论道的。

阳明之所以选择阳明洞作为自己的导引修炼之所，是因为"阳明"的洞名正好切合了尹山人的身心通体透明如"水晶塔子"的"真空炼形法"的修炼思想。道教说的"阳明"（阳明子）在外丹修炼上本指"汞"，又称"太阳"。在内丹修炼上，"阳明"又称为"阳神""纯阳""大明"。阳神又称元神，是说修炼到将神与精、炁凝结为胎，不仅出现先知、遥感、他心通的神通境界，而且可以出神入化，与太虚同体，这就是尹真人所说的结胎果圆成圣的修炼，他称之为"大明"的修炼境界，他在《性命圭旨》中一开首就说："赫赫发乎地，肃肃出乎天，我为汝遂于大明之上矣。""大明"与"阳明"完全沟通，这就是阳明选择阳明洞进行"真空炼形法"修炼的真实原因。所以他在选定阳明洞后，便自号"阳明山人"——表示要做一个修炼到身心透明如"水晶塔子"、与虚空同体的阳明子，学着尹山人在洞中开始了静坐入窈冥的修炼。整个弘治十一年，他都主要沉浸在山中阳明洞里做着行

[1]《万历绍兴府志》卷六《洞》。
[2]《万历绍兴府志》卷二十二《宫》。
[3]《万历绍兴府志》卷六《洞》。

气导引的修炼。在春二月，他偕同会稽抱道之士陆相等人出游秦望山、云门山、峨嵋山。在秦望山，他和山壁上的陆游诗《醉书秦望山石壁》，作了一篇《登秦望山用壁间韵》：

秦望独出万山雄，萦纡鸟道盘苍空。
飞泉百道泻碧玉，翠壁千仞削古铜。
久雨忽晴真可喜，山灵于我岂无以？
初疑步入画图中，岂知身在青霄里。
蓬岛茫茫几万重，此地犹传望祖龙。
仙舟一去竟不返，断碑千古原无踪。
北望稽山怀禹迹，却叹秦皇为惭色。
落日凄风结晚愁，归云半掩春湖碧。
便欲峰头拂石眠，吊古伤今益惘然。
未暇长卿哀二世，且续苏君观海篇。
长啸归来景渐促，山鸟山花吟不足。
夜深风雨过溪来，小榻寒灯卧僧屋。[1]

陆相也作了一首和阳明诗：

登秦望次阳明韵

会稽山水东南雄，秦峰崒嵂摩苍空。
洞府灵光翳丹壑，鉴湖高影悬青铜。
山花似见游人喜，脱略尘机良有以。
溪女曾歌菡萏中，仙人只在烟霞里。

[1] 《云门志略》卷五。

绝壁云开锦绣重，悬岩古树蟠虬龙。
秦碑埋没不可见，自镌苔石留奇踪。
可怜望海成陈迹，今古云山空黛色。
蓬莱何处矗金鳌，一笑茫茫海天碧。
松颠白鹤犹未眠，空山无人思悄然。
不知凡骨未可住，野翁招我归来篇。
暝云带雨如相促，万壑千岩探未足。
殷勤传语采芝人，岂必求仙向林屋。[1]

陆相诗说的“洞府灵光翳丹壑”，就指阳明洞。秦望山、云门山、峨嵋山都在绍兴城南，由此可以想见阳明偕陆相等人从阳明洞出发游山访仙的行踪。阳明诗说的“苏君观海篇”，指苏东坡的《观海》《海上书怀》《登州海市》等诗，披露了苏东坡对求仙得道的向往之情。阳明对秦始皇浮海求仙、追求长生的迷妄的批判，也就是对自己在阳明洞中静坐导引灵光修炼的肯定。在登峨嵋山、归经云门山时，阳明又作了一首诗：

登峨嵋归经云门

一年忙里过，几度梦中游。
自觉非元亮，何曾得惠休。
乱藤溪屋邃，细草石池幽。
回首俱陈迹，无劳说故丘。[2]

云门山是佛教的圣山，《嘉泰会稽志》上记载说，晋义熙二年，

[1] 《云门志略》卷五。
[2] 《云门志略》卷五。

中书令王子敬居此山中，见有五色祥云出现，晋帝马上下诏建寺，命此寺为"云门寺"，从此云门山名闻天下。阳明诗说"回首俱陈迹，无劳说故丘"，"陈迹"就是指云门寺，"故丘"就是指王羲之、王献之的故居。可见阳明这次游云门山，一方面是要寻访佛寺古刹的陈迹，另一方面也是要寻访王羲之、王献之的遗踪，这同他寻访山中的道观仙迹是一致的。这次游山访道、望秦叩问，使他看到"仙舟一去竟不返，断碑千古原无踪"，心中升起了"吊古伤今益惘然"的迷惘，产生了再去南都拜访尹真人的念头。

就在游秦望山、峨嵋山、云门山以后，阳明就往南都见尹山人。钱德洪在《阳明先生年谱》中特别提到阳明这一年同一个"道士"谈养生之道说：

> 弘治十一年戊子……是年，先生谈养生……偶闻道士谈养生，遂有遗世入山之意。

这件事钱德洪说得含含糊糊，不知这个道士是谁。实际从当时阳明已移家绍兴在阳明洞中修炼尹山人的真空炼形法大有所得的情况来判断，这个能够进一步说动阳明"有遗世入山之意"的"道士"也非尹山人莫属。因为尹山人正是把他的结胎果圆成圣的修炼说成是一个养生的修炼体系，《性命圭旨》一开篇就宣称："庖羲上圣，画八卦以示人，使万世之下，知有养生之道。"所谓"养生"就是"涵养本原，救护命宝"，这种养生修炼的要诀就是"静坐少思寡欲，冥心养气存神"（静入窈冥），书中特有《涵养本源图》，就是专门论这种养生的修炼的。[1] 阳明在三月启程往南都，经过嘉

[1] 《性命圭旨》亨集《涵养本源图》。

兴时，他去访问了名震东南的名刹金粟寺，在寺壁上题了一诗：

留题金粟山

独上高峰纵远观，山云不动万松寒。
飞霞泻碧雨初歇，古涧流红春欲阑。
佛地移来龙窟小，僧房高借鹤巢宽。
飘然便觉离尘世，万里长空振羽翰。[1]

这首诗表明阳明这次出行是要寻访佛寺道观、大僧高道。故从嘉兴到达南都，他又向尹真人问道。尹真人向他大谈了养生的修炼之道，更进一步坚定了阳明“遗世入山”修炼的信念。这次尹真人向阳明谈养生修炼之道对阳明思想的重要影响，钱德洪作了明晰的记叙：

> 是年，先生谈养生。先生自念辞章艺能不足以通至道，求师友于天下又不数遇，心持惶恐。一日，读晦翁上宋光宗疏，有曰：“居敬持志，为读书之本；循序致精，为读书之法。”乃悔前日探讨虽博，而未尝循序以致精，宜无所得；又循其序，思得渐渍洽浃，然物理、吾心终若判而为二也。沉郁既久，旧疾复作，益委圣贤有分。[2]

原来在弘治十年到十一年中，阳明一方面学作诗赋词章，感到词章之学不足以通至圣之道；另一方面苦读宋儒书，又不能循序以致精微，一无所得，感到物理与吾心始终判而为二。越发感到自

---

[1] 《嘉兴府图记》卷六，《天启海盐县图经》卷三，《金粟寺志·历代金粟诗》。
[2] 钱德洪：《阳明先生年谱》。

已做圣贤无分，于是好佛、老二氏的旧疾又发作，在听了道士的养生修炼之说以后，便更加沉浸在“遗世入山”的洞中养生修炼之中。尹真人的道门心学认为“千圣一心，万古一道”，“无时而不心在于道，无时而不以道而炼其心”，故阳明以为这样修炼就可以达到物理与吾心合而为一。他已经预感到宋儒理学的物理与吾心分而为二的弊病，乞灵于尹真人的道门心学来克服物理与吾心的二元分裂，这就是作为“阳明山人”的阳明在三年归居绍兴时期思想所达到的认识高度，隐隐兆示着他思想认识上的新突进。

但随着会试的临近，阳明山人也不得不从“遗世入山”的洞天修炼回到现世的尘嚣中来。从南都归来后，他加紧读起了程朱之书，又埋头准备科举考试。在八月，朝廷命王华主顺天府乡试，向阳明发出了参加科考的信号。这时易直先生王衮不幸去世。九月，阳明往余姚哭祭了王衮以后，立即在冬间北上回京师，等待明年的会试。三年归居绍兴林下的“山人”修炼生活结束了，他走出了“遗世入山”的洞天世界，又踏上了回京师的“上国游”之路。

第三章

“上国游”的交响新乐章

筮仕行道

——出山入世的进取之路

弘治十二年（1499 年）的会试发生了一场不小的科场风波。户科给事中华昶奏劾主礼闱科考的礼部右侍郎程敏政出卖试题，贡士江阴徐经、吴县唐寅行贿得到试题。科场事发，唐寅、徐经都被取消了科举功名，程敏政勒令致仕。阳明在会试中本定为第一名，但同考会试官徐穆出于私意抗论力争，把阳明改为第二名。在廷试时，阳明定为二甲进士第六名。《弘治十二年进士登科录》上是这样介绍中进士的阳明的：

> 王守仁，贯浙江绍兴府余姚县民籍。国子生。治《礼记》。字伯安，行一，年二十八，九月三十日生。曾祖杰（国子生），祖天叙（赠右春坊右谕德），父华（右春坊右谕德）。母郑氏（赠宜人），继母赵氏（封宜人）。具庆下。弟守义、守礼、守智、守信、守恭、守谦。娶诸氏。浙江乡试第七十名，会试第二名。

可见阳明是以精通秘图王氏家传的《礼记》学的优势高中进士。会试卷清晰反映了阳明这时对儒家圣贤之学思想的认识所达到的新高度。在《礼记》试卷中，阳明实际是用程朱的“理一分殊”来解说乐与礼的关系，把“乐者敦和”（同）与“礼者别宜”（异）看成是“理一”与“分殊”的关系，认为：

且礼乐之所以合乎造化者，果何以见之？是故细缊化醇，此造化自然之和，乃气之伸而为神，天之所以生物者也；乐之为用，则主于和，而发达动荡，有以敦厚其和于亭毒之表，岂不循其气之伸而从天乎？高下散殊，此造化自然之序，乃气之屈而为鬼，地之所以成物者也；礼之为用，则主于序，而裁节限制，有以辨别其宜于磅礴之际，岂不敛其气之屈而从地乎？[1]

阳明把乐与礼看成是一与分、同与异、和与宜的统一关系，礼乐统一在自然造化之上，而由圣人成制礼作乐的大功。所以他进一步认为：

礼乐之合乎造化如此，故圣人者出，因其自然之和也，而作为之乐，凡五声六律之文，或终始之相生，或清浊之相应者，皆本之，岂徒为观听之美哉，于以应乎造化之和，使阳不至于过亢，而生物之功与天为一矣；因其自然之序也，而制为之礼，凡三千三百之仪，或制度之有等，或名物之有数者，皆法之，岂徒为藻饰之具哉，于以配乎造化之序，使阴不至于过肃，而成物之功与地无间矣。[2]

阳明对礼乐文化的认识，可以说是达到了同时代人对儒家文化思想认识的极致，所以同考试官修撰刘春批语称赞说："作此题者，多体认欠明，徒务敷演，浮冗可厌，盖时习之弊也。是卷说理措辞精深典雅，而其气充然，岂拘拘摹仿之士哉！"更值得注意的还

[1]《弘治十二年会试录》。
[2]《弘治十二年会试录》。

是阳明的论卷，论“君子中立而不倚”的中庸之道，阳明独具慧眼地把“中立”与“不倚”、“立中”与“守中”结合起来加以论述，强调行中庸之道不仅要“独立于中”，而且更要“以勇力守中”。他说：

> 独立乎道之中，而力足以守之，非君子之勇，不能也。盖中固难于立，尤难乎其守也……天下之事纷纭轇轕乎吾前，而吾之中固在也，使徒立之，而力不足以守之，则执于此或移于彼，植于前或仆于后，矜持于旦夕无事之时，而颠蹶于仓卒不备之际，向之所谓中者，不旋踵而已失之矣。此中立而不倚者所以见君子之强而为天下之大勇欤![1]

阳明认为，要能做到立中与守中，一方面要存养其心，以立中道之体；另一方面要省察精微，以达中道之用，“君子则存养之熟，有以立乎中之体；省察之精，有以达乎中之用”。立中在仁，守中在勇，他特别强调这种执中行中守中之“勇”说：

> 所以择者，智也；所以行者，仁也；所以守之者，勇也。勇所以成乎智仁而保此中者也。然亦有辨焉，南方之强，不及中者也；北方之强，过乎中者也。惟和而不流，中立而不倚，国有道无道而不变，为君子之强，盖所谓中庸之不可能者。孔子因子路问强，而告之所以抑其血气之刚，而进之以德义之勇也。[2]

[1]《弘治十二年会试录》。
[2]《弘治十二年会试录》。

阳明塑造了一个中立不倚、以仁立中、以勇守中的仁勇君子的形象，他自己后来的一生行事也都贯穿了这种仁勇行中道的无畏精神。这种行中道的仁勇精神得到了考官的一致赏识。同考试官给事中林廷玉批语说："此篇议论滔滔自胸中流出，若不经意焉者；且理致精深，言辞深厚，脱去世俗气息。噫！吾于是有以知子之所养矣。"考试官大学士李东阳批语说："此篇见理真切，措辞条畅，亦何尝无开合起伏于其间，而终不出乎绳准之外，为论学者可以观矣。"考试官学士程敏政甚至说："忽得此卷，其辞气如水涌山出，而义理从之，有起伏，有归宿，当丰而健，当约而明，读之惟恐其竟也。四方传诵，文体将为之一变乎！"

这一科进士会考朝廷得人尤盛，阳明以一代诗人文士的才名脱颖而出，引人注目，朝中公卿士大夫也尤看好这个仁勇行中道的新科进士。在三月阳明中举荣归绍兴故里时，翰林编修黄珣作诗送他，赞道：

贺年侄王伯安登第

羡我同年老状头，贤郎名位颇相侔。
龙山佳气重重见，舜水恩波滚滚流。
调味查梨同入鼎，济川桥梓共为舟。
相看尽道登科乐，却合同担廊庙忧。[1]

翰林修撰毛纪也作了一首诗颂道：

送王伯安南还

一代骚坛早著声，时人尽识子安名。

[1]《姚江逸诗》卷五。

地临禹穴游偏胜，云近龙楼梦独清。
槐树百年重世荫，桂香二月满春城。
长亭一笑幽怀在，未信乾坤负此生。[1]

阳明是以一个一代骚坛的“王勃”的才子诗人锦衣荣归。到五月，他处理好绍兴家事，返归京师，朝廷命他观政工部，在屯田清吏司下实习试事，跨出了仕途上的第一步，“上国游”的交游唱酬又开始了。他首先结识了罗钦顺、罗钦德兄弟。罗钦顺正好在这一年的二月起复入朝任国子助教，罗钦德也在这一年中进士（与阳明为同年），进京与罗钦顺同居。两人成了同阳明讲学唱酬的主要人物。罗钦顺后来在《送王伯安入朝》中回忆说：“卮炉联句佛灯前，云散风流顿十年。”[2] 并在《祭大司马王阳明先生文》中说：“弟兄夙钦风义，交游以世，气味攸同。宦邸论文，不在盈尊之酒。”[3]

五月十七日，是岑太夫人的八十寿诞，王华举行了一个盛大的祝寿庆宴，宾客登贺如云，这些宾客都是阳明在京师“上国游”的公卿士大夫人物。王华是把祝贺岑太夫人高寿与祝贺阳明荣登金榜结合起来举办的，一时耸动了都下。翰林修撰刘春作《寿王母岑夫人八十序》说：“是日，自公卿而下，凡知先生者，各举礼为夫人寿，锦绂珠翟，充牣堂室，弦管琴瑟之音，喧溢衢巷，一时盛事，鲜克俪者。”[4] 他更作了一首贺诗：

[1] 《鳌峰类稿》卷二十一。
[2] 《整庵存稿》卷十七。
[3] 《整庵履历记》，见《困知记》附录。
[4] 《东川刘文简公集》卷十二。

寿王太夫人状元母

禁城西去管弦喧，朱紫纷纷欲塞门。
共为慈闱称寿喜，谩将福履向人论。
大魁天下方推子，甲榜年来又贺孙。
白发怪看常转黑，名郎无日不承恩。[1]

翰林编修吴俨也作了一首贺诗：

寿德辉母某太夫人

近时王母定何居，不在瑶池在帝都。
阶下行厨麟作脯，曲中新谱凤将雏。
（时德辉与其子守仁皆在朝）
红颜不假榴花映，健步何须竹杖扶。
爱日恩光天假贷，青宫辍讲助欢娱。[2]

一曲新谱凤将雏，雏凤清于老凤声。在京师，在科举中进士以后，阳明挣脱了场屋举业的束缚，进入到思想放逸自由、独立不羁的境界，他的诗人的灵魂得到解脱，压抑的诗情极大地释放，以同"前七子""茶陵派"展开诗赋辞章的争驰竞逐唱出了"上国游"的新篇章。李梦阳在《朝正唱和诗跋》中谈到弘治以来京师兴起的诗歌倡和气象说：

诗倡和莫盛于弘治，盖其时古学渐兴，士彬彬乎盛矣，此一运会也。余时承乏郎署，所与倡和，则扬州储静夫、赵

[1] 《东川刘文简公集》卷二十二。
[2] 《吴文肃摘稿》卷二。

> 叔鸣，无锡钱世恩、陈嘉言、秦国声，太原乔希大，宜兴杭氏兄弟，郴李贻教、何子元，慈溪杨名父，余姚王伯安，济南边庭实；其后又有丹阳殷文济，苏州都玄敬、徐昌穀，信阳何仲默。其在南都，则顾华玉、朱升之其尤也。诸在翰林者，以人众不叙。自正德丁卯之变，缙绅罹惨毒之祸，于是士始皆以言为讳，重足累息，而前诸倡和者亦各飘然萍梗散矣。[1]

阳明是以一个声誉鹊起的当代“王勃”投身到弘治京师的各家诗歌倡和中，他同李东阳、李梦阳、何景明、顾璘、徐祯卿、边贡、乔宇、汪俊、邵宝等名家都有唱酬驰逐，成为弘治诗坛上的一个活跃人物。后来他把在京师写的这些诗文编成了一集《上国游》。钱德洪在《上国游稿序》中谈到这一集《上国游》稿说：

> 是卷师作于弘治初年，筮仕之始也，自题其稿曰《上国游》。洪葺师录，自辛巳以后文字厘为《正录》；已前文字则兼采《外集》，而不全录者，盖师学静入于阳明洞，得悟于龙场，大彻于征宁藩，多难殷忧，动忍增益，学益彻则立教益简易，故一切应酬诸作，多不汇入。是卷已废阁逸稿中久矣，兹刻《续录》，复检读之。见师天禀夙悟，如玉出璞，虽未就追琢，而暗暗内光。因叹师禀夙智，若无学问之全功，则逆其所造，当只止此。使学者智不及师，肯加学问之全功，则其造诣日精，当亦莫御；若智过于师，而功不及师，则终

[1]《空同集》卷五十九。

> 无所造，自负其质者多矣。乃复取而刻之，俾读师全录者，闻道贵得真修，徒恃其质，无益也。[1]

《上国游》大致收录了阳明自弘治十二年至正德元年在京师作的诗文（兼收有弘治十二年以前在京师所写诗文）。今阳明文集中尚存有《上国游》一卷，已多残缺不全，但从中依旧可以看到阳明在京师"上国游"的活跃身影，表明他已从对自己个人命运的吟唱转向了对国事朝政的关注。就在五月他观政工部时，刑部员外郎黄肃出任广西按察佥事，阳明作了一篇《送黄敬夫先生佥宪广西序》，大谈出仕行道说：

> 古之仕者，将以行其道；今之仕者，将以利其身。将以行其道，故能不以险夷得丧动其心，而惟道之行否为休戚；利其身，故怀土偷安，见利而趋，见难而惧。非古今之性尔殊也，其所以养于平日者之不同，而观夫天下者之达与不达耳。吾邑黄君敬夫，以刑部员外郎擢广西按察佥事。广西，天下之西南徼也。地卑湿而土疏薄，接境于诸岛蛮夷，瘴疠郁蒸之气，朝夕弥茫，不常睹日月，山僮海獠，非时窃发，鸟妖蛇毒之患，在在而有，固今仕者之所惧而避焉者也……古之君子，惟知天下之情不异于一乡，一乡之情不异于一家，而一家之情不异于吾之一身。故视其家之尊卑长幼，犹家之视身也；视天下之尊卑长幼，犹乡之视家也。是以安土乐天，而无入不自得。后之人视其兄之于己，固已有间，则又何怪其险夷之异趋，而利害之殊节也哉！今仕于世，而能以行道

[1] 《王阳明全集》卷二十九。

> 为心，求古人之意，以达观夫天下，则岭广虽远，固其乡闾；岭广之民，皆其子弟；郡邑城郭，皆其父兄宗族之所居；山川道里，皆其亲戚坟墓之所在。而岭广之民，亦将视我为父兄，以我为亲戚，雍雍爱戴，相眷恋而不忍去，况以为惧而避之耶?[1]

这大概就是阳明中举入仕在京师“上国游”所写的第一篇文章。仕世以行道为心，这就是阳明的出仕做官的理念，他自己也终生践履服行，从他筮仕之初在观政工部时就已开始这样做了。令人注目的是，正是他在工部屯田清吏司下处理军屯边戍等军事要务，展露了他的通兵法、懂军事、会用兵的才干。原来阳明早在太学时就已好读兵书，究心兵法，留情天下武事，潜研用兵打仗的奇法，已崭露头角，在弘治九年归余姚时，石珤就高度称赞他“伏波穷益坚，淮阴多益善”的军事才华与用兵之道，为他“志屈艺乃奇，才高君不见”抱不平。归绍兴后，他更关注天下军备武事，潜研实战的兵法兵阵。钱德洪谈到阳明在弘治十年的研习兵法、留情武事说：

> 是年，先生学兵法。当时边报甚急，朝廷推举将才，莫不遑遽。先生念武举之设，仅得骑射搏击之士，而不能收韬略统驭之才。于是留情武事，凡兵家秘书，莫不精究。每遇宾宴，尝聚果核列阵势为戏。[2]

这一年边事紧急，南京吏部尚书倪岳上修省军务等二十事，朝廷

[1]《王阳明全集》卷二十九。
[2] 钱德洪:《阳明先生年谱》。

起用王越总制甘凉各边兼巡抚。阳明显然是受到这些现实事件的激发，更加精究兵书，习研兵法。作为读兵书笔记批语的《武经七书评》，应就是在这时作的。到弘治十一年十月，由于边事紧迫，灾异频仍，孝宗被迫下诏求言，"敕群臣修省，求直言，罢明年灯火"。这给观政工部的阳明提供了上陈边务疏的机会。先是在弘治十二年初夏以来，边患空前紧张，边寇频频入侵。《国榷》记载说：

> 弘治十二年四月癸巳，虏连寇辽东宁远、义州、广宁、沈阳……丙午，虏数寇辽东沈阳等堡……己酉，虏入辽东铁岭卫……壬子，虏入大同左卫……五月癸亥，火筛入大同。火筛者，脱罗干之子，小王子支部也，狡黠善用兵，劫诸部，屡寇边，获财畜日强，遂与小王子争雄长，边患复炽。[1]

这就是直接推动阳明上《陈言边务疏》的边患背景。所以他一到工部观政试事，就在五月奉檄出使关外，详密考察了边戍军屯，探明边情，他自己在《堕马行》中说："我昔北关初使归，匹马远随边檄飞。涉危趋险日百里，了无尘土沾人衣。"从边徼考察回来后，他立即上了《陈言边务疏》。

《陈言边务疏》是阳明生平上的第一篇奏疏，实际是针对现实中严重的边寇大患进上了安边八策，条条都击中了腐败无能的朝廷军政的弊端。其中最重要的是蓄材以备急、屯田以给食、行法以振威、严守以乘弊四策：

---

[1]《国榷》卷四十四。

何谓蓄材以备急？臣惟将者，三军之所恃以动，得其人则克以胜，非其人则败以亡，其可以不预蓄哉？……夫以南宋之偏安，犹且宗泽、岳飞、韩世忠、刘锜之徒以为之将，李纲之徒以为之相，尚不能止金人之冲突；今以一统之大，求其任事如数子者，曾未见有一人。万如虏寇长驱而入，不知陛下之臣，孰可使以御之？……臣愚以为，今之武举仅可以得骑射搏击之士，而不足以收韬略统驭之才。今公侯之家虽有教读之设，不过虚应故事，而实无所裨益。诚使公侯之子皆聚之一所，择文武兼济之才，如今之提学之职者一人以教育之，习之以书史骑射，授之以韬略谋猷；又于武学生之内，岁升其超异者于此，使之相与磨砻砥砺，日稽月考，别其才否，比年而校试，三年而选举。至于兵部，自尚书以下，其两侍郎使之每岁更迭巡边，于科道部属之内，择其通变特达者二三人以从，因使之得以周知道里之远近，边关之要害，虏情之虚实，事势之缓急，无不深谙熟察于平日，则一旦有急，所以遥度而往莅之者，不虑无其人矣。……

何谓屯田以给食？臣惟兵以食为主，无食，是无兵也。边关转输，水陆千里，踣顿捐弃，十而致一……今之军官既不堪战阵，又使无事坐食以益边困，是与敌为谋也。三边之戍，方以战守，不暇耕农。诚使京军分屯其地，给种授器，待其秋成，使之各食其力。寇至则授甲归屯，遥为声势，以相犄角；寇去仍复其业，因以其暇，缮完虏所拆毁边墙亭堡，以遏冲突。如此，虽未能尽给塞下之食，亦可以少息输馈矣。……

何谓行法以振威？臣闻李光弼之代子仪也，张用济斩于辕门；狄青之至广南也，陈曙戮于戏下。是以皆能振疲散之卒，而摧方强之虏。今边臣之失机者，往往以计倖脱。朝丧师于东陲，暮调守于西鄙，罚无所加，兵因纵弛……夫法之不行，自上犯之也。今总兵官之头目，动以一二百计，彼其诚以武勇而收录之也，则亦何不可之有；然而此辈非势家之子弟，即豪门之夤缘，皆以权力而强委之也。彼且需求刻剥，骚扰道路，仗势以夺功，无劳而冒赏；懈战士之心，兴边戎之怨。为总兵者，且复资其权力以相后先，其委之也，敢以不受乎？其受之也，其肯以不庇乎？苟戾于法，又敢斩之以殉乎？是将军之威，固已因此辈而索然矣，其又何以临师服众哉！臣愿陛下手敕提督等官，发令之日，即以先所丧师者斩于辕门，以正军法。而所谓头目之属，悉皆禁令发回，毋使渎扰侵冒，以挠将权，则士卒奋励，军威振肃。克敌制胜，皆原于此。……

何谓严守以乘弊？臣闻古之善战者，先为不可胜以待敌之可胜。盖中国工于自守，而胡虏长于野战。今边卒新破，虏势方剧，若复与之交战，是投其所长而以胜予敌也。为今之计，惟宜婴城固守，远斥候以防奸，勤间谍以谋虏，熟训练以用长，严号令以肃惰，而又频加犒享，使皆畜力养锐。譬之积水，俟其盈满充溢，而后乘怒急决之，则其势并力骤，至于崩山漂石而未已……今我食既足，我威既盛，我怒既深，我师既逸，我守既坚，我气既锐，则是周悉万全，而所谓不可胜者，既在于我矣……索情较计，（虏）必将疲罢奔逃，然后用奇设伏，悉师振旅，出其所不趋，趋其所不意，迎邀夹攻，首尾横击。是乃以足当匮，以盛敌衰，以怒加曲，以逸击劳，以坚破虚，以锐攻钝。所谓胜于万全，立于不败之地，而不失敌之败者也。[1]

阳明这篇《陈言边务疏》，与其说是他向朝廷进献的经营边务的策略，不如说是他向朝廷进呈的克敌制胜的用兵之道，鲜明反映了阳明独特的军事思想及其用兵大法与作战谋略。他自己后来的一生也正是运用这种军事思想与用兵之道取得了平叛平乱的胜利。十八年后朝廷选中阳明去江西平叛平乱，无疑就是他们早在《陈言边务疏》中看到了阳明闪光的军事思想与用兵才能。只可惜阳明在疏中锋芒毕露地痛斥了那班昏庸的文武大臣，特别一无顾忌地指责说："臣愚以为今之大患，在于为大臣者外托慎重老成之名，而内为固禄希宠之计；为左右者内挟交蟠蔽壅之资，而外肆招权纳贿之恶。习以成俗，互相为奸。忧世者，谓之迂狂；进言者，目以浮躁。沮抑正大刚直之气，而养成怯懦因循之风。故其衰耗颓塌，将至于不可支持而不自觉。”朝中大臣把阳明这个还在编外观政的小人物视为迂狂浮躁的儒生，对他的进言不予理睬。后来阳明自己说出了个中原因："是疏所陈，亦有可用。但当时学问未透，中心激忿抗厉之气。若此气未除，欲与天下共事，恐事未必有济。"[2]

阳明上了《陈言边务疏》后，不见朝廷动静。七月，他在一次骑马中堕伤，西涯李东阳、白洲李士实等人多来探望，给他看了他们当年堕马受伤作的堕马歌行。阳明也怀着“激忿抗厉之气”作了一首《堕马行》：

我昔北关初使归，匹马远随边檄飞。
涉危趋险日百里，了无尘土沾人衣。

[1] 《王阳明全集》卷九。
[2] 钱德洪：《刻文录叙说》，《王阳明全集》卷四十一。

长安城中乃安宅，西街却倒东山屐。
疲骡历块误一蹶，啼鸟笑人行不得。
伏枕兼旬不下庭，扶携稚子或能行。
勘谱寻方于油皮，同窗药果罗瓶罂。
天怜不才与多福，步履已觉今全轻。
西涯先生真缪爱，感此慰问勤拳情。
入门下马坐则坐，往往东来须一过。
词林意气薄云汉，高义谁云在曹佐？
少顷险夷已秦越，幸而今非井中堕。
细和丁丁《伐木》篇，一杯已属清平贺。
拂拭床头古太阿，七星宝拔金盘陀。
血诚许国久无恙，定知神物相㧑诃。
黄金台前秋草深，不须感激荆卿歌。
尝闻献纳在文字，我今健笔如挥戈。
独惭著作非门户，明时尚阻康庄步。
却向骅骝索惆怅，俯首风尘谁复顾？
昆仑瑶池事茫惚，善御未应逢造父。
物理从来有如此，滥名且任东曹簿。
世事纷纷一刍狗，为药及时君莫误。
忆昨城东两月前，健马疾驱君亦仆。
黄门宅里赴拯时，殿屎共惜无能助。
转首黄门大颠蹶，仓遑万里滇南路。
幻泡区区何足惊，安得从之黄叔度。
佩撷馨香六尺躯，婉娩青阳坐来暮。

余堕马几一月，荷菊田先生下问，因道马讼故事，尽出倡和。奉观间，录此篇求教万一，走笔以补笑具，甚幸。赋在玉河东第。八月一日书，阳明山人（印章）。[1]

这首悲歌慷慨的《堕马行》，是阳明化取邵珪的《堕马歌》，咏叹了自己在观政工部的卑微处境，有借他人之酒杯浇自己之块垒的用意，强烈反映了他在上了《陈言边务疏》后不被朝廷所用的悲慨自悼之情。他感叹“俯首风尘谁复顾”，“善御未应逢造父”，发出了“幻泡区区何足惊，安得从之黄叔度”的呼喊。

朝廷对阳明的上疏不予采用，却在八月命他赴浚县督造威宁伯王越的坟墓。王越在弘治十一年十二月去世，他在当时被认为是最善于统兵打仗的良将之才，也是阳明心目中有“韬略统驭之才”的统帅。委派阳明建造王越坟墓，却给了他学习王越作战兵法与演练军法军阵的机遇。工部郎中堇山李堂作了一首诗送他赴浚县，鼓励说：

[1] 蓬累轩编：《姚江杂纂》。按：是编翻译此诗有误。兹据周清鲁先生所藏《堕马行》真迹重译。又按：今有人撰文考定此《堕马行》手迹非阳明书，而是邵珪自书，并将其中“赋”字译作“珪”字，以证成其说。今按：本人早在《王阳明佚文辑考编年》与《王阳明年谱长编》中，就根据自己发现的资料首先考定此《堕马行》是本自邵珪的《堕马歌》，李东阳、邵珪等堕马事在成化十七年（1481年），而此《堕马行》则为阳明在弘治十二年（1499年）所书，此二事不得混淆。余考此事本已甚明，兹再作补充说明如下：(1) 细审此《堕马行》后记末句一字，当是“赋”字，断非“珪”字。(2) 邵珪《邵半江诗》卷五中有《堕马歌》，即此《堕马行》，但无后面小记。若此《堕马行》手迹是邵珪所书，何以《邵半江诗》中的《堕马歌》无此后记？仅此可证此《堕马行》手迹不是邵珪所作。(3) 邵珪《邵半江诗》中此诗题作《堕马歌》，而此《堕马行》中有字句不同，多是在关键处修改句意，亦尤可见此《堕马行》手迹不是邵珪所作。(4) 李东阳称邵珪作了三首《堕马歌》唱和，今邵珪《邵半江诗》中尚有二首《堕马歌》。而邵珪于此只写一首《堕马歌》，这也与后记中说“尽出倡和”不合。(5) 后记说：“因道马讼故事，尽出倡和。奉观间，录此篇求教万一，走笔以补笑谈，甚幸。”此语全不类邵珪说话口气，邵珪是堕马唱和的参加者，最熟悉情况，岂能说如此局外人的话？特别是说“马讼故事”，“故事”指过去的旧事，李东阳、邵珪等人堕马而作《堕马歌》以及李士实来评判“马讼”事，发生在成化十七年，而邵珪在弘治三年已卒。既称“故事”，可见此《堕马行》手迹绝非作在成化十七年，而是后来人所写。仅此亦足证此《堕马行》手迹非邵珪所书。(6) 阳明早年书法学怀素，观此《堕马行》手迹，犹有怀素书法风格，可信为阳明手迹也。

赠进士王伯安使大名

习懒欲成愚，养拙遂违道。
无闻空盛强，有觉恐迟老。
屈教藉高明，分携徒郁懆。
读书气未充，怀贤迹如扫。
百虑填胃肠，一宵便华皓。
将随魂梦飞，致语输怀抱。
把酒临清流，种花舞晴昊。
解缆指天津，扬帆破秋颢。
明珠照先驱，威弧穿鲁缟。
去日风露寒，卫水濯烦懊。
大名实雄邦，使君富文藻。
马首拜衣冠，陌上垂桑枣。
褰衣觌好颜，阑户乞圣草。
泰华入霜眸，祥云护仙岛。
为凭老脚稚，远蹴危峰倒。
住处引诗奚，烨然张羽葆。
君惟王事终，我嘱归期早。
异擢需贤豪，时评息幽讨。
又维《观海》篇，已属《退听稿》。
渐识厌珍羞，庶几味粱稻。
终焉为指迷，幸矣备庸保。
述赠自汗颜，愿言收行潦。[1]

---

[1] 《堇山文集》卷一。

李堂期待着阳明“异擢需贤豪，时评息幽讨”。阳明也决心把这次赴浚县督造王越坟墓之行作为训练与展示自己实际的军事用兵才干的机会，在督造王越坟墓的间暇实际演练作战的兵法兵阵，以实践他在《陈言边务疏》中陈说的用兵之道。黄绾谈到阳明胸藏的这一用兵大志说：

> 钦差督造威宁伯王公坟于河间，驭役夫以十五之法，暇即演八阵图，识者已知其有远志。少日尝梦威宁伯授以宝剑，既竣事，威宁家以金币为谢，辞不受，乃出威宁军中佩剑赠之，适符其梦，受焉。[1]

所谓“十五之法”即什伍法，是古代的一种军队作战编制。将士卒以五人为一伍，十人为一什，以便于军旅作战指挥。后来这种什伍法又成为古代的户籍编制，以五家为一伍，十家为一什，相联互保。阳明把这种什伍法运用到军用役夫上，将这些役夫按什伍编制起来，用他们进行兵法军阵的演练。所谓“八阵图”，是由八种阵势组成的图形，用来操练军队或指挥作战。阳明在这里说的“八阵图”，实际是指《孙子兵法》上说的八阵战法。孙子说：“用八阵战者，因地之利，用八阵之宜。用阵三分，诲（每）阵有锋，诲锋有后，皆待令而动。斗一，守二，以一侵敌，以二收。敌弱以乱，先其选卒以乘之；敌强以治，先其下卒以诱之。车骑与战者，分以为三，一在于右，一在于左，一在于后。易则

---

[1] 黄绾:《阳明先生行状》。钱德洪《阳明先生年谱》则谓：“先生未第时，尝梦威宁伯遗以弓剑。是秋，钦差督造威宁伯王越坟，驭役夫以什伍法，休食以时，暇即驱演八阵图。事竣，威宁家以金帛谢，不受。乃出威宁所佩宝剑为赠，适以梦符，遂受之。”

多其车，险则多其骑，厄则多其弩。险易必知生地、死地，居生击死。"阳明就是用什伍法把役夫编制组织起来，进行八阵战法的演练。这是一种有实战意义的阵战演练，同他在《陈言边务疏》中陈说的攻守战法一致，他摒弃了传统那种死板不切实用的布阵作战法，阵战灵活机动，后来他一生的平乱平叛的作战也都贯穿了这种机动灵活的实战精神。

王越的坟造在大伾山西麓。大伾山也是一方佛道的名山，山东南就崖石凿刻出一座八丈高的大佛；石佛岩北有三大天然石穴，称为龙洞。石佛龙洞极大吸引了阳明。他一到浚县，就登览寻访了大伾山，在大伾山的石佛上题了一诗：

大伾山诗

晓披烟雾入青峦，山寺疏钟万木寒。
千古河流成沃野，几年沙势自平端。
水穿石甲龙鳞动，日绕峰头佛顶宽。
宫阙五云天北极，高秋更上九霄看。
大明弘治己未仲秋朔，余姚王守仁。[1]

"水穿石甲龙鳞动"就指龙洞，后来便改名为"阳明洞"。阳明游兴未尽，到九月重阳，他再携二三士子来登高畅游，危峰觞咏，吊古伤今，作了一篇《游大伾山赋》：

王子游于大伾之麓，二三子从焉。秋雨霁野，寒声在松。经龙居之窈窕，升佛岭之穹窿。天高而景下，木落而山空。

[1]《正德大名府志》卷二。

感鲁卫之故迹，吊长河之遗踪。倚清秋而远望，寄遐想于飞鸿。于是开觞云石，洒酒危峰。高歌振于岩壑，余响递于悲风。二三子慨然叹息曰：“夫子之至于斯也，而仆右之乏，二三子走，偶获供焉。兹山之长存，固夫子之名无穷也；而若走者袭荣枯于朝菌，与蟪蛄而始终，吁嗟乎！亦何异于牛山、岘首之沾胸？”王子曰：“嘻！二三子尚未喻于向之与尔感叹而吊悲者乎！当鲁卫之会于兹，车马玉帛之繁，衣冠文物之盛，其独百倍于吾侪之聚于斯而已耶？而其囿于麇鹿，宅于狐狸也，既已不待今日而知也矣，是故盛衰之必然。尔尚未睹夫长河之决龙门，下砥柱，以放于兹上乎？吞山吐壑，奔涛万里，固千古之泾渎也。而且平为禾黍之野，筑为邑井之墟。吁嗟乎！流者而有湮，峙者其能无夷？则斯山之不荡为沙尘而化为烟雾者几稀矣！况吾与子集露草而随风叶，曾木石之不可期，奈何忘其飘忽之质而欲较久暂于锱铢者哉！吾姑与子达观于宇宙，可乎？”二三子曰：“何如？”王子曰：“山河之在天地也，不犹毛发之在吾躯乎？千载之于一元也，不犹一日之于须臾乎！然则久暂奚容于定执，而小大未可以一隅也。而吾与子固将齐千载于喘息，等山河于一芥，遨游八极之表，而往来造物之外。彼人事之倏然，又乌足为吾人之芥蒂乎？”二三子喜，乃复饮。已而夕阳入于西壁，童仆候于岩阿。忽有歌声自谷而出，曰：“高山夷兮，深谷嵯峨。将胼胝是师兮，胡为乎蹉跎？悔可追兮，遑恤其他。”王子曰：“夫歌为吾也。”盖急起而从之，其人已入于烟萝矣。

大明弘治己未重阳，余姚王守仁伯安赋并书。[1]

---

[1]《正德大名府志》卷二。

这篇赋构思精巧而又大气浑厚，化用庄子的恍惚窈冥之说而又融入苏东坡的赤壁赋笔法，发庄子齐万物、等生死的玄虚之论，而又归结于道家达观的人生哲学。赋最后出场的"歌者"，暗示了阳明心目中的"山人"的理想典型，多少流露了出仕的阳明山人不能入山归隐、潜心修道的怅惘之情。这两篇诗赋，可以说是阳明在京"上国游"与前七子、茶陵派等众家争逐诗赋辞章的代表作。但它们还只是反映了阳明历经磨难的复杂灵魂的一面。在浚县，他又特给"大孝子"吴冠作了一篇《乐陵司训吴先生墓碑》，又强烈显示了他的儒家自我勇于济世行道的真精神。他称赞吴孝子说：

> 君材瑰伟，谋虑深远，负气凛凛，勇于有为。临大义，慨然有阔度，虽遇事急，未尝有窘容。其处己待人，曲尽其意。御家人以严，交朋友以义……昔黔娄有言："不戚戚于贫贱，不汲汲于富贵，惟安贫守道以自适。"而君子韪之。人皆惜先生有抱负而未之用；用之又投闲置散，未尽其长也。守仁独不然，盖君子轻去就，随卷舒，富贵不可诱，故其气浩然，勇过乎贲育，先生何以异于是哉![1]

这其实也是阳明的自况。阳明就是靠这种儒家的真精神走出了一个又一个困境。

阳明在浚县待了三个月，到十月底他才事竣回京师。到弘治十三年六月，他的一年观政工部的试事期结束，由于他的出色的办事能力，朝廷授他为刑部云南清吏司主事，开始了"西翰林"的论政讲学的生活。

---

[1] 《光绪开州志》卷八。

在刑部：“西翰林”文士群体的中坚

原来阳明任职的刑部早已聚集了一班敢直言有作为的文士，他们在刑部中讲学作文，评议朝政，上章抗论，格外引朝内外注目，他们被誉为“西翰林”的名士。阳明到刑部任职，很快成为“西翰林”的中坚。韩邦奇在《都察院右都御史赠工部尚书静斋陈公凤梧传》中提到这个“西翰林”文士群体说：

> 公姓陈，讳凤梧，字文鸣，号静斋……戊午，授刑部广西司主事……壬戌，升浙江司员外郎。二月，上《副榜举人疏》，曰“宽副榜之额”，曰“弛限年之禁”。七月，上《严祀典以尊先师疏》。癸亥，奉命江南审录重囚，多所平反……公尝曰：“仕优则学必先审刑狱，精律例，方可及考。”一时主事王守仁、潘某、郑某，皆名士也，讲学论文，或至夜分，当时或称“西翰林”云。[1]

阳明到刑部时，“西翰林”文士群体已经形成。“西翰林”的核心成员大多为新进文士与新科进士，锐意进取。先后进入“西翰林”的名士主要有：

潘府。潘府为成化二十三年（1487 年）进士，是王华的“门生”。他在弘治十二年（1499 年）进刑部任职，即连上《内修外攘以谨天戒疏》《救时十要》，切中时弊，多被采纳。阳明后来作

---

[1] 《国朝献征录》卷五十九。

《挽潘南山》诗，称赞他说："圣学宫墙亦久荒，如公精力可升堂。若为千古经纶手，只作终年著述忙。"[1]

郑瓛。郑瓛是弘治十二年进士，与阳明为同年。他在弘治十四年任刑部郎中，后出知南昌府。

杭淮。杭淮为弘治十二年进士，与阳明为同年。在京先已与阳明多有讲学唱酬，至弘治十四年进刑部任职。与兄杭济两人以诗驰名京师。

徐守诚。徐守诚为弘治三年进士，弘治十三年入刑部主事。《万历绍兴府志》上说他"服除，补刑部，日与四方名士相讨论，学益进。尝陈时政十余事，多见采纳"[2]。

方良永。方良永在弘治十年至十三年任刑部主事、员外郎，以抗论权贵闻名。后来他在《寄都宪王阳明公》中说："生于执事有旧寅之雅。"[3] 就指两人弘治十三年同在刑部任职。

杨孟瑛。杨孟瑛于弘治十三年至十五年在刑部任职，阳明在《平山书院记》中说："温甫始为秋官郎，予时实为僚佐，相怀甚得也……既而某以病告归阳明，温甫寻亦出守杭郡。"[4] 杨孟瑛后以疏浚西湖、筑杨公堤闻名于世。

郑岳。郑岳在弘治十年至十六年任刑部主事、员外郎，弹击中贵，逮下诏狱。同阳明关系尤密。郑岳在弘治十六年出任湖广按察佥事，阳明亲自送他赴任。

来天球。来天球号两山，能诗善画。他在弘治十一年至十四年在刑部任职，阳明曾为他画的《雪图》作赋赞颂。

---

[1] 《王阳明全集》卷二十。
[2] 《万历绍兴府志》卷四十一《乡贤》。
[3] 《方简肃文集》卷九《寄都宪王阳明公》二。
[4] 《王阳明全集》卷二十三。

陈辅。陈辅是弘治三年进士，以后一直在刑部任职，执法明允，刚介不屈。至弘治十五年以刑部郎中升浙江按察佥宪。后因牵连沈澂大案罢归，阳明特作《两浙观风诗序》送他。

吴世忠。吴世忠在弘治十年至十四年任刑科给事中，与阳明关系至密。阳明后在《答懋贞少参》中说：“别后，怀企益深。朋友之内，安得如执事者数人，日夕相与磨砻砥砺，以成吾德乎?”[1]

宋冕。宋冕为著名的“姚江三廉”之一，与阳明为姻亲。他在弘治十五年至正德三年任刑部主事，与阳明关系至密。

李源。李源字宗一，号平台，是李梦阳的业师。李梦阳在《谒平台先生墓》中说：“平生马公帐，四海孔融尊。”[2] 他在弘治十三年九月任刑部郎中，成为“西翰林”中的活跃人物。

刘琏。刘琏字廷美，江西鄱阳人。他是弘治六年进士，以后一直在刑部任职，多有建树，深为阳明尊重。

李贡。李贡号舫斋，成化二十年进士。弘治十年以后任刑部郎中，弘治十五年擢山东按察副使。是阳明的“寅长”，阳明称他“胸中三万卷”。有《舫斋集》。

陈凤梧。陈凤梧在弘治十年至十五年任刑部主事，与阳明情好日密。阳明同他“讲学论文，或至夜分”。陈凤梧可谓是“西翰林”文士群体的领袖人物。阳明后在《答陈文鸣》中说：“别后，企仰日甚。文鸣趋向端实，而年茂力强，又当此风化之任，异时造诣何所不到，甚为吾道喜且幸也。”[3]

阳明一进刑部，就成为“西翰林”的峥嵘人物，“西翰林”

[1]《新刊阳明先生文录续编》卷一《书类》。
[2]《空同集》卷二十八。
[3]《新刊阳明先生文录续编》卷二《书类》。

成为他同朝内外的公卿士大夫讲学唱酬、评议朝政的翰苑"阵地"，这是他在京师"上国游"最为活跃的时期。就在九月，兵部主事李永敷受命出使南直隶州，便道归省，阳明与在京大臣文士李东阳、杨一清、锺文俊、王恩、储巏等人赋诗送行。阳明吟了一首《送李贻教归省图诗》：

九秋旌旆出长安，千里军容马上看。
到处临淮惊节制，趋庭莱子得承欢。
瞻云渐喜家山近，梦阙还依禁漏寒。
闻说閰门高已久，不妨冠盖拥归鞍。[1]

李永敷是茶陵派诗人，李东阳说："永兴李生贻教从予游，见其文奔放不可羁絷，心甚爱之。"[2] 从这次送李永敷的文会上可以看出阳明同茶陵派唱酬的身影。约在同时，李梦阳的业师平台李源擢升刑部郎中，成为阳明的"寅长"，阳明与李梦阳都作诗庆贺，将他迎进了"西翰林"。李梦阳作诗贺道：

奉和高韵，兼申贺忱。
春风白发拜新升，旧署重来有梦曾。
官暇更饶诗酒兴，病余甘逊簿书能。
吏人扫阁将移竹，宾客临轩或遇僧。
他日门墙三鳣在，愧从云路接飞腾。[3]

[1] 《嘉庆郴县志》卷三十七。
[2] 《怀麓堂集》卷三十八《喻战送李永敷南归》。
[3] 《朱秉器全集·游宦余谈·献吉伯安和韵》。

阳明也作了一首和诗：

奉和宗一高韵

懒爱官闲不计升，解嘲还计昔人曾。
沉迷簿领今应免，料理诗篇老更能。
未许少陵夸吏隐，真同摩诘作禅僧。
龙渊且复三冬蛰，鹏翼终当万里腾。[1]

李梦阳又作了一首和诗：

奉次高韵，语意纵放，伏惟恕而进之。
坐便凉爽入西斋，天末黄云送晚霾。
蝇虎技微空守户，葡萄阴重欲翻阶。
瘦余子夏非关病，醉后阳城不为怀。
古往今来共回首，世人犹自巧安排。[2]

从这次与李梦阳、李源的唱和中，又可以看出阳明与前七子驰逐争鸣诗赋辞章新声的身影，唱出了“西翰林”文士群体们“鹏翼终当万里腾”的心声。十月二十六日，他的好友户部郎中邵宝出任江西按察副使，阳明又兴奋地作了一篇意气飞动的《时雨赋》送他赴任：

二泉先生以地官正郎擢按察副使、提学西江。于是京师方旱，民忧禾黍。先生将行，祖帐而雨。士气苏息，送者皆

[1] 《朱秉器全集·游宦余谈·献吉伯安和韵》。
[2] 《朱秉器全集·游宦余谈·献吉伯安和韵》。

喜。乐山子举觞而言曰："先生亦知时雨之功乎？群机默动，百花潜融，摧枯僵槁，茀蔚蒙茸，惟草木之日茂，夫焉识其所从？"先生曰："何如？"乐山子曰："升降闭塞，品汇是出。尪羸蹇涩，痿痹扞格。地脉焦焉。罔滋土膏，竭而靡泽。勾者矛者，荚者甲者，茎者萌者，频者鬣者，陈者期新，屈者期伸。而乃火云嵂屼，汤泉沸腾。山灵铄石，沟浍扬尘。田形赭色，涂坼龟文。苗而不秀，槁焉欲焚。于是乎丰隆起而效驾，屏翳辅而推轮。雷伯涣汗而颁号，飞廉行辟而戒申。川英英而吐气，山油油而出云。天昏昏而改色，日霏霏而就曛。风翛翛于蘋末，雷殷殷于江渍。初沾濡之脉脉，渐飘洒之纷纷。始霡霂之无迹，终滂沱而有闻。方奋迅而直下，倏横斜以旁巡。徐一一而点注，随浑浑而更新。乍零零而断续，忽冥冥而骤并。将悠悠而远去，复森森而杂陈。当是时也，如渴而饮，如饮而醺。德泽渐于兰蕙，宠渥被于藻芹。光辉发于桃李，滋润洽于松筠。深恩萃于禾黍，余波及于蒿蕡。若醉醒而梦觉，起精矫于邅迍；犹阙里之多士，沾圣化而皆仁。济济翼翼，侃侃訚訚，乐箪瓢于陋巷，咏浴沂于暮春者矣。今夫先生之于西江之士也，不亦其然哉！原体则涵泳诸子，灌注百氏，渟滀仁义，郁蒸经史；言用则应物而动，与时操纵，神变化于晦明，状江河之汹涌。发为文词，雾滃霞摛；赫其声光，雷电翕张。仰之岳立，风云是出；即之川腾，旱暵攸凭。偃风声于万里，望云霓于九天。叹尔来之奚后，怨何地之独先。则夫西江之士，岂必渐渍沐沃，澡涤沉潜。历以寒暑，积之岁年。固将得微涓而已颖发，霑余滴而遂勃然。咏菁莪之化育，乐丰芑之生全，扬惊澜于洙泗，起暴涨于伊濂。信斯雨之及时，将与先生比德而丽贤也夫！"先生曰：“是何言之易也？昔孔子太和元气，过化存神，不言而喻，固有所谓时雨化之者矣。而予岂其人哉？且子知时雨之功，而曾未睹其患也。乃若大火西流，东作于休，农人相告，谓将有秋，须坚须实，以获以收。尔乃庭商鼓舞，江鹤飞翔；重阴密雾，连月弥茫；凄风苦雨，朝夕淋浪。禾头生耳，黍目就盲。江河溢而泛滥，草木泄而衰黄。功垂成而复败，变丰稔而凶荒。汩泥涂以何救，瘟体足其曷防？空呼号于漏室，徒咨怨于颓墙。吁嗟乎，今之以为凶，非昔之以为功者耶？乌乎物理之迥绝，而人情之顿异者耶？是知长以风雨，敛以霜雪，有阴必阳，无寒不热。化不自兴，及时而盛；教无定美，过时必病。故先王之爱民，必仁育而义正。吾诚不敢忘子时雨之规，且虑其过而为霪以生患也。”于是乐山子俯谢不及，避席而起，再拜尽觞，以歌时雨。歌曰：

激湍兮深潭，和煦兮冱寒。雨以润兮，过淫则残。惟先生兮，实如傅霖。为云为霓兮，民望于今。吞吐奎壁兮，分天之章。驾风骑气兮，挟龙以翔。沛江帝之泽兮，载自西方。或雨或旸，一寒一暑，随物顺成兮，吾心何与？风雨霜雪兮，孰非时雨？

刑部主事姚江王守仁书。[1]

邵宝是李东阳的弟子，茶陵派诗人，阳明给他作《时雨赋》，也有同茶陵派争逐诗赋辞章高下的深意。这篇赋可以说是阳明在京“上国游”时期诗赋创作的巅峰之作，代表“西翰林”文士群体

[1] 邵熷、吴道成：《邵文庄公年谱》。

道出了为政行道泽民的做官理念。赋讽意高远，他以仁者乐山的"乐山子"自居，把赴江西任职的邵宝比喻为泽民育仁的"及时雨"，认为当今正处"大旱"的凋敝衰败之世，朝廷多士都应以拯救民生时艰国难为己任，做洒甘霖、济仁泽的"时雨"，既要"原体则涵泳诸子，灌注百氏，渟滀仁义，郁蒸经史"，又要"言用则应物而动，与时操纵，神便化于晦明，状江河之汹涌"。期望邵宝到江西遍洒时雨，达到"咏菁莪之化育，乐丰芑之生全，扬惊澜于洙泗，起暴涨于伊濂"。

其实在"西翰林"中，阳明也是用做这种洒甘霖、济仁泽的"时雨"自律的。他是刑部的"乐山子"，亲眼目睹了刑部刑狱的腐败。弘治以来的司法三司已渐成朝中暗无天日的不仁之地。明代中央正规的司法机构是刑部、都察院、大理寺三法司。地方各省的刑狱都属刑部管辖，先由都察院评议地方上报案件处理刑狱是否平允，然后送大理寺复审，最终由刑部报呈皇帝裁定。但除了正常的司法机构与司法程序外，另还有直属皇帝的特种刑狱机构如锦衣卫，有专办钦定大案要案的诏狱，凌驾于三法司之上。后来更有东厂、西厂、内行厂，横行跋扈。所以阳明一进刑部，就抱有要更革刑部刑狱弊端的想法。在十月，刑部员外郎方良永出为广东按察司佥事，阳明作了一篇《送方寿卿广东佥宪序》，公然揭露刑部十三司的弊端说：

> 士大夫之仕于京者，其繁剧难为，惟部属为甚。而部属之中，惟刑曹典司狱讼，朝夕恒窘于簿书案牍，口决耳辩，目证心求，身不暂离于公座，而手不停挥于铅椠，盖部属之尤甚者也。而刑曹十有三司之中，惟云南以职在京畿，广东以事当权贵，其剧且难，尤有甚于诸司者。若是而得以行其

志，无愧其职焉。则固有志者之所愿为，而多才者之所欲成也。然而纷揉杂沓之中，又从而拂抑之，牵制之。言未出于口，而辱已加于身，事未解于倒悬，而机已发于陷阱。议者以为处此而能不挠于理法，不罹于祸败，则天下无复难为之事，是固然矣。然吾以为一有惕于祸败，则理法不免有时而或挠；苟为理法之求伸，而欲不必罹于祸败，吾恐圣人以下，或有所不能也。讼之大者，莫过于人命；恶之极者，无甚于盗贼。朝廷不忍一民冒极恶之名，而无辜以死也，是俗之论皆然。而寿卿独以佥事为乐，此其间夫亦容有所未安，是以宁处其薄与淹者，以求免于过慝欤？夫知其不安而不处，过慝之惧而淹薄是甘焉，是古君子之心也。[1]

更革刑部十三司弊端，阳明从抓小事上入手，他首先整顿了提牢厅的狱事。原来刑部下设有提牢厅，十三司的刑狱都归于提牢厅管理，厅牢所囚犯人，一岁以万计。但提牢厅是一个囚牢的执行机构，对上面各司的刑狱案情都不清楚，每岁在十月上司来提牢决狱时，多不能执法明善，从中作弊。经过“西翰林”官员的共同努力，刑部在十月十五日重修成提牢厅，正好是逢阳明来轮值提牢厅主事，他立即整饬提牢厅人事制度，命将凡来提牢厅提牢轮值的官员都题名在厅壁上，以备查考取法。他特作了一篇《提牢厅壁题名记》论述他的这一执法明善的思想说：

京师，天下狱讼之所归也。天下之狱分听于刑部之十三

[1] 《王阳明全集》卷二十九。

司，而十三司之狱又并系于提牢厅。故提牢厅，天下之狱皆在焉。狱之系，岁以万计。朝则皆自提牢厅而出，以分布于十三司。提牢者目识其状貌，手披其姓名，口询耳听，鱼贯而前，自辰及午而始毕。暮自十三司而归，自未及酉，其勤亦如之。固天下之至繁也。其间狱之已成者，分为六监。其轻若重而未成者，又自为六监。其桎梏之缓急，扃钥之启闭，寒暑早夜之异防，饥渴疾病之殊养，其微至于箕帚刀锥，其贱至于涤垢除下，虽各司于六监之吏，而提牢者一不与知，即弊兴害作，执法者得以议拟于其后，又天下之至猥也。狱之重者入于死，其次亦皆徒流……旧制，提牢月更主事一人，至是弘治庚申之十月，而予适来当事。夫予，天下之至拙也，其平居无恙，一遇纷扰，且支离厌倦，不能酬酢；况兹多病之余，疲顿憔悴，又其平生至不可强之日。而每岁决狱，皆以十月下旬，人怀疑惧，多亦变故不测之虞，则又至不可为之时也。夫其天下之至繁也，至猥也，至重也，而又适当天下至拙之人，值其至不可强之日，与其至不可为之时，是亦岂非天下之至难也？以予之难，不敢忘昔之治于此者，将求私淑之。而厅壁旧无题名，搜诸故牒，则存者仅百一耳。大惧泯没，使昔人之善恶无所考征，而后来者益以畏难苟且，莫有所观感。于是乃悉取而书之厅壁。虽其既亡者不可复追，而将来者尚无穷已，则后贤犹将有可别择以为从违。而其间苟有天下之至拙如予者，亦得以取法明善，而免过愆，将不为无小补。然后知予之所以为此者，故亦推己及物之至情，自有不容于已也矣。[1]

[1]《王阳明全集》卷二十九。

在提牢厅，阳明发现狱吏居然还在狱中养着一群猪，用囚犯的饭食喂猪。他马上下命令宰杀了猪，将猪肉分给囚犯吃。后来金汝谐提到这件奇事说：

> 新建伯文成王先生筮仕刑曹，适轮提牢，睹诸吏豢豕，恻然恚曰："夫囚以罪系者，犹然饭之，此朝廷好生浩荡恩也若曹乃取以豢豕，是率兽食人食矣，如朝廷德意何！"欲督过之，群吏跪伏请宽，且诿曰："相沿例也，亦堂卿所知。"先生曰："岂有是哉？汝曹援堂卿以自文耳。"即日白堂卿，堂卿是其议。先生遂令屠豕，割以分给诸囚。狱吏到今不豢豕云。先生晚年在告家居，同里有官刑部主政管姓者，习其事，一日，侍先生，喟然咨叹曰："先生平生经世事功，亡论诸掀揭之大，即筮仕刑部时，屠豕事至今脍炙人口云。"先生闻已，颦蹙曰："此余少年不学，作此欺天罔人事也。兹闻之，尚有余惭，子乃以为美谈，谀我耶？"管不达曰："上宣朝廷之德惠，下轸囹圄之罪人，本至德事也。先生顾深悔之，以为罪过，何也？"先生复蹙然曰："比时凭一时意见，揭揭然为此，置堂卿于何地耶？只此便不仁矣。"[1]

阳明在提牢厅轮值，又正逢提牢厅的司狱司重修成，他听到了刑部主事刘琏拓建司狱司的功劳，立即写了一篇《重修提牢厅司狱司记》，称颂刘琏的政绩说：

> 弘治庚申七月，重修提牢厅工毕。又两阅月，而司狱司

[1] 《新编历代名臣芳躅》卷下《王守仁》。

> 成，于是余姚王守仁适以次来提督狱事，六监之吏皆来言曰："惟兹厅若司建自正统，破敝倾圮且二十年。其卑浅隘陋，则草创之制，无尤焉矣。是亦岂惟无以凛观瞻而严法制，将治事者风雨霜雪之不免，又何暇于职务之举而奸细之防哉？然兹部之制，修废补败，有主事一人以专其事，又坏不理，吾侪小人，无得而知之者。独惟拓隘以广，易朽以坚，则自吾刘公实始有是。吾侪目睹其成，而身享其逸，刘公之功不敢忘也。"又曰："六监之囚，其罪大恶极，何所不有，作孽造奸，吏数逢其殃，而民徒益其死，独禁防之不密哉？亦其间容有以生其心。自吾刘公始出己意，创为木闲，令不苛而密，奸不弭而消，桎梏可弛，缧绁可无，吾侪得以安枕无事，而囚亦或免于法外之诛。则刘公之功，于是为大。小人事微而谋窒，无能为也。敢以布于执事，实重图之。"于是守仁既无以御其情，又与刘公为同僚，嫌于私相美誉也，乃谓之曰："吾为尔记尔所言，书刘公之名姓，使承刘公之后者，益修刘公之职；继尔辈而居此者，亦无忘刘公之功。则于尔心其亦已矣。"皆应曰："是小人之愿也。"遂记之曰：刘君名琏，字廷美，江西鄱阳人也。由弘治癸丑进士，今为刑部四川司主事云。[1]

刘琏也是"西翰林"中的重要人物。所谓"木闲"是指木囚牢房，重囚犯可以免除手铐脚镣、身受桎梏之苦，也算是对重囚犯的一点"人道"待遇。提牢厅及其司狱司的重建与更革，成为"西翰林"文士群体们的政绩的象征，表明死气沉沉的刑部多少

---

[1] 《王阳明全集》卷二十九。

呈现出了执法明善的新气象。在十二月，阳明一次赴刑部供职，忽然见到两山来天球的气势磅礴的《雪图》挂上了刑部的大堂，尤为兴奋，他立即作了一篇气势雄豪的《来两山雪图赋》，特意歌颂来天球的神来之笔说：

> ……幽朔阴岩地，岁暮常多雪，独无湖山之胜，使我每每对雪长郁结。朝回策马入秋台，高堂大壁寒崔嵬。恍然昔日之湖山，双目惊喜三载又一开。谁能缩地法，此景何来？石田画师我非尔，胸中胡为亦有此？来君神骨清莫比，此景奇绝酷相似。石田此景非尔不能摸，来君来君非尔不可当此图。我尝亲游此景得其趣，为君题诗，非我其谁乎？[1]

来天球画的“冬雪”，隐喻刑部之地的威严肃霜，决狱判刑的公正无私，平案雪冤的清明廉洁，因此他的《雪图》挂上刑部的大堂，不啻象征着“西翰林”文士群体在刑部讲学论文、评议朝政、更革刑狱弊端的胜利，阳明的赋也有隐然歌颂“西翰林”文士群体政绩的用意。自此他与“西翰林”同道更进一步展开了讲学议政、唱酬交游的活动。弘治十四年二月，户部郎中钱荣以疾归养锡山，阳明与“西翰林”文士发起了一个文会送他，徐守诚、杭淮、杭济、秦金、杨子器、乔宇、陈伯献都来吟诗作赋，集成诗卷，阳明作了一篇《春郊赋别引》，发其意说：

> 钱君世恩之将归养也，厚于世恩者皆不忍其去，先行三日，会于天官郎杭世卿之第，以聚别。明日，再会于地官秦

---

[1] 《王阳明全集》卷二十九。按：此赋原题作“来雨山”，误。

> 国声,与者六人:守仁与秋官徐成之、天官杨名父及世卿之弟进士东卿也。世恩以其归也,以疾告也,皆不至。于是惜别之怀,无所与发,而托之诗,前后共得诗十首。六人者,以世恩犹在也,而且再会而不一见,其既去也,又可以几乎?乃相与约为郊饯,必期与世恩一面以别。至日,成之以候旨,东卿以待选,世卿、名父以各有部事,皆势不容出。及饯者,守仁与国声两人而已。世恩既去之明日,复会于守仁,各言所以,相与感叹咨嗟,复成二诗。世卿曰:“世恩之行也,终不及一饯。虽发之于诗,而不以致之世恩,吾心有缺也。盍亦章次而将之,何如?”皆曰:“诺。”国声得小卷,使世卿书首会之作;国声与名父、东卿分书再会;成之书末会;谓守仁弱也,宜为诸公执笔砚之役以叙。嗟乎!一别之间,而事之参错者凡几。虽吾与世恩复期于来岁之秋,以为必得重聚于此,然又何可以逆定乎?惟是相勉以道义,而相期于德业,没之污涂之中,而质之天日之表,则虽断金石,旷百世,而可以自信其常合。[1]

钱荣在朝敢于直言,得罪当朝权贵,这是他归居的真正原因。朝中同道都有难言之隐,所以宛转作诗相送,阳明在诗引中也含蓄吐露真情,而以“相勉以道义,而相期于德业”相鼓励。

置身在刑部污浊的官场,阳明自认为是“没之污涂之中”,他同“西翰林”文士与朝中士友的讲学议政、论文赋诗也旨在“相勉以道义,而相期于德业”,所以他更注重同他们展开讲学论道,探讨圣贤之学。就在他送钱荣归养以后,户部员外郎秦金来

[1] 《王阳明全集》卷二十八。

同他讲学论道，请他为无锡崇安寺僧净觉的《性天卷诗》作序。阳明正好借这个机会论述了他对“性天”的圣贤之学的看法。他在《性天卷诗序》中说：

> 姑试与净觉观于天地之间，以求所谓“性”与“天”者而论之，则凡赫然而明，蓬然而生，訇然而惊，油然而兴，凡荡前拥后，迎盼而接睥者，何适而非此也哉？今夫水之生也润以下，木之生也植以上，性也；而莫知其然之妙，水与木不与焉，则天也。激之而使行于山巅之上，而反培其末，是岂水与木之性哉？其奔决而仆夭，固非其天矣。人之生，入而父子、夫妇、兄弟，出而君臣、长幼、朋友，岂非顺其性以全其天而已耶？圣人立之以纪纲，行之以礼乐，使天下之过弗及焉者，皆于是乎取中，曰“此天之所以与我，我之所以为性”云耳。不如是，不足以为人，是谓丧其性而失其天，而况于绝父子，屏夫妇，逸而去之耶？吾儒之所谓性与天者，如是而已矣。[1]

以性为事物之理则，以天为事物之必然，阳明仍是用程朱的“人性即天理”来阐说儒家“性天”的圣贤之学，但有了更进一步的思考，对佛家的性天之说提出了质疑。这篇序反映了阳明在“西翰林”讲论圣贤之学所达到的又一重思想高度，表明这时的他不仅是一个誉满京华的名诗人，而且也开始以一个有学术造诣的“大儒”引人注目。约在七月间，柴墟储巏起复为太仆少卿入京。他就是把阳明视为通义理的“纯儒”，同阳明展开了讲学论道。

---

[1] 《王阳明全集》卷二十九。

后来他写信给黄绾说："近时士大夫如蔡君介夫，王君伯安，皆趋向正，造诣深，讲明义理，不专为文字之学……以足下卓识高才，服阕后间出，往从之游，所得当益胜矣。"[1] 阳明也有心要潜研儒家的圣贤之学。闰七月，刑部同僚侯守正回川，阳明就写了一封信给在蜀的业师"天下真儒"吴伯通，表示了要学儒家圣贤之学的决心。信中说：

> 蜀士之北来者，颇能具道尊候，以为动履益康，著述益富，身闲而道愈尊，年高而德弥劭……生近者授职刑部云南司，才疏事密，惟日扰扰于案牍间而已……伏惟大贤君子，不以久而遂绝，不以微而见遗，仍赐收录，俾得复为门下士，岂胜庆幸感激哉！[2]

但刑部"日扰扰于案牍间"的事务经常干扰了他的讲学论道。

"今日揩双眼"：南畿决狱的"游仙"之路

刑部每年都在秋八九月间遣官到地方各省审决狱案。在这年八月，刑部便委派了云南司主事阳明往直隶淮安等府去审决重囚。这是独当一面的重任，"西翰林"文士都对他寄予厚望，朝中僚友也纷纷来送行。新任刑部主事杭淮作了一首诗送他赴直隶：

---

[1] 《柴墟文集》卷十四《与黄绾秀才》。
[2] 《新刊阳明先生文录续编》卷二《奉石谷吴先生书》。

八月十六日夜饮王阳明馆

素月殊未缺，皎皎银汉光。
照见庭中席，浮杯宛清扬。
对此辄复醉，高歌激清商。
时节忽已迈，白露沾衣裳。
人生有离别，此乐不可常。
月高更起舞，庶终清夜长。[1]

席上何孟春作了一首长诗相送：

送王伯安南都审刑席上分得二十韵

秋雨弥天来，秋风动地发。
秋官方用权，暑气扫七月。
四牡复何之？时当奉天罚。
黄纸下青冥，钦哉惟帝曰。
罪毋脱秦黥，法勿加楚刖。
三覆五覆间，务使事情核。
宸衷一寸丹，载拜书之笏。
年来民俗漓，肯长其告讦？
年来吏事冗，肯听其唐突？
持此直如弦，何人行请谒？
持此平如衡，何人得乾没？
莫将五德凤，拟以独击鹘。
笔端有造化，还解肉冤骨。

[1] 《双溪集》卷一。

山川几经历，岁月去飘忽。
簿书盈几席，肯作尘劳咄？
夜分灯火孤，清兴谅难汩。
检点纪行篇，浮踪遍吴越。
归朝拟何时？欲及众芳歇。
民物哀矜余，转觉心如龁。
好为万言书，伏奏苍龙阙。[1]

李堂也作了一首长诗相送：

秋官王伯安南畿决囚席上分韵得室字十四韵

良夜碧澄秋，灯光满虚室。
筵高四座严，构思惟赠述。
主人戒使期，囊橐三尺律。
平生万卷心，试尔丹吾笔。
明允自儒传，致君此其术。
案牍庸锦成，口碑无乃实。
惩戒系化原，邦教籍毗弼。
万里今发程，千钧方彀率。
收潦菊潭清，扬飙挂帆疾。
月皎乌停啾，鹰奋狐藏密。
三山二水奇，遐兴公余逸。
形胜伫登临，盈缃富篇帙。
尚怜倾渴私，邮筒幸毋失。[2]

---

[1]《何燕泉诗集》卷一。
[2]《堇山文集》卷一。

对阳明来说，南畿决狱又成了他生命中的一段曲折求索的心路历程。他远离朝廷污浊的官场，南下淮甸，一路沿淮安、凤阳、南京、和州、芜湖、庐州、池州审囚，不失“西翰林”文士的本色，放怀寄情山水，登览形胜，寻访佛刹道观，吟诗作赋，把这次南畿决狱当作了一次山水“游仙”之行。到凤阳时，审囚之暇，他先去登览了凤阳有名的谯楼，作了一首感怀诗：

登 谯 楼

千尺层栏倚碧空，下临溪谷散鸿蒙。
祖陵王气蟠龙虎，帝阙重城锁螮蝀。
客思江南惟故国，雁飞天北碍长风。
沛歌却忆回銮日，白昼旌旗渡海东。[1]

这是一首怀古慨今的诗。凤阳是太祖朱元璋的故里，那里还有太祖先父的“皇陵”，所以凤阳的谯楼（鼓楼）也造得尤为壮丽巍峨，还拨一百六十四名军余守楼，演习鼓吹，显扬帝阙祖陵的王气，让人怀想当年太祖返故乡谒祖陵见父老的无上荣耀与皇瑞。但面对此时此景，阳明还是发出了“客思江南惟故国，雁飞天北碍长风”的怅惘。

约在九月上旬，阳明到达南都，开始全面的南畿决囚。他主要是会同巡抚、御史大力审决重囚，平反冤狱，取得了实效。他的同年南濠都穆提到阳明一次审决重囚说：

阳明王公为刑部主事，决囚南畿。有陈指挥者，杀十八

[1] 《光绪凤阳府志》卷十五。

> 人，系狱，屡贿当道，十余岁不决。王公至，首命诛之。巡抚、御史反为立请，而王公竟不从。陈临刑呼曰：“死而有知，必不相舍！”公笑曰：“吾不杀汝，十八人之魂当不舍吾。汝死，何能为乎？”竟斩于市，市人无不啮指称快。陈之父死于阵，而其子又以御贼失机伏诛，三世受刑，亦异事也。[1]

这是一个典型的重囚决狱案例，充分显示了阳明一贯的执法行刑用兵治军的“铁腕”作风。但他要审决的狱案大多在南直隶的各府州，其中池州是决狱的重点。所以阳明很快从南京沿着和州、芜湖、庐州一线南下，一路审决各府狱案。约在九月下旬，到达池州。池州有佛教胜地九华山名闻天下，是阳明早就心驰神往的佛门圣山。九华山所以成为佛教名山，是因为在唐时有新罗国王金宪英的族亲金乔觉航海东来，卓锡九华山，苦行修炼。他被认为是地藏王菩萨的化身，尊称为金地藏。特为他建化城寺居住，圆寂后造肉身塔安藏。所以阳明一到池州，就乘决囚之暇往游九华山。他首先拜访金地藏的化城寺，凭吊了地藏塔，联翩感怀作诗吟道：

化城寺六首

化城高住万山深，楼阁凭空上界侵。
天外清秋度明月，人间微雨结浮阴。
钵龙降处云生座，岩虎归时风满林。
最爱山僧能好事，夜堂灯火伴孤吟。

---

[1]《都公谈纂》卷下。

云里轩窗半上钩，望中千里见江流。
高林日出三更晓，幽谷风多六月秋。
仙骨自怜何日化，尘缘翻觉此生浮。
夜深忽起蓬莱兴，飞上青天十二楼。

云端鼓角落星斗，松顶袈裟散雨花。
一百六峰开碧汉，八十四梯踏紫霞。
山空仙骨葬金椁，春暖石芝抽玉芽。
独挥谈麈拂烟雾，一笑天地真无涯。

化城天上寺，石磴八星躔。
云外开丹井，峰头耕石田。
月明猿听偈，风静鹤参禅。
今日揩双眼，幽怀二十年。

僧屋烟霏外，山深绝世哗。
茶分龙井水，饭带石田砂。
香细云岚杂，窗高峰影遮。
林栖无一事，终日弄丹霞。

突兀开穹阁，氤氲散晓钟。
饭遗黄稻粒，花发五钗松。
金骨藏灵塔，神光照远峰。
微茫竟何是？老衲话遗踪。[1]

[1] 《王阳明全集》卷十九。

诗中说"今日揩双眼，幽怀二十年"，就是阳明自叹自八岁好佛，二十年来怀契佛老二氏之说，如今来九华凭吊金地藏，凡眼方又开一重佛学的新境界。所以他又四处寻访金地藏门下的高僧大德，见到了长生庵的实庵和尚，同他说佛谈禅，阳明给他作了一首奇特的像赞：

实庵和尚像赞

从来不知光闪闪气象，也不知圆陀陀的模样。翠竹黄花，说什么蓬莱方丈。看那九华山里金地藏，好儿孙，又生个实庵和尚。噫！那些儿妙处，丹青莫状。[1]

从"看那九华山里金地藏，好儿孙，又生个实庵和尚"来看，这个实庵和尚应是化成寺出生的和尚。阳明在九华山同众多的寺僧说法谈道，钱德洪说他宿化城寺，"寺僧好事者，争持纸索诗，通夕洒翰不倦。僧蓄墨迹颇富，思师夙范，刻师像于石壁，而亭其上"[2]。这首《实庵和尚像赞》应就是阳明给化城寺僧"通夕"挥洒的"翰墨"之一。

但九华山不仅是一方芸芸佛僧出没的圣山，而且也是一方莘莘道徒修炼的圣境，山中那些藏龙卧虎、不露面目形迹的高道老仙，尤为阳明所倾心关注。他先寻访到了一名道士蔡蓬头，同他谈仙论道。陈蔚提到这个蔡真人说："蔡道士，不知所自来。常蓬首不栉，人以'蓬头'称之。弘治中居九华之东岩下，后不知所往。"[3] 钱德洪记叙阳明与蔡蓬头的相见谈道：

[1] 《民国九华山志》卷七。
[2] 钱德洪：《阳明先生年谱》附录一。
[3] 《九华纪胜》卷八引《九华散录》。

弘治十四年，奉命审录江北……事竣，遂游九华……是时道者蔡蓬头善谈仙，待以客礼。请问，蔡曰：“尚未。”有顷，屏左右，引至后亭，再拜请问，蔡曰：“尚未。”问至再三，蔡曰：“汝后堂后亭礼虽隆，终不忘官相。”一笑而别。[1]

蔡蓬头说阳明“终不忘官相”，同尹真人的说法一样，阳明从蔡蓬头身上看到了尹真人的影子。在九华山，像蔡蓬头这样的高士真人一定不少。阳明稍后又寻访到一名神秘的“九柏老仙”，同他谈道论仙，十分相契，两人有诗唱和，阳明作了一首和诗：

和九柏老仙

石涧西头千树梅，洞门深锁雪中开。
寻常不放凡夫到，珍重唯容道士来。
风乱细香笛无韵，夜寒清影衣生苔。
于今踏破石桥路，一月须过三十回。

九柏老仙之作，本不可和，詹炼师必欲得之，遂为走笔，以塞其意，且以彰吾之不度也。弘治辛酉仲冬望日，阳明山人王守仁识。[2]

看来九柏老仙也是一名尹真人式的仙道人物。这首诗作在十一月十五日，已是隆冬梅开的时节。钱德洪说阳明“宿化城寺数月”，

[1] 钱德洪：《阳明先生年谱》。
[2] 此诗有手迹拓本，计文渊收藏。又《正德嘉兴志补》卷九著录此诗，题作《梅涧》。

从这首诗可见阳明一直待在九华山化城寺中。诗里又提到一名"詹炼师"，可见阳明结识了不少高士真人。从九月到十一月，阳明在九华山，几乎遍游了九华山的各处名胜，留下大量题诗。到十二月，他才在池州决狱结束，起程北返。这次九华山之游，阳明自己把它看作是一场不同凡响的"游仙"之行，正如他在《列仙峰》诗中所咏："灵峭九万丈，参差生晓寒。仙人招我去，挥手青云端。"[1] 阳明作了一篇仙气贯注的《九华山赋》来总结这次九华山"游仙"之行：

> 循长江而南下，指青阳以幽讨。启鸿蒙之神秀，发九华之天巧。非效灵于坤轴，孰构奇于玄造。迁《史》缺而弗录，岂足迹之所未到？白诗鄙夫九子，实兹名之所肇。予将穷秘密于崔嵬，极玄搜而历考。涉五溪而径入，宿无相之窈窕。访王生于邃谷，掬金沙之清潦。陵风雨乎半霄，登望江而远眺。步千仞之苍壁，俯龙池于深窅。吊谪仙之遗迹，跻化城之缥缈。饮钵盂之朝露，见莲花之孤标。叩云门而望天柱，列仙舞于晴昊。俨双椒之辟门，真人驾云而独跻。翠盖平临乎石照，绮霞掩映乎天姥。二神升于翠微，九子邻于积稻。炎熇起于玉甑，烂石碑之文藻。回澄秋于枕月，建少微之星旐。覆瓯承滴翠之余沥，展旗立云外之旌纛。下安禅而步岧峣，览双泉于松杪。逾西洪而憩黄石，悬百丈之灏灏。濑流觞而萦纡，遗石船于涧道。呼白鹤于云峰，钓嘉鱼于龙沼。倚透碧之峗屼，谢尘寰之纷扰。攀齐云之巉峭。鉴琉璃之浩渼。沿东阳而西历，飧九节之蒲草。樵人导余以冥搜，

[1] 《王阳明全集》卷十九。

排碧云之瑶岛。群峦翳其缪霭，失阴阳之昏晓。垂七布之沉沉，灵龟隐而复佻。履高僧而屧招贤，开白日之杲杲。试朝茗于春阳，汲垂云之渊湫。凌绣壁而据石屋，何文殊螺髻之蟠纠。梯拱辰而北盼，瞟遗光于拾宝。缁裳迓于黄匏，休圆寂之幽悄。鸟呼春于丛篁，和《云》《韶》之鷕鷕。唤起促予之晨兴，落星河于檐橑。护花嘎其惊飞，怪游人之太早。揽卉木之如擢，被晨晖而争姣。静镵声之剥啄，幽人劚葠蕨于冥杳。碧鸡哕于青林，白鹇翻云而失皓。隐捣药于樛萝，挟提壶饼焦而翔绕。凤凰承盂冠以相遗，饮沆瀣之仙醥。羞竹实以嬉翱，集梧枝之嫋嫋。岚欲雨而霏霏，鸣湿湿于蘴葆。躐三游而转青峭，拂天香于茫渺。席汯潭以濯缨，浮桃泻而扬缟。淙澌澌而络荫，饮猿猱之捷狡。睨斧柯而升天，还望会凌于云表。

悯子京之故宅，款知微之碧桃。倏金光之闪映，睫异景于穹坳。弄玄珠于赤水，舞千尺之潜蛟。并花塘而峻极，散香林之回飙。抚浮屠之突兀，泛五钗之翠涛。袭珍芳于绝巘，袅金步之摇摇。莎萝踯躅芬敷而灿耀，幢玉女之妖娇。搴龙须于云窦，堕钵囊之飘飖。开仙掌之嵚嵌，散清馨之迢迢。披白云而踸崇寿，见参错之僧寮。日既夕而山冥，挂星辰于巉嶻。宿南台之明月，虎夜啸而罴嚎。鹿麋群游于左右，若将侣幽人之岑寥。回高寒其无寐，闻冰壑之洞箫。溪女厉晴泷而曝朮，杂精苓之春苗。邀予觞以仙液，饭玉粒之琼瑶。溘辞予而远去，飒霞裾之飘飘。复中峰之怅望，或仙踪之可招。乃下见陵阳之蜿蜒，忽有感于子明之宿要。逝予将遗世而独立，采石芝于层霄。虽长处于穷僻，乃永离乎嚣嚣。彼苍黎之缉缉，固吾生之同胞。苟颠连之能济，吾岂靳于一毛?

> 矧狂寇之越獗，王师局而奔劳。吾宁不欲请长缨于阙下，快平生之郁陶？顾力微而任重，惧覆败于或遭。反出位以图远，将无诮于鸱鹑。嗟有生之迫隘，等灭没于风泡。亦富贵其奚为，犹荣蕣之一朝。旷百世而兴感，蔽雄杰于蓬蒿。吾诚不能同草木而腐朽，又何避乎群喙之呶呶？
>
> 已矣乎！吾其鞭风霆而骑日月，被九霞之翠袍。抟鹏翼于北溟，钓三山之巨鳌。道昆仑而息驾，听王母之云璈。呼浮丘与子晋，招句曲之三茅。长遨游于碧落，共太虚而逍遥。[1]

这是一首典型的游仙赋，既是虚写，也是实写。阳明采用了屈原的“远游”的叙事手法，把这次九华山之游写成了一次自己上天入地求索大道的“游仙”历程。尤为奇特的是他把求“佛”与求“仙”结合起来，运用大量的佛教僧侣故事与道家神仙故事，营造了一个仙佛的天地境界，他的“游仙”的上下求索包含了对佛道与仙道的双重追求。赋也尤表现了他内心的儒家自我与佛道自我的痛苦的矛盾，一方面他目睹尘世的污浊凶险，决意要“逝予将遗世而独立，采石芝于层霄。虽长处于穷僻，乃永离乎隧嚣”；另一方面他又痛感国事的日非，不忍弃黎民百姓而去，认为“彼苍黎之缉缉，固吾生之同胞。苟颠连之能济，吾岂靳于一毛？矧狂寇之越獗，王师局而奔劳。吾宁不欲请长缨于阙下，快平生之郁陶？顾力微而任重，惧覆败于或遭。反出位以图远，将无诮于鸱鹑”。他最终还是决意像屈原一样浩然远行，继续走上天入地求

[1] 《王阳明全集》卷十九。按：《乾隆池州府志》卷八录有阳明此《九华山赋》，前有序，且多“迁《史》缺而弗录”以下一段。兹补上。又《池州府志》之《九华山赋》，同阳明全集中之《九华山赋》字、句多异，故此处乃录《池州府志》中之《九华山赋》并稍作校对。

索大道的自我奋进之路，自求更恢弘博大的精神超升。“吾诚不能同草木而腐朽，又何避乎群喙之呶呶？已矣乎！吾其鞭风霆而骑日月，被九霞之翠袍。抟鹏翼于北溟，钓三山之巨鳌。道昆仑而息驾，听王母之云璈。呼浮丘与子晋，招句曲之三茅。长遨游于碧落，共太虚而逍遥”。赋曲终呼吁：

> 蓬壶之邈邈兮，列仙之所逃兮；九华之矫矫兮，吾将于此巢兮。匪尘心之足揽兮，念鞠育之劬劳兮。苟初心之可绍兮，永矢弗挠兮。

“游仙”的求索之路还要走下去，游九华山还只是阳明的“游仙”心路历程的“第一乐章”。他对九华山仍久久不能忘怀，在十二月回程北归时，他竟又一次去登游了九华山。贵池县也有一座佛道名山齐山，因唐诗人杜牧来登览作诗而名闻天下。故阳明归程经贵池县时，先登览了齐山，寻访仙踪，作了一篇《游齐山赋》：

> 齐山在池郡之南五里许，唐齐映尝刺池，亟游其间，后人因以映姓名也。继又以杜牧之诗，遂显名于海内。弘治壬戌正旦，守仁以公事到池，登兹山，以吊二贤之遗迹，则既荒于草莽矣。感慨之余，因拂崖石而记岁月云。
>
> 适公事之甫暇，乘案牒之余辉。岁亦徂而更始，巾余车其东归。循池阳而延望，见齐山之崔嵬。寒阳惨而尚湿，结浮霭于山扉。振长飙以舒啸，麾彩现于虹霓。千岩豁其开朗，扫群林之霏霏。羲和闯危巅而出候，倒回景于苍玑，蹑晴霞而直上，陵华盖之葳蕤。俯长江之无极，天风飒其飘衣。穷

岩洞之幽邃，坐孤亭于翠微。寻遗躅于烟莽，哀壑悄而泉悲。感昔人之安在，菊屡秋而春霏。鸟相呼而出谷，雁流声而北飞。叹人事之倏忽，晞草露于须斯。际遥瞩于云表，见九华之参差。忽黄鹄之孤举，动陵阳之暇思。顾泥土之浑浊，困盐车于枥马。敬长生之可期，吾视弃富贵如砾瓦。吾将旷八极以遨游，登九天而视下。餐朝露而饮沆瀣，攀子明之逸驾。岂尘网之误羁，叹仙质之未化。

乱曰：旷视宇宙，漠以广兮。仰瞻却顾，终焉仿兮。吾不能局促以自污兮，复虑其谬以妄兮。已矣乎！君亲不可忘兮，吾安能长驾而独往兮？[1]

这篇《游齐山赋》作在弘治十五年正月初一，也是采用游仙赋的笔法，同《九华山赋》有异曲同工之妙，是他这次"游仙"心路历程中的"第二乐章"的开篇。接着他从齐山直接进入九华山，居住在无相寺，又一次寻访山寺佛僧，吟诗谈禅。其中在无相寺留下了不少题咏诗：

无相寺三首

老僧岩下屋，绕屋皆松竹。
朝闻春鸟啼，夜伴岩虎宿。

坐望九华碧，浮云生晓寒。
山灵应秘惜，不许俗人看。

[1] 《乾隆池州府志》卷六。

静夜闻林雨，山灵似欲留。
只愁梯石滑，不得到峰头。

夜宿无相寺

春宵卧无相，月照五溪花。
掬水洗双眼，披云看九华。
岩头金佛国，树杪谪仙家。
仿佛闻笙鹤，青天落绛霞。[1]

直到在离九华山前夕，他还登览了芙蓉阁，作诗念念不舍地告别九华山：

芙蓉阁二首

青山意不尽，还向月中看。
明日归城市，风尘又马鞍。

岩下云万重，洞口桃千树。
终岁无人来，惟许山僧住。[2]

正月十三日，阳明到达芜湖，他特往龙山拜访了舫斋李贡。李贡也是“西翰林”中的重要人物，时正好擢升山东按察副使。所以阳明给他写了一封贺书，作诗歌颂说：

□□园可□□□□城之期□此□矣。进谒仙府，无任怏

[1] 《王阳明全集》卷十九。
[2] 《王阳明全集》卷十九。

悒。所欲吐露，悉以寄于令侄光实，谅能为我转达也。言不尽意，继以短词：别后殊倾渴，青冥隔路歧。径行惧伐木，心事寄庭芝。拔擢能无喜，瞻依未有期。胸中三万卷，应念故人饥。　　侍生王守仁顿首，舫斋先生寅长执事。小羊一牵将贺意耳。正月十三日来。[1]

在芜湖，阳明又登览了驿矶山下的清风楼。清风楼是取名于苏东坡的"清风阁"，建楼也有纪念"坡仙"的意义。阳明作诗咏叹道：

清　风　楼

远看秋鹤下云皋，压帽青天碍眼高。
石底蟠螭吹锦雾，海门孤月送银涛。
酒经残雪浑无力，诗倚新春欲放豪。
倦赋登楼聊短述，清风曾不愧吾曹。[2]

阳明在途一路都注意这种仙家式的人物，所以经当涂县时，他又登上采石矶，游览谪仙楼，作诗凭吊诗仙李白，吐露了要追随太白游仙八极的愿望：

谪　仙　楼

揽衣登采石，明月满矶头。
天碍乌纱帽，寒生紫绮裘。
江流词客恨，风景谪仙楼。

[1]《截玉轩藏宋元明清法帖墨迹》。
[2]《太平三书》卷四。

安得骑黄鹤，随公八极游。[1]

二月，阳明到达镇江府，立即往丹阳访云谷汤礼敬。汤礼敬于弘治九年举进士，任行人，在朝直道敢言，尤慕好神仙之学，同阳明志同道合。阳明在《九华山赋》中就已喊出了“招句曲之三茅”的心愿，所以他马上偕汤礼敬往游名闻天下的道教胜地茅山。这是阳明这次“游仙”的心路历程的“第三乐章”。他在《寿汤云谷》中谈到这次的茅山之游说：

> 弘治壬戌春，某西寻句曲，与丹阳汤云谷偕。当是时，云谷方为行人，留意神仙之学，为予谈呼吸屈伸之术，凝神化气之道，盖无所不至。及与之登三茅之巅，下探华阳，休玉宸，感陶隐君之遗迹，慨叹秽浊，飘然有脱屣人间之志。[2]

在茅山，阳明四处探访道教胜迹，登三茅山，探华阳洞，栖玉宸观，寻访“山中宰相”陶弘景隐居的遗踪。他攀上三茅峰巅，吟了二首诗：

游 茅 山

山雾沾衣润，溪风洒面凉。
藓花凝雨碧，松粉落春黄。
古剑时闻吼，遗丹尚有光。
短才惭宋玉，何敢赋《高唐》。

---

[1]《乾隆太平府志》卷四十一。
[2]《王阳明全集》卷二十二。

灵峭九千丈，穷跻亦未难。
江山无遁景，天地此奇观。
海月迎峰白，溪风振叶寒。
夜深凌绝峤，翘首望长安。[1]

他夜住在蓬莱方丈，又吟了二首诗：

蓬莱方丈偶书

兴剧夜无寐，中宵问雨晴。
水风凉鏊骤，岩日映窗明。
石窦窥涧黑，云梯上水清。
福庭真可住，尘土奈浮生。

仙屋烟飞外，青萝隔世哗。
茶分龙井水，饭带玉田砂。
香细岚光杂，窗虚峰影遮。
空林无一事，尽日卧丹霞。[2]

茅山的道教胜地与九华山的佛教胜地，是阳明这次"游仙"的心路历程上下求索的两大佛道天地，它表现了阳明对佛道之学难分难舍的耽迷，但也流露了他内心儒家自我与佛道自我的灵魂交战。在寻访了三茅山以后，他又不得不回到严峻的现实中来，"翘首望长安"。从茅山回来以后，他给汤礼敬写了一篇《题汤大行殿试

[1]《茅山全志》卷十三。
[2]《茅山全志》卷十三。

策问下》，又恢复了他的儒家真魂的清醒面目。文说：

> 士之登名礼部而进于天子之廷者，天子临轩而问之，则锡之以制，皆得受而归，藏之于庙，以辉荣其遭际之盛，盖今世士人皆尔也……嗟夫！明试以言，自虞廷而皆然，乃言底可绩，则三代之下，吾见亦罕矣。君之始进也，天子之所以咨之者何如耶？而君之所以对之者何如耶？夫矫言以求进，君之所不为也；已进而遂忘其言焉，又君之所不忍也。君于是乎朝夕焉顾諟圣天子之明命，其将曰：“是天子之所以咨询我者也。始吾既如是其对扬之矣，而今之所以持其身以事吾君者，其亦果如是耶？抑其亦未践耶？”夫伊尹之所以告成汤者数言，而终身践之；太公之所以告武王者数言，而终身践之。推其心也，君其志于伊、吕之事乎？夫辉荣其一时之遭际以夸世，君所不屑矣。不然，则是制也者，君之所以鉴也。昔人有恶形而恶鉴者，遇之则掩袂却走。君将掩袂却走之不暇，而又乌揭之焉日以示人？其志于伊、吕之事奚疑哉？君其勉矣！[1]

这是勉励汤礼敬，也是自勉，显示了阳明积极用世济民的进取精神。所以在镇江府，他一面登览北固山，作诗表露自己乐观开朗的意气说：

游北固山

北固山头偶一行，禅林甘露几时名？
枕江左右金焦寺，面午中节铁瓮城。

[1] 《王阳明全集》卷二十四。

松竹两崖青野兵，人烟万井暗吟情。
江南景物应难望，入眼风光处处清。[1]

另一面又去拜访岛中造屋舟的钱组，作诗称颂他的潜隐疏放说：

屋舟为京口钱宗玉作

小屋新开傍岛屿，沉浮聊与渔舟同。
有时沙鸥飞席上，深夜海月来轩中。
醉梦春潮石屏冷，棹歌碧水秋江空。
人生何地不疏放，岂必市隐如壶公。[2]

三月，阳明北上到达扬州，却因为一路风尘仆仆劳累生病，在扬州滞留了三月。直到五月才又起程北返，回京复命，结束了这次"游仙"的心路历程。

[1] 按：阳明此诗真迹在"博宝艺术拍卖网"上公布。
[2] 《穰梨馆过眼续录》卷七。按：此诗真迹今藏美国纽约大都会博物馆。

第四章

“善学善变”：思想新变的涌动

归居林下的“阳明山人”

阳明在弘治十五年（1502 年）五月回京复命以后，又开始在刑部埋头日理案牍，苦读经史自励。不料又过劳成疾，得了呕血之症。黄绾谈到阳明呕血的病因说：“差往淮甸审囚，多所平反。复命，日事案牍，夜归必燃灯读《五经》及先秦、两汉书，为文字益工。龙山公恐过劳成疾，禁家人不许置灯书室。俟龙山公寝，复燃，必至夜分，因得呕血疾。”[1] 其实阳明的病根是在南畿决狱的忙碌奔波中种下的。阳明自己在《乞养病疏》中说得很清楚：“切缘臣自去岁三月，忽患虚弱咳嗽之疾，剂灸交攻，入秋稍愈。遽欲谢去药石，医师不可，以为病根既植，当复萌芽。勉强服饮，颇亦臻效。及奉命南行，渐益平复。遂以为无复他虑，竟废医言，捐弃药饵。冲冒风寒，恬无顾忌，内耗外侵，旧患仍作。及事竣北上，行至扬州，转增烦热，迁延三月，尫羸日甚。心虽恋阙，势不能前，追诵医言，则既晚矣。”[2] 阳明就是在这时落下了终身不治的呕血肺病。归京后，因为病势加重，他决意乞归养病调治。八月，他上了《乞养病疏》，得到朝廷允准。

就在八月下旬，阳明起程离京归越。对他来说，这不啻又踏上了一条曲折反复的“游仙”的心路历程。这是他思想发展历程上的又一段彷徨曲折之路：如果说疾病生死的痛苦使阳明心底向往长生久视的佛道思想一时又泛滥浮起，渴望归阳明洞进行“静入窈冥”的养生治病的修炼；那么游九华山与茅山的开眼启悟恰

[1] 黄绾：《阳明先生行状》。
[2] 《王阳明全集》卷九。

成了推动他归居阳明洞导引修炼的直接动力，继续走他的"游仙"的心路历程。经过润州时，他又再游金山、焦山、北固山，同三山高僧说法谈禅，作诗赠三山高僧：

金山赠野闲钦上人

江静如平野，寒波漫绿苔。
地穷无客到，天迥有云来。
禅榻朝慵起，松关午始开。
月明随老鹤，散步妙高台。

题蒲菊钰上人房

禅扉云水上，地迥一尘无。
涧有千年菊，盆余九节蒲。
湿烟笼细雨，晴露滴苍芜。
好汲中泠水，飧香嚼翠腴。

赠雪航上人

身世真如不系舟，浪花深处伴闲鸥。
我来亦有山阴兴，银海乘槎上斗牛。

赠甘露寺性空上人

片月海门出，浑如白玉舟。
沧波千里晚，风露九天秋。
寒影随杯渡，清晖共梗流。
底须分彼岸，天地自沉浮。[1]

[1] 张莱：《京口三山志》卷五。

经过苏州时，阳明又旧地重游，寻访佛寺禅刹，登华严寺吴江塔，览仰高亭，感怀作诗：

登吴江塔

天深北斗望不见，更蹑丹梯最上层。
太华之西目双断，衡山以北栏独凭。
渔舟渺渺去欲尽，客子依依愁未胜。
夜久月出海风冷，飘然思欲登云鹏。

仰高亭

楼船一别是何年？斜日孤亭思渺然。
秋兴绝怜红树晚，闲心并在白鸥前。
林僧定久能知客，巢鹤年多亦解禅。
莫向病夫询出处，梦魂长绕碧溪烟。[1]

经过嘉兴时，阳明遇到三塔寺的高僧芳上人闭关修炼后杖锡出游，阳明作诗送他归寺：

赠芳上人归三塔

秀水城西久闭关，偶然飞锡出尘寰。
调心亦复聊同俗，习定由来不在山。
秋晚菱歌湖水阔，月明清磬塔窗闲。
毗卢好似嵩山笠，天际仍随日影边。[2]

---

[1] 徐崧、张大纯：《百城烟水》卷四。
[2] 《万历秀水县志》卷八。

经过海宁时，阳明更去游访了名闻东南的佛道胜地审山，作了一首长诗咏道：

审 山 诗

朝登硖石巅，霁色浮高宇。
长冈抱回龙，怪石騋奔虎。
古刹凌层云，中天立鳌柱。
万室涌鱼鳞，晴光动江浒。
曲径入藤萝，行行见危堵。
寺僧闻客来，袈裟候庭庑。
登堂识遗像，画绘衣冠古。
乃知顾况宅，今为梵王土。
书台空有名，湮埋化烟芜。
葛井虽依然，日暮饮牛羖。
长松非旧枝，子规啼正苦。
古人岂不立，身后杳难睹。
悲风振林薄，落木惊秋雨。
人生一无成，寂寞知向许？[1]

审山又名东山，据说当年秦始皇东游过此山，见有王气不散，便发十万囚徒凿破大山，分而为东山与西山，山中有众多的佛寺道观的遗迹。审山是阳明这次归绍兴所游访的最主要的一方佛道胜境。

九月，阳明回到了绍兴。时隔三年，从京师官场归居林下，

[1] 《乾隆海宁州志》卷二。

他又恢复了“阳明山人”的本来面目。他要做的第一件事就是上会稽山清理久已荒冷的阳明洞，筑室阳明洞中，究极道经秘旨，行导引术，静坐习定，开始了“静入窈冥”的养生修炼。黄绾说：“养病归越，辟阳明书院（按：即筑室阳明洞中），究仙经秘旨。静坐，为长生久视之道，久能预知。”[1] 这实际就是指修炼静入窈冥的真空炼形法。阳明作了一首《坐功》诗，自我咏叹“静入窈冥”的静坐功说：

> 春嘘明目夏呵心，秋呬冬吹肺肾宁。
> 四季常呼脾化食，依此法行相火平。[2]

阳明这种静坐功（呼吸入静），同尹真人在《坐禅图》中说的“静坐少思寡欲，冥心养气存神，此是修真要诀”一致，耿定向说阳明在洞中如此“习静”，达到了“内照形躯如水晶宫，忘己忘物，忘天忘地，混与太虚同体，有欲言而不得”的境界。钱德洪、邹守益、黄绾也都说他达到了先知的他心通境界。张怡对阳明在洞中“静中顿悟”说得更清楚：

> 王文成审狱淮甸，过劳成疾，告病归越。即阳明洞旧观辟为书院，静坐，习长生导气之术，静中顿悟。一日，友人王思裕等四人往访于洞中，方出门，文成已知，命仆出山买果肴以候，且历语其来迹。仆遇四人于途，语悉合，皆惊异，遂师事之。[3]

[1] 黄绾：《阳明先生行状》。
[2] 游日升：《臆见汇考》卷三。
[3] 《玉光剑气集》卷三十《杂记》。

在会稽山中隐居着一班抱道的"高士""山人""处士"，也都纷纷来阳明洞问道受学，谈仙说玄。他们当中最有名的是许璋与王文辕。许璋可以说是陈白沙的再传弟子，他好白沙心学，潜研性命之学，又精奇门遁甲术数。《上虞县志》上有《许璋传》说：

> 许璋，字半珪。淳质苦行，潜心性命之学，白袍草履，挟一衾而出，欲访白沙于岭南。王司舆（文辕）送之诗曰："去岁逢黄石，今年访白沙。"至楚，见白沙之门人李承箕，留大崖山中者三时，质疑问难。大崖语之以"静坐观心"，曰："拘拘陈编，曰居敬穷理者，予不然；嘐嘐虚迹，曰旁花随柳者，予不然；罔象无形，求长生不死之根者，予不然。"璋亦不至岭南而返。阳明养病洞中，惟璋与王司舆数人，相对危坐，忘言冥契……于天文地理、壬遁孙武之术，靡不究心。正德中，尝指乾象谓阳明曰："帝星今在楚矣。"已而世宗起于兴邸。其占之奇中，类如此。山阴范瓘尝师事之。[1]

李承箕说的"静坐观心"，就是陈白沙的"默坐澄心，体认天理"的心学宗旨，同阳明在洞中静入窈冥、静观内照的养生修炼思想相合。另一个抱道山人黄轝子王文辕，也同许璋一样尊信白沙的心学，学以"治心"为本，阳明弟子季本甚至说阳明的心学思想由王文辕开其端，透露了阳明心学受白沙心学影响的信息。季本在《王司舆传》中直言说：

> 阳明之学由王司舆发端。予少师黄轝子，黄轝子姓王，

[1] 《光绪上虞县志》卷八。参见《尧山堂外记》卷九十，《西园闻见录》卷二十二。

> 名文辕，字司舆，山阴人。励志力行，隐居独善，乡人熏其德者，皆乐亲之。少学为古文，绝类庄、列，诗逼唐人。读书不牵章句，尝曰：“朱子注说多不得经意。”成化、弘治间，学者守成说，不敢有非议朱子者，故不见信于时。惟阳明先师与之为友，独破旧说，盖有所本云。及阳明先师领南、赣之命，见黄轝子，黄轝子欲试其所得，每撼激之不动，语人曰：“伯安自此可胜大事矣。”盖其平生经世之志于此见焉。其后黄轝子没，阳明先师方讲良知之学，人多非议之，叹曰：“使王司舆在，则于吾言必相契矣。”[1]

后来季本在《王黄轝先生文》中更明确地说：“先生之志，凌厉千古；先生之学，治心为主。远通天元，究极章蔀；近察人情，区文条缕……先生葛天之侣，还丹既成，眇视尘土；蝉蜕其形，飘然遐举。”[2] 所谓“治心为主”，就是指他的心学；所谓“还丹既成”，就是指他同阳明一起在阳明洞进行行气导引、静入窈冥的修炼。

阳明洞也吸引了绍兴的士子来向阳明问学受教。山阴的孝义之族白湾朱氏子弟众多，朱和之妻亲设家塾延聘阳明为师，督教朱节、朱篓、朱篁、朱篪等一班子弟。《山阴县志》上提到这件事说：

> 法源庵，在县北涂山。明弘治间，白洋朱和妻矢节抚子，设宅延王文成守仁为师，其子侄篁、篓、篪、节等，俱

[1] 《季彭山先生文集》卷三《王司舆传》，另见《说理会编》卷十六。
[2] 《季彭山先生文集》卷三。

成名。[1]

朱导，字显文。弘治己酉领乡荐，仕终通江知县。敦孝友，以义方训子弟。子簠、篪及犹子节、簦，并登第入官。居乡俭约，非公事不入城府。邑中孝义之族，多称"白洋朱氏"云。[2]

朱节、朱簦是朱和之子，朱簠、朱篪是朱导之子，他们都成了阳明最早的山阴弟子。[3]

到这年的冬间，又有著名的诗僧释鲁山来阳明洞拜访阳明，两人吟诗论道，释鲁山作了一首诗，描述阳明在洞中的心斋静修生活说：

王伯安书舍

一寻松下地，新构小精庐。
祛冗入深院，闭门抄古书。
草盆生意满，雪洞世情疏。
每欲携琴访，心斋恐晏如。[4]

"心斋"是借用《庄子·人间世》中的寓言，本意是指摒除心中杂念，使心境虚静纯一，澄明大道。这里就是指阳明在洞中进行的静入窈冥的修炼。释鲁山是能文善诗的禅僧，同他唱酬交游的李梦阳说："释之鲁山者，秦人也。喜儒，嗜声音之学。尝游终

[1] 《嘉庆山阴县志》卷二十四《寺观》。
[2] 《嘉庆山阴县志》卷十四《乡贤》。
[3] 按：朱篪是正德八年（1513年）举人，朱簠是正德十一年举人，朱簦是正德十四年举人，朱节是正德九年进士，见《万历绍兴府志》。
[4] 《盛明百家诗前编·释鲁山集》。

南，陟太行，观三河，复自江汉还海上，登邹、峄、龟、岱诸山，北至燕、赵，遂以诗名京师。”[1] 可见释鲁山也是一个倡儒、佛、道三教合一的诗僧，他的来访，对阳明往东南佛国杭城去习禅养疴起了直接的推动作用。

在阳明洞，阳明就这样沉潜在静入窈冥的心斋修炼中，但是他的内心仍交织着痛苦的矛盾：“绝情”与“念亲”的矛盾，“待时”与“出仕”的矛盾，“出世”与“入世”的矛盾，始终缠绕在他心头，尘世现实的矛盾也不容他晏坐在洞中进行静入窈冥的修炼。他归居林下，本也有待时而出的打算。他的妻弟诸经（用明）寄信给他，劝他出仕，走出阳明洞，他写了一封回信，吐露了内心这种痛苦难解的矛盾说：

> 得书，足知迩来学力之长，甚喜！君子惟患学业之不修，科第迟速，所不论也。况吾平日所望于贤弟，固有大于此者，不识亦尝有意于此否耶？便中时报知之。阶、阳诸侄闻去岁皆出投试。非不喜其年少有志，然私心切不以为然。不幸遂至于得志，岂不误却此生耶？凡后生美质，须令晦养厚积。天道不翕聚，则不能发散，况人乎？花之千叶者无实，为其华美太发露耳。诸贤侄不以吾言为迂，便当有进步处矣。书来劝吾仕，吾亦非洁身者，所以汲汲于是，非独以时当敛晦，亦以吾学未成，岁月不待，再过数年，精神益弊，虽欲勉进而有所不能，则将终于无成，皆吾所以势有不容已也。但老祖而下，意皆不悦，今亦岂能决然行之？徒付之浩叹而已！[2]

[1] 见《盛明百家诗前编·释鲁山集》下俞宪所引。
[2] 《王阳明全集》卷四《寄诸用明》。按：此书题下原注“辛未”作，乃误。

所谓"老祖而下"，就指岑太夫人、王华等亲人，阳明在洞中寂寞修炼，他的"念亲"的情绪却越来越强烈（思念亲人），这同他做绝情去欲的静入窈冥、与太虚同体的修炼产生了矛盾，促使他开始思考"念亲"与"种性"的关系问题。在十二月岁暮，他在洞中修炼，倍加思念亲人，同黄犨子王文辕论道吟诗，他作了两首思念亲人的诗：

乡思二首（次韵答黄犨）

百事支离力不禁，一官栖息病相寻。
星辰魏阙江湖迥，松竹茆茨岁月深。
合倚黄精消白发，由来空谷有余音。
曲肱已醒浮云梦，荷蒉休疑击磬心。

独夜残灯梦未成，萧萧窗竹故园声。
草深石屋鼪鼯啸，雪静空山猿鹤惊。
漫有缄书招旧侣，尚牵缨冕负初情。
云溪漠漠春风转，紫菌黄芝又日生。[1]

所谓"荷蒉休疑击磬心"，是用孔子击磬的典故。当年孔子在卫击磬时，门外有人担着竹蒉路过，从磬声中听出孔子胸有做一番救世拯民行道的事业的大志，只可惜生不逢辰，时不我与，岁月无情消逝。阳明在洞中心斋静修，同当年孔子在卫击磬的处境一样，这二首诗曲折表现了阳明在洞中"念亲"与"绝情"、"待时"与"出仕"的矛盾心理，发出了"漫有缄书招旧侣，尚牵缨

[1] 端方：《壬寅消夏录·王阳明诗真迹》。按：阳明此诗真迹见《中华文物集萃·清翫雅集收藏展》（Ⅱ），鸿禧美术馆。

冕负初情”的悲叹。尤使这个“阳明山人”不能静修沉默的是，就在他洞中勤修的时候，浙江发生了一件惊天大案，狱案牵连一千余人，浙江清洗掉一批不称职的官员，震惊朝野，“西翰林”文士、浙江按察佥事陈辅也受牵连罢归。《明孝宗实录》上记载这场大案说：

> 弘治十五年十月丙午，初，监察御史任文献清军浙江，有闲住通判沈澂者，钱塘人，其户名与绝军沈三同，文献特之及也。名同而军绝者尚十余家，澂因群聚而喧于外。文献闻之，遽下令有枉者余办之，澂等不为止，因共毁其告示牌及东栅阑。时澂等党聚者百余人，市民过而观者复以千计，一城尽哗。文献乃枷总甲九人者出，将以警众，澂等复破其枷而释之。又以李贵者常书军册，疑为所中，因群至其家，捕贵不得，遂毁其门及地器物而去。镇巡官闻变，捕澂等数十人送狱，俱拟充军，仍治澂前事，令补绝户军，乃以其事闻。澂亦令男讼冤阙下，并告文献在浙私淫民妇，狎比侍童，多贷人金，致市恩出入人罪及他不法十余事。有旨征文献还，而遣给事中张弘至、郎中杨锦往按之。还言澂军籍可疑，又率众肆行，宜如原拟。所诉文献事，署对多言诬者；而文献常与闲住郎中许纶有故，令驿夫为之役；又善大官厨役沈玉，为其妻敛助役。今二事得实，事下刑部议。澂复诉按事者狥情偏枉，为文献隐。于是再命大理寺寺副林正茂往会巡按监察御史夏景和复验，且令械系澂及诸证佐至京，逮文献会官治之。已而澂复奏辩不已，文献亦奏按事者以臣代还，故入其罪，刑部尚书闵珪乃澂乡人。于是下都察院，会刑部、大理寺、锦衣卫廷调之。议以澂户名虽同沈三，而年远籍亡，

宜免佥补。其倡众纵恣，欺辱宪臣，诬奏多官，乱常梗化，辄生厉阶，坐以充军。乃比聚众弃毁器物例，原情犹重，宜在不赦。文献事虽不尽如澂奏，实于宪体未谙，以致奸豪肆侮，宜坐奏事不实，赎徒送吏部奏处。狱上，皆准拟。是狱党澂充军者九人，承勘者布政使孙需、按察使朱钦、参政欧信、副使吕璋、参议吴玘、佥事陈辅，俱以失于参详，赎杖还职。所连逮千余人，考验再逾年。诸司杂治文献事，有无竟不能明，调陕西蓝田知县。[1]

这场大案充分暴露了官场上下官员的颟顸昏顽，也暴露了朝廷三法司与地方狱治的黑暗腐败。像陈辅不过是无辜的牺牲品，身为刑部主事的阳明是看得很清楚的。所以当浙江士夫作《两浙观风诗》送陈辅归时，阳明却作了一篇《两浙观风诗序》，称颂陈辅在浙的政绩，愤然为他鸣不平说：

陈公起家名进士，自秋官郎擢佥浙臬，执操纵予夺生死荣辱之柄，而代天子观风于一方，其亦荣且重哉！吁，亦难矣！公之始至吾浙，适岁之旱，民不聊生。饥者仰而待哺，悬者呼而望解；病者呻，郁者怨，不得其平者鸣；弱者、强者、蹶者、啮者，梗而孽者，狡而窃者，乘间投隙，沓至而环起。当是之时，而公无以处之，吾见其危且殆也。赖公之才，明知神武，不震不激，抚柔摩剔，以克有济。期月之间而饥者饱，悬者解，呻者歌，怨者乐，不平者申，蹶者起，啮者驯，孽者顺，窃者靖，涤荡剖刷而率以无事。于是修废

[1] 《明孝宗实录》卷一百九十二。

举坠，问民之疾苦而休息之，劳农劝学，以兴教化……然公之始，其忧民之忧也，亦既无所不至矣。[1]

而当胡瀛继代陈辅来任浙江按察佥事时，阳明也作了一篇《胡公生像记》，大力称颂胡瀛在余姚与兴国任上的政绩，并作了一首长诗，殷切期盼他能如在兴国知州任上一样来浙振兴文治教化：

於维胡公，允毅孔直。惟直不挠，以来兴国。惟此兴国，实荒有年。自公之来，辟为良田。寇乘于垣，死课于泽。公曰吁嗟，兹惟予谪。勤尔桑禾，谨尔室家。岁丰时和，民谣以歌。乃筑泮宫，教以礼让。弦诵《诗》《书》，溢于里巷。庶民谆谆，庶士彬彬。公亦欣欣，曰惟家人。维公我父，维公我母。自公之去，夺我恃怙。维公之政，不专于宽。雨旸惟若，时其燠寒。维公文武，亦周于艺。射御工力，展也不器。我拜公像，从我父兄。率我子弟，集于泮宫。愿公永年，于百千祀。公德既溥，公寿曷涘。父兄相谓，毋尔敢望。天子用公，训于四方。[2]

又当罗鉴继代欧信来任浙江参政时，阳明也兴奋地给罗鉴刻版的其父罗懋的《罗履素诗集》作了一篇序，称颂罗鉴在浙振兴文治教化的政绩说：

盖昔者夫子之取于诗也，非必其皆有闻于天下，彰彰然明著者而后取之。《沧浪之歌》采之孺子，《萍实》之谣得诸

[1] 《王阳明全集》卷二十二。
[2] 王守仁：《胡公生像记》，《嘉靖湖广图经志书》卷二。

> 儿童，夫固若是其宽博也……履素之作，吾诚不足以知之，顾亦岂无一言之合于道乎？夫有一言之合于道，是于其世也，亦有一言之训矣，又况其不止于是也，而又奚为其不可以传哉？吾观大参公之治吾浙，宽而不纵，仁而有勇，温文蕴藉，居然稠众之中，固疑其先必有以开之者。乃今观履素之作，而后知其所从来者之远也。世之君子，苟未知大参公之所自，吾请观于履素之作；苟未知履素之贤，吾请观于大参公之贤，无疑矣。[1]

可见阳明在阳明洞中，他的济世拯民的儒家真魂并没有泯灭。沈澂大案，使人文荟萃的浙中的政治教化一时受到摧折，暴露了朝廷上下内外的严重问题，这就是阳明所以感到“以时当敛晦”的真正原因。阳明认为自己所以归隐阳明洞汲汲于心斋静修“非独以时当敛晦，亦以吾学未成”，朝廷内外的危机滋长蔓延，引发了他对儒佛道之学的众多问题的思考，尤其触发了他对“念亲”（儒）与“种性”（佛）问题的反思。他在洞中心斋静修中始终有一个“念亲”的问题困扰着他，无法摆脱对亲人的强烈思念。弘治十六年的新春，阳明就是在深切思念亲人的心境中度过的，但他在同时转向对“释典”的探究中[2]，终于对久萦绕心头的“念亲”与“种性”关系的问题有了豁然大悟。钱德洪描述他的这次心悟说：

> 筑室阳明洞中，行导引术……久之，悟曰：“此簸弄精

[1]《王阳明全集》卷二十二《罗履素诗集序》。

[2] 邹守益《王阳明先生图谱》云：“辟阳明洞旧基为书屋，究仙经秘旨……久之，悟曰：‘此弄精魂，非道也。’又屏去，玩释典。明年移疾钱塘。”

> 神，非道也。”又屏去。已而静久，思离世远去，惟祖母岑与龙山公在念，因循未决。久之，又忽悟曰：“此念生于孩提。此念可去，是断灭种性矣。”明年，遂移疾钱塘西湖……[1]

刘元卿在《诸儒学案》中也说：

> 请告归越，究心二氏之学，筑洞阳明麓，日夕勤修习静。常思遗弃世累，而不能置念于祖母岑及尚书公。久之，悟此念生自孩提，人之种性，灭绝种性，非正学也。[2]

阳明觉悟到“念亲”与“种性”的统一，“念亲”即“种性”。亲之念生于孩提，是与生俱来的不灭的人性，亲念可灭，无异于即断灭种性。这种对“种性”不断“亲念”的信念，使他对在洞中静修更充满了信心，他决定“移疾钱塘”，往赴东南佛国的杭城习禅养疴，进一步印证他的“种性”不灭“念亲”的思想之悟。

“念亲”与“种性”：钱塘习禅养疴

弘治十六年二月，阳明起程赴钱塘，开始了他在钱塘佛寺习禅养疴的生活。湛若水说阳明“四溺于神仙之习，五溺于佛氏之习”，“变化屡迁，逃仙逃释”，就指他这一段由阳明洞中静修到

[1] 钱德洪：《阳明先生年谱》。参见邹守益：《王阳明先生图谱》。
[2] 刘元卿：《诸儒学案 · 阳明王先生要语》。参见耿定向：《新建侯文成王先生世家》。

钱塘佛寺习禅的生活。因为道家的静入窈冥的静修与佛家的发明本性（种性）的禅修是相通的，可以随时"变化屡迁"。阳明一路都注意寻访佛寺古刹，经过山阴时，他游访了本觉寺，作诗吟道：

本 觉 寺

春风吹画舫，载酒入青山。
云散晴湖曲，江深绿树湾。
寺晚钟韵急，松高鹤梦闲。
夕阳催暮景，老衲闭柴关。[1]

经过牛头山时，阳明又游访了牛峰寺，禅兴尤浓，他把牛头山改名为浮峰，吟了四首诗：

游牛峰寺四首

洞门春霭蔽深松，飞磴缠空转石峰。
猛虎踞崖如出柙，断螭蟠顶讶悬钟。
金城绛阙应无处，翠壁丹书尚有踪。
天下名区皆一到，此山殊不厌来重。

萦纡鸟道入云松，下数湖南百二峰。
岩犬吠人时出树，山僧迎客自鸣钟。
凌飙陟险真扶病，异日探奇是旧踪。
欲叩灵关问丹诀，春风萝薜隔重重。

[1]《乾隆绍兴府志》卷三十八。

偶寻春寺入层峰，曾到浑疑是梦中。
飞鸟去边悬栈道，凭夷宿处有幽宫。
溪云晚度千岩雨，海月凉飘万里风。
夜拥苍崖卧丹洞，山中亦自有王公。

一卧禅房隔岁心，五峰烟月听猿吟。
飞湍映树悬苍玉，香粉吹香落细金。
翠壁年多霜藓合，石床春尽雨花深。
胜游过眼俱陈迹，珍重新题满竹林。[1]

约在二月下旬，阳明到达钱塘，寓居在南屏净慈寺的普照廨院藕花居，仿鸠摩罗什修禅养疴。藕花居坐落在西湖雷峰之畔，傍靠华严千佛阁、宗镜堂，便于阳明读经习禅。他后来作诗咏叹他在藕花居的生活说：

西湖醉中漫书二首

十年尘海劳魂梦，此日重来眼倍清。
好景恨无苏老笔，乞归徒有贺公情。
白凫飞处青林晚，翠壁明边返照晴。
烂醉湖云宿湖寺，不知山月堕江城。

掩映红妆莫漫猜，隔林知是藕花开。
共君醉卧不须到，自有香风拂面来。[2]

---

[1]《王阳明全集》卷十九。
[2]《王阳明全集》卷十九。

又有诗咏叹他在华严千佛阁的究习佛典说：

无　题　诗

青山晴壑小茅檐，明月秋窥细升帘。
折得荷花红欲语，净香深处读《华严》。[1]

阳明一到杭城，就借着寻春游览了西湖，四处寻访钱塘的名刹古寺，往来奔走于南屏寺、虎跑寺之间，访禅问道。西湖周边，梵宫琳宇林立，都留下了阳明访僧问道的游踪。他乘明媚大好的春光先寻访了云居山的圣水寺，深有感悟，吟了二首诗：

游　云　居

拂袖风尘尚未能，偷闲殊觉愧山僧。
杖藜终拟投三竺，裘马无劳说五陵。

长拟西湖放小舟，看山随意逐春流。
烟霞只作鸥凫主，断却纷纷世上愁。[2]

接着他又寻访了艮山门外的宝界寺，吟了一首诗：

春日宿宝界禅房赋

晴日落霞红蘸水，杖藜扶客眺西津。
莺莺唤处青山晓，燕燕飞时绿野春。
明月海楼高倚遍，翠峰烟寺远游频。

[1] 该诗手迹见《艺苑掇英》第七十三期。
[2] 《圣水寺志》卷三。

情多谩赋诗囊锦，对镜愁添白发新。[1]

再接着他又寻访了凤凰山的胜果寺，看到唐僧处默的诗：“路自中峰上，盘回出薜萝。到江吴地尽，隔岸越山多。古木丛青霭，遥天浸白波。下方城郭近，钟磬杂笙歌。”他吟了一首和诗：

胜　果　寺

深林容鸟道，古洞隐春萝。
天迥闻潮早，江空得月多。
冰霜丛草木，舟楫玩风波。
岩下幽栖处，时闻《白石歌》。[2]

最引人注目的是，阳明又寻访了虎跑寺，在那里他遇到了一个坐关三年的禅僧，闭目不言不语，阳明上去用佛教的“种性”说一下子喝悟了这个闭关坐僧。关于这件轰动僧寺的奇事，钱德洪记载说：

往来南屏、虎跑诸刹。有禅僧坐关三年，不语不视，先生喝之曰：“这和尚终日口巴巴说甚么！终日眼睁睁看甚么！”僧惊起，即开视对语。先生问其家，对曰：“有母在。”曰：“起念否？”对曰：“不能不起。”先生即指爱亲本性谕之，僧涕泣谢。明日问之，僧已去矣。[3]

[1] 《嘉靖仁和县志》卷十二。
[2] 《武林梵志》卷二。
[3] 钱德洪：《阳明先生年谱》。

但钱德洪为了要用此事证明"是年先生渐悟仙、释二氏之非"，竟有意隐去了阳明用佛教"种性"说喝悟闭关禅僧的事实，反使人看了如堕五里云雾中。倒是邹守益在《王阳明先生图谱》中讲出了真话：

> 往来南屏、虎跑诸寺。有坐僧三年不语不视，先生喝之曰："这和尚终日口巴巴说什么！终日眼睁睁看什么！"僧惊起，向佛拜开戒，即诣先生，指示心要。问其家，曰："有母在。"问："起念否？"曰："不能不起。"曰："此念，人之种性。若果可断，寂灭种性矣。吾儒与二氏毫厘之异，止在此。"僧泣谢。明日，遂反。

禅师高僧都善用机锋呵骂怒喝之法开启小僧心悟，显然，阳明是用佛教的"种性"说喝悟醒了闭关禅僧，显示了他已深得佛家"种性"说的三昧。阳明本来就是在觉悟"念亲"与"种性"合、"念亲"即"种性"之后，来钱塘佛国进一步印证他的"种性"不灭"念亲"的心悟的，他在喝悟闭关坐僧上又成功地印证了他的"种性"不灭"念亲"的思想。所谓种性，是佛家的根本说，《楞伽经》说："一圣种性，三乘圣者证涅槃之种也。"《唯实论》说："大乘二种种性。一本性住种性，谓无始来依附本识，法尔所得无漏法因。"以种性为证涅槃之种，故种性即如来藏佛性。依大乘说，一切众生本具究竟解脱种性，即是佛性。佛教慈悲为怀，普度众生，大爱救世，不断爱亲。阳明的"种性"说的特点，就是认为"种性"不断心念，心念即种性，如"念亲"即"种性"，念亲与种性不悖不断，体用一如。他先是在阳明洞中自证悟了"念亲"与"种性"合，以为"此念生于孩提。此念可去，是断灭种性矣”；移疾钱塘后，便以“念亲”即“种性”之说喝悟坐关禅僧，以为“此念，人之种性，若果可断，寂灭种性矣”。阳明用“种性”说自证悟与用“种性”说喝悟坐僧，二者都显示了阳明在杭学佛逃禅、证悟佛家种性说（佛性说）所达到的新境界，正是湛若水说他“溺于佛氏之习”达到高潮的标志，根本不存在“是年先生渐悟仙、释二氏之非”的事情。

在喝悟坐关禅僧以后，阳明更沉潜于习禅静修中。到六月，藕花盛开，他又再游西湖，寻访了灵隐寺，甚至兴起了要学做林和靖移家钱塘的念头，他作诗吟道：

西　湖

灵鹫高林暑气清，天竺石壁雨痕晴。
客来湖上逢云起，僧住峰头话月明。
世路久知难直道，此身那得尚虚名！
移家早定孤山计，种果支茅却易成。[1]

到七月，凌溪朱应登来钱塘拜访阳明。朱应登与阳明为同年，也是弘、正间的著名诗人，为“弘治七子”之一。他同顾璘、陈沂、王韦号称“四大家”，又同景旸、蒋山卿、赵鹤并称“江北四子”。阳明同他游胜果寺，上中峰越王台，登台唱酬，阳明吟了一首诗：

无　题　诗

江上月明看不彻，山窗夜半只须开。

[1]《王阳明全集》卷二十。按：此诗《武林梵志》题作《游灵隐寺》。

万松深处无人到，千里空中有鹤来。
受此幽居真结托，怜予游迹尚风埃。
年来病马秋尤瘦，不向黄金高筑台。[1]

朱应登次韵了一首：

由圣果寺中峰登越王台次韵王阳明
寺转中峰万木回，禅扉欹侧逐江开。
安心习静难清此，历险寻幽得偶来。
宿雨润蒸岩下石，流泉静洗竹间埃。
还怜病体犹无赖，强起扶筇上越台。[2]

所谓“年来病马秋尤瘦，不向黄金高筑台”，是说阳明病体仍未痊愈，不能归京师复职。所以朱应登称赞他能“安心习静”。

到八月，有更多的士子学者来拜访阳明，问道谈禅。南京大理寺评事赤城夏鍭为成化二十三年进士，是王华的“门生”，他以母老告归天台，经杭城来拜访阳明。阳明同他登览了塔山，一路访禅唱酬，夏鍭作了二首诗：

与王伯安夜登塔山
秉烛暮何之？闻山不敢迟。
白云封欲遍，清露湿相宜。
僧定自禅榻，鹤惊空树枝。

[1]《阳明先生文录》卷四。
[2]《凌溪先生集》卷九。

有怀支许辈，塔尽草离离。[1]

次伯安韵

前身我是许元度，脚底青山忽漫跻。
乍识林容随烛影，渐闻人语近禅栖。
偶来问井双泉在，更欲寻山一径迷。
唤醒王郎同勃窣，梵天云冷市风凄。[2]

大约与夏镞同时，又有东溪徐霈来钱塘向阳明问学。阳明同徐霈主要讲论格物致知之学，批评科举之学，评论儒、佛、道三家之学的异同。徐霈后来三次提到了他初见阳明受教的情况：

余自弱冠时，从阳明王老先生讲明致知格物之旨，遂厌科举之学，并朱注而怠观矣。[3]

余弱冠时，游阳明夫子之门，因论学而及举业。阳明夫子云：“两浙发科之最多者，莫如余姚，而倡之者先君海日翁也。”[4]

承谕三教同异在毫厘之间耳。尝以此质于阳明先师，曰：“只此毫厘之差，亦难言矣。惟濂溪、明道曾从此过，余人未易知也。”[5]

徐霈的记叙表明，阳明在钱塘对程朱理学与儒、佛、道三家的异

---

[1] 《明夏赤城先生文集》卷七。
[2] 《明夏赤城先生文集》卷九。
[3] 《东溪先生文集》卷三《邵养斋先生讲意纂要序》。
[4] 《东溪先生文集》卷三《薛进士窗稿序》。
[5] 《东溪先生文集》卷十八《又论三教同异书》。

同在努力作新的思考，他生平第一次对朱学提出了批评，对儒、佛、道三教的异同也开始有模糊朦胧的认识，但还没有从三教同根同源的溺禅溺仙中解脱出来。当慈云寺的禅僧秋中召客开尊时，阳明参加了这次禅门结社，回了一封《答慈云老师书》说：

> 鄙人久于尘中，缅怀世孙，顿成劳渴。乃荷不遗，颁以霜螯，召客开尊，烹以荐酒，陶然得其真，当如远公引禅定境也，感行耳。方有便入城，肯过小园少坐否？　　风翼和南　　慈云老师座下。[1]

所谓“缅怀世孙”，就是指“念亲”（怀念亲人）；所谓“当如远公引禅定境也”，是把这次慈云禅师的召客开尊比之为东林慧远的结白莲社，进行禅定的修行。阳明这封书正反映了他的“种性”不断“念亲”的思想，他把“念亲”（儒）与“修禅”（佛）统一起来，也就意味着把儒道与佛道统一起来。慈云结社禅定再一次印证了他的“念亲”与“种性”合的心悟。

尤令人注目的是，在八月正当慈云禅师结社修禅的时候，诗人了虚吾谨也来钱塘拜访阳明，同他展开了儒家心性之学与儒佛异同的论辨。吾谨也是一个好佛老的名士，八岁能赋，博综经传、子史、天文、地理、兵家、阴阳、释道之书，隐居少华山中，与李梦阳、何景明、孙一元等人唱酬颉颃，称为“四才子”。这次吾谨来钱塘同阳明进行儒释心性异同论辨的直接资料都没有保存下来，但从吾谨后来的一封给阳明的重要的长信中，仍可以看到两人当面论辨儒释心性异同的情况。吾谨的长信说：

---

[1] 《王文成公真迹》，民国影印本，顾思义题书名。

往岁获见执事于杭城，款领道论，深觉洒然自得，以为执事德器温粹，言论精密，今世之君子论道义者，无如执事。惜再往欲竟其绪言，而执事行矣，怅然而归，至今且以为恨。

谨少时嗜释、老之术，索其书读之，竟日不厌，悦其清虚高旷之论，见其同而不察其所以异，灰心死形几至无极。自知夫体用一原之学，而僻侧固陋之习已渐扫矣。恐厌酣糟粕之余，或未能尽涤其渣沥，时时发言，犹不免踵故习。执事于其每言而疵之曰：“此禅家语。”谨亦安敢自文也哉？然以为“认虚灵之识而昧天理之真，淫于虚寂之教而终身不知返”者，则实非谨之所甘为也。执事述程子之意，谓：“才说性时，便已不是性。孟子所谓性善是继之者，非本然之性也。”是诚足以破释氏知觉是性说；而吾儒天理自然之妙，有不容辨议而明者。但谨之所谓虚灵不昧，乃指统性情之心而言，而非指虚灵之识也。夫具众理，应万事，非浑然之心不足以当之，即所谓天命明德也。故至虚而有至灵者存，即程子所谓“静中有物”者也，可谓虚非性乎？合虚与气，有性之名，释氏徒取其气之知觉运动，以名夫本然之性，而程子所谓“性乃太虚之名”也。谨之所谓虚灵是性，亦取张子“合虚与气”者而言也。苟以虚灵不昧辄为释氏知觉之说，则谨之所未及知也；若又以虚灵不昧为但可言心，不可以言性，则朱子固以是训明德矣，明德可谓非性乎？况心可以兼性，故程子以未发之心为性，虚灵不昧固不可谓之已发也。幸执事为谨剖之。

窃谓世之明欲排释、老者，大率当如欧阳氏所谓“修其本以胜之”，不宜呫呫动喙与之角胜负也。周濂溪无多言说，读其书者，亦足以知邪正之辨。至程子始别之，然亦云“不若迹上看"，故攻其迹，则犹可屈之为城下之盟。及朱子，乃谓其源头已与吾儒有别。夫辨其源，则彼有说以抵我矣，此朱子不及程子处。且杨氏所谓"其动其喜，中固自若"，而引庄周出怒不怒之言以明之，其形容圣人之心，似亦不以为害理。朱子以为诚如其说，则是圣人当喜怒哀乐之时，此心漠然同于木石，而姑外示如此之形，凡所云为，皆不复出于中心之诚矣，此尤可疑也。夫程子固曰圣人之心如明镜止水矣，盖谓随物应之，如水镜之照物，因物而见，水镜固漠然无所动也。今以圣人当喜怒之时，犹不免动其心以应物，无乃异于明镜止水之义乎？若以漠然不动为不出于中心之诚，窃又以为不然。夫浑然在中，即天道之诚，因其可喜怒而喜怒之，特其心不逐之而动耳，尚安得谓之不诚乎？况程子答苏季明之柬亦曰："以事言之，则有时而不中；以道言之，则何时而不中。"喜怒哀乐之迹，所谓事也；而圣人之心浑然全体，即所谓道也。若徒见其事有时而不中，遂谓其心之应事亦随之而有所偏倚，无乃异乎？此其所谓杂于释、老者何耶？若杨氏所谓"颜子虽夭，而有不亡者存"，朱子疵之，是矣。其言曰："若天命之性，则是古今圣愚公共之物，而非颜子所能专。若曰气散而精神魂魄犹有存者，则是物而不化之意，犹不免滞于冥漠之间，尤非所以语颜子也。"是所谓任消息屈伸之往来而廓然与化为徒，其高于释、老之守灵爽知觉者，奚止一等？然而人心不死之说，与夫圆融无际之语，尚不免掇其绪余，几何足以服其心而使之帖然不敢辩是非哉！

夫圣人不得已而有言，言之多非圣人意也。后之儒者往往得已而不已，故时有出入之弊，徒足以起争端耳。往尝观横渠之言曰："道德性命是常在不死之物也。己身则死，此则长在。"窃以为立言正不当如此。孔子未尝无言，不过曰穷理尽性至命而已矣。今欲攻释氏而立为此论，不几于助之乎？谨亦诚知夫圣贤立法之严，卫道之至，时时犹不免异端袭击溃围之弊，况敢身自蹈之，以滋天下后世之扰乎？徒以为不必与之多辩，明吾儒体用一源、显微一致之妙，笃于力行，以自致于高明，则勍敌可不攻而破矣。执事以为何如？由敬而静，由静而虚，虚则性矣。此谨之思自力者也，不知尚有堕于颠仆之患否，幸示教焉。若精微之论，非面究不可，兹且未及觌缕，惟执事心察之。[1]

这封长书，可以说是一篇论心性之说的大论。两人论辨的焦点是在“性”上：吾谨认为“性”虚灵不昧，所以他指虚灵为性，认为“性乃太虚之名”。阳明却认为指性为虚灵不昧是“禅家语”，类同于释氏的知觉是性说，批评这是“认虚灵之识而昧天理之真，淫于虚寂之教而终身不知返”。在“性”说上，双方都用程朱之说来辨证已说。吾谨认为自已所说的“虚灵不昧”是指统情性的“心”而言，并不是指虚灵之“识”而言。理虚气实，他说的“性”是合虚与气而言，而同释家只取气的知觉运动的虚寂之说并无共同之处。他特别强调既可以用虚灵不昧指“心”，也可以用虚灵不昧指“性”。从“心”上说，因为心具万理，浑然至虚至灵，所以他说：“夫具众理，应万事，非浑然之心不足以当之，即所谓天命明德也。故至虚而有至灵者存。”这已是一种心具众理的心学思想。从“性”上说，因为性是合理与气而言，心可兼性，故可以虚灵说性，所以他说：“若又以虚灵不昧为但可言心，不可以言性，则朱子固以是训明德矣，明德可谓非性乎？况

[1] 《了虚先生文集·书牍类》。

心可以兼性，故程子以未发之心为性，虚灵不昧固不可谓之已发也。"至于阳明则坚持认为只可以虚灵不昧说"心"，而不可以虚灵不昧说"性"，因为心是本然之心，而性非本然之性，他用程子的话解释说："才说性时，便已不是性。孟子所谓性善是继之者，非本然之性也。"这里已包含了对朱学的心性说的批评，隐然透露出阳明也在对本然之"心"（心体）作自己的思考探索。由此可见，阳明与吾谨的讨论重点是在论辨心性之说上，而不是在论辨儒佛之学的异同上。虽然论辨涉及了儒佛之学异同的问题，但吾谨主张不必去斤斤论辨儒佛之学的异同，更不必去排辟佛、老，而应当像欧阳修一样首先"修其本以胜之"，即首先把自家的儒家圣学思想探明修好，笃于力行，勇于践履，所以他说："不必与之多辩，明吾儒体用一源、显微一致之妙，笃于力行，以自致于高明，则勍敌可不攻而破矣。"这种"不谴是非"式的对待佛道的立场态度，也是阳明后来终身所践行的。

同慈云禅师的结社修禅及同吾谨的心性论辨，增强了阳明对儒、佛、道三教同根同源的信念，进一步印证了他的"种性"不断"念亲"的心悟，使他感到可以归居待时出仕了。所以在同吾谨论辨心性之学以后，九月，阳明便告别钱塘归绍兴。他在钱塘待了不同寻常的习禅养疴的七个月，又经历了一次自我的上下求索成功地走出了一条明心修禅的觉悟之路。他这时急于回绍兴，大约一方面是因为在京的王华升任礼部右侍郎，可以参预官员的调遣与典礼闱的重任，这给阳明的"出仕"带来了机遇；另一方面是因为王华即将以礼部侍郎奉命祭江淮诸神，便道归省回绍兴。阳明在九月初出发，一路依旧访禅问道。经过萧山时，他游览了湘湖，寻访了曹林庵、觉苑寺，陶醉于湘湖的青山秀水，竟兴起了卜居湘湖的雅念，他作诗吟道：

曹林庵

好山兼在水云间，如此湖须如此山。
素有卜居阳羡兴，此身争是未能闲。

觉苑寺

独寺澄江滨，双刹青汉表。
揽衣试登陟，深林宿惊鸟。
老僧丘壑癯，古颜冰雪好。
霏霏出幽谈，落落见孤抱。
雨霁江气收，天虚月色皓。
夜静卧禅关，吾笔梦生草。[1]

经过山阴时，阳明又去登游牛峰寺，又有新的感悟，他作诗吟道：

游牛峰寺又四绝句

翠壁看无厌，山池坐益清。
深林落轻叶，不道是秋声。

怪石有千窟，老松多半枝。
清风洒岩洞，是我再来时。

人间酷暑避不得，清风都在深山中。
池边一坐即三日，忽见岩头碧树红。

[1] 《康熙萧山县志》卷十四。

两到浮峰兴转剧，醉眠三日不知还。
眼前风景色色异，惟有人声似世间。[1]

所谓"池边一坐即三日"，"醉眠三日不知还"，是说他在浮峰山池边静坐，"静入窈冥"修行三日夜，实践证悟了道家"静入窈冥"的静修与佛家心空禅修的同道同源，这四首诗是他对一年来在钱塘习禅修禅的一个总结。

阳明在九月中旬回到绍兴，开始作"出仕"的准备。

泰山高
——回归孔孟儒学的"泰山之思"

阳明回到绍兴后，继续居家养病，等待王华归省到来，处理家事。从钱塘归来的阳明道貌一新，赵宽给了他两句最好的评价："已觉沉酣皆道气，独难驱逐是诗魔。"赵宽是王华的同年，这时任浙江按察副使兼董学事，同阳明情好日密，尤赏识阳明的诗词墨宝。重阳节那天，赵宽邀约阳明稽山登高，阳明因病未赴，但两人仍作诗唱酬相答。赵宽把阳明比为唐诗八仙之一的贺知章，一连作了三首诗表达了对阳明的怀念之情：

登山遇括苍李员外载酒同游因寄伯安秋官
登高两屐正匆匆，有客仙舟逸兴同。

[1]《王阳明全集》卷十九。

细雨真酬莘老句，峨冠不堕孟生风。
排云西岭披秋色，把酒东篱探菊蘽。
却笑兰亭眠未稳，闭门时复走诗筒。

再寄伯安

闻君旌节驻前川，冲湿频催百丈牵。
拟剔青灯看玉树，不妨疏雨滞江天。
扁舟独坐遥相望，孤馆此时应未眠。
久矣无人开笑口，今宵幽兴一超然。[1]

王伯安秋官约稽山登高及期以病不果

湖上知章竟不来，稽山无主欲空回。
东篱况值风兼雨，谁共花前倒一杯？[2]

他甚至又作了一首词怀念阳明：

西江月（稽山望雨有怀王伯安）

怪底满城风雨，人间明日重阳。千岩万壑竞秋光，翠拥稽山堂上。　　独倚胡床坐久，爽然尘虑都忘。阿谁呼取贺知章，共赏镜湖新酿。[3]

阳明病愈以后，立即去拜访赵宽。两人登览火珠山稽山堂，吟诗唱酬。赵宽又作了二首和阳明诗：

[1]《半江赵先生文集》卷六。
[2]《半江赵先生文集》卷八。
[3]《半江赵先生文集》卷八。

和王伯安二首

性耽林壑真成癖，胸痼烟霞不作疴。
已觉沉酣皆道气，独难驱逐是诗魔。
佳辰何事眠云屋，俗驾知君厌玉珂。
惠我清词兼墨妙，临风吟玩几回过。

洗出清秋片雨明，千岩相竞碧峥嵘。
青围鸟道微通径，湿重林霏半压城。
天际绪风吹鬓短，山中新酒对花盈。
却嫌未免人间俗，犹听松阴喝道声。[1]

赵宽邀阳明住宿在行台，阳明亲眼目睹了赵宽作诗的严谨，批校士卷的认真。他后来作《半江先生文集叙》谈到这件事说：

> 先生与家君龙山先生为同年进士，故守仁辱通家之爱，亦以是为知先生矣。其后告病归阳明，先生方董学，以校士于越。邀宿行台间，得窥其诗稿，皆重复删改，或通篇无遗字。取其傍校士卷翻之，尽卷皆批窜点抹。以为此偶其所属意，则乱抽十数卷，无不然。又见一小册，履历所至，山川风俗，道途之所闻，经史之所疑，无不备录。闻其侍童云："公暇即拂案展帙，焚香静对，或检书，已夜分犹整衿默坐，良久始就卧。"然后知先生平日之所养若是其深，虽于政务猥琐之末，亦皆用心精密若此也。[2]

[1]《半江赵先生文集》卷六。
[2] 王守仁：《半江先生文集叙》，《半江赵先生文集》卷首。

但归来的阳明却更加关注现实的民生问题。绍兴自弘治十六年来大旱不断，粮食歉收，民生艰难。绍兴守佟珍下命民间积谷收藏，鸠工建预备仓储粮备粮，度过灾荒。阳明也参加了祷雨救灾的工作。他特作了一篇《新建预备仓记》，鲜明反映了他的经世致用的实学思想：

> 仓廪以储国用，而民之不给，亦于是乎取。故三代之时，上之人不必其尽输之官府，下之人不必其尽藏于私室。后世若常平义仓，盖犹有所以为民者，而先王之意亦既衰矣。及其大弊，而仓廪之蓄遂邈然与民无复相关。其遇凶荒水旱，民饿殍相枕藉，苟上无赈贷之令，虽良有司亦坐守键闭，不敢发升合以拯其下。民之视其官廪如仇人之垒，无以事其刃为也……绍兴之仓目如坻，大有之属凡三四区，中所积亦不下数十万。然而民之饥馁，稍不稔即无免焉。岁癸亥春，融风日作，星火宵陨。太守佟公曰：“是旱征也，不可以无备。”既命民间积谷谨藏，则复鸠工度地，得旧太积库地于郡治之东，而建以为预备仓。于是四月不雨，至于八月，农工大坏，比室磬悬。民陆走数百里，转嘉、湖之粟以自疗。市火间作，贸迁无所居。公帅僚吏遍祷于山川社稷，乃八月己酉大雨洽旬。禾槁复颖。民始有十一之望，渐用苏息……乃益遂厥营，九月丁卯工毕。凡为廪三面廿有六楹，约受谷十万几千斛。前为厅事，以司出纳，而以其无事时，则凡宾客部使之往来而无所寓者，又皆可以馆之于是。极南阻民居，限以高垣；东折为门，出之大衢。并门为屋廿有八楹，自南亘北，以居商旅之贸迁者，而月取其值，以实廪粟；又于其间区画而综理之。盖积三岁，而可以有一年之备矣。[1]

[1]《王阳明全集》卷二十三。

阳明这篇文章表明，在经历一番归隐林下洞中修道与钱塘修禅以后，阳明又清醒地回到现实中来，"复思用世"[1]，决计"出仕"了。正好到十月，王华奉命祭江淮诸神，便道归省回到绍兴。他这次奉命祭告江淮诸神实际真意在祈神禳灾，因为这一年江淮一带受灾严重，朝廷在遣王华的同时又遣右佥都御史王璟往江淮巡视赈灾。[2] 罗玘在送王华作的《送实庵先生奉命祭告江淮便省慈闱诗》中也清楚道出了朝廷这一用意。王华身为礼部侍郎，已在考虑明年各省的乡试与阳明的"出仕"。他向朝廷建议用京官主各省考试，所以他在南下途经山东时，就向御史陆偁（与阳明同举弘治五年浙江乡试）暗示建议山东聘用刑部主事阳明主考乡试。到浙江后，他又暗示建议浙江聘用南京光禄少卿杨廉（王华的门生）主考乡试。到了绍兴，他首先偕同阳明归余姚展墓，拜见了岑太夫人，迎归绍兴。在绍兴，他又访问了同年赵宽，经赵宽推荐，选择了绍兴府学诸生徐爱为女婿，徐爱成了阳明的第一个最得意的余姚弟子。萧鸣凤后来在徐爱墓志铭中提到这件事说：

> 君讳爱，字曰仁，姓徐氏……初，冢宰海日王先生选婿得君，其子今都御史阳明先生守仁，学行高天下，而犹以师道为己任，君乃得所师承。进叩于海日，耳濡目染，若探金渊玉海，不殖而自富。退质于阳明，日闻格言，趋正学，如树美材于贞松劲柏之中，不扶而自直。[3]

---

[1] 按：钱德洪把阳明"复思用世"叙在阳明移疾钱塘之时，谓"明年遂移疾钱塘西湖，复思用世"，乃叙述颠倒。

[2] 见《国榷》卷四十五："（弘治十六年九月丁丑）右佥都御史王璟巡视浙江，赈宁波灾伤，其庐、凤、淮、扬、山东、湖广灾伤各委赈。"

[3] 萧鸣凤：《明故奉议大夫南京工部都水清吏司郎中徐君墓志铭》，见《横山遗集》附录。

《半江赵先生实录》上也明确说：

> 擢升浙江副使，提督学校。先生在浙七年……余姚王公华将择婿于诸生中，先生曰：“得如徐爱者，其可也。”[1]

在处理好一应家事以后，十一月，阳明送王华往江淮祭神，北上至姑苏，访问了都维明、都穆父子，共游玄墓山、天平山、虎丘，同都穆父子讲学论道十五日。这次姑苏之会对将“出仕”的阳明的思想产生了极大影响，阳明作了一篇《豫轩都先生八十受封序》，谈到这次非同寻常的姑苏之会说：

> 弘治癸亥冬，守仁自会稽上天目，东观于震泽。遇南濠子都玄敬于吴门。遂偕之入玄墓，登天平，还，值大雪，次虎丘。凡相从旬有五日。予与南濠子为同年，盖至是而始知其学之无所不窥也。归造其庐，获拜其父豫轩先生。与予坐而语，盖屯然其若避而汇趋也，秩然其若敛而阳煦也。予歆然而心撼焉，倏而色惭焉，倏而目骇焉，亡予之故。先生退，守仁谓南濠子曰：“先生殆有道者欤？胡为乎色之不存予，而德之予薰也？”南濠子笑而颔之曰：“然。子其知人哉！吾家君于艺鲜不通，而人未尝见其学也；于道鲜不究，而人未尝知其有也。夫善之弗彰也，则于子乎避。虽然，吾家君则甚恶之。吾子既知之也，穆其敢隐乎？凡穆之所见知于吾子，皆吾家君之所弗屑也。故乡之人无闻焉。非吾子之粹于道，其宁孰识之？”夫南濠子之学以该洽闻，四方之学者，莫不诵南濠子之名，而莫有

[1] 《半江赵先生文集》卷十五。

> 知其学之出自先生者。先生之学，南濠子之所未能尽，而其乡人曾莫知之，古所谓潜世之士哉！彼且落其荣而核之存，彼且固灵株而塞其兑，彼且被褐而怀玉，离形迹，遁声华，而以为知己者累，孰比比焉？迹形骸而求之，其远哉！[1]

阳明这篇文章用庄子笔法，写得惝恍迷离，含蓄隽永。实际上都维明也是一个老庄式的抱道高士，好道敬神，博学多艺，以善画闻名当世，韬晦不仕，都穆说他"于道鲜不究"，阳明也称他是"有道者"，不可"迹形骸而求之"，同"粹于道"的阳明在思想上感应沟通，所以初次见面就给了阳明"予欿然而心撼焉，倏而色惭焉，倏而目骇焉"的心灵震撼。都穆更是一个崇尚陆氏心学的学者兼诗人，他也好老庄易三玄之学，清修博学，著有《周易考异》《金薤琳琅》《寓意编》《南濠诗话》等书。阳明也称他是博学的"有道者"，学一出其父都维明，故称赞说"南濠子之学以该洽闻，四方之学者，莫不诵南濠子之名，而莫有知其学之出自先生者"。显然，阳明这次同都穆、都维明的姑苏之会，对阳明出仕入京后的思想新变起了直接的默化推动作用。

阳明从姑苏归后，已定下了出仕的打算。他在弘治十七年二月再往姑苏送王华祭江淮诸神回京，归来后，他便埋头在阳明洞中准备主考山东乡试的事项。四月，他的内兄诸惟奇赴南都参加乡试，经绍兴来拜访他。阳明作诗亲送他相别于若耶溪：

若耶溪送友诗

若耶溪上雨初歇，若耶溪边船欲发。

[1] 《王阳明全集》卷二十九。

杨枝袅袅风乍晴，杨花漫漫如雪白。
湖山满眼不可收，画手凭谁写清绝？
金樽绿酒照玄发，送君暂作沙头别。
长风破浪下吴越，飞帆夜渡钱塘月。
遥指扶桑向溟渤，翠水金城见丹阙。
绛气扶疏藏兀突，中有清虚广寒窟。
冷光莹射精魂慑，云梯万丈凌风蹑。
玉宫桂树秋正馥，最上高枝堪手折。
携向彤墀献天子，金匮琅函贮芳烈。

内兄诸用冕惟奇，负艺，不平于公道者久矣。今年将赴南都试，予别之耶溪之上，固知其高捷北辕，不久当会于都下，然而缱绻之情自有不容已也。越山农邹鲁英为写耶溪别意，予因诗以送之，属冗不及长歌。俟其对榻垣南草堂，尚当为君和《鹿鸣》之歌也。弘治甲子又四月望，阳明山人王守仁书于西清轩。垣南草堂，予都下寓舍也。[1]

这首诗也可以说是阳明告别他二年来归居林下休养生活的诗。西清轩是他的绍兴家居中的书房，垣南草堂是他在京中的寓舍，诗表明他决计出仕，再回到京师的垣南草堂寓舍去。

五月，阳明撰成了为主考山东乡试用的程文范本（二十篇）。这二十篇程文是阳明自拟题，自作文，旨在为乡举考试立式示范，供举子揣摩学习。原来明以来科举考试官有自作程文之习。所谓“程文”，就是为科举考试用作示范之文，应试者须依此程式作文。明以来便将考试官所拟作者称为“程文”，举子所作者称为

[1] 日本大阪博文堂影印《王阳明先生若耶溪帖墨妙》。

"墨卷"。阳明这二十篇程文应称为《山东乡试程文》，今阳明集中题作《山东乡试录》是不确切的，这就把它同另一部书《弘治十七年山东乡试录》混为一书。这二十篇程文是钱德洪后来从阳明继子王正宪家中取得阳明的手写本刊刻的，所以毫无疑问为阳明所作。钱德洪在《阳明先生年谱》中说：

> 巡按山东监察御史陆偁聘主乡试，试录皆出先生手笔。其策问议国朝礼乐之制；老、佛害道，由于圣学不明；纲纪不振，由于名器太滥；用人太急，求效太速；及分封、清戎御夷、息讼，皆有成法。录出，人占先生经世之学。

> 嘉靖二十九年……重刻先生《山东甲子乡试录》。《山东甲子乡试录》皆出师手笔，同门张峰判应天府，欲翻刻于嘉义书院，得吾师继子正宪氏原本刻之。

邹守益在《王阳明先生图谱》中也说：

> 夏，山东聘主考试，梓文咸出先生手笔，展胸中素蕴，一洗陈言虚套之习。五策举可措诸用，海内传以为式。

嘉靖二十九年刻版的《山东甲子乡试录》已是再刻，初刻则当是在嘉靖十四年，由钱德洪、黄绾、闻人诠等人刻入《阳明文录》中。[1]

---

[1] 钱德洪《阳明先生年谱》："嘉靖十四年乙未，刻先生《文录》于姑苏。先是洪、畿奔师丧，过玉山，检收遗书。越六年，洪教授姑苏，过金陵，与黄绾、闻人诠等议刻《文录》。洪作《购遗文疏》，遣诸生走江、浙、闽、广、直隶，搜猎逸稿。至是年二月，鸠工成刻。"（附录一）

后来在隆庆二年编刻《王文成公全书》时，便据王正宪所藏原本程文手稿刻录于卷三十一之下中。[1]

六月，阳明就携带这部《山东乡试程文》启程赴山东济南主考乡试。他经过嘉兴石门时，又遇见了都穆。阳明赠给他一首《石门晚泊》诗，都穆次韵了一首：

舟次石门和王刑部韵

读罢新编如觌面，石门知有几番游？
小轩暮坐清闲甚，落日蝉声碧树头。[2]

诗里说的“新编”，显就是指阳明刚写成的二十篇乡试程文一编。因为两人先在姑苏相见过，彼此了解各自的思想，特别是阳明在

[1] 按：今上海图书馆藏有嘉靖三十七年刻《弘治十七年山东乡试录》，把阳明的二十篇程文当作举子的试卷刻录进去，恐系误刻或错刻。按王华私以阳明主考山东乡试，在当时即引起朝臣议论。先是在闰四月，监察御史饶槐等劾王华“暮夜受金”。五月，礼科都给事中李禄再劾王华“不职”，迫使王华乞致仕。阳明到山东主考乡试，又与御史陆偁矛盾不合。到乡试结束后，十二月，南京御史王蕃奏劾阳明以托病主山东乡试，以为“养病者，托病为不忠”，矛头实指王华。到弘治十八年六月，又有科道官交章劾王华“典文招议”（指典礼闱处事不当招议），迫使王华再次乞休致。因王华被论劾，陆偁在山东又与阳明不合，所以阳明在济南编成《弘治十七年山东乡试录》后，当时并未能即刻版。以后资料渐有散逸。到嘉靖三十七年山东官员刻《弘治十七年山东乡试录》时，去弘治十七年已五十四载，估计其中举子的试卷已散失不存，乃误从钱德洪刻的《阳明文录》中取出此二十篇程文（因此二十篇程文误题为《山东甲子乡试录》），作为举子的试卷补入《弘治十七年山东乡试录》，阳明所作的程文就这样变成了举子作的试卷。在此之前，阳明二十篇程文早在嘉靖十四年已刻入《阳明文录》中流行，又在嘉靖二十九年取阳明的手写本刊刻风行，“录出，人占先生经世之学”，“海内传以为式”，这时弘治十七年的山东举子还多在（包括试卷选入乡试录的举子），如果这二十篇程文不是阳明作，而是举子的诗卷，他们怎么不起来提出异议反对？又隆庆二年钱德洪把阳明的山东乡试程文刻入《王文成公全书》，广传天下，那些嘉靖三十七年刊刻《弘治十七年山东乡试录》的山东官员为什么也不起来提出异议反对？仅此已可见嘉靖三十七年《弘治十七年山东乡试录》刻本是个有问题的误刻本。

[2] 《嘉兴府图记》卷六。

乡试程文中提出了"心学"，尤为尊崇陆氏心学的都穆叹赏，故诗说"读罢新编如觌面"。相见以后都穆也很快起用入京，同阳明在都下展开了心学的探讨。

七月初，阳明到达徐州，他的诗兴又郁勃大发。原来这徐州古城地处泗水、汴水交会处，黄河泛滥缺口，大水往往直灌徐州城下。徐州三洪之一的百步洪，就是泗水的一处急流，多湍浪险滩。当年苏东坡来任徐州知州，曾与民筑堤抗洪，水退后又增筑徐城，在城东门筑高楼，垩以黄土，称为黄楼。秦观、苏辙都作有《黄楼赋》。阳明到徐州时，正逢工部都水司主事朱衮（朝章）奉命来徐州理洪，修复黄楼。朱朝章号观微子，也是一个好老庄的名士，善作古文词，尤精草书，也慕好圣贤身心之学。阳明一到徐州，他便投入了阳明门墙之下。阳明夜泊彭城下，怀想着当年游百步洪、衣着羽衣、伫立黄楼之上、吹笛饮酒的苏东坡，作了一篇大气的《黄楼夜涛赋》：

> 朱君朝章将复黄楼，为予言其故。夜泊彭城之下，子瞻呼予曰："吾将与子听黄楼之夜涛乎？"觉则梦也。感子瞻之事，作《黄楼夜涛赋》。
>
> 子瞻与客宴于黄楼之上。已而客散日夕，暝色横楼，明月未出。乃隐几而坐，嗒焉以息。忽有大声起于穹窿，徐而察之，乃在西山之麓；倏焉改听，又似夹河之曲。或隐或隆，若断若逢，若揖让而乐进，歙掀舞以相雄。触孤愤于崖石，驾逸气于长风。尔乃乍阖复辟，既横且纵，纵纵沨沨，汹汹瀜瀜，若风雨骤至，林壑崩奔，振长平之屋瓦，舞泰山之乔松。咽悲吟于下浦，激高响于遥空。恍不知其所止，而忽已过于吕梁之东矣。子瞻曰："噫嘻异哉！是何声之壮且悲也？

其乌江之兵，散而东下，感帐中之悲歌，慷慨激烈，吞声饮泣，怒战未已，愤气决臆，倒戈曳戟，纷纷籍籍，狂奔疾走，呼号相及，而复会于彭城之侧者乎？其赤帝之子，威加海内，思归故乡，千乘万骑，雾奔云从，车辙轰霆，旌旗蔽空，击万夫之鼓，撞千石之钟，唱《大风》之歌，按节翱翔，而将返于沛宫者乎？”于是慨然长噫，欠伸起立，使童子启户凭栏而望之。则烟光已散，河影垂虹，帆樯泊于洲渚，夜气起于郊垧，而明月固已出于芒砀之峰矣。子瞻曰：“噫嘻！予固疑其为涛声也。夫风水之遭于澒洞之滨而为是也，兹非南郭子綦所谓‘天籁’者乎？而其谁倡之乎？其谁和之乎？其谁听之乎？当其滔天浴日，湮谷崩山，横奔四溃，茫然东翻，以与吾城之争于尺寸间也。吾方计穷力屈，气索神惫，懔孤城之岌岌，觊须臾之未坏，山颓于目懵，霆击于耳聩，而岂复知所谓‘天籁’者乎？及其水退城完，河流就道，脱鱼腹而出涂泥，乃与二三子徘徊兹楼之上而听之也。然后见其汪洋涵浴，潏潏汩汩，澎湃掀簸，震荡浑渤，吁者为竽，喷者为篪，作止疾徐，钟磬柷敔，奏文以始，乱武以居，呶者嗃者，嚣者嗥者，翕而同者，绎而从者，而啁啁者，而嘐嘐者。盖吾俯而听之，则若奏《箫》《咸》于洞庭；仰而闻焉，又若张钧天于广野。是盖有无之相激，其殆造物者将以写千古之不平，而用以荡吾胸中之壹郁者乎？而吾亦胡为而不乐也？”客曰：“子瞻之言过矣。方其奔腾漂荡而以厄子之孤城也，固有莫之为而为者，而岂水之能为之乎？及其安流顺道，风水相激，而为是天籁也，亦有莫之为而为者，而岂水之能为之乎？夫水亦何心之有哉？而子乃欲据其所有者以为欢，而追其既往者以为戚，是岂达人之大观，将不得为上士之妙识矣。"子瞻輾然而笑曰："客之言是也。"乃作歌曰："涛之兴兮，吾闻其声兮；涛之息兮，吾泯其迹兮。吾将乘一气以游于鸿濛兮，夫孰知其所极兮？"

弘治甲子七月，书于百步洪之养浩轩。[1]

阳明这篇赋在写法上与讽意上都同《大伾山赋》相似。他从黄楼涛声上感悟到天地无心，天道自然无为，涛水无心，涛声无情，天地间万古汪洋澎湃汹涌，呼啸奔腾，都是一种"莫之为而为者"的永恒的自然过程，既不是"造物者将以写千古之不平"，也不是"用以荡吾胸中之壹郁者"。仁人应以达观的胸怀俯仰天地宇宙，不以物喜，不以己悲，消泯万化的有无、动静、彼我、今古，乘一气之道以逍遥游于浑沌鸿濛之境。这篇赋，实际是阳明以苏东坡自况，借苏东坡的诗仙之口，畅发老庄达观的人生哲学真谛。

阳明一路就怀着这样的老庄达观情怀，在七月中旬到达济南，立即投入到主考乡试的紧张工作中。但是置身在齐鲁古国的大地，孔孟儒家文化的浓郁氛围一下子强烈感染了他。济南有著名的趵突泉，泺源堂壁上大书有赵孟頫的诗。在八月一日，阳明就与提学副使陈镐同游趵突泉，作了一首和赵孟頫的诗：

趵突泉和赵松雪韵

泺水特起根虚无，下有鳌窟连蓬壶。
绝喜坤灵能尔幻，却愁地脉还时枯。
惊湍怒涌喷石窦，流沫下泻翻云湖。

[1]《王阳明全集》卷二十九。

月色照水归独晚，溪边瘦影伴人孤。[1]

陈镐也作了一首和诗：

和阳明先生趵突泉诗

玉垒嶙峋半有无，金声镗铬拥冰壶。
源通渤澥谁真见，老尽乾坤势未枯。
万点明珠浮泡沫，一川轻浪接平湖。
公余坐倚观澜石，四面清风兴不孤。
弘治甲子八月吉旦题。[2]

处身在齐鲁的中原历史腹地，激发起了阳明对孔孟儒家之道的深层思考，兴起了要往游朝拜象征孔孟儒家文化的泰山的热切愿望。八月五日，他在文衡堂夜坐深思有感，作了一首诗大书于堂壁：

晚堂孤坐吟

晚堂孤坐漫沉沉，数尽寒更落叶深。
高栋月明对燕语，古阶霜细或虫吟。
校评正恐非吾所，报答徒能尽此心。
赖有胜游堪自解，秋风华岳得高寻。

予谬以校文至此，假馆济南道，夜坐偶书壁间，兼呈道主袁先生请教。弘治甲子仲秋五日，余姚王守仁书。[3]

[1] 《嘉靖山东通志》卷五。
[2] 陈镐：《趵突泉诗碑》，该碑今在趵突泉吕祖庙第二大殿内。
[3] 《乾隆历城县志》卷二十五。

所谓"华岳"就指东岳泰山，表明他早已定下寻访泰山圣地的打算。

从八月初九到十七日，是场屋举子考试的日子，考三场。二十九日后考官又进行了紧张的阅卷批卷工作。阳明在文衡堂主考试事结束，他在文衡壁上大书了二首感怀诗：

文衡堂试事毕书壁

棘闱秋锁动经旬，事了惊看白发新。
造作曾无酣蚁句，支离莫作画蛇人。
寸丝拟得长才补，五色兼愁过眼频。
袖手虚堂听明发，此中豪杰定谁真？

白发谩书一绝

诸君以予白发之句，试观予鬓，果见一丝，予作诗实未尝知也。谩书一绝识之。

忽然相见尚非时，岂亦殷勤效一丝？
总使皓然吾不恨，此心还有尔能知。[1]

这科山东乡试共录取举人七十五名，阳明亲取堂邑穆孔晖为第一名。这一科在孔子故里的取士取得了巨大成功，被认为"得人最盛"，甚至说这年阳明主山东乡试"尽收东人，称科场之盛者，以是榜为最"。他们当中后来有的成了阳明弟子（如穆孔晖），有的入阁为首辅（如翟銮），有的成了名诗人（如"十才子"之一殷云霄）。八月二十七日，阳明编集好了《弘治十七年山东乡试

[1]《王阳明全集》卷二十九。

录》，特作了一篇序评析这次得人才最盛的乡试说：

山东，古齐、鲁、宋、卫之地，而吾夫子之乡也。尝读夫子《家语》，其门人高第，大抵皆出于齐、鲁、宋、卫之叶，固愿一至其地，以观其山川之灵秀奇特，将必有如古人者生其间，而吾无从得之也。今年为弘治甲子，天下当复大比。山东巡按监察御史陆偁辈以礼与币来请守仁为考试官。故事，司考校者惟务得人，初不限以职任。其后三四十年来始皆一用学职，遂致应名取具，事归外帘，而糊名易书之意微。自顷言者颇以为不便，大臣上其议。天子曰：“然，其如故事。”于是聘礼考校，尽如国初之旧，而守仁得以部属来典试事于兹土，虽非其人，宁不自庆其遭际！又况夫子之乡，固其平日所愿一至焉者，而乃得以尽观其所谓贤士者之文而考校之，岂非平生之大幸欤！虽然，亦窃有大惧焉。夫委重于考校，将以求才也。求才而心有不尽，是不忠也；心之尽矣，而真才之弗得，是弗明也。不忠之责，吾知尽吾心尔矣；不明之罪，吾终且奈何哉！盖昔者夫子之时，及门之士尝三千矣，身通六艺者七十余人。其尤卓然而显者，德行言语则有颜、闵、予、赐之徒，政事文学则有由、求、游、夏之属。今所取士，其始拔自提学副使陈某者盖三千有奇，而得千有四百；既而试之，得七十有五人焉。呜呼！是三千有奇者，皆其夫子乡人之后进而获游于门墙者乎？是七十有五人者，其皆身通六艺者乎！夫今之山东，犹古之山东也，虽今之不逮于古，顾亦宁无一二人如昔贤者？而今之所取苟不与焉，岂非司考校者不明之罪欤？虽然，某于诸士亦愿有言者。夫有其人而弗取，是诚司考校者不明之罪矣。司考校者以是求之，以是取之，而诸士之中苟无其人焉以应其求，以不负其所取，是亦诸士者之耻也。虽然，予岂敢谓果无其人哉！夫子尝曰：“鲁无君子者，斯焉取斯！”颜渊曰：“舜何人也，予何人也，有为者亦若是。”夫为夫子之乡人，苟未能如昔人焉，而不耻不若，又不知所以自勉，是自暴自弃也，其名曰不肖。夫不肖之于不明，其相去何远乎？然则司考校者之与诸士，亦均有责焉耳矣。嗟夫！司考校者之责，自今不能以无惧，而不可以有为矣。若夫诸士之责，其不听者犹可以自勉，而又惧其或以自画也。诸士无亦曰：“吾其勖哉！无使司考校者终不免于不明也。”[1]

阳明这篇序，反映了阳明来孔孟故里主乡试后对孔孟之道认识的新升华，可以看出儒家文化在阳明心目中的地位之重，胸中更升起了要朝拜孔子阙里与泰山的心念，“夫子之乡，固其平日所愿一至焉者”。所以在主考乡试结束以后，九月，他就在提学副使陈镐、佥事李宗泗的陪同下往游孔子阙里与泰山。

原来曲阜的孔庙在弘治十二年遭到雷击，大成殿等一百二十余楹建筑化为灰烬。以后历时五年，耗银十五万，才在弘治十七年正月重修成阙里孔庙。李东阳在《代告阙里孔子庙记》中说：“弘治甲子春正月，重建阙里孔子庙成……前佥事李宗泗规画略定……副使臣陈镐以提学至。”[2] 另外，孔子进太庙每事问的周公庙也在同时修建成。四月，就在阳明赴山东来主考乡试差不多同时，李东阳奉命来阙里祭告新孔庙，谒新周公庙，

[1] 《王阳明全集》卷二十二《山东乡试录序》。
[2] 《怀麓堂集》卷九十六。

行释菜礼。[1] 所以阳明到济南主考乡试，是必定要往祭新孔庙与新周公庙的。他走的还是当年苏辙从济南到泰山的老路，在经过长清的灵岩寺时，他目睹寺壁上苏辙大书的一首诗，作了一首和诗：

游灵岩次苏颖滨韵

客途亦幽寻，窅窕穿谷底。
尘土填胸臆，到此乃一洗。
仰视剑戟峰，巑岏颡如泚。
俯窥蛟龙窟，匍伏首若稽。
异境固灵秘，兹游实天启。
梵语过岩壑，檐牙相角觝。
山僧出延客，经营设酒醴。
导引入云雾，峻陟历堂陛。
石田惟种椒，晚炊仍有米。
临灯坐小轩，矮榻便倦体。
清游感畴昔，陈李两兄弟。
侵晨访遗迹，碑碣多荒荠。[2]

九月九日，阳明到达曲阜，立即去拜谒孔子庙、周公庙。他在周公庙前有千言万语要说，却默然不语，吟了一首诗：

[1] 《怀麓堂集》卷九十六《纪行杂志》：“弘治甲子四月丁卯，陛辞，奉敕赐酒馔而行……提学陈副使镐、修庙黄佥事绣次第奉迓……归谒周公庙，颇闳丽，亦黄佥事所建也……辛卯，谒尼山圣庙，行释菜礼。”

[2] 《王阳明全集》卷二十九。此用《灵岩志略》中原题诗。按：题中原作“雪岩”，误。

谒周公庙

守仁祗奉朝命，主考山东乡试，因得谒元圣周公庙。谨书诗一首，以寓景仰之意云尔，时弘治甲子九月九日。

我来谒周公，嗒焉默不语。
归去展陈篇，《诗》《书》说向汝。[1]

他拜谒孔子庙作的诗没有保存下来，但据他后来登泰山作的《登泰山》诗说："世人闻予言，不笑即吁怪。吾亦不强语，惟复笑相待。鲁叟不可作，此意聊自快。"《泰山高》诗说："宣尼曳杖，逍遥一去不复来，幽泉呜咽而含悲，群峦拱揖如相送。"可见这次朝拜孔子庙在他心中引起了巨大的震撼，只是他还一时不愿向世人说出来，要"归去再向汝道"。

阳明就是带着这种心灵的震撼北上往游泰山。他从十八盘登山，过五大夫松，转御帐坪，上天门，直登日观峰巅，一个浩瀚灿烂的泰山世界展现在阳明眼前，有千言万语、千思万想涌向他心头。他伫立日观峰巅，叩古问今，一口气吟了五首诗：

登泰山五首

晓登泰山道，行行入烟霏。
阳光散岩壑，秋容淡相辉。
云梯挂青壁，仰见蛛丝微。
长风吹海色，飘飖送天衣。
峰顶动笙乐，青童两相依。
振衣将往从，凌云忽高飞。

---

[1] 吕兆祥：《东野志》卷二。

挥手若相待，丹霞闪余晖。
凡躯无健羽，怅望未能归。

天门何崔嵬，下见青云浮。
泱漭绝人世，迥豁高天秋。
暝色从地起，夜宿天上楼。
天鸡鸣半夜，日出东海头。
隐约蓬壶树，缥缈扶桑洲。
浩歌落青冥，遗响入沧流。
唐虞变楚汉，灭没如风沤。
藐矣鹤山仙，秦皇岂堪求？
金砂费日月，颓颜竟难留。
吾意在庞古，泠然驭凉飔。
相期广成子，太虚显遨游。
枯槁向岩谷，黄绮不足俦。

穷崖不可极，飞步凌烟虹。
危泉泻石道，空影垂云松。
千峰互攒簇，掩映青芙蓉。
高台倚巉削，倾侧临崆峒。
失足堕烟雾，碎骨颠崖中。
下愚竟难晓，摧折纷相从。
吾方坐日观，披云笑天风。
赤水问轩后，苍梧叫重瞳。
隐隐落天语，阊阖开玲珑。
去去勿复道，浊世将焉穷？

尘网苦羁縻，富贵真露草。
不如骑白鹿，东游入蓬岛。
朝登泰山望，洪涛隔缥缈。
阳辉出海云，来作天门晓。
遥见碧霞君，翩翩起员峤。
玉女紫鸾笙，双吹入晴昊。
举首望不及，下拜风浩浩。
掷我《玉虚篇》，读之殊未了。
傍有长眉翁，一一能指道。
从此炼金砂，人间迹如扫。

我才不救时，匡扶志空大。
置我有无间，缓急非所赖。
孤坐万峰巅，嗒然遗下块。
已矣复何求，至精谅斯在。
淡泊非虚杳，洒脱无芥蒂。
世人闻予言，不笑即吁怪。
吾亦不强语，惟复笑相待。
鲁叟不可作，此意聊自快。[1]

阳明这五首泰山诗发思古之幽情，真可谓是笼天地于形内，挫万物于笔端，抚古今于一瞬。这是阳明对万古博大的泰山文化之思。泰山在春秋战国以来的历史沧桑变幻中已发展成为积淀丰厚的儒佛道三大文化的东天砥柱独尊于天下，阳明登泰山叩问天地风云，

[1]《王阳明全集》卷十九。

古今人物，“赤水问轩后，苍梧叫重瞳”，他的宏大的泰山文化之思中也涌起了思想新变的波澜：“唐虞变楚汉，灭没如风沤”，是对一部帝王君主统治史的批判；“藐矣鹤山仙，秦皇岂堪求?”是对秦始皇追求长生不死之药的迷妄的否定；“金砂费日月，颓颜竟难留”，表现了对道教外丹烧炼服食的遗弃；“相期广成子，太虚显遨游。枯槁向岩谷，黄绮不足俦”，表现了对道家山林隐修的犹疑；“掷我《玉虚篇》，读之殊未了”，又表现了对道教修炼的困惑。“已矣复何求”，阳明上下求索无得，失望中仍抱有希望，他最终把目光投向了“孔子”，“鲁叟不可作，此意聊自快”，阳明终于对孔圣人满怀了最大的希望。

阳明的“泰山文化之思”，充满了思想新变的涌动，也仍交织着内心的矛盾，歧路的彷徨，觉醒前的迷茫，但“孔子”的圣人形象在他眼前光辉高大起来，成了他心中高出青天之上的“泰山”。“泰山之思”其实是阳明对自我灵魂的一次“拷问”，一次“自我反思”，回归孔孟儒家之路在这种自我反思中向他敞开。在登泰山归来后，阳明对他在日观峰启悟的“泰山之思”更有了新的升华，九月十六日，他效法欧阳修的《庐山高》作了一篇《泰山高》：

> 欧生诚楚人，但识庐山高。庐山之高犹可计寻丈，若夫泰山，仰视恍惚，吾不知其尚在青天之下乎，其已直出青天上？我欲仿拟试作《泰山高》，但恐丘垤之见，未能测识高大，笔底难具状。扶舆磅礴元气钟，突兀半遮天地东。南衡北恒西有华，俯视伛偻谁争雄？人寰茫昧乍隐见，雷雨初解开鸿濛。绣壁丹梯，烟霏霭霴，海日初涌，照耀苍翠。平麓远抱沧海湾，日观正与扶桑对。听涛声之下泻，知百川之东

会。天门石扇，豁然中开，幽崖邃谷，聚积隐埋。中有遁世之流，龟潜雌伏，飧霞吸秀于其间，往往怪谲多仙才。上有百丈之飞湍，悬空络石穿云而直下，其源疑自青天来。岩头肤寸出烟雾，须臾滂沱遍九垓。古来登封，七十二主，后来相效，纷纷如雨。玉检金函无不为，只今埋没知何许？但见白云犹复起封中，断碑无字，天外日月磨刚风。飞尘过眼倏超忽，飘荡岂复留其踪！天空翠华远，落日辞千峰。鲁郊获麟，岐阳会凤，明堂既毁，阙宫兴颂。宣尼曳杖，逍遥一去不复来，幽泉呜咽而含悲，群峦拱揖如相送。俯仰宇宙，千载相望，堕山乔岳，尚被其光，峻极配天，无敢颉颃。嗟予瞻眺门墙外，何能仿佛窥室堂？也来攀附蹑遗迹，三千之下，不知亦许再拜占末行？吁嗟乎！泰山之高，其高不可极，半壁回首，此身不觉已在东斗傍。　　弘治十七年甲子九月既望，余姚阳明山人王守仁识。[1]

这篇《泰山高》实际是对儒家圣人孔子的崇高礼赞，是把孔子尊仰为高不可极的"泰山"，由衷歌颂了这个泰山北斗式的圣人及其思想。一下子感悟到孔子的伟大，就在于他超越了古来登封的七十二王，虽然宣尼一去不返，但是他的思想光辉却永照天地，"俯仰宇宙，千载相望，堕山乔岳，尚被其光，峻极配天，无敢颉颃"。阳明自叹还在孔子的门墙之外，渴望入其堂室，能够进入孔子三千弟子的圣贤行列，"嗟予瞻眺门墙外，何能仿佛窥室堂？也来攀附摄遗迹，三千之下，不知亦许再拜占末行"——这就是阳明从心底发出的对儒家圣贤之学觉醒的呼声，迈出了由佛、老之

[1] 孙星衍：《泰山石刻记》。按：这首诗在《王阳明全集》卷十九中题作《泰山高次王内翰司献韵》。

学向孔孟儒学复归的第一步。从游九华山到游泰山，阳明走过了一条曲折反复的觉醒的心路历程：如果说九华山之游是一条“游禅”之路，茅山之游是一条“游仙”之路，那么泰山之游就是一条“游儒”之路，推动他终于走上了儒家圣贤之学的觉醒之路。他的“泰山之思”，实际上是他在走上心学之路前夕的一个“泰山之悟”：这是对儒学高于佛、道之学，孔圣高于释、老二氏的觉醒，他以孔门弟子自许，脱却溺于仙佛之习，踏上了归儒之路。泰山之游是阳明的一次精神上的自我“封禅”，所谓“此身不觉已在东斗傍”，就是宣布他已走上了回归孔孟儒学之路。《泰山高》诗碑引人注目地竖立在文庙的明伦堂中，成为阳明复归孔孟儒学的觉醒之碑。

九月下旬，阳明自济南府回到京师，朝廷改除他为兵部武选清吏司主事。他离开了“西翰林”，“西翰林”的文士星散四方，但阳明在京中却开始了他归儒觉醒后的新的讲学论道。十月，他致书招徐爱来京师读书讲学说：

> 勿谓隐微可欺而有放心，勿谓聪明可恃而有怠志；养心莫善于义理，为学莫要于精专；毋为习俗所移，毋为物诱所引；求古圣贤而师法之，切莫以斯言为迂阔也。[1]

阳明说的要“师法之”的“古圣贤”，就是指儒家圣人孔子。《泰山高》的宏大颂诗是他回归孔孟儒学的“宣言书”，表明他超越了“九华山”的游禅之路与“茅山”的游仙之路，踏上了通往“泰山”的归儒之路。他的心学思想的飞跃从“泰山”之巅真正

---

[1] 《王阳明全集》卷二十六《与徐仲仁》。

起步了。就在阳明回归朝廷后，弘治十八年春间，阳明送梧山王缜归南海，王缜在阳明席上作了一首诗吟道：

伯安席上留别王思献太史韵

七年未得过家庭，一片归心付八溟。
分祀喜从南海便，移文应笑北山灵。
几人知己忘形势，何处英贤聚德星。
极爱斯文多丽泽，临歧还不废盘铭。[1]

王缜稍后在写给阳明的《咏怀次晋阮嗣宗韵兼柬王伯安胡世甫二首》中，称赞阳明“善学亦善变，大鹏非自生。神化固玄妙，天地终有形”[2]。王缜是陈白沙的弟子，他称赞阳明是“善学亦善变”的“大鹏”，就是肯定了阳明在学术思想上的不断新变新进，看出了阳明思想上向白沙心学转变的苗头。汤《盘铭》说：“苟日新，日日新，又日新。”王缜借用《盘铭》道出了阳明思想的日进日新，阳明也正是在《盘铭》“苟日新，日日新，又日新”精神的指引下，开始了他的回归孔孟儒学、向白沙心学转型的思想历程。

---

[1]《梧山王先生集》卷十七。
[2]《梧山王先生集》卷十五。

第五章

乙丑之悟

——阳明心学之路的起点

京师驰骋词章新声的余响

当阳明重回京师时，京中诗风又斐然大变，却更吸引了善学善变、心高气盛的阳明，仿佛是一种陷溺词章之学的诗心的“回光返照”，他又以更沉郁放逸的诗情投入到同前七子的交游唱酬中。弘治十五年（1502 年）他在京因感到作古诗文是将有限精神消耗在无用之虚文上，所以借告病归越隐居山林潜心学禅习道，但他的好诗赋词章习气并未消泯；两年后回京师，他因学禅学道有得反而更激发起了他的师心重情的感性诗人的气质，归来更热衷于同前七子驰骋诗赋词章之学。这还是赵宽说的“已觉沉酣皆道气，独难驱逐是诗魔”。弘治末的京师诗坛诗风新变的声势，是前七子呼啸崛起，高唱文规秦汉、诗追汉唐的口号，空同李梦阳任户部主事，成为盟坛宗主，大复何景明任中书舍人，对山康海任翰林院编修，华泉边贡任太常博士，后任兵科给事中，渼陂王九思任翰林院检讨，浚川王廷相选翰林庶吉士，后授兵科给事中，迪功徐祯卿任大理左寺副，七子齐聚都下，赋诗论文，激扬新声，同茶陵诗派展开了角逐。原来在阳明离京师归越后，先是在弘治十五年殿试中，康海高中状元，王廷相、何景明、鲁铎一班名士也都中进士，在京聚集到李梦阳旗帜下，同王九思、顾璘、朱应登、刘麟声气相通。到弘治十八年殿试，徐祯卿、殷云霄、倪宗正、王韦、方献夫、陆深、郑善夫、谢丕、湛若水、穆孔晖等一班名士又都高中进士，喧噪一时的“前七子”“弘治十才子”“金陵四大家”“江东三才子”几乎齐聚都下，形成一股文学复古运动的巨大声势，冲击李西涯的茶陵派的营垒。李开先在《渼陂王检讨九思传》中就谈到这时王九思由步趋李西涯转向归心李空同说：

> 是时西涯当国，倡为清新流丽之诗，软靡腐烂之文。士林罔不宗习其体，而翁亦随例其中，以是知名，得授翰林院检讨。及李崆峒、康对山相继而起，厌一时之弊，相与谋订考正，文非秦汉不以入于目，诗非汉魏不以出诸口，而唐诗间亦仿效之，唐文以下无取焉。故其自叙曰："崆峒为予改诗稿今尚在，而文由对山改者尤多。然亦不止于予，虽何大复、王浚川、徐昌穀、边华泉诸词客，亦二子有以成之。"人之称之者，则以为叙事似司马子长，而不琐屑于言语之末；议论似孟子舆，而能从容于抑扬之际；至其因怀陈致，寄景道情，则又出入乎《风》《雅》《骚》《选》之间，而振迅于开元天宝之上。士夫虽倾心，然不免有侧目者矣。刘晦庵虽不喜诗，然犹爱才；而李西涯则直恶其异己，蓄怒待时而发。[1]

王九思的由李西涯转向李空同，是一种历史象征，宣告了前七子诗派群星升起在弘治衰靡的诗坛。诗歌太空的前七子群星照出了阳明在京师争驰词章的身影，好作古诗文的阳明一回京师，就同这股来势汹涌的文学复古运动潮流一拍即合，同李梦阳、何景明声气相通，后来他的诗友、余姚诗坛霸主小野倪宗正说："阳明诗文，起初亦出自何李之门。不数年，乃能跳出何李窠臼，自成一家。呜呼！当世若阳明者，真可谓豪杰之士矣。"[2] 邵得愚也说："有明以来，吾姚能诗者不下数十家，而长于乐府者，唯倪小野、

[1] 《国朝献征录》卷二十二。
[2] 《倪小野先生全集·别集附》。

王阳明二先生而已。”[1] 李梦阳主盟诗坛，领袖群伦，阳明自认为是李何引领的这股诗文复古运动潮流的“弄潮儿”，当弘治十七年十一月十三日古迂陈壮卒时，李东阳作了一篇《河南按察司副使致仕陈君直夫墓志铭》，阳明却作了一首《陈直夫南宫像赞》：

> 有服襜襜，有冠翼翼。在彼周行，其容孔式。
> 秉笏端弁，中温且栗。既醉以酒，既饱以德。
> 彼何人斯，邦之司直。邦之司直，宜公宜孤。
> 既来既徂，为冠为模。孰久其道，众听且孚。
> 如江如河，其趋弥污。邦之司直，今也则亡！[2]

李东阳的《河南按察司副使致仕陈君直夫墓志铭》写得平板直实，阳明别出心裁作《陈直夫南宫像赞》，文气灵动贯注，隐然有同茶陵派较高下之意，表明阳明的文学思想是同李梦阳一致的。李梦阳作诗主真情真心真性，所以他倡导的复古并不是仿古拟古（模拟），他的真意是要超越近代以来日渐衰败、弊端百出、恹无生气的宋诗旧径，返回到汉唐优秀的诗文传统，恢复诗文的当行本色。由汉唐传统返视宋代，直可谓宋人无诗，故他自己标榜的作诗的复古之路就是超越宋诗，由盛唐而上溯六朝，由魏晋而追本两汉，由《三百篇》而直至倡导学习民间真诗（民歌）。阳明作诗也主真情真心真性，以心写诗，他说的“古诗文”是针对宋代的“今诗文”而言，所以也同李梦阳取径一致，他的“复古”

---

[1] 《倪小野先生全集·别集附》。
[2] 《王阳明全集》卷二十五《陈直夫南宫像赞》。

之路是上本于《诗经》《楚辞》，继承风雅传统，学秦汉文章，汉魏古诗，盛唐近体。他回京后对诗文词章创作抱的这种看法，反映在他弘治十八年正月为龙霓写的《鸿泥集序》中：

> ……绘事之诗，不入于《风》《雅》；《孺子》之歌，见称于孔、孟。然则古之人其可传而弗传者多矣，不冀传而传之者有矣。抑传与不传之间乎！昔马谈之史，其传也迁成之；班彪之文，其传也固述之。卫武公老矣，而有《抑》之戒，盖有道矣。夫子删《诗》，列之《大雅》，以训于世。吾闻先生年八十，而博学匪懈，不忘乎警惕，又尝数述六经、宋儒之绪论。其于道也，有闻矣；其于言也，足训矣。[1]

这里也道出了阳明自己学作古诗文的路径。正是在阳明作这篇《鸿泥集序》的时候，金陵诗人龙霓由刑部员外郎出任浙江按察佥事。空同李梦阳发起了一个声势宏壮的文会，由前七子们打头，二十二名京中文士挥毫作诗壮行，写成书法墨卷，由画家小仙吴伟作画相配，翰林编修罗玘作序，集成诗书画长卷，轰传都下。这是一个空前别致的诗书画胜会，罗玘在序中点明这次不同凡响的文会的深意说：

> ……别其友以行，于是其友之雅与文会者凡二十二人，人为一诗以赠，题必以浙之胜者，志致仁他日次第之所历也，而其经纬脉络，予请为致仁商之。夫人北道赴浙者，必自檇

[1] 《王阳明全集》卷二十九《鸿泥集序》。

李入，春秋之末，吴越于此日寻干戈，争尺寸焉；今则东南孔道也，则夫天下可以为有一定之势乎哉？孟子曰：“所恶，执一者为其贼道也。”可不省诸！而于是时，当迓者至，导以入会府之城，其于古也为钱塘，即而行礼上之礼。越三日，群庙告至，读表忠观之碑，循苏公堤，拜武穆王之像于西湖之上，奋曰：“予何人哉？”庶几臣节可励也。浙分东西为二道，佥事岁分其一焉。度浙而北溯者，为桐江，姓是州者谁也？载求泰伯祠，而鞠躬焉，廉贪起懦，于消息盈虚之间，盍于明月泉乎验之其然邪？要今之二千石，无有慢游以病民者，有则必诛。扃谢公楼，窒白石洞，弭绿波亭下，舣舟以嬉者，其严乎？使兰亭诸贤尚在，亦当减坐中觞咏之七。孰为曹娥江之庙？骢之过也式之。式清风岭之祠，访林逋之宅，亦有筑堆读书如顾野王者乎？则驻节赏之。而或舁夫所指，有吹笙台焉，呵之左道，无缘而入矣。浙，泽国也。浙东之鹅池、鉴湖、剡溪，浙西之苕溪、葛洪川，淤者必浚，圮者必完，夺于豪者必复，举以利民焉，使民如歌白公者歌之，则致仁可以告成事矣。而今而后，天下之人益信夫豪杰之才得其地与权，真可以有为哉！而凡二十二人之诗，亦非徒作也。……[1]

可见李梦阳设文会聚文士大作歌咏浙中山水胜迹诗，表面上像是在指点龙霓到浙后如何有所作为，但真意却是在给那班在京复古派文士们提供了一个尽情抒写汉唐古风诗歌的绝妙空间。李梦阳带头作了一首《钱塘》：

[1] 《中国古代书画图目》(二)，吴伟:《词林雅集图》。

钱塘八月潮水来，万弩射潮潮不回。
使君临江看潮戏，越人行潮似行地。
捷我鼓，旌我旗，君不乐兮君何为？
投尔旗，辍尔鼓，射者何人尔停弩？
涛雷殷殷蛟龙怒，中有烈魂元姓伍。[1]

阳明紧步其后，作了一首同李梦阳诗韵神似的《西湖》：

我所思兮山之阿，下连浩荡兮湖之波。
层峦复巘，周遭而环合。
云木际天兮，拥千峰之嵯峨。
送君之迈兮，我心悠悠。
桂之楫兮兰之舟，箫鼓激兮哀中流。
湖水春兮山月秋，湖云漠漠兮山风飕飕。
苏之堤兮逋之宅，复有忠魂兮山之侧。
桂树团团兮空山夕，猿冥冥兮啸青壁。
旷怀人兮水涯，目惝恍兮断秋魄。
君之游兮，双旗奕奕；
水鹤翩翩兮，鸥凫泽泽。
君来何暮兮，去何毋疾；
我心则悦兮，毋使我亟。
送君之迈兮，欲往无翼。
雁流声而南去兮，渺春江之脉脉。[2]

---

[1] 《中国古代书画图目》（二），吴伟：《词林雅集图》。
[2] 《中国古代书画图目》（二），吴伟：《词林雅集图》。

来会的“前七子”“金陵四大家”文士们纷纷追逐李梦阳诗风，各选浙中一景作诗，发思古之幽情，诗风各异，如百花齐放，争奇斗艳，一时沉寂的弘治末诗坛爆出了一片奇光异彩。信阳何景明作了一首《越溪》：

溪之水兮幽幽，谁与子兮同舟？
舟行暮入山阴道，月濛濛兮雪皜皜。
千载重寻戴逵宅，溪堂无人夜归早。
乘兴而来兴尽休，君不见王子猷。

济南边贡作了一首《太白祠》：

万乘尊，如浮云，发乎可断身可文。
弟有雍，孙有札，历代清风见家法。
牲牢膴，黍稷香，帛烟袅，箫吹扬。
使君祭归庙门掩，松涛飒飒灵旗飐。

江左顾璘作了一首《苏公堤》：

苏公去已久，芳名宛如昔。
眉山荒凉白日微，西湖春水年年碧。
长堤已作往来道，上有垂杨下芳草。
淫涛不泛水灵慈，私田长稔溪农饱。
尨眉父老长子孙，家常报祀颂公恩。
男儿生世有远略，岂立簿领酬公门。
使君朝莫堤上行，认取千秋万古名。

古鄞陈沂作了一首《满庭芳·鉴湖》：

水荡成湖，湖开如鉴，因将鉴字名湖。碧光千顷，真宰铸神模。秋兴长天一色，寒宵永，明月同孤。何须待，燃犀津渚，百怪敬潜躯。 当年逢贺老，浮游物表，炼化逃虚。使君来此地，竟不相如。要使浇风净洗，封疆外，一点尘无。须知道，湖如堤姓，千载尚随苏。

葵丘王韦作了一首《吹笙台》：

帝子何时筑此台，台中遗响尚徘徊。
千年幽怨人应远，半临高寒凤自来。
历历秋声闻素月，茫茫仙迹锁苍苔。
欲求伊洛翻新谱，只恐离情不易裁。

汝郡刘淮作了一首《鹅池》（限韵）：

越山只隔吴江在，三赋风流思不禁。
挥洒有时寻故事，相思何处寄骚吟。
白鹅旧迹空烟水，墨本余香满阆岑。
我亦狂书数行字，分题送赠忆山阴。

凤东陈钦作了一首《桐江》：

渺渺桐江流，钓台峙云上。
一丝系九鼎，名高屹相尚。

清风激颓波，急濑鸣秋涨。
扬帆此巡历，怀古重惆怅。
问讯水边祠，松杉幸无恙？

江左李熙作了一首《兰亭》：

茂林今何在？修竹亦已芜。
昔时修禊贤，俱为泉下徒。
文章留金石，音发谐笙竽。
古今同厥观，悲乐乃异趣。
缅怀千载上，今人但长吁。
卓哉诸贤豪，无补清谈迂。
昔人岂云违？今人岂免愚？
违者遗世累，天地如狗刍。
愚者守名教，讦谟奠寰区。
使君过西陵，吊古知踌蹰。
踌蹰复踌蹰，为乐匆须臾。
早回使君驾，疲民望来苏。

兴安刘麟作了一首《明月泉》：

吾怀大化初，阴精浑融液。
两仪上首居，散作泉月迹。
流泉清复深，泠泠出山石。
取之濯我缨，纤尘不可积。
孤月何皎皎，化升当日夕。

飞明入幽阴，覆盆如昼白。
月盈泉始流，泉秘月亦魄。
兹理本一源，杳杳通玄脉。
愿言三五期，圆光浸虚碧。
荡漾无定形，清辉宛如昔。
气味苟不殊，风云讵能隔？

宜兴杭淮作了一首《清风岭》：

绝岭逼霄汉，其颠多清风。
四时吹不断，震荡丛篁中。
中有贞女祠，岁久不可穷。
烈心比秋日，皎皎悬苍穹。
清风扫莓径，如迎使君骢。
使君冰雪操，不愧贞女重。

郴阳范渊作了一首《林逋宅》：

渺西湖兮一方，高孤山兮色苍苍。
处士去兮何时，构数椽兮曾于斯。
闻处士之风兮，实劳我思。
处士自晦兮有道，妙于诗兮情况以好。
柴之门兮竹之户，烟树茫茫兮水花乱吐。
时其出兮斗酒扁舟，绝所通兮有鹤与游。
来美谥兮恩其殊，发潜德兮有吾儒。
幸使君兮一往，嘉使君兮胸怀浩放。

泛西湖兮登孤山，弄风月兮吟笑间。
为问处士兮有无其家，想老梅之偃蹇兮依旧寒花。

虔州谢承举作了一首《曹娥江》：

嗟汝娥，咄汝父，作巫迎神竟何补？
浙江潮头猛如虎，不恤捐躯弃如土。
咄汝父，嗟汝娥，孤身茕茕涕滂沱。
悲风四起吹白波，生身不男可奈何！
娥心孝义神鬼知，三日见盱负盱尸。
古之烈女昭青史，名与忠臣并相拟。
至今江水清无尘，照见往来浮渡人。
渡若非人不敢渡，辄鼓风涛触娥怒。
使君巡行过此江，期名与娥天地双。[1]

这场京师名士才子吟咏浙中山水名胜的雅集文会，全然是仿效当年王羲之的兰亭雅集觞咏的余风流韵，摆出了以“前七子”为代表的复古革新派的诗歌阵容。这些文士才子们特意把诗抄写在一幅长卷上，展露各自的书法审美风貌，再由吴小仙配上恢弘放逸的山水图，构成了一幅大气磅礴的诗书画长卷，宛如一篇宣告前七子派登上诗坛的无声的“宣言书”。如此诗才荟萃、声情并茂的融诗、书、画于一炉的京师文会雅集，是整个明代弘、正诗坛上都未见有的宏壮气象。这次文会是以前七子派诗人为主体，表

[1] 按：是次文会作诗者二十二人，然今存吴伟《词林雅集图》上只有十三人诗，则有九人诗佚。此九人今莫可考，然当不出在京王九思、王廷相、康海、徐祯卿、朱应登、殷云霄、谢迪之辈。

面上他们是在咏叹古迹，实际是在各展诗风，各逞文情，吐露了前七子共同的诗文审美追求。可以说前七子诗派在弘正中的崛起，就是以这一次不同凡响的文会雅集为起点的。阳明在京师的这些文会雅集中是一个追随李梦阳的中坚人物，又是一个自具面貌、特立独行的诗人。他经常参加这样的文会。这一年的秋间，有一次他赴文会，目睹了京师一位名画师泼墨作巨幅山水画，文士纷纷作诗歌颂，阳明也着意作了一首长篇歌行《观画师作画次韵》：

晓日明华屋，晴窗闲卷牍。
试拈枯笔事游戏，巧心妙思回长毂。
貌出寒林鸦万头，泼尽金壶墨千斛。
从容点染不经意，欻忽轩腾骇神速。
写情适兴各有得，岂必校书向天禄？
怪石昂藏文变虎，古树叉牙角解鹿。
飞鸣相从各以族，翻舞斜阳如背暴。
平原萧萧新落木，归霞掩映随孤鹜。
高行拂暝挟长风，剧势抟云卷微霂。
开合低昂整复乱，宛若八阵列鱼腹。
出奇邀险倏变化，无穷何止三百六。
独往耻为腐鼠争，疾击时同秋隼逐。
画师精妙乃如此，天机飞动疑可掬。
秋堂华烛光闪煜，展示还嫌双眼肉。
俗手环观徒叹羡，摹仿安能步一蹴。
嗟哉用心虽小技，犹胜饱食终日无归宿。[1]

---

[1] 阳明此诗文集失载，诗真迹今藏浙江省博物馆。

诗中写的泼墨千斛的“画师”估计就是吴小仙。吴小仙的山水人物画时人目为入神品，他早在成化中就被宪宗皇帝召至京师，待诏仁智殿。他蓬首垢面，脚着破皂履，醉中作画，翻泼墨汁，信手涂抹，宪宗皇帝惊叹说：“真仙人笔也!”弘治中孝宗皇帝又召见他，特赐“画状元”印章，还送给他一幢长安西街居第。阳明也住在长安西街，是可以经常见到吴小仙的。这时阳明在京师也在认真学画练书法，他的绘画老师估计就是这位吴小仙，诗中说“俗手环观徒叹羡，摹仿安能步一蹴”，透露了阳明向吴小仙学画的消息。

在诗人麇集、诗派林立的京华，阳明不仅同前七子唱酬，他还同茶陵派、“金陵四大家”、“湖南五隐”、“弘治十才子”等诗人群体驰逐。参加正月文会的陈沂、王韦、顾璘，估计还有朱应登，就是名震江南的“金陵三俊”“金陵四大家”。刘麟与顾璘、徐祯卿三人被尊为“江东三才子”。刘麟与龙霓、孙一元、施侃、吴玧又组成了“湖南五隐”，谢承举与徐霖、陈铎又组成了另一“江东三才子”群体。李梦阳、何景明、徐祯卿、边贡、朱应登、顾璘、陈沂、康海、王九思、郑善夫组成了名动大江南北的“弘治十才子”，在正月文会中几乎都有他们出入唱酬的影子。这年初东桥顾璘应征入京，正好赶上了正月送龙霓的文会，阳明同他在文会上相识。后来顾璘出为南京礼部验封主事，八月桂香时节，顾璘从南京寄给了阳明一首《咏桂寄王阳明主事》：

明月皎如银，中有丹桂影。
怀人坐良宵，衣裳露华冷。[1]

---

[1]《顾华玉集·息园存稿诗》卷十四。

《南京刑部尚书顾公璘传》上说顾璘"为文不事险刻，雄深尔雅。诗尤隽永，时出峻峭，乐府歌辞，居然汉魏风格……与陈侍讲鲁南（陈沂）、王太仆钦佩（王韦）及从弟宪副英玉（顾璟）相丽泽，声望奕然。出入所雅游若李献吉、何仲默、朱升之、徐昌穀，皆海内名流，而公颉颃其间，不知其孰高孰下也"[1]，这就是指弘治末到正德初这一段京师文士倡和最盛的时间，但应当把阳明也包括进去，他的"上国游"也是在这时达到了高潮。

在都下，其实阳明自己也好结这样大大小小的诗会诗社。王畿在《曾舜征别言》中说："弘、正间，京师倡为词章之学，李、何擅其宗，阳明先师结为诗社，更相唱和，风动一时。炼意绘辞，寝登述作之坛，几入其髓。"[2] 这时同阳明经常讲学唱酬的还有吏部考工司主事杨子器。在送走了龙霓不久[3]，六月，适逢杨子器母张氏的生日，京师一班卿士同僚都来祝寿，张氏却提出要归居慈溪，态度异常坚决，任孝子杨子器怎么劝说都无济于事。于是京师一班卿士同僚都咨嗟赞叹，纷纷作诗唱酬，歌颂张氏之贤，集为诗卷相送。阳明也参加了这次唱酬诗会，他特为唱酬诗卷作序点明深意说：

> ……今年六月，太孺人寿六十有七，大夫卿士美杨氏母子之贤，以为难得，举酒毕贺。于是太孺人之长女若婿，从事于京师，且归，太孺人一旦欣然治装，欲与俱南。名父帅妻子从亲戚百计以留。太孺人曰："噫，小子无庸尔焉！自尔

---

[1] 《国朝献征录》卷四十八。

[2] 《王畿集》卷十六。

[3] 按：龙霓实际在三月底方离京南归，《列朝诗集·丙集》卷十四有王韦《三月晦日送致仁南归》："今日城南路，杨花已不飞。梦随家共远，春与客同归。酒气薰杯浅，棋声隔院微。韶华如别意，犹自恋余晖。"

举进士，为令三邑，今为考功，前后且十有八年，吾能一日去尔哉？尔为令，吾见尔出入以劳民务，昕夕不遑，而尔无怠容，吾知尔之能勤；然其时监司督于上，或尔有所畏也。见尔之食贫自守，一介不以苟，而以色予养，吾知尔之能廉；然其时方有以贿败者，或尔有所惩也。见尔毁淫祠，崇正道，礼先贤之后，旌行举孝，拳拳以风俗为心，吾知尔能志于正；然其时远近方以是烨尔，或以是发闻也。自尔入为部属且五年，庶几得以自由，而尔食忘味，寝忘寐，鸡鸣而作，候予寝而出，朝于上，疾风甚雨，雷电晦暝，而未尝肯以一日休，予然后信尔之诚于勤。身与妻子为清苦，而淡然以为乐，交天下之士，而莫有以苞苴馈遗至，予然后信尔之诚于廉。凡交尔而来者，予耳其言，非文学道义之相资，则朝廷之政、边徼之务是谋，磨砻砥砺，惟不及古之人是忧焉，予然后信尔之诚志于正，而非有所色取于其外，吾于是而可以无忧尔也已。且尔弟亦善养。吾老矣，姻族乡党之是怀，南归，予乐也。”名父跽请不已。太孺人曰：“止。而独不闻之：夫煦煦焉饮食供奉以为孝，而中衡拂之，孰与乐亲之心而志之养乎？”名父惧，乃不敢请。缙绅士夫闻太孺人之言者，莫不咨嗟叹息，以为虽古文伯、子舆之母，何以加是。于是相与倡为歌诗，以颂太孺人之贤，而嘉名父之能养……[1]

序表面上是在写张氏的敏慧贞肃，杨子器的忠孝勤廉，其实在张氏离京南归的背后隐藏着一场莫名其妙的冤狱：原来就在六月，朝廷选定孝宗山陵（泰陵），敕太监李兴、新宁伯谭祐、工部侍

[1]《王阳明全集》卷二十九《寿杨母张太孺人序》。

郎李鐩督造。杨子器听说太行山陵有水石，便上疏奏论，一下子得罪了太监李兴，竟下杨子器锦衣狱。幸亏皇太后张氏闻知此事，才释杨子器出狱。这场狱事对杨子器打击很大，也是母张氏决意归居慈溪的真实原因，所以序中充满了愤激之言。参加这次唱酬诗会的，阳明只含蓄地说是“缙绅士大夫”，估计应就是参加正月文会的那一班诗友。李梦阳在说到弘治中京师最活跃的唱和诗人时，就专门提到了杨子器：“余时承乏郎署，所与唱和，则扬州储静夫、赵叔鸣，无锡钱世恩、陈嘉言、秦国声，太原乔希大，宜兴杭氏兄弟，郴李贻教、何子元，慈溪杨名父，余姚王伯安，济南边庭实……”阳明说的“缙绅士大夫”，当不外就是这些唱和活跃的诗人。

这一次的诗会唱和，表明阳明在京师的吟诗作赋、词章争驰已经同国事政事朝事纠缠在一起，不再是一味吟风弄月的自我吟唱，遣情自娱的交游私酬。所以接踵而来的是王华、阳明也被莫名卷进了朝中纷争。六月二十八日，科道官忽然交章奏论王华“典文招议”，“俱宜罢黜”。这件事恐怕也同阳明作这篇得罪太监李兴的《寿杨母张太孺人序》有关。所谓“典文招议”，指王华以礼部侍郎典礼闱，处事多有不当，招人议论。事情可能远牵扯到弘治十四年王华主应天乡试时“暮夜受金”，虽然王华已经交金自首，却给人留下议论口实。接着在弘治十七年乡试中，王华以礼部侍郎身份代表礼部建议用京官主各省考试，暗示推荐浙江聘用南京光禄少卿杨廉，山东聘用刑部主事王守仁，为人所非议，在十二月就有南京御史王蕃奏劾阳明以托养病主山东乡试，矛头实针对王华。《万历野获编》上记载这件事说：

> 弘治十七年甲子科，礼部建议用京官各省考试，于是浙

> 江聘南京光禄少卿杨廉，山东聘刑部主事王守仁，既讫事矣。至十二月，南京御史王蕃劾廉以省亲，守仁以养病。夫省亲者，背亲为不孝；养病者，托病为不忠。不忠不孝之人，大本已失，何以权衡人物？乞复里选之制，正廉等罪。然杨实依亲在浙，王以病痊北上，俱非现在官也。王蕃之言虽过，然当时御史辟聘，亦似出格，所以止行一科，旋即报罢。今制，则先期请于朝，皆以词林谏垣及部属中行出典省试，遂为成例，不可改矣。[1]

其实明代用京官主各省乡试本有先例，而阳明是病痊愈后北上主山东乡试，并不是现在官，御史王蕃的弹劾显然是不合理的，但是他这一弹劾却留下了隐患。接着在弘治十八年二月的省试中，王华以礼部侍郎典礼闱，山东方面中进士的有穆孔晖、刘田、陈鼎、孟洋、殷云霄、袁摈、董建中、翟銮等多人，王华对他们都有“座主”之谊，有的后来成了阳明弟子；浙江方面中进士的有张邦奇、陆深、胡东皋、倪宗正、顾应祥、谢丕、叶溥、吴昂、苏民、陈璋、胡铎、闻渊、董玘、蔡潮、戴德孺等多人，他们有的是王华的亲戚（如胡东皋），有的是王华的门人（如陆深），有的是与王华关系密切的余姚同乡（如倪宗正），有的后来也多成了阳明门人（如顾应祥），这就招致了人们的非议。而在三月从新科进士中选翰林庶吉士时，又偏把倪宗正、陆深、胡铎、穆孔晖、张邦奇等选为翰林庶吉士，更招致了朝臣的非难。科道官指斥王华“典文招议”不过就是指这些事，因为新登极的武宗不允，科道官们在七月二日又交章劾王华，迫使王华在九月十八日

---

[1]《万历野获编》卷十四《京考官被劾》。

上章乞休致，阳明在兵部清吏司也坐不住了。

九月重阳节过后，正是王华上章乞休致后不久，阳明目睹职方署中菊花盛开将败，黯然动了莫名惆怅的诗兴，他便约了职方司主事黄昭去访职方司正郎李永敷。三人对菊吟诗，感叹武宗登极以来的时事乱象，联句唱酬，忧愤沉痛，已经无复年初文会举酒花前、剧饮酣歌、陶然而乐的淋漓兴致，不禁生起了效仿陶渊明归居隐逸的念头。他作了一篇《对菊联句序》谈到这次别有深意的诗会说：

> 职方南署之前，有菊数本，阅岁既槁。李君贻教为正郎。于时天子亮暗，西北方多事，自夏徂秋，荒顿窘戚。菊发其故丛，高及于垣。署花盛开且衰，而贻教尚未之知也。一日，守仁与黄明甫过贻教语，开轩而望，始见焉。计其时，重阳之节既去之旬有五日。相与感时物之变衰，叹人事之超忽，发为歌诗，遂成联句。郁然而忧深，悄然而情隐，虽故托辞于觞咏，而沉痛惋悒，终有异乎昔之举酒花前，剧饮酣歌，陶然而乐者矣。古之人谓菊为花之隐逸，则菊固惟涧谷岩洞村圃篱落之是宜，而以植之簿书案牍之间，殆亦昔之所谓"吏而隐者"欤？守仁性僻而野，尝思鹿豕木石之群。贻教与明甫，虽各惟利器处剧任，而飘然每有烟霞林壑之想。以是人对是菊，又当是地，呜呼！故宜其重有感也已！[1]

李永敷是李东阳弟子，茶陵派诗人。黄昭工诗吟，尤擅长古文，常向阳明问学，本也是刑部"西翰林"中的人物，后来成为阳明

[1] 《王阳明全集》卷二十九。

弟子。这次诗会是受武宗即位后内外交困的现实所激发，也是对科道官交章弹劾王华“典文招议”的回答，犹回荡着“西翰林”论政讲学的余响。就在五月武宗即位的同时，北方鞑靼大举入侵宣府，边军逡巡畏敌，不敢迎战，这就是阳明序中说的“天子亮暗，西北方多事”。目睹边防鞑靼侵患未除，朝廷“大蠹”（张鹤龄）未去，朝廷内斗已起，阳明感时咏物，心情自是沉痛惋悒，油然生起了和王华一样的归隐的念头。他在序中把署中菊比为“吏而隐者”，其实也是自比，所以他又说“守仁性僻而野，尝思鹿豕木石之群。贻教与明甫，虽各惟利器处剧任，而飘然每有烟霞林壑之想”，这几句话正呼应了王华上章乞休致归居之举，流露出阳明对新君登极以来的朝政的失望情绪。

武宗即位以来，政局动荡混乱，阳明处在朝廷矛盾纷争的旋涡中，这篇序也表明他对自己花前月下剧饮酣歌、与前七子争逐诗赋词章产生了怀疑，而这一对溺于词章之学的觉醒又是与他对溺于仙佛的觉醒同步的，对溺于仙佛的觉醒成为他由词章之学转向圣贤之学的起点。他在日观峰上的“泰山文化之思”，已强烈吐露了对神仙道家外丹烧炼服食的怀疑，归来后很快从陷溺仙道中觉醒，在五月，当入京会试落第的内弟诸偁告归时，阳明作了一首诗赠别，倾吐了他对自己三十年来耽迷仙佛的觉悟自悔之情：

书扇赠扬伯

扬伯慕伯阳，伯阳竟安在？
大道即吾心，万古未尝改。
长生在求仁，金丹非外待。
缪矣三十年，于今吾始悔。

诸扬伯有希仙之意，吾将进之于道也。于其归，书扇为别。阳明山人伯安识。[1]

“金丹非外待”，是对仙家外丹修炼长生不死的否定；“长生在求仁”，是对儒家生命仁学的回归；“大道即吾心，万古未尝改”，是明确宣告了他对“心即理”、此心万古不磨的“圣贤之学”的崇仰，与陆九渊兄弟“心即理”“古圣相传只此心”“斯人千古不磨心”的吟唱如出一口。所谓“吾将进之于道”，实际就是表白要抛弃仙佛长生之学而向儒家圣贤求仁之学皈依。显然，这首诗所吐露的“觉醒”还仅不过是表现了阳明对神仙外丹修炼的否弃，对神仙长生不死之说的怀疑，以及对自己三十年来溺于仙佛长生之说的愧悔，他并没有否定仙佛之学，但这一小小的“觉醒”已足以使他开始看清了儒家圣贤之学超越仙佛长生之学的精微广大，所以这首诗是阳明由词章之学与仙佛之学转向圣贤之学的信号，他在弘治末重返京师与前七子的争驰唱酬，已是他多年来溺于词章之学的最后的余响，陈白沙的心学指引他踏上了与湛甘泉共倡“圣贤之学”的新路。后来王畿具体谈到阳明的这一思想转变说：

弘、正间，京师倡为词章之学，李、何擅其宗，阳明先师结为诗社，更相倡和，风动一时……既而翻然悔之：“以有限之精神，弊于无用之空谈，何异隋珠弹雀，其昧于轻重亦甚矣！纵欲立言为不朽之业，等而上之，更当有自立处，大丈夫出世一番，岂应泯泯若是而已乎？”社中人相与惜之：“阳明子业几有成，中道而弃去，可谓志之无恒也。”先师闻

[1] 书扇真迹今藏于日本定静美术馆。《王阳明全集》卷十九有此诗，但无后题，作“阳伯”亦误。

> 而笑曰："诸君自以为有志矣。使学如韩、柳，不过为文人；辞如李、杜，不过为诗人。果有志于心性之学，以颜、闵为期，当与共事，图为第一等德业。譬诸日月终古常见，而景象常新。就论立言，亦须一一从圆明窍中流出，盖天盖地，始是大丈夫所为。傍人门户，比量揣拟，皆小技也。善《易》者不论《易》，诗到无言，始为诗之至。"[1]

阳明崇仰的"心性之学"，就是陈白沙的心学。正是这一向心性之学的转变，开启了他的通向白沙心学的"乙丑之悟"。

白沙"心法"：默坐澄心，体认天理

阳明的"乙丑之悟"，就是由"辞章之学"转向"心性之学"之悟，是以他回归孔孟儒学的"泰山之思"为起点，以陈白沙的心学为转换中介的一次思想大转型。湛若水说"阳明崇孚于白沙，白沙得之周、程"，清楚道出了阳明弘治十八年的"心学之悟"的秘密。他三十年来思想上曲折反复的上下求索与动摇彷徨的历程，到这时才有了明确的归宿，这就是他的"从圆明窍中流出"的心学之悟。实际上，阳明由词章之学转向圣贤之学，由仙佛之学返归儒家之学，直接的动因还是弘正帝位交替之际国事政事的衰败糜烂。他在京师任职，也卷进了朝政矛盾纷争之中，面对频繁的朝局内斗、朝政乱象，开始痛切感到吟风弄月的词章之学的

[1]《王畿集》卷十六《曾舜徵别言》。

无用，修禅求仙长生不死的谬妄，唯有“圣贤之学”才能拯救世道人心。孝宗皇帝向来被尊为是宅心仁厚的有道之君，弘治之世被称为是煌煌太平盛世，明人甚至把他同汉文帝、宋太宗并列为三代以后的三大明君贤主。其实孝宗骨子里还是一个懦弱少谋的皇帝，在他的弘治太平之治的升平气象底下已经潜伏着严重的社会危机与朝政危机，到弘治末败象已露，抵不住外有鞑靼的频频入寇，内有外戚阉竖的恣横弄权。李梦阳上书论弘治时政，就尖锐提出了“二病”（元气之病，腹心之病）、“三害”（兵害，民害，庄场畿民之害）、“六渐”（匮之渐，盗之渐，坏名器之渐，弛法令之渐，方术眩惑之渐，贵戚骄恣之渐）的深入骨髓的社会病害，阳明在京也早耳闻目睹，所以他尽力暗中助李梦阳上书弹劾寿宁侯张鹤龄。孝宗的最大帝病就是宠幸外戚中贵，他重用宦官，皇城内的跑腿太监已有一万多人，他还敕礼部到民间一下子选取年龄十五岁以下的净身男子五百名入宫。寿宁侯张鹤龄依仗张皇后的庇护早已贵震天下，骄横跋扈，朝内外官员纷纷请托求进，结党营私。他凶如翼虎，由跋扈宫廷直到横行江湖，招纳无赖，强夺民田，虏良家子女，开张私店，剽截商货。朝中有清望的大臣多畏不敢言，怕撄龙怒，最后还是由一个朝中小臣户部主事李梦阳出来发难，捅了帝政禁区。弘治十八年二月，由于灾变荐至，边寇屡侵，孝宗被迫在十二日下诏求言，说：“朕方图新政理，乐闻谠言。除祖宗成宪不可纷更，其余军民利病，直言无有讳。”李梦阳抓住这个机会很快写了长篇奏章，但对上奏章的吉凶祸福一时还心存疑虑，便袖藏了奏稿去见太常博士边贡，正好遇到也在那里的阳明。阳明看着李梦阳的衣袖说：“有物乎？有必谏草耳！”李梦阳心想写此奏章连妻子儿女都不知道，他怎么会知道呢，于是就取出奏稿给阳明与边贡看。阳明说：“疏入必重祸。为若筮可乎？然晦翁行之矣！”于是三人就一起出门骑马到阳明居处，请阳明筮占。阳明占得《解》卦九二：“田获三狐，得黄矢，贞吉。”狐善迷人中邪，象征小人。《解》卦有四个阴爻，除了在君位的六五之外，还有三个阴爻，故说“三狐”。九二阳爻刚健，在内卦中位，又与君位的六五应，能够驱逐迷惑君主的小人，所以坚守正道，才得吉祥。于是阳明说：“行哉，此忠直之繇也！”[1] 李梦阳这才放心投进了奏章。

李梦阳的上章，后人都认为是旨在弹劾张鹤龄的奏疏是错误的。李梦阳其实是应诏上书论孝宗朝政事，并不单为奏劾张鹤龄，他只是在最后论“贵戚骄恣之渐”时抨击到了张鹤龄。所以他的奏章实际是对孝宗的弘治帝政作了一个黯淡不祥的总结，有“显暴君过”的嫌疑，自然为孝宗所不喜，他立即下旨拿李梦阳下锦衣狱。张鹤龄也乘机上书自辩，攻击李梦阳上书真意在谤讪母后，有十大罪该杀。只是后来经大臣谢迁等人与科道官交章救援，李梦阳才得免一死，从轻罚俸三个月了事。孝宗对张鹤龄也只是稍加抚慰批评，平息和解了事态，他的宠幸外戚宦官依旧故我。李梦阳的这次奏劾张鹤龄，其实是他后来奏劾刘瑾的前奏，为阳明暗中所促成，也对阳明产生了很大影响。李梦阳在奏章中对朝政提出的看法，也都为阳明所首肯，尤值得注意的是李梦阳在论“方术眩惑之渐”中尖锐批评了孝宗的耽迷佛老，他说：

> 夫方术眩惑之渐者，臣以为去之不力，则诱之必入也。夫自古帝王享国长久者，畏天而忧民也，非以奉佛也；康强少疾者，清心而寡欲也，非以事仙也。且陛下独不见梁武唐

[1] 《空同集》卷三十九《秘录》。

> 宪乎？梁武帝奉佛最谨，然罹祸最惨。唐宪宗事仙又最谨，然年又最短。此其明效大验，彰彰可考者。而今创寺创观请额者，陛下弗止也，比又诏葺其圮废，臣不知陛下乃何所取于彼而为之也。夫真人者，大虚而为之名也。今酒肉粗俗道士，陛下敬重之如神，尊为真人。又法王佛子等，并肩舆出入，珍食衣锦。陛下践祚诏曰："僧道不得作醮事，扇惑人心。"堂堂天言，四海诵焉。夫陛下神心睿姿，不减于前，乃今复尔者，臣故知有诱之者也。夫去之不力，则诱之必入，譬若锄草不尽，反滋其势。陛下奈何去之不力而反使之滋也？夫诱者必曰其道妙，又其法灵。今天变屡见于上，百姓嗷嗷于下，边报未捷，仓库匮乏，信如真人国师道足以庇，法足以佑，陛下何不逐一试之？且彼能设一醮、噗一法，使天变息而嗷嗷者安乎？此固必无之事，而陛下不察，反听其诱，此臣之所以日夜悲心者也。[1]

李梦阳直言批判佛老，道出了阳明的心声，隐隐透露了阳明对佛老之学态度的转变：在弘治十七年春间写的论佛老的第二道策中，阳明还认为儒佛老三道同一，不主张攻佛老二氏异端，而要儒家先自攻己弊，"先自治而后治人"；到弘治十八年二月他助李梦阳上奏章，已鼎力支持李梦阳批判佛老异端，以仙佛长生之术为不可信。在这一态度转变的背后，已透露出阳明自悔三十年陷溺仙佛之学、弃仙佛之学转向儒家圣贤之学的消息，无怪到四月他在送诸偁的诗中便高唱着"缪矣三十年，于今吾始悔"，"吾将进之于道"了。可以说，阳明的悔悟三十年陷溺仙佛迷途的觉醒就是

[1]《空同集》卷三十九《上孝宗皇帝书稿》。

从他尽力助李梦阳上奏章开始的。正是随着这种觉醒，他开始了艰难探索“心学”的心路历程。

阳明所说的“吾将进之于道”，就是进之于儒家的圣贤之道——圣贤之学。经历了李梦阳上章下狱的悲剧，阳明已经清醒认识到，李梦阳提出的“二病”“三害”“六渐”的里外上下的社会腐败已病入膏肓，根源还是因人“心”的败坏所致。要治“心”制“心”，貌似“道妙法灵”的仙佛之学已失灵无用，而唯有修儒家的“身心之学”来救治。他要皈依、探求和倡导的圣贤之学，就是指儒家这种治“心”制“心”的身心之学（心性之学），他明确称为“心学”。早在弘治五年，他在乡试卷中已提出了“心体光明”“心有定主”的心学思想。在弘治十七年他作《山东乡试程文》时进一步提出了儒家的“心学”，他在阐释“王懋昭大德建中于民以义制事以礼制心垂裕后昆予闻曰能自得师者王”时特别指出：

> 抑尝反复仲虺此章之旨，懋德建中，允执厥中之余绪也；制心制事，制外养中之遗法也；至于“能自得师”之一语，是又心学之格言，帝王之大法。则仲虺之学，其得于尧、舜之所授受者深矣！

这是阳明生平第一次提出了“心学”，但是这时他说的“心学”主要是指帝王的养心制心的中道大法，还不是儒家纯粹形上心性之学意义上的“心学”。到弘治十八年从陷溺仙佛迷途觉醒皈依圣贤之学后，他才潜心探索真正的修心养性的“心学”（身心之学）。他加强了同京师士子学者“身心之学”的讲学往来，适逢这年二月会试录取的新科进士先后纷纷涌入京都，他们当中有很多同阳明有或明或暗的不同寻常的关系，如湛若水、方献夫、王韦、董玘、刘节、张邦奇、陆深、周广、郑一初、郑善夫、胡东皋、胡铎、闻渊、倪宗正、顾应祥、徐祯卿、谢丕、穆孔晖、戴德孺、陈鼎、许完等人，有的在一中进士后就来问学，成了阳明的弟子，这就是钱德洪说的“是年先生门人始进”。三月朝廷又选湛若水、方献夫、倪宗正、穆孔晖、陆深、张邦奇、刘寓生等人为翰林庶吉士，他们成为阳明在京讲论身心之学的核心人物，推动阳明走上了陈白沙的“心学”之路。

在湛若水、方献夫来京师之前，除张诩之外，其实早已有三个人对阳明的讲学论政起了很大影响，这就是王缜、储巏与都穆。梧山王缜是陈白沙的弟子，他在弘治六年中进士，选为庶吉士，在京开始宣扬白沙心学。阳明在弘治十二年便同王缜相识，后来他在给王缜作的《梧山集序》中说：

> 忆弘治己未岁，余举进士，居京师，公时以给谏充安南册封使，于时先君子承乏秩宗，与同朝诸荐绅饯送都门，余始获钦仪丰采，见其温温恪恪，岸然有道之容，倘所谓和顺积中而英华发于外焉者耶？

自此以后阳明经常同王缜晤对论学，从王缜那里接受了白沙的心学。他在《梧山集序》中谈到王缜对他的思想影响说：

> 余尝式公之德矣，佩公之勋伐猷为矣，且数十年世讲宗盟，得亲公之謦欬风仪，非朝伊夕矣。

王缜后来称赞阳明“善学亦善变”，实际就是指阳明善于向王缜学白沙心学，变化旧学，向白沙心学转变。可以说正是王缜直接促成了阳明思想向白沙心学的转型。

储巏也是一个尊信心学的学者。他是神童诗才，一个活跃于弘正诗坛的茶陵派诗人。他在弘治十四年起复为太仆少卿，与阳明相识，成为与阳明唱酬讲学的重要人物。但储巏更关注政事、兵事，在讲学论政上多与阳明合拍。五月孝宗卒，武宗即位，政局大变，北方鞑靼乘机大肆入侵宣府、上谷，储巏这时正好以太仆少卿往南都处理马政，他马上写了一封信给阳明，希望阳明对朝局政事有所建言。信中说：

> 奉别忽再逾岁。中间尝两致起居之问。迩来侧闻抵京，英姿豪气，不减畴昔，想不为造化小儿所苦矣。欣慰，欣慰！巏忝窃过望，日以旷败为惧。相知者何以教之，谅于某便不以疏远恕也。今日涉园见杏花，甚切奉怀，比此简至，北土者亦烂然矣。觞咏之际，想亦及某也，未涯瞻晤，珍毖不宣。昨胡惟臣回，附书想彻览矣。不意遽罹国哀，臣庶皆有尧崩之痛，天意殆不可谌邪？所建明者，想应谠言之诏，连日烦冗，不暇抄看，亮称先旨也。宣府失利五六千人，至杀两裨将，人情汹汹。传闻虏复掠上谷，京军已出矣。未知将来如何。攘外必须治内，今内不治者多，第一大蠹未去，贻患不可胜言。此非泓颖可尽者。人回，聊及之。不一。[1]

储巏说“所建明者”，似是指阳明应新帝登极下求言诏，上书建言，所陈符合先帝遗旨，故储巏称赞他的应诏上书“亮称先旨”。阳明

[1] 《柴墟文集》卷十四《复王伯安》书三。编者按：此信实由储巏写给李宗一、徐宣之两信合成，并非写给阳明之信。此处束景南先生引用似有误，因先生过世，未及修改，特此说明，以待后来学者补充并订正。

的应诏上书已经亡失，估计他应是以兵部主事的身份上书论兵事边事，所以储巏看到他的上书后，立即复书阳明，专谈及边寇入侵，外患严重[1]，希望阳明在"攘外必须治内"上再有所建言，劾逐大蠹（张鹤龄）。只是这时科道官交劾王华"典文招议"甚嚣尘上，事牵阳明，故阳明也没有再上书论政，但储巏很快在六月从南都回京后即上御敌疏，条陈御敌五策，估计就是同阳明商量过的。

都穆与阳明是最相知的同年，关系比储巏更密切。阳明称他"其学无所不窥"，"学以该洽闻"，在当时已经"四方之学者，莫不诵南濠子之名"。在弘治中，都穆成为与阳明讲学唱酬最知心的同道人物，几乎可以说正是都穆不知不觉把阳明引到了陆九渊、陈白沙的"心学"的大门口。都穆在弘治十七年八月除工部都水司主事入京，同阳明更密切展开了讲论学问，思想一拍即合，对双方都产生了深刻的影响。都穆实际是一个崇陆学的学者诗人，《南濠诗话》中著录了他的三首心悟诗：

学　诗

学诗浑似学参禅，不悟真乘枉百年。

切莫呕心并剔肺，须知妙语出天然。

[1] 按：储巏所云"宣府失利五六千人，至杀两裨将，人情汹汹"，见《国榷》卷四十五："弘治十八年五月戊申，虏大举寇宣府，由新开口至虞台岭，屯牛心山、黑柳林，列营二十里。巡抚李进、总兵张俊令分兵军新河、柴沟，凡万五千人。已，虏毁垣入，左参将李稽迎战，副总兵白玉、黄镇，万全右卫游击张雄，大同游击将军穆荣，各拒于虞台岭。虏纵数千骑尝我军，玉置营高阜，虏笑曰：'彼自处乾地，可立败也。'乃合营围我，绝汲道，止留隘地一隅。张俊不知是计，以三千人至万全右卫城左，坠马伤足。援兵都指挥曹泰至应州鹿角山，玉等被围，绝饮食，掘井十余丈，不得泉，饮马溲而咀其矢。会大雨雹，以救解入后营，稽、玉亦溃围而出，独雄、荣阻山间遇害。丧卒二千一百六十五人……"

学诗浑似学参禅，笔下随人世岂传？
好句眼前吟不尽，痴人犹自管窥天。

学诗浑似学参禅，语要惊人不在联。
但写真情并实境，任他埋没与流传。

后来都穆还特地为新刻的严羽《沧浪诗话》作序。可见他崇信陆学与严羽诗学，无论在诗学还是在儒学上都与阳明思想息息相通。两人的讲论学问促使双方都关注起陆九渊、陈白沙的“心学”来。正好在弘治十八年五月罗侨、张诩编集的《白沙先生全集》出版，由张诩携入京师，在士子中传播开来。阳明就是从张诩那里得到了这部《白沙先生全集》。东所张诩是成化二十年进士，这一年正好是王华充廷试弥封官，阳明也侍王华为考官，入场评卷，所以王华、阳明当在成化二十年已同张诩相识，张诩实际是王华的“门生”，也是阳明生平结识的第一个白沙弟子，他约在成化末丁艰归南海，隐居二十年不出。其间只有在弘治十八年《白沙先生全集》出版时，他曾携这部全集一赴京师，往见王华与阳明。阳明在正德九年作的《寄张东所次前韵》中说：“江船一话千年阔，尘梦今惊四十非。”[1] 这里说的江船一话相别就是指弘治十八年在京阳明与张诩的相别。因此张诩到京，必定首先要将《白沙先生全集》送王华、阳明。正是这部《白沙先生全集》，成为开启阳明“默坐澄心，体认天理”的心学之悟的“宝钥”。

陈白沙一生跼处广东南海，死后诗文散佚四方，中原士人对陈白沙的思想一时多还如雾里观花，难究底里。《白沙先生全集》

[1] 《王阳明全集》卷二十。按：“千年阔”疑是“十年阔”之误。自弘治十八年到正德九年，正为十年。

的刻版广传，向世人揭开了陈白沙心学思想神秘的面纱。白沙门人张诩在《白沙先生全集序》中宣称白沙之学就是道脉正传的圣贤之学："先生之学，何学也？古圣贤相传之正学也……有能述其旨，纂其言为训，以羽翼乎六经四书，天下之大，千万世之辽邈，诩安敢绝望以为无其人焉？若然，则其道脉之正传，学术之的绪，当焕然自信之矣。"这对思想正在向圣贤之学转型并正在苦苦探索着道脉正传的"圣贤之学"的阳明来说是太富诱惑力了，张诩对白沙道脉传人的呼唤似乎就是直接冲着阳明而来。阳明尤为亢奋，他精心研读了《白沙先生全集》，童年的记忆被唤醒，对陈白沙的思想顿然有了全面真切的悟解，他兴奋地给白沙之学写下了一段评语：

> 白沙先生学有本原，恁地真实，使其见用，作为当自迥别。今考其行事，事亲信友、辞受取予、进退语默之间，无一不概于道；而一时名公硕彦，如罗一峰、章枫山、彭惠安、庄定山、张东所、贺医闾辈，皆倾心推服之，其流风足征也。[1]

这条评语实际就是阳明对他的弘治十八年的"心学之悟"的自我记录。阳明肯定了陈白沙"学有本原，恁地真实"，这个"本原"他没有明说，实际就是指陈白沙之学上本于陆九渊、李侗、程颢的心学真传。阳明在读《白沙先生全集》中敏锐把握到了陈白沙心学的宗旨，洞察到了陈白沙心学上承程颢、李侗、陆九渊的内在儒脉，他终于从陈白沙那里找到了自己梦寐以求的"圣贤之学"（身心之学）。从白沙心学的儒脉渊源上看，陈白沙实际是直接拈取了李侗的"默坐澄心，体认天理"作为自己心学的宗旨，

[1]《大儒学粹》卷八上《白沙陈先生》。

构建了一个独特的心学体系。阳明从读《白沙先生全集》中心领神会，大悟到白沙心学的根本宗旨，所以他马上拈出陈白沙的“默坐澄心，体认天理”，立为倡导圣学的座右铭，确立为自己的心学（身心之学）的根本大旨。大约就是在十月都维明八十寿辰与因子受封时，都穆来请阳明作《豫轩都先生八十受封序》，他到阳明居处看到了这幅座右铭，心有神契，大为赏识，阳明便又把这座右铭书写赠给了都穆，两人共同相守。阳明对陈白沙的“默坐澄心，体认天理”心学宗旨的悟解，堪称“乙丑心学之悟”，在他一生心学的形成发展道路上，是一个比后来的“龙场之悟”更有重要意义的悟道，“乙丑之悟”是阳明心学之路的起点，是阳明转向圣贤之学（身心之学）的标志。他在同时写的《书明道延平语跋》中道出了他的乙丑悟道的真正秘密说：

> 明道先生曰：“人于外物奉身者，事事要好，只有自家一个身与心却不要好；苟得外物好时，却不知道自家身与心已自先不好了也。”
>
> 延平先生曰：“默坐澄心，体认天理，若于此有得，思过半矣。”
>
> 右程、李二先生之言，予尝书之座右。南濠都君每过，辄诵其言之善，持此纸索予书。予不能书，然有志身心之学，此为朋友者所大愿也，敢不承命？阳明山人余姚王守仁书。[1]

---

[1]《戒庵老人漫笔》卷七。按：关于此座右铭手迹，李诩云：“此一棉茧纸，笔书径寸。靖江朱近斋（按：朱得之，阳明门人）来访，问余何自有此宝，余答以重价购之吴门（按：都穆为吴江人）。谓曰：‘先师手书极大者，为余得之。所藏《修道说》若中等字，如此者绝少，而竟为君所有。心印心画，合并在目，非宗门一派气类默存，讵能致是乎？’遂手摹之以去。乃余原本亦亡于倭，思之痛惜！”是阳明此手书座右铭，大字者（原阳明自留）为朱得之所得，中字者（赠都穆）为李诩所得，后流入日本。

二则座右铭，第一则是引明道程颢语，说明自己所追求的圣贤之学就是要"自家身心好"的身心之学（心学）；第二则是引延平李侗语，以李侗的"默坐澄心，体认天理"作为自己身心之学的大旨。二则座右铭合起来恰好构成了陈白沙的"默坐澄心，体认天理"的心学体系。阳明说"白沙先生学有本源"，原来就是指这个上承李侗、程颢儒脉的"本源"。宋儒李侗提出了著名的"默坐澄心，体认天理"的思想，但在他死后却长期不被人注意，他的著作亡佚不传，他的"默坐澄心，体认天理"也向来被看作是程朱派的一种"理学"思想，从不被认为是一种"心学"思想。直到陈白沙，才独具慧眼地拈出李侗的"默坐澄心，体认天理"作为自己心学的宗旨。显然，阳明不是直接从李侗那里接受了他的"默坐澄心，体认天理"的理学思想，而是从读《白沙先生全集》中接受了白沙的"默坐澄心，体认天理"的心学思想，把它立为自己心学的座右铭。从理学发展的儒脉进路看，李侗是从"性即理""理一分殊"上提出了"默坐澄心，体认天理"，所以他的"默坐澄心，体认天理"还是一个理学的哲学命题；而陈白沙是从"心即理""心理合一"上诠释了李侗的"默坐澄心，体认天理"，所以他的"默坐澄心，体认天理"已是一个具有心学意义的哲学命题。阳明显然是从陈白沙的心学诠释理路上接受了"默坐澄心，体认天理"的思想，这里阳明与白沙的心学的儒脉传承一目了然。陈白沙的心学思想的独特性，就在于他从本体论上提出了"心即理""心理合一"的心本论，从工夫论上提出了"默坐澄心，体认天理"的修心论。"心即理""心理合一"的心本论是上本于陆九渊，"默坐澄心，体认天理"的修心论是上本于李侗。陈白沙在年轻时已形成了这种"默坐澄心，体认天理"的心学，他在《复赵提学佥宪》中谈到他的"默坐澄心，体认天理”心学思想的形成过程说：

> 仆才不逮人，年二十七岁始发愤从吴聘君学……然未知入处。比归白沙，杜门不出，专求所以用力之方……而卒未得焉。所谓未得，谓吾此心与此理未有凑泊吻合处也。于是舍彼之繁，求吾之约，惟在静坐，久之，然后见吾此心之体隐然呈露，常若有物。日用间种种应酬，随吾所欲，如马之御衔勒也。体认物理，稽诸圣训，各有头绪来历，如水之有源委也。于是涣然自信曰：“作圣之功，其在兹乎！”[1]

所谓“惟在静坐，久之，然后见吾此心之体隐然呈露”，即指“默坐澄心”；所谓“日用间种种应酬，随吾所欲……体认物理”，即指“体认天理”（随处体认物理）。把陈白沙心学的这一“默坐澄心，体认天理”宗旨表述得最完整清楚的，是欧阳永祷与何维柏。欧阳永祷在《重刻白沙先生全集序》中说：

> 先生少就外傅。即有志圣贤。后从吴康斋游，得深造自得之要，默坐澄心，体认天理。观其《与林缉熙》一书，阐扬曾点乐处，至于理会分殊（按：指随处体认天理），本末具举。其语贺克恭则云：“于静坐中养出端倪（按：指默坐澄心），方有商量。”盖与濂溪主静、伊川静坐之说后先同揆。[2]

何维柏在《改创白沙家祠碑记》中说：

[1] 《陈献章集》卷二。参见《国朝献征录》卷二十二《翰林院检讨陈公献章传》。
[2] 《陈献章集》附录三。

> 柏少时稍知学……笃信李延平默坐澄心、体认天理之旨……及得《白沙子》与京中初稿，参玩要旨，穷尽先生之学。先生尝自言曰："……比归白沙，杜门不出，专求所以用力之方。既无师友指引，惟日靠书册寻之，累年而未有得。于是舍繁反约，静坐，久之，然后见心体隐然呈露。日用应酬，各有头绪来历，如水之有源委，始涣然自信，为作圣之功。"既而又曰："道无动静也，无将迎，无内外，苟欲静即非静矣。善学者，主于静以观动之所本（按：指默坐澄心），察于用以观体之所存（按：指体认物理）。动静周流，体用一致，默而识之，而吾日用所出，故浩浩其无穷也……"[1]

可见他们都充分看到了陈白沙的心学中"默坐澄心"与"体认天理"的统一的两个方面，把陈白沙的"默坐澄心，体认天理"的心学看成是一个动静一如、体用一致、内外合一的本体工夫论体系。[2] 陈白沙自己也是从"默坐澄心"与"体认天理"两方面的统一上论述修心的工夫，一方面强调"所谓虚明静一者为之主……此心学法门也"（《书自题大塘书屋诗后》）[3]；另一方面又强调"日用间随处体认天理，着此一鞭，何患不到古人佳处"（《与湛民泽》书十一）[4]，"然用之万（按：指分殊），莫不有体之一者在其中（按：指理一），随处可寻。能于万化之中，而知一

[1] 《陈献章集》附录四。

[2] 按：后人皆从"默坐澄心"（静坐）上论陈白沙之心学，乃失于一偏。如《明史·陈献章传》："献章之学，以静为主。其教学者，但令端坐澄心，于静中养出端倪。"《四库全书总目·白沙集提要》："史称献章之学，以静为主。其教学者，但令端坐澄心，于静中养出端倪，颇近于禅。"其说只及"默坐澄心"而不及"体认天理"（随处体认物理），不合白沙工夫论本意。

[3] 《陈献章集》卷一。

[4] 《陈献章集》卷二。

体之实，可以语性矣”（《太极含虚》）[1]。因为道不离乎日用，只说默坐澄心而不说体认天理，则会沦于虚无寂灭、有体无用之偏；只说体认天理而不说默坐澄心，则会流于有用无体、有分殊而无理一之偏。[2] 这一思想明显来自延平李侗，所以陈白沙明确谈到其间这种儒脉传授渊源说：“伊川先生每见人静坐，便叹其善学。此一静字，自濂溪先生主静发源，后来程门诸公递相传授，至于豫章、延平二先生，尤专提此教人，学者亦以此得力。”[3] 阳明的“默坐澄心，体认天理”，直接取自陈白沙，他正是从读《白沙先生全集》中汲取了陈白沙的“默坐澄心，体认天理”的“心泉”，阳明晚年在伯府中建“天泉楼”，在楼壁上大书陈白沙的《题心泉》诗，道破了这一秘密。当时亲来天泉楼受教的董沄在《从吾道人语录·日省录》中说：

> 吾昔侍先师阳明先生于天泉楼，因观白沙先生诗云：“夜半汲山井，山泉日日新。不将泉照面，白日多飞尘。飞尘亦何害，莫弄桔槔频。”遂稍有悟，千圣相传之机，不外于末后一句，因又号“天泉绠翁”云。[4]

原来陈白沙这首诗题作《题心泉（赠黄叔仁）》[5]，正是吟他的“默坐澄心，体认天理”的“心泉”思想的。董沄亲眼看到阳明在天泉楼壁上大书有这首陈白沙的《题心泉》诗，把这首诗作为

[1] 《陈献章集》附录一。
[2] 见张诩《白沙先生行状》、湛若水《白沙先生改葬墓碑铭》，《陈献章集》附录二。
[3] 《陈献章集》卷二《与罗一峰》书二。
[4] 《董沄集·从吾道人语录·日省录》。
[5] 见《陈献章集》卷四。

自己晚年在天泉楼日日体认良知心学的座右铭，这座伯府主楼显然就是因题有白沙的《题心泉》诗，并藏有一部《白沙先生全集》，才叫"天泉楼"，天泉楼就是阳明汲取良知心学的"心泉"之楼。董沄从这首题壁诗中看出了千圣相传的心学道统，所以他也自号"天泉绠翁"，实际也就从千圣相传上把阳明尊为"心泉绠翁"。董沄来绍兴问学，主要就是在天泉楼受教，他有《宿天泉楼》诗吟道："高阁凝香夜色深，四檐星斗喜登临。雪垂须发今何幸，春满乾坤见道心。冉冉光风回病草，瀼瀼灏气足青林。浴沂明日南山去，拟向炉峰试一吟。"[1] 阳明曾作一首诗赠董沄云："尔身各各自天真，不用求人更问人。但致良知成德业，谩从故纸费精神。乾坤是易原非画，心性何形得有尘？莫道先生学禅语，此言端的为君陈。"[2] 这里说的"先生"向来不知是指谁，但据董沄的一首和诗《敬次先师韵求教》吟道："为学当从一念真，莫将闻见骇时人。要知静默无为处，自有圆虚不测神。谷种滋培须有事，镜光拂拭反生尘。藏而后发无方体，听取江门碧玉陈。"[3] 这里说的"江门陈"就指陈白沙，可见阳明诗说的"先生"必是指陈白沙无疑。所谓"要知静默无为处"，就是指陈白沙的"默坐澄心，体认天理"。所谓"镜光拂拭反生尘"，就指陈白沙《题心泉》诗说的"飞尘亦何害"。因此阳明诗说"此言端的为君陈"，必就是指陈白沙的《题心泉》诗，阳明这首诗显然是对着壁上题的白沙《题心泉》诗感悟而发。就是在这座天泉楼中，阳明又汲取了白沙的"诗教"，吸收白沙的"古诗歌法"，创立了"九声四气歌法"，表明直到晚年阳明仍尊仰陈白沙的心学

[1] 《董沄集·从吾道人诗稿》。
[2] 《王阳明全集》卷二十《示诸生三首》之一。
[3] 《董沄集·从吾道人语录·求心录》。

心法。从立白沙的“默坐澄心，体认天理”为座右铭，到汲取白沙的“古诗歌法”而创立“九声四气歌法”，大书白沙的《题心泉》诗为座右铭，展现了阳明一生受陈白沙心学思想影响的全过程，阳明的“乙丑之悟”是汲取陈白沙的心学“心泉”的秘密由此完全揭开。

无独有偶，湛若水也慧眼看中了陈白沙这首《题心泉》诗，承认自己的思想也是汲取了陈白沙的心学的“心泉”（心法）。他在《白沙子古诗教解》中阐释《题心泉》的“心法”之教说：

> 赋而比也。以泉比本心，以尘比物欲，以桔槔比智巧。日日新，喻天理之生生不息也。黄叔仁别号“心泉”。先生为作此诗，言夜半汲山井者，夜半静定之时，而此泉日新，如人之夜气生生不息也。此时澄心反照，则天理自见矣。若夫白日，则马动人行而飞尘亦起，如旦昼所为梏亡之矣。此时为尘所蔽，则本来面目岂可见哉？又言飞尘犹之可也，若智巧以凿其性，如弄桔槔者之有机事必有机心，则坏之极矣。孟子所恶于智者为其凿也，亦此意。桔槔，汲水机也。《庄子·天运篇》：“桔槔者，引之则俯，舍之则仰。”[1]

湛若水说陈白沙生平无性理著作，他是以诗为教。陈炎宗解释说：“白沙先生以道鸣天下，不著书，独好诗。诗即先生之心法也，即先生之所以为教也。”[2] 所谓“心法”就是指“心学法门”，湛若水说的“此时澄心反照，则天理自见矣”，就是指陈白沙的“默坐澄心，体认天理”的“心法”。可见湛若水同阳明一样都从

[1] 湛若水：《白沙子古诗教解》卷下《题心泉》，见《陈献章集》后《附录一》。
[2] 陈炎宗：《重刻诗教解序》，见《陈献章集》后附《白沙子古诗教解》。

《题心泉》诗上体认到了陈白沙的“默坐澄心，体认天理”的“心法”“心泉”，成为两人“共倡圣学”（白沙学）的共同起点。

自然，因为白沙的“默坐澄心，体认天理”上本自李侗（董沄所谓千圣相传），所以阳明也同湛若水一样返本求新，追溯李侗的思想，用陈白沙的心学思想去诠释李侗的“默坐澄心，体认天理”，成为阳明与湛若水共倡圣贤之学的共同思想语言与共同思想基础。

李侗理学的特点，就是在本体论上，一方面认为理在吾心，心含万理；另一方面又认为理在物中，理一在分殊。所以在工夫论上，一方面讲“静中体认”，另一方面又讲“分殊体认”：静中体认就是“默坐澄心”，分殊体认就是“体认天理”。朱熹在《延平先生李公行状》中叙述李侗的这一思想说：“学问之道，不在多言，但默坐澄心，体认天理，若见虽一毫私欲之发，亦退听矣。久久用力于此，庶几渐明，讲学始有力耳。”所谓“默坐澄心”就是指静中体认：于静处下工夫，于澄心默坐中体认大本达道，于静中体认喜怒哀乐未发时气象。朱熹详细论述李侗这一思想说：

> 危坐终日，以验夫喜怒哀乐未发之前气象为如何，而求所谓中者。若是者，盖久之而知天下之大本，真有在乎是也。盖天下之理，无不由是而出，既得其本，则凡出于此者，虽品节万殊，曲折万变，莫不该摄洞贯，以次融释，而各有条理……无一不得其衷焉；由是操存益固，涵养益熟，精明纯一，触处洞然，泛应曲酬，发必中节。（《延平先生李公行状》）

在李侗看来，心具众理，因此体认天理须以静摄心，默照澄观，静中体认大本达道。静，就是指心虚一而静，“心源寂静”，“以身去里面体认”，李侗自己解释说：“虚一而静，心方实，则物乘之；物乘之则动，心方动，则气乘之；气乘之则惑，惑斯不一矣，则喜怒哀乐皆不中节矣。”[1] 静中体认要求静坐，从静坐中澄心观照，所以称“默坐澄心”，这一思想就自然同阳明在阳明洞中静坐导引修炼的实践遥相呼应贯通了。

但是李侗不仅强调静中体认，而且更注重分殊体认；不仅强调“默坐澄心”，而且更注重“体认天理”。在他看来，因为理在物中，“理一”在“分殊”中，所以须即物求理，就分殊体认理一，这就叫“分殊体认”，“随处体认物理”。当初朱熹第一次见到李侗大谈“昭昭灵灵”的禅学时，李侗就语重心长地对朱熹说：“天下理一而分殊，今君于何处腾空理会得一个大道理，更不去分殊上体认?”[2] 分殊体认就是从分殊中认识理一，随事随物随处体认天理。故李侗把“静中体认”称为“于静处下工夫”，把“分殊体认”称为“就事上下工夫”，“于日用处下工夫”，“日用间著实做工夫”。《延平答问》中记李侗的这一思想说：

> 盖寻常于静处体认下工夫，即于闹处使不着，盖不曾如此用力也。自非谢先生确实于日用处便下工夫，即恐明道此语亦未必引得出来。此语录所以极好玩索，近方看此意思显然。元晦于此更思看如何？惟于日用处便下工夫，或就事上便下工夫，庶几渐可合为己物，不然只是说也。

朱熹也具体地论述李侗这种随事随物随处体认天理的分殊体认说：

---

[1] 《延平答问》下。
[2] 徐用检:《仁山先生集序》,《仁山集》卷五。

> 昔闻延平先生之教，以为为学之初，且当存此心，勿为他事所胜。凡遇一事，即当且就此事反复推寻，以究其理。待此一事融释脱落，然后循序少进，而别穷一事。如此其久，积累之多，胸中自当有洒然处。[1]

可见所谓分殊体认实际也就是格物求理的意思。从理在吾心（心具众理）的一端说，须静中体认，默坐澄心；从理在物中（物具万理）的一端说，须分殊体认，格物求理。静中体认与分殊体认的统一，构成了李侗杂糅心学与理学的思想体系，他的默坐澄心（静中体认）后来为陆九渊的心学所接受，他的分殊体认（格物求理）后来为朱熹的理学（性学）所接受。陈白沙全面接受了李侗的默坐澄心与体认天理思想，所以他的思想体系也具有杂糅陆氏心学与朱氏理学的特点，或者说，陈白沙的思想体系其实还是一个不彻底的心学体系，正如阳明自己后来说："譬如这一碗饭，他人不曾吃，白沙是曾吃来，只是不曾吃了。"[2] 正是这个"不曾吃了"的"不彻底"的心学体系吸引了这时正由词章之学向圣贤之学、由宋儒理学向心学转变的阳明的极大注意，也为湛甘泉与王阳明各自借陈白沙心学发展自己的思想体系留下了不同的诠释空间。

阳明的"乙丑之悟"，就是阳明汲取陈白沙的"心泉"的心学思想之悟，是他体认觉悟到陈白沙的"默坐澄心，体认天理"的心学宗旨之悟，也是他生平超越宋儒理学走向心学的起点。最早看到阳明这一"乙丑之悟"的重要心学意义的，是天台耿定向。他在《新建侯文成王先生世家》中分析"乙丑之悟"在阳明

---

[1] 《大学或问》第五章。
[2] 见《明儒学案》卷二十九《主事尤西川先生》引《拟学小记》。

整个心学思想形成发展历程中的意义说：

> 于时教人，尝提知行合一指，而学者局于习闻难入。间教之默坐澄心，体认此理，而高明者或乐顿便，而忘积累。先生虑之，故自滁、留（都）后，时以存理去欲、省克立诚为教，盖即所体认者而实体之，非二指也。比当宸濠、张、许之难……于时第恃此知（良知），照察运用，倚着散缓一毫不得。乃益信此知神感神应，圆机妙用，本来具足如是。以是自信，亦以此公之人人。自是为教专提“致良知”三字，盖默不假坐而成，心不待澄而定矣。[1]

阳明立陈白沙的“默坐澄心，体认天理”为自己心学的座右铭，标志着阳明由词章之学向圣贤之学（心性之学）转型的完成，他超越了词章之学，超越了宋儒之学（程朱学），踏上了陈白沙的心学之路，这是阳明生平的第一次悟道——心学之悟，自十五岁格竹失败以来对宋儒思想的怀疑茫然、彷徨无路，至此才脚踏实地，有了坚实的归宿。这一心学之悟也同他的陷溺仙佛之悟相平行，他在《书扇赠扬伯》中说的“大道即吾心”，“吾将进之于道”，就是进之于陈白沙的心学之道。无怪当时京师诗社中的诗友们都对他放弃对词章之学的追逐很不理解，阳明却笑着作了这样的回答：

> 果有志于心性之学，以颜、闵为期，当与共事，图为第一等德业，譬诸日月终古常见，而景象常新。就论立言，亦须一一从圆明窍中流出。[2]

---

[1]《耿天台先生文集》卷十三。
[2]《王畿集》卷十六《曾舜徵别言》。

所谓“心性之学”就是指陈白沙的心学。所谓“一一从圆明窍中流出”，就是指从圆满至善的心体中流出的心性之学，这就是他的“乙丑之悟”对白沙心学的根本悟解。正好这时陈白沙门人湛若水入京任翰林院庶吉士，阳明找到了讲论陈白沙心学的知心同道，他的“默坐澄心，体认天理”的座右铭成了他同湛若水共倡圣贤之学的指路明灯。

同行白沙心路：与湛甘泉共倡圣学

湛若水在中进士后入选为翰林庶吉士，在五六月间由增城北上赴京。他的到来，给程朱理学阴霾笼罩的京都投进了一道岭南白沙心学的亮光。他在春间会试中写的《中者天下之大本论》，其实就是发挥白沙的心学，文中说：“喜怒哀乐未发之理，蕴诸其心也……寂然不动而遂通天下之故也，然后其理始著……君子于此，然后知人之为至贵，心之为至灵矣……夫理一而已矣。自其太虚无形者谓之天，自其赋予万物者谓之命，自其合虚与气者谓之心，自其具于心者谓之性，自其性之未发而不偏者谓之中。”这里已含蓄道出了白沙的“默坐澄心，体认天理”的心学宗旨。所以这篇心论引起了京中大臣与士人的极大注意。入京选为翰林庶吉士后，湛若水又引人注目地写了一系列鼓吹白沙心学的文章，他在《责志论》中论“心体”说：“夫天之所生，地之所养，而人为大；人之为大，以其有是性也，具是心也。有是心也，不能无是气也，不能无是形也。有是形也，不能无外物者触之。人之心不能无所之；有所之，不能不动于气。气有邪有正，不能不累于形；形之累，不能不触于物。物之触，其渐也，不能无成心。

此志之所由生，而气与习之所不能无也。”在《学颜子之所学论》中，湛若水更强调“求心”是圣贤之学的入门指诀：“存其心，正其性情。颜氏之子可谓善学而乃学之的也。然而吾心之体无穷……故善学颜子者，当求诸吾心无穷之体而已。……周子曰：‘颜子不迁怒，不贰过，三月不违仁。’然则不迁怒、不违仁者，其情已乎？不违仁者，其性已乎？不迁、不违、不贰过者，其心已乎？……善理性情者，求诸吾心焉可也。吾心之体无穷而颜子之学有据，以有据之迹而求无穷之理，何患不入圣域也！”在《学说》中，湛若水甚至提到了“良知”说：“古之学者，所以学为人也……故曰：人有所不虑而知者，其良知也；所不学而能者，其良能也。”湛若水这些文章必然会引起阳明的关注，但因为湛若水初进京师并不认识阳明，新选庶吉士后又很快紧张地投入翰林学士张元祯、刘机负责传授的教习中，所以他和阳明并没有能马上见面相识。大约到了冬间[1]，新选庶吉士繁忙的教习结束，可能湛若水听到了阳明立陈白沙的“默坐澄心，体认天理”为座右铭，与他的思想完全合拍；也可能是阳明从新选庶吉士倪宗正、穆孔晖、陆深、王韦那里得知湛若水是陈白沙的门人，得白沙真传，两人才心生渴慕，倾心会见，当面讲论学问，相互了解，得悉各人“圣学”的思想学问大旨完全相同，于是一见便定交，相约共倡圣贤之学。两人首次见面，估计徐爱、方献夫都在场[2]，

[1] 按：关于阳明与湛若水何时相见定交与共倡圣学，钱德洪、黄绾、邹守益以为在弘治十八年，而湛若水则自谓在正德元年，相差一年。按：相见定交与共倡圣学乃是两回事，以两事先后紧密相连，则当是两人在弘治十八年末始相见定交，正德元年初始共倡圣学，故说相差一年也。湛若水在正德十六年作的《答阳明王都先论格物》（《泉翁大全集》卷九）中明言：“仆获交于兄十有七年矣。”则是清楚说两人定交在弘治十八年矣。

[2] 《泉翁大全集》卷十五《赠别应元忠吉士序》：“正德丙寅，始得吾阳明王子于京师，因以得曰仁徐子者。”方献夫亦选为庶吉士与湛若水同赴京师，阳明与方献夫相识当亦在是年。

湛若水也肯定会看到阳明大书的"默坐澄心，体认天理"的座右铭，一下子说到了湛若水的心坎。所以阳明和甘泉都称这次初见是一次神交意会、心心相通的会见，湛若水自认"自我初识君，道义日与寻。一身当三益，誓死以同襟"[1]。后来他说：

> 正德丙寅，始归正于圣贤之学。会甘泉子于京师，语人曰："守仁从宦三十年（按：当作十三年），未见此人。"甘泉子语人亦曰："若水泛观于四方，未见此人。"遂相与定交讲学，一宗程氏"仁者浑然与天地万物同体"之旨。（《阳明先生墓志铭》）
>
> 岁在丙寅，与兄邂逅，会意交神。同驱大道，期以终身。浑然一体，程称"识仁"，我则是崇，兄亦谓然。（《奠王阳明先生文》）
>
> 丙寅于京，我友阳明。君（徐爱）少侍侧，如玉之英。（《祭徐郎中曰仁文》）

阳明更欣然称湛若水为"同心人"，"吾之同道友"[2]，也说：

> 晚得友于甘泉子，而后吾之志益坚，毅然若不可遏，则予之资于甘泉多矣。甘泉之学，务求自得者也。世未之能知其知者，且疑其为禅。诚禅也，吾犹未得而见，而况其所志卓尔若此。则如甘泉者，非圣人之徒欤？（《别湛甘泉序》）

---

[1] 《泉翁大全集》卷四十九《九章赠别》，《王阳明全集》卷七《别三子序》。
[2] 《王阳明全集》卷十九《阳明子之南也其友湛元明歌九章以赠崔子钟和之以五诗于是阳明子作八咏以答之》。

在相见定交以后，为了“同驱大道”，阳明与湛若水正式相约共倡圣学，已经是到了正德元年（1506 年）新春。所以湛若水三次明确地说他与阳明始相约共倡圣学是在正德元年（丙寅），不会记忆有误。显然，所谓“圣贤之学”其实就是指他们两人共尊信的陈白沙心学，不过他们都说得比较含蓄。由于朱明王朝统治者从朱元璋开始就以程朱理学统治牢笼天下，视陆九渊心学为异端。陈白沙的心学在民间崛起，被时人目为“禅学”，连湛若水、王阳明的思想也被连带“疑其为禅”。李空同曾经讲到朱明皇帝以程朱理学禁锢天下士人说：“太宗时，鄱阳一老儒诋斥濂洛之学，上己所著书。上览之，大怒。阁臣杨士奇力营救，得不杀。遣人即其家，尽焚其所著书。”[1] 士子儒生至今心有余悸，弘治中的京城，充斥着一班笃守正统程朱理学的官员与士人。冠盖满京华，斯人独憔悴，阳明与甘泉不得不打起“共倡圣贤之学”的旗号，以“圣贤之学”为掩盖来讨论、发展、倡导陈白沙的心学，借着宋儒程明道、李延平（朱熹老师）的权威说法为陈白沙的心学找到合法正统依据。所谓“共倡圣学”，就是两人共同汲取陈白沙的心学思想的“心泉”，讲明讨论陈白沙的心学思想，进一步统一两人对陈白沙的各种心学观点的认识，建构一个两人都认同的完善的心性之学体系（圣学），广泛向学子士人倡导、宣播、推行。后来湛若水说他们两人共倡圣学就是“共尊明道‘仁者浑然与天地万物为一体’之学”[2]，仿佛两人共倡的圣学就是指明道的程学，也是一种掩饰之词。实际他们是在程学掩盖下讲论陈白沙的心学，讨论的心学问题也很广泛。两人讲论圣学的焦点还是在陈白沙的“默坐澄心，体认天理”上，也正是两人共倡共尊共

[1]《空同集》卷六十五《外篇一·治道篇第四》。
[2]《甘泉先生续编大全》卷五《潮州宗山精舍阳明王先生中离薛子配祠堂记》。

守的圣学宗旨。

在体悟陈白沙的"默坐澄心，体认天理"上，湛若水几乎经历了一个与阳明相同的心悟历程。弘治七年湛若水往江门问学于陈白沙，白沙就是首先向他传授了"默坐澄心，体认天理"的心学。湛若水首问"体认天理"，陈白沙回答说："其兹可以至圣域矣。"[1] 但由于他把"默坐澄心"（静坐）与"体认天理"（随处体认）看成是对同一静观体认工夫思想的两句表述，所以对陈白沙教他的"默坐澄心"与"体认天理"皆两未有悟。[2] 归来后他涵养体认三年，终于豁然大悟。弘治十年他写信给陈白沙谈到自己的心悟说：

> 门生湛雨顿首百拜尊师白沙老先生函丈执事：自初拜门下，亲领尊训，至言勿忘勿助之旨，而发之以无在无不在之要，归而求之，以是持循，久未有着落处，一旦忽然若有开悟，感程子之言"吾学虽有所受，'天理'二字却是自家体认出来"，李延平云"默坐澄心，体认天理"，愚谓"天理"二字，千圣千贤大头脑处，尧舜以来至于孔孟，说"中"、说"极"、说"仁义礼智"，千言万语，都已该括在内。若能随处体认，真见得，则日用间参前倚衡，无非此体，在人涵养以有之于己耳。云云。丁巳冬十月一日，门生湛雨百拜顿首，顿首谨启。[3]

陈白沙很快写信称赞湛若水的心悟说："去冬十月一日发来书甚

[1] 湛若水：《白沙先生改葬墓碑铭》，《陈献章集》附录二。
[2] 参见阮榕龄：《编次陈白沙先生年谱》。
[3] 《泉翁大全集》卷八《上白沙先生启略》。

好。日用间随处体认天理，着此一鞭，何患不到古人佳处……皇皇灵芝，一年三秀。予独何为，有志不就？其可念也夫，其亦可叹也夫！”[1] 实际上，陈白沙对自己的“随处体认天理”早有经典独到的解说，他明晰详密地说：

> 终日乾乾，只是收拾此理而已。此理干涉至大，无内外，无终始，无一处不到，无一息不运。会此，则天地我立，万化我出，而宇宙在我矣。得此把柄入手，更有何事？往古来今，上下四方，都一齐穿纽，一齐收拾，随时随处，无不是这个充塞……此理包罗上下，贯彻始终，滚作一片，都无分别，无尽藏故也。[2]

所以湛若水在初受白沙教后，就接受了白沙“默坐澄心，体认天理”的心学宗旨，并且拈出“默坐澄心，体认天理”立为白沙心学入门的“不二法门”，不以白沙心学为“禅”。后来他在给整庵罗钦顺的信中，更清楚地透露了他初受白沙教接受“默坐澄心，体认天理”心学宗旨的实情及他对“默坐澄心，体认天理”的自我体悟说：

> ……（白沙）指教之初，便以孟子“必有事焉而勿正，心勿忘，勿助长”为标的。又以明道“学者须先识仁”一段，末亦以孟子此段为存之之法。及水自思……得以书禀问。天理二字，最为切要。明道云：“吾学虽有所受，然天理二字，却是自家体贴出来。”李延平教人“默坐澄心，体认天

[1] 《陈献章集》卷二《与湛民泽》书十一。
[2] 《国学献征录》卷二十二《翰林院检讨陈公献章传》。

> 理"。水以为"天理切须体认，日用间随处体认天理，便合有得"。先师喜，而以书答水曰："得某月日书来，甚好，读之，遂忘其所也。'日用间随处体认天理'，着此一鞭，何患不到圣贤佳处也！"夫禅者以理为障，先师以天理之学为是，其不为禅也明矣。……胡敬斋《居业录》有二处：一以《答东白先生书》"藏而后发"之语为禅，水辨之曰："然则《中庸》'溥博渊泉而时出之'者，亦禅矣乎？"一以"静中养出端倪"之语为禅，水辨之曰："然则孟子'夜气之所息'及'扩充四端'之说，亦禅矣乎？"盖人之心，天理本体具存，"梏之反复"，则亦若无有矣，实未尝无也，夜气养之，则本体端倪发见，"平旦之气，好恶与人相近"者是也。见此端倪，遂从此涵养，扩充盛大，则天理流行矣，何以谓之禅！……[1]

其实陈白沙强调"日用间随处"体认天理，湛若水强调"随处"体认天理，也都是本自李侗。李侗也强调说："须静坐体究，人伦必明，天理必察；于日用处着力，可见端绪。"[2] 但由于陈白沙不好著书立说，时人对陈白沙的"默坐澄心，体认天理"思想向来失察不明，多视为类同于禅家习静修禅的异说。张诩感叹说："门人各随其所见所闻执以为则，天下之人又各随其所见所闻执以为称，果足以知先生之道也哉！"[3] 湛若水的自悟体证，却真正把握并接上了李侗、陈白沙的"默坐澄心，体认天理"的思想真

[1] 见罗钦顺：《困知记》附录《寄罗整庵太宰书》。按：湛氏此书《泉翁大全集》失载。

[2] 《李延平集》卷一。

[3] 张诩：《白沙先生行状》，《陈献章集》附录二。

脉，完全符合李侗、陈白沙的本意。他的自我超越的悟解表现在两个方面：一是认识到二程说的“天理二字是自家体认出来”与李侗、陈白沙说的“体认天理”是两回事：二程说的“自家体认天理”是指吾心的静中体认（默坐澄心）；而李侗、陈白沙说的“体认天理”是指日用间的分殊体认（随时随物随处体认天理，就分殊体认理一）。故湛若水特地在“体认天理”前加“随处”“日用间”，是完全准确体悟到了李侗、陈白沙的“体认天理”的本意，而陈白沙在称颂湛若水的颖悟时明确肯定了他在“体认天理”前加上“日用间随处”的做法，也更清楚道出了白沙自家“体认天理”未被人看透的真谛。二是认识到了李侗、陈白沙说的“默坐澄心”与“体认天理”是两回事：“默坐澄心”是指静中体认大本达道，体认喜怒哀乐未发时气象，所以注重静坐静观；“体认天理”是指日用间随处体认天理，从分殊中体认理一，所以强调随处格物穷理。自陈白沙去世后，世人多只以“以静为主，但令人端坐澄心”的向内体认的一面认识陈白沙之学，而遗弃了陈白沙的“随处体认天理”（分殊体认）的向外体认的一面，遂为后人定白沙学为“禅学”找到口实依据。湛若水第一个纠正了世人对白沙之学的这一最大错误认识，他从默坐澄心向内体认的一面与随处识理向外体认的一面的统一上完善诠释了陈白沙的心学体系，也为他后来建立自己的“随处体认物理”的心学体系打下了基础。

由此可见，在心学的建构上，陈白沙、湛若水、阳明实际汲取了同一的儒脉渊源：陈白沙拈取了宋儒李侗的“默坐澄心，体认天理”，建立了自己主静体认的心学体系；湛若水则直接从陈白沙那里拈取了“默坐澄心，体认天理”，建立了自己“随处体认天理”的心学体系；阳明也直接从陈白沙那里拈取了“默坐澄心，体认天理”，确立了自己早期的本体工夫论心学体系。阳明立

"默坐澄心，体认天理"作为自己心学的座右铭，与湛若水不谋而合，可谓心有灵犀一点通。他对"默坐澄心，体认天理"的悟解，也同湛若水的悟解一致。虽然两人在京师共倡"默坐澄心，体认天理"思想的直接资料现已不可见，但依旧可以找到明显的相关证据与思想印迹。在"默坐澄心"（静坐）上，阳明本早已在阳明洞中进行真空炼形法的静坐修炼，同白沙的"默坐澄心"完全合拍，所以他把白沙的"默坐澄心"同他的真空炼形法的静坐修炼一下子通贯联系起来，仅从阳明在正德元年以后便大力提倡静坐静观，并且自己身体力行，终其一生都好静坐静观不变来看，他显然完全领悟并接受了陈白沙的默坐澄心、静中体认大本达道的工夫论思想，这是阳明与湛若水共倡圣学的直接思想成果，阳明后来更把这种"默坐澄心"的静中体认融化进了"体认心体""致良知"的心学工夫论中。可以说直到正德十四年提出"良知"说以前，阳明都是以"默坐澄心"为主要的本体工夫传授门人学者。如在正德十三年欧阳德来赣州问学受业，据他自己说，他主要就是学"默坐澄心"的工夫，他在《送刘晴川北上序》中说："阳明先生倡学虔台之岁，某从晴川子（刘魁）日受业焉。当是时，默坐澄心，游衍适性，诗、书、礼、乐益神智而移气体者咸备。"[1] 到正德十四年"良知之悟"以后，他又把"默坐澄心"的静观体认融进了良知心学中，嘉靖六年他在给周衝的信中说："静观物理，莫非良知发见流行处，不可又作两事看。"[2]

在"体认天理"上，阳明也和湛若水一样体悟到陈白沙"日用间随处体认天理"思想的精义，就在正德元年春间，他自作一幅山水画赠耔余年，在画上题了一跋：

---

[1] 《欧阳德集》卷七。
[2] 王守仁：《与周道通答问书》，见日本天理图书馆藏《王阳明先生小像附尺牍》。

> 安得于素林甘泉间，构一草舍，以老是乡。无怀、葛天之民，求之未远。盖学问之道，随处即是，惟宜读书以先之。
>
> 丙寅正月七日，为籽余年先生，守仁学。（《山水画自题》）[1]

“学问之道，随处即是”，分明就是湛若水说的“随处体认天理”的意思，可见阳明对陈白沙“体认天理”的悟解也同湛若水一样简捷明快，透彻把握到了它的随处体认、分殊体认的真义。阳明新春写这篇画跋，恰正是两人开始共倡圣学之时，所以阳明特意作这篇含义深长的画跋，不啻宣告了他同湛若水两人共倡圣学的开始。两人站在同一的白沙心学起跑线上，心心相通，在默坐澄心、体认天理上同行共进。甚至到正德七年，阳明在给湛若水的信中还说自已“惟日闭门静坐……每遇惩创，则又警励奋迅一番，不为无益。然终亦体认天理欠精明，涵养功夫断续耳”[2]。如果说两人这时思想认识上有什么不同的话，那么可以说在体认践行陈白沙的“默坐澄心，体认天理”上，湛若水更注重随处体认天理，而阳明更注重默坐澄心观理，这里已经隐伏了两人未来不同的心学走向的矛盾分化，他们都逐渐看出了陈白沙的“默坐澄心”与“体认天理”的内在矛盾，开始尽力各自作出新的诠释来弥缝统合白沙心学中的矛盾裂痕，两人的思想由此渐渐拉开了距离，终至分道扬镳：湛若水主要抓住并发展了白沙的“体认天理”，建立了“随处体认天理”的心学思想体系；阳明则主要抓住并发展了白沙的“默坐澄心”，走向了“致良知”的心学思想

[1] 按：阳明此山水画并题真迹原为日本京都长尾羽山翁所藏，后为张学良将军所得，今有复制品藏台北“故宫博物院”。

[2] 王守仁：《与湛甘泉》书一，《嘉靖增城县志》卷十七《外编杂文类》。

体系。"共倡圣学"的"蜜月"时期结束了，两人自然展开了新一轮的各自圣学思想体系的讲论角逐。

在正德元年两人共倡圣学上，除了陈白沙的"默坐澄心，体认天理"思想是两人讲论倡导的焦点外，程明道的"仁者浑然与天地万物同体"思想也是两人讲论倡导的圣学中心议题。湛若水说"其时共尊明道'仁者浑然与天地万物为一体'之学"，"浑然一体，程称'识仁'。我则是崇，兄亦谓然"。其实这一思想也是白沙、甘泉直接得自李侗，《延平答问》中记有李侗论"仁者浑然与天地万物同体"说：

> 所云见《语录》中有"仁者浑然与物同体"一句，即认得《西铭》意旨。所见路脉甚正，宜以是推广求之。然要见一视同仁气象，却不难。须是理会分殊，虽毫发不可失，方是儒者气象。
>
> 讲学切在深潜缜密，然后气味深长，蹊径不差。若概以理而不察乎其分之殊，此学者所以流于疑似乱真之说而不自知也。

可见阳明与湛若水共论"仁者浑然与天地万物为一体"同他们共论"理一分殊""分殊体认""随处体认天理"有密切关系，是他们总的从共论"默坐澄心，体认天理"的心学宗旨中推阐出来的一大心学本体工夫论命题。"仁者浑然与天地万物为一体"本也是陈白沙突出宣扬的重要心学思想，不过是他的"心即理""心理合一""心物合一""心外无理""心外无物"的心学大旨的另一种表述，所以阳明与湛若水两人表面像在讨论尊崇程明道的"仁者浑然与天地万物为一体"，实际还是在讨论共尊陈白沙的心学。陈白沙用陆九渊的“心即理”“心外无物”对明道的“仁者浑然与天地万物为一体”作了心学的诠释，他的这种神秘的仁心与万物浑然一体的思想在当时也鲜为世人所理解，正是湛若水在《白沙先生改葬墓碑铭》中作了明晰的阐述：

> ……既博记于群籍，三载罔攸得；既又习静于阳春台，十载罔协于一，乃喟然叹曰：“惟道何间于动静，勿忘勿助何容力，惟仁与物同体，惟诚敬斯存，惟定性无内外，惟一无欲，惟元公、淳公其至矣。”故语东白张子曰：“夫学至无而动，至近而神，藏而后发，形而斯存。知至无于至近，则何动而非神？故藏而后发，明其机矣；形而斯存，道在我矣。夫动，已形者也；形，斯实矣。其未形者，虚而已矣。虚，其本也，致虚所以立本也。”语南川林生曰：“夫斯理无内外，无终始，无一处不到，无一息不运。会此则天地我立，万化我出，而宇宙在我矣。得此把柄，更有何事？上下四方，往古来今，浑是一片。自兹以往，更有分殊，合要理会，终日乾乾，存此而已。”甘泉湛生因梁生景行以见，语之曰：“噫，久矣，吾之不讲于此学也。惟至虚受道，然而虚实一体矣。惟休乃得，然而休而非休矣。惟勿忘勿助，学其自然矣。惟无在无不在，斯无忘助矣。”……[1]

湛若水太了解白沙的心理物我浑然一体说了，他自己替白沙先生解释说：

[1]《陈献章集》附录二。

> 甘泉生曰：夫至无，无欲也；至近，近思也。神者，天之理也；宇宙，以语道之体也。乾乾，以语其功也；勿忘勿助，一也，中正也，自然之学也，皆原诸周程至矣。惟夫子道本乎自然，故与百姓同其日用，与鬼神同其幽，与天地同其运，与万物同其流，会而通之，生生化化之妙，皆吾一体，充塞流行于无穷，有握其机而行其所无事焉耳矣。惟夫子学本乎中正，中正故自然，自然故有诚，有诚故动物。（《白沙先生改葬墓碑铭》）

> 道行于天地之间，为四时，为百物，为逝水，为鸢鱼，为风月，皆与道为体者。若能仰观俯察，则见其充塞流行，与我同体而自强不息矣。（《白沙子古诗教解》卷下《赠黎秀才》）[1]

可见陈白沙正像借李延平的"默坐澄心，体认天理"构建了自己端坐观照、随处体认的心学工夫论一样，他借程明道的"仁者浑然与天地万物为一体"构建了自己"心理物我浑然一体"（心理事三合一）的心学本体论，湛若水说他与阳明"共尊明道'仁者浑然与天地万物为一体'之学"，其实就是两人在共尊共倡陈白沙的"心理物我浑然一体"的心学。湛若水精心作《白沙子古诗教解》，阐释解说陈白沙的"心理万物浑然一体"的心学本体论与"默坐澄心，体认天理"的工夫论，正是本书解诗教人的醒目的两大主旨与主题。他在阐释白沙《随笔》诗的"人不能外事，事不能外理"时，就点明说："宇宙内事，即己性分内事，心事相感应，故云人不能外事。事行而义生，故云事不能外理。心、

[1] 《陈献章集》附录一。

事、理三者，一贯而不可离，故程子曰：‘体用一原，微显无间。’”[1] 他在解说白沙的《偶得寄东所》诗时，更揭开了陈白沙的“心理物我浑然一体”的心学本体论的未发之秘：

> ……见在心者，人之本心，古今圣愚所同有……此二句指出心之本体也……而天地间凡万物有生者，皆我之与，即浑然与天地万物为一体之意。此二句指出道之本体也。然以此心会此道，一而已矣。失此心，则道在万里之远；得此心，则道在咫尺之近。夫咫尺犹在外，而道与心则合而为一。……盖几者动之微，辨之不可不早……将迎之心萌，则憧憧往来，朋从尔思，此吾心得失存亡来去之几也。知其几而止之，则此心常存，可以体道矣。[2]

这就是陈白沙道心合一、心物合一、道物合一的心学。在陈白沙的心学视阈中，道在吾心，道心合一；道又在万物，道物合一。因此从道在吾心的一头言，须默坐澄心，静中体认；从道在万物的一头言，须随处体认，分殊穷理。“心理物我浑然一体”的心学本体论与“默坐澄心，体认天理”的心学工夫论是统一不分的，所以在共倡圣学上，湛若水表面只含糊说两人“共尊明道‘仁者浑然与天地万物为一体’”的本体论，其实也已完全把两人共尊“默坐澄心，体认天理”的工夫论包含了进去，他只不过用共尊程明道之学来掩盖了两人共倡陈白沙心学的良苦用心。

阳明在共尊明道“仁者浑然与天地万物为一体”上，也洞悉

---

[1] 湛若水：《白沙子古诗教解》卷下，《陈献章集》附录一。
[2] 《陈献章集》附录一。

到了陈白沙的"心理物我浑然一体"的心学本体论，与湛若水达到同样的认识高度，故湛若水说"我则是崇，兄亦谓然"。还在弘治十八年（1505年），阳明在自悟仙佛之非的《书扇赠扬伯》中就称"大道即吾心，万古未尝改。长生在求仁，金丹非外待"，已经包含了他对程明道的"仁者浑然与天地万物为一体"与陈白沙的"心理物我浑然一体"的最初认识与体悟。到正德元年在与湛若水共尊明道"仁者浑然与天地万物为一体"时，他专门写了一篇文章明确谈到他对明道"仁者浑然与天地万物为一体"的认识说：

> 孟氏没而圣人之道不明，天下学者泛滥于词章，浸淫于老佛，历千载有余年，而二程先生始出。其学以仁为宗，以敬为主，合内外本末，动静显微，而浑融于一心，盖由茂叔之传，以上溯孟氏之统，而下开来学于无穷者也。……[1]

阳明把明道的"仁者浑然与天地万物为一体"理解为心理物我为一体，人与万物内外本末、动静显微浑融于一心，这是一种心学的诠释，与陈白沙、湛若水的心学诠释思路完全相同，显示了他在正德中与湛若水共倡圣学时对心我万物浑然一体思想的认识已达到时人难以企及的高度，即使阳明自己后来也未能再有新的超越。二十年后，他在《答顾东桥书》中专门论述自己的天地万物人己物我一体观说：

> 夫圣人之心，以天地万物为一体，其视天下之人，无外

[1] 阳明作无题文，见詹淮：《性理标题综要·谭薮》。

> 内远近，凡有血气，皆其昆弟赤子之亲，莫不欲安全而教养之，以遂其万物一体之念。天下之人心，其始亦非有异于圣人也，特其间于有我之私，隔于物欲之蔽，大者以小，通者以塞，人各有心，至有视其父子兄弟如仇雠者。圣人有忧之，是以推其天地万物一体之仁以教天下，使之皆有以克其私，去其蔽，以复其心体之同然……盖其心学纯明，而有以全其万物一体之仁，故其精神流贯，志气通达，而无有乎人己之分，物我之间。[1]

可见阳明晚年的“天地万物浑然一体”思想的定说同他在正德元年体悟到的“心理万物浑融一心”思想的早年之说脉络一气贯通，并无二致，晚年的阳明完全重复了他当初与湛若水共倡圣学时的看法，从中尤可清晰看到他的这一心学思想上本程明道、陈白沙的明显痕迹。

阳明与湛若水的共倡圣学，就是围绕“仁者浑然与天地万物为一体”的心学本体论与“默坐澄心，体认天理”的心学工夫论展开的。但所谓“共倡圣学”并不仅是指阳明与湛若水两人之间讲学讨论圣学，共尊共守两人认同的圣学，而且更是指他们用这种两人认同的圣学去向士子儒生群中倡导、讲论、宣传，发扬光大，因此“共倡圣学”并不只是在他们两人之间进行，而更多是他们同京师莘莘士子学人展开圣学的讲学讨论。这样，两人的共倡圣学便同他们的讲学论政紧密联系起来，他们的“圣学”在讲学论政中得到了进一步阐扬升华。湛若水从会试中以一篇独特的论心学（圣学）的试卷《中者天下之大本论》开始在京大力宣扬从陈白沙那里传授来

[1]《传习录》卷中。

的圣学，引起朝士的注目，一大批同他一起选为翰林庶吉士的方献夫、胡铎、陆深、倪宗正、穆孔晖、蔡潮、张邦奇、刘寓生、王韦等人，成了同湛若水讲论圣学的"讲友"，日日相互切磋[1]，深得西涯李东阳、木斋谢迁的器重。他们同时也成了同阳明讲论圣学的"讲友"。这时同阳明讲论圣学的主要有两类人：一类是弘治十八年的新科进士，像湛若水、方献夫、刘节、张邦奇、陆深、周广、郑一初、郑善夫、胡东皋、胡铎、闻渊、倪宗正、徐祯卿、顾应祥、谢丕、翟銮、穆孔晖、戴德孺、陈鼎、许完等，他们有的留朝任职，有的选为翰林庶吉士，有的虽到地方州县任官，但也常来京师见阳明问学，不少后来陆续成了阳明弟子。一类是在京的同僚士友，像都穆、汤礼敬、黄昭、李永敷、杨子器、陈珂、杭淮、储巏、崔铣、汪循、汪俊、汪伟、乔宇、林富、刘茝等，阳明同他们经常讲学唱酬，他的"圣学"在讲学唱酬中也得到了宣扬提升，把那些在学途徘徊的士子引进了自己"圣学"的"彀中"。

阳明与湛若水讲论倡导的是陈白沙的心学，但京师芸芸学子士人在朱明王朝尊朱统治思想的笼罩下多是走朱学之路，不识陆九渊学，更无论陈白沙学。阳明已经意识到，同他们讲论学问，就是要把他们从朱学的迷途拉回到陆学、白沙学的思想轨道上来。选为翰林庶吉士的陆深，原就是王华的门生，他在同阳明的讲论学问中转向了阳明的"圣学"，成了阳明的弟子。陆深后来在《海日先生行状》中说："深，先生南畿所录士也。暨于登朝，获从班行之末，受教最深；又辱与新建公游处，出入门墙最久。每

[1] 按：龚用卿《南京太仆寺卿胡公铎神道碑》云："支湖胡公讳铎，字时振，余姚人……弘治戊午以《易》发解。乙丑举进士，改翰林院庶吉士。日与汝南、甘泉（湛若水）、小野（倪宗正）三公相切磋。读中秘书，日益宏肆。大学士西涯李公、木斋谢公深器重之。"（《国朝献征录》卷七十二）按：蔡汝南生于正德十年，嘉靖十一年方中进士出仕，故此蔡汝南当是蔡潮之误。

当侍侧讲道之际，观法者多矣。”所谓“又辱与新建公游处”，就是指正德元年在京与阳明讲论学问；所谓“出入门墙最久”，就是自认为阳明的门人。无怪后来阳明被谪龙场驿，众人多畏不敢言，陆深却作了一首长篇《南征赋》为阳明鸣不平了。另一名阳明的弟子穆孔晖，起初不肯宗阳明说，对阳明的思想并不怎么理解，也是在同阳明讲论圣学中开始渐信王学。黄佐在《南雍志》中为穆孔晖立传，说：“主事王守仁校文山东，置孔晖举首……孔晖天性好学，虽王守仁所取士，未尝宗其说而非薄宋儒。晚年乃笃信之，深造禅学顿宗。”[1] 阳明面对的学子士人大多数都是比穆孔晖还要“保守”的尊宋儒、信朱学的人，同阳明讲论圣学总隔一层。“姚江三廉”之一的胡铎，也是余姚人，与阳明早识，他是一名笃守朱学的正统名士，人们呼他为“胡道学”。选为翰林庶吉士后，同湛若水与阳明讲论圣学都不合。黄宗羲在《姚江逸诗》中说：“胡铎，字时振，号支湖，弘治乙丑进士……支湖与文成同邑，而议论不相合，其《异学辨》为文成而发。”[2] 胡铎的《异学辨》，是他正德十六年针对阳明的《古本大学傍释》与《朱子晚年定论》所作的一部论辨之书，指斥阳明王学为“异学”，犹回响着他在正德元年同阳明、湛若水论辨圣学时的认识基调。这时阳明已提出了“致良知”的心学，胡铎写信给阳明尖锐批评说：“足下薄宋儒，以闻见之知汩德性之知。知一而已，德性之知不离闻见，闻见之知还归德性。怵惕恻隐之心，良心也，必乍见孺子而后动，谁谓德性之离闻见乎？人非形，性无所泊，舍耳目闻见之知，德性亦无所自发也。《大学》论修身，而及于致

[1] 《南雍志》卷二十一《穆孔晖传》。参见《明史》卷二百八十三《邹守益传》：“孔晖端雅好学，初不肯宗守仁说，久乃笃信之，自名王氏学，浸淫入于释氏。”

[2] 《姚江逸诗》卷八。

知，则固合德性、闻见而言之矣。”[1] 这是把阳明从正德元年讲论的“圣学”到正德十六年讲的“良知”心学都视为“异学”了。

另一名著名的崇朱学者仁峰汪循，也是同阳明讲论圣学的主要人物。他任顺天府通判，尤好论政讲学。在八月他接连上《陈言外攘内修疏》《论裁革中官疏》，触忤权阉刘瑾，罢归休宁。阳明在他的讲论学问的书卷上题文赠别，语重心长地说：

> 程先生云：“有求为圣人之志，然后可与共学。”夫苟有必为圣人之志，然后能加为己谨独之功；能加为己谨独之功，然后于天理人欲之辨日精日密，而于古人论学之得失，孰为支离，孰为空寂，孰为似是而非，孰为似诚而伪，不待辩说而自明。何者？其心必欲实有诸己也；必欲实有诸己，则殊途而同归，其非且伪者，自不得而强入。不然，终亦忘己逐物，徒弊精力于文句之间，而曰吾以明道，非惟有捕风逐影之弊，抑且有执指为月之病，辩析愈多，而去道愈远矣。故某于朋友论学之际，惟举立志以相切砺。其于言论同异之间，姑且置诸未辩。非不欲辩也，本之未立，虽欲辩之，无从辩也。夫志，犹木之根也；讲学者，犹栽培灌溉之也。根之未植，而徒以栽培灌溉，其所滋者，皆萧艾也。进之勉之！[2]

这其实是一篇含蓄论辨圣学的文章，从中不仅可以看出汪循同阳明讲论圣学存在的分歧不合，而且更可窥探到阳明自己在正德元

[1] 《光绪余姚县志》卷二十三《胡铎传》。
[2] 《王阳明全集》卷二十八《书汪进之卷》。

年是怎样讲论圣学的“全豹”。阳明实际在文中提出了论辨圣学的两条基本原则：一是讲学须先立志，立志为根本，讲学为枝叶。所谓立志，就是立心（心之所志向），先立信圣学之心，才能讲论圣贤之学，否则讲学辨析愈繁，去道愈远。二是论辨圣学如有异同是非得失，可以无辨，不必强辨纷争。求同存异，从根本立志入手，加为己谨独之功，异同得失是非不待辨说而自明。其实，这两条原则也就是阳明与湛若水两人共倡圣学遵循的原则，后来贯穿在阳明一生的讲论学问中。

阳明与湛若水共倡圣学就是同他们与学子士人讲论圣学联系在一起的，正是在同这些顽固尊信朱学的学子士人的讲论圣学中，“嗟予不量力”，阳明也有自己心路的迷茫，痛苦的精神徘徊，沉潜新的心性学的深思，感到了自己圣学（白沙心学）的不完善，推动他与湛若水各自反思自己的圣贤之学，在心学之路上奋勇前行。所以他们两人的共倡圣学只进行了一年多，就因阳明上书援救言官下狱被贬而中断了。正德二年闰正月阳明离京赴谪龙场驿时，湛若水精心作了《九章赠别》送阳明，他在序中点明诗的真意说：

> 《九章》，赠阳明山人王伯安也。山人为天德王道之学，不偶于时，以言见谴，故首之以《窈窕》；窈窕比也，然而谴矣，终不忘乎爱君，故次之以《迟迟》；谴而去也，其友惜之，故次之以《黄鸟》；惜之非但已也，爰有心期，故次之以《北风》；道路所经，不无吊古之怀，故次之以《行行》；行必有赠与处，故次之以《我有》；赠非空言也，必本乎道义，故次之以《皇天》；皇天明无为也，无为则虚明自生，无朋从之思而道义出矣，故次之以《穷索》；穷索非穷

> 索也，无思而无不思也，无为立矣，虚明生矣，道义出矣，然后能与天地为一体，宇宙为一家，感而通之，将无间乎离合，虽哀而不伤也，故次之以《天地》终焉。[1]

诗序不露痕迹地道出了《九章》咏叹"仁者浑然与天地万物为一体"与"默坐澄心，体认天理"圣学的主题，所以第八首《穷索》诗云："穷索不穷索，穷索终役役。若惟不穷索，是物为我隔。大明无遗照，虚室亦生白。至哉虚明体，君子成诸默。"第九首《天地》诗云："天地我一体，宇宙本同家。与君心意通，离别何怨嗟？浮云去不停，游子路转赊。愿言崇明德，浩浩同无涯。"《九章》分明震响着两人一年来共倡圣学的余音。阳明自是心照不宣，心性之思比湛若水更深邃明澈，他也不露痕迹地作了《八咏》相应答，第三首论两人的共倡圣学云：

> 洙泗流浸微，伊洛仅如线。
> 后来三四公，瑕瑜未相掩。
> 嗟予不量力，跛鳖期致远。
> 屡兴还屡仆，惴息几不免。
> 道逢同心人，秉节倡予敢？
> 力争毫厘间，万里或可勉。
> 风波忽相失，言之泪徒泫。

第四首论心即理、万物一体的心学云：

---

[1] 《泉翁大全集》卷四十九《九章赠别》。

此心还此理，宁论己与人？
千古一嘘吸，谁为叹离群？
浩浩天地内，何物非同春！
相思辄奋励，无为俗所分。
但使心无间，万里如相亲。
不见宴游交，征逐胥以沦？

第五首论随处体认天理云：

器道不可离，二之即非性。
孔圣欲无言，下学从泛应。
君子勤小物，蕴蓄乃成行。
我颂《穷索》篇，于子既闻命。
如何圜中土，空谷以为静？

第六首论默坐澄心云：

静虚非虚寂，中有未发中。
中有亦何有？无之即成空。
无欲见真体，忘助皆非功。
至哉玄化机，非子孰与穷？[1]

阳明的《八咏》与湛若水的《九章》，可以看作是两人各自对自己这时的心学思想的一个总结。在赴谪龙场驿之前阳明与湛若水

[1]《王阳明全集》卷十九《阳明子之南也其友湛元明歌九章以赠崔子钟和之以五诗于是阳明子作八咏以答之》。

《八咏》与《九章》的长歌互答，是阳明与湛若水两人共倡圣学的悲慨的最后一幕。他们用这两组诗宣告了两人共倡圣学无奈的结束，但是两人的心学之路并没有中绝，随着两人共倡圣学的结束而来的，是两人各自对自己心学的新的探索。在正德二年以后，湛若水在京中纷争的旋涡中深思熟虑地发展着自己的"随处体认天理"的心学，而阳明也在穷困处夷的磨难中踏上了新的心学觉悟之路。

第六章

从兵部主事到龙场驿丞

八虎弄权：武宗新政的乱象

其实，在专制皇权中心的京师，阳明与湛若水共倡圣学在新帝武宗日益荒淫的腐败乱政下早已难以为继。自武宗在弘治十八年五月登极以后，朝内外潜伏的危机严重暴露，朝中纷争内斗加剧，撕下了孝宗时代煌煌“太平成象”的表面升平气象。武宗生性荒淫冥顽，刚愎自用，他比孝宗更独断专横，倍加宠信阉竖。于是从孝宗朝风光过来的八大权阉刘瑾、马永成、谷大用、张永、罗祥、丘聚、魏彬、高凤乘时而起，武宗一一宠爱有加。八虎日日侍武宗宴游嬉戏，诱引武宗玩养狗马鹰兔，舞唱角觝，形同倡优，皇宫中丝竹钟鼓之声响彻宫外。又造豹房供十五岁的“少年天子”淫乱，招引善秘术的番僧入宫。这刘瑾本姓谈，他在景泰间就自宫净身选入皇宫，冒姓刘。因为识得几个大字，伶牙利齿，人呼为“利嘴刘”。成化中，凭他喜好教坊戏剧，也能歌善舞，被命为领教坊事，得到宪宗格外宠幸。到弘治中立东宫太子，刘瑾春风得意被选为东宫侍臣，可见武宗还在当东宫太子时已与刘瑾关系如胶似漆。一登上皇帝宝座后，他便大力提拔重用八虎。正德元年正月，他亲下旨命内官太监刘瑾管三千营，御用太监张永管神机营中军并显武营、神机营右掖，司设监太监马永成任御马监太监。三月，神机营左掖太监马永成又调中军二司。八虎大权在握，炙手可热，大臣纷纷攀援结托，加深了朝臣间的勾心斗角。吏部左侍郎焦芳就靠太监的内援，升为吏部尚书。但他的野心是想入阁，身为元老大臣的王华便成了他首要打击的目标。

王华以状元闻名天下，又是三朝元老的重臣，本来最有入阁的希望，但却遭到政敌一连串的弹劾，阻挡了王华的入阁之路。正德元年正月，礼部右侍郎王华直经筵。二月，王华奉命祭祀诸陵、历代帝王陵寝、岳镇海渎诸神。五月，王华又升礼部左侍郎。他在仕途上一时骎骎有复起之势，这被入阁心切的焦芳视为眼中钉，马上暗中嗾使科道官再弹劾王华。先在三月，兵部侍郎熊绣忽然无故被擢左都御史出抚两广，离朝远去。这件事其实同御史何天衢弹劾吏部尚书马文升有关系，都是焦芳嗾使同党击去政敌、为自己入阁扫清道路的杰作。谈迁在《国榷》中揭露事情的内幕说：

> 正德元年三月己亥，吏部尚书马文升以御史何天衢见劾乞休，不许。初，文升荐乡人许进提督团营，刘宇总制宣、大。兵部尚书刘大夏不谓然，侍郎熊绣以大夏乡人，推两广总督，怏怏不欲行，讽天衢劾文升，谓衰老不任，私巡抚福建右佥都御史王璟、婿崔志学等。[1]

但谈迁似乎回避了焦芳的暗中嗾使。朱国祯揭露事情的真相说：

> 前语必焦芳所造。当时马、刘、闵同心辅政，芳由词林谪外，乞恩再起，得为吏部侍郎。其眈眈于诸公，非一日矣。何天衢劾去马文升，代者非刘大夏，即闵珪，又嗾人尼之，芳乃得拱手取其位。本末昭然，而又设不协之语，实以许、熊，盖皆两公乡人，可引而证者。前朝内外均劳自常事，熊

[1] 《国榷》卷四十六。按：王世贞《吏部尚书马公文升传》云："楚人熊绣为兵部左侍郎，文升推之总制两广，怏怏不欲行，流言闻于乡人御史何天衢，因劾文升衰老不任，文升再疏乞归。"说与《国榷》不同。

何以不乐？许在弘治初已为巡抚，威名甚重，久之督团营，荐岂私心？牵合若出有因，点缀羌非实事。芳之奸诡，于此尤甚。谗人罔极，交乱四国，正此之谓。[1]

刘瑞在《南京都察院右都御史谥庄简熊公绣传》中说："孝宗敬皇帝励精图治，召二三大臣商治理，刘公洎右都御史戴公珊尤被亲近，而公与焉。未几，敬皇帝上宾，众嫉公，因举公为右都御史，出抚两广，盖远之也。"[2] 所谓"众嫉公"就包括焦芳。熊绣成化二年中进士，是比王华资历更老的三朝元老重臣，所以也尤为焦芳所嫉，王华、阳明都心里有数。因为熊绣是阳明的兵部上司，在熊绣离京赴两广时，兵部同僚唱酬相送，阳明特意作了一篇《东曹倡和诗序》，说：

正德改元之三月，两广缺总制大臣。朝议以东南方多事，其选于他日，宜益慎重。于是湖南熊公由兵部左侍郎且满九载秩矣，擢左都御史以行。众皆以为两广为东南巨镇，海外诸蛮夷之所向背，如得人而委之，天子四方之忧可免二焉。虽于资为屈，而以清德厚望选重可知矣。然而司马执兵之枢，居中斡旋，以运制四外，不滋为重欤？方其初议时，亦有以是言者。虑非不及，而当事者卒以公之节操才望为辞，谓非公不可，其意实欲因是而出公于外也。于是士论哄然，以为非宜，然已命下无及矣。为重镇得贤大臣而抚之，朝议以重举，而公以德升，物议顾怏然而不满也。衡物之情，以行其私，而使人怀不满焉，非夫忘世避俗之士，不能无忧焉。自

[1] 《国榷》卷四十六"正德元年三月己亥"条下引。
[2] 《国朝献征录》卷六十四。

> 命下暨公之行，曹属之为诗以写其眷留之情者，凡若干人。以前驱之骤发也，叙而次之，仅十之一。遮公御而投之，庸以寄其私焉。[1]

阳明的序写得很含蓄，却又十分尖锐。所谓"当事者"，即暗指焦芳之流。"其意实欲因是而出公于外也"，点出了焦芳之流将熊绣由司马执兵之枢远放外任的真实用心。而"士论哄然"，"物议顾怏然而不满也。衡物之情，以行其私，而使人怀不满焉"，也道出了朝中内斗的激烈。在朝臣们弹劾刘瑾之前，阳明其实已以这一篇《东曹倡和诗序》卷入了朝廷纷争。

焦芳排逐了马文升、熊绣，得到了荣升吏部尚书的御赏，这是他在入阁之路上跨出的决定一步。接下来的目标就是排击王华。九月，南京十三道御史李熙等忽然再劾王华，迫使王华上疏抗辩，辞免日讲。正史对此事都说得含糊不明，掩盖了事情的真相。《明武宗实录》上只冠冕堂皇地说："正德元年九月辛卯……南京十三道御史李熙等以灾异条陈十事……吏部侍郎张元祯夤求入阁，礼部侍郎王华讳名首赂……癸巳，礼部左侍郎王华以御史李熙等劾其讳名首金，乞为究竟其事，洗涤冤愤，然后罢归田里。有旨：'华事情已白，其勿辩，可尽心所职。'……癸卯，礼部左侍郎王华以日讲赐冠服，具疏辞，并辞免日讲。盖方为言者所论，心不自安。上曰：'华先朝讲官，朕亲简用，赏赐冠服亦旧典，不必辞。'"[2]其实这是焦芳在背后嗾使李熙等御史出面弹劾，意在逐去王华、张元祯两个入阁的最大竞争对手。王鏊在《震泽纪闻》中揭露事情的真相说：

---

[1]《王阳明全集》卷二十九。
[2]《明武宗实录》卷十七。

> 正德初，言者劾礼部侍郎王华，荐芳与梁储可大用，由芳嗾之也。华廉得其事，面折之，遂相与为怨。初，芳力求入阁，谢迁辄抑之，于是怨迁，每言及余姚（按：指王华）、江西人则骂之，以迁及彭华故也。户部尚书韩文疏论天下经费不足，诏集廷臣议，佥谓理财无上策，惟劝上节俭。芳知左右有窃听者，大言曰："庶民家尚须财用，朝廷以四海之富，安得靳费！谚言'无钱检故纸'，今天下逋租匿税何限，不于是检察，而独劝上节俭乎！"上闻之喜，谓芳可大用也。及文升去位，遂以芳代之。会中官八人导上为戏乐，给事中刘茝、陶谐皆上疏极谏。鏊与户部尚书韩文善，间谓文曰："彼小官能言，吾辈大臣可默默乎？"文曰："此吾心也。"然疏必吏部为首，乃以告芳。芳曰："我知格君心之非而已，谏非吾事。"文知其意，曰："文自为之。"及疏上，有诏召大臣诣左顺门。芳故徐行在后，曰："今日之事，为首者自当之。"至门下，噤不出一言。私语内竖曰："疏皆文主之，余不知也。"于是文得罪去。及官内阁，制诰批答不能一措辞，惟以口詈伤人。与刘瑾相结，表里为奸。察瑾所欲为，先意迎合。凡四方有请谒，先赂芳，芳以赂瑾，无不立应。增解额，斥翰林，排江西、余姚（按：指谢迁、王华、阳明）不得为京官，皆芳志也。[1]

王鏊的真实记录揭开了很多被正史掩埋的秘密：原来焦芳才是与刘瑾勾结作恶的真正的元凶大臣，他为入阁先是嗾使十三道御史弹劾王华；弹劾王华失败后，他转而投靠刘瑾，表里为奸，靠刘

[1]《震泽纪闻》卷下《焦芳》。

瑾的内援登上阁老的宝座；朝臣弹劾刘瑾要以吏部尚书领头，他却断然拒绝，反将大臣伏阙上书的消息透露给内阉，听任户部尚书韩文罢斥而去；他靠阿附奴事刘瑾顺利当上阁老，后来"余姚人"阳明、王华贬谪罢官，原来也都有他在从中作祟。[1]

朝中大臣起来弹劾刘瑾八虎，就是因焦芳嗾使南京十三道御史劾礼部尚书张升、礼部左侍郎王华、吏部左侍郎兼学士张元祯等人而激化的。朝臣对八虎的嚣张跋扈早已痛心疾首，还在二月，礼科都给事中周玺等官就上书说："陛下即位以来，今日饲鹰，明日饲犬，如是不已，则酒色游观，便佞邪僻，凡可以役耳目、变心志者，将日甚焉，宁止鹰犬哉！……愿修身养德，放鹰犬，止浮办，节国家之财。"[2] 武宗无动于衷。到六月，又有给事中刘茝、陶谐劾太监丘聚、魏彬、马永成，反以奏章有讹字被责罚。到九月，谏官交章论劾无用，朝中大臣不能再沉默了，户部尚书韩文首先拍案而起，他同属下愤懑谈起八虎的纵横跋扈，痛哭泪下。主事李梦阳对他说："公大臣也，义共国休戚，徒泣何益？"韩文问："奈何？"李梦阳回答说："比谏臣有章入，交论诸阉，下之阁矣。夫三老者，顾命臣也，闻持谏官章甚力。公诚及此时率诸大臣殊死争，阁老以诸大臣争也，持必更易力，易为辞事，或可济也。"[3] 这实际是叫韩文率大臣伏阙上书，韩文决定以死抗争，便叫李梦阳起草奏稿。第二天他就去密见三大阁老李东阳、刘健、谢迁，得到三老的允许支持。又到六部大臣中宣扬倡议，

[1] 按：王鏊在《震泽纪闻》中云："（焦芳）尝言于瑾曰：'宋人有言，南人不可为相。'且为图以进，瑾然之，始不悦南士。芳不独党于其乡，凡闻一北人进，喜见于色；一南人退，亦喜见于色。至论古人出于北者，誉之不容口；出于南者，则诋毁之。"（卷下《焦芳》）此所谓"南人"即包括谢迁、王华、阳明。

[2] 《国榷》卷四十六。

[3] 《空同集》卷四十《秘录》。

得到六部大臣的踊跃响应。第二天，韩文便率领大臣上了弹劾八虎的奏章。[1]

韩文奏章的矛头直指八虎，触到了武宗的痛处。奏章说：

> ……臣等伏睹近岁以来，朝政日非，号令欠当。自如秋来，视朝渐晚，仰窥圣容，日渐清癯。皆言太监马永成、谷大用、张永、罗祥、魏彬、刘瑾、邱聚等，置造巧伪，淫荡上心。或击毬走马，或放鹰逐犬，或俳优杂剧，错陈于前。或导万乘之尊，与外人交易，狎暱媟亵，无复礼体。日游不足，夜以继之，劳耗精神，亏损志德。遂使天道失序，地气靡宁，雷异星变，桃李秋华。考厥占候，咸非吉征。切缘此等细人，惟知蛊惑君上，以便己行私，而不思赫赫天命，皇皇帝业，在陛下一身……伏望陛下奋刚断，割私爱，上告两宫，下谕百僚，将马永成等拿送法司，明正典刑……[2]

李梦阳把这次上疏称为“诸大臣疏”，韩文所率的“诸大臣”是指六部的尚书与侍郎，所以必包括礼部左侍郎王华。后来武宗下诏召上疏诸大臣诣左顺门问对，王华也是参加了的。至于朝中一班小臣如阳明，也只能和李梦阳一样密切注视着大臣弹劾的动向。诸大臣的上疏弹劾表面上声势雄壮，其实内部一盘散沙，由于三

[1] 按：韩文率大臣上章弹劾刘瑾之时间，史书皆以为在十月（如《国榷》《明通鉴》等），乃误。此据李梦阳《代劾宦官状稿》（《空同集》卷四十）下明注“正德元年九月”，可确知韩文上劾章事在九月。又以焦芳在十月入阁，刘健、谢迁在十月致仕（见《明史》卷一百〇九《宰辅年表》），亦足证韩文劾刘瑾在九月。又关于韩文劾刘瑾事，《国榷》等多叙述有误，兹述乃据李梦阳《秘录》（《空同集》卷四十）。

[2] 《空同集》卷四十《代劾宦官状稿》。

阁老的软弱无力与诸大臣的胆小怕事，弹劾竟然一击即溃，武宗一手遮天，刘健、谢迁与韩文皆被斥致仕，八虎反荣登要地：刘瑾入司礼监兼提督团营，丘聚提督东厂，谷大用提督西厂。这一幕滑稽剧中武宗与刘瑾的拙劣表演与事件微妙曲折的反复，李梦阳在《秘录》中作了详细揭露：

> ……初，阁议持谏官章不肯下，诸阉者业窘，相对涕泣。会诸大臣疏又入，于是上遣司礼者八人齐诣阁议，一日而遣者三，而阁议持卒不肯下。而岳者，八人中人也，顾独曰："阁议是。"明日，忽有旨召诸大臣者，盖人人惴也。既入左掖行，吏部尚书许进首咎韩公曰："公疏言何?"韩公于是故曳履徐徐行，而使吏部侍郎王鏊趋诣阁探动静。阁老刘健语鏊曰："事已七八分济矣。诸公第持莫轻下。"至左顺门，阉首李荣手诸大臣疏曰："有旨问诸先生：诸先生言良是，无非爱君忧国者。第奴侪事上久，不忍即置之法耳。幸少宽之，上自处耳。"众震惧莫敢出一语答。李荣面韩公曰："此举本出自公，公云何?"韩公曰："今海内民穷盗起，水旱频仍，天变日增。文等备员卿佐，靡所匡救。而上始践祚，辄弃万几，游宴无度，狎匿群小，文等何得无言?"韩公言虽端，而气不劲，又鲜中肯綮。于是李荣哂而曰："疏备矣。上非不知今意，第欲宽之耳。"诸公遂薨然而退。盖是日诸阉者窘，业自求安置南京，而阁议犹持不从。诸公乃竟尔尔退，惟王鏊仍前谓荣曰："设上不处，如何?"李荣曰："荣颈有铁裹之邪？而敢坏国事!"荣入而事变矣。是夜，立召刘瑾入司礼，而收王岳、范荣，诏窜南京，寻杀二人于途。已又连斥刘、谢二老。顾独恳留李（李东阳），而韩公辈讻讻咸拔茅散矣。

> 变之起，大抵莫可详，而李荣则曰："诸大臣退，而瑾侪绕上前，跪伏哭痛，首触地曰：'微上恩，奴侪磔喂狗矣。'上为之动，而瑾辈辄进曰：'害奴侪者，岳也。'上曰：'何也?'曰：'岳前掌东厂也，谓谏官曰："先生有言第言。"而阁议时，岳又独是阁议。此其情何也? 夫上狗马鹰兔，岳尝买献之否，上心所明也。今独咎奴侪。'既而益复伏地哭痛，上于是怒而收王岳。瑾又曰：'夫狗马鹰兔何损于万几? 今左班官敢哗而无忌者，司礼监无人也。有则惟上所欲，而人不敢言矣。'上于是诏瑾入司礼监。"此其说亦近，第难尽信耳。又闻阁议时，健尝椎案哭，谢亦亹亹呰呰罔休，独李未开口，得恳留云。[1]

这是一篇近距离观察显暴一个独裁暴君帝王心态的绝无仅有的奇文，武宗以闪电般速度一手"钦定"了这桩大臣弹劾权阉的大案。十月十三日，刘健、谢迁俱致仕罢归。内阁只留下一个唯唯诺诺的李东阳，焦芳反以文渊阁大学士直阁。除刘瑾入司礼监、丘聚提督东厂、谷大用提督西厂外，三千营太监张永调神机营把总，提督十二营，奋武营太监魏彬代张永，效勇营太监吴轲代魏彬，显武营太监王润代吴轲，尚衣太监贾和代王润，兼管神机营中军头司，权阉的地位得到空前稳固。

刘健、谢迁的罢黜，在朝内外掀起了轩然大波，朝臣们立即发起了一个声势壮大的"援救刘健、谢迁，再劾八虎"的行动，却一个个落得了下锦衣狱、贬谪罢逐的命运，演变成为一场惊心动魄的"党籍""党锢"之祸，小小兵部主事的阳明居然也成了

[1] 《空同集》卷四十《秘录》。参见《震泽纪闻》卷下《刘瑾》。

朝廷开列的五十三名“奸党”中的重要人物。声势最大的一次奏援弹劾是在十月下旬[1]，南京给事中戴铣、李光翰、徐蕃、牧相、任惠、徐暹以及御史薄彦徽、蒋钦等人连章奏留刘健、谢迁，疏刘瑾不法数十事，并劾太监高凤从子高得林冒升锦衣卫指挥佥事，批评武宗晏朝废学游宴、驱驰射猎失君王大体。奏章认为“元老不可去，宦竖不可任”，要武宗“斥权阉，正国法，留保辅，托大臣，以安社稷”。奏章抨击的矛头已经直指武宗，武宗恼羞成怒，大发雷霆，立刻下旨将南京言官戴铣、牧相、薄彦徽等十八人捉拿械系送京师，下锦衣狱。言官竟然以言得罪下狱，武宗痛下杀手，几乎把南京的言官一网打尽，举朝震动，身为小臣的阳明也不能再保持沉默了。

阳明一直关注着朝臣弹劾权阉的动态。焦芳嗾使科道官连连弹劾王华与王华参与大臣疏劾刘瑾的失败，已使阳明感到十分担忧。阁臣焦芳的“南人”“余姚人”不可信不可用的叫嚣，也使他感到十分危惧。这次戴铣、牧相连章奏劾刘瑾被逮下诏狱，牧相又被认为是阳明的姑父，更同王华、阳明有直接的利害关系。在他看来，言官以谏为职，言者无罪，如以言定罪，摧残杀戮言官，乱了朝纲国法，是独裁帝王无从推诿掩饰的君过，朝臣人人

---

[1] 按：关于戴铣上奏章之时间，史书均以为在十二月，显误。戴铣上疏旨在乞留刘健、谢迁，而刘健、谢迁去位在十月十三日，可见戴铣等上疏当不出十月底之前。考《明史》一百八十八《刘茝传》云：“刘健、谢迁去位，茝与刑科给事中吕翀各抗章乞留，语侵瑾。先是，兵科都给事中艾洪劾中官高凤侄得林营掌锦衣卫。诸疏传至南京守备武靖伯赵承庆所，应天尹陆珩录以示诸僚，兵部尚书林瀚闻而太息。于是给事中戴铣、御史薄彦徽等，各驰疏极谏，请留健、迁。瑾等大怒，矫旨逮铣、彦徽等，下诏狱鞫治，并茝、翀、洪俱廷杖削籍，承庆停半禄闲住，瀚、珩贬秩致仕。”按吕翀上疏在十月二十八日，《国榷》卷四十六：“十月癸酉，刑科给事中吕翀乞留刘健、谢迁，不听。”戴铣疏上在艾洪之后、吕翀之前，则在十月下旬明矣。《明通鉴》或即据此而定戴铣上疏在十月，乃是。

都有正君心、纠君过的责任。于是在十一月中旬[1]，他乘南京言官还没有械系到京的时候，上了一道《乞宥言官去权奸以章圣德疏》，说：

> 臣闻君仁则臣直。大舜之所以圣，以能隐恶而扬善也。臣迩者窃见陛下以南京户科给事中戴铣等上言时事，特敕锦衣卫差官校拿解赴京。臣不知所言之当理与否，意其间必有触冒忌讳，上干雷霆之怒者。但铣等职居谏司，以言为责。其言而善，自宜嘉纳施行；如其未善，亦宜包容隐覆，以开忠谠之路。乃今赫然下令，远事拘囚，在陛下之心，不过少示惩创，使其后日不敢轻率妄有论列，非果有意怒绝之也。下民无知，妄生疑惧，臣切惜之。今在廷之臣，莫不以此举为非宜，然而莫敢为陛下言者，岂其无忧国爱君之心哉？惧陛下复以罪铣等者罪之，则非惟无补于国事，而徒足以增陛下之过举耳。然则自是而后，虽有上关宗社危疑不制之事，陛下孰从而闻之？陛下聪明超绝，苟念及此，宁不寒心？况今天时冻沍，万一差去官校督束过严，铣等在道或致失所，遂填沟壑，使陛下有杀谏臣之名，兴群臣纷纷之议，其时陛下必将追咎左右莫有言者，则既晚矣。伏愿陛下追收前旨，使铣等仍旧供职，扩大公无我之仁，明改过不吝之勇，圣德

[1] 按：阳明何时上疏乞宥言官向来不明，《明武宗实录》《国榷》等均笼统系于十二月之下，《明通鉴》《明史纪事本末》亦定在十二月，皆误。今按阳明《咎言》明云："正德丙寅冬十一月，守仁以罪下锦衣狱。"可见阳明上疏乞宥言官在十一月。据阳明《送别省吾林都宪序》："正德初，某以武选郎抵逆瑾，逮锦衣狱，而省吾亦以大理评触时讳在系，相与讲《易》于桎梏之间者弥月。"阳明系狱一月有余，按阳明出狱在十二月二十一日，上推一月有余，则在十一月中旬。可见阳明上疏在十一月中旬。

> 昭布远迩，人民胥悦，岂不休哉！臣又惟君者，元首也；臣者，耳目手足也。陛下思耳目之不可使壅塞，手足之不可使痿痹，必将恻然而有所不忍。臣承乏下僚，僭言实罪。伏睹陛下明旨有"政事得失，许诸人直言无隐"之条，故敢昧死为陛下一言。伏惟俯垂宥察，不胜干冒战慄之至！[1]

阳明这道上疏其实不过是一篇乞宥言官的奏章，后世多把它误认为一篇抗论权阉的劾章。如果把阳明此疏同蒋钦、刘茝、张敷华等人义愤激烈、以死相抗的劾章相比，那就可以清楚看出阳明此疏是当时一篇态度最温和的奏章。阳明在疏中完全未涉及弹劾权阉事[2]，而只是就南京言官戴铣等被捉拿械系进京一事上谏，论言者无罪，乞武宗宽宥谏官，这同当时所有的弹劾权阉的劾章是完全不同的。那些所有弹劾权阉的劾章都是将弹劾的矛头指向刘瑾八虎，以刘瑾八虎为罪魁祸首，一切都是刘瑾矫诏为之，而对真正的罪魁祸首武宗不敢置一词。而阳明的奏章矛头所指却不是刘瑾八虎，而是暴君武宗，言官戴铣等人被捉拿械系进京不是刘瑾矫旨为之，而是武宗自己独断独行。全疏反复指陈武宗阙失，直指君过，批评武宗"赫然下令，远事拘囚"，"特敕锦衣卫差官校拿解赴京"，"使陛下有杀谏臣之名，兴群臣纷纷之议"，圣德

[1] 《王阳明全集》卷九。按：王世贞《新建伯文成王公守仁传》云："守仁上疏谓：'君仁则臣直，铣等以言为责，如其善，自宜嘉纳；即不善，亦宜包容，以开忠谠之路。乃今赫然下令，缇骑旁午，拘挛载道，即陛下非有意怒绝之，而下民无知，妄生猜惧，自今而后，虽有上关宗社危疑不制之事，孰从而闻之？幸寝前言，俾各供职如故，适足以广大公无我之仁，明改过不吝之勇。'……"（《弇州续稿》卷八十六）王世贞所引疏与阳明集中所载此疏句多异，疑王世贞所引疏乃原疏，阳明集中疏后来作了润改。

[2] 按：阳明是次上疏，《国榷》只云"疏救戴铣等，下狱"，《明武宗实录》亦只云"守仁具奏救之"，并无乞去权奸刘瑾之事。《王阳明全集》中此疏题目作"乞宥言官去权奸以章圣德疏"不通，亦与疏中内容不合，"去权奸"云云显乃后来所加。今存《阳明先生文录》中此疏正题作《乞宥言官疏》。

有亏。这种显暴君过，撄触龙鳞，犯了谏官大忌，武宗尤为震怒，一场意想不到的厄运顿时降落到了阳明的头上。

名入“党籍”：贬龙场驿

其实在阳明上这道乞宥言官的奏章时，武宗已决定把那些上章弹劾刘瑾八虎的朝臣统统当作朋党勾结的“奸党”来打击，纷纷投入锦衣狱，阳明在这时上奏章乞宥言官正好撞到了枪口上，而他的奏章直指君过，批评圣德，更动了武宗的杀机，焦芳的“余姚人不可用”的叫嚣这时在武宗的独裁帝王心态深处引起了回响，他马上也像抓南京言官一样敕锦衣卫差校官去逮捕了阳明，投入锦衣狱。阳明开始了狱中囚徒生活。

阳明关在锦衣狱的囚室里，朝廷勒令他“省愆内讼”，反省罪愆，交代罪行，同时等待锦衣卫的鞫狱定案。在如洞穴一般的阴暗破漏的囚室里，不见天日，不知冬夏，天天思咎省罪，这是一种何等痛苦难耐的灵魂折磨与煎熬，他一连作了《有室七章》痛苦地吟道：

有室如簴，周之崇墉。
窒如穴处，无秋无冬。

耿彼屋漏，天光入之。
瞻彼日月，何嗟及之！

倏晦倏明，凄其以风。
倏雨倏雪，当昼而蒙。

夜何其矣，靡星靡粲。
岂无白日，寤寐永叹。

心之忧矣，匪家匪室。
或其启矣，殒予匪恤。

氤氲其埃，日之光矣。
渊渊其鼓，明既昌矣。

朝既式矣，日既夕矣。
悠悠我思，曷其极矣。[1]

这时已是大雪纷飞的隆冬，京师冰天雪地，囚牢寒冷彻骨，阳明带镣忏悔罪过，长夜悠悠难眠，不知何日能出狱，命途难卜，不禁悲从中来，动了渴望出狱跳出官场、归耕垅亩的念头，他苦吟了一首《不寐》：

天寒岁云暮，冰雪关河迥。
幽室魍魉生，不寐知夜永。
惊风起林木，骤若波浪汹。
我心良匪石，讵为戚欣动？

[1]《王阳明全集》卷十九。

滔滔眼前事，逝者去相踵。
崖穷犹可陟，水深犹可泳。
焉知非日月，胡为乱予衷？
深谷自逶迤，烟霞日悠永。
匡时在贤达，归哉盍耕垅。[1]

“匡时在贤达，归哉盍耕垅”，是一个无辜囚徒心中的愤极而悲之言，却也吐露了他后来不赴龙场驿而欲隐遁归居的心声。

在囚牢中，阳明唯一的精神安慰与支撑，就是几个同道的同室狱友，特别是林富与刘茝。他们也是因弹劾刘瑾八虎而被投入了锦衣狱，阳明与他们都早相识。在如鬼魅般冷寂阴沉的囚室中，阳明同他们同声响应，同气相求。大理寺评事林富字守仁，号省吾，也因弹劾刘瑾八虎与阳明同时被投入锦衣狱。阳明同他志同道合，同病相怜。两人学着当年周文王被囚羑里演《易》的故事，在囚室中带着枷锁相对讲论《周易》，昼夜不倦，忘了自己是身陷囹圄的囚犯。两人讲论《周易》一个多月，直到出狱。阳明在狱中作了一首《读易》咏叹道：

囚居亦何事？省愆惧安饱。
瞑坐玩羲《易》，洗心见微奥。
乃知先天翁，画画有至教。
“包蒙”戒为寇，“童牿”事宜早。
“蹇蹇”非为节，“虩虩”未违道。
《遁》四获我心，《蛊》上庸自保。

[1]《王阳明全集》卷十九。

俯仰天地间，触目俱浩浩。
箪瓢有余乐，此意良匪娇。
幽哉阳明麓，可以忘吾老。[1]

阳明称他与林富狱中讲论《周易》是旨在“洗心”，这其实是阳明在京与士子学者讲论圣学的另一种特殊方式。“先天翁”指伏羲，表明阳明讲论的“至教”是伏羲的先天学。后来他贬谪到龙场驿后筑玩易窝潜玩《周易》，著《五经臆说》，直至进一步悟陷溺佛道之非，实际就是从他在狱中日夜潜研讲论《周易》起步的。阳明在狱中讲论《周易》，其实也是在《周易》中汲取为人处世、明哲保身的人生智慧，度脱人生遇到的凶厄危难。《遁》卦的九四说：“好遁，君子吉，小人否。”是说君子在应当隐遁时，必须断然隐去，不可留恋犹豫。《蛊》卦的上九说：“不事王侯，高尚其事。”是说要有隐士的高尚气节，不为王侯所用，隐遁自保。阳明生平有遇事蓍占的习惯，这里的《遁》卦九四与《蛊》卦上九，就是他在狱中预卜命运吉凶所作的两次蓍占，都是告诫他应隐遁自保，才能脱却灾厄，不可贪恋仕途富贵。所以诗中唱出了“幽哉阳明麓，可以忘吾老”的乐观的心声。后来他出狱后竟不赴龙场驿谪地而却远遁武夷山避祸，这一“千古之谜”可以从阳明占得的这两卦中解开了。

阳明在狱中对自己命运的担忧与占问，其实也是他针对现实斗争的一种清醒明智的对策与抉择。他毕竟还可以从不断投入锦衣狱的朝臣那里了解到外面的情况。在他下狱后，朝中的纷争愈演愈烈，朝臣们更接连不断地上章弹劾刘瑾八虎，援救南京言官。

[1] 《王阳明全集》卷十九。

最激烈的奏劾是工部尚书杨守随与左都御史张敷华的上书。张敷华在奏章中一无顾忌地痛斥小丑皇帝武宗说：

> ……今内臣刘瑾、马永成、谷大用、张永、高凤、丘聚、罗祥、魏彬等八人，各以奸险之性，巧佞之才，希意导谀，诬上罔下，恣意肆情，外人目为八虎，而瑾尤甚。陛下独与聚处驰逐，又亲信而爱护之。今日以佚游荒乐之事导陛下，明日以谄佞承奉之言谀陛下。或于西海擎鹰搏兔，或于南城蹑峻登高，或胡服而招骑射，或饰像以作龟趺。禁内金鼓，音闻远迩；宫中火炮，声彻昼夜。搬演杂剧，假降师巫，淆杂尊卑，陵夷贱贵。引车骑而供执鞭之役，列市肆而亲商贾之事。巧饰百技，觊中上心。兰室鲍肆，齐街楚语。近者日高未朝，漏尽未寝，岂其万几，诚无刻暇？此数人者，方且亲幸揽权，强行暴虐，诈传诏旨，放逐大臣，刑诛台谏，邀阻实封，簧惑圣明，大开贿赂之门，擅专赏罚之典。传奉官员，众至千百；募招武勇，岁及童婴。紫绶金貂，尽予爪牙之士；玉带蟒衣，滥授心腹之人。内外臣僚，惟趋瑾势。向也二三大臣，受顾托遗；今亦有潜交默附，漏泄事情者矣。……[1]

张敷华的奏章把武宗昏愦奸诈的嘴脸揭露无遗，无处遁形。暴怒的武宗立即下旨罢逐了张敷华。为了阻遏住朝臣愈演愈烈的弹劾刘瑾八虎的汹汹势头，武宗使出了阴毒的招数，他把五十三名上章弹劾的朝臣诬为一个与太监王岳朋党勾结的“奸党”来打击，

---

[1] 《国榷》卷四十六。

设"党籍"榜示天下，把他们统统禁锢起来。于是他加快了鞫狱的进程。十二月二十一日，阳明狱具，他被定为"奸党"中人，出狱在午门廷杖三十，谪为贵州龙场驿丞。

刚出狱的阳明对武宗设党籍陷害谏臣言官的阴谋还没有看穿，贬谪本也在他的预料之中，他还是感到悲愤难抑。出狱时他作了一首诗告别狱友：

别友狱中

居常念朋旧，簿领成阔绝。
嗟我二三友，胡然此簪盍！
累累囹圄间，讲诵未能辍。
桎梏敢忘罪？至道良足悦。
所恨精诚眇，尚口徒自蹶。
天王本明圣，旋已但中热。
行藏未可期，明当与君别。
愿言无诡随，努力从前哲。[1]

"行藏未可期"，表明他对是否赴蛮夷谪地还在考虑之中。"努力从前哲"，表明他要一如既往不屈地走前哲的"至道"之路。所以他又特地给狱友刘茝作了两首告别诗：

赠刘秋佩

骨鲠英风海外知，况于青史万年垂。
紫雾四塞麟惊去，红日垂光凤落仪。

[1]《王阳明全集》卷十九。

天夺忠良谁可问？神为雷电鬼难知。
莫邪亘古无终秘，屈轶何时到玉墀。

又赠刘秋佩

检点同年三百辈，大都碌碌在风尘。
西川若也无秋佩，谁作乾坤不劳人？[1]

刘茝在正德元年中曾三上弹劾刘瑾八虎的疏章，大义凛然，视死如归，被投入锦衣狱，受到残酷折磨，是阳明最敬重的狱友，让阳明自叹不如。诗中“紫雾四塞”是说朝中阴气（暗指阉竖）笼罩，连太平盛世出来的仁兽麒麟都惊恐而逃。“屈轶”是神话传说中的一种“指佞草”，太平盛世生于庭前，能指向佞人。可见出狱被贬的阳明仍坚信佞人（权阉）终将自败，满怀乐观等待着“红日垂光凤落仪”的到来。回顾这一个多月屈辱的狱中磨难，阳明悲愤地作了一首长篇《咎言》：

正德丙寅冬十一月，守仁以罪下锦衣狱。省愆内讼，时有所述。既出，而录之。

何玄夜之漫漫兮，悄予怀之独结。严霜下而增寒兮，皦明月之在隙。风呶呶以憎木兮，鸟惊呼而未息。魂营营以惝恍兮，目窅窅其焉极？懔寒飙之中人兮，杳不知其所自。夜展转而九起兮，沾予襟之如泗。胡定省之弗遑兮，岂荼甘之如荠？怀前哲之耿光兮，耻周容以为比。何天高之冥冥兮，孰察予之衷？予匪戚于累囚兮，牿匪予之为恫。沛洪波之浩

[1]《同治重修涪州志》卷十五，阳明文集失载。

浩兮，造云阪之濛濛。税予驾其安止兮，终予去此其焉从？孰瘿瘰之在颈兮，谓累足之何伤？熏目而弗顾兮，惟盲者以为常。孔训之服膺兮，恶讦以为直。辞婉娈期巷遇兮，岂予言之未力？皇天之无私兮，鉴予情之靡他。宁保身之弗知兮，膺斧锧之谓何？蒙出位之为愆兮，信愚忠者蹈亟。苟圣明之有裨兮，虽九死其焉恤！乱曰：予年将中，岁月遒兮。深谷崆峒，逝息游兮。飘然凌风，八极周兮。孰乐之同，不均忧兮。匪修名崇仁之求兮，出处时从天命何忧兮！[1]

这首诗赋，是阳明自己对一个多月因上谏被无辜下锦衣狱受折磨的一个反省总结，也是他在将赴贵州龙场驿谪地之前的内心自我表白。“咎言”就是罪言，武宗强令他在狱中省罪思咎，省愆内讼，阳明却认为自己无罪无咎，故也无罪无咎可反省可交代，他上谏是完全出于一片忠心，符合“圣学”的为民行道之举，“皇天之无私兮，鉴予情之靡他”。他今后也要一如既往行圣贤之学的大道，九死无悔，“苟圣明之有裨兮，虽九死其焉恤”。他对自己以无罪之身远谪蛮夷之地提出了抗议，宁可隐遁以终，也不赴贬谪之地，故诗最后发出了“深谷崆峒，逝息游兮”的呼喊。看来他后来不赴龙场谪地而远遁武夷山的决心就在这时暗暗定下了。

阳明杖创尚未平复，武宗却下令赶阳明迅速出京赴谪。正德二年闰正月初一，阳明离京赴龙场驿谪地。这时正好李梦阳也因为替韩文起草劾章谪山西布政司经历，阳明与他同一天离京赴谪。京中甘泉湛若水、俨山陆深、双溪杭淮、柴墟储巏、后渠崔铣、石潭汪俊、白岩乔宇等人都赋诗饯行。除湛若水作《九章》外，最引

[1]《王阳明全集》卷十九。

人注目的是陆深作了一篇《空同子阳明子同日去国作南征赋》：

亶肃肃以宵征兮，悲往路之未央。惧中道之折轴兮，思改辙又恶夫无良。顾仆夫以先后兮，喟河广之谁航？瞻桑梓之翳翳兮，孰云忍捐夫故乡？方青春之骀荡兮，何雨雪之纵横？白日匿其耿光兮，郁浮云以翻扬。睇山川以无极兮，陵谷杳乎其孰明？祥狐嗥而风厉兮，何有于哕哕之凤凰？昔宣尼之遑遑兮，固蒙笑于楚狂。展直躬以事人兮，卒三黜乎旧邦。慨殷室之多贤兮，王子剖而信芳。苟璞玉之终在兮，虽屡刖又何伤。谋人之国兮，焉有祸而弥藏？睹巨盗之乘垣兮，故将谒之以峻防。谓余梦寐之颠倒兮，岂敢幸其必当？黑白之同体兮，盖昔焉之所常。惮婵娟之翘妒兮，吾安忍刓夫清扬？集绨绤以御冬兮，畴驾尤于寒凉。狎逆鳞而批之，固以不碎而庆也。斥虎之使逝兮，遭反噬未为殃也。卬衷之洵安兮，初未量乎得丧。曩委羽于东海兮，奚成功之可望？矢贞心之不泯兮，濒九死吾犹恇。昔淑媛之见背兮，竟结发之难忘。怅恩情之中绝兮，往将洒扫乎室堂。彼良农之俶载兮，力刈乎莠与稂。诞嘉谷之离离兮，竟收功于千仓。度中流以失楫兮，岂俟共载而勖勷？燕雀安于楚栋兮，斯物知之不长。服先哲之明训兮，希旁烛之煌煌。神龙之渊天兮，谅所乘之允臧。步中夜以顾瞻兮，睆牵牛与七襄。永相望于咫尺兮，庶精诚之可将。仰天阍之九重兮，冀羲驭之回光。魂怦怦以上征兮，謇徘徊以彷徨。乱曰：桂车兰轩，服骐骍兮。登高临深，送征人兮。怀芳握馨，遗心亲兮。瞻望弗及，涕泗零兮。[1]

[1] 《陆文裕公行远集》卷十四。

陆深的《南征赋》唱出了阳明与李梦阳的心声。他盛赞阳明、李梦阳的上奏章是敢于批龙鳞的壮举，认为他们斥逐刘瑾八虎而遭权阉反噬，朝廷黑白不分，使大道不行，冤屈不伸，贤者枉遭贬黜。陆深是王华的门生，又自认是阳明的弟子，这时王华虽仍在礼部侍郎位上，也已经处境岌岌可危。送行同僚多噤不敢言，陆深的《南征赋》公然为他们鸣不平，可谓是空谷足音，给了阳明很大安慰。

阳明与李梦阳是最相知的诗友与道友，作为学坛与诗坛的领袖，两人的同时离京远贬，仿佛是一种象征，宣告了弘正京都诗坛前七子驰骋新声美好时代的黯然结束。两人从彰义门出京，过白沟河，到卫上才分手。白沟古战场荒沙浩浩，阴风惨惨，面对白骨成丘、荒滨断岸的白沟河，两人胸中都升起了思古慨今的幽情，欲哭无泪，李梦阳作了一篇《哭白沟文》：

正德二年闰月初吉，予与职方王子俱蒙放归，南道白沟之野。往白沟之战，王子伯大父、予曾大父死焉，百战愤痛，爰托于斯文。

呜呼嗟哉！此何流兮？皓沙千里，霜雾四兴，荒滨断岸，陵沉谷崩。积骨成丘，冲波沃云，月星夜昏，杀气昼屯。粤春事之既载，乃予迈于兹野。览残墟以掩涕，搴故栅而维马。暄冰畔而复峙，辰物郁而未申。日苍莽兮将坠，天惨冽而怆神。前俦伫以惊顾，追侣怅而增惑。趾欲进而踯躅，哽歔欷乎内恻。尔其龙蛇斗争，雌雄未决，战形辟，兵营列，乃有秦楚善战之士，齐晋诡谋之生，接轨方毂，抉地维而划天门，甲光镜四野，戟枝亘长云。钲鼓鸣兮河海竭，军声振兮山岳裂。嗟时弗利，甬道绝，弱之肉，强之食，饮人尿，咀马革。

> 遂尔横尸蔽畛，祟胔截流，哭声振天，漂血成沟。贱至台隶，贵或君侯，刃剸其骼，戈穿于喉。践为土沙，叠若陵丘。魂营营以无归，骨交加而卧霜。鬼啾唧以宵啸，人懔慄而断行。风阴阴以四起，折镞朽髑，杂瓦砾兮飞扬。呜呼！此为何流，而有斯战场邪？窃尝究性命之原，推兴替之端，民死等于鸿毛，亦有重于泰山，彼短兵兮既接，耆天倾兮地摇，乃有睛被刺而不转，肤受刳而弗逃。此结缨抗论之夫，甘心乌鸢之口，膏野草而罔顾者也。猗嗟我祖，生为士雄，死为国殇，岱华摧而敦支，玉石灼而并戕，委英肝于尘沙，灭声景而永藏。雷霆结而迅音，烟飙烈而怒扬。神怦怦以缥缈，冯悲氛而望故疆。猥小子兮何知，缵箕裘之末躅。忾时命之难忱，惧遐耀之堙辱。愤原隰之哀弃，束无棺而葬无茔，匝墟圹以冥索。林莽杳兮纵横，肠纡回以崩裂，涕阑干而染缨。物何微而不昌，德何远而不存。轸将发而复结，托哀响于兹文。[1]

李梦阳这篇《哭白沟文》其实是一篇吊古战场赋。白沟古战场闻名天下，白沟河在宋代就是宋与契丹的界河，辽国军队曾在这里大败宋军，尸骸成堆。建文二年（1400年）四月，燕王军队与建文帝军队在白沟河展开决战。大将军李景隆率军六十万进抵白沟河，燕王率马步军三十万迎战，建文帝军队大溃，死伤十余万人，白沟血流成河，白骨蔽野。李梦阳就是痛哭这一场惨烈的白沟大战，他和阳明由“靖难之役”的这场白沟大战联想到眼下的阉竖擅权，武宗昏愦误国，担心摇摇欲坠的大明王朝会有一场新的

[1]《空同集》卷六十。

"白沟大战"袭来。不幸的是他们的预感十二年后变成了现实，全靠阳明在江西打了一场胜利的"白沟大战"挽救了武宗的统治，而李梦阳的这篇吊古战场赋仿佛就是预先为阳明的江西"白沟大战"写的哀赋了。

阳明与李梦阳都怀着吊白沟古战场的沉痛心情分手，李梦阳回大梁，阳明继续南下。三月，他到达东南佛国的钱塘，奇怪的是他的弟弟王守章、王守俭、王守文都已先在钱塘，来北新关接迎他，住进了南屏寺隐居养病。正是在见到了诸弟，得知朝中设党籍打击"奸党"的消息，自己名入党籍，阳明最终下定了不赴龙场谪地的决心。他作了一首《赴谪次北新关喜见诸弟》说：

> 扁舟风雨泊江关，兄弟相看梦寐间。
> 已分天涯成死别，宁知意外得生还。
> 投荒自识君恩远，多病心便吏事闲。
> 携汝耕樵应有日，好移茅屋傍云山。[1]

所谓"携汝耕樵应有日，好移茅屋傍云山"，就是吐露自己不赴龙场谪地而欲归隐遁居的决心。阳明到了钱塘忽然滞留不行，隐居寺中养病，迁延时日，是有原因的。原来在阳明一离京赴谪后，朝廷对弹劾刘瑾八虎的五十三人"奸党"使出了杀手锏。先是在闰正月六日，朝廷以重刑惩治了五十三人，后来《国榷》上透露这一血腥内幕说：

> 正德二年闰正月庚戌，南京兵部尚书林瀚降浙江布政司

[1]《王阳明全集》卷十九。

右参政，应天府尹陆珩降两淮都转运盐司同知，并致仕。守备武靖伯赵承庆夺半禄，杖给事中艾洪、吕翀、刘菃，南京给事中戴铣、李光翰、任惠、徐蕃、牧相、徐暹，御史薄彦徽、贡安甫、王蕃、葛浩、史良佐、李熙、任诺、姚学礼、张鸣凤、陆崑、蒋钦、曹闵于阙下。御史黄昭道、王弘、萧乾元逮未至，命即南京阙下杖之，俱削籍。王蕃、任诺始下镇抚司，诡事不预知，锦衣卫指挥牟斌曰："古人悔不与党，君乃悔耶?"狱具，刘瑾欲去奏首"权奸"字，斌不可，语同官曰："留此以为诸公地。昔宋邹浩以失原奏被害，吾侪毋自为计。"瑾恶之。林瀚以赵承庆、陆珩示艾洪等疏，太息蒙谴。蒋钦创甚卒。初草奏，鬼夜喧焉。叹曰："吾义不得顾私。"及拜杖，不疗，曰："吾瞑矣。"按《戒庵漫笔》：元年十一月己卯，蒋钦、贡安甫、史良佐同上疏下诏狱。明年闰正月望日，钦又独疏，杖三十。又明日上疏，被杖死。是钦凡三疏。[1]

在蒋钦被杖死后，二十九日，王华也被赶出京师，任南京吏部尚书，王守俭也只好随父由北监改入南监。到三月十六日，武宗正式立五十三人为"奸党"，设党籍榜示朝堂，他下了一道党籍敕，命朝中文武群臣统统跪在金水桥下受旨：

朕幼冲嗣位，惟赖廷臣辅弼，匡其不逮。岂意去岁奸臣王岳、范亨、徐智，窃弄威福，颠倒是非，私与大学士刘健、谢迁，尚书韩文、杨守随、张敷华、林瀚，郎中李梦阳，主

[1]《国榷》卷四十六。

> 事王守仁、王纶、孙磐、黄昭，检讨刘瑞，给事中汤礼敬、陈霆、徐昂、陶谐、刘茝、艾洪、吕翀、任惠、李光翰、戴铣、徐蕃、牧相、徐暹、张良弼、葛嵩、赵士贤，御史陈琳、贡安甫、史良佐、曹闵、王弘、任讷、李熙、王蕃、葛浩、陆崑、张鸣凤、萧乾元、姚学礼、黄昭道、蒋钦、薄彦徽、潘镗、王良臣、赵祐、何天衢、徐珏、杨璋、熊卓、朱廷声、刘玉，递相交通，曲意阿附，或伤残善类，或变乱黑白，煽动浮言，行用颇僻。朕虽察审，尚务优容，后渐事迹彰露，彼各反侧不安，因自陈休致，若自偾则置谴谪。其敕内未罪，吏部勒令致仕，毋使稔恶，追悔莫及。张懋等遇奏列衔，朕皆尔释，后毋蹈覆，自贻累辱。[1]

所谓设奸党党籍榜示朝堂，就是效法北宋元祐党籍与南宋庆元党籍的故伎，把反对派言官、谏官、朝官作为一个"奸党""乱党"的群体加以禁锢，开列党人的名籍，榜示朝堂，昭告天下，永不叙用。这是历来昏君权奸惯用的最阴毒的手段。武宗侮臣杀官如同儿戏，竟无中生有地把五十三名弹劾的言官定性为是与太监王岳朋党勾结的"奸党"，杀戮放谪，比起元祐党籍与庆元党籍来真是等而下之的拙劣之举，却开了后来嘉靖党禁、学禁的先河。阳明在三月到达钱塘时，正好武宗的党籍敕也下到南京、钱塘，阳明肯定是从王守章、王守俭那里得知自己已名入"党籍"，前途更加凶险难卜，成了他终于决定不赴龙场谪地而远遁武夷山的直接动因。

阳明以养病为名寓居在静慈寺，其实在等待着隐遁的时机。

---

[1] 《国榷》卷四十六。

他在困境中仍不忘与学子士人讲论学问，洗心自求灵魂的超升。这一年正好是乡试之年，浙江举子士人都提早来到钱塘，闻知阳明也寓居在钱塘静慈寺，多来拜访问学。最早是阳明的妹婿徐爱来钱塘，以家君之命正式执弟子礼。徐爱在《同志考叙》中说："自尊师阳明先生闻道后几年，某于丁卯春，始得以家君命执弟子礼焉。于时门下亦莫有予先者也。"[1] 估计他是同王守章、王守俭、王守文一起到钱塘，主要也是来参加这一年的乡试。他和阳明一起住在静慈寺，一面问学，一面准备秋试，多有诗歌唱酬。在六月他曾因家事一归余姚，至七月又再返钱塘参加乡试。他对阳明在钱塘的行踪去向了如指掌，估计阳明后来秘密远遁武夷山，阳明事先是和他商量过的。

与徐爱同时，胜果寺的诗僧释雪江也来探望阳明。两人唱酬吟诗，谈起阳明谪龙场驿事，释雪江作了一首《次阳明先生谪官龙场所作原韵》：

> 花落鸟啼春事晚，心旌难副简书招。
> 蛮烟瘦马经山驿，瘴雨寒鸡梦早朝。
> 佩剑冲星南斗近，谏章回首北辰遥。
> 江东便道如相过，煮茗松林拾堕樵。[2]

从"心旌难副简书招"一句看，应是阳明先有书招释雪江来见。释雪江号石门子，与孙太白、郑少谷、沈石田交游唱酬，作诗有唐人风韵，故深为阳明所赏识。大约在弘治十六年（1503 年）阳明来钱塘习禅养病时与释雪江相识，现在释雪江仍居胜果寺，成

[1]《横山遗集》卷下。
[2]《盛明百家诗·前编·释雪江集》，又《石仓历代诗选》卷五〇六。

为阳明寂寞隐居中常带来精神安慰的诗友。

入夏以后，阳明养病渐有起色。他作有《卧病静慈写怀》自抒心怀：

卧病空山春复夏，山中幽事最相知。
雨晴阶下泉声急，夜静松间月色迟。
把卷有时眠白石，解缨随意濯清漪。
吴山越峤俱堪老，正奈燕云系远思！[1]

陪侍阳明的徐爱后来作了一首和诗：

山入南屏湖更好，山灵许我旧相知。
春归便过应非芒，秋老重来不太迟。
修竹愈看凌翠霭，残荷犹自映清漪。
仙踪无异年光改，此日临风有所思。[2]

到六月，因天暑热，阳明移居到了万松岭的胜果寺。他作了《移居胜果寺二首》描述自己的深山避暑生活说：

江上俱知山色好，峰回始见寺门开。
半空虚阁有云住，六月深松无暑来。
病肺正思移枕簟，洗心兼得远尘埃。
富春咫尺烟涛外，时倚层霞望钓台。

[1]《王阳明全集》卷十九。
[2]《横山遗集》卷上《南屏次韵二首》之二。

病余岩阁坐朝曛，异景相新得未闻。
日脚倒明千顷雾，雨声高度万峰云。
越山阵水当吴峤，江月随潮上海门。
便欲携书从此老，不教猿鹤更移文。[1]

徐爱也作了二首和诗：

天际浮云照夕曛，松泉细泻石窗闻。
禅生心静看江月，供佛楼闲出海云。
秋菊初生思晋士，春风忽忆坐程门。
明朝若了平生事，一字无传万古文。

芒鞋重踏秋岩晓，夹道清溪霜雨开。
松径鸟声啼客过，江城山色照人来。
眼穷天际聊观海，身在风中不染埃。
东望阳明应未远，万云深处是书台。[2]

阳明避居胜果寺，是他在钱塘长达五个月的困顿隐居养病避世生活中显得较为平静的一段时光，但这是暴风雨到来前的平静。徐爱在《忆观楼记》中回忆他与阳明在胜果寺的这一段生活说："予昔从阳明先生游钱塘诸山，乃居万松古刹，曰胜果。万松独出吴越诸山，而胜果据其中峰。江横山足，形若隘观，而观海为最近，得朝夕之景甚异也。阳明诗云：'江月随潮上海门。'未及朝

[1]《王阳明全集》卷十九。
[2]《横山遗集》卷上《胜果次韵》。

也，犹夫夕也。故甚爱朝观日也，观则乐而忘倦也。"[1] 在胜果寺中，他依旧以陈白沙的"默坐澄心，体认天理"为座右铭"洗心"，"禅生心静看江月"就是在作"默坐澄心"的心学修养工夫，"便欲携书从此老"就是暗示要读书讲学，"随处体认天理"。"秋菊初生思晋士"，是说阳明决意要做东晋的隐逸之士陶渊明，在他头脑中已在酝酿着远遁武夷山的"风暴"。"春风忽忆坐程门"，是说钱塘学子士人多来向阳明问学受教。随着乡试的临近，举子士人纷纷赶考涌入钱塘，有不少人都在考前来探望阳明。大约在六月，江西士子、罗玘门人夏良胜上万松岭来见阳明，两人讲学唱酬，十分相知。阳明偕夏良胜登览中峰，夏良胜作了二首和诗：

登中峰和阳明山人二首

客里有怀风土好，眼中无障画图开。
一江烟影孤帆过，半夜潮声送月来。
松阁回飙自钟磬，竹泉分雨净飞埃。
山僧也欲穷幽胜，踏遍幡经最上台。

暮倚层崖候落曛，翩翩归鸟乱声闻。
帽攲惊见随涛雪，履薄曾穿绝峤云。
坡韵谪来收越胜，伍瞳还去看吴门。
须知大义无通塞，嘲怨何心却费文?[2]

夏良胜把阳明比之为被谪的苏东坡，遭谗的伍子胥，相信大义充

[1]《横山遗集》卷上。
[2]《东洲初稿》卷十二。

塞天地，大道播运天下，终究有一天会云开日见。二首诗说到了阳明的心坎，是对阳明的最大安慰。夏良胜受阳明之教深有所得，归后他即以尊师之心作了《得阳明先生教归赋白马三章章四句》寄给阳明：

白马之良兮，鋈金以为饰兮；
子观于都兮，予欲为子驭兮。

白马之骙兮，琢玉以为勒兮；
子适野兮，予欲执子鞭兮。

白马之宜兮，亦或仰子秣兮；
子遨游其何之兮，予为子仆，其何痡兮！[1]

所谓“予欲为子驭”“予欲执子鞭”“予为子仆”，意思就是请为阳明弟子。所以夏良胜实际是寄这首诗来虔诚表示正式拜阳明为师，入门为阳明弟子了。[2]

另一名余姚士子陆榦也来钱塘赶考，他和孙惟烈一起登万松岭拜访阳明，同游中峰唱酬，月夜禅窗论文，陆榦作了一首《游胜果寺次王阳明韵》（是日孙惟烈同游）：

中峰高处对斜曛，静爱幽禽隔竹闻。

---

[1] 《东洲初稿》卷八。
[2] 按：夏良胜字于中，号东洲，阳明江右弟子。《传习录》中有“于中”问答语录，注家皆谓“于中”不明何人，盖不知“于中”即夏良胜，为阳明弟子也。

海上怒潮吹积雪，山头老木碍飞云。
灵岩醉墨留尘迹，小洞仙官锁石门。
我欲再呼王伯子，禅窗灯火夜论文。[1]

陆榦字良材，是陆相之弟，也是阳明弟子。他赴乡试来居钱塘，耳闻目睹了阳明在钱塘隐居与远遁武夷山的前前后后，后来阳明所以独向陆相口授游海故事，命写《阳明山人浮海传》，恐怕就是因为他的弟弟陆榦目睹与熟悉事情的经过的缘故，陆相写《阳明山人浮海传》可以随时问陆榦。

到了七月，徐爱又带了山阴朱节、蔡宗兖来见阳明。朱节、蔡宗兖也是来钱塘参加乡试的，考前也便多来向阳明问学，执弟子礼。但这时阳明已经无法再在胜果寺过隐居避世讲学唱酬的平静生活了，从朝中不断传来的打击"奸党"的凶险消息使他感到栗栗危惧。朝廷在颁示"党籍"以后，进一步大力清除"奸党"。四月，姚景祥、张锦以"王岳党"杖毙，王缙、郭仁、张钦、罗锦、薛鉴、沈锐、刘雄、朱绶、董安均以"王岳党"戍边。五月，谢迁之弟谢迪致仕。七月，监察御史王涣廷杖削籍，谢迁之子谢丕削籍。八月，李东阳加俸一级，焦芳进少傅兼太子太傅、谨身殿大学士，许进升兵部尚书。杨源以言天象廷杖谪戍，卒于河阳驿。阳明如再迁延时日不赴谪地，将有更凶险的命运落到他头上。阳明已处在两难的危境：如不赴龙场谪地，抗拒朝命，迁延岁月，必将有更严厉的惩罚，置他于死地；如赴龙场谪地，则将万劫不复，生死难料，永无出头生还之日。再三彷徨权衡之下，阳明作出了惊世的选择：他采用箕子佯狂避祸之计，决意佯狂远

[1] 《姚江逸诗》卷八陆榦《游胜果寺次王阳明韵》（是日孙惟烈同游）。按：孙惟烈疑即孙允辉，后来得阳明《游海诗》者，亦阳明弟子。

遁武夷山避祸。他痛苦地预感到了像于谦一样杀身亡家的悲惨命运正在向他袭来，就在他作出远遁避世的决定之前，他专门去拜谒了于谦祠。在那里他徘徊于于忠肃像前，激烈永啸，思如潮涌，在祠壁上淋漓大书了一首于忠肃像赞：

> 尝考于公之释褐也，初授御史，而汉庶人服罪，伸大义也；及抚江右，而平反民冤狱，释无辜也；再抚山西，而拯水旱两灾，恤民生也；后抚河南，而令百弊剔劘，清时政也；英宗北狩，而力言不可，保圣躬也；众劾王振，而扶掖廷喧，肃朝仪也；募义三营，而民夫附集，御不虞也；群议南迁，而恸哭止之，重国本也；移民发粟，而六军坚守，防外撼也；击虏凯旋，而力辞晋秩，惧盈满也；奉迎上皇，而大位安定，正君统也；戢平群盗，而成功不居，身殉国也；力逊辞第，而庐室萧然，励清节也；被诬受戮，而天心震怒，昭公道也；追谥肃愍，而庙食百世，表忠贞也。呜呼！公有姬旦、诸葛武侯之经济勋劳，而踵伍子胥、岳武穆杀身亡家之祸，神人之所共愤也，卒至两地专祠，四忠并列，子孙荫袭，天悯人钦，冥冥中所以报公者，岂其微哉！[1]

阳明对于谦被诬受戮的悲剧一生的思考，使他领悟到了生死祸福寿夭盈虚无常的人生真谛，他不愿像于谦那样做一个帝王独裁的殉葬品，决计要学屈原遁世远行，去上天入地求索了。

---

[1]　孙高亮:《于少保萃忠传》首（《古本小说集成》收录，天启刻本）。

远遁武夷山之谜

阳明还在狱中时预卜命运吉凶作了两次蓍占（《遁》卦九四，《蛊》卦上九），都是告他要隐遁自保，不可留恋仕途。蓍占为大，所以在出狱后，虽然明知自己被谪为龙场驿丞，他也坚决听从蓍决，不赴龙场驿凶险之地，而准备隐遁避世，在《咎言》中明确表白说："深谷崆峒，逝息游兮。"所以到了钱塘，他便滞留不前，而在暗中寻找着隐遁的"深谷崆峒"。最初他想选择天真山隐居，钱德洪说："天真距杭州城南十里，山多奇岩古洞，下瞰八卦田，左抱西湖，前临胥海。师昔在越讲学时，尝欲择地当湖海之交，目前常见浩荡，图卜筑以居，将终老焉。"[1] 所谓"师昔在越讲学时"是一种含糊掩饰之词，实际就是指阳明正德二年（1507年）寓居胜果寺时，想隐遁天真山终老。二十年后阳明重来天真山，始吐露真相说："吾二十年前游此，久念不及，悔未一登而去。"[2] 作诗感叹"天真泉石秀，新有鹿门期"[3]，"不踏天真路，依稀二十年……文明原有象，卜筑岂无缘?"[4] 其实并不是天真山卜居无缘，而是因为天真山太靠近钱塘都市，近遁隐居容易被人发现，反致祸咎。于是他想到了道教胜地的武夷山，想象那里是一方隐遁的理想世外桃源，决意远遁武夷山隐居避世，做武夷山中的隐士陶渊明。"秋菊初生思晋士"，七月以后，他想

---

[1] 《阳明先生年谱·附录一》。
[2] 《阳明先生年谱·附录一》。
[3] 《王阳明全集》卷二十《西安雨中诸生出候因寄德洪汝中并示书院诸生》。
[4] 《王阳明全集》卷二十《德洪汝中方卜书院盛称天真之奇并寄及之》。

好了佯狂远遁的方法，等待着远遁的时机。

乡试的到来给阳明提供了远遁武夷山的最好时机。乡试在八月初九至十七日举行，满城钱塘举子全进了考场，与阳明同居的徐爱以及来受学的朱节、蔡宗兖等弟子也都入场考试，万松岭上下空寂无人，便于悄悄远遁。八月十六日[1]，阳明在远遁之前，佯作狂语，先精心虚构了一个刘瑾派遣二名军校（特务）来钱塘追杀阳明、捉拿阳明投沉钱塘江的故事，以写家信的自叙口气洋洋洒洒写在二张纸上，贴到他居住的胜果寺僧舍壁上：

> 予，余姚王守仁也。以罪南谪，道钱塘，以病且暑，寓居江头之胜果寺。一日，有二校排闼而入，直抵予卧内，挟余而行。有二人出自某山蒙茸中，其来甚速，若将尾予者。既及，执二校，二校即挺二刃厉声曰："今日之事，非彼即我，势不两生。吾奉吾主命，行万余里，至谪所不获，乃今得见于此，尚可少贷以不毕吾事耶?"二人请曰："王公，今之大贤，令死刃下，不亦难乎?"二校曰："诺。"即出绳丈余，令予自缢。二人又请曰："以缢与刃，其惨一也。无已，令自溺江死，何如?"二校曰："是则可耳。"将予锁江头空室中。予从窗谓二人曰："予今夕固决死，为我报家人知之。"二人曰："使公无手笔，恐无所取信。"予告无以作书。二人则从窗隙与我纸笔。予为诗二首、《告终辞》一章授之，以为家信。

[1] 按：关于阳明远遁武夷山之行，钱德洪、邹守益均虚构了一个刘瑾遣二校追杀阳明、阳明游海遇仙不死、上武夷山遇虎不食的神话，五百年来为人所信从不疑。余对此一千古之谜作了详密考证，揭开事情真相，详考见余《王阳明年谱长编》，兹不赘述。

其　一

学道无闻岁月虚，天乎至此欲何如？
生曾许国惭无补，死不忘亲恨有余。
自信孤忠悬日月，岂论遗骨葬江鱼。
百年臣子悲何极，日夜潮声泣子胥。

其　二

敢将世道一身担，显被天刑万死甘。
满腹文章方有用，百年臣子独无惭。
涓流裨海今真见，片雪填沟旧齿谈。
昔代衣冠谁上品？状元门第好奇男。

告终辞

皇天茫茫，降殃之无凭兮，窅莫知其所自。予诚何绝于幽明兮，羌无门而往诉。臣得罪于君兮，无所逃于天地。固党人之为此兮，予将致命而遂志。委身而事主兮，夫焉吾之可有？殉声色以求容兮，非前修之所守。吾岂不知直道之殒躯兮，庶予心之不忘。定予志讵朝夕兮，孰沛颠而有亡？上穹林之杳杳兮，下深谷之冥冥。白刃奚其相向兮，恀予视若飘风。内精诚以渊静兮，神气泊而冲容。固神明之有志兮，起壮士于蒙茸。奋前持以相格兮，曰孰为事刃于贞忠？景冉冉以将夕兮，下释予之颒宫。曰受命以相及兮，非故于子之为攻。不自尽以免予兮，夕予将浮水于江。呜呼噫嘻！予诚愧于明哲保身兮，岂效匹夫而自经？终不免于鸱夷兮，固将溯江涛而上征。已矣乎！畴昔之夕予梦坐于两楹兮，忽二伻来予觌，曰予伍君三间之仆兮，跽陈辞而加璧。启缄书若有睹兮，恍神交于千载。曰世浊而不可居兮，子奚不来游于溟海？郁予怀之怆怆兮，怀故都之拳拳。将夷险惟命之从兮，孰君亲而忍捐？呜呼噫嘻！命苟至于斯，亦予心之所安也。固昼夜以为常兮，予非死之为难也。沮阴壁之岑岑兮，猿猱若授予长条。虺结螭于圮垣兮，山鬼吊于岩嗷。云冥冥而昼晦兮，长风怒而江号。颓阳倏其西匿兮，行将赴于江涛。呜呼噫嘻！一死其何至兮，念层闱之重伤也。予死之奄然兮，伤吾亲之长也。羌吾君之明圣兮，亦臣死之宜然。臣诚有憾于君兮，痛谗贼之谀便。构其辞以相说兮，变黑白而燠寒。假游之窃辟兮，君言察彼之为残。死而有知兮，逝将诉于帝廷。去谗而远佞兮，何幽之不赞于明？昔高宗之在殷兮，赍良弼以中兴。申甫生而屏翰兮，致周宣于康成。帝何以投谗于有北兮，焉启君之衷？扬列祖之鸿庥兮，永配天于无穷。臣死且不朽兮，随江流而朝宗。呜呼噫嘻！大化屈伸兮，升降飞扬。感神气之风霆兮，溘予将反乎帝乡。骖玉虬之蜿蜒兮，凤凰翼而翱翔。从灵均与伍胥兮，彭咸御而相将。经申徒之故宅兮，历重华之陟方。降大壑之茫茫兮，登列缺而翘予。怀古都之无时兮，振长风而远去。已矣乎！上为列星兮，下为江河。山岳兴云兮，雨泽滂沱。风霆流行兮，品物咸和。固正气之所存兮，岂邪秽而同科？将予骑箕尾而从傅说兮，凌日月之巍峨。启帝阙而簸清风兮，扫六合之烦苛。乱曰：予童颛而罔知兮，恣狂愚以冥行。悔中道而改辙兮，亦伥伥其焉明？忽正途之有觉兮，策予马而遥征。搜荆其独往兮，忘予力之不任。天之丧斯文兮，不畀予于有闻。矢此心之无谖兮，毙予将求于孔之门。呜呼！已矣乎，复奚言！予耳兮予目，予手兮予足，澄予心兮，肃雍以穆。反乎大化兮，游清虚之寥廓。

（阳明公入水，沈玉、殷计报。）[1]

阳明将自叙文贴上僧舍寺壁后，就急急忙忙下万松岭，跑往钱塘江，脱下两只鞋放在江边，做好投江自沉的现场。然后登上江船，沿着富春江、兰江南遁。他虚构了一首《泛海》吐露自己远遁避世的决心说：

险夷原不滞胸中，何异浮云过太空。
夜静海涛三万里，月明飞锡下天风。[2]

其实阳明虚构这首"泛海"诗是为了掩人耳目，遮盖自己的真实行踪。他并没有沉江游海，更没有飞越"夜静海涛三万里"的"泛海"之事。他只是在陆上乘船沿富春江急急南下，七日到达江西广信，又舟行乘轿七日，大约在八月底，到达福建武夷山。第二天，他就坐着轿子悠然上武夷山，寻访隐遁避世之地。他先游访了九曲溪，在五曲拜谒了隐屏峰下著名的武夷精舍，未有所获。于是他又登上六曲附近著名的天游峰，拜访天游观的道士。武夷山被奉为"天下第一山"，列为道教三十六洞天中的第十六升真元化洞天。天游峰高耸于六曲溪北，壁立万仞，登峰眺望茫茫烟云弥山满谷，犹如大海波涛汹涌翻卷，恍若置身于蓬莱仙境，遨游于天宫琼阁，故称为"天游峰"。奇伟的天游观高踞峰顶，

[1] 杨仪:《高坡异纂》卷下。按：阳明此自叙当原在阳明《游海诗》及陆相《阳明山人浮海传》中，杨仪取以入《高坡异纂》。阳明此文虽属虚构，然亦真实反映了阳明其时的思想状态。如此《告终辞》，实是一篇效屈原自沉所作之楚辞作品，有《离骚》余风，不可作虚妄之告终辞读也。以其后云"怀古都之无时兮，振长风而远去"，此辞实当名为《远游》篇，不当名为《告终辞》。远游者，隐喻其远遁武夷山也。

[2] 《王阳明全集》卷十九。按：此诗当原收在《游海诗》中，为虚构游海诗之首篇也。

翼然欲飞，是武夷山第一道观，由宋代道士刘碧云、张希微所建，供奉开山祖师彭祖及其二子彭武、彭夷，香火旺盛。据说彭祖与二子彭武、彭夷隐居于幔亭峰下，茹芝饮瀑，遁迹养生，尤善道术修炼，导引行气，长生成仙。这对耽迷尹真人“真空炼形法”修炼的“阳明山人”来说是太富有诱惑力了，阳明所以不计吉凶祸福，不畏千辛万苦，佯狂远遁武夷山，原来就是冲着这天游观而来，把武夷山中的天游观选择为自己未来新的隐遁修炼的“阳明洞”。古代单个人远遁隐居，不可能去找一处与世隔绝、封闭陌生的山林之地独身栖居（无法生存），一般多只能寻觅山林荒僻的寺庙道观隐姓埋名遁处，如在阳明当时就流传着建文帝逃往某处佛寺削发为僧的故事，阳明自己在钱塘也是隐居在胜果寺中。因此可以肯定阳明千里远遁武夷山不是漫无目的的盲目行动，他心中早选定了天游观为埋名隐遁的目标。无奈天下佛寺道观的和尚道士有敢于藏匿逃亡的皇帝隐姓埋名为僧的忠心，却没有敢于收容朝廷通缉的罪官潜逃隐居的胆量，何况天游观天下闻名，游人如织，朝廷每年都派要员来武夷山祭神，要想在天游观众人眼皮底下潜逃隐居而不被发现也是根本不可能的。阳明拜访了天游观的道士，说明了远遁隐居的来意。天游观的道士告诉他此处不是隐遁避居之地，劝他赶快回去，说：“尔有亲在，万一瑾怒，追尔父，诬尔北走胡，南走越，则族且赤矣。”阳明到了武夷山天游观，身处其境，不用道士点拨，其实自己也清楚看出了天游观不是潜遁隐居之地。于是他再以蓍占断决吉凶祸福，占得“箕子之明夷”[1]。所谓“箕子之明夷”，就是指《明夷》卦六五：“箕子之明夷，利贞。”《象》曰：“箕子之贞，明不可息也。”是说箕子

[1] 邹守益：《王阳明先生图谱》。

劝谏纣王不听，有人劝告他远遁逃亡，箕子不肯，认为劝谏君王不听就逃离，岂不是显暴君王的罪行而讨好于人民。于是他就披发佯狂，沦为奴隶，宁可伤害自己的明德以守正，不遁逃自保。六五爻在中位，是最黑暗的时刻，应当像箕子一样不失坚贞，光明终会到来。蓍占告诫阳明不应遁逃自保，而应坚守正道，光明自然普照，终于打消了阳明远遁隐居的念头，决意明天就归。他大写了一首诗，题在天游观的壁上：

武夷次壁间韵

肩舆飞度万峰云，回首沧波月下闻。
海上真为沧水使，山中又遇武夷君。
溪流九曲初谙路，精舍千年始及门。
归去高堂慰垂白，细探更拟在春分。[1]

这首题壁诗是揭开阳明远遁武夷山"千古之谜"真相的最关键的一首诗。阳明在这首诗中清楚叙述了他远遁武夷山的全过程："肩舆飞度

[1] 《王阳明全集》卷十九。按：关于阳明此在武夷山作何诗题何壁事，钱德洪、邹守益均谓阳明是作《泛海》诗题于一荒僻佛庙，谬甚。《泛海》非题壁诗，更非题佛庙壁上。阳明此诗名《武夷次壁间韵》，显可见题壁者即此诗，本自了了分明，钱、邹调包另引《泛海》易之，诡称题佛庙壁上，盖在掩饰真相，恐露出作伪马脚也。按阳明弟子白悦《白洛原遗稿》卷五有《武夷山登天游观用阳明先师韵》："眺望千峰盘紫云，潺湲溪溜隔林闻。只缘病拙疑忘世，岂为遨游敢负君？梦寐不逢霄汉侣，栖迟真爱薜萝群。华嵩太岳空尘鞅，卜筑须求一壑分。"白悦所次韵即阳明此《武夷次壁间韵》，仅此充分证明阳明《武夷次壁间韵》乃是题在天游观壁上，后来白悦来游天游观，见阳明此诗犹在壁上，故得次其韵。又《王畿集》卷十八亦有《宿天游次阳明先师韵》："仙掌峰头多白云，风回天籁隔溪闻。翠微杳杳非人世，碧玉萧萧对此君。老去秋声怜草阁，夜深月色度松门。天游指点还吾辈，碧水丹山好共分。"《宿武夷宫》："九曲溪边卧白云，金鸡正好月中闻。未愁岁冷仍为客，犹有苹香把赠君。道本虚无非异学，知从见解始多门。紫阳香火千年在，义利源头仔细分。"王畿在嘉靖三十三年来游武夷，可见直到嘉靖三十三年，阳明此诗犹在天游观壁上，故王畿亦得以见而次韵之。

万峰云”，是说他坐着篮舆（抬轿）悠然自得地上武夷山，可见绝无刘瑾派二军校追杀、阳明跌跌撞撞跑入荒山破庙之事。“溪流九曲初谙路”，指游访九曲溪。“精舍千年始及门”，指拜谒武夷精舍。“山中又遇武夷君”，暗指拜访天游观道士。“归去高堂慰垂白”，是说自己决意明日即归省探望白发老父王华。“细探更拟在春分”，是说拟在明年春分赴龙场驿谪地。阳明自己道出了远遁武夷山的全部秘密。一个向往道家隐遁修炼的“阳明山人”飘然而来，又很快飘然而去。

第二天（九月初），阳明离武夷山北归，准备往赴南京归省王华，这时离他来武夷山不过半个月时间。他取道建阳，一路心情悠然自得，把北归当作了一路游山水、访故友的旅途。经铅山，过上饶，他拜访了娄谅故居。经玉山，他游东岳庙，遇到一名严星士，向他问卜，进一步印证了自己的蓍占决断。经过西安时，他拜访了衢州知府同年张维新，两人同游大中祥符寺，阳明吟了一首《大中祥符禅寺》：

漂泊新从海上至，偶经江寺聊一游。
老僧见客频问姓，行子避人还掉头。
山水于吾成痼疾，险夷过眼真蜉蝣。
为报同年张郡伯，烟江此去理渔舟。[1]

“漂泊新从海上至”，是仍用虚构的游海漂泊的故事掩盖自己远遁武夷山的真实行踪。“张郡伯”即张维新，字崇德，是与阳明相知的同年，所以阳明对他不避嫌疑。阳明一路都是以这样一个不起眼的游海归来的漂泊者行走在道途，住宿在寺庙中。经龙游时，他又去访舍利寺，作了一首《舍利寺》：

[1] 《嘉庆西安县志》卷四十四。按：此诗当原在阳明《游海诗》中，阳明文集失载。

经行舍利寺，登眺几徘徊。
峡转滩声急，雨晴江雾开。
颠危知往事，漂泊长诗才。
一段沧洲兴，沙鸥莫浪猜。[1]

“颠危知往事”，是暗指阳明抗疏救戴铣被杖贬谪与游海入山历尽危难。“漂泊长诗才”，是说自己经历一番游海漂泊增长了人生阅历见识。“一段沧洲兴”，是把这一次佯狂避祸的远遁武夷轻松说成是一段隐居沧洲的雅兴，其中隐情世人莫要浪猜，他不过是一个往隐沧洲的归来者。所以经兰溪时，他又往游大云山下的圣寿教寺，拜访了枫山章懋，在圣寿教寺寓居了十多天。他十分羡慕归隐枫山的章懋，在圣寿教寺壁上题了一诗：

题兰溪圣寿教寺壁

兰溪山水地，卜筑趁云岑。
况复经行日，方多避地心。
潭沉秋色静，山晚市烟深。
更有枫山老，时堪杖履寻。[2]

章懋字德懋，号黯然居士。他在京早窥破刘瑾欺主弄权的阴谋，在正德元年十月疏乞休致，归兰溪筑室枫木山下，读书讲学，号枫山先生。阳明称赞章懋的先机退隐说：“先生专一主敬，国子祭

[1]《万历龙游县志》卷九。按：此诗当原在《游海诗》中。

[2]《万历兰溪县志》卷六。按：此诗当原在《游海诗》中。《万历兰溪县志》卷六：“明正德年间，王阳明先生谪龙场，过兰，寓大云山寺几半月，题诗在□壁……后僧方叔知之，追之兰阴山，复以轴乞□□壁间。诗为郑□所得。□后为吴孺子持去。”

酒时，年逾七十三，疏得请。逆瑾擅权，名卿多遭斥辱，而翁已先机去矣。”[1]“卜筑趁云岑”，就是指章懋先机归居，卜筑枫木山。“方多避地心”，是说自己远遁武夷归来，一路耳目众多，危机四伏，还应有避地避祸之心。于是他在过了兰溪后，有意避开了再经钱塘是非之地，而由金华转道芜湖，直入南都。经芜湖时，他登上蟂矶，凭吊凄凉残破的蟂矶庙，面对滔滔长江逝波，思古怀今，同病相怜，作了二首吊古诗：

登蟂矶次草泉心刘石门韵二首

中流片石倚孤雄，下有冯夷百尺宫。
滟滪西蟠浑失地，长江东去正无穷。
徒闻吴女埋香玉，惟见沙鸥乱雪风。
往事凄微何足问，永安宫阙草莱中。

江上孤臣一片心，几经漂没水痕深。
极怜撑住即从古，正恐崩颓或自今。
藓蚀秋螺残老翠，蟂鸣春雨落空音。
好携双鹤矶头坐，明月中宵一朗吟。[2]

---

[1]《枫山语录》附。

[2]《王阳明全集》卷二十。此诗当原在《游海诗》中。按：阳明此二诗在《王阳明全集》误置于正德十五年所作诗中，钱德洪指出其误，而推测以为二诗作在弘治十五年，其说亦非。按《蟂矶山志》卷下载有陆相二首和诗，其序云：“此余友今都宪阳明王公伯安诗也。公昔以事谪龙场，道经于此，故有是作。观其诗安于所寓，略无愤懑悲哀之意，则公之涵养可知矣……”陆相明确说二诗作于阳明以事谪龙场、道经芜湖时，当是依据阳明《游海诗》。陆相二首和诗作在正德十五年，按正德十五年陆相来江西，与阳明同游小孤、蟂矶，亲见阳明手书刻此二诗于石，陆相乃作二首和诗亦上石。则陆相之确知阳明此二诗作在其谪龙场驿、道经芜湖时，必是得自阳明当面亲口告知，可信不误。

蟂矶庙就是祀昭烈孙夫人庙。想到当年的永安宫早已埋没草莱中，蟂矶庙如今也摇摇欲圮，孙夫人因不能归蜀投江自沉，与自己投江游海远遁的命运千载遥接相通，阳明作二诗正是隐然以"孙夫人"自况，恨权阉欺君，君不明臣忠，阳明唯有悲悼自己"江上孤臣一片心"了。这二首诗成为阳明这次一个多月的远遁武夷山之行最后的曲终余响。

九月下旬，阳明由芜湖到达南都，见到父亲王华和岑太夫人，才知道王华已在十一日罢南京吏部尚书，朝廷勒令致仕。原来在阳明伪作投江自沉现场远遁武夷山去后第二天，寺僧发现壁上所书《告终辞》，阳明不知去向，立即报官。官府命公差押了胜果寺僧四出寻访。这时正逢举子科考完毕涌出场屋，也都同市民纷纷来聚观围看，轰动钱塘。奇案飞快传入京都，朝廷大臣自然都心中有数。刘瑾就是得知了阳明违抗朝命不赴谪地、装死潜逃，才在九月十一日矫旨罢王华南京吏部尚书，也是对阳明的严重警告与惩罚。[1] 九月二十九日是王华的六十二岁生日，阳明归省本就是要赶在二十九日之前到南都，向王华祝寿，没想到祝寿筵变成了送别筵。在二十九日，南都僚友纷纷来祝寿，同时也是送王华、阳明归绍兴。南京兵科给事中周用作了一首贺诗《寿王龙山尚书》：

《帝典》仍咨岳，《王诗》复降申。
纪年存国史，作颂许门人。

[1] 陆深《海日先生行状》云："丁卯，升南京吏部尚书。瑾犹以旧故，使人慰之曰：'不久将大召。'冀必往谢，先生又不行。瑾复大怒。然先生乃无可加之罪，遂推寻礼部时旧事与先生无干者，传旨令致仕。先生闻命忻然，束装而归，曰：'吾自此可免于祸矣。'"按王华之罢南京吏部尚书实因阳明潜遁不赴谪地事发，所谓"推寻礼部时旧事"云云，乃为表面借口而已。

台阁悬东壁，衣裳近北辰。
经帷资密勿，昼赐见繁频。
礼乐承诸子，朝廷念旧臣。
江湖闲白首，桃李得青春。
大郡方将母，高斋每戒宾。
虹光浑贯月，海水欲生尘。
未觉韦贤老，应看李翰亲。
稽山今在眼，谩卜草堂邻。[1]

新科举人毛伯温作了一首《寿尚书海日翁》：

瑞气凝蓬岛，仙翁驻玉颜。
清风明海日，南极映龙山。
绿野藏春满，清尊照月间。
北堂有慈母，还恋舞衣斑。[2]

所谓“稽山今在眼”，“南极映龙山”，都是指王华将归居绍兴。这一番“党籍”的放逐杀戮，南京是“重灾区”，言官凋零，所以来祝寿送行的僚友都怀着难抑的愤慨之情为王华鸣不平，南京国子祭酒石珤一连作了五首《送王尚书德辉还余姚》：

杳杳稽山青，茫茫舜江白。
意倦行且休，身存岁宁迫。
唐虞世已远，孔孟道未塞。

[1]《周恭肃公集》卷八。
[2]《东塘集》卷三。

长啸凌秋空，黄花正盈陌。

吾行何所求，青山映华发。
板舆傍春花，清波溅仙袜。
功名一炊黍，人世几明月？
历览千万秋，百巧未如拙。

春花岂胜秋，新人不如故。
纷纷红紫群，酣艳良未悟。
千金买马首，百网捕毚兔。
一曲雍门歌，夕阳在高树。

塞北多归雁，江南有去人。
尘寰回鹤梦，神剑敛龙鳞。
童冠同三月，莺花又一春。
羊裘滩底在？吾欲问吾津。

试看春花萼，朝来枝上疏。
有形宁免化，何水不堪渔。
《道德》五千字，豪华十二衢。
寸心应未减，长拱帝王居。[1]

连来南京督马政的太仆寺卿储巏也作了一首《送王德辉尚书归余姚》：

[1]《熊峰集》卷一。

南来暂辍紫宸班，弭棹江干便拟还。
东观图书头半白，北堂鱼笋梦常关。
归鸿纵目云霄外，老鹤鸣阴莽苍间。
多少玉堂嘉话在，风流应对谢东山。[1]

“南来暂辍紫宸班”，是说王华由朝中出为南京吏部尚书；“弭棹江干便拟还”，是说王华很快又罢南京吏部尚书归休。阳明自到南都得知王华已罢官，他也就不再避人耳目，无所忌惮，祝寿送行他也都在场。他甚至还和储巏同游清凉山，放言高论政事。据储巏后来写给他的信说：“清凉之游，得饫闻高论……鄙诗未成，正以俗冗之故，兼佳章玩索有味，亦自难为下笔也。”[2] 这些玩索有味的“佳章”，应就是指阳明在远遁武夷山一路作的诗，阳明后来都把它们编进了《游海诗》中。

阳明诡秘的远遁武夷山之行，从钱塘开始，到南都结束，潜遁来回一个半月，只成为他正式赴龙场驿谪地的诡异的“前奏曲”。天地茫茫，阳明绕了一个封闭的圈子，除了赴谪以外，也无别路可走。十月初，王华、阳明奉岑太夫人归绍兴，南都相知的公卿大夫士们都来都门饯别，太常寺少卿罗玘含蓄不露地作了一篇《送冢宰王公归余姚序》说：

正德丁卯冬，留都冢宰王公得谢事，奉母太夫人去归其乡，时年始六十余也。留都公卿大夫士相与祖公于都门外，酒三行，有起言公之归者曰：“仕者之究，惟归之荣。有以州县归，有以部属归，有以方岳归，有以卿贰归，莫不曰荣。

[1] 《柴墟文集》卷四。
[2] 《柴墟文集》卷十四《复王伯安》。

> 然孰与冢宰归之荣？有以妻妾侍归，有以子姓孙曾侍归，莫不曰完，然孰与侍其母归之完？其年也，有以四十五十归，有以七十八十归，然四五十伤于遽，七十过于拘，而八十又其衰也，孰与六十为强且健？夫当强健之年，以冢宰之荣，养既归之亲，公亦乐哉斯归也欤？"众皆曰："然。"公笑而不言，予因起释公曰："公之乐固也，要以为尽公可乎？公，越人也，少有重名，勾吴以西，湖湘以东，使日月争迎聘，致以公至卜宠辱焉。及起而魁天下，朝之大夫士与天下之人，以何如人望公哉！予辱游久，窃尝窥之，其无所盖覆，渊然万顷之波；而其径情直遂，则骐骥之骋康庄也。卒然犯之，壁立万仞而不可即；时而甚疾痛之切身，以脱人之急，其既也忘之。至其身教于庭，要似与异世人，语而气低，高云为主，本此其志，视天下忧乐为何如，而于一进退之间，公顾乐乎？顾爱日之晷千金，自北而南，南而不家焉势不可也。况当明天子以孝理天下，清明无事之朝，而留都之庶职，有最而无殿，可固縻公乎？公故得自诿曰：吾今往也，汲汲而行，徐徐而来也，夫岂无其日也耶？"众又皆曰："然。"击鼓传觞，命书予言为公赠，公又笑而不言。盖其于二说，必有择而处者也。[1]

这是一篇绝妙的反讽自嘲的文章，所谓"当明天子以孝理天下，清明无事之朝"，隐含了对武宗乱政、大阉擅权的讽刺，罗玘实际用闪烁曲折之笔否定了王华归居是为了孝亲养老的说法，肯定了他的"壁立万仞而不可即"的光明正大人格，王华罢归的真正原

[1]《圭峰集》卷十。

因不言而已在其中。罗玘这篇文章对三朝元老王华的仕宦生涯作了最好的总结，也同时暗含了对阳明在朝援救言官、抨击权奸的肯定。

大约在十月中旬，王华、阳明回到了绍兴。王华安然过起了侍亲养老的生活。阳明决意到明年开春再赴龙场驿，他在赴谪前的一段有限时间里又投入了紧张的讲学与修炼的生活。他一回到绍兴，就致书储巏告诉回绍兴的情况，储巏有回信劝慰说：

> 清凉之游，得饫闻高论，却悔在京时多闲漫过日，不曾数就有道也。巏鄙陋之质，摧颓已甚，所幸得良师友时提撕之，庶几稍有进诣。平生所倾慕者，海内不数人。栖迟零落，今皆舍我去矣。奈何，奈何！承期待过厚，何以副之，只益增愧耳。鄙诗未成，正以俗冗之故，兼佳章玩索有味，亦自难为下笔也。尊甫老先生遽尔致政，言之於邑！承有微恙，喜遂平复为慰，未间，为道珍爱，不宣。[1]

其实储巏自己也怀着一种人去道亡的悲怆，对武宗朝政感到了无奈的失望。阳明经过这场朝中“党籍”的磨难与远遁武夷山的失败，对前途命运感到分外迷惘，心底的修禅炼道思想一时又回潮泛起，倒也成为他在贬谪困顿生活中最大的精神慰藉。他登上冷落的阳明洞，又开始了导引炼气的修行。阳明的弟子董穀描述他这时在阳明洞中的习静修炼说：

> 习静。正德初，先师阳明习静于阳明洞。洞在南镇深山

[1] 《柴墟文集》卷十四《复王伯安》。

> 中，先生门人朱白浦、蔡我斋等数辈，自城往访焉。道遇先生家童，问以何往，对曰：“老爹知列位相公将至，故遣我归取酒肴耳。”众异之。既至，问曰：“先生何以知某等之将至也?”先生曰：“诸君在途，某人敲冰洗手，某人刻竹纪诗。”皆如目击，众益大骇。盖无事则定，定则明，故能心通，岂他术哉![1]

看来在阳明洞中，阳明把陈白沙的“默坐澄心”（静坐）同尹真人的“真空炼形法”结合起来导引炼气，又达到了一重前所未有的修炼境界。所谓“列位相公”，就是指徐爱、朱节、蔡宗兖等弟子，他们在秋试中都中举，自钱塘归来后，又一起来绍兴问学于阳明。他们准备在十二月一起赴京师，参加明春的会试。三人从此将同阳明长别，各自前途难卜。阳明特作了一篇《别三子序》说：

> ……盖自近年而又得蔡希颜、朱守忠于山阴之白洋，得徐曰仁于余姚之马堰。曰仁，予妹婿也。希颜之深潜，守忠之明敏，曰仁之温恭，皆予所不逮……三子行矣，遂使举进士，任职就列，吾知其能也，然而非所欲也；使遂不进而归，咏歌优游有日，吾知其乐也，然而未可必也。天之将降大任于是人，必先违其所乐，而投之于其所不欲，所以衡心拂虑而增其所不能。是玉之成也，其在兹行欤？……[2]

这是一篇送自己弟子踏上仕途的祷词，也是一篇自己告别弟子踏

---

[1] 《董汉阳碧里后集·杂存》。
[2] 《王阳明全集》卷七。

上贬谪之途的别词。在赴龙场驿前夕，面对世人汹汹而来的对他投江游海、远遁武夷而又最终委曲求全赴谪的质问与疑惑，阳明写了一篇《田横论》，借古讽今，对自己的生死抉择作了堂堂正正的回答，说：

> 知死之为义，而不权衡乎义，勇有余而智不足者也。天下未尝有不可处之事，吾心未尝有不可权之理。死生利害撄于吾前，吾惟权之于义，则从违可否自有一定之则，生亦不为害仁，死亦不为害义。……横之死则勇也，而智则浅矣。吾为横计，虽不死可也。死于汉争衡之日可也，为夷、齐、王烛之死可也，而横也盍亦权衡于心乎？不死于可为之时，而死于不可为之时；不死于不得已之地，而死于得已之地。……是时不可以死，而横则死之；是时可以死，而横则不死。事不可已，而横则已之；事可以已，而横则不已。智者故如是乎？……然则其死也，皆失于前而困于后，徒知慕义，而不知义之轻重者也。[1]

这是阳明自我倾吐生死抉择、义勇取舍的豪情壮举的内心独白，真可谓是一篇离经叛道、惊世骇俗的大论，是针对自己先欲投江自沉而终以委曲求全赴谪的生死抉择所作的辩白，也是因自己遭遇颇类于田横有感而发，为自己的生死抉择有异于田横明已辩诬。阳明上疏忤权奸，下狱廷杖，贬谪蛮夷之地，面临生死抉择，与当年田横的命运遭际相类；然而他没有像田横那样不肯事汉，杀身取义，而是委曲求全，谪赴龙场驿，顽强生存。在他看来，田

[1] 钱普：《批选六大家论・阳明先生论》，林有望：《新刊晦轩林先生类纂古今名家史纲疑辩》卷三。

横之死不过是逞匹夫之勇，他的杀身取义乃是有勇无智，所以他是勇有余而智不足者，没有权衡于义。而阳明认为取义不一定要舍身，而应权衡于义作出是生是死的抉择，“死生利害撄于吾前，吾惟权之于义”。这就把仁智义勇同愚忠愚智愚勇区别开来。他不取舍身杀身而委曲求全赴谪，就是权衡于义的既勇且智的壮举。阳明对孟子说的舍身取义、杀身成仁作了完美的诠释。

《田横论》是阳明赴谪前夕写的一篇表白逐臣赴谪之心的“宣言书”，他就怀着这种权衡于义的智勇踏上了赴龙场驿的贬谪之路。

第七章

龙场之悟：超越白沙心学之路

赴龙场驿：贬谪途中的心学沉思

阳明还在武夷山时就定下来年开春赴龙场驿。正德三年正月初一日，在明媚大好的春光中，他启程赴谪，小野倪宗正作了两首诗送行：

送王阳明谪龙场

一凤鸣初日，悠悠别上林。
流离文士命，慷慨逐臣心。
但得精神健，何忧瘴疠侵。
风花长满目，应不废清吟。[1]

送王阳明谪官

云旌霞旆驾青虬，此去逍遥历九州。
山水于君真有分，乾坤随处是清游。
马头春色摇芳草，江上闲花照白鸥。
风定长空舒望眼，天涯高兴一登楼。[2]

倪宗正把阳明看成是一个流离文士、天涯逐臣，阳明也真的以唐代贬谪永州、柳州的柳宗元自比，但是他却比柳宗元更充满了乐观自信，把这次凶多吉少的贬谪奔波轻松当作了一次“山水于君真有分，乾坤随处是清游”的山水清游，忘了迢迢贬谪路上的艰

[1] 《倪小野先生全集》卷五。
[2] 《倪小野先生全集》卷六。

辛与烦恼。他一路放情畅游名山大川，吊古访友，吟诗作赋，尤好拜谒佛寺道观，说道谈禅，仿佛不是在进行贬谪的悲苦跋涉，而是在像屈原一样走着周游八极、上下求索的问道奋进之路，随处体认天理。经过开化时，他住宿在草萍驿，看到壁上见素林俊的题诗，他立即作了一首和诗寄给林俊：

草萍驿次林见素韵奉寄

山行风雪瘦能当，会喜江花照夜航。
本与宦途成懒散，颇因诗景受闲忙。
乡心草色春同远，客鬓松梢晚更苍。
料得烟霞终有分，未许连夜梦溪堂。[1]

经过玉山时，他再去访东岳庙，又遇到了旧相识严星士，感慨去年远遁武夷山的往事，他作了一首诗：

玉山东岳庙遇旧识严星士

忆昨东归亭下路，数峰箫管隔秋云。
肩舆欲到妨多事，鼓柮重来会有云。
春夜绝怜灯节近，溪声最好月中闻。
行藏无用君平卜，请看沙边鸥鹭群。[2]

阳明把这名严星士比为严君平，上次过东岳庙时正逢道士箫鼓殷殷大做道场，阳明曾向严星士问卜；这次来访东岳庙，他已经不用再向严星士问卜，因为他已权衡于义决意赴谪，再问卜前途吉

[1] 《王阳明全集》卷十九。
[2] 《王阳明全集》卷十九。

凶祸福已无必要。

正月十五元宵节，阳明到达广信，他拜访了广信蒋太守，两人舟中夜谈，畅论尘世外事，阳明作了一首《广信元夕蒋太守舟中夜话》做纪念：

楼台灯火水西东，箫鼓星桥渡碧空。
何处忽谈尘世外，百年惟此月明中。
客途孤寂浑常事，远地相求见古风。
别后新诗如不惜，衡南今亦有飞鸿。[1]

约在正月中旬底，阳明由广信到达南昌，寓居在石亭寺。他拜访了南昌府同知陈旦与娄谅之子冰溪娄忱。石亭寺在章江门外，是唐僧灵彻所建的名刹，仰山慧寂禅师曾在寺中演教。阳明在弘治元年（1488年）来南昌迎娶夫人诸氏时曾常往游石亭寺，二十年后重来，阳明无限感慨，他一连作了两首诗赠给陈旦与娄忱，并寄给了储巏、乔宇一班南都同道，表白自己“扁舟心事沧浪旧”的归隐之心：

夜泊石亭寺用韵呈陈娄诸公
因寄储柴墟都宪及乔白岩太常诸友

廿年不到石亭寺，惟有西山只旧青。
白拂挂墙僧已去，红阑照水客重经。
沙村远树凝春望，江雨孤篷入夜听。
何处故人还笑语，东风啼鸟梦初醒。

[1] 《王阳明全集》卷十九。

怅望沙头成久坐，江洲春树何青青。
烟霞故国虚梦想，风雨客途真惯经。
白璧屡投终自信，朱弦一绝好谁听？
扁舟心事沧浪旧，从与渔人笑独醒。[1]

正月下旬，阳明经分宜到达袁州。袁州的仰山与宜春台名闻天下，阳明渴慕已久，他立即去登览仰山，拜仰山祠，游宜春台，作了四首怀古诗：

袁州府宜春台四绝

宜春台上还春望，山水南来眼未尝。
却笑韩公亦多事，更从南浦羡滕王。

台名何事只宜春？山色无时不可人。
不用烟花费妆点，尽教刊落尽嶙峋。

持修江藻拜祠前，正是春风欲暮天。
童冠尽多归咏兴，城南兼说有温泉。

古庙香灯几许年？增修还费大官钱。
至今楚地多风雨，犹道山神驾铁船。[2]

经过萍乡时，阳明寓居在宣风馆，又兴致勃勃地去谒濂溪祠，访武云观，结识了林玉玑道士。他有诗吟道：

[1]《王阳明全集》卷十九。
[2]《王阳明全集》卷十九。

萍乡道中谒濂溪祠

木偶相沿恐未真，清辉亦复凛衣巾。
簿书曾屑乘田吏，俎豆犹存畏垒民。
碧水苍山俱过化，光风霁月自传神。
千年私淑心丧后，下拜春祠荐渚苹。

宿萍乡武云观

晓行山径树高低，雨后春泥没马蹄。
翠色绝云开远嶂，寒声隔竹隐晴溪。
已闻南去艰舟楫，漫忆东归沮杖藜。
夜宿仙家见明月，清光还似鉴湖西。[1]

濂溪祠在萍乡县东的芦溪市，当年周敦颐在此任镇监税，士子多来从游问道，后人便在桥东建立了濂溪祠。在阳明的心目中，周敦颐是“心学”的开山，所以他怀着一腔千年私淑之心虔诚拜谒了濂溪祠。武云观在萍乡县南门外，本名真圣观，据说当年真武大帝曾在云中显现真身，后来改名武云观。据后来他由贵州归来再经萍乡作《再经武云观书林玉玑道士壁》诗说“碧山道士曾相约，归途还来宿武云”，可见他就是这次赴龙场驿经萍乡武云观时认识了林玉玑道士的，两人谈道说真十分投机，才相约将来归途再见。

约在二月上旬，阳明由萍乡进入湖南境内，眼前又豁然展现出荆楚大地别一番迷人的山水风情。经过醴陵时，他寓居在泗州寺，动了寻访李靖军事遗迹的兴致。他特地往登靖兴山，谒靖兴

[1] 《王阳明全集》卷十九。

寺，流连靖兴潭，凭吊李靖用兵打仗的遗迹，他在寺壁上题了两首咏怀古迹诗：

靖 兴 寺

隔水不见寺，但闻清磬来。
已指峰头路，始瞻云外台。
洞天藏日月，潭窟隐风雷。
欲询兴废迹，荒碣满蒿莱。[1]

龙 潭

老树千年惟鹤住，深潭百尺有龙蟠。
僧居却在云深处，别作人间境界看。[2]

阳明自少便好兵法，潜读兵书，唐代能征善战的李靖也是他崇仰的兵家之一。靖兴山耸立在醴陵县西面，当年李靖曾在这里领兵打仗，驻兵山中，靖兴寺也成为李靖的屯兵处，石壁上刻下了一幅李靖像。如今荒碣残碑埋没在蒿莱中，但耳畔犹回响着当年惊心动魄的喊杀声与马嘶刀鸣，也许这次凭吊李靖遗迹多少对阳明后来在江西带兵打仗产生了潜移默化的影响。十八年后邹守益也来游靖兴山，看到阳明的题诗，作了一首和诗感慨说："凤阙一鸣成远斥，龙场千里且深蟠。题诗留得行程记，老树深潭不忍看。"[3] 邹守益大概从阳明的题壁诗悟出了阳明龙场深蟠是出于一种兵家的"诡道"。

[1] 《乾隆长沙府志》卷四十七。
[2] 《乾隆长沙府志》卷四十九。
[3] 《乾隆长沙府志》卷四十九。

阳明由靖兴山西行，进入了长沙城。长沙是阳明贬谪苦旅之路上重点游访的古城，他在长沙住留了八天。阳明自认为是一个被谗遭屈的当代“屈原”，他的沉江远遁、贬谪蛮夷之地，同屈原的遭谗流放、投江自沉太相似了，他所以特在长沙长留不去，主要就是冲着凭吊怀念屈原而来的。况且长沙的岳麓书院是天下士子心仪的讲学圣地，当年朱熹亲赴长沙与张栻在岳麓书院讲学，后人在赫曦台下建起了有名的朱张祠，也为天下士人所景仰。阳明生平很少提到朱熹，他多借用“宋儒”“俗儒”之名为掩盖，隐然批评朱熹的理学，但在龙场悟道之前，朱熹还是他敬仰的“先哲”，然而对朱熹理学的新反思已在他头脑中酝酿。所以他一到长沙拜访了提学佥事陈凤梧、参议吴世忠、佥事徐守诚、太守赵维藩、推官王教后，就由府学生周金陪同游访了岳麓书院，拜谒了朱张祠，一路思考着当年朱张岳麓之会的太极之辨。当时正逢吴世忠规划岳麓山建设，主张凿石开山，分辟双峰，使朱张祠面对开阔的江渚，但却遭到同官反对，最后还是赵维藩支持吴世忠的建议，他同王教亲自赶到岳麓书院来向阳明说明情况，与阳明共游岳麓山。阳明感想联翩，他一反常态作了一首长篇叙事诗详叙事情的经过：

游岳麓书事

醴陵西来涉湘水，信宿江城沮风雨。
不独病齿畏风湿，泥潦侵途绝行旅。
人言岳麓最形胜，隔水溟濛隐云雾。
赵侯需晴邀我游，故人徐陈各传语。
周生好事屡来速，森森雨脚何由住？
晓来阴翳稍披拂，便携周生涉江去。

戒令休遣府中知，徒尔劳人更妨务。
橘洲僧寺浮江流，鸣钟出延立沙际。
停桡一至答其情，三洲连绵亦佳处。
行云散漫浮日色，是时峰峦益开霁。
乱流荡桨济倏忽，系楫江边老檀树。
岸行里许入麓口，周生道予勤指顾。
柳溪梅堤存仿佛，道林林壑独如故。
赤沙想像虚田中，西屿倾颓今冢墓。
道乡荒趾留突兀，赫曦远望石如鼓。
殿堂释菜礼从宜，下拜朱张息游地。
凿石开山面势改，双峰辟阙见江渚。
闻是吴君所规画，此举良是反遭忌。
九仞谁亏一篑功，叹息遗基独延伫。
浮屠观阁摩青霄，盘据名区遍寰宇。
其徒素为儒所摈，以此方之反多愧。
爱礼思存告朔羊，况此实作匪文具。
人云赵侯意颇深，隐忍调停旋修举。
昨来风雨破栋脊，方遣圬人补残蔽。
予闻此语心稍慰，野人蔬蕨亦罗置。
欣然一酌才举杯，津夫走报郡侯至。
此行隐迹何由闻？遣骑候访自吾寓。
潜来鄙意正为此，仓率行庖益劳费。
整冠出迓见两盖，乃知王君亦同御。
肴羞层叠丝竹繁，避席兴辞恳莫拒。
多仪劣薄非所承，乐阕觞周日将暮。
黄堂吏散君请先，病夫沾醉须少憩。

入舟暝色渐微茫，却喜顺流还易渡。
严城灯火人已稀，小巷曲折忘归路。
仙宫酣倦成熟寐，晓闻檐声复如注。
昨游偶遂实天假，信知行乐皆有数。
涉猎差偿夙好心，尚有名山敢多慕？
齿角盈亏分则然，行李虽淹吾不恶。[1]

这是阳明生平写得最长的一首诗，他在艰辛贬谪之路上依旧热衷于访道讲学的身影跃然纸上。而他这时心头尚未冷却的对朱熹、张栻一班宋儒先哲的尊仰之情与新的心学思考，更反映在他即兴作的《涉湘于迈岳麓是遵仰止先哲因怀友生丽泽兴感伐木寄言》中：

其 一

客行长沙道，山川郁稠缪。
西探指岳麓，凌晨渡湘流。
逾冈复陟巘，吊古还寻幽。
林壑有余采，昔贤此藏修。
我来实仰止，匪伊事盘游。
衡云闲晓望，洞野浮春洲。
怀我二三友，《伐木》增离忧。
何当此来聚，道谊日相求。
灵杰三湘会，朱张二月留。
学在濂洛系，文共汉江流。

[1] 《王阳明全集》卷十九。

其　二

林间憩白石，好风亦时来。
春阳熙百物，欣然得予怀。
缅思两夫子，此地得徘徊。
当年靡童冠，旷代登堂阶。
高情讵今昔，物色遗吾侪。
顾谓二三子，取瑟为我谐。
我弹尔为歌，尔舞我与偕。
吾道有至乐，富贵真浮埃。
若时乘大化，勿愧点与回。
陟冈采松柏，将以遗所思，
勿采松柏枝，两贤昔所依；
缘峰践台石，将以望所期，
勿践台上石，两贤昔所跻。
两贤去邈矣，我友何相违？
吾斯未能信，役役空尔疲，
胡不此簪盍，丽泽相遨嬉。
渴饮松下泉，饥餐石上芝。
偃仰绝余念，迁客难久稽。
洞庭春浪阔，浮云隔九疑。
江洲满芳草，目极令人悲。
已矣从此去，奚必兹山为！
恋系乃从欲，安土惟随时。
晚闻冀有得，此外吾何知！[1]

---

[1] 《王阳明全集》卷十九。按：第一首诗在《王阳明全集》中缺"灵杰三湘会"以下四句，疑是钱德洪所删。兹据《石鼓志》卷五补。

阳明这两首诗，第一首表达了他对宋儒朱熹、张栻的尊仰，“仰止先哲”，把朱熹、张栻归为“濂洛学系”的先哲，肯定了他们“文共汉江流”的伟绩；但第二首却吐露了他欲与湖湘士子重新讲论明辨朱学的愿望，“丽泽兴感”，因为当年朱熹与张栻在岳麓书院讨论“先察识，后涵养”“未发已发”“主敬”等问题，达到了“超然会太极”的会归统一，后来张栻完全转向了朱熹。阳明来寻访当年朱张讲学的往迹，对朱张之学作了心学的新反思，他从自己尊信的陈白沙“为学当求诸心”“默坐澄心，体认天理”的思想，对朱张的岳麓辩论讲学提出了质疑，对朱学也产生了怀疑不信，希望同士子能就此丽泽讲益，明辨朱学的是非得失。所以诗明确说：“吾斯未能信，役役空尔疲，胡不此簪盍，丽泽相遨嬉……晚闻冀有得，此外吾何知！”这是阳明生平第一次明确说出了对朱学的怀疑不信与批评，他的“龙场之悟”（悟朱学之非）的思考已经隐隐从这首不起眼的诗起步了。如果说阳明这首诗还说得较含蓄的话，那么他在同时与澹然子“滇南赵先生”的讲学论道中，就把他的心学思想表述得更为清楚。阳明也是在长沙遇到了这位神秘的澹然子，在谈玄说道中，阳明巧妙地借用论滇南赵先生的“四个自号”提出了自己的心学体系：

> 人，天地之心而五行之秀也。凝则形而生，散则游而变。道之不凝，虽生犹变。反身而诚，而道凝矣。故首之以“凝秀”。道凝于己，是为率性。率性而人道全，斯之谓“完”，故次之以“完斋”。完斋者，尽己之性也。尽己之性，而后能尽人之性，尽万物之性，至于草木，至矣。葵，草木之微者也，故次之以“友葵”。友葵，同于物也。内尽于己，而

> 外同乎物，则一矣。一则吻然而天游，混然而神化，同归而殊途，一致而百虑，天下何思何虑矣。故次之以“澹然子”终焉。[1]

阳明在这里建构了一个心本—道凝—明诚—率性—理一的“心一分殊”思想体系。所谓“人，天地之心”，就是以心为本体，“一本分澄清”。五行聚而成形，散而成气。道凝则理一，道散则万殊，这就是理一而万殊。但道在吾心，一心凝万理，“道凝于己”，所以只有“反身而诚，而道凝矣”。故理一分殊即心一分殊。人与天地万物一体，所以尽己之性，则尽人之性；尽人之性，则尽万物之性。天地物我内外浑凝一体。这种物我一体论，是外则同于物，内则同于己，“内尽于己，而外同乎物，则一矣”，一体，则我道合一，心物合一，“一则吻然而天游，混然而神化，同归而殊途，一致而百虑”。阳明更作了四首诗来进一步阐述他这种我道万物一体的“心一分殊”说：

两端妙阖辟，五连无留停。
藐然覆载内，真精谅斯凝。
鸡犬一驰放，散失随飘零。
惺惺日收敛，致曲乃明诚。

明诚为无忝，无忝斯全归。
深渊春冰薄，千钧一丝微。
肤发尚如此，天命焉可违？

[1]《王阳明全集》卷二十九《澹然子序》。

参乎吾与尔，免矣幸无亏。

人物各有禀，理同气乃殊。
曰殊非有二，一本分澄淤。
志气塞天地，万物皆吾躯。
炯炯倾阳性，葵也吾友于。

孰葵孰为予，友之尚为二。
大化岂容心，繄我亦何意。
悠哉澹然子，乘化自来去。
澹然非冥然，勿忘还勿助。[1]

第一首论心本道凝，反己求心；第二首论明诚尽心，尽性知道；第三首论心一分殊，万物一体；第四首论心物合一，自然神化。这是一个阳明在长途贬谪苦旅的“哲学沉思”之路上升华提炼出来的心学体系，它反映了阳明在龙场之悟以前对心学思想所达到的认识高度。他把这种心学又称为“为己之学”“身心之学”“君子之学”，在长沙同陈凤梧、吴世忠等人也展开了讨论，一直至阳明到达龙场驿，他们都没有中断这种对为己之学的讲论探讨。阳明在到了龙场驿后写信给陈凤梧回顾说：

……所以知有意于为己之学，三年之间，文鸣于他朋旧书札之问甚简，而仆独三致焉；今又遣人走数百里邀候于途，凡四致焉……是必文鸣有切身之痛，将求医之未得，谓仆盖

[1] 《王阳明全集》卷二十九《澹然子序》。

> 同患而求医与药者，故复时时念之，兹非其为己乎？……夫学而为人，虽日讲于仁义道德，亦为外化物，于身心无与也；苟知为己矣，寝食笑言，焉往而非学？譬如木之植根，水之浚源，其畅茂疏达，当日异而月不同。曾子所谓"诚意"，子思所谓"致中和"，孟子所谓"求放心"，皆此矣。[1]

事实上，阳明在贬谪苦旅中一路都在不断沉思他的心学。他的长沙诗中说的"怀我二三友"，"顾谓二三子"，除陈凤梧、吴世忠、徐守诚等一班"西翰林"同道外，首先还是指甘泉湛若水。湛若水是阳明在京丽泽讲益、共倡圣学（心学）的道友，现在阳明在赴谪南行中心学沉思有新得，更急切期盼湛若水来作讲论朱陆之学的益友了，他立即作了三首诗寄给湛若水，重申湛若水来践南游之约：

南游三首

元明与予有衡岳、罗浮之期，赋《南游》，申约也。

南游何迢迢，苍山亦南驰。
如何衡阳雁，不见燕台书？
莫歌澧浦曲，莫吊湘君祠。
苍梧烟雨绝，从谁问九疑？

九疑不可问，罗浮如可攀。
遥拜罗浮云，奠以双琼环。
渺渺洞庭波，东逝何时还？

[1]《新刊阳明先生文录续编》卷一《答文鸣提学》。

生人不努力，草木同衰残。

洞庭何渺茫，衡岳何崔嵬！
风飘回雁雪，美人归未归？
我有紫瑜珮，留挂芙蓉台。
下有蛟龙峡，往往兴云雷。[1]

大概阳明在京师时已听说朝廷将遣湛若水为册封瑞昌王副使持节往封宗藩，顺便可走岭外接母陈氏回京侍养，故他与湛若水先有衡岳罗浮南游之约。但湛若水到三月才出京往封宗藩，两人错过了相见的机会，从此音讯不通。直到正德五年，两人才恢复了新一轮的讲论朱陆、共明圣学的往来，实现了阳明在岳麓时申明的"期约"。

其实在贬谪途中的阳明心目中更大的"先哲"还是屈原，所以他又取道沅水、湘水，访游洞庭湖，凭吊屈原，顾影自怜，胸中涌起无限悲慨忠愤，面对滚滚洞庭波涛，他作了一篇《吊屈平赋》：

正德丙寅，某以罪谪贵阳。取道沅、湘，感屈原之事，为文而吊之。其词曰：

山黯惨兮江夜波，风飕飕兮木落森柯。汎中流兮焉泊？湛椒醑兮吊湘累。云冥冥兮月星蔽晦，冰崚嶒兮霰又下。累之宫兮安在？怅无见兮愁予。高岸兮嵚崎，纷纠错兮樛枝。下深渊兮不测，穴澒洞兮蛟螭。山岑兮无极，空谷豁谺兮迥

[1]《王阳明全集》卷十九。

寥寂。猿啾啾兮吟雨，熊罴嗥兮虎交迹。念累之穷兮焉托处？四山无人兮骇狐鼠。魈魅游兮群跳啸，瞰出入兮为累奸宄。嫉累正直兮反诋为殃，昵比上官兮子兰为臧。幽丛薄兮畴侣，怀故都兮增伤。望九疑兮参差，就重华兮陈辞。沮积雪兮磵道绝，洞庭渺邈兮天路迷。要彭咸兮江潭，召申屠兮使骖。娥鼓瑟兮冯夷舞，聊遨游兮湘之浦。乘回波兮泊兰渚，睠故都兮独延伫。君不还兮郢为墟，心壹郁兮欲谁语？郢为墟兮函崤亦焚，谗鬼逋戮兮快不酬冤。历千载兮耿忠愊，君可复兮排帝阍。望遁迹兮渭阳，箕翟囚兮其佯以狂。艰贞兮晦明，怀若人兮将予退藏。宗国沦兮摧腑肝，忠愤激兮中道难。勉低回兮不忍，溘自沉兮心所安。雄之谀兮谗喙，众狂稚兮谓累扬。已为魈为魅兮为谗媵妾，累视若鼠兮佞颡有泚。累忽举兮云中龙，蕲晻霭兮飘风。横四海兮倏忽，驷玉虬兮上冲，降望兮大壑，山川萧条兮济寥廓。逝远去兮无穷，怀故都兮蜷局。乱曰：日西夕兮沅湘流，楚山嵯峨兮无冬秋。累不见兮涕泗，世愈隘兮孰知我忧！[1]

这篇赋与其说是悼屈原，不如说是自悼，同他远遁武夷山作的《告终辞》有异曲同工之妙。对千古不朽的先哲屈原，阳明肯定的是他的眷恋故国、忠君抗佞、坚守正道、至死不渝的高洁坚贞品格，阳明也以屈原的这种精神操守自比，"望遁迹兮渭阳，箕翟囚兮其佯以狂"，其实道出了阳明自己佯狂避祸、远遁武夷的真意，与屈子的精神千载遥接沟通。所以虽在贬谪中，他也仍像屈原一样"逝远去兮无穷，怀故都兮蜷局"。这种屈子精神

[1] 《王阳明全集》卷十九。

便又自然同陶渊明的清廉正直、不附权贵、归隐田园、躬耕垅亩的高士人格交融。洞庭湖遥接桃花源，所以阳明告别洞庭湖经湘阴到达武陵后，立即又往桃源山寻访桃源洞，作了一首吟桃源洞诗：

晚泊沅江

古洞何年隐七仙，仙踪欲扣竟茫然。
惟余洞口桃花树，笑倚东风自岁年。[1]

当年陶渊明描绘的桃花源已杳不可觅，但是却留下了七仙隐修的桃源洞，使阳明油然想起自家的阳明洞，引动了他避世隐居、修炼养生的无限遐想。在赴贵州的贬谪之途上，多有像阳明洞这样的山岩石洞，引发阳明的向往与流连。当他从武陵过溆浦到达辰溪时，他住宿在沅水驿，立即又去游访著名的钟鼓洞，吟了两首诗：

沅　水　驿

辰阳南望接沅州，碧树林中古驿楼。
远客日怜风土异，空山惟见瘴云浮。
耶溪有信从谁问？楚水无情只自流。
却幸此身如野鹤，人间随地可淹留。

钟　鼓　洞

见说水南多异迹，岩头时有钟鼓声。

[1] 《桃花源志略》卷八。

空遗石壁千年在，未信金砂九转成。
远地星辰瞻北极，春山明月坐更深。
年来夷险还忘却，始信羊肠路亦平。[1]

钟鼓洞在龟山上，洞中悬挂有二巨石，叩击会发出钟鼓声。深夜风吹入洞，也会发出怪异的钟鼓音。阳明却认为这是一个最好的修炼石洞，他亲自在洞中"春山明月坐更深"，"未信金砂九转成"，他用自己在钟鼓洞静入窈冥的导引内炼的修行，表明了九转金丹的外丹烧炼的虚妄不可信，与他在阳明洞中静坐修炼尹真人的"真空炼形法"的体验一样。可见阳明心中是怀着对尹真人"真空炼形法"的修炼信念踏上凶险的赴谪之路的，无怪他一到龙场驿就寻石洞为阳明小洞天，凿石穴为玩易窝，在洞中进行静坐修炼了。

大约在二月下旬，阳明由湖南进入贵州境内，眼前又顿然呈现一派"蛮夷之地"群山峥嵘、烟瘴迷漫下的土风民俗。他穿行在翠壁丹崖的山道上，到达平溪卫，住宿在平溪馆，结识了贵州参议王钝。两人夜谈唱酬，阳明作了一首和诗，吐露了自己进入贵州"殊方绝域"最初的感受：

平溪馆次王文济韵

山城寥落闭黄昏，灯火人家隔水村。
清世独便吾职易，穷途还赖此心存。
蛮烟瘴雾承相往，翠壁丹崖好共论。
畎亩投闲终有日，小臣何以答君恩?[2]

---

[1]《王阳明全集》卷十九。
[2]《王阳明全集》卷十九。

由平溪卫到达清平卫，只见山围孤城，峰头响起凄厉的戍角声，传来了土苗仇杀的消息，阳明感受到华夷民风土俗的差异，即兴吟了一诗：

清平卫即事

积雨山途喜乍晴，暖云浮动水花明。
故园日与青春远，敝缊凉思白苎轻。
烟际卉衣窥绝栈（**时土苗方仇杀**），峰头戍角隐孤城。
华夷节制严冠履，漫说殊方列省卿。[1]

但他头脑中的夷夏之别的传统观念很快遭到冲击。由清平卫到兴隆卫，阳明住宿在月潭寺公馆。原来兴隆之南有著名的月潭岩，壁立千仞，岩麓建有月潭寺，也是往来行人的休息之所。苗佬诸民在这里连寨而居，戍卒官吏也在这里驻扎，每逢岁时节令都来寺中釐祝。但成化、弘治以来寺渐荒废，后来有一个宪副朱文端按部到这里，便命僧人正观负责度工修复寺庙，并新建一座公馆。阳明到这里时，正好公馆建成，寺僧来恳请阳明作记。阳明对"蛮夷之地"出现这样一件新鲜事十分感慨，便写了一篇《重修月潭寺建公馆记》，说：

……使游僧正观任其劳，指挥逖远度其工，千户某某相其役。远近之施舍勤助者欣然而集，不两月而工告毕。自是饥者有所炊，劳者有所休，游观者有所舍，釐祝者有所瞻依，以为竭虔效诚之地，而兹岩之奇，若增而益胜也。正观将记其事于

[1] 《王阳明全集》卷十九。

石，适予过而请焉。予惟君子之政，不必专于法，要在宜于人；君子之教，不必泥于古，要在入于善。是举也，盖得之矣。况当法网严密之时，众方喘息忧危，动虞牵触，而乃能从容于山水泉石之好，行其心之所不愧者，而无求免于俗焉，斯其非见外之轻而中有定者，能若是乎？是诚不可以不志也矣！[1]

这座在苗佬诸夷之地建造的月潭寺公馆具有民间“义舍”行善的性质，也体现了古老苗佬夷俗的特征，同中原华夏的礼仪民俗是一致的。夷俗不陋，当政君子应当行其无愧于心者，而不应当一味求免于夷俗。所以阳明认为“君子之政，不必专于法，要在宜于人；君子之教，不必泥于古，要在入于善”。这也是在土苗夷地推行政教的大纲。他批评了武宗专制法网严密，动辄得罪，人人危惧，自己定下了要做一个“见外之轻而中有定者”的居夷之志。所以当他度越盘曲险峻的七盘鸟道到达平越卫时，面对群山万谷，他喊出了居夷化俗、士穷见义的心声：

七　盘

鸟道萦纡下七盘，古藤苍木峡声寒。
境多奇绝非吾土，时可淹留是谪官。
犹记边峰传羽檄，近闻苗俗化衣冠。
投簪实有居夷志，垂白难承菽水欢。[2]

三月上旬，阳明怀着一腔“投簪实有居夷志”到达龙场驿，开始了居夷处困的生活。

---

[1] 《王阳明全集》卷二十三。
[2] 《王阳明全集》卷十九。

居夷化俗，士穷见义

龙场驿离贵阳治城西五十里，在群山万壑的包围之中。自从洪武中奢香开赤水乌撒道通乌蒙，立龙场、陆广、水西、奢香、金鸡、阁雅、归化、威清、谷里九驿，这条长长的驿道便成为贵阳与水西之间东西交通的要道，联系苗民汉人的纽带，苗、汉民杂居，九驿中唯龙场驿、陆广驿在贵阳界内，已经是一个逐渐"苗俗化衣冠"的地带，完全不是钱德洪说的"蛇虺魍魉，蛊毒瘴疠，与居夷人鴃舌难语，可通语者，皆中土亡命"，更不可能是什么苗民落后到"旧无居，（阳明）始教之范土架木以居"[1]。阳明并不是编管或流放的囚犯，他毕竟是龙场驿的驿丞，大小还是个官，又是从京都下放的名人，无辜的谪臣，他自称"却喜官卑得自由"，所以地方上的官民对他还是尊敬有加，在生活上尽量给予照顾安排。刚到龙场驿，一时没有住处，就先造了一座草庵给他临时居住。同僚们都来问讯祝贺，开怀醉饮。他作了一首《初至龙场驿无所止结草庵居之》吟道：

草庵不及肩，旅倦体方适。
开棘自成篱，徒阶漫无级。
迎风亦萧疏，漏雨易补缉。
灵濑响朝湍，深林凝暮色。

[1] 钱德洪：《阳明先生年谱》。

群僚环聚讯，语庞意颇质。
鹿豕且同游，兹类犹人属。
匏樽映瓦豆，尽醉不知夕。
缅怀黄唐化，略称茅茨迹。[1]

这时正逢春末青黄不及断粮的时候，阳明主动提出请学于农，学陶渊明一样躬耕陇亩，种田南山，下地干活。他有诗吟道：

谪居绝粮请学于农将田南山永言寄怀

谪居屡在陈，从者有愠见。
山荒聊可田，钱镈还易办。
夷俗多火耕，仿习亦颇便。
及兹春未深，数亩犹足佃。
岂徒实口腹，且以理荒宴。
遗穗及鸟雀，贫寡发余羡。
出耒在明晨，山寒易霜霰。

观　稼

下田既宜稌，高田亦宜稷。
种蔬须土疏，种蓣须土湿。
寒多不实秀，暑多有螟螣。
去草不厌频，耘禾不厌密。
物理既可玩，化机还默识。
即是参赞功，毋为轻稼穑。[2]

[1] 《王阳明全集》卷十九。
[2] 《王阳明全集》卷十九。

阳明实际是以驿丞的“地方卑官”带头耕稼，学夷俗火耕，同时推广华夏的农耕之法，进行“贫寡发余羡”的春荒救济。他自己在躬耕田亩的实践中也懂得了“下田既宜稌，高田亦宜稷。种蔬须土疏，种蓣须土湿。寒多不实秀，暑多有螟螣。去草不厌频，耘禾不厌密”的农稼“物理”，“物理既可玩”，真正体会到了“格物穷理”“随处体认物理”的真谛。带头耕稼成了阳明到龙场驿践行居夷化俗之志的首善之举。

但是身处贬谪困境的“阳明山人”尤忘怀不了“默坐澄心”“静入窈冥”的心我修炼，“化机还默识”就是指他的“默坐澄心”“真空炼形法”的修炼。所以他一到龙场驿，就寻找可以静坐修炼的洞穴。他先在东峰发现了一个叫东洞的石穴，高敞深广，洞岩上建有僧寺与文昌阁。于是他就把东洞改名为“阳明小洞天”，从草庵移居到洞穴中。这个阳明小洞天既是他的起居之室，也是他的修炼之所。他有诗咏叹自己移居石洞的生活说：

始得东洞遂改为阳明小洞天

群峭会龙场，戟雉四环集。
迩觌有遗观，远览颇未给。
寻溪涉深林，陟巘下层隰。
东峰丛石秀，独往凌日夕。
崖穹洞萝偃，苔滑径路涩。
月照石门开，风飘客衣入。
依窥嵌窦玄，俯聆暗泉急。
惬意恋清夜，会景忘旅邑。
熠熠岩鹘翻，凄凄草虫泣。

点咏怀沂朋，孔叹阻陈楫。
踌躇且归休，毋使霜露及。[1]

移居阳明小洞天

古洞闷荒僻，虚设疑相待。
披莱历风磴，移居快幽垲。
营炊就岩窦，放榻依石垒。
穹室旋薰塞，夷坎仍扫洒。
卷帙漫堆列，樽壶动光彩。
夷居信何陋，恬淡意方在。
岂不桑梓怀？素位聊无悔。

童仆自相语：洞居颇不恶。
人力免结构，天巧谢雕凿。
清泉傍厨落，翠雾还成幕。
我辈日嬉偃，主人自愉乐。
虽无棨戟荣，且远尘嚣聒。
但恐霜雪凝，云深衣絮薄。

我闻莞尔笑，周虑愧尔言。
上古处巢窟，抔饮皆污樽。
冱极阳内伏，石穴多冬暄。
豹隐文始泽，龙蛰身乃存。
岂无数尺榱？轻裘吾不温。

[1]《居夷集》卷二。

邈矣箪瓢子，此心期与论。[1]

阳明选择石穴居住，并不是因为龙场驿穷到没有住房供他家居，也不是因为当地苗民蒙昧到还不会范土架木造屋，更不是要浪漫地学过上古先民的洞穴野处生活，而是作为“阳明山人”的他要“豹隐文始泽，龙蛰身乃存”，从他把东洞改名为“阳明小洞天”来看，显然他是要像在绍兴阳明洞中一样在阳明小洞天中端居静坐，进行“默坐澄心”“真空炼形法”的修炼。黄绾在《阳明先生行状》中说：“公于一切得失荣辱皆能超脱，惟生死一念，尚不能遣于心，乃为石廓，自誓曰：‘吾今惟俟死而已，他复何计？’日夜端居默坐，澄心精虑，以求诸静一之中。”这里说的“石廓”就是指阳明小洞天的石穴，“端居默坐，澄心精虑”就是指在石穴中进行“默坐澄心”“静入窈冥”的修炼。[2]

为了静坐导引修炼，阳明很快又在阳明小洞天附近找到一石洞，也宽敞高深，可坐上百人。他便将石洞取名为“玩易窝”，在洞石上镌刻“阳明玩易窝”五字，洞口也镌刻上“阳明小洞”四字，表明这个石穴既是他玩《易》用《易》的阳明洞，也是他静坐澄心修炼的阳明洞。道教的内丹学本来就是借用《易》学的卦爻思想体系建构起来的，在玩易窝中，阳明奇妙地把用《易》

[1]《居夷集》。按：此三诗在《王阳明全集》卷十九中题作“始得东洞遂改为阳明小洞天”，乃误。

[2] 按：钱德洪《阳明先生年谱》亦云：“时瑾憾未已，自计得失荣辱皆能超脱，惟生死一念尚觉未化，乃为石墎，自誓曰：‘吾惟俟命而已。’日夜端居澄默，以求静一，久之，胸中洒洒。”这里故意把“石廓”误改为“石墎”（不通），使人误认为是石椁（石棺），后来遂有阳明自造石棺，躺在石棺中体验生死感觉之怪说流传，可谓荒谬至极。五百年来阳明之被神化为“神奇圣人”，率皆如此，然亦不免丑化阳明矣。

占《易》同静坐修炼的实践结合起来，儒家《易》学同道教内丹修炼学珠联璧合。他作了一篇《玩易窝记》说：

> 阳明子之居夷也，穴山麓之窝而读《易》其间。始其未得也，仰而思焉，俯而疑焉，函六合，入无微，茫乎其无所指，孑乎其若株。其或得之也，沛兮其若决，瞭兮其若彻，菹淤出焉，精华入焉，若有相者而莫知其所以然。其得而玩之也，优然其休焉，充然其喜焉，油然其春生焉。精粗一，外内翕，视险若夷，而不知其夷之为厄也。于是阳明子抚几而叹曰："嗟乎！此古之君子所以甘囚奴，忘拘幽，而不知其老之将至也夫！吾知所以终吾身矣。"名其窝曰"玩易"……假我数十年以学《易》，其亦可以无大过已夫！[1]

阳明在玩易窝中，俨然把自己看作为一个"甘囚奴，忘拘幽"的周文王在演易卦，但他的玩《易》用《易》却落实到他的静坐导引的修炼实践中，所以能"函六合，入无微，茫乎其无所指，孑乎其若株"，最终达到了"精粗一，外内翕"的修炼境界（万物一体，我道合一），也成为直接开启他的"龙场之悟"的心钥。小小的玩易窝与阳明小洞天不仅是他静坐修炼的洞天福地，而且也是他读经求道、反思宋儒之学、顿悟心学的精神逍遥游的天地，他后来在《五经臆说序》中说："龙场居南夷万山中，书卷不可携，日坐石穴，默记旧所读书而录之。""石穴"就是指玩易窝与阳明小洞天，可见他的《五经臆说》就是在玩易窝与

[1] 《王阳明全集》卷二十三。

阳明小洞天中写出来的，他的“龙场之悟”也是在玩易窝与阳明小洞天中“日坐石穴”“澄心精虑”中豁然顿悟的，后来黄绾在《阳明先生行状》中记下了阳明在石穴中澄心精虑大悟的一幕说：“乃为石廓……日夜端居默坐，澄心精虑，以求诸静一之中。一夕，忽大悟，踊跃若狂者。以所记忆《五经》之言证之，一一相契，独与晦庵注疏若相牴牾，恒往来于心，因著《五经臆说》。”

但阳明贬谪到龙场驿不仅抱着个人修道自悟的信念，而且更怀着为民居夷化俗的“君子儒”的志向。他是作为一个以倡“圣贤之学”闻名天下的理学家贬谪到龙场驿，从贵州地方官民来说，他们自然最希望阳明能在南夷民间讲学教学，培养诸生，教化百姓，传播推广中原文化。这正同阳明居夷化俗的志向抱负合拍。所以阳明到龙场驿只一个月，到四月中，驿地夷民就为阳明构建了龙冈书院，请阳明主教书院。龙冈书院在龙冈山下，书院中建有西园，是阳明的起居之所，他从草庵搬居到了西园，生活终于安顿下来。他作了《龙冈新构》《西园》，咏叹自己在书院西园的生活道：

龙冈新构

诸夷以予穴居颇阴湿，请构小庐。欣然趋事，不月而成。诸生闻之，亦皆来集，请名“龙冈书院”，其轩曰“何陋”。

谪居聊假息，荒秽亦须治。
凿巘薙林条，小构自成趣。
开窗入远峰，架扉出深树。
墟寨俯逶迤，竹木互蒙翳。
畦蔬稍溉锄，花药颇杂莳。

宴适岂专予，来者得同憩。
轮奂非致美，毋令易倾敝。

营茅乘田隙，洽旬始苟完。
初心待风雨，落成还美观。
锄荒既开径，拓樊亦理园。
低簷避松偃，疏土行竹根。
勿剪墙下棘，束列因可藩。
莫撷林间萝，蒙笼覆云轩。
素缺农圃学，因兹得深论。
毋为轻鄙事，吾道固斯存。[1]

西　园

方园不盈亩，蔬卉颇成列。
分溪免瓮灌，补篱防豕蹢。
芜草稍焚薙，清雨夜来歇。
濯濯新叶敷，荧荧夜花发。
放锄息重阴，旧书漫披阅。
倦枕竹下石，醒望松间月。
起来步闲谣，晚酌簷下设。
尽醉即草铺，忘与邻翁别。[2]

“龙冈”是取诸葛亮隐居卧龙冈的故事，阳明有自比孔明之意，要在龙冈山下潜隐学做许由、子游、颜回、管仲、乐毅一流的人

[1]《王阳明全集》卷十九。
[2]《王阳明全集》卷十九。

物。夷地如故乡，不知夷居之陋，他作有《龙冈漫兴五首》道出了其中真意：

投荒万里入炎州，却喜官卑得自由。
心在夷居何有陋？身虽吏隐未忘忧。
春山卉服时相问，雪寨篮舆每独游。
拟把犁锄从许子，谩将弦诵止言游。

旅况萧条寄草堂，虚檐落日自生凉。
芳春已共烟花尽，孟夏俄惊草木长。
绝壁千寻凌杳霭，深崖六月宿冰霜。
人间不有宣尼叟，谁信申韩未是刚？

路僻官卑病益闲，空林惟听鸟间关。
地无医药凭书卷，身处蛮夷亦故山。
用世谩怀伊尹耻，思家独切老莱斑。
梦魂渐喜无余事，只在耶溪舜水湾。

卧龙一去忘消息，千古龙冈漫有名。
草屋何人方管乐？桑间无耳听《咸英》。
江沙漠漠遗云鸟，草木萧萧动甲兵。
好共鹿门庞处士，相期采药入青冥。

归与吾道在沧浪，颜氏何曾击柝忙？
枉尺已非贤者事，斫轮徒有古人方。
白云晚忆归岩洞，苍藓春应遍石床。

寄语峰头双白鹤，野夫终不久龙场。[1]

在龙冈书院中，建有何陋轩、君子亭、宾阳堂等，都是为书院来学诸生而设，鲜明表明了书院培养"君子"的教育宗旨。何陋轩是诸生来集问道之所，轩名阳明所取，是发挥孔子"君子居之(九夷)，何陋之有"的思想，他专门作了一篇《何陋轩记》给诸生看，说：

……学士之来游者，亦稍稍而集于是。人之及吾轩者，若观于通都焉，而予亦忘予之居夷也，因名之曰"何陋"，以信孔子之言。嗟夫！诸夏之盛，其典章礼乐，历圣修而传之，夷不能有也，而谓之陋固宜。于后蔑道德而专法令，搜抉钩絷之术穷，而狡匿谲诈无所不至，浑朴尽矣。夷之民方若未琢之璞，未绳之木，虽粗砺顽梗，而椎斧尚有施也，安可以陋之？斯孔子所谓"欲居"也欤?[2]

在阳明看来，中原华夏貌似典章礼乐文明灿烂鼎盛，但是自古及今的当权者们蔑弃道德，专用法令，专制独裁，法网严苛，极尽杀戮残民的权术，人心谲诈奸猾，浑朴尽失，礼俗已是恶陋；而边地夷民反倒是原始淳风未泯，淳朴天性犹在，可以启蒙教化，行礼化俗，何陋之有。所以君子才欲居九夷，以居夷化民为乐，不以"陋"视夷地夷民夷俗。阳明便在君子亭四周种上了象征"君子"的竹子，又作了一篇《君子亭记》，进一步发挥君子居夷不陋的思想，提出了居夷君子的四大品格，说：

---

[1] 《王阳明全集》卷十九。
[2] 《王阳明全集》卷二十三。

> ……竹有君子之道四焉：中虚而静，通而有间，有君子之德。外节而直，贯四时而柯叶无所改，有君子之操。应蛰而出，遇伏而隐，雨雪晦明无所不宜，有君子之时。清风时至，玉声珊然，中《采齐》而协《肆夏》，揖逊俯仰，若洙泗群贤之交集；风止籁静，挺然特立，不挠不屈，若虞廷群后，端冕正笏而立于堂陛之侧，有君子之容。竹有是四者，而以“君子”名，不愧于其名……门人曰：“夫子盖自道也。吾见夫子之居是亭也，持敬以直内，虚静而若愚，非君子之德乎？遇屯而不慑，处困而能亨，非君子之操乎？昔也行于朝，今也行于夷，顺应物而能当，虽守方而弗拘，非君子之时乎？其交翼翼，其处雍雍，意适而匪懈，气和而能恭，非君子之容乎？……”阳明子曰：“……昔者夫子不云乎：‘汝为君子儒，无为小人儒。’吾之名亭也，则以竹也。……”[1]

阳明说的“君子”就是指君子儒，他自己以这样的君子儒自期，他在夷地的书院主教讲学，也是要培养这样的君子儒。书院中的“君子亭”，成为君子儒的崇高象征。阳明描绘这种伟岸的君子儒：持敬以直内，虚静而若愚，遇屯而不慑，处困而能亨，顺应物而能当，守方而不拘，意适而匪懈，气和而能恭。在这里阳明其实不仅塑造了一个居夷处困的贬谪者的形象，而且更塑造了一个居夷化俗的心学大儒的形象。为了进一步阐发这种君子儒的思想，阳明特意在书院里建造了驿传宾阳堂，作了一篇《宾阳堂记》，发挥深意说：

---

[1]《王阳明全集》卷二十三。

> 传之堂东向曰"宾阳"，取《尧典》"寅宾出日"之义，志向也。宾日，羲之职而传冒焉，传职宾宾，羲以宾宾之寅而宾日，传以宾日之寅而宾宾也。不曰日乃阳之属，为日、为元、为善、为吉、为亨治；其于人也，为君子，其义广矣、备矣。内君子而外小人，为泰。曰："宾自外而内之传，将以宾君子而内之也。传以宾君子，而容有小人焉，则如之何?"曰："吾知以君子而宾之耳。吾以君子而宾之也，宾其甘为小人乎哉?"……[1]

驿传寅宾是仿羲仲寅宾而效其职，羲仲是以宾宾之寅而宾日，驿传是以宾日之寅而宾宾。日为阳，在人为君子，所以驿传的职责实际是寅宾君子，内君子而外小人。阳明有意把驿传的宾阳堂建在书院内，就是鲜明表明书院的"志向"也是寅宾君子，培养君子，内君子而外小人。书院诸生每天东方日出时都要对着太阳唱宾日之歌，以表明他们要把自己培养成君子的坚定"志向"。可以说，阳明写的《何陋轩记》《君子亭记》《宾阳堂记》三记构建了一个居夷化俗、培养君子儒的书院教育思想体系，并把它贯彻在龙冈书院的教育实践中。

龙冈书院就在四月开学，来学诸生大部分都是苗民学子，但他们都会说汉话，识汉字，同汉人学子一样。在开学典礼上，阳明向诸生宣读了《教条示龙场诸生》。这实际是阳明为龙冈书院制定的学规，定下立志、勤学、改过、责善四大教条，都指向书院培养君子、诸生勇做君子的崇高教育目标：

> 立志——立做君子之志：不立志，天下无可成之事。立

[1] 《王阳明全集》卷二十三。

志而圣，则圣矣；立志而贤，则贤矣。为善则父母爱之，兄弟悦之，宗族乡党敬信之，何苦而不为善为君子？

勤学——勤于君子之学：已立志为君子，自当从事于学。苟有谦默自持，无能自处，笃志力行，勤学好问，称人之善，而咎己之失，从人之长，而明己之短，忠信乐易，表里一致者，诸生观此，亦可以知从事于学矣。

改过——勇为君子改过日新之心：夫过者，自大贤所不免者，然不害其卒为大贤者，为其能改也。但能一旦脱然洗涤旧染，虽昔为寇盗，今日不害为君子矣。

责善——行君子忠爱之道：责善，朋友之道，然须忠告而善道之。悉其忠爱，致其婉曲，使彼闻之而可从，绎之而可改，有所感而无所怒，乃为善耳。[1]

一个书院的学生必须立做君子之志，敦睦父母兄弟宗族乡党，矢志不渝，勤于君子之学，笃志力行，勤学好问，忠信乐易，表里一致，勇于改过迁善，日日自新，行君子忠爱之道，与人为善，责人以忠。阳明塑造了一个清明仁爱的“君子儒”的形象，他在夷地书院中推行“君子儒”文化的教育，在夷地夷民中进行“君子儒”文化的传播。阳明指出这种“君子儒”文化的人格特质有二：一是行道，二是行义。配合给龙冈书院制定的教规，他为书院诸生作了一篇奇特的《龙场生问答》，假设阳明子与龙场生问答，阐述“君子儒”文化的人格特质说：

……阳明子曰：“非是之谓也。君子之仕也以行道。不以

[1]《王阳明全集》卷二十六。

道而仕者，窃也。今吾不得为行道矣。虽古之有禄仕，未尝奸其职也。曰牛羊茁壮，会计当也，今吾不无愧焉。夫禄仕，为贫也，而吾有先世之田，力耕足以供朝夕。子且以吾为道乎？以吾为贫乎？"龙场生曰："夫子之来也，谴也，非仕也。子于父母，惟命之从；臣之于君，同也。不曰事之如一，而可以拂之，无乃为不恭乎？"阳明子曰："吾之来也，谴也，非仕也；吾之谴也，乃仕也，非役也。役者以力，仕者以道；力可屈也，道不可屈也。吾万里而至，以承谴也，然犹有职守焉，不得其职而去，非以谴也。君犹父母，事之如一，固也。不曰就养有方乎？惟命之从而不以道，是妾妇之顺，非所以为恭也。"……龙场生曰："吾闻贤者之有益于人也，惟所用，无择于小大焉。若是亦有所不利欤？"曰："贤者之用于世也，行其义而已。义无不宜，无不利也。不得其宜，虽有广业，君子不谓之利也。……"[1]

君子儒的崇高人格就表现在出仕行道，用世行义；道不可屈，惟义是从；义无不宜，气不可夺。这种人特立独行，道厄而能弘义，处困而能养气，固穷而能守节，正闪射着君子儒的悲剧性人格美的光辉。阳明是从一个居夷处困、安贫守道的贬谪者的眼光来看君子儒的崇高人格的，所以他特别强调君子儒的困穷持节义的士夫操守与浩然正气，为此他精心作了一篇《士穷见节义论》的大文，进一步发挥《龙场生问答》的行道守义思想说：

君子之正气，其亦不幸而有所激也。夫君子以正气自

[1]《王阳明全集》卷二十四。

> 守，而顾肯以表表自见哉？……是故君子之不得已也，其亦不幸而适遭其穷，则不忍泯然自晦，而正气之所激，盖有抑之必伸，炼之必刚，守之愈坚，作之愈高，而始有所谓全大节，仗大义，落落奇伟，以高出品汇俦伍之上矣。……且夫正气流行磅礴，是犹在天为星辰，在地为河岳，而在人则为功业、为节义，何者？盖处顺而达，则正气舒，而为功为业；处逆而穷，则正气激，而为节为义。是理之常者，无足怪也。……孟子曰："我善养吾浩然之气。"故弱者养之，以至于刚；慊者养之，以至于充也。不幸适遭其穷，而当吾道之厄，则前之不可伸也，后之不可追也，左之不可援也，右之不可顾也……是故窜身可也，碎首可也，溅血可也，可生可死，可存可亡，而此气不可夺也。……宁全节而死，不失节而生；宁向义而亡，不背义而存。是以正气所激，峥嵘磊落，上与日月争光，下与山岳同峙。……孔子曰："岁寒然后知松柏之后凋也。"而君子之节义，亦至穷而后见矣。[1]

这是一篇大气磅礴的论君子儒的宏文，在阳明一生所写的文章中都不多见。在《士穷见节义论》中，阳明精辟阐述了君子儒的人格特征，是对《龙场生问答》的思想的进一步诠释，这就把他的君子儒思想同他的龙冈书院教育实践沟通起来。在龙冈

[1] 钱普：《批选六大家论·阳明先生论》。按："士穷见节义"语出韩愈《柳子厚墓志铭》，柳宗元贬为柳州刺史，刘禹锡贬为播州（贵州遵义）刺史，柳宗元以播州为居夷处穷之地，向朝廷提出以柳州与播州交换，故韩愈赞其士穷而见节义。可见阳明作此《士穷见节义论》乃隐然以柳宗元自况，针对己之贬谪夷地、居夷处穷有感而发，此文作在阳明贬谪龙场驿时显然可见。以此文与《龙场生问答》所论全然相同考之，疑此二文作在同时，皆为龙冈书院教学所作。

书院中，他正是以一个"士穷见节义"的君子儒师教育君子儒生，他作诗生动描述自己与诸生亲密无间讲论学问、教学相长的生活说：

诸生夜坐

谪居澹虚寂，眇然怀同游。
日入山气夕，孤亭俯平畴。
草际见数骑，取径如相求。
渐近识颜面，隔树停鸣驺。
投辔雁鹜进，携榼各有羞。
分席夜堂坐，绛蜡清樽浮。
鸣琴复散帙，壶矢交觥筹。
夜弄溪上月，晓陟林间丘。
村翁或招饮，洞客偕探幽。
讲习有真乐，谈笑无俗流。
缅怀风沂兴，千载相为谋。

诸生来

简滞动罹咎，废幽得幸免。
夷居虽异俗，野朴意所眷。
思亲独疚心，疾忧庸自遣。
门生颇群集，樽斝亦时展。
讲习性所乐，记问复怀觍。
林行或沿涧，洞游还陟巘。
月榭坐鸣琴，云窗卧披卷。
澹泊生道真，旷达匪荒宴。

岂必鹿门栖，自得乃高践。[1]

一个驿丞卑官抓起了书院教育，像阳明这样采取儒师与诸生（夷民）融洽相处、随地讲学的教育方法，在整个贵州省都是从来没有的新鲜事，阳明在龙场驿兴办书院教育的消息很快传进了贵阳省城，惊动提学副使毛科。五月，他就遣使来请阳明主教贵阳文明书院。拙庵毛科在弘治十五年（1502 年）以贵州按察副使兼贵州提学副使来贵阳，大力推广学校书院教育。正德元年（1506 年）建成了文明书院，到正德三年五月又在文明书院西建成忠烈桥与远俗亭，接通提学分司与文明书院的道路。这时贵阳的学校教育规模大开，在省城儒学有弟子员一百七十人，武弁幼官应袭官生读书习礼者近百人，社学有二十四处，习学童生共七百人，选入书院肄业者共二百人，近城郭的社学有仲家、蔡家、仡佬、苗子、罗罗幼生共百人，可见文明书院教育在其中的重要地位。但阳明却婉拒了文明书院的聘请，他作诗回答毛科说：

答毛拙庵见招书院

野夫病卧成疏懒，书卷长抛旧学荒。
岂有威仪堪法象，实惭文檄过称扬。
移居正拟投医肆，虚席仍烦避讲堂。
范我定应无所获，空令多士笑王良。[2]

表面上阳明是以“野夫病卧成疏懒，书卷长抛旧学荒”辞聘，实际真正的原因还是发生了思州官员来龙场驿侮辱阳明的事件。大

[1]《王阳明全集》卷十九。
[2]《王阳明全集》卷十九。

约在六月，有一个思州的官员路经龙场驿，自以为是一名堂堂州府要员，竟要小小的驿丞阳明下跪接待。驿场的夷民与书院诸生看到思州官员如此凌辱阳明，愤愤不平，群起殴打了这位官员。思州知府李概得知此事后大怒，立即通告了贵州巡抚王质，不明真相的王质便令毛科通知阳明往贵阳巡府谢罪。阳明给毛科写了一封自辨信，说明事情的原委，说：

> 昨承遣人喻以祸福利害，且令勉赴太府请谢，此非道谊深情，决不至此。感激之至，言无所容！但差人至龙场陵侮，此自差人挟势擅威，非太府使之也。龙场诸夷与之争斗，此自诸夷愤愠不平，亦非某使之也。然则太府固未尝辱某，某亦未尝傲太府，何所得罪而遽请谢乎？跪拜之礼，亦小官常分，不足以为辱，然亦不当无故而行之。不当行而行，与当行而不行，其为取辱一也。……君子以忠信为利，礼义为福。苟忠信礼义之不存，虽禄之万钟，爵以侯王之贵，君子犹谓之祸与害；如其忠信礼义之所在，虽剖心碎首，君子利而行之，自以为福也，况于流离窜逐之微乎？……太府苟欲加害，而在我诚有以取之，则不可谓无憾；使吾无有以取之而横罹焉，则亦瘴疠而已尔，蛊毒而已尔，魑魅魍魉而已尔，吾岂以是而动吾心哉！……[1]

阳明建驿传宾阳堂寅宾，就是要迎宾君子，内君子而外小人，像思州官员这样凌辱驿站小官下跪的人，是小人而不是君子，自然遭到了驿站的拒纳与书院诸生的殴击。阳明作了一首《试诸生有

---

[1] 《王阳明全集》卷二十一《答毛宪副》。

作》谈到这件事说：

> 醉后相看眼倍明，绝怜诗骨逼人清。
> 菁莪见辱真惭我，胶漆常存底用盟？
> 沧海浮云悲绝域，碧山秋月动新情。
> 忧时谩作中宵坐，共听萧萧落木声。[1]

“菁莪见辱”就是指思州官员凌辱阳明事件。阳明把这个思州官员对他的侮辱看成是对整个书院莘莘学子的侮辱，《诗经》中的《菁菁者莪》云“既见君子，乐且有仪”，是说学士见君子来，内心喜乐，又以礼仪接待。但思州官员来驿站既非君子，又提出小官下跪的非礼要求，这是莫大的“菁莪之辱”，也有损于作为提学副使的毛科的声誉。毛科聘阳明主教文明书院的事为此搁置下来，但阳明还是应邀为他写了一篇《远俗亭记》，用“君子之心”告诫毛科的自鸣“远俗”说：

> 宪副毛公应奎，名其退食之所曰“远俗”。阳明子为之记曰：俗习与古道为消长，尘嚣溷浊之既远，则必高明清旷之是宅矣，此“远俗”之所由名也。然公以提学为职，又兼理夫狱讼军赋，则彼举业辞章，俗儒之学也；簿书期会，俗吏之务也，二者皆公不免焉。舍所事而曰“吾以远俗”，俗未远而旷官之责近矣。君子之行也，不远于微近纤曲，而盛德存焉，广业著矣。是故诵其诗，读其书，求古圣贤之心，以蓄其德而达诸用，则不远于举业辞章，而可以得古人之学，

[1]《王阳明全集》卷二十九。

> 是远俗也已；公以处之，明以决之，宽以居之，恕以行之，则不远于簿书期会，而可以得古人之政，是远俗也已。……是故苟同于俗以为通者，固非君子之行；必远于俗以求异者，尤非君子之心。[1]

阳明用君子儒的思想重新诠释了"远俗"的内涵，也委婉批评了毛科的自命清高脱俗的士习。七月，他亲往贵阳去见巡抚王质面陈，消释了误会。文明书院远不可及，阳明抱定"化俗"之志，决意不"远俗"，继续在龙场驿龙冈书院中教"古人之学"，行"古人之政"。但这时发生了乖西苗民阿贾、阿札的叛乱，不容他安坐在龙冈书院的何陋轩中讲论"古人之学"了。

建言立功的"言士"：在平阿贾阿札乱中

阳明谪居的贵州省，是明代全国十三行省中辖地最小、编户最少、财政收入最贫困的行省。在这片广袤的高原山地上，除了土司的领地，就是所谓"生界"，众多民族散居杂处，繁衍生息。早在元代，朝廷就在"八番"（八姓番）设置了十四土司，其中有十个土司为安抚司级。到至元年间元朝平定了彝族土司的叛乱，将八番各土司领地合并，设置为顺元路，推行土司制度。八番顺元路的治所设在新建的贵州城（贵阳），故将该路所辖的宣慰使司改称为贵州宣慰使司。顺元路下另外设有贵州宣慰同知，实际

[1]《王阳明全集》卷二十三。

是同贵州宣慰使各有辖境、各有官署与建制、各有民族归属与世系传承的两个宣慰司。到明初，原归附明玉珍的贵州各土司相约降明，总计有大小十六土司，部为四类：一是播州宣慰使司，二为贵州宣慰使司及其下属贵竹等十一长官司，三为普定府，四为八番各安抚司。十六土司中就有贵州宣慰使霭翠与贵州宣慰同知宋蒙古歹。“霭翠”是贵州宣慰使司安氏家族首领的彝语人名，后来贵州宣慰使司又别称水西土司。“蒙古歹”为贵州宣慰同知的蒙古语人名，姓宋氏，汉族土司，朱元璋特赐汉名为钦。到永乐年间设立贵州布政使司时，贵州宣慰使司与贵州宣慰同知的职权与领地均未变动，贵州宣慰使安氏统辖水西地区，管苗民四十八族；贵州宣慰同知宋氏统辖水东地区，管水东、贵筑等十长官司。阳明来到龙场驿时，贵州宣慰使是安贵荣，贵州宣慰同知是宋然。安贵荣是霭翠的孙子。奢香死后，霭翠弟安均继立，子孙便以“安”为姓。[1] 宣慰官司设在贵阳城内，由安贵荣掌印，平时不得擅自还水西；但允许按时巡历所部，督办贡赋时，可以暂时回水西，将印授宣慰同知宋然代理。阳明原是朝廷兵部主事，精通兵法；又是名闻天下的大儒，文武通才。所以阳明一来到龙场驿，首先引起了安贵荣的注意。他得知阳明初来龙场驿生活困难，马上遣人送来粟米肉禽，派人役来造住屋，“使廪人馈粟，庖人馈肉，园人代薪水之劳”。当地灵博山下建有一座古老奇特的象祠，苗民尊奉虞舜弟象为神，世世代代都到象祠来祭拜舜弟“象神”。因象祠年久失修，安贵荣应苗民请在四月将象祠全部修复一新，立即遣人来请阳明为象祠作记。象是舜的同父异母弟，生性凶傲，同舜父瞽叟多次要杀害舜，史书上说“瞽叟顽，母嚚，弟

---

[1] 见田汝成：《炎徼纪闻》卷三《安贵荣》。

象傲，皆欲杀舜"，为什么贵州苗民却崇拜象神？安贵荣希望阳明解开这一历史疑团。阳明作了一篇《象祠记》，从人性本善、人性感化的视角诠释了贵州苗民祭拜象神这一历史现象。他解释说：

> ……有庳之祠，唐之人盖尝毁之。象之道，以为子则不孝，以为弟则傲。斥于唐而犹存于今，毁于有庳而犹盛于兹土也，胡然乎？我知之矣。君子之爱若人也，推及于其屋之乌，而况于圣人之弟乎哉？然则祀者为舜，非为象也。意象之死，其在干羽既格之后乎？不然，古之骜桀者岂少哉？而象之祠独延于世，吾于是益有以见舜德之至，入人之深，而流泽之远且久也。象之不仁，盖其始焉尔，又乌知其终不见化于舜也？《书》不云乎："克谐以孝，烝烝乂，不格奸，瞽叟亦允若。"则已化而为慈父。象犹不弟，不可以为谐。进治于善，则不至于恶；不抵于奸，则必入于善。信乎，象盖已化于舜矣！孟子曰："天子使吏治其国，象不得以有为也。"……斯可以见象之既化于舜，故能任贤使能而安于其位，泽加于其民，既死而人怀之也……吾于是益有以信人性之善，天下无不可化之人也。然则唐人之毁之也，据象之始也；今之诸夷之奉之也，承象之终也。……[1]

阳明在记中最后强调，一个高尚"君子"修德行仁，臻于至高的道德境界，那么哪怕是像象一样的桀骜不仁的恶人，也都是可以感化向善的。阳明的《象祠记》从人性向善的积极意义上解释了象被后世祭祀崇拜的特殊文化现象，表现出对苗民祭拜象神的夷

[1] 《王阳明全集》卷二十三。

风土俗的尊重，这使安贵荣感到很满意。他立即遣人送来金帛鞍马的厚礼作酬谢，阳明又委婉辞谢，他致书安贵荣说：

> 某得罪朝廷而来，惟窜伏阴崖幽谷之中以御魍魉，则其所宜。故虽夙闻使君之高谊，经旬月而不敢见，若甚简伉者。然省愆内讼，痛自削责，不敢比数于冠裳，则亦逐臣之礼也。使君不以为过，使廪人馈粟，庖人馈肉，园人代薪水之劳，亦宁不贵使君之义而谅其为情乎？自惟罪人，何可以辱守土之大夫，惧不敢当，辄以礼辞。使君复不以为罪，昨者又重之以金帛，副之以鞍马，礼益隆，情益至，某益用震悚。是重使君之辱而甚逐臣之罪也，愈有所不敢当矣！使君坚不可却，求其说而不得。无已，其周之乎？周之亦可受也。敬受米二石，柴炭鸡鹅悉受如来数。其诸金帛鞍马，使君所以交于卿士大夫者，施之逐臣，殊骇观听，敢固以辞。……[1]

阳明谦恭礼敬守土之官，安宣慰从此也更加敬重阳明，推心置腹，多以政事来相问。原来安贵荣在正德二年（1507 年）从征普安香炉山立功，曾请朝廷加他为贵州布政司右参议，他心中犹不满足。正好这时朝廷决议在水西设军卫，构筑驿城驻兵，半途虽又中止，但驿传还存在。安贵荣惧恨这一驿卫设在水西腹心，视为心腹之患，便想减废这一驿卫，但又心存疑惧，于是他便遣使来向阳明询问减驿事的利害得失。阳明看透了安贵荣干进心切，感到他作为一方守土之官的“诸侯”，擅减驿卫正同他的干求参政一样，都是擅自变乱朝廷礼法制度的非义之举，只会招灾引祸。他写信

[1] 《王阳明全集》卷二十一《与安宣慰》书一。

给安贵荣肯切分析说：

> 减驿事，非罪人所敢与闻，承使君厚爱，因使者至，闲问及之，不谓其遂达诸左右也。……凡朝廷制度，定自祖宗，后世守之，不可以擅改，在朝廷且谓之变乱，况诸侯乎！纵朝廷不见罪。有司者将执法以绳之，使君必且无益。纵幸免于一时，或五六年，或八九年，虽远至二三十年矣，当事者犹得持典章而议其后。若是，则使君何利焉？使君之先，自汉、唐以来千几百年，土地人民未之或改，所以长久若此者，以能世守天子礼法，竭忠尽力，不敢分寸有所违。是故天子亦不得逾礼法，无故而加诸忠良之臣。不然，使君之土地人民富且盛矣，朝廷悉取而郡县之，其谁以为不可？夫驿，可减也，亦可增也；驿可改也，宣慰司亦可革也。由此言之，殆甚有害，使君其未之思耶？所云奏功升职事，意亦如此。夫划除寇盗以抚绥平良，亦守土之常职，今缕举以要赏，则朝廷平日之恩宠禄位，顾将欲以何为？使君为参政，亦已非设官之旧，今又干进不已，是无抵极也，众必不堪。夫宣慰守土之官，故得以世有其土地人民；若参政，则流官矣，东西南北，惟天子所使。朝廷下方尺之檄，委使君以一职，或闽或蜀，其敢弗行乎？则方命之诛不旋踵而至，捧檄从事，千百年之土地人民非复使君有矣。由此言之，虽今日之参政……使君将恐辞去之不速，其又可再乎？[1]

---

[1] 《王阳明全集》卷二十一《与安宣慰》书二。按：历来以为安贵荣"减驿"是指减龙场驿，乃误。钱德洪《阳明先生年谱》述之甚明："始朝廷议设卫于水西，既置城，已而中止，驿传尚存。安恶据其腹心，欲去之，以问先生。先生遗书析其不可，且申朝廷威信令甲，议遂寝。"龙场驿不在水西腹心，亦非军卫。

阳明在信中警告安贵荣：宣慰为土官，参政为流官，故事土官有功，惟赐衣带或赏给部卒，安贵荣不守祖宗制度，越权求为参政，是变乱礼法制度，土官兼流官，朝廷如以此为借口设立郡县制，将来水西的土地人民就不复为安氏所有了。军卫为朝廷所设，流官所管，安贵荣裁减驿卫，也是擅权逾制，变乱礼法，土官如可擅自革除驿卫的话，那么朝廷也可以此为借口来革除宣慰司，千百年来水西的土地人民也不复为安氏所有了。安贵荣这才感到问题的严重，他打消了减驿的念头，但是并没有辞去参政，留下了后患。

到七月，乖西苗跛氏部罗酋长阿贾、阿札发动叛乱反宋然，事情又牵连到安贵荣。原来安贵荣好干进，宋然贪淫乐，两人之间多有争斗不和。宋然所管辖的陈湖等十二马头苗民深受宋然横征暴敛之害，引发激变。安贵荣想乘机并吞宋然领地，外间传说安贵荣曾赐给阿贾、阿札毡刀弓弩，阿贾、阿札叛乱出于安贵荣暗中指使。经过“三堂两司”的会审[1]，决定由总兵施瓒出兵镇压，宣慰使安贵荣出“偏师”兵力协助平叛。但是一开始施瓒平叛不力，安贵荣也不积极出兵，三堂两司三下移文催促，安贵荣才勉强出偏师之兵，配合主力师击败洪边叛军，击杀了苗酋阿麻，取得小胜。但刚解了洪边之围，施瓒、安贵荣又按兵不动，徘徊观望，拖延三月不出兵，安贵荣称病归卧水西，各军也不战偷偷潜回，分屯寨堡的军队反而四处剽掠骚扰，民怨沸腾，对安贵荣的诋毁愤恨汹汹而来。在这样危急的形势下，阳明不顾自己的贬谪罪臣的身份，毅然再写信给安贵荣，痛陈利害，劝他速出兵平定叛乱。信中说：

[1]　三堂，指总督、巡抚、巡按；两司，指承宣布政使司、提刑按察使司。

阿贾、阿札等叛宋氏，为地方患，传者谓使君使之。此虽或出于妒妇之口，然阿贾等自言使君尝赐之以毡刀，遗之以弓弩，虽无其心，不幸乃有其迹矣。始三堂两司得是说，即欲闻之于朝；既而以使君平日忠实之故，未必有是，且信且疑，姑令使君讨贼，苟遂出军剿扑，则传闻皆妄，何可以滥及忠良，其或坐观逗留，徐议可否，亦未为晚，故且隐忍其议，所以待使君者甚厚。既而文移三至，使君始出，众论纷纷，疑者将信。喧腾之际，适会左右来献阿麻之首，偏师出解洪边之围，群公又复徐徐，今又三月余矣。使君称疾归卧，诸军以次潜回，其间分屯寨堡者，不闻擒斩以宣国威，惟增剽掠以重民怨，众情愈益不平。而使君之民罔所知识，方扬言于人，谓："宋氏之难，当使宋氏自平，安氏何与而反为之役？我安氏连地千里，拥众四十八万，深坑绝坉，飞鸟不能越，猿猱不能攀。纵遂高坐，不为宋氏出一卒，人亦卒如我何！"斯言已稍稍传播，不知三堂两司已尝闻之否？使君诚久卧不出，安氏之祸必自斯言始矣。使君与宋氏同守土，而使君为之长。地方变乱，皆守土者之罪，使君能独委之宋氏乎？夫连地千里，孰与中土之一大郡？拥众四十八万，孰与中土之一都司？深坑绝坉，安氏有之，然如安氏者，环四面而居以百数也。今播州有杨爱，恺黎有杨友，酉阳、保靖有彭世麒等诸人，斯言苟闻于朝，朝廷下片纸于杨爱诸人，使各自为战，共分安氏之所有，盖朝令而夕无安氏矣。深坑绝坉，何所用其险？使君可无寒心乎！且安氏之职，四十八支更迭而为，今使君独传者三世，而群支莫敢争，以朝廷之命也。苟有可乘之衅，孰不欲起而代之乎？

> 然则扬此言于外，以速安氏之祸者，殆渔人之计，萧墙之忧，未可测也。使君宜速出军，平定反侧，破众谗之口，息多端之议，弭方兴之变，绝难测之祸，补既往之愆，要将来之福……[1]

阳明几乎用一种纵横家的捭阖驰骋之笔向安贵荣剖析利害，指陈罪误，入木三分，大义凛然，披肝沥胆的劝说打动了安贵荣，终于出兵。在平阿贾、阿札乱上，倒是阳明以劝说安贵荣出兵立了首功。但是叛乱并没有平息下去，关键其实还在总兵施瓒身上。施瓒在正德二年以怀柔伯充总兵官镇守贵州，他是袭曾祖施聚爵为怀柔伯，雅好文学书画，实际不会带兵打仗，镇压叛乱比安贵荣还不力。三堂两司的贵州省官们这才自然想到了懂兵法的阳明。阳明虽然是以兵部主事贬谪到龙场驿的"逐臣"，但在贵州省官们的眼里依旧还把他看成是一个精通兵法的"兵部主事"，对他十分敬畏，在平阿贾、阿札乱上便一再请他来贵阳出谋划策，问用兵之法。于是从七月开始，阳明应贵州省官们的邀请，开始频频往返于龙场驿与贵阳城之间。

最初在七月七日，阳明第一次往贵阳。经过天生桥时，他作有诗吟出了心头的焦虑：

过天生桥

水光如练落长松，云际天桥隐白虹。
辽鹤不来华表烂，仙人一去石桥空。
徒闻鹊驾横秋夕，谩说秦鞭到海东。

---

[1] 《王阳明全集》卷二十一《与安宣慰》书三。

移放长江还济险，可怜虚却万山中。[1]

阳明作为贬谪罪官，按规定是不准随便离开谪地跑到省城去的，他这次赴贵阳必是奉三堂两司省官之命来省城商议平阿贾、阿札叛乱事。所以他一到贵阳，首先拜访了巡抚王质，消释了龙场诸生殴打思州官员的误会。王质自然要同他谈起平阿贾、阿札叛乱的大事，估计阳明在谈论中的平叛陈策得到王质的赏识，王质才立即欣然请阳明为他写了一篇《卧马冢记》。接着阳明又去拜访了总兵施瓒，肯定主要也是商讨平阿贾、阿札叛乱之事，阳明后来作了一首含蓄不露的《题施总兵所翁龙》：

君不见，所翁所画龙，虽画两目不点瞳。
曾闻弟子误落笔，即时雷雨飞腾空。
运精入神夺元化，浅夫未识徒惊诧。
操舵移山律回阳，世间不独所翁画。
高堂四壁生风云，黑雷紫电日昼昏。
山崩谷陷屋瓦震，雨声如泻长平军。
头角峥嵘几千丈，倏忽神灵露乾象。
小臣正抱乌号思，一堕胡髯不可上。
视久眩定凝心神，生绡漠漠开嶙峋。
乃知所翁遗笔迹，当年为写苍龙真。
只今旱剧枯原野，万国苍生望霑洒。
凭谁拈笔点双睛，一作甘霖遍天下。[2]

---

[1]《王阳明全集》卷十九。
[2]《王阳明全集》卷二十九。

表面上阳明诗是在描绘陈所翁画龙“运精入神夺元化”的神妙真奇，实际的真意是希望怀柔伯施瓒能做一条真的“苍龙”，积极平叛，拯民于水火。诗最后呼吁“只今旱剧枯原野，万国苍生望霑洒。凭谁拈笔点双睛，一作甘霖遍天下”，就是暗示总兵施瓒应尽心尽力平阿贾、阿札叛乱。可惜怀柔伯不爱“怀柔”，他沉湎在赏玩文学书画的风情中，没有看出阳明诗画龙点睛的真意，最终尝到了被劾免的苦果。

在贵阳，阳明又拜访了巡按王济，自然主要也是要商讨平阿贾、阿札叛乱之事。王济在正德三年正月以监察御史来巡按贵州，但他的兴趣主要放在整顿马政与贵州的举业上，对平叛并不很关注，也埋下了“考察不及”的隐患。还在正德元年，王济的父母因王济贵显而被封赠监察御史与孺人，阳明与在京彦士都纷纷作诗庆贺，称美王济贤孝，集为《恩寿双庆诗》。到正德三年王济来巡按贵州，上上下下贵州同僚又齐声相与唱和《恩寿双庆诗》，联为巨帙。阳明一到贵阳，王济就请他为《恩寿双庆诗》作序。阳明写了一篇《恩寿双庆诗后序》，语重心长地说：

> ……大夫士之有事于贵阳者，自都宪王公（按：指右佥都御史王质）而下，复相与歌而和之，联为巨帙，属守仁叙于其后。夫孝子之于亲，固有不必捧觞戏彩以为寿，不必柔滑旨甘以为养，不必候起居奔走扶携以为劳者……侍御君之在朝，则忠爱达于上；其巡按于兹也，则德威敷于下。凡其宣布恩惠，摩赤子，起其疾而乳哺之者，孰非公与孺人之慈？凡其慑大奸使不得肆，祛大弊使不复作，爬梳调服，抚诸夷而纳之夏，以免天子一方之顾虑者，孰非

> 侍御君之孝？而凡若此者，亦孰非侍御君之所以寿于公与孺人之寿哉？……[1]

阳明论孝别具一格，他把"抚诸夷而纳之夏，以免天子一方之顾虑"也定为行"孝"道的根本方面，实际是在劝勉巡按王济应积极平定阿贾、阿札的叛乱，"抚夷"也是巡按的重要职责。但王济并没有听出阳明序的弦外之音，却热衷于振兴贵州的举业。正德三年的科举会试，贵州省几乎无人中进士。王济到贵州，适逢会试结束，他目睹了贵州科举的萧条落后，决定与布政使郭绅刊刻宋谢枋得的《文章轨范》，给举子学者习举业之用。谢枋得的《文章轨范》，是选取汉唐宋六十九篇古文作为科举程文范本，标揭每篇的篇章字句之法，成为学子习举业的简便"入门书"，而贵阳举子学者竟还多不知有此书。王济便又请阳明为新刊的《文章轨范》作序加以推阐，阳明写了一篇《重刊文章轨范序》，代巡按王济与布政使郭绅立言发意说：

> ……夫自百家之言兴，而后有六经；自举业之习起，而后有所谓古文。古文之去六经远矣；由古文而举业，又加远矣。士君子有志圣贤之学，而专求之于举业，何啻千里！然中世以是取士，士虽有圣贤之学，尧舜其君之志，不以是进，终不大行于天下。盖士之始相见也必以贽，故举业者，士君子求见于君之羔雉耳……是故饰羔雉者，非以求媚于主，致吾诚焉耳；工举业者，非以要利于君，致吾诚焉耳。世徒见夫由科第而进者，类多徇私媒利，无事君之实，而遂归咎于

[1] 《王阳明全集》卷二十二。

> 举业。不知方其业举之时，惟欲钓声利，弋身家之腴，以苟一旦之得，而初未尝有其诚也……夫知恭敬之实在于饰羔雉之前，则知尧舜其君之心，不在于习举业之后矣；知洒扫应对之可以进于圣人，则知举业之可以达于伊、傅、周、召矣。……[1]

阳明自贬谪到龙场驿后，一直更紧张地在思考探索着“圣贤之学”，期待自我的新知新悟。在这篇序中，他把“圣贤之学”与“科举之学”（举业）统一起来，认为举业的目的并不是一己沽名钓利，弋身家之腴，而是要致君之诚，输君之忠。因此圣贤之学与举业是不矛盾的，一个士人如果立“圣贤之学”之志，心有致君输忠之诚，那么他专心致志求之于举业，也是可以达到“伊、傅、周、召”的圣贤境界的。阳明从圣贤之学与科举之学相统一的意义上肯定了举业，也为贵州士人举子习举业、入仕途指明了方向。

在贵阳，阳明同三堂两司的要官都有广泛的接触，包括有责直接参预平阿贾阿札乱的官员如布政使郭绅、按察使张贯、按察副使毛科、监察御史刘寓生、贵州佥事陆健、参议胡洪等人，议论的核心问题都是商讨如何出兵平定阿贾、阿札叛乱的大计。但是这时安贵荣远归水西卧病不出，贵州三堂两司的官员们不和，意见不一，加上朝中刘瑾的从中掣肘，出兵平阿贾、阿札乱之事迟迟不能落实。八月，阳明在贵阳就亲眼目睹了按察使张贯因勤饬边务、执法严明触忤了刘瑾，在平叛的关键时候左迁云南参政而去。阳明同病相怜，悲愤地作了一首诗送他：

---

[1] 《王阳明全集》卷二十二。

送张宪长左迁滇南大参次韵

世味知公最饱谙，百年清德亦何惭？
柏台藩省官非左，江汉滇池道益南。
绝域烟花怜我远，今宵风月好谁谈？
交游若问居夷事，为说山泉颇自堪。[1]

张贯的左迁云南参政，充分暴露了贵州省官们之间的矛盾。监察御史刘寓生在七月来刷卷贵州，正好与阳明在贵阳相见。但他盛气傲人，侵凌总兵施瓒、巡按王济、布政使郭绅、按察使张贯[2]，同贵州佥事陆健矛盾激化，相互忿争，酿成大案，以至惊动朝廷，遣人来侦查，却又不分是非，处理了双方官员。这件案子严重影响了出兵平阿贾、阿札叛乱的大计，久久悬而未决。阳明对争斗的双方（刘寓生与陆健）都不偏袒，他奔走于三堂两司的官员中间，做着协调和解的工作，希望三堂两司官员尽快落实出兵平阿贾、阿札叛乱的大计。对三堂两司官员的争斗不和，阳明感到十分痛心，他专门去吊祭了南霁云祠，作了一首借古讽今的诗：

南霁云祠

死矣中丞莫谩疑，孤城援绝久知危。

---

[1] 《王阳明全集》卷十九。按：“张宪长”即张贯。《正德云南志》卷一：“左参政，张贯，一之，直隶蠡县人，贵州按察使左迁。”《光绪蠡县志》卷六：“张贯，北大留人。成化乙未进士。……弘治戊午，哈密犯顺承，命出师平之，赐彩带，升四川副使，贵州按察使。以持法忤逆瑾，谪参议。”

[2] 按：《明武宗实录》卷五十九：“正德五年正月丙戌，御史刘寓生刷卷贵州，多所凌忽镇巡及二司官，因暴其短，佥事陆健至与忿争。遂为侦事者所奏，逮系锦衣狱，寻枷于吏部门外数日。”“镇巡官”指总兵施瓒、巡按王济；“二司官”指布政使郭绅、按察使张贯。“因暴其短”，即指揭露总兵施瓒、巡按王济之流平阿贾阿札叛乱不力。

贺兰未灭空遗恨，南八如生定有为。
风雨长廊嘶铁马，松杉阴雾卷灵旗。
英魂千载知何处？岁岁边人赛旅祠。[1]

南霁云是张巡部下将领。安禄山叛乱时，尹子奇围困睢阳，城中粮尽，南霁云奉张巡命一骑突围而出，驰至贺兰进明求援。贺兰进明贪生怕死不救，南霁云抽刀断指，含恨泣血而返。不久睢阳城破，张巡、南霁云均被执遇害，受刑时，张巡大呼："南八，男儿死耳，不可为不义屈！"南霁云大声回答说："欲将以有为也，公知我者，敢不死？"后来南霁云子南承嗣来贵州做官，政绩斐然，时人便在贵阳建立了南霁云祠，岁岁祭祀南霁云将军。阳明尤痛恨贺兰进明的不发兵救援，导致睢阳城破，南霁云遇害，由此联想到三堂两司官员迟迟不出兵平阿贾、阿札之乱，所谓"贺兰未灭空遗恨，南八如生定有为"，其实是针对眼下平叛的现实而发，慨叹今世无像南霁云这样的平叛抗乱的英雄，有的多是像贺兰进明这样怕死不发兵的懦夫，呼吁能有像南霁云这样的人出来平定阿贾、阿札叛乱。阳明这首诗对三堂两司官员都是一个巨大的警戒震动。

由于阳明的从中协调努力，参议谋划，到九月，三堂两司官员在平叛上终于取得一致，定下出兵平阿贾、阿札乱的大计。但由于秋季已过，错失出兵的良机，所以三堂两司决定今冬先做好平叛的充分准备，深入水东乖西内地侦探军情，到明年开春出兵平叛。这一平叛大计估计是佥事陆健提出来的，但肯定和阳明商量过，为三堂两司官员所接受。出兵平叛大计终于落实，阳明这

[1]《王阳明全集》卷十九。

次来贵阳的使命完成，也就在九月返回了龙场驿。

在龙场驿，阳明又埋头于《五经臆说》的撰写。但他依旧密切关注着平阿贾、阿札叛乱之事。他回到龙场驿不久，总兵施瓒便遣人携厚仪送来一幅《七十二候图》，请他作序。怀柔伯施瓒是镇压阿贾、阿札叛乱的总领，对他这时送画乞序，阳明心有灵犀一点通，担心施瓒依旧故我，沉醉于文学书画的迷恋中，对出兵平叛仍然不力，于是马上写了一篇《七十二候图序》，坦诚告诫说：

……大总兵怀柔伯施公命绘工为《七十二候图》，遣使以币走龙场，属守仁叙一言于其间。守仁谓使者曰："此公临政之本也，善端之发也，戒心之萌也。"使者曰："何以知之?"守仁曰："人之情必有所不敢忽也，而后著于其念；必有所不敢忘也，而后存于其心。著于其念，存于其心，而后见之于颜色言论，志之于弓矢几杖盘盂剑席，绘之于图画，而日省之其心。是故思驰骋者，爱观夫射猎游田之物；甘逸乐者，喜亲夫博局燕饮之具。公之见于图绘者，不于彼而于此，吾是以知其为善端之发也，吾是以知其为戒心之萌也。其殆警惕夫人为而谨修其政令也欤？其殆致察乎气运而奉若夫天道也欤？夫警惕者，万善之本，而众美之基也。公克念于是。其可以为贤乎！由是因人事以达于天道，因一月之候以观夫世运会元，以探万物之幽赜，而穷天地之始终，皆于是乎始。……"[1]

---

[1]《王阳明全集》卷二十二。

施瓒命绘工画候图本来并无深意，阳明巧妙地把节候变化同政事得失、天道兴衰与人事污隆结合起来，从自己的“心学”视角重新诠释了候图的意义，认为节候关乎气运，从候图上可以见天道的运行变化，人道的兴衰治乱，“凡以见气候之愆变失常，而世道之兴衰治乱，人事之污隆得失，皆于是乎有证焉，所以示世之君臣者恐惧修省之道也”。因此候图的功用就在于向君臣显示“恐惧修省之道”，要君臣“警惕夫人为而谨修其政令”，“致察乎气运而奉若夫天道”，这实际就是在规劝作为怀柔伯的施瓒要勤修政令，奉行天道，恐惧修省，做好自己怀柔平叛的本职大事。这是在出兵平阿贾、阿札乱之前阳明对总兵施瓒的最后一次警告。

三个月的寒冬很快过去，阳明在阳明小洞天读经反思，默坐澄心，也终于豁然有悟。冬至一阳生，夜半忽然响起了雷声，仿佛预告着阳明心头酝酿的“龙场之悟”的到来，阳明兴奋地作了一首《冬至》：

客床无寐听潜雷，珍重初阳夜半回。
天地未尝生意息，冰霜不耐鬓毛催。
春添衮线谁能补？岁晚心丹自动灰。
料得重闱强健在，早看消息报窗梅。[1]

“心丹自动灰”就是指心的自悟，阳明用律管应气灰动来隐喻自己心头的豁然大悟（心律悟动）。随着“心丹自动灰”的心悟，他很快在十二月岁暮写出了一篇《论元年春王正月》。这篇文章

[1]《王阳明全集》卷十九。

就是他的“心丹自动灰”的“龙场悟道”的宣言书，同时也强烈表达了他对来年维新更化气象的企盼，希望“人君者，尤当洗心涤虑以为维新之始”，“群臣百姓悉意明目以观维新之始”，“改元年者，人君改过迁善，修身立德之始也”[1]，包括了对来年开春出兵平乱的祈祷。眼看冬尽春来，出兵平叛在即，这时三堂两司又来请阳明速赴贵阳议事，正合了阳明的心愿。正德四年正月初一，阳明骑马踏雪往赴贵阳，他行进在木阁山道上，作了一诗道出这次急赴贵阳的真实目的：

木阁道中雪

瘦马支离缘绝壁，连峰窅窕入层云。
山村树暝惊鸦阵，涧道雪深逢鹿群。
冻合衡茅炊火断，望迷孤戍暮笳闻。
正思讲席诸贤在，绛蜡清醅坐夜分。[2]

所谓“正思讲席诸贤在”，就是隐指与贵阳三堂两司官商议出兵平阿贾阿札乱事。开春以后出兵平叛，主要采用佥事陆健的奇袭之计，也是由他作先锋打头进兵深入，所以阳明一到贵阳，就首先同陆健再次详谈了出奇兵深入敌营的进攻之计。阳明作了一首《次韵陆佥宪元日喜晴》说：

城里夕阳城外雪，相将十里异阴晴。
也知造物曾何意，底是人心苦未平？
柏府楼台衔倒景，茆茨松竹泻寒声。

[1]《王阳明全集》卷二十六《五经臆说十三条》“元年春王正月”条。
[2]《王阳明全集》卷十九。

布衾莫谩愁僵卧，积素还多达曙明。[1]

“柏府”指按察司，“底是人心苦未平”就是指阿贾、阿札叛乱未平人心散乱。这次在贵阳两人的相见商讨，显然对春间出兵平叛起了最直接的作用。接踵而来发动的大规模出兵镇压阿贾、阿札之战，正史都隐晦不载，但是《贵州通志》中的《陆健传》却透露出了陆健出奇兵袭阿贾、阿札苗窟与阳明为平阿贾、阿札乱出谋划策立功的秘密：

> 佥事陆健，字文顺，鄞县人。弘治进士。正德间，任贵州佥事。西苗乱，募黠者作行脚僧，入寨募缘，暗带苗境所无草实，撒歧路为记。又令军中每人取拳石附膝间。及春，草种生时，令去膝间石，视草生处，直抵苗窟。又置板屋，抽两箱为庇，以避礌炮。苗惊为神，骇扰，因歼其魁，苗境悉平。迁福建副使。[2]

陆健的出奇兵袭苗营之计，同阳明后来在江西设计出兵平乱与平宸濠乱十分相似，有极大可能陆健的奇袭苗营之计就是阳明向他提出来的，至少也是两人经过周密商讨定下的。出兵平叛定在春二月，阳明在正月十五元宵节便由贵阳回龙场驿。因道中受风寒病卧西园，陆健马上寄诗来安慰，阳明反倒更关心陆健的出兵平叛，作了二首和诗回赠：

---

[1] 《王阳明全集》卷十九。

[2] 《乾隆贵州通志》卷十九。按：“西苗乱”即指乖西苗民阿贾、阿札叛乱。《闽书》卷四十八：“陆健……升贵州佥事。棘棘持宪，率先戎行，讨定乖西叛苗。”“乖西叛苗”即指乖西苗民阿贾、阿札。

次韵陆文顺佥宪

春王正月十七日，薄暮甚雨雷电风。
卷我茅堂岂足念，伤兹岁事难为功。
《金縢》秋日亦已异，《鲁史》冬月将无同。
老臣正忧元气泄，中夜起坐心忡忡。[1]

次韵陆佥宪病起见寄

一赋《归来》不愿余，文园多病滞相如。
篱边竹笋青应满，洞口桃花红自舒。
荷蒉有心还击磬，周公无梦欲删《书》。
云间宪伯能相慰，尺素长题问谪居。[2]

所谓"伤兹岁事难为功"，就是指出兵平阿贾、阿札叛乱事。所谓"金縢"，《尚书》中的《金縢》说周武王崩，管叔、蔡叔、霍叔散布流言作乱，淮夷叛，"秋，大熟，未获。天大雷电以风，禾尽偃，大木斯拔。邦人大恐"。阳明诗用此典来暗指秋七月苗酋阿贾、阿札的叛乱。"鲁史"即《春秋》。孔子据鲁史作《春秋》，周历以子月为正月，当夏历十一月。明代用夏历，冬月相当于周历的春月。陆健春间出兵平叛，正与周公东征淮夷相同。阳明诗用此典来暗指陆健平叛必定能和周公东征一样取得胜利。阳明这二首诗，是出兵平叛前夕对陆健最后的鼓励与期盼。

平叛在二月出兵，到四月取得了胜利。陆健率奇兵直捣苗营，击杀苗酋，立了首功。奇怪的是他却在六月迁福建按察副使而去。

[1] 《王阳明全集》卷二十九。
[2] 《王阳明全集》卷十九。

阳明听到平叛胜利与陆健功升福建副使的消息，便在六月又赶往贵阳，亲送陆健赴福建副使任。[1] 两人唱酬相别，阳明作了一首《次韵送陆文顺佥宪》：

贵阳东望楚山平，无奈天涯又送行。
杯酒豫期倾盖日，封书烦慰倚门情。
心驰魏阙星辰迥，路绕乡山草木荣。
京国交游零落尽，空将秋月寄猿声。[2]

阳明诗说“京国交游零落尽”，道出了一个见不得人的秘密：原来陆健忽然改任福建副使并不是因功升职，而其实是被御史衔恨奏劾而去。陆健在告别阳明赴福建副使任时，阳明曾有一信托他带给在京翰林检讨张邦奇，后来张邦奇有回信也感叹“芳馨凋落”，看来阳明也把平阿贾、阿札叛乱之事告诉了张邦奇，故诗中有“京国交游零落尽，空将秋月寄猿声”之叹。陆健在弘治十五年（1502 年）举进士，入刑部任职，与阳明相识，也是“西翰林”中的人物，所以阳明称他为京国中交游的人物。阳明把陆健的远任福建副使称为“交游零落尽”，隐然透露了陆健被御史诬奏夺功而去的内幕。《闽书》上记载这件事的真相说：

陆健……讨定乖西叛苗。刷卷御史盛气凌两司，两司气沮，健独与抗，执其奸人堂上，为他御史所衔，没其战功。已，转福建副使，至官愤恚，卒。囊无留赀，乡人姚镆与同

[1] 按：《王阳明全集》卷二十九有《夏日登易氏万卷楼用唐韵》云：“高楼六月自生寒，沓嶂回峰拥碧阑。”知阳明在六月至贵阳。

[2] 《王阳明全集》卷十九。

官为经纪。[1]

"两司"指按察使与布政使，"刷卷御史"指刘寓生，"他御史"指监察御史王济（巡按）。阿贾、阿札的叛乱还没有平定，三堂两司的官员们已先自争功纷斗起来。巡按御史王济冒夺陆健之功，而他自己也在五月以"考察不及"谪东平州判官而去。监察御史刘寓生攻两司平叛不力，与陆健忿争，而他自己也在十月被逮锦衣狱而去。总兵施瓒、宣慰安贵荣又都畏避不出，平叛几乎无官统领，朝廷只好再遣监察御史徐文华来巡按贵州，主持平叛，收拾残局。

徐文华接王济任在八月到贵州，马上请阳明来贵阳商议平叛事。[2] 阳明便在九月初又一次赴贵阳，与徐文华相见。这时徐文华已做好出兵平叛的准备，他是把阳明作为文章道德名重当世的"有道之士"与深通兵法的"兵部主事"请来贵阳，垂询出兵平叛的事宜。据《嘉靖贵州通志》上说："阿贾、阿札之变，文华多方筹画，不假兵戈，而兵尽平。至今贵之人谈乖西事者，皆称其功德。"（卷九）可见徐文华这次出兵一反前官的杀戮镇压，采取了招抚之法，出兵有道，不假兵戈，不杀一卒，叛乱尽平，为乖西苗民积无量功德。这一招抚之法应就是徐文华与阳明共同商议定下的，甚至有极大可能是阳明提出来的。因为同那些三堂两司诸官好杀戮镇压而相互纷争邀功不同，阳明一向不以夷俗为陋，主张教化夷民，"抚诸夷而纳之夏"，反对滥杀乱伐，师出有名，

[1] 《闽书》卷四十八。

[2] 按：席书《与王守仁书》云："二司诸公尊礼有道之士如此……昨据二生云，执事将以即月二十三日强就贵城……"（《嘉靖贵州通志》卷十一）"二司诸公"即指三堂两司官员，包括徐文华。"即月"指八月。

以招抚为上策，是他一生用兵的主旨。后来他在江西平定三浰之乱，在广西平定卢苏、王受之乱，都是采用了招抚之法，同这次采用招抚之法平阿贾、阿札之乱如出一辙。在经过一年多的镇压并已取得基本胜利的情势下，采取招抚之法抚定叛民，不失为是明智的用兵有道之举。两人招抚平叛的商议肯定十分融洽一致，使徐文华在平叛上感到了极大的自信，心情轻松，他甚至邀阳明共游南庵，相互唱酬，阳明一连吟了三首和诗：

徐都宪同游南庵次韵

岩寺藏春长不夏，江花映日艳于桃。
山阴入户川光暮，林影浮空暑气高。
树老岂能知岁月，溪清真可鉴秋毫。
但逢佳景须行乐，莫遣风霜着鬓毛。

南庵次韵二首

隔水樵渔亦几家？缘冈石路入溪斜。
松林晚映千峰雨，枫叶秋连万树霞。
渐觉形骸逃物外，未妨游乐在天涯。
频来不用劳僧榻，已借汀鸥一席沙。

斜日江波动客衣，水南深竹见岩扉。
渔人收网舟初集，野老忘机坐未归。
渐觉云间栖翼乱，愁看天北暮云飞。
年年岁晚长为客，闲杀西湖旧钓矶。[1]

[1] 《王阳明全集》卷十九。

在这些悠然自得的唱酬诗底下，其实掩藏着两人在出兵平叛前夕相互商讨平叛事宜的紧张情绪，共游南庵消解了他们心头的紧张与亢奋。后来在正德十四年（1519年）南庵改为武侯祠，祀诸葛武侯，并选十六名有功德于贵州的名臣合祀，徐文华入选，这恐怕就同徐文华采取武侯的招抚方法平定阿贾、阿札乱及与阳明共游南庵有关。

在共游南庵以后，徐文华便率领参将洛忠出兵平叛，阳明留在贵阳主教文明书院，等候消息。因采取招抚的有道之法，徐文华很快就在九月平定了阿贾、阿札的叛乱。[1] 拖延了一年半之久的阿贾、阿札之乱终于平息。从写信劝安贵荣宣慰出兵开始，到与徐文华共议以招抚之法抚定叛乱结束，阳明默默无闻地在背后参预了平定阿贾、阿札乱的全过程，他虽是处在贬谪中的逐臣，但贵州地方官员依旧把他尊为京都来的"兵部主事"，垂询用兵之道，他在背后立下了外人不知的平叛功劳——他是在平叛上"建言"立功的"言士"。徐文华在上报朝廷的平叛捷音疏中，肯定要开列平叛立功人员与平叛不力人员，请朝廷赏罚。于是平叛不力的施瓒在九月被劾罢[2]，平叛建言立功的阳明在闰九月升庐陵知县。[3]

阳明在平阿贾、阿札乱上建言献策立功，揭开了一个被埋没

[1] 按：阿贾、阿札叛乱最终由徐文华平定。《嘉靖贵州通志》卷九："徐文华，正德间巡按，适阿贾、阿札之变，文华多方筹画，不假兵戈，而兵尽平。至今贵之人谈乖西事者，皆称其功德。"卷十《兵变》："宣慰司乖西苗贼阿贾、阿札叛，参将洛忠等分哨进兵，剿平之。"

[2] 《国榷》卷四十七："正德四年九月己酉……贵州总兵怀柔伯施瓒，广西副总兵张勇，俱劾免。"

[3] 《宪章类编》卷三十九："正德四年闰九月，升龙场驿丞王守仁为庐陵知县。"按钱德洪《阳明先生年谱》将阳明升庐陵知县含糊放在正德五年之下，乃误。黄绾《阳明先生行状》亦含糊云："庚午，升庐陵知县。"后人遂皆以为阳明是在正德五年八月刘瑾伏诛以后起用升庐陵知县，尤误。

了五百年之久的秘密：在正德二年以“奸党”被贬、被罢的五十三名官员，都是在正德五年八月刘瑾伏诛以后才陆续起用，为什么独有阳明一人却在正德四年闰九月被起用为庐陵知县？他的起用显然同刘瑾的生死毫无关系，而同他在平叛中建言立功有密切关系。席书在《送别王守仁序》中透露了真实的消息：“予方深惩往昔，且恨邂晤之晚，适天子诏起言士，阳明复有庐陵之行，予能忍于一别乎？”[1] 原来在正德四年八九月中地震、天象灾变不断，荒于嬉戏的武宗栗栗危惧，被迫下诏求言，起用“言士”。正好阳明在平阿贾、阿札乱中以建言立功，完全符合武宗的“言士”标准，徐文华适逢其时把阳明的“言士”功绩报到朝廷，被武宗看中。无奈这时武宗的“内阁”全为奴颜媚事刘瑾的“阁老”们所把持，那个倍受武宗宠爱的“阁老”焦芳正大发“余姚人毋选京秩”的狂调[2]，严惩余姚籍敌党，阳明在这时进京正好撞到了他的枪口上；而刘瑾也在更变本加厉地打击被贬被罢的“奸党”，竟在五月将已致仕的“余姚人”王华降为南京吏部右侍郎。尤值得注意的是“阁老”杨廷和，他正是在刘瑾专权的时候青云直上，在正德二年官拜文渊阁大学士入阁，正德五年二月又晋升吏部尚书、武英殿大学士，掌控着官员升迁进退用舍的大权。他又是一个奉信官方程朱理学的大臣，在政治上同反刘瑾专权的阳明对立，对阳明的起用进京是心存顾忌与畏惧的。后

[1] 《嘉靖贵州通志》卷十一。

[2] 按：《国榷》卷四十七：“正德四年二月……丙戌，前大学士刘健、谢迁削籍。先是举怀才抱德之士，余姚周礼、徐子元、许龙，上虞徐文彪预名，屡求用。逆瑾憾健、迁，矫旨谓余姚隐士之多，必徇私援引。下礼等镇抚司狱，且株及健、迁。瑾欲坐逮籍其家，李东阳力解。焦芳曰：‘虽轻，亦当除名。’礼等戍边。布政使林符、邵宝、李赞，参政伍符，参议尚衡、马辂，绍兴知府刘麟，各罚米三百石。推官谌聪，知县汪度，免官。著令‘余姚人毋选京秩’。”此即是阳明未能以“言士”赴京任职而被除以庐陵知县地方小官的真正原因。

来湛若水在给阳明的信中说“盖兄之隐祸，前有宰相之隙，后有江右未萌之忧”[1]，所谓“宰相之隙”，就是指杨廷和在暗中沮抑了阳明以“言士”进京任职。可以肯定，正是这班阿顺刘瑾的“阁老”阻遏了阳明以“言士”进京任职，只给了阳明一个小小的庐陵知县敷衍了事。武宗自食了起用“言士”的御诺，只含糊留下一句“（明年）冬间入觐”的话，虚情慰抚了一下失落的阳明。

阳明的功升庐陵知县，宣告了他的罪臣贬谪生活的结束。他在龙场驿实际只待了一年半的时间，居夷处困，连年往返奔走于龙场驿与贵阳城之间，有一半时间居住在龙场驿，一半时间在贵阳城度过。他以“言士”贬谪，又以“言士”起用，在他的黯淡浮沉的生命历程上画了一个光怪陆离的圆圈。十月，监察御史刘寓生归京师，阳明这时也将离龙场驿赴庐陵任，他作了一首诗送刘寓生，表面上是对刘寓生在贵阳受尽困辱深表同情，其实也是夫子自道，可以看作是阳明对自己一年又半载的居夷贬谪患难磨炼的总结：

赠刘侍御

《蹇》以反身，《困》以遂志。今日患难，正阁下受用处也。知之，则处此当自别。病笔不能多及，然其余亦无足言者。聊次韵。某顿首刘侍御大人契长。

相送溪桥未隔年，相逢又过小春天。
忧时敢负君臣义？念别羞为儿女怜。
道自升沉宁有定，心存气节不无偏。

---

[1] 《泉翁大全集》卷九《寄王阳明都宪》。

知君已得虚舟意，随处风波只晏然。[1]

“蹇”为险地，“困”为困境。处险地而反求吾心，自反而缩；处困境而不变其志，不改操守。阳明就是这样在龙场驿的谪地困境中不屈地挣扎着，忧时不负君臣义，他终于抱着“道自升沉宁有定，心存气节不无偏”的坚定信念走出了龙场驿，又到时代的“风波”中搏击奋进了。

龙场之悟
——易简直截的心学本体工夫论之悟

在龙场驿，阳明在生活上经受艰辛困穷的磨难，在精神上却开出了灿烂的心学觉悟之花。龙场驿，一条默默无闻的蛮夷驿道，从阳明心中迤逦通过，成为阳明的心学升华拓展的新路，精神上凤凰涅槃腾飞的新起点，他的超越白沙的知行合一心学的诞生地。

阳明本是抱着对白沙心学的坚定信仰赴谪的，心学成为他在龙场驿受尽磨难的精神支撑。但是在赴谪途中他的心底已酝酿着对朱学的新的质疑思考，也推动他对陈白沙“默坐澄心，随处体认天理”的心学进行逆向的追问。所以他一到龙场驿，就写信给湖广参议吴世忠，详细谈到他对朱学、陆学与白沙心学的认识：

……困处中，忽承笺教，洒然如濯春风，独惟进与，虽

[1] 《王阳明全集》卷十九。

初学之士，便当以此为的，然生则何敢当此？悚愧中，间叹近来学术之陋，谓前辈三四公能为伊洛本源之学，然不自花实而专务守其根，不自派别而专务守其源，如和尚专念数珠而欲成佛，恐无其理；又自谓慕古人体用之学，恐终为外物所牵，使两途之皆不到。足以知执事之致力于学问思辨，重内轻外，惟曰不足，而不堕于空虚渺茫之地无疑矣。生则于此少有所未尽者，非欲有所勖，将以求益耳。夫君子之学，先立乎其大者，而小者不能夺。故子思之论修德凝道，必曰尊德性而道问学。而朱子论之，以为非存心无以致知，而存心者又不可以不致知。执事所谓不自花实派别而专务守其根源，不知彼所守者，果有得于根源否尔；如诚得其根源，则花实派别将自此而出，但不宜块然守此，而不复有事于学问思辨耳。君子之学，有立而后进者，有进而至于立者，二者亦有等级之殊。盖立而后进者，卓立而后有所进，所谓三十而立，吾见其进者；进而至于立者，可与适道，而至于可与立者也，盖不能无差等矣。夫子谓子贡曰："赐也，汝以予为多学，而识之者与？"又曰："盖有不知而作之者，我无是也。""多闻，择其善者而从之，多见而识之，知之次也。"执事之言，殆有惩于世之为禅学而设，夫亦差有未平与？若夫"两途"之说，则未知执事所指者安在？道一而已矣，宁有两耶？有两之心，是心之不一也，是殆本源之未立与？恐为外物所牵，亦以是耳。程子曰："苟以外物为外牵，已而从之，是以己性为有内外也。"又曰："自私，则不能以有为为应迹；用智，则不能以明觉为自然。今以恶外物之心而求照无物之地，是反镜而索照也。"又曰："君子之学，莫若扩然而大公，物来而顺应。"

由是言之，心迹之不可判而两之也，明矣。……[1]

吴世忠说的“前辈三四公能为伊洛本源之学”，就是暗指陆学派的人，他们学问的偏颇在“不自花实而专务守其根，不自派别而专务守其源”，是说陆派务守心源，唯求一悟，不致力于学问思辨，是有体无用，有理一而无分殊，虚守其根而花实不生，死守其源而流派不活，不能即用求体，就分殊体认理一。吴世忠认为自己追慕“古人体用之学”，就是指体用一如、格物穷理的朱学，但又恐被外物所牵，重外轻内。阳明肯定了吴世忠能致力于学问思辨，重内轻外，而不堕于空虚渺茫之地，但对他的说法又提出了批评。在阳明看来，“君子之学”（心学）必须先立大者（体），小者（用）才不会弃夺。这个“大者”就是“尊德性”，小者就是“道问学”。故子思说“尊德性，道问学”，是一种真正的“修德凝道”的君子之学；而朱熹说“非存心无以致知，而存心者又不可以不致知”，已与子思之说异趋。因此问题关键不在于专务守其根源，而在于务守的是否是真的根源。如果真得其根源（心），那么花实派别自然会从中而出。阳明由此进一步指出，为君子之学有两等人：一等是“立而后进者”，有知而作之者，如孔子；一等是“进而至于立者”，不知而作之者，如朱子。二等有体用高下顺逆之判。因此归根结底问题在于道一无两，心为道源，“道一而已矣，宁有两耶？有两之心，是心之不一也，是殆本源之未立与？”阳明在这里说的“殆有惩于世之为禅学而设”，实际是暗指白沙心学。阳明已开始意识到白沙心学有“恐为外物所牵”之弊，因为白沙说的“默坐澄心”是承认理在吾心，因此要向内体

[1]《阳明先生文录续编》卷一《答懋贞少参》。

认心中之理，是专务守心源；但白沙说的“随处体认天理”却又是承认理在物中，因此要向外分殊体认，即事即物求理，这就不免“为外物所牵”。阳明洞见出了白沙之学的这种内在矛盾，就在于“心迹之不可判而两之”。所以阳明最后提出反对人为的“用智”，而主张自然的“明觉”——心悟。他的超越白沙心学的“龙场之悟”就从这里起步了。

在龙场驿，阳明的心学之悟就是从体认白沙的“默坐澄心”悟入，扬弃了白沙的“随处体认天理”，通过邵雍心学心法的易学，达到了知行合一的心学本体工夫论境界。所以他一到龙场驿，就建玩易窝，在石洞中潜玩《周易》心法；开阳明小洞天，仿佛在绍兴阳明洞一样进行真空炼形法的修行。他有一次向冀元亨谈到自己在龙场驿的默坐澄心说：“一日，在龙场静坐到寂处，形骸全忘了。偶因家人开门惊觉，香汗遍体。谓：‘释家所谓见性是如此。’”又对蒋信也说：“习静之学，自濂溪以下，□□相传。周子说‘定之以中正仁义而主静’。明道则终日端坐，如泥塑人。伊川见人静坐，便叹其善学。李侗受学于罗从彦，曰：‘先生静坐，侗入室中亦静坐。先生每令侗于静中看喜怒哀乐未发作何气象。’只初学时，不可强要心静，只把当闲事干，久之，光景自别。”[1] 所谓“静坐到寂处，形骸全忘了”，就是他说的“尝于静中，内照形躯如水晶宫，忘己忘物，忘天忘地，与虚空同体”，也就是《性命圭旨》说的“静入窈冥”，“与太虚同体”，“七魄忘形”，“俨如水晶塔子，表里玲珑，内外洞彻”。他把白沙的“默坐澄心”的静坐体认同道家的导引炼形的身心修炼结合起来，体悟《周易》的心学心法。这正是一种当年邵雍体悟心学心法的

[1] 《蒋道林先生桃冈日录》。

路径。阳明筑玩易窝体悟《周易》的心学心法，其实就是仿邵雍筑安乐窝体悟《周易》的心学心法，陈瓘在《答杨中立游定夫书》中揭示邵雍的心学心法的易学渊源说：

> 康节云："先天图，心法也。图虽无文，吾终日言，未尝离乎是。"故其诗曰："身在天地后，心在天地先。天地自我出，自余恶足言。"又云："数往者顺，知来者逆。"此一节，直解图意，如逆之四时之化也。然则先天之学，以心为本，其在经世者，康节之余事……康节诗云："自从三度绝韦编，不读书来十二年。俯仰之间无所愧，任人谤道是神仙。"同时者目其人为神仙，后来者名其书为考数，皆康节之所不憾也，乃其心则务三圣而已矣。[1]

邵雍自己作《观易吟》咏叹道："一物其来有一身，一身还有一乾坤。能知万物备于我，肯把三才别立根？天向一中分体用，人于心上起经纶。天人焉有两般义，道不虚行只在人。"[2] 万物皆备于我，吾心自足，他在《观物外篇》中明确地说："先天学，心法也，故图皆自中起，万化万事生乎心也。先天学主乎（心）诚，至诚可以通神明，不诚则不可以得道。"[3] 先天之学就是心的至诚之学，"先天之学，心也；后天之学，迹也"[4]。"心为太极，又曰道为太极。"[5] 在《渔樵问对》中更说："夫所以谓之观物者，非以目观之也。非观之以目，而观之以心也；非观之以

[1]《邵氏闻见后录》卷五。
[2]《伊川击壤集》卷十五。
[3]《皇极经世》卷十二《观物外篇》下。
[4]《皇极经世》卷十二《观物外篇》下。
[5]《皇极经世》卷十二《观物外篇》上。

心，而观之以理也。”“能以一心观万心，一身观万身，一物观万物，一世观万世者焉。”邵雍说的心至诚的“心法”实际就是以心为太极（道）的“心学”（先天心学），故北宋末年的张行成阐释邵雍的易学，第一个明确将邵雍的先天心法称为“心学”：“至诚者，心学也。”“先天造物之初，由心出迹之学也；后天生物之后，因迹求心之学也。”[1] 这是一种真正意义上的心即理的儒家心学，可以说，邵雍是宋代建立儒家心学思想体系的第一人，陆九渊的心学明显是源自邵雍的心学。[2] 其实在陆九渊以后，也有夏德甫步趋邵雍，建易窝潜玩《周易》的心学心法，何梦桂在《夏德甫易窝吟序》中说：

> 《易窝吟·自然》，夏德甫之诗也。德甫吟不为诗人章句，徒玩弄光景而已。而必于“易窝”，盖有得于康节窝中之趣也。故其诗曰：“安乐窝中事事无，惟存一卷伏羲书。”康节二十年工夫全在一窝中，其柳风蓉月，随寓成功，犹是长物，复姤中间，弄丸得手，乐意无极，此无名公之至妙至妙者欤?[3]

阳明建玩易窝潜玩《周易》心学心法，同邵雍建安乐窝潜玩《周易》心学心法、夏德甫建易窝潜玩《周易》心学心法一脉相承。邵雍在安乐窝中潜玩《易》学，是把儒家的《易》学同道家的修心养性之学结合起来，建立了自己的先天心学，开了后来陆九渊的心即

[1]《皇极经世观物外篇衍义》卷八。

[2] 按：关于陆九渊心学的传授渊源，向来不明，一般都把陆氏心学追溯至张九成的禅学，实未探其本源。后于张行成的胡宏亦使用“心学”一词，但也还不具有同程朱“理学”相对立的陆氏“心学”的意义。

[3]《潜斋文集》卷七。

理的心学。把邵雍这种先天心学的真秘揭示得最明晰的，是明初的正一派天师、“道门硕儒”张宇初，他在《读观物篇》中说：

> ……宋兴而道著，周子畅太极未明之蕴于前，邵子发先天无穷之理于后，由是而羲、文、周、孔之旨继绝学者莫是若也。圣人之道本乎心，《易》，心学也。邵子之言曰：“心为太极。”“为学养心。”“先天之学，心也。”其言心至矣，其论理明矣。暨图方圆以尽《易》之妙，虽天地之大，阴阳之微，鬼神之奥，象数之奥，有无之变，物之至广，理之至神，皆出乎太极，复归于无极者，敛之于一心而已。充而宇宙，散而毫忽，其洁净精微，渊深幽眇，可谓详矣密矣。此其所谓观之以心，而观之以理；又曰不以心观物，不以我观物，不以物观物也。……大而化之，则天地阴阳之数，以无体之一，以况自然；不用之一，以况道也；用之者三，以况夫天地人也。故曰：“无极之前，阴含阳也；有象之后，阳分阴也。”则天根月窟之往来，存乎无极之间矣。……孰得善养心者，与之言心学也乎？……[1]

无怪入明后，邵雍从北宋五子中脱颖而出，他的先天心学广泛流行，连他的大量观物吟的诗体也成为明理学家与诗人们纷纷仿效的神品，邵雍成为明诗坛上供奉的一尊性理偶像。阳明作诗也好学邵雍，他的大量吟性理、吟良知诗同邵雍的观物吟、吟物诗有异曲同工之妙，神似意合。故在心学上，阳明既已对白沙的心学心生质疑，自然要超越白沙，把目光投向邵雍、陆九渊的心学的

[1] 《岘泉集》卷一。

源头，这就是他在玩易窝中潜玩《周易》顿悟心学的“明觉”力。

阳明的“龙场之悟”就是在玩易窝中默坐澄心、体认《周易》心学心法中引发的，但阳明自己后来有意说得含蓄不露，他的弟子们也都神化其悟，几乎把阳明的龙场之悟描绘成为禅师式的故弄玄虚、莫名所以的禅悟。黄绾在《阳明先生行状》中记述阳明的顿悟说：

> 日夜端居默坐，澄心精虑，以求诸静一之中。一夕，忽大悟，踊跃若狂者。以所记忆《五经》之言证之，一一相契，独与晦庵注疏若相牴牾，恒往来于心，因著《五经臆说》……公因取《朱子大全》阅之，见其晚年论议，自知其所学之非，至有诳己诳人之说，曰：“晦翁亦已自悔矣。”……

所谓“端居默坐，澄心精虑，以求诸静一之中”，就是指阳明在玩易窝中践行白沙的“默坐澄心”，静中体认大本达道，体认理在心中，心外无理。所谓“独与晦庵注疏若相牴牾”，表明阳明的“大悟”是针对朱学而言，他的“龙场之悟”就是悟朱学之非，心学之是，实质上是一个“是陆非朱”之悟。《五经臆说》与“朱子晚年定论”之说（后来写成《朱子晚年定论》一书），就是他的大悟朱学之非的两个产物。但阳明究竟大悟什么，黄绾却有意隐去不说，倒是钱德洪在《阳明先生年谱》中透露了一线消息：

> 日夜端居澄默，以求静一。久之，胸中洒洒……因念：“圣人处此，更有何道？”忽中夜大悟格物致知之旨，寤寐中

> 若有人语之者，不觉呼跃，从者皆惊。始知圣人之道，吾性自足，向之求理于事物者误也。乃以默记《五经》之言证之，莫不吻合，因著《五经臆说》。

钱德洪明确说阳明是大悟“格物致知之旨”，“始知圣人之道，吾性自足，向之求理于事物者误也”。所谓“向之求理于事物者误也”就是指朱熹向外的即事即物求理，也指李侗、白沙的“随处体认天理”。李侗、白沙与朱熹的格物求理说是一脉相承的。朱熹的格物致知之说，是认为理在物中，理一在分殊中，体在用中，因此须即用求体，从分殊中体认理一，即物即事格求其理。朱熹这一格物穷理说，上本于李侗的“分殊体认”“体认天理”。而白沙的“随处体认天理”说又显然上承李侗、朱熹之说，也是承认理在物中，因此要随事随物随处体认天理。可见阳明说的“向之求理于事物者”，就是指李侗、朱熹、白沙等人，在这里他肯定了白沙的“默坐澄心”，而否定了白沙的“随处体认天理”。阳明大悟到的“格物致知之旨”，就是下面说的“圣人之道，吾性自足，向之求理于事物者误也”。这是认为既然心即理，心即太极，心具万理，心含万物，所以吾性圆满自足，理在吾心，心外无理，自然不假外求，毋须向外格物求理，而只须自求其心，格正心中之理。这是一种宏大开阔、易简直截的心学本体工夫论之悟，在这种对“格物致知”的大悟中，又包含了本体论之悟与工夫论之悟两大悟：(1) 在“格物”上，阳明悟到“心即理”作为一种心学本体论，是认为理在吾心，格物是格正心中之理，不是格外物之理，于是他把“格物”解释为“正心”；(2) 在“致知”上，阳明悟到“致知”作为一种心学工夫论，是“知”，也是“行”，知即行，行即知，致知即行知，于是他把“致知”解释为“知行合一"。

在"格物"上，朱熹以理在物中，把"格物"解释为向外的"穷理"（格外物之理）。阳明一反朱熹之说，以理在吾心，把"格物"解释为向内的"正心""正念头"。《传习录》上记录了阳明在龙场的这一"悟"说：

> 众人只说格物要依晦庵……某因自去穷格，早夜不得其理……及在夷中三年（按：指在龙场驿），颇见得此意思，乃知天下之物本无可格者。其格物之功，只在身心上做，决然以圣人为人人可到。（卷下）

所谓"知天下之物本无可格者。其格物之功，只在身心上做"，就是认为格物即格正心中之理，格物即正心。后来湛若水在《潮州宗山精舍阳明王先生中离薛子配祠堂记》中也清楚地说："新建伯阳明王先生，其豪杰之必为圣人者乎！……谪去龙场，归而教人也，一变为正念头之说，亦是矣；再变而为良知之说，亦是矣。"[1]"正念头"就是"正心"，以格物为正念头。阳明以"格物即正心"代替了朱熹的"格物即穷理"，也否定了白沙的"随处体认天理"。阳明以这一格物即正心之悟超越了白沙的心学，直接走向了陆九渊的心学。

在"致知"上，朱熹提出了敬知双修，"涵养须用敬，进学则在致知"，但他说的主敬与致知，"非存心无以致知，而存心者又不可以不致知"，是将知与行分为两事，主张先知后行，行而后知，知行循环交互为用。阳明一反朱熹之说，提出了知行合一，

[1]《甘泉先生续编大全》卷五。

知即行，行即知，知中有行，行中有知，知行一如同体。钱德洪在《阳明先生年谱》中记述阳明在龙场驿的这种“知行合一”之悟说：

> 正德四年己巳，先生三十八岁，在贵阳。是年先生始论知行合一。始席元山书提督学政问朱、陆同异之辨。先生不语朱、陆之学，而告之以其所悟，书怀疑而去。明日复来，举知行本体，证之《五经》诸子，渐有省。往复数四，豁然大悟，谓：“圣人之学复睹于今日……”

又在《刻文录叙说》中说：

> 先生之学凡三变……居贵阳时，首与学者为“知行合一”之说……先生尝曰：“吾始居龙场，乡民言语不通，所可与言者，乃中土亡命之流耳。与之言知行之说，莫不忻忻有入。久之，并夷人亦翕然相向。及出与士夫言，则纷纷同异，反多扞格不入。何也？意见先入也。”[1]

钱德洪并没有把阳明的龙场之悟说成是“良知之悟”，而是将“知行合一”说看成是阳明生平学术思想三变中的首变，是阳明心学思想嬗变历程中最关键的一“悟”。阳明在龙场驿悟到的这种“知行合一”说，《传习录》中作了详尽的记述：

> 爱因未会先生“知行合一”之训，与宗贤、惟贤往复辩

[1] 《王阳明全集》卷四十一。

论，未能决，以问于先生。先生曰："试举看。"爱曰："如今人尽有知得父当孝、兄当弟者，却不能孝、不能弟，便是知与行分明是两件。"先生曰："此已被私欲隔断，不是知行的本体了。未有知而不行者；知而不行，只是未知。圣贤教人知行，正是要复那本体，不是着你只恁的便罢。故《大学》指个真知行与人看，说'如好好色，如恶恶臭'。见好色属知，好好色属行。只见那好色时已自好了，不是见了后又立个心去好。闻恶臭属知，恶恶臭属行。只闻那恶臭时已自恶了，不是闻了后别立个心去恶……知行如何分得开？此便是知行的本体不曾有私意隔断的。圣人教人，必要是如此，方可谓之知；不然，只是不曾知。此却是何等紧切着实的工夫！如今苦苦定要说知行做两个，是甚么意？某要说做一个，是甚么意？若不知立言宗旨，只管说一个两个，亦有甚用！"爱曰："古人说知行做两个，亦是要人见个分晓，一行做知的工夫，一行做行的工夫，即工夫始有下落。"先生曰："此却失了古人宗旨也。某尝说：知是行的主意，行是知的工夫；知是行之始，行是知之成。若会得时，只说一个知已自有行在，只说一个行已自有知在。古人所以既说一个知又说一个行者，只为世间有一种人，懵懵懂懂的任意去做，全不解思惟省察，也只是个冥行妄作，所以必说个知，方才行得是；又有一种人，茫茫荡荡悬空去思索，全不肯着实躬行，也只是个揣摸影响，所以必说一个行，方才知得真……今人却就将知行分作两件去做，以为必先知了然后能行，我如今且去讲习讨论做知的工夫，待知得真了，方去做行的工夫。故遂终身不行，亦遂终身不知。此不是小病痛，其来已非一日矣。某今说个知行合一，正是对病的药。……"（卷上）

徐爱这条语录虽记在正德七年（1512年），但是却反映了阳明正德四年在龙场驿时对“知行合一”的认识，所谓“某尝说”就是指他在龙场驿大悟“知行合一”的看法。在阳明龙场之悟的心学视阈中，他是把“知行合一”作为一种心学致知的紧切着实的工夫论提出来的，它修正了白沙“随处体认天理”的错误，也弥补了陆九渊心学工夫论的缺失。王畿在《绪山钱君行状》中揭明了“知行合一”作为心学工夫论的特征：“君尝记夫子之学有三变……贵阳以来，倡为知行合一之说，知行二字皆从工夫而言，真知乃所以为行，不行不足谓之知也。”[1] 阳明的“知行合一”之悟，是以心为本体，以“心即理”为心学的本体论，以“知行合一”为心学的工夫论，认为知与行是一气贯通、不可分割的致知工夫，因此知行不仅是统一的，而且是合一的：知行一贯同一，知行相即不二，知是行的主意，行是知的工夫；知是行之始，行是知之成；说知已自有行在，说行已自有知在。心为知行合一的本体，知行合一为心的工夫。可见阳明用“心具万理，知行合一”的心学代替了白沙“默坐澄心，随处体认天理”的心学，这一“龙场之悟”宣告了他的“心具万理，知行合一”的心学本体工夫论体系的诞生。

可见阳明的“龙场之悟”是一个易简直截的心学本体工夫论之悟，这个心学本体工夫论体系，是在本体论上讲“心物合一”，在工夫论上讲“知行合一”。在这样一个总的心学本体工夫论之悟下，阳明以一种更恢弘的心学文化视野重行审视朱学，比较朱、陆之学的异同，豁然又有三悟，促成他写出了三部著作：

一是重行审视朱熹的五经注疏之说，发觉朱熹繁琐训诂注解

---

[1] 《王畿集》卷二十。

之误，推动他写出了《五经臆说》。这就是黄绾说的"一夕，忽大悟，踊跃若狂者。以所记忆《五经》之言证之，一一相契，独与晦庵注疏若相牴牾，恒往来于心，因著《五经臆说》"。钱德洪在《五经臆说十三条序》中也说："师居龙场，学得所悟，证诸《五经》，觉先儒训释未尽，乃随所记忆，为之疏解。阅十有九月，《五经》略遍，命曰《五经臆说》。"[1]《五经臆说》从阳明正德三年四月一到龙场驿筑玩易窝开始撰写，到正德四年十月阳明将离龙场驿时大致完成序定，阳明自己说写了十九个月。这表明阳明一到龙场驿心中已酝酿着对朱学的批判，他是从批评朱熹的《五经》注疏之说切入，开启了他的心学的"龙场之悟"。《五经臆说》实际是一部批朱学的书，是他的"龙场之悟"的"始笔"。阳明自己在《五经臆说序》中透露了这一秘密：

> 得鱼而忘筌，醪尽而糟粕弃之。鱼、醪之未得，而曰是筌与糟粕也，鱼与醪终不可得矣。《五经》，圣人之学具焉。然自其已闻者而言之，其于道也，亦筌与糟粕耳。窃尝怪夫世之儒者求鱼于筌，而谓糟粕之为醪也。夫谓糟粕之为醪，犹近也，糟粕之中而醪存；求鱼于筌，则筌与鱼远矣。龙场居南夷万山中，书卷不可携，日坐石穴，默记旧所读书而录之。意有所得，辄为之训释。期有七月而《五经》之旨略遍，名之曰《臆说》。盖不必尽合于先贤，聊写胸臆之见，而因以娱情养性焉耳。则吾之为是，固又忘鱼而钓，寄兴于曲糵，而非诚旨于味者矣。呜呼！观吾之说而不得其心，以为是亦筌与糟粕也，从而求鱼与醪焉，则失之矣。……[2]

[1]《王阳明全集》卷二十六。
[2]《王阳明全集》卷二十二。

阳明批评的“世之儒者”就是暗指朱熹。在阳明看来，《五经》虽然包含了圣贤之学与圣贤之道，但相对于圣贤之“道”的“鱼与醪”而言，《五经》之“言”不过是“筌与糟粕”而已，真儒应当得鱼而忘筌，醪尽而弃糟粕。而像朱熹这样的“世儒”给《五经》作繁琐注解，无异是求道于“筌与糟粕”，实在是“求鱼于筌，而谓糟粕之为醪也”。对儒家《五经》，真儒不是求道于“言”，而是求道于“心”，所以同朱熹斤斤计较于文字训诂、圣人“糟粕”而堕入言筌不同，阳明作《五经臆说》是求之于心，“聊写其胸臆之见”，“胸臆”就是指心意，指“心”（不是指臆见），“臆说”就是心说。故观他的《五经臆说》，可以得圣人之心，“观吾之说而不得其心，以为是亦筌与糟粕也，从而求鱼与醪焉，则失之矣”。可见阳明的《五经臆说》是一部以心学解五经的著作，是他的“龙场之悟”的第一产物。只是他对朱熹经说的批判触犯了明朝当权者以程朱性理之学治天下、禁锢士类的大忌，而阳明自己也担心作《五经臆说》也同样堕入言筌，字解句析，执糟粕为香醪，忘鱼而垂钓，“吾之为是，固又忘鱼而钓，寄兴于曲蘖，而非诚旨于味者”，所以后来他竟把《五经臆说》作为未定之说焚毁，他自己解释说：“只致良知，虽千经万典，异端曲学，如执权衡，天下轻重莫逃焉，更不必支分句析，以知解接人也。”[1]《五经臆说》的焚毁，留下了一个难解之谜，但从幸存下来的《五经臆说》十三条残文，仍可清楚看出阳明是怎样用心学来诠释五经的。

二是重行审视朱熹《大学》定本及《大学章句》的格物致知之说，发觉朱熹《大学》定本与补写“格物”章之误，《大学章句》非圣门本旨，阳明便自定《大学》古本，确立格物即正心的

[1] 钱德洪：《五经臆说十三条序》，《王阳明全集》卷二十六。

《大学》宗旨，推动他后来写出了《大学古本傍释》。这就是钱德洪在《阳明先生年谱》中说的："先生在龙场时，疑朱子《大学章句》非圣门本旨，手录古本，伏读精思，始信圣人之学本简易明白。其书止为一篇，原无经、传之分。格致本于诚意，原无缺传可补。以诚意为主，而为致知格物之功，故不必增一'敬'字。"朱熹的《大学》学，是自己改定了古本《大学》，将《大学》分经、传，以为其中"格物"一章亡佚，于是他给《大学》补了"格物"一章，把"格物"解释为向外深入事物穷究物理。阳明一反朱熹的《大学》学，恢复了古本《大学》的原貌，认为"大学"原为完整的一篇，本来就无经、传之分，也无缺传可补，于是他把"格物"解释为"正心"，认为格致本于诚意。阳明这一《大学》之悟从根本上推倒了朱学，不仅推动他后来写出了《大学古本傍释》，而且也直接打开了通往"致良知"之学的通道。

三是重行审视朱熹的全部著作，发觉朱熹的早年之说与晚年之说全然不同，晚年朱熹思想已转向了陆九渊，也就是说，朱熹晚年已自悔早年的误说，由朱学（性学）转向了陆学（心学），故晚年之说才是朱熹思想的定论，于是阳明提出了"朱子晚年定论"之说。这就是黄绾在《阳明先生行状》中说的："公因取《朱子大全》阅之，见其晚年论议，自知其所学之非，至有诳己诳人之说，曰：'晦翁亦已自悔矣。'日与学者讲究体察，愈益精明，而从游者众。"其实最早提出"朱子晚年定论"之说的是程敏政，他在《道一编》中首倡朱、陆之学早异晚同之说，提出朱子晚年定论已与陆学相同。阳明肯定早就读过《道一编》，所以他在龙场驿重读《朱子大全》，便一触即悟，"朱子晚年定论"自然从他脑海中闪现。然而所谓"朱子晚年定论"不过是程敏政和阳明用来掩饰他们批判朱学、尊信陆学的立场的借口，因为他们对直接攻击批判否定朱学都心存顾忌，打起“朱子晚年定论”的旗帜是阳明“龙场之悟”的需要。只是在龙场驿阳明这种“朱子晚年定论”的思想还刚萌芽，要到后来在南都经过朱陆之学异同的论战，他的“朱子晚年定论”思想才最终形成、公开，并推动他写出了《朱子晚年定论》一书。而一到后来阳明形成了“致良知”的心学思想时，他也就没有必要再用“朱子晚年定论”的旧说来掩盖自己反朱学、尊陆学的立场了。

阳明的“龙场之悟”本就是悟朱学之非，觉陆学之是，所以毫不奇怪，他这种“龙场之悟”就是在辨析讲论朱陆之学异同的过程中触发的。从阳明正德三年三月一到龙场驿就同吴世忠、陈凤梧、毛科等人讲论“君子之学”、辨析朱陆之学开始，到十一月冬至“岁晚心丹自动灰”[1]，在思考辨析朱陆之学异同中豁然顿悟格物致知、知行合一之旨，这就是阳明走的一条“龙场之悟”的心路。他在悟后写的“始笔”《论元年春王正月》中开门见山说：“圣人之言明白简实，而学者每求之于艰深隐奥，是以为论愈详而其意益晦。《春秋》书‘元年春王正月’，盖仲尼作经始笔也。”所谓“学者每求之于艰深隐奥，是以为论愈详而其意益晦”，就是指朱学；所谓“圣人之言明白简实”，就是指陆学。他接着进一步在《五经臆说》的“元年春王正月”条中详细阐释他所悟到的心学说：

元者，始也，无始则无以为终。故书元年者，正始也。

[1] 《王阳明全集》卷十九《冬至》。按：阳明在《朱子晚年定论序》中说：“其后谪官龙场，居夷处困，动心忍性之余，恍若有悟。体验探求，再更寒暑（按：指再过一年，到正德四年），证诸六经、四子，沛然若决江河而放之海也。”可见这里说的“恍若有悟”，即指阳明正德三年十一月冬至的“岁晚心丹自动灰”之悟。

大哉乾元，天之始也；至哉坤元，地之始也；成位乎其中，则有人元焉。故天下之元在于王，一国之元在于君，君之元在于心。元也者，在天为生物之仁，而在人则为心。心生而有者也，曷为为君而始乎？曰："心生而有者也。未为君，而其用止于一身；既为君，而其用关于一国。故元年者，人君为国之始也。当是时也，群臣百姓，悉意明目以观维新之始。则人君者，尤当洗心涤虑以为维新之始。故元年者，人君正心之始也。"[1]

以心释元，这是地地道道的邵雍的心学心法。在《五经臆说》中，阳明就是用这种心学以心释经，以心释史，这种对经学的心学诠释，今仅从残存的十三条五经臆说中也灼然可见：

元年春王正月。……故元年者，人君正心之始也。

天地感而万物化生，实理流行也。圣人感人心而天下和平，至诚发见也，皆所谓"贞"也。

恒。……观夫天地、日月、四时，圣人之所以能长久而不已者，不外乎一贞，则天地万物之情，其亦不外乎一贞也。

心之德本无不明也，故谓之明德。有时而不明者，蔽于私也。去其私，无不明矣。日之出地，日自出也，天无与焉。君子之明明德，自明之也，人无所与焉。

[1]《王阳明全集》卷二十六《五经臆说十三条》。

《执竞》十四句，言武王持其自强不息之心，其功烈之盛，天下既莫得而强之矣。

可见阳明的“龙场之悟”是沿着邵雍、陆九渊、陈白沙的心学进路，通过讲论辨析朱陆之学的异同，建立了自己心具万理、知行合一的心学体系。他的《五经臆说》从悟“心学”的意义上说（不是从悟“良知”的意义上说），堪称是他的“龙场之悟”的标志著作。故在冬至“大悟”以后，他仍在继续讲论辨析朱陆之学异同的过程中深化着自己心学的“龙场之悟”。后来他在《与辰中诸生》中提到这件事说：“谪居两年，无可与语者，归途乃幸得诸友。悔昔在贵阳，举知行合一之教，纷纷异同，罔知所入。”[1] 这里关键的共倡“圣学”的人物便是席书。先是原来的提学副使毛科在正德四年四月致仕归桐江书院，席书继毛科来任贵州提学副使，他在七月到贵阳，第一件事就是聘请阳明主教文明书院，实现了毛科未完成的意愿。席书尊信陆学，早在弘治十三年在京已与阳明相识，两人多有学问讲论往来，席书已深佩阳明的文章学问与才猷勋业。所以这次他来贵州主学政，便欣然把阳明尊为倡明圣学的一代大儒与心学引领人，他请阳明主教文明书院的真意，其实还在把阳明请来贵阳共同讲论朱陆之学异同，倡明圣贤之学（心学）。他一到贵阳，就先写了一封信给阳明，大谈朱陆之学，并邀阳明来主教文明书院。席书在信中由衷尊仰说：

书启：切惟执事文章气节，海内著闻，兹谪贵阳，人文

[1]《王阳明全集》卷四《与辰中诸生》，又钱德洪《阳明先生年谱》正德四年下引。

> 有光，遐土大庆。曩者应光毛先生在任之日，重辱执事旅居书院俯教，承学各生方仰有成，不意毛公偶去，执事遂还龙场，后生咸失依仗。兹者书以凡材滥持学柄，虽边镇不比中州，而责任之重则一。兹欲再屈文旆，过我贵城，振扬吾道之光，用副下学之望。书尚不自主，商之二司；二司既同，白之三堂；三堂曰善，下至官僚父老，靡不共仰清尘，咸曰："此吾贵城文明之日也。"馆舍既除，薰沐以俟，不知执事能一慨然否也。昔韩、柳二公各以抗疏忤时，远谪二广，二广之人感其道化，至今庙食无穷。执事以文名时，以言遭贬，正与二公相类，安知他日贵人之思执事，不如广人之思二公乎！即今省试已迫，愚意欲候文车至止，处分就绪，乃议巡试之期。倘辱不以猥庸见拒，斯文幸甚！多士幸甚！外不腆之仪奉以将敬，伏惟亮之！[1]

阳明立即写了一篇千余言的回信，允诺来文明书院执教，并详谈了自己在龙场的心学之悟，使席书如醍醐灌顶，更加神往。八月，他写了一封长信正式邀请阳明来贵阳主教文明书院，信中说：

> 自入遐方，久不奉接君子之论。二生来过，承高明不以书不可与言，手赐翰教，亹亹千余言，山城得此，不觉心目开霁，洒然一快；且又不以书不可与居，许过省城，勉就愚悬，闻之踊抃，莫知所为。窃惟古人固有风雨连床，心隔胡越者；亦有一面未交，诵其文，想其人，而千里神会者。书于执事虽未承接下风，殆亦千里神会者乎？书窃谓今举业之

[1] 《元山文选》卷五《与王阳明书》一。

学，与古圣贤之学，诚不同科矣。然举业者，时王之制也。书少以父师之命，攻举子之业，乃于其中获闻前哲遗训，亦尝求所谓志伊尹之所志，学颜子之所学矣。然一暴十寒，不能不夺于文业之习。故自登第之后，作县迄今，所奔走者形势，所趋向者利禄，如醉如梦，二十余年，求如攻举子业时所窃闻于前哲者，非惟无所闻，抑亦不求所闻，殆将终身焉者。昨领来教，使书畴昔所未泯者，若提酣惊寐，恍然若有觉者。执事先声所及已如此，而况得而亲炙乎？近时董诸士者，要不过属题命意，改破课文，锻字句，以迎主司之意；裁新巧，以快主司之目。上以是取士，下以是挟策，师舍是无以为教，弟子舍是无以为学。居今之时，欲变今之习，诚难矣！然岂朝廷取士之初意乎？书缪有人才督教之责，将以所攻于少时者为教乎？将以窃闻于前哲者为教乎？兹将咨谟执事，复以课文之习以烦执事，是所处执事者非道，待执事者诚薄。然贵南之士，安于土俗，诱以禄利，尚不乐从；教以举业，复不能治；幸有治者，日省月试，又不能工，而况有大于举业者乎？舍是以教贵南，诚亦难矣。夫举业者，禄利之媒也，世之白首一经，凡为禄利而已。以书一人推之，书少时所以治举业者，要不过为禄利之计也。然昔者借是而有闻，今者脱是而愈暗。书以是知误天下豪杰者，举业也；然使天下士借是而所向上者，亦举业也。故韩子因文而见道；宋儒亦曰科举非累人，人自累科举。今之教者，能本之圣贤之学以从事于举业之学，则亦何相妨哉？执事早以文学进于道理，晚以道理发为文章，倘无厌弃承学，因进讲之间，悟以性中之道义；于举业之内，进以古人之德业，是执事一举而诸士两有所益矣。然所望于执事者，宁独如斯已乎？昔齐宣王留孟子，欲使国人皆有矜式，斯举也，以之留孟子固非，以之处执事诚是。执事名重中外，愿学之士虽在千里之外，尚当抠衣鼓箧求从门下，兹幸得侍箕箒于左右，接下风，闻绪论，耳濡目染之久，云龙风虎之机，固有不俟操笔砚而后兴，听训诂而后喻矣。然所望于执事，又独如斯已乎？师道不作久矣，执事一临，使远方之人皆称之曰：执事之文章道德，见重于当时如此，二司诸公尊礼有道之士如此，贵南之士从是风动于道德仁义之域，将肩摩而踵接矣。若然，执事一举动间，系于风教岂细耶？昨据二生云，执事将以即月二十三日强就贵城，窃谓时近圣诞，倘一入城，闭门不出，于礼不可；步趋于群众之中，于势不能。且书欲于二十六七小试诸生毕，择可与进者十余人，以侍起居。可烦再逾旬日，候书遣人至彼，然后命驾，何如？草遽多言，不及删次，惟情察。不宣。是月二十一日，书再拜。[1]

可见席书的真实用意是把阳明请来贵阳文明书院讲教宣播"圣贤之学"，打破举业陋习，教导贵州士子能本之"圣贤之学"以从事于"举业之学"，做到"因进讲之间，悟以性中之道义；于举业之内，进以古人之德业"。在文明书院中振兴师道，教化贵州士子，传播老师新悟的"圣贤之学"，使"贵南之士从是风动于道德仁义之域"，"文明"大开。席书称赞阳明"早以文学进于道理，晚以道理发为文章"，可见他说的"圣贤之学"其实就是指阳明在龙场大悟的知行合一的心学，而席书把他请来贵阳也是要同他讲论这种圣贤之学，问辨朱陆之学的异同，聆受知行合一心

[1]《元山文选》卷五《与王阳明书》二。

学之教。所以阳明也欣然在九月初赴贵阳，正式主教文明书院，马上全力开展圣贤之学的讲学与教育，一方面向书院诸生大阐知行合一的心学，另一方面又同席书展开朱陆之学的论辨，他的龙场大悟的心学首先在省城贵阳得到了传播与深化。[1]

在贵阳，阳明与席书的论辨朱陆之学是围绕“知行合一”的心学展开的，两人常讲论探讨至夜分。正如钱德洪在《阳明先生年谱》中记叙阳明与席书的讲论心学说：

> 始席元山书提督学政问朱、陆同异之辨。先生不语朱、陆之学，而告之以其所悟，书怀疑而去。明日复来，举知行本体，证之《五经》诸子，渐有省。往复数四，豁然大悟。谓：“圣人之学复睹于今日。朱、陆异同，各有得失，无事辩诘，求之吾性，本自明也。”

席书与阳明重点讨论了《五经臆说》中的问题，也领悟了阳明的心学思想。在闰九月，席书写信给阳明，专门谈到了这个问题：

> “春王正月”稿，乃书戊午岁在淮时所为。昨听教及此，归阅遗稿，宛有暗合阳明之意。窃谓此千百年纷纷之疑，以书一得之愚，无戾高明，信乎，古今天下此心此理本无二矣！始书私论《春秋》，颇有不信传而信经，不信人而信心。时

[1] 《嘉靖贵州通志》卷九：“席书，正德间任提学，性嗜静，学问根本周、程。时阳明王守仁谪居龙场，延至文明书院，以训诸生。暇则就书院与论学，或至夜分。自是贵州士人知从事心性之学者，皆二先生倡之也。”杨一清《席公书墓志铭》：“正德己巳，升贵州提学副使……时王伯安谪龙场驿，公每学，择其秀者一二人集省城书院，延伯安为师，士始闻古道，趋正学。”（《国朝献征录》卷十五）

> 无同志，尚虑或出意见，尤有不敢深自许者。兹幸有一得之中，愿终教也。闰九月十八日稿呈。[1]

席书自己也就是在同阳明日日论辨朱陆之学中豁然领悟了阳明知行合一的心学，心悦诚服地拜倒在了阳明心学的"王门"之下，他在《送别阳明王先生序》中以日亲所学的王门弟子口吻坦然自陈说：

> 今年董学贵南，阳明王伯安先生以言事谪丞龙场驿，延诸文明书院，以师后学。予旧知阳明，知其文也，知其才猷勋业也，因以二者质之。阳明曰："吾以子为大人之问，曾耳与目之问乎？天之所以与我者，莫大者心，莫小者耳与目也。子事文业以为观听之美，固末矣。心至大而至明，君子先立其大，而不晦其明，譬之开广居，悬藻鉴，物来能容，事至顺应。蕴中为道德，发言为文章，措身为事业。大至参天地，赞化育而有余矣，何以小者为哉！孔子曰：'女为君子儒，无为小人儒。'孟子曰：'从其大者为大人，从其小者为小人。'入途不慎，至有君子小人之判，木可不择欤？"予闻而心惕背汗。日亲所学，正而不迂，方而不泥，通而不俗。推万变，而不出一心；探幽赜，而不远人事。……[2]

阳明对席书说的这番话，其实是他对自己龙场大悟的心学作的最好的阐释与总结。他批评了席书执著于从其小者的"耳目之问"（耳目之学），而遗弃了从其大者的"心之问"（心学）。在他看

---

[1] 《元山文选》卷五《与王阳明书》三。
[2] 《元山文选》卷一。

来，心为知行本体，心体含宏万理，故心至大至明，参天地，赞化育，包举道德、文章、事业，推万变而不出一心，探幽微而不远人事，物来能容，事至顺应。所以从其大者（心）为君子儒，从其小者（耳目）为小人儒。可见阳明对从其大者的心之学的赞扬包含了对陆学的肯定，而对从其小者的耳目之学的批判包含了对朱学的否定。这是阳明在贵阳与席书论辨朱陆之学异同的最后结论。后来席书写出了著名的《鸣冤录》，为三百年来的陆学被诬为禅学辨白雪冤，这本书最初的思想源头就来自他与阳明在贵阳的朱陆异同之辨。

阳明在贵阳文明书院讲学三个多月，这是他在龙场贬谪地度过的最后三个月，同席书的论辨朱陆之学也极大提升了阳明自己对知行合一心学的认识与信念，促使他真正超越了白沙，走向邵雍、陆九渊的心学。他就是怀着这种对知行合一心学的觉醒走出了龙场驿。十二月初，阳明离龙场驿赴庐陵知县任，席书作了一篇《送别阳明王先生序》送他，对阳明的“龙场之悟”作了最好的总结：

> 予少志学，始分于举业，继夺于仕进，优游于既壮之时。每诵考亭之训，从事于格物致知，如泛舟渤海，莫知津岸，叹曰：“我马瘏矣，我仆痡矣，吾弗能进于斯矣。”闻古人有以文章擅声，有以事业名时，流光余韵，至今逼人耳目，吾将事此以老吾生矣。兹又数年，文章未名，事功未树，神气日昏日塞，如木强人矣。今年董学贵南，阳明王伯安先生以言事谪丞龙场驿，延诸文明书院……日亲所学，正而不迂，方而不泥，通而不俗。推万变，而不出一心；探幽赜，而不远人事。历试其余，礼乐文物，天文律历，皆历历如指其掌，

> 究其要切于喜怒哀乐已发未发之间，尤致力焉，盖学先于大而自率其小者耳。呜呼！道自孟氏绝传，寥寥千载，至濂、洛出，而开扃启户，传授入道之途，曰静，曰一，已有程度。龟山亲授程门，再传而豫章、延平，从事于斯，卒有所入。至朱、陆二氏，各分门户。当时门人，互逞辨争，从陆者目为禅会，从朱者谓为支离。道至是而一明，亦至是而一晦……予观历代文运，必积百余年而后有大儒如董如韩、如周程出，当一代之盛。国家百四十余年，守道不回如吴康斋、薛河东，清骚自得如陈白沙，则有矣；未有妙契濂、洛之传，足当太平文运之盛意者，有待于今欤？阳明闻予之说，将能自已其所至欤？予方深惩往昔，且恨邂晤之晚，适天子诏起言士，阳明复有庐陵之行，予能忍于一别乎？夫君子不忧身之不遇，而忧道之无传，遇不遇有命，传不传在人。吾闻会稽之间，有与阳明友者，徐爱辈其人也；有从阳明游者，蔡宗兖辈其人也。予虽未得相从二三子于阳明山麓，或咏或游，以追舞雩之趣，然而意气相感，已神会于浙海之隅矣。幸相与鞭励斯道，无负天之所以与我者，此固阳明之心也，无亦诸君之愿欤？[1]

尤值得注意的是，席书在这里首次提出了一个与前人大异其趣的心学心心相传的道统，他把杨时、罗从彦、李侗、陈白沙也纳入心学相传的道统中，显然是本自阳明的思想。所谓"道至是而一明"，是对陆九渊心学的肯定；"亦至是而一晦"，是对朱熹理学（性学）的否定。在席书提出的这个心学道统的视阈中，道统传

[1]《元山文选》卷一。

不传在人，席书认为心学大儒百余年一出，明朝开国至今已一百余年，正是一代心学圣人破天将出之际，这个不世出的心学圣人已有征兆应验在大儒阳明身上，“龙场之悟”预告了一代心学道统圣人的诞生——这就是席书对阳明的“龙场之悟”的最早解读。

“龙场之悟”的觉醒，也使阳明陡然生起了担当一代心学道统圣人的使命感与勇决心。所以他对自己不同凡响的“龙场之悟”也有自己的总结说法。他在《朱子晚年定论序》中总结说：

> 守仁早岁业举，溺志词章之习。既乃稍知从事正学，而苦于众说之纷挠疲疢，茫无可入，因求诸老、释，欣然有会于心，以为圣人之学在此矣。然于孔子之教间相出入，而措之日用，往往缺漏无归，依违往返，且信且疑。其后谪官龙场，居夷处困，动心忍性之余，恍若有悟。体验探求，再更寒暑，证诸《五经》《四子》，沛然若决江河而放诸海也。然后叹圣人之道坦如大路，而世之儒者妄开窦径，蹈荆棘，堕坑堑，究其为说，反出二氏之下，宜乎世之高明之士厌此而取彼也，此岂二氏之罪哉！[1]

在《阳明先生遗言录》中，也记有一条阳明总结自己的“龙场之悟”的语录：

> 某十五六岁时，便有志圣人之道，但于先儒格致之说若无所入，一向姑放下了。一日寓书斋，对数茎竹，要格他理之所以然，茫然无可得……于是又放情去学二氏，觉得二氏

[1] 《王阳明全集》卷七。

之学比之吾儒反觉径捷，遂欣然去究竟其说。后至龙场，又觉二氏之学未尽。履险处危，困心衡虑，又豁然见出这头脑来，真是痛快，不知手舞足蹈。此学数千百年，想是天机到此，也该发明出来了。

所谓"豁然见出这头脑来"，"头脑"就是指"心"。所谓"恍若有悟"，就是指在"格致之说"上认识到心含万理，吾性自足，不假格外物求理，把"格物"解为"正心"。所谓"此学数千百年，想是天机到此，也该发明出来了"，就是席书说的明朝到此又一百余年，心学圣人也该一出，破块启蒙，接续心学道统正传了。值得注意的是，阳明自己把这种"龙场之悟"说成是大悟释、老二氏之非，仿佛阳明在正德四年已了悟佛道之非，完全超脱溺于仙佛之习。[1] 阳明有一次向弟子萧惠说得更明确：

萧惠好仙、释，先生警之曰："吾亦自幼笃志二氏，自谓既有所得，谓儒者为不足学。其后居夷三载，见得圣人之学若是其简易广大，始自叹悔错用了三十年气力。大抵二氏之学，其妙与圣人只有毫厘之间。"[2]

后来方献夫更发挥说："尝历仙、释，而后沛然一归于正，自谓得于龙场之谪。"[3] 其实所谓悟仙、释之非也只是阳明对自己心学的"龙场之悟"的一种掩饰之词与遮眼之法。阳明一生好佛老不

[1] 按：关于阳明何时悟佛道之非，阳明自己有多种说法。如弘治十八年阳明作《书扇赠扬伯》云"缪矣三十年，于今吾始悔"，是自谓弘治十八年始悟陷溺佛道之非。

[2] 《传习录》卷上。

[3] 《西樵遗稿》卷七《祭王阳明文》。

变，并无大悟仙、释之非的事。他对儒佛道的基本看法，是认为儒、佛、道三教同根同源，思想相合，“其妙与圣人只有毫厘之间”，是认为佛、道之说并不错，只是儒家之说更精微广大，在佛、道之上，所以毋须辟佛、道，“不疑佛老”，只须信用自家的儒家之说，不必借用佛、道之说。这种独特的佛道观，阳明后来在《谏迎佛疏》中作了精要阐述，表明了他的不辟佛老而融取佛老之说的真实态度与立场。以“龙场之悟”为界线，阳明早期与后期对儒、佛、道的认识的不同，不过表现在早期耽迷佛、道，认为儒家不及佛、道广大精微，“谓儒者为不足学”，“二氏之学比之吾儒反觉径捷”；后期领悟到儒家之说的广大精微，在佛、道之上，“见得圣人之学若是其简易广大”，“叹圣人之道坦如大路”。显然，这种前后期认识的不同并不具有悟佛道之非与排辟佛道的意义，阳明依旧肯定佛、道之说与儒合，并没有否定佛、道之说，只是“觉二氏之学未尽”、在儒家圣学之下而已。他是因悟到儒家之说的简易广大、儒道坦如大路、在佛道之上而“手舞足蹈”，所以他批判的是“世之儒者（世儒，主要指朱熹）妄开窦径，蹈荆棘，堕坑堑，究其为说，反出二氏之下”，并不是批判佛、道二氏，认为正是这些“世儒”败坏了儒家圣学，导致了士人纷纷弃儒从佛、道，这并非释、老二氏之罪。可见阳明的“龙场之悟”并不具有否定佛道、悟释老二氏之非的意义，他大悟的是朱熹理学之非、陆九渊心学之是，但因为朱学是作为明统治者“钦定”的正统统治思想推行天下，而陆学、白沙学在当时又被目为“禅学”的异学变种遭到排斥，阳明如把自己的“龙场之悟”直说成是悟朱学之非，觉陆学之是，便触犯钦定程朱理学的禁网，而他大悟的“心学”也带有陆学的“禅”色彩，会被统治者斥其心学为“禅学”找到攻击的口实。所以阳明把他的悟朱学之非含混说成是悟佛老之非，不过意在回护他的"龙场之悟"的反朱学、尊陆学的本来面目。

阳明的"龙场之悟"，一言以蔽之，就是心学之悟。他的"龙场之悟"的儒脉进路，是从《大学》的"格物致知"之说悟入，建立了以心为本体、以知行合一为工夫的心学本体工夫论体系。但在"格物致知"说上，他又主要是从"格物"的思路上悟入，把"格物"解释为"正心"，达到了对心具众理、心外无物、吾性自足、不假外求、知行合一的认识高度；他却还没有能从"致知"的思路上悟入，把"致知"解释为"致良知"，达到以良知为体、以致良知为工夫的认识高度。因此，他的"龙场之悟"还是一个不彻底的心学之悟，他超越了白沙的心学，却还没有能超越陆九渊的心学。但是这种从"格物"思路上悟入的"龙场之悟"，却为阳明后来从"致知"思路上悟入的"良知之悟"准备了充分条件。他踏着格物正心的觉悟之路走出了龙场驿，又开始了他的超越陆九渊心学的"良知之悟"的心路探索历程。

第八章

凤凰再生：从庐陵知县到吏部主事

走出龙场驿：通向庐陵的心学之路

正德四年十二月初，阳明告别了谪居一年半的龙场驿，赴庐陵知县任。留念不舍的书院门人诸生一直送他到龙里卫，他作了二首诗与他们告别：

诸门人送至龙里道中二首

蹊路高低入乱山，诸贤相送愧间关。
溪云压帽兼愁重，峰雪吹衣著鬓斑。
花烛夜堂还共语，桂枝秋殿听跻攀。
（跻攀之说甚陋，聊取其对偶耳）
相思不用勤书札，别后吾言在《订顽》。

雪满山城入暮天，归心别意两茫然。
及门真愧从陈日，微服还思过宋年。
樽酒无因同岁晚，缄书有雁寄春前。
莫辞秉烛通宵坐，明日相思隔陇烟。[1]

“诸门人”就是指文明书院的诸生，他们当中有名的有张时裕、何子佩、越文实、邹近仁、范希夷，郝升之、汪源铭、李惟善、陈良臣、汤伯元、陈宗鲁、叶子仓、易辅之、詹良臣、王世臣、袁邦彦、李良臣、高鸣凤、何迁远、陈寿宁、朱光弼、朱光霁等，

[1] 《王阳明全集》卷二十九。

后来多成为贵滇的名士。阳明对陈文学（宗鲁）尤为赏识，特地作了一首诗赠他：

赠陈宗鲁

学文须学古，脱俗去陈言。
譬若千丈木，勿为藤蔓缠。
又如昆仑派，一泻成大川。
人言古今异，此言皆虚传。
吾苟得其意，今古何异焉。
子才良可进，望汝师圣贤。
学文乃余事，聊云子所偏。[1]

阳明一方面告诫陈文学学文要学古文，蔑弃举业之文，超脱世俗，务去陈言；另一方面又告诫陈文学学道要学圣贤之道，得圣贤之意（心），不落言筌。他解释说，“言”虽然古今有异，但古今之“言”都一样是虚妄之传；只有得圣贤之心（意），才真得圣贤之传。圣贤之心千古相传，故今古圣贤之心相同无异，所以应当得“意”忘“言”，师“心”传“道”。这就是陆九龄说的“古圣相传只此心”，陆九渊说的“斯人千古不磨心”。可见阳明告诫陈文学说的圣贤之学其实就是阳明“吾苟得其意”的心学，他到离开龙场谪地后还念念不忘用这种心学启迪贵州士子，关心文明书院的教育。其中从云南来的朱光弼、朱光霁兄弟，也是尤为阳明所瞩目的弟子，他在离开贵阳后写给书院诸生的信中，就两次提到了朱光弼、朱光霁兄弟：

[1] 《王阳明全集》卷二十九。

与贵阳诸生书一

祥儿在宅上打搅，早晚可戒告，使勿胡行为好。写去事可令一一为之。诸友至此，多简慢，见时皆可致意。徐老先生处，可特为一行拜意。朱克相兄弟，亦为一问，致勉励之怀。余谅能心照，不一一耳。守仁拜，惟善秋元贤契。

与贵阳诸生书二

行时闻范希夷有恙，不及一问，诸友皆不及相别。出城时，遇二三人于道傍，亦匆匆不暇详细，皆可为致情也。所买锡，可令王祥打大碗四个，每个重二斤，须要厚实大朴些方可，其余以为蔬楪。粗磁碗买十余，水银摆锡箸买一二把。观上内房门，亦须为之寄去盐四斤半，用为酱料。朱氏昆季亦为道意。闫真士甚怜，其客方卧病，今遣马去迎他，可勉强来此调理。梨木板可收拾，勿令散失，区区欲刊一小书故也，千万千万！近仁、良臣、文实、伯元诸友均此见意，不尽别寄也。惟善贤友秋元。仁白。[1]

"徐老先生"即文明书院的徐掌教，阳明在弘治十七年主考山东乡试时已同他相识，这次在贵阳两人重逢再见，同在文明书院掌教，阳明作了《寄徐掌教》诗赠他："徐稚今安在？空梁榻久悬。北门倾盖日，东鲁校文年。岁月成超忽，风云易变迁。新诗劳寄我，不愧鸟鸣篇。"[2] 在贵阳分手离别后，阳明对他掌教文明书院还是关怀不忘。"朱克相兄弟""朱氏昆季"就是指朱光弼（字

[1] 《壮陶阁书画录》卷十《明王阳明倪鸿宝手札合卷》，又《听帆楼续刻书画记》卷下。

[2] 《王阳明全集》卷十九。

克相）、朱光霁（字克明）兄弟，贵州按察副使朱玑之子。朱玑是云南蒙化人，他在正德四年（1509 年）四月毛科致仕去后来贵阳接按察副使任，便遣朱光弼、朱光霁二子来从学于阳明。阳明后来在《赠朱克明南归言》中说："朱光霁，字克明，廉宪朱公之子也。尝与其兄光弼从学于予，举于乡。"[1] 朱光弼、朱光霁后又在文明书院中受教，阳明尤看重他是云南来的士子，而朱氏兄弟后来归云南，作为阳明不多的云南弟子，也最早在滇南传播了阳明的王学。信中说的"梨木板可收拾，勿令散失，区区欲刊一小书故也"，尤可注意，"小书"即指《五经臆说》。《五经臆说》作为"龙场之悟"后的第一书（始笔），阳明在当时还是非常看重的，他已经准备好了梨木板，打算刊刻成书，首先用于贵阳文明书院。可见阳明在离开龙场驿之前已为贵阳的诸生士子作了多方安排，故他在东归途中仍心系贵阳诸生，一到达镇远府，他又给书院诸生写了第三封信：

与贵阳诸生书三

别时不胜凄惘，梦寐中尚在西麓，醒来却在数百里外也。相见未期，努力进修，以俟后会。即日已抵镇远，须臾放舟行矣。相去益远，言之惨然。书院中诸友不能一一书谢。守仁顿首，张时裕、何子佩、越文实、邹近仁、范希夷、郝升之、汪源铭、李惟善、陈良臣、汤伯元、陈宗鲁、叶子仓、

[1] 《蒙化志稿》卷八，又《蒙化府朱氏家谱》卷首。按：李元阳《西安府同知朱公光霁墓志铭》："公讳光霁，字克明，号方茅……父恒斋，讳玑，中成化丁未榜进士……及恒斋历官为贵州宪长，适阳明王先生谪居龙场，命公与二兄投学，得闻良知之说。"（《国朝献征录》卷九十四）《康熙蒙化府志 · 人物志》："朱玑，字文瑞，成化丁未进士……时阳明王守仁先生谪龙场驿，公遣子从学，声气相洽。"

> 易辅之、詹良臣、王世臣、袁邦彦、李良臣列位秋元贤友，不能尽列，幸意谅之。　高鸣凤、何迁远、陈寿宁劳远饯，别为致谢，千万千万！[1]

所谓“努力进修，以俟后会”，就是要书院诸生修习阳明在书院讲论的知行合一的心学，因为当初他在书院中“举知行合一之教，纷纷异同，罔知所入”，书院诸生多尚不能领会阳明心学的要义，异同纷争，所以阳明希望他们今后进一步努力进修。阳明已清醒意识到他大悟到的知行合一的心学必然会为保守的士人不理解，尤为专断的当政者不认同，“出与士夫言，则纷纷同异，反多扞格不入”，所以他走出龙场驿，脱却凶险的贬谪困境，更锐意进取，意气风发，一路讲论宣播他的知行合一的心学，从贵州、湖南到江西，漫漫崎岖长路，跋涉三月，随地讲学，到处留下了他讲论学问、光大心学的足迹。规模最大的讲会有两次，一次在辰州虎溪龙兴寺，一次在常德武陵潮音阁。正德五年正月，他到达辰州，寓居在虎溪龙兴寺，辰州有一千多名士子闻名纷纷来聚会，阳明在龙兴寺的凭虚楼讲学一个多月。邹守益在《辰州虎溪精舍记》中说：

> 阳明夫子自会稽谪龙场，道出辰阳。辰阳之胜，曰虎溪山寺，世称二十六洞天。因宿僧舍弥月。有古松甚奇，大书其轩曰“松云”，复留诗于壁。一时从游诸彦，如唐柱史诩、萧督学璆千余人切磋正学，剖剥群淆，若众鸟啾啾，获闻威凤鸣也。嗣是大酉王宪副世隆题所寓曰“思贤堂”，东桥顾中丞璘载诸《通志》。[2]

[1]《壮陶阁书画录》卷十《明王阳明倪鸿宝手札合卷》，又《听帆楼续刻书画记》卷下。

[2]《邹守益集》卷七。

罗洪先在《辰州虎溪精舍记》中也说：

> （阳明先生）三年赦归，道出辰州，憩龙兴寺，久之，题寺壁乃去。困极愈亨，卒能明绝学于天下……学者遂思慕之，凡所经历者，皆特祠设位，而在龙兴寺后者，曰虎溪精舍……又西而南，曰修道堂，堂之上为好景楼，其后为思贤祠，则先生位在焉……其东稍前为见江轩，中为松云轩，轩前多奇松，年甚古，有先生手扁字……入由寺右，有虎溪别院。名祠盖取诸王大酉宪副所扁先生寓舍。自坞以内，楼阁轩居尽取先生题壁之语。[1]

阳明在龙兴寺讲学一个多月，有千余名士子来切磋正学，连龙兴寺的主僧也来问学，堪称是阳明生平规模最大、时间最长的一次讲学胜会，初次展露了阳明心学大师犀利的思想锋芒。来受学的有名学子有唐愈贤、唐诩、萧璆、王世隆、王嘉秀、吴鹤、吴伯诗、张明卿、董道夫、汤伯循、董粹夫、李秀夫、刘观时、田叔中等人，他们后来有的成了阳明弟子，有的成了湛甘泉门人。其中如吴鹤等人还是从乾州负笈来学的苗族儒士，后来又一直随阳明到庐陵再受教。所谓"留诗于壁"，就是指湖广参议杨子器也来龙兴寺论学，阳明作了一首《辰州虎溪龙兴寺闻杨名父将到留韵壁间》："杖藜一过虎溪头，何处僧房是惠休？云起峰头沈阁影，林疏地底见江流。烟花日暖犹含雨，鸥鹭春闲欲满洲。好景

---

[1] 《罗洪先集》卷四。参见《乾隆辰州府志》卷二十九："王守仁……量移庐陵知县，归途过辰溪，游大酉山钟鼓洞，题诗于石。旋至辰州，喜郡人士朴茂，质与道近，因留虎溪隆兴寺，寓凭虚楼弥月。与武陵蒋信往来讲论，沅陵唐愈贤从之游，刘观时、王嘉秀诸人咸执贽受学焉。"

同来不同赏，诗篇还为故人留。”[1] 湛甘泉后来在《金陵答问》《金台答问录》中记下了阳明在龙兴寺生动讲学的一幕：

> 往时阳明先生在辰州府龙兴寺讲学，时世隆与吴伯诗、张明卿、董道夫、汤伯循、董粹夫、李秀夫、刘易仲、田叔中俱时相从，每讲坐至夜分。一夕讲及好色者，众咸曰：“吴伯诗、张明卿恐难免此。”先生曰：“若一向这里过来，忽然悔悟，亦自决裂；若不曾经过，不能谨守，一旦陷入里面，往往多不能出头。尝见前辈有一二人，平时素称不饮酒，不好色，后来致仕家居，偶入妓者家饮酒，遂至倾家资与之，至老无所悔。此亦是不曾经过，不能谨守之故也。以此知人于此须是大段能决裂谨守，乃可免此耳。”[2] ……
>
> 隆问阳明先生曰：“神仙之理恐须有之，但谓之不死则不可。想如程子修养引年者，则理或然耳。”先生曰：“固然。然谓之神仙须不死，死则非神仙矣。”隆闻此语时，先生年已三十九矣。……
>
> 吴伯诗问阳明先生：“寻常见美色，未有不生爱恋者，今欲去此念未得，如何？”先生曰：“此不难，但未曾与著实思量其究竟耳。且如见美色妇人，心生爱恋时，便与思曰：‘此人今日少年时虽如此美，将来不免老了，既老则齿脱发白面皱，人见齿脱发白而皱老妪，可生爱恋否？’又为思曰：‘此人不但如此而已，既老则不免死，死则骨肉臭腐虫出，又久则荡为灰土，但有白骨枯髅而已，人见臭腐枯骨，可复生爱恋否？’如此

[1] 《王阳明全集》卷十九。
[2] 《泉翁大全集》卷七十六《金陵答问》。

> 思之，久久见得，则自然有解脱处，不患其生爱恋矣。"……
>
> 阳明先生寓辰州龙兴寺时，主僧有某者方学禅定，问先生。先生曰："禅家有杂、昏、惺、性四字，汝知之乎?"僧未对，先生曰："初学禅时，百念纷然杂兴，虽十年尘土之事，一时皆入心内，此之谓杂；思虑既多，莫或主宰，则一向昏了，此之谓昏；昏愦既久，稍稍渐知其非，与一一磨去，此之谓惺；尘念既去，则自然里面生出光明，始复元性，此之谓性。"僧拜谢去。[1]

阳明在龙兴寺讲学的这四条语录，清晰反映了阳明"龙场之悟"的心学在当时所达到的认识高度。第一条与第三条论"好色"，实际是讲心的天理人欲之辨，论心（天理）与欲的关系，阳明认为要谨守其心，正念头，才能真正去淫恶，摈爱恋，这是把"格物"解为"正心""正念头"的独到的经典诠释。第二条与第四条论仙佛，阳明认同神仙之理，以为仙道可修养引年，这与儒说相同；但又认为不死方可谓神仙，死则非神仙，这又是承认仙说不及儒说精微。对佛家的禅定，阳明用佛教的"杂、昏、惺、性"之说，把禅定说成是一个由迷到觉、由昏到醒的心悟过程，心中生出光明，复返佛性，这就叫禅悟。可见阳明不反仙佛之说，这些说法恰好进一步证实了阳明的"龙场之悟"并不具有悟仙佛之非的意义。其实在龙兴寺长达一个多月的讲学中，阳明不过向来学诸生反复讲述了他大悟到的心学的两个思想：一是静坐体认心体（默坐澄心），二是知行合一的工夫论。在静坐体认心体上，阳明稍后在《与辰中诸生》中清楚说：

---

[1] 《泉翁大全集》卷七十七《金台答问录》。

> 前在寺中所云静坐事，非欲坐禅入定。盖因吾辈平日为事物纷拏，未知为己，欲以此补小学收放心一段工夫耳。明道云："才学便须知有著力处，既学便须知有得力处。"诸友宜于此处著力，方有进步，异时始有得力处也。[1]

这就是钱德洪在《阳明先生年谱》中说的："兹来乃与诸生静坐僧寺，使自悟性体，顾恍恍若有可即者。"[2] "师昔还自龙场，与门人冀元亨、蒋信、唐愈贤等讲学于龙兴寺，使静坐密室，悟见心体。"[3] 所谓静坐自悟性体，就是李侗、白沙说的默坐澄心，静中体认天理（大本达道），但阳明把它同格物致知联系起来，以格物为正心，吾性自足，故要求于静中格求心中之理，而不是于物中穷究其理。在知行合一的工夫论上，也正如阳明在《与辰中诸生》中说的："谪居两年，无可与语者，归途乃幸得诸友。悔昔在贵阳举知行合一之教，纷纷异同，罔知所入。"可见他在龙兴寺也主要讲知行合一之教，他后来一到常德，就给辰州诸生寄来两封信，要他们在知行合一上用力：

> ……方以为喜，又遽尔别去，极怏怏也。绝学之余，求道者少，一齐众楚，最易摇夺。自非豪杰，鲜有卓然不变者。诸友宜相砥砺夹持，务期有成。近世士夫亦有稍知求道者，皆因实德未成而先揭标榜，以来世俗之谤，是以往往隳堕无立，反为斯道之梗。诸友宜以是为鉴，刊落声华，务于切己处著实用力。

[1] 《王阳明全集》卷四。
[2] 钱德洪：《阳明先生年谱》正德五年条下。
[3] 钱德洪：《阳明先生年谱》附录一。

> 前在寺中所云……"学要鞭辟近里著己"，"君子之道暗然而日章"，"为名与为利，虽清浊不同，然其利心则一"，"谦受益"，"不求异于人，而求同于理"，此数语宜书之壁间，常目在之。举业不患妨功，惟患夺志。只如前日所约，循循为之，亦自两无相碍。所谓知得洒扫应对，便是精义入神也。[1]

静中体认心中之理（格物正心）与知行合一，是阳明赴庐陵任途中讲论心学的两个主旋律。二月，阳明到达常德，寓居在武陵潮音阁，又讲学二十余日，数百名武陵士子纷纷来问学受教，这又是一次盛大的讲学胜会，来学的有名士子有蒋信、冀元亨、文澍、刘观时、杜世荣、王文鸣、胡珊、刘瓛、杨衿、杨褫、何凤韶、唐演、龙起霄、龙翔霄等人，后来徐爱在《同游德山诗序》中说："正德乙亥春正月壬午，与予同游德山者十有四人，杜世荣仁夫则浙人，余皆武陵人士也；王文鸣应奎、胡珊鸣玉、冀元亨惟乾、刘瓛德重、蒋信卿实、杨衿介诚、何凤韶汝谐、唐演汝渊、龙起霄止之，他日从吾师阳明先生游者；徐辅汝周、杨襸介敬、杨衫介礼、冀文明汝诚，则闻风而兴者。"[2] 所谓"他日从吾师阳明先生游者"，就指阳明在武陵潮音阁的讲学。同在辰州龙兴寺讲学一样，阳明仍向莘莘武陵士子大阐静中体认心中之理与知行合一之教。柳东伯在《贵州等处提刑按察司副使蒋公信行状》中描述了阳明在潮音阁的讲学说：

> 正学先生蒋公讳信，字卿实，号道林……年二十五，始

[1] 《王阳明全集》卷四《与辰中诸生》。
[2] 《横山遗集》卷上。

与同郡冀暗斋公元亨论学……一日，论《大学》，先生曰："知止，当是识仁体。"冀公跃然而起曰："如此，则定静安虑，即是以诚敬存之。"盖先生无所师授，只于《鲁论》及《定性》《西铭》二书潜心玩索，意有所会；而冀公平生喜看《西铭》，故不觉一时契合如此。五年庚午，阳明先生赴谪龙场（归），寓郡西潮音阁，有医杜仁夫者，携其《复春诗》卷以谒，先生尝题绝句云："安排必定非由我，燮理从来自属人。堪叹世人浑不解，九还丹里苦偷生。"阳明先生一见，惊以为奇，遂因杜氏偕暗斋见之。阳明后语冀曰："如卿实，便可作颜子矣。"[1]

张怡在《玉光剑气集》中说蒋信"后于静坐中，悟得万物一体，呼吸痛痒，全无间隔，乃知明道廓然大公，与万物平等是如此"[2]，可见蒋信说的"知止，当是识仁体"，"定静安虑，即是以诚敬存之"就是阳明说的默坐澄心，静中自悟性体。阳明与刘观时的讲学，蒋信在《明贡士刘沙溪先生墓志铭》中说：

予自正德庚午拜阳明子于吾郡之潮音阁，即闻辰阳有刘易仲者，在谒拜诸子中英发迥异。阳明子出《伊洛渊源录》示之，辄请手抄焉。越一年，得其手简于吾友冀暗斋，又见其意趣高远，将必求为古圣贤之业，视今世利禄文词之习，弗屑也。寻裹粮就阳明子于南都，既归，道常，宿予讲舍数夕，乃为尽道其所闻格致之学。[3]

---

[1]《国朝献征录》卷一百〇三。
[2]《玉光剑气集》卷十三《理学》。
[3]《蒋道林先生文粹》卷五。

可见阳明与刘观时主要讲论格物致知之学。至于阳明同橘庵文澍讲论学问更是激烈，两人论辨了十五天，阳明在《文橘庵墓志》中说：

> 冀元亨曰："昔阳明子自贵移庐陵，道出辰常间，遇文子于武陵溪上，与之语三夕而不辍，旬有五日而未能去。门人问曰：'夫子何意之深耶?'阳明子曰：'人也朴而理，直而虚，笃学审问，比耄而不衰。吾闻其莅官矣，执而恕，惠而节，其张叔之俦欤？吾闻其居乡矣，励行饬己，不言而俗化，其太丘之俦欤？呜呼！于今时为难得也矣。'"……文子名澍，字汝霖，号橘庵。举进士，历官刑部郎中，出为重庆守。已而忤时贵，改思州，遂谢病去。[1]

文澍与蒋信比邻而居，他是同蒋信、冀元亨一起来见阳明问学，所以阳明与文澍十五日的论辨其实也包含了同蒋信、冀元亨的论辨，讲论围绕静中体认心中之理与知行合一的工夫论展开。邓球后来在《皇明泳化类编》中记载说：

> 庚午，升庐陵令。道常德，时冀（元）亨、蒋信、刘观诸士来谒，论知行异同，纷纷辩告。先生曰："兹来与诸生寺中静坐，使自悟性体。"因题《雨霁》诗，有云："沙边宿露寒无影，洞口流云夜有声。静后始知群动妄，夜来还觉道心惊。"[2]

---

[1] 《王阳明全集》卷二十五。
[2] 《皇明泳化类编》卷四十五《王阳明先生》。

这里说的《雨霁》指阳明的《霁夜》诗[1]，就是阳明在潮音阁霁夜静坐所作，这是一首咏默坐澄心、自悟性体的诗。他静坐体悟性体有得，立即作了一首《武陵潮音阁怀元明》诗告湛甘泉："高阁凭虚台十寻，卷帘疏雨动微吟。江天云鸟自来去，楚泽风烟无古今。山色渐疑衡岳近，花源欲问武陵深。新春尚沮东归楫，落日谁堪话此心?"[2] 所谓"江天云鸟自来去，楚泽风烟无古今"，就是《霁夜》说的"静后始知群动妄，闲来还觉道心惊"的意思。在从贵阳到庐陵的整个长途奔波中，阳明都随地自我践行着这种默坐澄心、自悟性体的本体工夫。据他后来到达庐陵写给武陵士人的一封信说："余与惟乾自武陵抵庐陵，舟中兴到时，亦有所述，但不求工耳。惟乾行，聊书此。"[3] 原来冀元亨陪侍阳明从武陵一直到达庐陵，所谓"亦有所述"，就是指阳明一路同冀元亨等人讲论"主静"，践行静坐自悟性体的工夫。所以他从武陵潮音阁一到沅江，夜泊江思湖，又默坐澄观，静悟天机，作了一首《睡起写怀》：

红日熙熙春睡醒，江云飞尽楚山青。
闲观物态皆生意，静悟天机入窅冥。
道在险夷随地乐，心忘鱼鸟自流形。
未须更觅羲黄事，一曲沧浪击壤听。[4]

这也是一首咏默坐澄心、静悟性体的诗，中间四句本是阳明弘治

[1] 《王阳明全集》卷十九。
[2] 《王阳明全集》卷十九。
[3] 《爱日吟庐书画别录》卷二王阳明《与某人书》。按：此"某人"疑即武陵文澍。
[4] 《王阳明全集》卷十九。

九年修炼真空炼形法所作的一首七绝，阳明把它改写成了一首咏静坐自悟性体的七律诗，一方面固是要掩饰他当年向尹真人学仙学道的真相，另一方面却又暴露了他的默坐澄心、静悟性体的心学同尹真人的静入窈冥的真空炼形法的丹学之间藕断丝连的关系。他在江思湖上静坐体悟性体有得，立即又作了一首《夜泊江思湖忆元明》诗寄湛甘泉：“扁舟泊近渔家晚，茅屋深环柳港清。雷雨骤开江雾散，星河不动暮川平。梦回客枕人千里，月上春堤夜四更。欲寄愁心无过雁，披衣坐听野鸡鸣。”[1] 所谓“雷雨骤开江雾散，星河不动暮川平”，也就是“闲观物态皆生意，静悟天机入窅冥”的意思。阳明两次寄诗给湛若水，都是在他默坐澄心、静悟性体有得之后，旨在向甘泉表示他对当年两人在京讲论的默坐澄心、体认性体有了新的悟识，不啻兆示他们两人新一轮的讲论共倡圣学的开始了。

从沅江到萍乡，阳明也一路在思考与践行着默坐澄心、静悟性体的本体工夫。三月，他到达江西萍乡，特地又去拜谒了濂溪祠，作了一首《再过濂溪祠用前韵》：

曾向图书识面真，半生长自愧儒巾。
斯文久已无先觉，圣世今应有逸民。
一自支离乖学术，竟将雕刻费精神。
瞻依多少高山意，水漫莲池长绿蘋。[2]

阳明再访濂溪祠是有深意的，这首诗堪称是他对自己前半生（四十岁）思想的即兴总结，揭明了自己半生由尊信朱熹理学转

[1] 《王阳明全集》卷十五。
[2] 《王阳明全集》卷十九。

向崇仰陆九渊心学的心路历程。“一自支离乖学术，竞将雕刻费精神”，是对支离繁琐、破碎大道的朱学的否定，尤其是对三百年来士人溺于用章句训诂的朱学雕琢刓敝经书之习的否定。“半生长自愧儒巾”，是对自己前半生误入迷途的悔恨。“斯文久已无先觉”，是对濂溪学的肯定，在阳明眼里，周敦颐才是真正的心学开山，因为周敦颐的根本思想是“主静”，四百年来被湮没无闻，无人识得，道统中绝，现在阳明提出的默坐澄心、静坐体悟性体，可以由白沙、陆九渊、李侗、邵雍一直上溯到周敦颐的“主静”，这就为他自己的心学接上了儒脉正宗心传的道统，也为阳明批评教外别传的朱学提供了学理的依据。所以他大声疾呼“圣世今应有逸民”，隐然自命为是当今接续周敦颐心学道统的“逸民”（传人）了。正是这种心学，成为他在庐陵治政的精神支柱。

正德五年（1510 年）三月十八日，阳明怀着这种以心学治政的理念到达庐陵，开始了他的“以开导人心为本”的庐陵之治。

庐陵善治：以开导人心为本

历经贬谪的磨难，阳明像陶彭泽一样铭心刻骨感受到了人心的险诈，世风的日下，朝政的败坏；再度出山去当一个小小的庐陵县令，阳明也像陶彭泽一样深切感受到了睽违初心、屈沦下僚、心为形役的痛苦。但他还是决计赴庐陵任，效法陶彭泽正道直行，开导人心，纾救民困。他在经过安福时作了一首《过安福》，吐露了他的这种决心：“归兴长时切，淹留直到今。含羞还屈膝，直道愧初心。世事应无补，遗经尚可寻。清风彭泽令，千载是知音。"[1] 他说的正道直行，就是以心学（圣学）治政，以开导人心为施政之本，力挽人心世风，为民"兴利去弊"。阳明心学的确立，也形成了他的"治心"的政治理念。钱德洪说他"先生三月至庐陵，为政不事威刑，惟以开导人心为本"[2]，道出了阳明的庐陵善治的特点。湛若水说阳明"复起尹庐陵，卧治六月，而百务具理，有声"，"起尹庐陵，卧治不庭，六月之间，百废具兴"[3]，也是称颂他以开导人心为本的心学治理庐陵的成功。治政先治心，庐陵之治是一种心治，阳明以"治心"卧治庐陵七月，百务具理，百废具兴，在治政上初次试露了他的知行合一的心学的实践锋芒。

阳明在三月一到庐陵，翰林检讨张邦奇就寄给他一封信，热切地说：

> 去秋陆文顺佥事行，奉一启，寻即执事有移袁之命，未谂得达否？辰下伏计已抵庐陵，冬间入觐，可幸奉晤。邦奇居京尘中，无一足道，惟有怀企耳。古之人有言："荃茝变而不芳兮，兰蕙化而为茅。"仆窃以为苟真为兰蕙也，则岂有为茅之理？其所以化而为茅，亦惟其根之不植，徒袭兰蕙之芳馨，以为己有，故一遇动摇，凋落不暇耳。夫所谓兰蕙犹若此，况不为兰蕙者乎？怀企之深，亦可以想见矣。余惟加重，不能悉。[4]

这时还正当是刘瑾怙权擅政甚嚣尘上之际，士大夫们纷纷变节投

[1] 《同治安福县志》卷二十八。
[2] 钱德洪：《阳明先生年谱》。
[3] 《甘泉先生续编大全》卷十一《阳明先生王公墓志铭》。
[4] 《张文定公环碧堂集》卷三《寄王伯安》。

靠，险巧谲诈，不能务守道的“根本”，荃芷变而不芳，兰蕙化而为茅，大道潜隐，人心堕落。张邦奇在信中热望阳明在庐陵一如既往正道直行，不改操守，正人心，挽世道，正道出了阳明自己“善治”的心愿。庐陵本是著名的文献之邦，文明开化，民心向善，名人辈出，但在明以来统治者苛重的盘剥压榨下，庐陵经济凋零，人心向恶，官府暴虐，民生穷困，小小一县变成了健讼成风、盗贼横行之地。阳明一到庐陵，就发现健讼、盗行、民困是庐陵的三大社会弊病，认为这都是人心败坏堕落造成的，所以他以开导人心入手，向庐陵的三大弊病开刀。他首先整顿词讼，摸清一县词讼争斗的情况，采取对策，对症下药，向全县发布了一则《告谕庐陵父老子弟》，说：

> 庐陵文献之地，而以健讼称，甚为吾民羞之。县令不明，不能听断，且气弱多疾。今吾与民约，自今非有迫于躯命，大不得已事，不得辄兴词。兴词但诉一事，不得牵连，不得过两行，每行不得过三十字。过是者不听，故违者有罚。县中父老谨厚知礼法者，其以吾言归告子弟，务在息争兴让。呜呼！一朝之忿，忘其身以及其亲，破败其家，遗祸于其子孙，孰与和巽自处，以良善称于乡族，为人之所敬爱者乎？吾民其思之！[1]

三月正是春耕农作紧张之际，庐陵数千名健讼之徒竟然放下农事，号呼奔走道路来打官司，狱牒盈庭，多是虚妄不实之词。阳明采取了“不放告”之法，他又发布了一则《告谕庐陵父老子弟》，

[1] 《王阳明全集》卷二十八《告谕庐陵父老子弟》书一。

警告说：

> 谕告父老，为吾训戒子弟，吾所以不放告者，非独为吾病不任事。以今农月，尔民方宜力田，苟春时一失，则终岁无望，放告尔民将牵连而出，荒尔田亩，弃尔室家，老幼失养，贫病莫全，称贷营求，奔驰供送，愈长刁风，为害滋甚。昨见尔民号呼道路，若真有大苦而莫伸者。姑一放告，尔民之来讼者以数千。披阅其词，类虚妄。取其近似者，穷治之，亦多凭空架捏，曾无实事。甚哉，尔民之难喻也！自今吾不复放告。尔民果有大冤抑，人人所共愤者，终必彰闻，吾自能访而知之。有不尽知者，乡老据实呈县；不实，则反坐乡老以其罪。自余宿憾小忿，自宜互相容忍。夫容忍美德，众所悦爱，非独全身保家而已。嗟乎！吾非无严刑峻罚以惩尔民之诞，顾吾为政之日浅，尔民未吾信，未有德泽及尔，而先概治以法，是虽为政之常，然吾心尚有所未忍也。姑申教尔；申教尔而不复吾听，则吾亦不能复贷尔矣。尔民其熟思之，毋遗悔。[1]

阳明并没有倚仗严刑峻罚惩治讼民，而是以仁义礼让劝导他们，互相容忍，息讼罢争。他亲自下去询访里役，考察各乡贫富奸良之况，讼争冤忿之实。稽考国初旧制，命各乡慎选出里正三老，由他们负责讼事，坐审讼案，委曲劝谕开导讼民，化争为和。阳明清醒认识到庐陵讼争之风盛行，是因为人心的败坏，所以他注重用礼义化民，行孝悌忠信来正人心，感化导引民心

[1] 《王阳明全集》卷二十八《告谕庐陵父老子弟》书三。

向善。这时正好庐陵发生了严重的灾疫，疾病流行，民多饿死，骨肉不亲，饿殍病尸枕藉道途，“老幼失养，贫病莫全”，加深了民间家庭不和与讼争之风。阳明采取了三管齐下的办法：一是遣医生下到各乡，疗疾治病，官给医药，消灭流行疫灾；二是命三老下到乡井民户，访病问疾，劝乡民行孝悌之道，讲信修睦，疾病相互扶持，贫饥相互帮助；三是组织了庐陵县城里德高望重、敦义孝行的“父老”下到各乡慰劳抚恤，劝谕乡民行孝悌仁爱，送给汤药，施舍饭粥，做到户户家庭敦睦，村村乡里和谐。阳明自劾不职，发布了一则《告谕庐陵父老子弟》，说：

> 今灾疫大行，无知之民，惑于渐染之说，至有骨肉不相顾疗者。汤药饘粥不继，多饥饿以死，乃归咎于疫。夫乡邻之道，宜出入相友，守望相助，疾病相扶持。乃今至于骨肉不相顾。县中父老岂无一二敦行孝义，为子弟倡率者乎？夫民陷于罪，犹且三宥致刑。今吾无辜之民，至于阖门相枕藉以死，为民父母，何忍坐视？言之痛心。中夜忧惶，思所以救疗之道，惟在诸父老劝告子弟，兴行孝弟。各念尔骨肉，毋忍背弃。洒扫尔室宇，具尔汤药，时尔饘粥。贫弗能者，官给之药。虽已遣医生、老人分行乡井，恐亦虚文无实。父老凡可以佐令之不逮者，悉已见告。有能兴行孝义者，县令当亲拜其庐。凡此灾疫，实由令之不职，乖爱养之道，上干天和，以至于此。县令亦方有疾，未能躬问疾者，父老其为我慰劳存恤，谕之以此意。[1]

[1]《王阳明全集》卷二十八《告谕庐陵父老子弟》书二。

阳明治病赈济劝孝并举的办法很快取得了实效，病民救活，疫灾消除，孝悌风行，词讼事息，囹圄清空，庐陵的民风大变。

庐陵健讼、盗行、民困的三大社会弊病是互为因果、纠缠在一起的，阳明从中看到了人心败坏的根源。所以他在治盗上并没有一味以杀伐刑罚为能事，而是采取礼、法并用的方法，一方面推行保甲法，防盗禁盗，在城郭以十家为甲，在乡村以一村自保；另一方面又加强礼义的教化，启迪民心改恶行善，平时讲信修睦，盗侵时互相救援。四月，他为此又特发布了一则《告谕庐陵父老子弟》，说：

> 今县境多盗，良由有司不能抚缉，民间又无防御之法，是以盗起益横。近与父老豪杰谋，居城郭者，十家为甲；在乡村者，村自为保。平时相与讲信修睦，寇至务相救援。庶几出入相友，守望相助之义。今城中略已编定。父老其各写乡村为图，付老人呈来。子弟平日染于薄恶者，固有司失于抚缉，亦父老素缺教诲之道也。今亦不追咎，其各改行为善。老人去，宜谕此意，毋有所扰。[1]

但阳明并没有简单地就盗治盗，治标不治本，他认识到庐陵的健讼、盗行的根源是因为民困，而民困的根源又在于朝廷赋税的苛重，官府盘剥的残虐。所以他在治讼治盗的同时又大力纾救民困，蠲免无名苛赋，停止催征，全力抗旱灾火灾。庐陵自四月以来发生旱灾，来势汹汹，旱灾又引发火灾，讼争纷起，眼看夏收无望，官府却依旧变本加厉督催钱粮，勒民限期交赋。阳明立即发布了

[1] 《王阳明全集》卷二十八《告谕庐陵父老子弟》书六。

一则《告谕庐陵父老子弟》，宣布停止催征，抗灾救民，说：

> 今天时亢旱，火灾流行，水泉枯竭，民无屋庐，岁且不稔。实由令之不职，获怒神人，以致于此。不然，尔民何罪？今方斋戒省咎，请罪于山川社稷，停催征，纵轻罪。尔民亦宜解讼罢争，息心火，无助烈焰。禁民间毋宰杀酗饮。前已遣老人遍行街巷，其益修火备，察奸民之因火为盗者。县令政有不平，身有缺失，其各赴县直言，吾不惮改。[1]

庐陵古城中街巷狭窄，民居稠密，高屋大楼之间没有火巷间隔。由于旱引起的火灾，火势凶猛蔓延，一连烧毁了一千余家民房。阳明以火灾为鉴，从改造街道、建立火巷入手，加强火灾防备。他遣父老下到街街巷巷督造火巷，拓宽街道，发布了一则《告谕庐陵父老子弟》，约法三章，教民扩造街道、建设火巷之法，说：

> 昨行被火之家，不下千余，实切痛心。何延烧至是，皆由衢道太狭，居室太密，架屋太高，无砖瓦之间，无火巷之隔。是以一遇火起，即不可救扑。昨有人言，民居夹道者，各退地五尺，以辟衢道，相连接者，各退地一尺，以拓火巷。此诚至计。但小民惑近利，迷远图，孰肯为久长之虑，徒往往临难追悔无及。今与吾民约，凡南北夹道居者，各退地三尺为街；东西相连接者，每间让地二寸为巷。又间出银一钱，助边巷者为墙，以断风火。沿街之屋，高不过一丈五六，厢楼不过二丈一二。违者各有罚。地方父老及子弟之谙达事体

[1]《王阳明全集》卷二十八《告谕庐陵父老子弟》书八。

者，其即赴县议处，毋忽。[1]

但军民之间为争火巷之地发生纠纷，兴起诉讼。在庐陵的吉安驻军，庐陵县民一向视为外来兵丁，平时相互已多有摩擦不和，这次在争火巷上矛盾激化，县民吴魁昊、石洪纠集了一班人赴县衙投诉，要求"抑军扶民"。阳明权衡是非利害，否决了县民的无理要求，公正判处这件讼案，他又发布了一则《告谕庐陵父老子弟》，向全县宣判说：

> 昨吴魁昊、石洪等军民互争火巷，魁昊等赴县腾告，以为军强民弱已久，在县之人，皆请抑军扶民，何尔民视吾之小也？夫民吾之民，军亦吾之民也。其田业吾赋税，其室宇吾井落，其兄弟宗族吾役使，其祖宗坟墓吾土地，何彼此乎？今吉安之军比之边塞虽有间，然其差役亦甚繁难，月粮不得食者半年矣。吾方悯其穷，又可抑乎？今法度严厉，一陷于罪，即投诸边裔，出乐土，离亲戚，坟墓不保其守领，国典具在，吾得而绳之，何强之能为？彼为之官长者，平心一视，未尝少有同异，而尔民先倡为是说，使我负愧于彼多矣。今姑未责尔，教尔以敦睦，其各息争安分，毋相侵陵。火巷吾将亲视，一不得，吾其罪尔矣。诉状诸军，明早先行赴县面审。[2]

阳明以劝军民敦睦，息争安分，平息了这场军民火巷纷争，遏止

[1] 《王阳明全集》卷二十八《告谕庐陵父老子弟》书九。
[2] 《王阳明全集》卷二十八《告谕庐陵父老子弟》书十。

住了大灾中讼起盗行的势头，使他可以腾出时间来全力解决免苛赋、苏民困的根本大事。庐陵本是不产葛布之地，但在正德四年十一月吉安府却忽然差官吏龚彰带原发银一百两到庐陵县，督同县主簿宋海收买葛纱。阳明到庐陵任后，查清早在正德二年，一个姓姚的镇守太监就案告布政司，凡查出出产葛布的县，必须按时采办葛布；不产葛布的县，则按照地方的大小，交银两收买葛布。庐陵县规定交折银一百零五两。可是到正德五年三月，吉安府却派官吏郭孔茂来催督买办葛布，竟又另加派一百零五两。加上其他多如牛毛的无名杂赋如岁办料杉、楠木、炭、牲口等项，由旧额的三千四百九十八两加派到一万余两。这时正当旱灾火灾频发、疾疫大作的时候，乡民有的阖门饿死，有的家断炊烟。官府却不顾百姓死活加紧催征，致使乡民大量逃亡，流离失所，有的群聚为盗，攻村劫乡。一次有乡民千余人冲进县衙，呼天号地，哭诉宽贷免赋。阳明当场劝慰，立即向吉安府上了一道公移，乞请蠲免杂赋以苏民困。公移着重谈到官府巧立名目加派各色无名苛赋、吏差骚扰刻剥民户说：

……正德五年三月十八日，本职方才到任，随蒙府差该吏郭孔茂到县守，并当拘粮里陈江等，著令领价收买。据各称，本县地方自来不产葛布，原派岁额，亦不曾开有葛布名色，惟于正德二年，蒙钦差镇守太监姚案行本布政司，备查出产葛布县分，行令依时采办；无产县分，量地方大小，出银解送收买。本县奉派折银一百五两。当时百姓嗷嗷，众口腾沸。江等迫于征催，一时无由控诉，只得各自出办赔贱。正德四年，仍前一百五两，又复忍苦赔解。今来复蒙催督买办，又在前项加派一百五两之外。百姓愈加惊惶，恐自此永为定额，遗累无穷。兼之岁办料杉、楠木、炭、牲口等项，旧额三千四百九十八两，今年增至一万余两，比之原派，几于三倍。其余公差往来，骚扰刻剥，日甚一日。江等自去年以来，前后赔贩七十余两，皆有实数可查。民产已穷，征求未息。况有旱灾相仍，疾疫大作，比巷连村，多至阖门而死，骨肉奔散，不相顾疗。幸而生者，又为征求所迫，弱者逃窜流离，强者群聚为盗，攻劫乡村，日无虚夕。今来若不呈乞宽免，切恐众情忿怨，一旦激成大变……据此欲为备由申请间，蓦有乡民千数拥入县门，号呼动地，一时不辨所言，大意欲求宽贷。仓卒诚恐变生，只得权辞慰解，谕以知县自当为尔等申诸上司，悉行蠲免。众始退听，徐徐散归。……[1]

这是一篇难得的知县移文，它不仅有力揭露了明朝官府巧取豪夺的狰狞面目与民困盗行的真正根源，而且也鲜明表达了阳明一生奉行的亲民明德的治政理念。他在《书赵孟立卷》就说过："郡县之职，以亲民也。亲民之学不明，而天下无善治矣……惟夫明其明德以亲民也，故能以一身为天下；亲民以明其明德也，故能以天下为一身。夫以天下为一身也，则八荒四表，皆吾支体，而况一郡之治，心腹之间乎！"[2] 这是从古本《大学》的"大学之道，在明明德，在亲民，在止于至善"引发出来的一种"善治"理念。在阳明看来，一个地方郡县最好的"善治"就是明德亲民，以德化民，官民一体，天下一家，施政为天下之民，以一身为天下，又以天下为一身。所以他把蠲免苛赋、苏救民困作为明

[1]《王阳明全集》卷二十八《庐陵县公移》。
[2]《王阳明全集》卷二十八《书赵孟立卷》。

德亲民的“善治”的一等大事。他清楚看到庐陵的“民困”主要来自两方面的盘剥勒索：一是官府巧立名目的苛捐杂税；二是贪官奸吏的欺诈诛求，贪赃枉法。故阳明在蠲免宽贷苛赋杂税的同时，又特别注意打击惩处那些贪官奸吏。在夏六月征办钱粮时，各乡本都已交办了钱粮，但有些贪官奸吏却暗中冒用县府之名，下乡再征收钱粮，私行勒索。阳明发布了一则《告谕庐陵父老子弟》，惩处这些奸吏说：

> 借办银两，本非正法。然亦上人行一时之急计，出于无聊也。……吾岂不愿尔民安居乐业，无此等骚扰事乎？时势之所值，亦不得已也。今急难已过，本府决无复行追求之理。此必奸伪之徒，假府为名，私行需索。自后但有下乡征取者，尔等第与俱来，吾有以处之。无遽汹汹。[1]

当时有不少公差官吏往来经过庐陵河下，都会乘机勒索，诛求生事。阳明又发布一则《告谕庐陵父老子弟》，提出了惩治这些公差吏役之法：

> 一应公差人员经过河下，验有关文，即行照关应付，毋得留难取罪。其无关文，及虽有关文而分外需求生事者，先将装载船户擒拿，送县取供。即与搜盘行李上驿封贮，仍将本人绑拿送县，以凭参究惩治。其公差人安分守法，以礼自处，而在官人役辄行辱慢者，体访得出，倍加惩究，不恕。[2]

[1]《王阳明全集》卷二十八《告谕庐陵父老子弟》书五。
[2]《王阳明全集》卷二十八《告谕庐陵父老子弟》书四。

庐陵夏收的钱粮，是采用"兑运"法[1]，由军队运送民粮。但钱粮收齐到县，乡头粮长却迟迟拖延不即起运，军队也懒得运送。阳明又发布一则《告谕庐陵父老子弟》，督促军队立即水路起运：

> 谕示乡头粮长人等，上司奏定水次兑运，正恐尔辈在县拖延，不即起运。苟钱粮无亏，先期完事，岂有必以水次责尔之理？纵罪不免，比之后期不纳者，获罪必轻。昨呼兑运军期面语，亦皆乐从，不敢有异。尔辈第于水次速兑，苟有益于民，吾当身任其咎，不以累上官。但后期误事，则吾必尔罚。定限二十九日未时完报。[2]

阳明从这些事中看到了庐陵吏治的败坏，所以他又不遗余力整顿吏治，修建县署。穷困的庐陵县，县署已经破败倾圮，连作为县衙"爱民如子"门面标志的戒石碑也被冷落弃置在角落里。原来从宋以来，在地方府州县官署大堂正中都竖立一块刻有警戒官吏铭文的石碑，称为"戒石"，上刻四句戒文：

> 尔俸尔禄，民膏民脂，下民易虐，上天难欺。

早在后蜀孟昶曾作了一首《令箴》（一作《戒谕辞》）："朕念赤子，旰食宵衣。托之令长，抚养安绥。政存三异，道在七丝。驱

[1] 按：明宣德六年（1431年），因江南农户送粮到北方各仓往返几一年，有误农事，遂改令农户送粮至淮安、瓜洲，交付卫所官军北运，但农民须向官军交纳路费与耗米，故称为兑运。

[2] 《王阳明全集》卷二十八《告谕庐陵父老子弟》书七。

鸡为理，留犊为规。宽猛得所，风俗可移。毋令侵削，毋使疮痍。下民易虐，上天难欺。赋役是切，军国是资。朕之爵赏，固不逾时。尔俸尔禄，民膏民脂。为人父母，罔不仁慈。勉为尔戒，体朕深思。”到宋太宗别出心裁从《令箴》中独表出“尔俸尔禄，民膏民脂，下民易虐，上天难欺”四句，刻石为戒铭，下令全国府、州、县官署大堂中都竖立戒石碑，警戒官吏。到明朝，虽然各府州县官署依旧冠冕堂皇地竖立着戒石[1]，却早已成虚应故事、装点门面的欺民自欺之举。阳明决意要真正恢弘戒石铭的原初的箴官戒吏的实践功用，把戒石铭作为他整顿吏治的戒心大法与官吏戒惧奉行“善治”的座右铭。六月，他开始修整县署，先兴建了仪门。七月，建成两廊，门右建监，门左建庑。到九月，拓宽县署大门外官地，建东西两垣。堂上竖起了新刻的戒石碑，建戒石亭覆盖保护起来。明代的戒石碑，都是将戒铭刻在阴面，阳明却独出心裁将戒铭醒目地刻在正面，而在阴面刻了一篇《重修庐陵县署记》：

> 庐陵县治圮，知县王守仁葺而新之。六月丙申，兴仪门。七月，成两廊，作监于门右，翼庑于门左。九月，拓大门之外为东西垣，而屏其南，遂饬戒石亭及旌善、申明亭，后堂之后易民居，而辟其隘，其诸瓦甓墉栋之残剥倾落者治之，则已十月乙酉。工毕，志戒石之阴，以告来者，庶修敝补隙，无改作之劳。[2]

---

[1] 田艺蘅《留青日札·戒石》云：“我朝立石于府州县甬道中，作亭覆之，名曰‘戒石’。镌二大字于其前，其阴刻‘尔俸尔禄，民膏民脂，下民易虐，上天难欺’十六字。”

[2] 《光绪吉安府志》卷七。按《光绪吉安府志》卷七：“正德五年，县署圮，知县王守仁修葺，易地广大门外，东西列垣，南设大防，自记其事于戒石。”

阳明重修庐陵县署，是以竖戒石碑、建戒石亭为中心，突显了他的明德亲民的善治理念。稍后严嵩来游庐陵，观看了阳明手书的戒石碑，作了一首《观王阳明书石刻》称颂说：

作宰庐陵县，阳明称古风。
起废葺官宇，节用恤瘝恫。
刻辞诏后来，度石当庭中。
已叹仁言博，兼怜书迹工。
来游非在日，怀览意何穷！[1]

严嵩的诗其实对阳明的庐陵善治作了很好的总结，阳明也确实有心以修葺县署、竖立戒石碑作为他的七个月庐陵善治政成的标志的。修葺庐陵县署在十月完工，恰好这时朝廷政局也发生巨变，奸珰刘瑾下狱被诛，五年八虎弄权的乱政结束，机遇天降，阳明应时而动，乘势而起，以他不起眼的善治庐陵的政绩提前进京入觐述职了。

正德五年对武宗的"新政"来说又是一个风雨飘摇的多事之秋，却也给阳明的仕途带来了新的转机。当阳明在庐陵忙于推行明德亲民、兴利去弊的善治时，武宗的统治又爆发了空前的危机。八虎弄权与刘瑾擅政给野心勃勃的藩王发动叛乱提供了借口，藩王的叛乱又给擅权作恶的权阉刘瑾准备了万劫不复的坟墓。先在四月，驻守宁夏的藩王安化王朱寘鐇发动叛乱，谋夺皇位。导火线就是刘瑾奏请遣御史到各处清理屯田，这班御史多迎合虚报，伪增屯田数百顷，一概命令出租。派往宁夏的大理寺少卿周东，甚至以五十亩为一顷，多征收亩银，向刘瑾行贿，引起民愤军怨。

[1] 《钤山堂集》卷三。

四月五日，朱寘镭打起清君侧、除刘瑾的旗号起事，发布檄文历数刘瑾罪状，宣布“今举义兵，清除君侧”。这完全是拙劣效法当年朱棣反叛篡位的行径。由于安化王仓促起事，又中了游击将军仇钺的假投降之计，叛乱仅历时十九天而失败。朝廷起用前都御史杨一清总制军务，太监张永监军，率大军西讨。大军到达宁夏，安化王已被擒。寘镭叛乱充分暴露了刘瑾的罪恶与反迹，杨一清私下里问张永，现在外乱已平，国家的内患怎么办？他在手掌上写了一个“瑾”字，劝张永功成奏捷回京乘机揭发刘瑾奸恶，真正清除“君侧”。张永说：“嗟呼！老奴何惜余年不以报王哉！”八月十日张永押解安化王献俘至京，武宗立即下命处死安化王。张永乘机呈上安化王讨刘瑾的檄文，奏陈刘瑾奸恶不法十七大罪状，恫吓说宁夏寘镭之乱实由刘瑾激变，刘瑾自知其罪败露，将欲图谋不轨。武宗下命连夜逮捕刘瑾，抄没家财，查出衮服四件，蟒服四百七十袭，牙牌二柜，金龙甲三十副及刀甲弓弩无数，武宗大怒说：“奴才果欲造反！”刘瑾下锦衣狱审讯，科道官群起弹劾刘瑾罪状三十余条。八月二十五日，刘瑾被凌迟处死，榜示天下。

刘瑾的伏诛，宣告了武宗登极以来八虎弄权乱政的结束，也宣告了被禁锢的五十三名“奸党”的解放和阳明庐陵之治的过早结束。狡诈的武宗把自己腐败的统治罪责全部推给刘瑾，欺骗愚弄天下人，竟迫不及待地在八月十八日就开始惩治贬斥“瑾党”。九月二十日，朝廷议复谪籍五十三人，全部复官录用，但是其中却没有阳明等多名贬谪要犯[1]，而第一个复原官的居然是王华。还在九月八日，朝廷就命下复致仕王华原南京吏部尚书官，但是

---

[1] 按：《国榷》卷四十八云：“（正德五年九月癸酉）议复谪籍五十三人，皆复官录用……”但下面开列起复的五十三人名单与正德元年贬谪的五十三名“奸党”人员不同。

却又不让王华起用赴任。武宗仍只允诺阳明"冬间入觐述职"，这表明武宗对阳明、王华始终还是心存疑虑余恨的。在京的湛若水目睹了朝局的惊天翻覆，在九月寄给阳明三首秋怀诗：

秋怀三首寄王庐陵阳明子

秋月缺复圆，客行久不还。
不还岁亦暮，念子屡长叹。
叹罢继以歌，歌竟泪如泉。
何时得会晤，所怀万一宣。

涉园采桃李，持以赠所知。
非贵桃李颜，不言自成蹊。
岂无兰桂好，质以香自亏。
默默牛医子，心期浩无涯。

封书寄燕雁，雁不过衡阳。
封书寄江鱼，鱼沉江水长。
江水亦有竭，封书永不灭。
耿耿无由宣，心绪自中结。[1]

从"封书寄江鱼"来看，湛若水寄这三首秋怀诗时，一定同时还有信寄阳明，告诉京中消息，要阳明进京入觐述职做好思想准备。"牛医子"是用东汉大名士黄宪（叔度）的典故。黄宪世代贫贱，父为牛医。他十四岁的时候，颍川荀淑拜访他，大惊说："子，吾

[1] 《泉翁大全集》卷四十《秋怀三首寄王庐陵阳明子》。按：诗云"岁亦暮"，当作在秋九月。

之师表也！”但黄宪不愿出仕，朝廷强行征召，他一到京师便还，终身不仕。湛若水把王阳明比为黄宪，悲叹这个“牛医子”的不幸遭遇，一面殷切期待他的到来晤面，一面对他赴京未卜的命运又表示了担忧。

阳明还是决计赴京。十月上旬，阳明在赴京前夕发布了最后一则《告谕庐陵父老子弟》，深情告别庐陵父老子弟，自己总结七个月的庐陵之治说：

> 县令到任且七月，以多病之故，未能为尔民兴利去弊。中间局于时势，且复未免催科之扰，德泽无及于民，负尔父老子弟多矣。今兹又当北觐，私计往返，与父老且有半年之别。兼亦行藏靡定，父老其各训诫子弟，息忿罢争，讲信修睦，各安尔室家，保尔产业，务为善良，使人爱乐，勿作凶顽，下取怨恶于乡里，上招刑戮于有司。呜呼！言有尽而意无穷，县令且行矣，吾民其听之！[1]

阳明预计半年后还会回庐陵，还是过于乐观了。他走出了穷山恶水的庐陵，却又回到了昔日京都刀光剑影的杀戮战场，开始了新的更乖蹇的仕途奔波。

重返“上国游”

阳明多少怀着乐观自信的心境踏上了赴京入觐之路。经过和

[1]《王阳明全集》卷二十八《告谕庐陵父老子弟》书十一。

州时，他兴致勃勃游访了著名的香淋汤泉，作了一首《午憩香社寺》：

修程动百里，往往饷僧居。
佛鼓迎官急，禅床为客虚。
桃花成井落，云水接郊墟。
不觉泥涂涩，看山兴有余。[1]

当他到达南都时，他的好友虎谷王云凤寄来了一首贺觐诗：

闻伯安自贬所召至京

一别天涯经几载，多忧应是不胜癯。
朝阳曾睹岐山凤，明月遥归合浦珠。
报国心劳难措手，在堂亲老莫捐躯。
年来学到今何得，可寄微言满纸无?[2]

王云凤这时在南都任右通政，他把阳明比为朝阳鸣唱的"岐山凤"，把他由贬所重回京师比为"合浦还珠"，期待他新的"报国"壮举。但王云凤更关心阳明这几年来坚定不移的明道倡学的心路精进，"年来学到今何得，可寄微言满纸无"，吐露了京中昔日道友们盼望阳明来京恢复讲学论道、倡导圣学的急迫心情，其实这也正暗合了阳明心中所想，这次意外的赴京入觐，实现了他要同湛若水相见再续共论圣学的多年心愿。

十月下旬，阳明到达京师，寓居在大兴隆寺。长安西街壮丽

[1]《王阳明全集》卷二十。
[2]《博趣斋稿》卷十一。

非凡的大兴隆寺向来是外省地方官员考满入觐、荐召进京的寓居地，阳明少年时就亲眼目睹了陈白沙应召入都在大兴隆寺与见素林俊讲学论道的一幕，所以他也学着陈白沙把大兴隆寺看成是这次入觐与学者讲学论道的“圣地”，他到京师所做的第一件事就是在大兴隆寺与湛若水相见，两人展开了中断四年的共论圣学。他的好友户部左侍郎储巏，把一个默默无闻的后军都督府都事黄绾也介绍给了阳明，黄绾在大兴隆寺拜见阳明与湛若水，三人订下了终身共学之盟。黄绾自己曾多次提到他与阳明、甘泉在大兴隆寺讲论学问、三人订下终身共倡圣学之盟说：

> 以朝觐入京，调南京刑部主事，馆于大兴隆寺。予时为后军都事，少尝有志圣学，求之紫阳、濂、洛、象山之书，日事静坐，虽与公有通家之旧，实未尝深知其学。执友柴墟储公巏与予书曰：“近日士夫如王君伯安，趋向正，造诣深，不专文字之学，足下肯出与之游，丽泽之益，未必不多。”予因而慕公，即夕趋见。适湛公共坐室中，公出与语，喜曰：“此学久绝，子何所闻而遽至此也?”予曰：“虽粗有志，实未用功。”公曰：“人惟患无志，不患无功。”即问：“曾识湛原明否？来日请会，以订我三人终身共学之盟。”明日，公令人邀予至公馆中，会湛公，共拜而盟。[1]

> 予欲学以全夫性之道，知寡闻不足与乎大明。欲其友三年而不得，求其师六年而不遇，自谓“终焉弃德者”矣。反而视之，其身常如槁，其意常若失，得一官若负穆。或（按：

[1]《黄绾集》卷二十四《阳明先生行状》。

指储嚾）有告之曰："越有阳明子来矣。子何不知亲耶?" 乃亟趋其馆而见之。阳明子坐与我语，归而犹梦之，恍若阳明子临之，而不敢萌一毛于私。于是乃源源而见之，遂不知有我之百骸九窍矣。[1]

岁在庚午，奔窃斗升，郁悒尘埃，幸遇阳明王子于皇城之阴，烧灯古寺，一语即契。既而明日复会湛子于王子之馆，遂订终身之盟。[2]

黄绾父黄俌与阳明父王华都是成化十七年（1481 年）进士，两人早识交好，所以黄绾说"与公有通家之旧"。黄绾自谓这时思想上还在出入紫阳、濂、洛、象山之间，这显然是一种掩饰之词，掩盖了他早已归心陆象山、陈白沙心学的真相。这里有许多说法都含混不确。实际黄绾早就倾仰陈白沙的心学，他后来曾经这样评价陈白沙说："於乎！圣学辍流，几二千祀。至宋诸子，决之而弗沂。我明白沙，放之而未涘。"[3] 弘治十六年（1503 年）黄绾就拜白沙的大弟子南川林光为师，究心白沙心学，他在《谢林南川书》中谈到拜师的经过说："绾久闻执事得白沙之传，自髫龀已知趋向，踪迹东西，无由瞻晤，每怀缺然。去年视家尊来京师，知执事犹在太学博士之列，窃喜数年相闻不得相见、相望不得相即者，今必获所愿矣。岂意未完之躯易为疾病，缠绵舍馆，至昨

[1] 《黄绾集》卷十一《别甘泉子序》。

[2] 《横山遗集·附录·徐曰仁祭文》。按：《黄绾集》卷二十八《祭徐曰仁文》与此文有异："岁在庚午，奔窃斗升，邂逅王子，于彼都城。古寺灯前，一语辄倾。明日湛子，乃复寻盟。定以终身，期必相成。视时都城，俊髦如林，求其有志而同予三人，鲜矣。"

[3] 《黄绾集》卷二十八《祭湛太夫人文》。

方能出拜门下。辱不以不肖为不足与，又许之以有志，教之以圣贤所当务。……今欲学者亦非有甚高难行之事，亦惟求尽其性分之良，以明圣人之道于千载之下，使之沛然复行于当时云耳。"[1]可见黄绾比阳明还要早就归心白沙心学。林光向他传授了什么样的"圣学"，他在《寄林南川书》中有所透露：

> 别忽一载，音耗不闻，如坐井中。乡邦朋游，号为有志，不过讲习举业，将钩声名、媒利禄而已。回视身心，不知为何物。于是使人益念斯世之孤，益痛斯道之绝，欲就其人而问之，不可得也。昔者陈默堂贻书罗豫章曰："圣道甚微，能于后生中得一个半个可与闻于此，庶几传者愈广，吾道不孤。"豫章着意询访，得李延平以授之，而后斯道大明。绾虽不肖，不自量力，窃尝有志于斯道，但不知执事所以得于白沙者何如？倘不吝教，斯道之幸，当何如也！[2]

黄绾在这里虽说得比较含蓄，但还是清楚道出了陈白沙的"默坐澄心，体认天理"心学的学脉渊源。延平陈渊是杨时的弟子，他号"默堂"，主张"渊默"，爱静坐内照，其实就是在做"默坐澄心，体认天理"的工夫，同罗从彦、李侗的思想一脉相承，他有《存诚斋铭》说得比罗从彦、李侗还清楚："君子养心，致一而已……寂然不动，有物感之，全体即用，是之谓一……我作此斋，大可容膝。晏坐其间，虚而不迫。回光内照，隐几无言。气专神凝，息调而渊，表里俱融。"[3]从陈渊的"晏坐内照"到罗从彦

[1]《黄绾集》卷十六。
[2]《黄绾集》卷十六。
[3]《默堂集》卷二十。

的“心源寂静”、李侗的“默坐澄心，体认天理”，到陈白沙的“默坐澄心，体认天理”的心学，这就是黄绾向林光问的“斯道”和向林光学的“圣学”。黄绾尤好日日静坐澄观，足以表明他这时已深得白沙心学的“三昧”，阳明惊叹说“此学久绝，子何所闻而遽至此”，“此学”也就是指陈白沙的“默坐澄心，体认天理”的心学，但黄绾隐瞒了他向林光学白沙心学的事实，避而不答，才使阳明困惑惊愕，竟提出要和黄绾共论圣学了。黄绾以一个无名小辈可以平起平坐与阳明、湛甘泉三人订终身共学之盟，秘密就在这里。其实储巏早就看透了黄绾学白沙心学的真面目，还在正德二年（1507 年）就写信给黄绾，劝他去从游阳明，信中说：

> 近时士大夫如蔡君介夫、王君伯安皆趋向正，造诣深，讲明义理，不专为文字之学。今介夫致仕归泉州；伯安雅有山水之乐，计不久亦归越中。以足下卓识高才，服阕后间出往从之游，所得当益胜矣。[1]

黄绾立即回信欣然表示愿从：

> 夫求才固在于诚好，然亦当知其区别，不然，则将以野鸟为凤凰、燕石为白玉矣……今或有国士矣，有天下士矣，有不世出士矣，则将何以来之，又将何以用之？不然，此世之豪杰所以恒不遇而天下恒不闻其人也。辱教蔡公介夫、王君伯安当亲炙者，绾久闻其人，及今益慕，俟释服后，即当裹粮抠衣以趋之矣。[2]

[1]《柴墟文集》卷十四《与黄绾秀才》。
[2]《黄绾集》卷十六《寄储柴墟先生书》三。

但蔡清是一位尊朱学的名士，所以黄绾选择了阳明，在阳明一入觐至京就登门来论学了。阳明这次入觐虽然待在京师的时间很短，但意义却很重大，那就是它使阳明得以恢复了同湛若水的讲学论道，两人开始了新一轮的共倡圣学。如果说此前还是阳明与湛若水两人共论圣学，把他们两人共同推上陈白沙的"默坐澄心，体认天理"的心学之路，那么此后便开始了阳明、湛若水与黄绾三人共论圣学，却导致了阳明与湛若水在白沙心学上的分道扬镳。

但阳明入觐进京来得不是时候，使阳明在仕途上意外遇到了一个小曲折。刘瑾伏诛后，朝廷忙于惩治"瑾党"和起用贬谪的"奸党"，官品良莠杂进，上下一片混乱。各部官员待缺更替，政事丛脞积压。大臣要官都在争邀自己官位的升迁，何暇顾及阳明这个地方小官的入觐。何况阳明又不是以一个谪官起用的身份进京供职，而只是以一个县官的身份入觐述职，就更不放在新任的朝廷大官要员心上。尤奇怪的是，当阳明入觐进京时，正逢朝廷在大封功臣，李东阳特进左柱国，杨廷和进少傅兼太子太傅、谨身殿大学士，刘忠进少傅兼太子太傅，梁储进少保兼太子太保、武英殿大学士，吏部尚书刘机进太子少保，这些在刘瑾专权时代红极一时的人物居然不退反进，本来对好倡心学的阳明就没有多少好感，心底并不欢迎阳明进京复用。官员的考满入觐述职、升迁由吏部负责，新上任的吏部尚书刘机，是一个"喜谈名理"的崇朱学的朝廷大员，官场上投靠杨廷和，实际是在武宗登极、刘瑾弄权的时候升官发迹的，他原位在王华之下，正德元年他升礼部右侍郎，二年升礼部左侍郎，就是夺了王华的左侍郎的官位，很快又升为礼部尚书。可见他深得武宗与刘瑾的倚重，武宗贬逐五十三名正臣，禁锢"奸党"，他应该也是参预的。只是他在正德三年因丁继母忧归居，离开朝中纷争，才有幸躲过一劫。到正德五年服阕，他又俨然以受刘瑾迫害的大臣进京，依仗靠山杨廷和的内援，官拜吏部尚书。刚晋少傅兼太子太傅、谨身殿大学士的杨廷和，更是炙手可热。阳明本与杨廷和有嫌隙，杨廷和对这时已经心学声名大噪的阳明进京复职更是心存疑忌，所以在阳明述职后，刘机承望杨廷和的风旨，竟违背武宗当年以"言士"起用阳明入京的承诺，莫名其妙地给了阳明一个南京刑部四川清吏司主事的官，催他立即出京赴任。湛若水后来说的"前有宰相（杨廷和）之隙"，也是指的这件事。

阳明大约在十一月上旬告别湛若水、黄绾离京赴任，十一月下旬到达南都。南京是虎踞龙蟠的古都，也是明朝繁华的留都，人文鼎盛，士夫荟萃，俊髦如林，阳明下到南都来任官，倒给他提供了一个同南方士子讲论学问、倡导心学的新天地。南都的士子是把阳明作为一个声名大显的心学宗师迎进南都，纷纷来论学。但这时的南都还笼罩在官方定于一尊的程朱性理之学的思想阴影之下，学风保守，南都的士子学者几乎全都是尊信朱学之辈，他们来与阳明讲学论道，从骨子里都不理解阳明的心学。最先来论学的就是南京右通政王云凤，他早已以精通性理之学名著士林，与王琼、乔宇并称为"太原三凤"。但王云凤却崇信程朱理学，不好陈白沙心学，吕柟说他"观户部山东司政时，广东陈先生白沙、陕西薛先生显思负重名，及门者尊之若程、朱，先生闻其言论评之，人以为允"[1]。薛敬之（字显思）是陕西渭南人，被推尊为"关西夫子"，他拜小泉周惠为师，尊信朱学，在当时与尊信心学的陈白沙南北齐名。王云凤评

[1] 吕柟：《佥都御史前国子监祭酒虎谷先生王公云凤墓志铭》，《国朝献征录》卷六十三。

论薛、陈学术异同，尊薛敬之而抑陈白沙，自视甚高，所以两次登门来与阳明讲论学问都不合，争持不退让。阳明后来寄信给他详评两人的分歧说：

> 昨承枉顾，适兹部冗，未获走谢。向白岩自关中回，亟道执事志行之高，深切企慕，惟恐相见之晚。及旌节到此，获相见，又惟恐相别之速。以是汲汲数图一会，整所欲请，亦承相亮，两辱枉教，辩难穷诘，不复退让。……别去深惟教言，私心甚有所未安者，欲候面请，恐人事缠绕，率未有期，先以书告。其诸讲说之未合，皆所未暇，惟执事自谓更无病痛，不须医药；又自谓不待人启口，而已识其言之必错，在执事之为己笃实，决非谬言以欺世，取给以御人者，然守仁窃甚惑之。昔者夫子犹曰："五十以学《易》，可以无大过。"又曰："丘也幸，苟有过，人必知之。"未闻以为无过也。子路，人告之以其过则喜，未闻人之欲告以过而拒也。今执事一过之，一反焉，此非浅陋之所能测也。……夫子尝曰："不逆诈。"又曰："不以人废言。"今不待人之启口，而已识其必错者，何耶？又以守仁为乡医，未晓方脉，故不欲闻其说。夫医术之精否，不专系于乡国，世固有国医而误杀人者矣。今徒以乡医闻见不广，于大方脉未必能通晓，固亦有得于一证之传，知之真切者，宁可概以庸医视之，兹不近于以人废言乎？虽然，在守仁则方为病人，犹未得为乡医也。手足痿痺而弗能起，未能远造国都，方将求乡医而问焉。骤闻执事自上国而来，意其通于医也，而趋就之。乃见执事手足若有挛拳焉，以为犹吾之痿痺也，遂疑其病，固宜执事之笑而弗纳矣。伏惟执事

> 诚国医也，则愿出一匕之药以起其痿痺；诚亦挛拳乎，则愿相与讲其受病之源……[1]

阳明的信说得比较含蓄，因为王云凤过于倨傲自负，阳明避开了两人"诸讲论之未合"的方面，批评王云凤的盲目拒人之善言，如拒医之良治，不自知其病，不自知其错。其实这正是当时一班尊朱学者士子的通病，所以他们都顽固拒绝阳明的心学的"良方"。所谓"诸讲说之未合"，必是指他们两人在讨论白沙心学与朱学上多有不合，王云凤否定了阳明的心学新说，这在他们第二轮的讲论学问中透露了消息。两人第二轮的讲学讨论已在正德六年五月中，阳明已赴京入朝，王云凤也致仕归居虎谷，但两人仍是接着南都第一轮的讲学展开讨论。作为对阳明信的答复，王云凤又有来信谈到对"知性""弘毅"等说的看法，阳明立即回信说：

> 承示别后看得一"性"字亲切。孟子云："尽其心者，知其性也；知其性，则知天矣。"此吾道之幸也，喜慰何可言！"弘毅"之说极是。但云"既不可以弃去，又不可以减轻；既不可以住歇，又不可以不至"，则是犹有不得已之意也。不得已之意与自有不能已者，尚隔一层。程子曰："知之而至，则循理为乐，不循理为不乐。"自有不能已者，循理为乐者也，非真能知性者，未易及此。知性则知仁矣。仁，人心也。心体本自弘毅，不弘者蔽之也，不毅者累之也。故烛理明，则私欲自不能蔽累；私欲不能蔽累，则自

[1] 《新刊阳明先生文录续编》卷二《答王应诏》。

无不弘毅矣。弘非有所扩而大之也，毅非有所作而强之也，盖本分之内，不加毫末焉。曾子“弘毅”之说，为学者言，故曰“不可以不弘毅”，此曾子穷理之本，真见仁体而后有是言。学者徒知不可不弘毅，不知穷理，而惟扩而大之以为弘，作而强之以为毅，是亦出于一时意气之私，其去仁道尚远也。[1]

阳明对孟子的著名命题“尽其心者，知其性也；知其性，则知天矣”作了新的诠释，在他看来，仁即心体，仁体即人心，因此知性即知仁，知仁即知心，弘毅即弘毅心体，循理穷理。显然，如果说朱熹把孟子这一“尽心知性知天”命题诠释成为“性即理”（人性即天理）的性学宗旨，那么阳明却把孟子这一“尽心知性知天”命题诠释成为“心即理”（人心即天理）的心学宗旨。这完全是对孟子思想的一种心学诠释，所以他盛赞曾子说的“士不可以不弘毅”是“真见仁体”（真见心体）。而在同时为方鹏作的《节庵方公墓表》中特别醒目强调士农工商官的“尽心”：“古者四民异业而同道，其尽心焉，一也。士以修治，农以具养，工以利器，商以通货，各就其资之所近、力之所及者而业焉，以求尽其心……其居官临民，务在济世及物，求尽其心。”[2] 值得注意的是，阳明用程子的“知之而至，则循理为乐”来解释孟子的“知性”“尽心”，“知之而至”就是《大学》上说的“致知”“知至”，他用“致知”“知至”来诠释“知性”“尽心”，这里已隐隐包含了阳明后来以心为“良知”、以“致知”为“致良知”的思想的萌芽，表明他在龙场驿从“格物”上悟入“格物致知”说

[1]《王阳明全集》卷四《答王虎谷》。
[2]《王阳明全集》二十五。

之后，又很快开始从“致知”上悟入“格物致知”说，展现出他的格物致知究心穷理思想的新发展了。

在南都，比他同王云凤讲论学问更引人注目的，还是他同周衝、周衡兄弟的讲学论道。周衝，字道通，号慎斋，常州宜兴人。他和弟周衡正好在这年秋来南都参加乡试，周衝中举，周衡落第，两人便都来见阳明问学。讨论的核心问题竟然是“良知”与“知行合一”，但却同他与王云凤的讲论学问的基调惊人一致。阳明后来在给周衝的信中说：

> 所谓“良知”，即孟子所谓“是非之心，知也”，是非之心，人孰无有？但不能致此知耳。能致此知，即所谓充其是非之心，而知不可胜用矣。来书既云“良心发见”，而复云“不能辨理欲于疑似之间”，则所谓“良心发见”果何物耶？“知行合一”之说，专为近世学者分知行为两事，必欲先用知之功而后行，遂致终身不行，故不得已而为此补偏救弊之言。学者不能著实体履，而又牵制缠绕于言语之间，愈失而愈远矣。行之明觉精察处即是知，知之真切笃实处即是行。足下但以此语细思之，当自见，无徒为之纷纷也。所记答明公语，颇亦无失。若见未莹澈，而辄有议论，反以晦道，不若此说之浑成，不失为真实语也。令弟归，草草不另。意惟勉学不怠，以慰所期。无次。守仁拜手，道通秋元道契文侍。[1]

[1] 《王阳明先生小像附尺牍·与周道通书四》。按：阳明此书题“道通秋元”，指周道通秋间中乡试。湛若水《周道通墓碑铭》：“正德庚午，领应天乡荐。明年会试，中乙榜，授万安训导。”周衝正德五年（1510 年）秋领乡荐，次年春即中进士，可见阳明此书必作在正德五年秋后。

这是阳明生平第一次提到了“良知”，尤引人注目。“良知良能”的概念最早出现在《孟子》中，指一种不虑而知、不学而能的先天认知能力。到宋代的陆九渊兄弟注意到了孟子的“良知良能”说，陆九龄吟唱的“孩提知爱长知钦，古圣相传只此心”，已经把心看成是良知良能的本体，但因为他们对“良知良能”没有从本体论与工夫论上展开深度的心学诠释，所以陆氏兄弟的“良知良能”思想在宋以后也并没有能引起学者的广泛关注，很少有人探究考量《孟子》和陆九渊的“良知”说。在这一次阳明与周衝的讲学中，大概是周衝先提出了“良知”的问题，所以阳明针对性地谈了他对“良知”的认识。他还是顺着孟子的思路认为良知即“是非之心”，人人皆有。但是他却思路别开，蹊径独辟，提出了“致”良知的工夫论思想，认为虽然人人有良知，人人有是非之心，但关键还在于人能不能做“致此知”的工夫。所谓“致此知”，就是要“充其是非之心”，即孟子说的扩充其心，因而这种扩充其心的致良知，也就同孟子说的尽其心则知其性的工夫论相沟通。在这里阳明是在用《大学》的“致知”来解说《孟子》的“良知”“扩充”“尽心知性”，从“致知”的思路上悟入心学工夫论，可谓慧眼独具，阳明的良知心学正是从这里不知不觉“滥觞”了。只是这时他的深邃的心学目光还全然落在“知行合一”的探讨上，尚未能从“致良知”思路上展开别开境界的深入思考。在这封信中，阳明重点还是讨论“知行合一”说，对自己在龙场驿提出的“知是行的主意，行是知的功夫；知是行之始，行是知之成”的“知行合一”说又进一步作了明晰的阐释。在他看来，“心”是体，“知行合一”是用；“心”是本体，“知行合一”是工夫；知行交互为用，认知循环上升，事功乃成。“行之明觉精察处即是知”，“行”实行到明觉精察处就会生成更高层次的新知，这是行中有知，行能生知；"知之真切笃实处即是行"，"知"认知到真切笃实处就会上升为更高层次的实行，这是知中有行，知能生行。所以知与行并非分隔为先后二事，而是同一统一合一，循环并进，知行交融互含，体用一如。显然，阳明这种"知行合一"说，已为他后来的"致良知"心学的建构准备了深厚的思想土壤。

但南都是尊朱学士子们的"大本营"，阳明批评他们在知行上"不能著实体履，而又牵制缠绕于言语之间，愈失而愈远"，所以阳明同他们"徒为之纷纷"辨诘，说多未能合。像这时任南京国子司业的整庵罗钦顺，已经是一个留都尊朱学的领袖人物，十年前阳明同他在京都相识，论学不合；十年后阳明与他在南都再见，依旧论学不合，不能"归于一是"。所以对阳明来说，这次短暂的在南都任职的讲论学问，只成了他后来再返南都进行宏大的朱陆异同论战的"前奏曲"，由于突然而至的调赴京都任职，他在南都的讲论学问骤然中断了。机缘恰在十二月吏部尚书刘机因不得人望致仕归乡，将由杨一清来接任吏部尚书，湛若水与黄绾立即去找户部左侍郎乔宇商议，托乔宇转告杨一清，将阳明调吏部任职。阳明的仕途出现了新的转机，就在十二月，由杨一清荐，阳明升吏部验封清吏司主事，为他敞开了重返"上国游"的大门。

十二月下旬，阳明离南都先归越，罗钦顺特地作了一首诗送他：

送王伯安入朝

卮垆联句佛灯前，云散风流顿十年。
曾见山东题小录，又闻瀛海遇真仙。

一封朝奏心徒切，万里生还命有悬。
今日仕优仍好学，独携书卷去朝天。[1]

“卮垆联句佛灯前”，是说他们两人在南都的讲学唱酬。“今日仕优仍好学，独携书卷去朝天”，是说阳明今日能仕优入朝是因为他的好学，所以希望他入京后仍以讲学为重，向皇上进呈广大高明的“圣学”。这其实道出了阳明的心声，表明了阳明这次重返“上国游”的抱负与志向，他的经历一番贬谪浮沉磨炼出来的心学是应该到京师再加锤炼磨砺、与京中士人共学共倡的时候了。

正德六年正月，阳明从绍兴启程北上赴京，他的久已尘埋的诗情又大发。经过嘉兴时，他拜访了嘉兴知府于凤喈。于凤喈与王华是同年，这时他正与邹衡在撰写《正德嘉兴志补》。阳明寓居在崇玄道院，为于凤喈作了一首《崇玄道院》：

逆旅崇玄几度来，主人闻客放舟回。
小山花木添新景，古壁诗篇拂旧埃。
老去须眉能雪白，春还消息待梅开。
松堂一宿殊匆遽，拟傍鸳湖筑钓台。[2]

“老去须眉能雪白”，是慨叹自己四十岁已须发皆白，老大无成；“春还消息待梅开”，是欣看新春万象更新，自己经历了一番彻骨寒冷梅香来，自我脱胎换骨，期盼入京能有一番作为。他是怀着悲喜交集的心情赴京的。舟过镇江时，他又去游访焦山、金山，

[1]《整庵存稿》卷十七。
[2]《正德嘉兴志补》卷九。

看到高高焦山石崖上杨一清的登游焦山诗刻，感兴联翩，作了三首次韵诗：

游焦山次邃庵韵

长江二月春水生，坐没洲渚浮太清。
势挟惊风振孤石，气喷浊浪摇空城。
海门青觇楚山小，天末翠飘吴树平。
不用凌飙蹑圆峤，眼前鱼鸟俱同盟。

倚云东望晓溟溟，江上诸峰数点青。
漂汩转惭成窃禄，幽栖终拟抱残经。
岩花入暖新凝紫，壁树悬江欲堕青。
春水特深埋鹤地，又随斜日下江亭。

扁舟乘雨渡春山，坐见晴沙涨几湾。
高宇堕江撑独柱，长流入海扼重关。
北来宫阙参差见，东望蓬瀛缥缈间。
奔逐终年何所就，端居翻觉愧僧闲。[1]

杨一清本是云南安宁人，后移家镇江，建待隐园归居。他就是在正德五年游焦山题诗后，起用为右都御史，西征寘鐇立功，晋太子少保、户部尚书。阳明这次入朝任职是出于杨一清的举荐，所以他一见到焦山石崖杨一清的诗感慨特多，因为他也和杨一清一样经历了一番边夷漂泊浮沉才起用入京，却远没有杨一清那样幸

[1] 张莱《京口三山志》卷六。

运，自惭一事无成，“漂泊转惭成窃禄”，面对前途茫茫，禁不住发出了“奔逐终年何所就”的呼喊，也隐隐流露了他对这次前途未卜的“上国游”的忧虑。

二月中旬，阳明到达京师，居住在长安灰厂，开始了他的“独携书卷去朝天”的上国游。

束景南／著

修订版

阳明大传

"心"的救赎之路

中卷　文韬武略的心学宗师

出版社

提　纲

王阳明："心"的救赎之路
——王阳明大传——
（100万字）

第一章　从余姚秘图山走出的"心学"大师

瑞云楼："天上石麒麟"的降生

八岁学佛作诗的"神童"

打马击剑：居京师长安西街

學宋儒格物之學——格竹

第二章　从宋儒格物之学到词章之学

访一斋娄谅

归余姚受家学

中乡举后入北雍

结诗社龙泉山

第三章　移家紹兴光相坊

向尹真人学"真空炼形法"

筑室阳明洞修炼

13×20=300　杭州大學古籍研究所　第　頁

束景南教授手稿

中 卷 |

文韬武略的心学宗师

第九章

新“上国游”的心学乐章

大兴隆寺中讲学论道的心学宗师

在繁华壮伟的北京城，阳明居住的长安灰厂，就在大兴隆寺附近，与湛若水比邻而居，这给他与湛若水、黄绾三人共论圣学提供了方便。后来湛若水说："阳明公谓甘泉子曰：'乃今可卜邻矣。'遂就甘泉子长安灰厂右邻居之。时讲学于大兴隆寺，而久庵黄公宗贤会焉。三人相欢语，合意。"（《阳明先生墓志铭》）黄绾也说："杨公乃擢公为吏部验封主事。予三人者，自职事之外，稍暇，必会讲，饮食起居，日必共之，各相砥励。"（《阳明先生行状》）就在这喧嚣市区中的大兴隆寺里，阳明学着当年的陈白沙开始了与士子学者共论共倡圣学（心学）的"上国游"生活。

阳明到京遇上的第一件大事，就是朝廷命他为会试同考试官，参加了春闱会试的批卷取士的工作。他亲自录取的多名进士，成了他在京都讲论学问的第一批弟子。他们当中的佼佼者主要有：

邹守益，字谦之，号东廓，安福人。先是主考官得到邹守益的试卷，对阳明说："子素善知文，此为谁者?"便请阳明取裁。阳明阅了此卷，说："此必安福邹某也。亡论文，其人品亦冠天下者。"邹守益遂取为会试第一，廷试第三名。

毛宪，字式之，号古庵，武进人。阳明阅了毛宪的试卷，批语说："经义贵平正，此作虽无甚奇特，取其平正而已，录之。"后来毛宪感叹说："某始举礼部，幸录鄙文，先生以'平正'二字许之，感承知遇。"[1]

---

[1] 《古庵毛先生文集》卷六《祭新建伯王阳明》。

万潮，字汝信，号五溪，进贤人。阳明阅了万潮的试卷，批语说：“此卷三场皆精微该博，时出不穷，而又曲中程度。五策词气充溢，光焰逼人，而时务一道，尤为议论根据，识见练达，刻此亦足以见其余矣。然吾求子之言，而得其所存，当自有重于此者，则又岂必尽录其文为哉！”“治道备，处场中，尧舜见有发挥透彻者。此作文气颇平顺，故录之。”[1] 后来阳明仍以不能首荐万潮为恨。

南大吉，字元善，号瑞泉，渭南人。生性豪宕，雄于诗文。钱德洪说他“以座主称门生”，就是指阳明亲录取南大吉。

应良，字元忠，号南洲，仙居人。湛若水说，“辛未，因阳明得吾仙居应子者，又得武城王子，日夕相与议论于京邸”[2]，可见应良也是阳明所录取。

马性鲁，字进之，号璧泉，溧阳人。马性鲁子马一龙也是阳明门人，他在《南都谒阳明先生小刺》中说：“家君旧有门下之爱，某亦通家愚小子也。”[3] 所谓“门下之爱”，也是指马性鲁为阳明所录取。

梁榖，字仲用，号默庵，东平人。梁榖一中进士就来见阳明，拜为弟子，阳明为他特作《梁仲用默斋说》，可见他也是阳明所亲录取。

张鳌山，字汝立，号石磐，安福人。张鳌山是阳明最忠实的弟子之一，他就是在这年中进士后选为庶吉士，来问学于阳明，阳明《与诸门人夜话》诗中说“翰苑争夸仙吏班，更兼年少出尘寰”，就包括张鳌山。

---

[1] 《天一阁藏明代科举录选刊·会试录·正德六年会试录》。
[2] 《泉翁大全集》卷十五《赠别应元忠吉士叙》。
[3] 《玉华子游艺集》卷一。

王思，字宜学，号改斋，泰和人。他也是在这年中进士后选为庶吉士，来问学于阳明，阳明《与诸门人夜话》诗中说“翰苑争夸仙吏班”，也包括王思。

其他还有林有孚、郑杰、王道、汪渊、王元正等新科进士，从他们一中进士便来问道于阳明看，也恐怕都是阳明所亲录取的进士。这些来自四面八方的后进新锐，思想要比那班老气横秋的官场保守的尊朱学者士人更激进活跃，成为阳明在京都讲学论道、共倡心学最主要争取的对象。就在三月，刚中进士的梁榖来问学，虔执弟子礼。黄绾在《梁长史墓志铭》中描述阳明向他的传道授业说：

> 登辛未进士第，慨然有用世之志。时阳明、甘泉二先生与予始讲学京师，君趋阳明之门，执子弟礼，因与予及顾箬溪、王顺渠诸君友讲究穷研，晨夕不离。一日，阳明问：“天下何物至善？”君应曰：“惟性为至善。”阳明称叹。又一夕，与阳明同寝，语至夜分。阳明慨风俗日下，圣学不明，君为泣下。其笃志如此。[1]

阳明讲学论道没有师道尊严，可以同弟子同寝共食，语至夜分，这正是他一生循循善诱教育门人学者、讲论学问的特点，是一般的名师宿儒都难以做到的。所谓“圣学不明”实际就是指他的心学不为世人所知，而他向梁榖传授的“圣学”也正是自己的“默坐澄心”“知行合一”的心学，这从他特为梁榖精心作的《梁仲用默斋说》中可以清楚地看出：

---

[1] 《黄绾集》卷二十六。

> 仲用识高而气豪，既举进士，锐然有志天下之务。一旦责其志曰："於呼！予乃太早。乌有己之弗治而能治人者！"于是专心为己之学，深思其气质之偏，而病其言之易也，以"默"名庵，过予而请其方。予亦天下之多言人也，岂足以知默之道？然予尝自验之，气浮则多言，志轻则多言。气浮者耀于外，志轻者放其中。予请诵古之训而仲用自取之。夫默有四伪：疑而不知问，蔽而不知辩，冥然以自罔，谓之默之愚；以不言餂人者，谓之默之狡；虑人之觇其长短也，掩覆以为默，谓之默之诬；深为之情，厚为之貌，渊毒阱狠，自托于默以售其奸者，谓之默之贼，夫是之谓四伪。又有八诚焉：孔子曰："君子耻其言而过其行。古者言之不出，耻躬之不逮也。"故诚知耻，而后知默。又曰："君子欲讷于言而敏于行。"夫诚敏于行，而后欲默矣。仁者言也讱，非以为默而默存焉。又曰："默而识之。"是故必有所识也，终日不违如愚者也。"默而成之。"是故必有所成也，退而省其私，亦足以发者也。故善默者莫如颜子。"暗然而日章。"默之积也。"不言而信。"而默之道成矣。"天何言哉，四时行焉，万物生焉。"而默之道至矣，非圣人其孰能与于此哉！夫是之谓八诚。仲用盍亦知所以自取之？[1]

阳明在这里从自己心学的视阈诠释了"默"，他说的"默之道"实际就是"默坐澄心"之道。大凡人气浮则多言，志轻则悖理，故是默是言一在心衡之于道（理），因为理在吾心，这就要求静中体认大本达道，澄观心中之理，默而识之，识而行之，合于

[1] 《王阳明全集》卷七《梁仲用默斋说》。

理者则默识发而为言，不合于理者则知默而不出于口，这就是孔子说的“默而识之”“默而成之”“仁者言也讱”。阳明进一步从“知行合一”上阐释了这种“默坐澄心”的“默之道”，认为君子儒默识知默，以言过其行为耻，他们所以言不轻出，就是“耻躬之不逮”，知行不一。所以孔子说“君子欲讷于言而敏于行”，因为认识到要敏于行，所以才不轻于言。从这里也可以清楚看到阳明的“默坐澄心”与“知行合一”之间的内在关联。

阳明就是用这种心学开导一班新科进士。这些新科进士差不多都是与梁穀同时来向阳明问学。应良大概就是由黄绾引荐来见阳明，问工夫大要与实践之功、儒释之异。邹守益说应良“比读中秘书，友甘泉、阳明二先生，既有得，折节执弟子礼”[1]。阳明在一次同黄绾、应良的论学后，有信给应良与黄绾说：

> 昨晚言似太多，然遇二君亦不得不多耳。其间以造诣未熟，言之未莹则有之，然却自是吾侪一段的实工夫。思之未合，请勿轻放过，当有豁然处也。圣人之心纤翳自无所容，自不消磨刮。若常人之心，如斑垢驳杂之镜，须痛加刮磨一番，尽去其驳蚀，然后纤尘即见，才拂便去，亦自不消费力，到此已是识得仁体矣。若驳杂未去，其间固自有一点明处，尘埃之落，固亦见得，亦才拂便去。至于堆积于驳蚀之上，终弗之能见也。此学利困勉之所由异，幸弗以为烦难而疑之也。凡人情好易而恶难，其间亦自有私意气习缠蔽，在识破后，自然不见其难矣。古之人至有出万死而乐为之者，亦见

[1] 邹守益：《应方伯良墓志》，《光绪仙居集》卷四《文外编·碑志》。

> 得耳。向时未见得向里面意思，此工夫自无可讲处。今已见此一层，却恐好易恶难，便流入禅释去也。昨论儒释之异，明道所谓“敬以直内”则有之，“义以方外”则未。毕竟连“敬以直内”亦不是者，已说到八九分矣。[1]

这是一篇闪射着真知灼见的心学之光的文章，阳明论心学工夫，把“心”本体比喻为“明镜”，常人沾染斑垢驳杂，必须以痛加“刮磨”的向里工夫，尽去驳蚀尘染，才识得仁体，心复光明。这种向里就心体“刮磨”的工夫论已同阳明后来提倡的“致良知”的工夫论在本质上一致，只是还没有用“致良知”的话语来明晰论述而已，由此恰可以看到阳明在京师“上国游”讲论心学时期所达到的新的思想高度。阳明认为这才是一种儒家至高无上的“敬以直内，义以方外”的心学工夫论，佛禅的修行工夫从内外两面都没有达到儒家如此的高度。

同这种与黄绾、应良的讲学论道同气相求、同声相应的，就是他同新科进士林有孚的讲学论道。石崖林有孚是见素林俊的侄子，他在这一年中进士估计也是阳明亲录取，所以中举后立即来向阳明问学，讲论“圣人之学”。到十二月林有孚试监察御史，归省莆田，阳明特作了一篇《赠林以吉归省序》说：

> 求圣人之学而弗成者，殆以志之弗立欤？……求圣人之学者，间数百年而弗一二见，为其事之难欤？亦其志之难欤？弗志其事而能有成者，吾亦未之见也。林以吉将求圣人之事，过予而论学。予曰：“子盍论子之志乎？志定矣，而后学可得

[1]《王阳明全集》卷四《答黄宗贤应原忠》。

> 而论……夫久溺于流俗，而骤语以求圣人之事，其始也必将有自馁而不敢当；已而旧习牵焉，又必有自眩而不能决；已而外议夺焉，又必有自沮而或以懈。夫馁而求有以胜之，眩而求有以信之，沮而求有以进之，吾见立志之难能也已。志立而学半，《四子》之言，圣人之学备矣。苟志立而于是求焉，其切磋讲明之益，以吉自取之，尚其有穷也哉？见素先生，子诸父也，子归而以予言正之且以为何如？”[1]

阳明在序中主要是谈立求“圣人之学”之志，认为立志是讲学论道的头等大事，志立而学半。至于立志所求的“圣人之学”，阳明没有明确论说，只说“《四子》（按：指《四书》）之言，圣人之学备矣”。但在同时黄绾作的《赠林以吉侍御》中却代阳明道出了这一“圣人之学”：

> 人心犹镜乎？垢翳之则失其明，明不现则昧于照。照之不精，明未足也，则务尽去其垢。《六经》、濂洛之言，其去垢之杇楮欤？今将之以去垢而反以为障，可乎？莆田林以吉志将求圣人之学，来吾徒而取友，惜吾晚学，得之尚浅，无可为益，告之以此。庶以吉之自得，终有以益我哉！[2]

黄绾把心比喻为明镜，说“人心犹镜”，“务尽去其垢”，这与阳明同黄绾、应良说“圣人之心如明镜”“尽去其驳蚀”如出一口，可见黄绾是在代师立言，把阳明的“圣人之学”说给林有孚听。黄绾以圣人之心为明镜，认为《六经》、濂洛之说都不过是除去

[1]《王阳明全集》卷七。
[2]《黄绾集》卷八。

心镜污垢的“朽楮”，有人反以此“朽楮”为障，这显然就是批判朱学繁琐的章句训诂之学，以“言”为障，执著“朽楮”，堕入言筌，而他针锋相对提出的“圣人之学”自然就是指象山、白沙、阳明的心学了。阳明设席说同一“心法”，把黄绾、应良、林有孚引进了王门心学。

但在这些新科进士中也有尊崇朱学的士子，阳明同他们的讲学论道终难以相契。武城王道本是阳明在弘治十七年（1504 年）主山东乡试时所亲取士子，但他是一个笃信朱学的士子，他也在三月来见阳明问学，起先问孟子之学，两人虽然看法还是一致的，但王道已渐生轻忽阳明心学之心，阳明后来在给他的一封信中谈到两人初次的论学说：

> 某平日亦每有傲视行辈、轻忽世故之心，后虽稍知惩创，亦惟支持抵塞于外而已。及谪贵州三年，百难备尝，然后能有所见，始信孟氏“生于忧患”之言非欺我也。尝以为：“君子素其位而行，不愿乎其外。素富贵，行乎富贵；素贫贱，行乎贫贱；素患难，行乎患难，故无入而不自得。”后之君子，亦当素其位而学，不愿乎其外。素富贵，学处乎富贵；素贫贱、患难，学处乎贫贱、患难，则亦可以无入而不自得。向尝为纯甫言之，纯甫深以为然。不审迩来用力却如何耳。[1]

可见两人的初见论学本还是倾心相投的，就在三月中，阳明讲学之余还专偕王道与黄绾、郑杰、梁榖、徐爱、王元正、顾应祥一

[1]《王阳明全集》卷四《与王纯甫》书一。

班问学士子春游，一路唱酬讲学，夜宿功德寺，吟了二绝：

夜宿功德寺次宗贤韵二绝

山行初试夹衣轻，脚软黄尘石路生。
一夜洞云眠未足，湖风吹月渡溪清。

水边杨柳覆茅楹，饮马春流更一登。
坐久遂忘归路夕，溪云正泻暮山青。[1]

看来阳明心中已把这一班从游士子都视为自己新进的弟子。但后来情况发生了变化，随着阳明自己对心学认识的深化，王道与阳明讨论到朱陆理学心学异同时，两人产生了分歧，王道肯定朱学而否定陆学，他同阳明的思想距离越拉越大，终于到正德七年（1512 年）初不合分手，王道赴南都任而去，埋下了后来两人在南都展开朱陆异同论战的伏笔。

其实这些新科进士还不是阳明在京讲学论道的主要对象。在正德年间的京都，随着《白沙先生全集》的南北传播，白沙学、陆学开始崛起，冲击着笼罩京都的程朱理学的一统天下。所以阳明在京“上国游”眼界宏大，呼声高亢，敢于冲破朝廷程朱思想的禁锢，同理学各家各派、三教九流人物展开广泛的论辨，尤专注于同两类士大夫圈中人展开讲学论道，发心学之宏声大音：一类是那些四方慕名而来京师的学子士人，一类是京中官场中好性理之学的官僚名士。来京师的学子士人都把阳明奉为一代心学宗

[1] 《王阳明全集》卷二十。按：《黄绾集》卷七有《功德寺》序云：“昔予尝同阳明及郑伯兴、梁仲用、徐曰仁、王纯甫、顾惟贤、王舜卿诸君来游，今忽二十余年，而入鬼录者已过半矣。”

师来问道，在这方面最引人注目的一次大的讲论学问，就是余姚徐守诚在正德六年二月入京来见阳明，两人展开了一场朱陆之学的讨论。越中人文传统源远流长，元明以来朱学与陆学都各有士子学人传承倡导不衰，像徐守诚便主朱学，而舆庵王文辕则主陆学，两人在越中已展开了朱陆之学的论辨，大致也代表了越中士子两派的看法。事情的起因是王文辕读了《象山文集》后，心仪陆氏心学。徐守诚主朱学而反对陆学，批评了王文辕的是陆非朱的立场，相持不下，他于是带了这个问题进京来见阳明。阳明便从他们的朱陆之学论辨切入，详明晦庵、象山之学，辨析朱、陆异同。他致书给徐守诚批评双方各失一偏的错误说：

> 承以朱、陆同异见询，学术不明于世久矣，此正吾侪今日之所宜明辨者。细观来教，则舆庵之主象山既失，而吾兄之主晦庵亦未为得也。是朱非陆，天下之论定久矣，久则难变也……故仆以为二兄今日之论，正不必求胜，务求象山之所以非，晦庵之所以是，穷本极源，真有以见其几微得失于毫忽之间……今舆庵之论象山曰："虽其专以尊德性为主，未免堕于禅学之虚空；而其持守端实，终不失为圣人之徒。若晦庵之一于道问学，则支离决裂，非复圣门诚意正心之学矣。"吾兄之论晦庵曰："虽其专以道问学为主，未免失于俗学之支离；而其循序渐进，终不背于《大学》之训。若象山之一于尊德性，则虚无寂灭，非复《大学》'格物致知'之学矣。"夫既曰"尊德性"，则不可谓"堕于禅学之虚空"；"堕于禅学之虚空"，则不可谓之"尊德性"矣。既曰"道问学"，则不可谓"失于俗学之支离"；"失于俗学之支离"，则不可谓之"道问学"矣。二者之辨，间不容发。然则二兄之

> 论，皆未免于意度也。昔者子思之论学，盖不下千百言，而括之以“尊德性而道问学”之一语。即如二兄之辩，一以“尊德性”为主，一以“道问学”为事，则是二者固皆未免于一偏，而是非之论尚未有所定也，乌得各持一是而遽以相非为乎？……[1]

以朱熹主“道问学”、陆九渊主“尊德性”来划判朱陆之学的异同，这是元儒传下的误说，徐守诚与王文辕都是顺着元儒的误说论朱陆之学的异同，自然也是错误的，两人无论是对朱学还是陆学的认识都一无足取。阳明批评了他们两人对朱学与陆学的错误看法，但是却没有从正面论述朱学与陆学及其异同是非得失取舍，立场比较含蓄，引而不发。事实上，他否认陆学有“堕于禅学之虚空”之病，也就等于肯定了陆学；他承认朱学有“失于俗学之支离”之病，也就等于否定了朱学。徐守诚从字里行间还是看出了阳明的这一是陆非朱的立场，所以他回信给阳明，说他“含胡两解而阴为舆庵之地”，“漫为两解之说以阴助于舆庵”。问题提得比较尖锐，为此讨论需要深化下去，于是阳明写了一封少有的长札作回答，详细论述了他对陆学与朱学的看法，表明了自己尊崇陆氏心学的立场。信一开始就明确肯定了陆学，认为陆氏之学是既“尊德性”又“道问学”的，不存在禅家“空虚”之病，陆氏虽也讲“易简”“觉悟”，“然‘易简’之说出于《系辞》，‘觉悟’之说虽有同于释氏，然释氏之说亦自有同于吾儒，而不害其为异者”。这是对陆氏心学作了全盘肯定。对朱学，阳明也认为是既“道问学”又“尊德性”的，朱子虽然也好章句训诂，“平日

[1]《王阳明全集》卷二十一《答徐成之》书一。

汲汲于训解，虽韩文、《楚辞》、《阴符》、《参同》之属，亦必与之注释考辩"，不免流于繁琐支离，但那不过是"后世学者之弊"。由于忌触程朱官学的禁网，阳明小心翼翼回避了对朱子的正面批判，用"朱子晚年定论"的说法来掩饰，但他终不认同徐守诚的"（朱子）终不背于《大学》之训"的说法，他对朱学的批判否定还是很清楚的。于是接下来阳明把朱学与陆学作了明晰的比较阐释，高度赞扬了陆氏的心学，他慷慨抨击三百年来独尊朱学的当政者与世儒说：

> 心也者，吾所得于天之理也，无间于天人，无分于古今。苟尽吾心以求焉，则不中不远矣。学也者，求以尽吾心也。是故尊德性而道问学，尊者，尊此者也；道者，道此者也。不得于心，而惟外信于人以为学，乌在其为学也已！……今晦庵之学，天下之人童而习之，既已入人之深，有不容于论辩者。而独惟象山之学，则以其尝与晦庵之有言，而遂藩篱之。使若由、赐之殊科焉，则可矣；而遂摈放废斥，若碔砆之与美玉，则岂不过甚矣乎！……象山辨义利之分，立大本，求放心，以示后学笃实为己之道，其功亦宁可得而尽诬之！而世之儒者，附和雷同，不究其实，而概目之以禅学，则诚可冤也已！故仆尝欲冒天下之讥，以为象山一暴其说，虽以此得罪，无恨。仆于晦庵亦有罔极之恩，岂欲操戈而入室者？顾晦庵之学，既已若日星之章明于天下；而象山独蒙无实之诬，于今且四百年，莫有为之一洗者。……世之学者以晦庵大儒，不宜复有所谓过者，而必曲为隐饰增加，务诋象山于禅学，以求伸其说；且自以为有助于晦庵，而更相倡引，谓之扶持正论……而世之儒者，事之以事小人之礼，是何诬象

山之厚而待晦庵之薄耶![1]

这是阳明生平辨论朱陆之学异同态度最激烈尖锐的一次。在他看来，朱学与陆学虽都同是“尊德性而道问学”的思想体系，但却是“若由、赐之殊科”一样不同道的心性之学：朱熹虽然有“发明《六经》《语》《孟》之旨于天下”之功，但朱学首先在“大本”上错了（性即理，向外格物），所以不免学问繁琐支离；陆九渊虽然强调“易简”“觉悟”，但陆学首先在“大本”上站得正（心即理，自求吾心），所以不得谓陆学为“禅学”。阳明对陆学的辩护实际也就是对自己的心学的辩护。所以他这次同徐守诚的朱陆之学论辨，可以说是他向京城朝廷用程朱理学禁锢天下士子发出的“挑战”，也为他在京都“上国游”的整个讲学论道、倡明圣学定下了是陆非朱的基调，成为他后来在南都与“环堵攻之”的尊朱学者展开的朱陆异同论战的“序幕”了。稍后席书果然写出了一部《鸣冤录》为陆九渊鸣冤辩诬，显然就是受了阳明与徐守诚的朱陆之学论辨的直接影响，阳明想要为陆学平反冤案、冒天下之讥“为象山一暴其说”的壮举，由席书来完成了。

最意味深长的是阳明与徐祯卿的讲论摄形化气之术。徐祯卿耽读道书，钦慕仙家炼丹玄虚之说，是“前七子”中最迷信道教长生修炼的名士。他也寓居在京师长安街，在正德六年二月以吏部召授廷尉，李梦阳也录用为户部员外郎。徐祯卿得知阳明来京任职，便由李梦阳介绍来见阳明，讨论摄形化气之术。第一次相见因为有湛若水在场，湛若水反对仙佛之说，同徐祯卿讲论不合，徐祯卿意沮而去。第二天徐祯卿再来与阳明论冲举长生之术，阳

[1]《王阳明全集》卷二十一《答徐成之》书二。

明笑而不应。当晚徐祯卿住宿在阳明处，两人一夜对榻共论，作了如下一番对答：

先是徐祯卿问："吾授异人五金八石之秘，服之，冲举可得也。子且谓何？"

阳明仍旧笑而不应。徐祯卿又问："吾爨黜吾昔而游心高玄，塞兑敛华而灵珠是固，斯亦去之竞竞，于世远矣。而子犹余拒然，何也？"

阳明依旧笑而不应。徐祯卿沉默了好久，说："子以予为非耶？抑又有所秘耶？夫居有者，不足以超无；践器者，非所以融道。吾将去知故而宅于埃壒之表，子其语我乎？"

阳明终于开口说："谓吾为有秘，道固无形也；谓吾谓子非，子未吾是也。虽然，试言之。夫去有以超无，无将奚超矣？外器以融道，道器为偶矣，而固未尝超乎！而固未尝融乎！夫盈虚消息，皆命也；纤巨内外，皆性也；隐微寂感，皆心也。存心尽性，顺夫命而已矣，而奚所取舍于其间乎？"

徐祯卿点头首肯，沉默了很久，说："冲举有诸？"

阳明回答说："尽鸢之性者，可以冲于天矣；尽鱼之性者，可以泳于川矣。"

徐祯卿说："然则有之？"

阳明说："尽人之性者，可以知化育矣。"

徐祯卿低头沉思，急忙站起来说："命之矣！吾且为萌甲，吾且为流澌，子其煦然属我以阳春哉！"[1]

过了几天，徐祯卿又来见阳明，告别说："道果在是，而奚以外求！吾不遇子，几亡人矣。然吾疾且作，惧不足以致远，则何

[1] 《王阳明全集》卷二十五《徐昌国墓志铭》。

如?”阳明问:“悸乎?”徐祯卿回答说:“生,寄也;死,归也。何悸?”阳明便赠给他一部《周易参同契》,说自己对《周易参同契》不解,叫他自己去读《周易参同契》,并向他索要一诗,徐祯卿便作了一诗赠阳明:

王员外不解参同契但索一
诗许以遗我率尔戏之

王烈持洞章,茫然不能读。
石气销紫烟,十年秘空簏。
从来楚史识《三坟》,阮籍焉能辨赤文?
一自华阳窥妙诀,缑山夜夜鹤相闻。[1]

这种庄子寓言式的打哑谜对答,言外之意还是一目了然的。徐祯卿曾经得到一道士赠的“五金八石之秘”,以为服食可以冲举成仙,可见他信仰的是道教外丹服食修炼。阳明断然否定了他的外丹服食轻举之说,他用《孟子》的“尽心知性知天”与《周易》的“穷理尽性以至于命”批评了道教这种服食长生之说,故说“盈虚消息,皆命也;纤巨内外,皆性也;隐微寂感,皆心也。存心尽性,顺夫命而已矣”。显然,阳明是在用他的存心知性的心学启悟徐祯卿,指出服食不能冲举长生,而尽性才能化育不息。阳明心学的当头棒喝,终于使“外求”的徐祯卿从耽迷仙家冲举长生之说中觉悟,融化了他心头挥之不去的纠结生死寿夭的“冰澌”,故他欣然说“吾且为萌甲,吾且为流澌,子其煦然属我以阳春哉”。阳明含蓄地称自己不解《周易参同契》,实际是说自己

[1] 《迪功集·正集》卷二。按:明代六部下各设郎中、员外郎、主事,主事职位次于员外郎,故亦可称为“员外”。

不信《周易参同契》中的外丹烧炼之说，他早在弘治十八年（1505 年）在给诸扬伯的诗中就说“长生在求仁，金丹非外待”，否定《周易参同契》之说了。这次他也是把徐祯卿看成像诸扬伯一类的人物，要启悟他“进之于道”。徐祯卿在诗中把阳明比为不识道书的王烈，实际是对阳明的心学的最大肯定。所谓“十年秘空簏”，就是指阳明从弘治十八年觉悟金丹非外求以后，把《周易参同契》弃之书簏不顾。现在赠给徐祯卿，也是意在要徐祯卿参透洞破《周易参同契》之说。诗最后说“一自华阳窥妙诀，缑山夜夜鹤相闻”，是把阳明比为华阳陶弘景，赞叹阳明独家窥探到了广大精微的心学，世人夜夜可以听到他发的真谛妙诀。徐祯卿其实这时已经病重，阳明及时的一帖心学良药使徐祯卿参透了生死，无怪他回去后能坦然面对死亡的到来，神志不乱，临终前托阳明作墓志铭，而阳明与湛甘泉也都亲赴灵宅来哭祭尽哀。

另一个与徐祯卿面目相类的雁荡名士章达德，是谢铎的弟子，茶陵派诗人。他好任侠行义，立志要做荆轲、班超一类的“奇男子”。岁贡礼部中廷试第一，却不肯就教职，反入学进北雍，在京都辇下与王公大臣往来。刘瑾弄权时，刘大夏被逮入狱，独有章达德不畏八虎淫威，日日往来狱中服侍刘大夏的起居卧食。他又学先秦刺客，手持利刃藏于隘路口，想要刺杀刘瑾，为民除害。谢铎去世后，他没有归天台，依旧留在京都，转而向阳明、甘泉问学论道。在学仙上他和徐祯卿不同，徐祯卿耽迷道家外丹服食修炼，章达德却同黄绾、阳明一样慕好道家内丹导引修炼。所以他大概就是由同乡黄绾的介绍来向阳明和甘泉问学。阳明主要同他畅论心学，同时也讨论道家内丹的炼气导引法（真空炼形法），讲说自然多能相合。两人讲学论道一直到正德六年（1511 年）秋中，因为湛甘泉要离京出使安南，黄绾也要告病回天台，章达德也决定归雁荡隐居潜修，待时而出。京师文人士子把他当作当代的“荆轲”壮士，纷纷慷慨悲歌相送，集为《燕市悲歌》一卷，阳明也作了一首“赋《衡门》”的诗，又特为《燕市悲歌》作了一序以发其意。其实章达德也是同黄绾一样奉了阳明、甘泉之命归雁荡，筑庵于雁荡山紫霄峰顶，以待阳明与甘泉来隐居共学。黄绾后来在《吊章东雁》中说：“向与王、湛二公谋居雁山，用主东雁，蹉跎十年而东雁下世矣。兹过其庐，二公之言犹在壁间。十年卜居意，三日荡阴楼。空留《考槃》赋，不待鹿麋游。风雨伤吾梦，溪山问某丘。遐心正萧瑟，况值燕鸿秋。”[1] 故阳明在《送章达德归东雁序》中说：

> 章达德将归东雁，石龙山人为之请，于是甘泉子托以《考槃》，阳明子为之赋《衡门》。客有在坐者，哑然曰：“异哉！二夫子之言，吾不能知之。夫闳尔形，无莹尔精也，其可矣。今兹将惟职业之弗遑，而顾雁荡之怀乎？彼章子者，雁荡之产矣，则又可以居而弗居，依依于京师者数年而未返，是二者交相慕乎其外也。夫苟游心恬淡，而栖神于流俗尘嚣之外，环堵之间，其无屏霞、天柱乎？雁荡又奚必造而后至？不然，托踪泉石，而利禄豇其中，虽庐常云之顶，其得而居诸？”于是阳明子仰而喟，俯而默，卒无以应之也。志其言以遗章子，曰：“客见吾杜权焉，行矣，子毋忘客之言，亦无以客之言而忘甘泉子之托。”[2]

阳明说的“客”，从“客见吾杜权”看，恐怕就是指石龙山人黄

[1]《黄绾集》卷三。
[2]《王阳明全集》卷二十二。

绾，因为他也在场送章达德，作了一篇《燕市悲歌序》说："呜呼！若先生者可谓倜傥丈夫，崛强尘埃者矣。是故《悲歌》之所作欤？虽然，物各有用，鼎不以支车，柱不以摘齿，岂终无用哉？若先生于时终不遇者，则皆天也。天有不遇，圣贤亦何能哉！自今已往，天者，时者，予亦知之，盖将与一二同志裂冠断带，望雁山而托迹，先生其为我驱虎豹、置樵爨哉！"[1] 这可与阳明序中说的"客之言"相互发明。值得注意的是，阳明用《庄子》中的寓言来论述他与章达德、黄绾的讲学论道，寓意深远。《庄子》中的《应帝王》讲列子、巫季咸与至人壶子的论道，壶子四次向季咸显示其自我之道：示之以地文，示之以天壤，示之以太冲莫朕，示之以未始出吾宗。其中第二次壶子"吾示之以天壤"是这样说的："明日，（列子）又与之（季咸）见壶子。出而谓列子曰：'幸矣！子之先生遇我也，有瘳矣，全然有生矣，吾见其杜权矣！'"壶子自己也说："向吾示之以天壤，名实不入，而机发于踵，是殆见吾善者机也。"这就是阳明所说的"客见吾杜权矣"的出处。可见他说的"客见吾杜权"即指"见吾善者机"，实际就是指他在同黄绾、章达德讲论学问时向他们所显示的"心学"之道、"心学"之我，要他们达到庄子说的"至人之用心若镜，不将不迎，应而不藏，故能胜物而不伤"的精神境界。可惜章达德归雁荡隐修后，在正德十五年去世，最终没有能同黄绾一起再复出大用于世。

阳明在京师就是以这样一个当代用心若镜的心学"壶子"，同士子文人讲学论道，在讲学论道中向他们"现示"自己的心学之我的本相。他的更多的"见吾杜权""见吾善者机"的讲学论

[1]《黄绾集》卷十一。

道对象还是京都官场中的官僚士大夫。天子脚下的京师，官场麇集着尊信官方程朱理学的士大夫，但也有受思想新风新潮影响的开化士子转向陆九渊、陈白沙的心学，来与阳明讲学论道。翰林检讨穆孔晖、翰林编修董玘因为也选为会试同考试官，同阳明有了更多讲学论道的机会。穆孔晖原本是阳明乡试录取的弟子，但他起初不信阳明的心学，到这次在京中来向阳明论学问道，才转向了阳明的心学。黄佐说：“孔晖天性好学，虽王守仁所取士，未尝宗其说而非薄宋儒。晚年乃笃信之，深造禅学顿宗。临没，作偈有‘到此方为了事人’之句，论者以此窥公所诣云。”[1] 穆孔晖的这一思想转变，就是在京中与阳明再度讲论学问开始的。王道详细谈到穆孔晖的这一思想转变说：

> 初留意古文词，已尝闯其奥矣。既知其无益，弃不复为，乃笃志正学，研穷义理，体之身心，其所造卓然处，可与儒先君子同不谬于圣人，而公不自以为足也。尝谓古之人穷理尽性以至于命，今于性命之原，习其读而未始自得之也。顾谓有见，安知非汩虑于俗思也邪？于是抉去藩蔽，力肆恢弘，经训之外，虽世儒所斥以为异端如佛老者，悉取其书，精择而详说之，以与吾圣人合，曰：“性中固无是分别相也。”久之，洞见道原，通达为一。尝论心学之要曰：“鉴照妍媸，而妍媸不著于鉴；心应事物，而事物不著于心。自来自去，随应随寂，如鸟过空，空体弗碍。”观此，则公所得，信乎玄矣。（《穆公孔晖墓志铭》）[2]

[1]《南廱志》卷二十一。按：《明史》卷二百八十三《邹守益传》亦云：“孔晖端雅好学，初不肯宗守仁说，久乃笃信之，自名王氏学，浸淫入于释氏。”

[2]《国朝献征录》卷七十。

显然，穆孔晖也经历了一个同阳明完全一样的思想发展转变的历程，这一思想转变历程明显打上了阳明同他两次在京讲学论道的印迹。他总结的“心学之要”也全然本阳明的心学立说，无怪他竟自名自己的心性之学为“王氏学”了。

阳明的诗友户部左侍郎乔宇，也是一个尊崇程朱理学的官僚名士。他是杨一清的弟子，后来又从西涯李东阳游，是著名的茶陵派诗人。他与阳明早就展开了讲学唱酬，这次两人在京讲学论道讨论的焦点，可以从阳明写的《送宗伯乔白岩序》中看到：

> 大宗伯白岩乔先生将之南都，过阳明子而论学。阳明子曰：“学贵专。”先生曰：“然。予少而好弈，食忘味，寝忘寐，目无改观，耳无改听；盖一年而诎乡之人，三年而国中莫有予当者。学贵专哉！”阳明子曰：“学贵精。”先生曰：“然。予长而好文词，字字而求焉，句句而鸠焉，研众史，覈百氏；盖始而希迹于宋、唐，终焉浸入于汉、魏。学贵精哉！”阳明子曰：“学贵正。”先生曰：“然。予中年而好圣贤之道，弈吾悔焉，文词吾愧焉，吾无所容心矣。子以为奚若？”阳明子曰：“可哉！学弈则谓之学，学文词则谓之学，学道则谓之学，然而其归远也。道，大路也。外是，荆棘之蹊，鲜克达矣。是故专于道，斯谓之专；精于道，斯谓之精。专于弈而不专于道，其专溺也；精于文词而不精于道，其精僻也。夫道广矣大矣，文词技能于是乎出；而以文词技能为者，去道远矣。是故非专则不能以精，非精则不能以明，非明则不能以诚。故曰：‘惟精惟一。’精，精也；专，一也。精则明矣，明则诚矣。是故明，精之为也；诚，一之基也。一，天下之大本也；精，天下之大用也。知天地之化育，而况于文词技能

之末乎?”先生曰:“然哉!予将终身焉，而悔其晚也。”[1]

两人本来是讨论“技进于道”的问题，从中各自展露了差不多相同的思想发展转变历程。但阳明却特别强调“学贵正”,“学道”,要求“专于道”,“精于道”,这就把学道、专道、精道的大本问题同心的“惟精惟一”(默坐澄心)的工夫论联系起来，强调心的精诚专一，认为“一，天下之大本也；精，天下之大用也”,这是一个心学本体工夫论的根本命题。乔宇虽然尊崇程朱学，却也心悦诚服地认同了阳明的心学观点。

由于乔宇很快改任南京礼部尚书出京，阳明同他没有能就此进行更多的讨论，但是却在同石潭汪俊的讲学论道中得到深入的展开。翰林编修汪俊也是京中一名尊崇朱学的中坚人物，他主动登门来与阳明论学，讨论朱学的是非得失。两人从《中庸》学切磋深入，讨论涉及了《中庸》的“已发未发”说，二程的“体用一源”说，朱熹的“心统情性”说等，汪俊多有疑问不解。他归后写信给阳明说:“昨日所论乃是一大疑难。”这主要就是指心的未发已发说，汪俊始终认为心不存在有“未发”的、“寂然不动”的本体状态,“自朝至暮，未尝有寂然不动之时”,这实际是针对阳明的“默坐澄心”(主静)说而言。阳明便写了一篇长札作答，进一步分析说:

夫喜怒哀乐，情也，既曰不可谓未发矣；喜怒哀乐之未发，则是指其本体而言，性也。斯言自子思，非程子而始有。执事既不以为然，则当自子思《中庸》始矣。喜怒哀乐之与

[1]《王阳明全集》卷七。

> 思与知觉，皆心之所发。心统性情，性，心体也；情，心用也。程子云："心，一也。有指体而言者，寂然不动是也；有指用而言者，感而遂通是也。"斯言既无以加矣，执事姑求之体用之说。夫体用一源也，知体之所以为用，则知用之所以为体者矣。虽然，体微而难知也，用显而易见也。执事之云不亦宜乎？夫谓"自朝至暮，未尝有寂然不动之时"者，是见其用而不得其所谓体也。君子之于学也，因用以求其体。凡程子所谓"既思即是已发；既有知觉，即是动"者，皆为求中于喜怒哀乐未发之时者言也，非谓其无未发者也。朱子于未发之说，其始亦尝疑之，今其集中所与南轩论难辨析者，盖往复数十而后决，其说则今之《中庸注疏》是也。其于此亦非苟矣。独其所谓"自戒惧而约之，以至于至静之中；自谨独而精之，以至于应物之处"者，亦若过于剖析，而后之读者遂以分为两节，而疑其别有寂然不动、静而存养之时，不知常存戒慎恐惧之心，则其工夫未始有一息之间，非必自其不睹不闻而存养也。吾兄且于动处加工，勿使间断。动无不和，即静无不中，而所谓寂然不动之体，当自知之矣……然朱子但有知觉者在，而未有知觉之说，则亦未莹。吾兄疑之，盖亦有见。但其所以疑之者，则有因噎废食之过，不可以不审也。[1]

阳明坚持认为心体就是一种"寂然不动"的"未发"存在状态。在他看来，喜怒哀乐之未发是指心的本体；喜怒哀乐之已发则是指情。心统情性，性是心体，情是心用。所以从体用一源的哲学

[1] 《王阳明全集》卷四《答汪石潭内翰》。

视阈看，未发为体，已发为用，未发与已发体用一源，显微无间。如果否定心寂然不动的“未发”的本真存在，那就无异于是否定了“心体”，有用无体，“是见其用而不得其所谓体也”。在这里阳明其实是在为自己的“默坐澄心”的心学辩护，因为“默坐澄心”工夫的前提就是要承认心体寂然不动的本体存在，才可以于静中体认大本达道（理），澄观心体。如果否定了心体寂然不动的“未发”的存在，那么“默坐澄心”“静中体认”也就没有着落，变成了空中阁楼。所以阳明强调说“动无不和，即静无不中，而所谓寂然不动之体，当自知之矣”。他由此特别批评了朱熹“自戒惧而约之，以至于至静之中；自谨独而精之，以至于应物之处”的说法是“分为两节”。朱熹的这一说法，其实是对他的敬知双修的工夫论的精辟概括：前句说“以至于至静之中”，是指“主敬体认”；后句说“以至于应物之处”，是指“致知格物”“分殊体认”。阳明是肯定了朱熹向内的“主敬体认”（默坐澄心），而否定了他向外的“致知格物”（随处体认天理）。这里进一步透露了阳明心学思想发生重要变化的新动向：如果说他在贬谪龙场驿以前是把陈白沙的“默坐澄心，体认天理”立为自己心学的宗旨；那么在走出龙场驿后，他是把“默坐澄心，知行合一”立为自己心学的宗旨，而扬弃了向外的“随处体认天理”。这是阳明对自己心学的新的提升与自我升华，成为他与湛若水在京再度共论圣学的矛盾争论的焦点。阳明与汪俊的讲学论道，正是在这一点上呼应了他与湛若水的共讲圣学的论辨。

汪俊也是在这一点上仍不认同阳明的看法，他在回信中又用二程的“定性”说为自己的看法辩护。阳明于是再写信回答说：

惟未发之说，则终不敢以为然者。盖喜怒哀乐，自有已

> 发未发，故谓未发时无喜怒哀乐则可，而谓喜怒哀乐无未发则不可。今谓喜怒哀乐无未发，已发固已发，未发亦已发，而必欲强合于程子动亦定、静亦定之说，则是动亦动、静亦动也，非惟不得子思之旨，而于程子之意似亦有所未合欤？执事聪明绝人，其于古人之言求之悉矣，独此似犹有未尽者。[1]

这把问题的症结说得更简明。但汪俊仍坚持自己的看法，不想再辩论下去，竟回信说"度未能遽合，愿且置之，恐从此多费议论"。阳明最后回信说："始得教，亦遂欲罢去不复议，顾仆于老兄不宜如此"，"此则大非仆之所望于吾兄者也。"[2] 他与汪俊的讲学论道最终"流产"了。

阳明在京遇到的多就是像汪俊这样保守顽固的尊朱学者，阳明同他们的讲学论道多不能合。其实这时京中还有很多比汪俊更有名的尊朱学者，同阳明唱对台戏。像函谷山人尚宝司丞许浩，本与阳明是同年，两人相交最厚。但许浩倡明朱熹理学，已经名响大江南北。他在北讲朱学与阳明在南讲心学齐名。近斋朱得之说："予昔官国学，一日，同乡许虢田者，函谷先生（许浩）冢嗣也，谓我曰：'闻君讲阳明之学。'予未有应对。虢田曰：'阳明与先人在同年中最厚，且同志。后相别数年，及再会，先人举旧学相证，阳明不言，但微笑，良久曰："吾辈此时只说自家话罢，还翻那旧本子作甚！"盖先人之学本《六经》，阳明则否。'"[3] 这里说的"后相别数年，及再会"，就指正德六年正

[1]《新刊阳明先生文录续编》卷二《答汪抑之》书一。
[2]《新刊阳明先生文录续编》卷二《答汪抑之》书二。
[3]《尤西川先生拟学小记》卷六《纪闻》。

月许浩起用为尚宝司丞来京，与阳明讲学论道。后来王廷相说：“时讲理学者北称公（许浩），南称王阳明……所著有《通鉴前编》《图书管见》《道统源流》《诗考》《易参》《春秋易见》《中庸本义》《太极论》《性学编》等书。”[1] 可见他完全学本程朱理学，与阳明讲学自然南辕北辙。另一个尊崇朱学的大家泾野吕柟，是正德三年科举状元，名播士林，这时他也起复为翰林修撰，与阳明经常讲学。他自己说：“昔者予之守史官也，阳明子方在铨部，得数过从，说《论语》，心甚善之。”[2] 他说得比较含糊，后来邓球在《皇明泳化类编》中揭明了事情的真相：

> 时陆伯载弘斋、邹谦之东廓皆早从阳明游者，二人数以阳明之学难先生。先生曰：“子敢以阳明之学为是乎？子敢以阳明之学为不是乎？”二人曰：“如子之言，不几于持两端乎？”先生曰：“不然。昔者，先正以一言一字发人，而况阳明之学痛世俗诵章之烦，病世途势利之争，乃穷本究源，因近及远，而曰行即知也，知本良也，亦何尝不是乎？但人品不同，受病亦异……若曰见守齐举，知行并进，此惟圣人能，故阳明之学，中人以上虽或可及，中人以下皆茫无所归。故《论语》不道也，亦何尝尽是乎？虽然，自夫俗儒而言，忘其良知，而又不知以行之为急也，其弊至于戕民而病国，则阳明之学又岂可以少乎哉？”[3]

原来吕柟所谓“说《论语》”，实际是指阳明由说《论语》论到

[1]《内台集》卷五《许浩墓志铭》。
[2]《泾野先生文集》卷六《赠玉溪石氏序》。
[3]《皇明泳化类编》卷四十四《吕泾野先生》。

"知行合一"说，而吕柟虽然态度模棱两可，但他反对阳明的"知行合一"还是很清楚的。明人说"时天下言学者，不归王守仁，则归湛若水，独守程朱不变者，惟柟与罗钦顺"[1]。罗钦顺这时远在南都，但与罗钦顺齐名的尊朱学者王廷相这时也在京都任监察御史，他就干脆不来同阳明讲学论道了。

阳明同尊朱学名士讲学论道的受挫，并没有动摇他冒天下之讥为陆学辨诬、张大心学的决心，他更注重同那些受新潮思想影响的后进士子们讲学论道，多把他们引进了"王门"。甬川张邦奇在正德五年起复入京，任翰林检讨。他虽被人目为尊信程朱理学的四明名士，但也倾心湛若水、王阳明的新说，所以阳明一入京师，他就来向甘泉、阳明问学，讲论学问多相契。到正德六年九月张邦奇归省回四明，阳明别出心裁地以同他展开一场论"心"的讲学对答作为临别赠言：

> 张邦奇先问："期之别也，何以赠我乎？"
>
> 阳明回答说："处九月矣，未尝有言焉；期之别，又多乎哉？"
>
> 张邦奇说："斯邦奇之过也。虽然，必有以赠我。"
>
> 阳明便问："工文词，多论说，广探极览，以为博也，可以为学乎？"
>
> 张邦奇回答说："知之。"
>
> 阳明又问："辨名物，考度数，释经正史，以为密也，可以为学乎？"
>
> 张邦奇回答说："知之。"

[1] 《明史》卷二百八十二《吕柟传》。

阳明又问：“整容色，修辞气，言必信，动必果，谈说仁义，以为行也，可以为学乎?”

张邦奇回答说：“知之。”

阳明再问：“去是三者而恬淡其心，专一其气，廓然而虚，湛然而定，以为静也，可以为学乎?”

张邦奇沉默了好久，回答说：“亦知之。”

阳明便说：“然，知之。古之君子惟有所不知也，而后能知之；后之君子惟无所不知，是以容有不知也。夫道有本而学有要，是非之辩精矣，义利之间微矣，斯吾未之能信焉。曷亦姑无以为知之也，而姑疑之，而姑思之乎?”

张邦奇急忙说：“善哉！无所不知者，乃其所以为无所知也。请为吾阳明子极言：知之道，以袪今之惑，虽然，吾何敢言知乎哉？至神者，天也；至明者，人也；至微者，心也。吾皆未得而知之，吾何敢言知乎哉?”

阳明便问：“何谓至神者天?”

张邦奇说：“天之道，明善天下而无视，聪善天下而无听。是故天之道微显而阐幽，非微显而阐幽也，天于天下无显无幽也。有声，天闻之矣；无声，天闻之矣。有形，天见之矣；无形，天见之矣。其何显微之间之有？人之限于耳目者，自其所不见闻而谓之幽，天恶其若此也，故从而阐之而微之，斯其损益盈虚之理耳。”

阳明便更进一步问：“然则何谓至明者人?”

张邦奇回答说：“其以耳目见闻者，愚人也；达者之见闻，则同乎天矣。是故是非善恶，愚者疑而达者觉矣，觉者辨而疑者释矣，疑者释而天下皆觉矣。是故天下之事，久而无不定。”

> 阳明便进一步再问："何谓至微者心？"
>
> 张邦奇回答说："念虑萌乎中，非至精者弗察也；弗察，则不能知吾心；不能知吾心，则不能知人；不能知人，则不能知天。不知天，则不知所以畏天；不知人，则不知所以畏人；不知心，则不知所以畏心。心，吾心也，而畏之犹未也，况又不知所以畏，吾何敢言知乎哉？颜氏之子'有不善未尝不知'，其自知若是其明也；惟孔子知之，曰'其心三月不违仁'，其知人若是之微也。古之君子曷为其无不知若此？知远之近也，知风之自也，知微之显也，知之始也；及其至也，质诸鬼神而无疑，百世以俟圣人而不惑。"
>
> 阳明急忙立起来说："善哉！至神者天，祸福系之矣；至明者人，予夺系之矣；至微者心，诚伪系之矣。吾子将进于知矣夫，其诲我以知之矣夫！"[1]

这是阳明在京师"上国游"同越中士人学者讲学论道的仅有的一次全程记录，从中可以看到阳明是一个循循善诱的心学大师，在从容启发的对答中不知不觉把论学士子引入心学的"彀中"。他的"恬淡其心，专一其气，廓然而虚，湛然而定，以为静也"与"言必信，动必果，谈说仁义，以为行也"的发问，其实已经精辟地表述了他的"默坐澄心，知行合一"的心学本体工夫论，引导张邦奇沿着他的心学本体工夫论去思考。目睹阳明与张邦奇临别讲学一幕的黄绾，作了一首《赠张太史常甫省觐》，代他们道出了两人共同讲学求道知言的心声：

---

[1] 《王阳明全集》卷七《别张常甫序》，又《张文定公纡玉楼集》卷四《别阳明子序》。

倾盖张太史，论道遂相亲。
道亦何有言，言微道将湮。
孟颜古好学，知言不违仁。
周程系机要，千载重一新。
荒芜又今日，求言总迷真。
醉梦错生死，乱杂声狺狺。
掩耳岂忍听，听之不堪颦。
予当挂冠去，结茅云海滨。
手握青桑日，坐伺沧溟尘。
太史雅地望，况复富青春。
暂指亲庭去，终还陪紫宸。
已识非予比，得此可亲身。
斡旋覆载中，以使风俗淳。[1]

更令人注目的是，阳明在京同越中士子、吴中士子、江右士子讲学论道的同时，又特别注重同岭南士子如杨琠、方献夫、赵善鸣、陈洸、郑一初的交游讲学。岭南是白沙心学的发源地，所以岭南士子多受白沙心学的熏陶影响，思想活跃。正德以来白沙心学风气大开，岭南士子也走出了东南的一方僻地，远赴京都作“上国游”，他们有的是白沙的弟子（如张诩、杨琠、湛若水、赵善鸣、吴廷举），有的尊信白沙心学（如方献夫、钟芳），有的追随甘泉问学，有的倾心阳明王学（如陈洸、郑一初）。西樵方献夫这时也在吏部任郎中，位在阳明之上，他却不耻下问来向“下僚”阳明问学，恭执弟子礼，成为阳明在京讲学最主要的问道受

[1] 《黄绾集》卷二。

学的"同志"。方献夫自己说："某二十年前幸忝同官，得于先生之启发者为多，今犹跃然而在目……某尝屡有辩论，先生亦不以为非，而其意惟急于今之学者救病之药。"[1] 阳明说方献夫之学一年中有三变，就是在阳明的讲学论道的激发下突飞猛进的。到这年秋冬方献夫告病归西樵，阳明作了一篇《别方叔贤序》，谈到他们两人的讲论"圣人之道"说：

> 予与叔贤处二年，见叔贤之学凡三变：始而尚辞，再变而讲说，又再变而慨然有志圣人之道。方其辞章之尚，于予若冰炭焉；讲说矣，则违合者半；及其有志圣人之道，而沛然于予同趣。将遂去之西樵山中，以成其志，叔贤亦可谓善变矣。圣人之学，以无我为本，而勇以成之。予始与叔贤为僚，叔贤以郎中故，事位吾上。及其学之每变，而礼予日恭，卒乃自称门生而待予以先觉。此非脱去世俗之见，超然于无我者，不能也……夫以叔贤之善变，而进之以无我之勇，其于圣人之道也何有！斯道也，绝响于世余三百年矣，叔贤之美有若是，是以乐为吾党道之。[2]

从"绝响于世余三百年"看，可见阳明与方献夫讲论的"圣人之道"就是陆氏心学，方献夫学术三变三新而转向了阳明心学。

另外一个岭南士子潮阳陈洸（世杰）也在正德六年初来京师，向阳明问学，他可以算是阳明的第一个岭南弟子。到这年十二月揭阳郑一初来朝京师，任监察御史，陈洸便介绍他来见阳明问学。阳明常同他夜以继日地讲学论道，终于使他"由迷到悟"，

[1] 《西樵遗稿》卷七《祭王阳明文》。
[2] 《王阳明全集》卷七。

由“旧学”转向“圣学”。后来阳明在《祭郑朝朔文》中回忆他与郑一初在京的讲论学问说：

> 辛未之冬，朝于京师。君为御史，余留铨司。君因世杰，谬予是资。予辞不获，抗颜以尸。君尝问予：圣学可至？余曰：然哉，克念则是。隐辞奥义，相与剖析。探本穷原，夜以继日。君喜谓予：昔迷今悟，昔陷多歧，今由大路。呜呼绝学，几年于兹。[1]

湛若水也说紫坡子郑一初“及为御史矣，人皆扬扬，而独首事阳明先生，以为自得师，弃其旧学而学之，彼诚所谓自求多福者邪!”[2] 薛侃也说郑一初“师阳明先生于京师，日与横山（徐爱）、箬溪（顾应祥）诸贤问质究竟，始闻圣人之学”[3]。徐爱果然在《传习录》中记下了阳明与郑一初在京讲学论道不同凡响的一幕：

> 郑朝朔问：“至善亦须有从事物上求者?”先生曰：“至善只是此心纯乎天理之极便是，更于事物上怎生求？且试说几件看。”朝朔曰：“且如事亲，如何而为温凊之节，如何而为奉养之宜，须求个是当，方是至善，所以有学问思辨之功。”先生曰：“若只是温凊之节、奉养之宜，可一日二日讲之而尽，用得甚学问思辨？惟于温凊时，也只要此心纯乎天理之极；奉养时，也只要此心纯乎天理之极。此则非有学问思辨之功，将

[1] 《王阳明全集》卷二十五。
[2] 《泉翁大全集》卷五十六《紫坡子传》。
[3] 《薛侃集》卷七《郑紫坡传》。

> 不免于毫厘千里之谬。所以虽在圣人，犹加‘精一’之训。若只是那些仪节求得是当，便谓至善，即如今扮戏子，扮得许多温凊奉养的仪节是当，亦可谓之至善矣。”[1]

这里两人是在进行着一场隐而不露的朱陆之学的论辨，论辨的焦点是“性即理”与向外“格物求理”还是“心即理”与向内“求理于心”。郑一初原来的“旧学”就是指朱学，他学得的“圣人之学”就是指陆学。郑一初认为理在事事物物中，因此至善之理“亦须有从事物上求者”。阳明一针见血指出了他的“旧学”弊病，认为理在吾心，至善是心的至极之理，“此心纯乎天理之极”，如何“更于事物上怎生求”？因此人的“温凊之节、奉养之宜”的事亲是要遵行内在心的至极之理，这才叫“至善”；如果只是表面讲究外在的一套温凊奉养的事亲礼节，那就如同戏子扮演假戏，不能称为“至善”。这就是阳明同岭南士子学者（包括湛若水）研讨朱陆之学异同的论辨焦点，可以说，阳明在京师同士人学者的所有的讲学论道都是围绕这一根本问题与焦点展开的，也正是在这一根本问题的论辨上，清楚暴露了阳明与湛若水在京新一轮的共论圣学的根本分歧与各人心学思想的不同发展走向。

心学之辨：王湛黄三家“共盟斯道”

其实在京师中，阳明同各家各派士子学者展开的讲学论道，

[1]《传习录》卷上。

都是围绕他与湛若水、黄绾的三家共论圣学的轴心进行的。他们三人定下终身共论圣学之盟，结成了一个京中讲论心学的核心群体，正如黄绾说：“予三人者，自职事之外，稍暇，必会讲，饮食起居，日必共之，各相砥励。”[1]“于是二子之庭，日必有予迹矣。”[2]湛若水也说：“三人相欢语，合意。”[3]“予与阳明子共盟斯道，如兄弟也。”[4]“余久与其孙后军都事绾游，其文行学术信有由，然而直趋濂洛不懈，而骎骎乎古圣贤之域矣。”[5]这就是李一瀚说的“（黄绾）与王公守仁、湛公若水订终身盟，讲明绝学，共扶世教”[6]。但如果说弘治十八年阳明与湛若水的共倡圣学，还能立白沙的“默坐澄心，体认天理”为两人共遵共守共倡的心学宗旨，相互认同各自的阐释，两人思想尚多能相合；那么正德六年阳明与湛若水的共论圣学，却暴露出了两人在心学思想上的潜在分歧，两人原来共同遵守的“默坐澄心，体认天理”的心学宗旨被打破了，“共倡”变为“共辨”，各自论辨双方对心学思想的认识的是非得失，剖析疑义，两人之间产生了一条难以弥缝的思想鸿沟。他们从二月一见面讲论圣学，两人思想的分歧就开始暴露。到八月，阳明在为湛若水作的《赠翰林院编修湛公墓表》中隐约透露了两人存在的讲论分歧：

呜呼！圣学晦而中行之士鲜矣。世方弃阿为工，方特为厉，纷纵倒置，孰定是非之归哉！盖公冶长在缧绁之中，仲

[1] 黄绾：《阳明先生行状》。
[2] 《黄绾集》卷十一《别甘泉子序》。
[3] 湛若水：《阳明先生墓志铭》。
[4] 《泉翁大全集》卷五十二《寄题海日楼诗》。
[5] 湛若水：《读定轩先生存稿跋》，见《洞山黄氏宗谱·诗文》卷一。
[6] 李一瀚：《黄公绾行状》，《国朝献征录》卷三十四。

> 尼明非其罪；匡章通国称不孝，孟子辩之，夫然后在所礼貌焉。刚狷振砺之士，独行违俗，为世所媢嫉，卒以倾废踣堕，又浼以非其罪者，可胜道哉！……而公子若水求濂洛之学，为世名儒，举进士，官国史编修。推原寻绎，公德益用表著……[1]

阳明与湛若水两人共论圣学争辨的分歧与焦点，其实湛若水后来在《奠王阳明先生文》中作了含蓄的总结：

> 聚首长安，辛壬之春。兄复吏曹，于吾卜邻。自公退食，坐膳相以。存养心神，剖析疑义。我云圣学，"体认天理"。天理问何？曰廓然尔。兄时心领，不曰非是。言圣枝叶，老聃释氏。予曰同枝，必一根柢。同根得枝，伊尹夷惠。佛于我孔，根株咸二。[2]

湛若水在这里道出了他与阳明在共论圣学上的两个分歧：一是对"随处体认天理"的认识，一是对"三教同根同源"的认识。这表明两人对过去共同认可倡导的白沙"默坐澄心，体认天理"心学宗旨的认识发生了微妙变化：他们在对"默坐澄心"的认识上固然仍旧一致不变，但在对"体认天理"的认识上却产生了分歧争议。

本来李侗提出的"默坐澄心，体认天理"，"默坐澄心"是指

[1] 《王阳明全集》卷二十五。按：《王阳明全集》于此墓表下注"壬申"，乃误。据今存"王守仁撰并书"之墓表残碑，署"正德辛未八月立"，参见黎业明：《湛若水年谱》。

[2] 《泉翁大全集》卷五十七。

静中体认，认为心含万理（心即理），须于静中体认心理；“体认天理”指分殊体认（理一分殊），认为理在事事物物，须就分殊体认物理，格物求理。静时澄观体认心理，动时分殊体认物理，达到动静贯通无间，内外合一。白沙与甘泉都是这样来理解李侗的“默坐澄心，体认天理”，并由此接受了李侗的“理一分殊”与“分殊体认”，这种理解并没有错。在对“体认天理”的认识上，白沙与湛若水便都更强调天理的“廓然大公”，充塞宇宙，一理散为万殊，所以一理在分殊，理在事事物物，必须随时随处体认天理，格求物理。为此他们把李侗说的“体认天理”醒目地增改为“随处于日用中体认天理”，旨在强调分殊体认，即事即物体认格求其理（这也符合李侗的本义）。后来湛若水在《默识堂记》中说：“阳明王公扣予曰：‘天理何如?’应之曰：‘天理何应？廓然大公。’阳明曰：‘唯唯。’初无不同也，后门人互失其传。”[1] 这显然就是指阳明与湛若水在长安灰厂讲学论道讨论到“体认天理”时所说的话，暗示他们在对“随处体认天理”的认识上已产生分歧，故湛若水后来说“兄时心领，不曰非是”无疑也是一种掩饰之词。因为湛若水说的“天理廓然大公”，“廓然”是指理的广大性，“大公”是指理的普遍性，这就是李侗、朱熹说的“理一分殊”。而阳明所说的“廓然大公”却是指心的廓然大公，心含万理，心理充塞宇宙。如果说“默坐澄心”是同“心即理”的本体论紧密联系在一起，那么“随处体认”就同“分殊体认”的工夫论紧密联系在一起。白沙与甘泉在接受李侗的“默坐澄心，体认天理”时，同时也接受了李侗（以及朱熹）的“理一分殊”与“分殊体认”；但阳明在接受李侗的“默坐澄心，体

[1]《泉翁大全集·附录》。

认天理”时，却没有认同李侗（以及朱熹）的“理一分殊”与“分殊体认”，两人思想的矛盾分歧自然便从“分殊体认”“随处体认天理”上产生了，他们对“随处体认天理”各自作了不同的解读：湛若水用李侗的“分殊体认”来解释“体认天理”，进一步强调随处于日用中体认天理（格物求理）；阳明则用李侗的“静中体认”来解释“体认天理”，认为这里说的“体认天理”并不是指向外的随处格物求理的“体认”，而就是李侗说的于静观中体认大本达道的“体认”，他把“体认天理”收摄进了“默坐澄心”中，“体认天理”就是指默坐澄观体认天理，“体认天理”就是“默坐澄心”，不能把它们分为两节。阳明的阐释消泯了陈白沙的“默坐澄心，体认天理”心学宗旨的内在矛盾，把它升华为一个真正完善的心学本体工夫论的命题。

阳明与湛若水的这种对“默坐澄心，随处体认天理”的论辨，大概因为他们都不想公开暴露两人思想的分歧矛盾，相关讨论的书信与材料都没有保存下来，但因为两人的讲论是同黄绾的三人共论圣学及阳明同其他士子学者的讲学论道联系在一起，所以人们仍旧可以从阳明同黄绾及与其他士子学者的讲学中看到阳明与湛若水辨论“随处体认天理”的大概情况。两人论辨从对李侗、朱熹、白沙的“理一分殊”“分殊体认”的认识开始，湛若水坚持认为李侗的“理一分殊”与“分殊体认”是正确不移的，白沙说的“体认天理”就是李侗说的“分殊体认”。多年后湛甘泉在《与杨仕德》书中清楚道出了他的这一认识：

> 书中所问阳明立志之教，与鄙见理一分殊之说，本并行而不悖者。立志，其本也；理一分殊，乃下手用功处也。盖所立之志，志此耳。若不见此理，不知所志者何事。如人欲

> 往京师，此立志也；京师之上，自有许多文物，先王礼乐之遗教，一一皆有至理，此理一分殊之说也。惟其见此可慕可乐，是以志之益笃，求必至而不能自已也。[1]

后来他在《天关精舍语录》中更说：

> 白沙先生谓林缉熙曰：“此理无一处不到，无一息不运。得此把柄入手，更有何事?”只此数句，理一分殊都在其中。理一分殊，只是一理，更无二理。夫子川上之叹，便以一句道尽，曷曾如是费力？“自兹以往，更有分殊处合要理会。”此就缉熙工夫学力而言，是周匝说话，体用一原，显微无间。[2]

所谓“此理无一处不到，无一息不运”，“体用一原，显微无间”，就是指“理一分殊”，承认理在分殊，理在物中，须就分殊体认理一，即事事物物格求其理，这正是白沙、甘泉的“随处体认天理”思想的哲学本体论依据。其实湛若水这两则材料完全反映与记录了他正德六年在京与阳明论辨心学时候的思想，阳明就是在这一根本问题上同湛若水、黄绾展开了辨论。最好的证据，就是正德七年二月湛若水在离京出使安南路上作的《舟泊梁家庄檃括与应原忠语》诗：

> 万物宇宙间，混沦同一气。
> 充塞与流行，其体实无二。

[1]《泉翁大全集》卷八。
[2]《泉翁大全集》卷十三。

就中有粲然，即一为万理。
外此以索万，舍身别求臂。
逝川及鸢鱼，昭昭已明示。
我心苟不蔽，安能出于是？
知止乃有定，动静原非异。
见之即浑化，是名为大智。
其次在敬养，敬有为心累。
勿忘以勿助，其机极简易。
嗟彼世间儒，憧憧起私意。
自然本无为，廓之配天地。[1]

所谓“万物宇宙间，混沦同一气。充塞与流行，其体实无二”，就是指“理一分殊”；所谓“就中有粲然，即一为万理”，就是指分殊体认，即物求理，随处体认天理；所谓“知止乃有定，动静原非异”，“其次在敬养，敬有为心累”，就是指默坐澄心。这首性理诗精辟地檃括了湛若水的整个心学思想体系，其实是他对与阳明、黄绾三人一年来论辨心学的总结回答。诗所檃括的湛若水与应良语，就是指他这时写给应良的《赠别应元忠吉士叙》，叙中说：

应子者实以自信而虚以相受，予间与论充塞流行之理，感通往来之机，乃略去支离，而一归统会……世固有独立物表，浑天地以为徒，包沧海以为量，以游于无穷者，此又何也？《易》曰：“仁者见之谓之仁，知者见之谓之知。”非明

[1] 《泉翁大全集》卷四十。

> 于道者，其孰能识之？《中庸》曰：“知者、贤者过之，愚者、不肖者不及也。”贤知，过用其心者也；愚不肖，小用其心者也。夫过用与小用其心之不足与于道，故必有用而不用之机，睹天地自然之体，勿忘勿助，然后可以得斯道之大全。[1]

比较起来，叙写得含蓄而诗说得简明，都是写给阳明看的，是要回应一年来阳明对他的“随处体认天理”的批评的。因为从根本上说，“随处体认天理”的问题实质还是一个“格物致知”的问题：是心含万理，吾性自足，求理于心，还是理在物中，格物穷理，随处体认？这是贯穿在一年来阳明同士子学者的全部讲学中的基调，也是阳明与湛若水、黄绾三人共论心学争辨的焦点。阳明同郑一初讲学，就批评了郑一初“至善亦须有从事物上求者”的说法，认为至善是心的至极之理，应自求于吾心，不能于事物上求，这显然就是在批判否定湛若水的“随处体认天理”。阳明同汪俊讲学，肯定心体寂然不动的“未发”的本体存在，于静中体认心理，澄观心体，他批评了朱熹“自戒惧而约之，以至于至静之中；自谨独而精之，以至于应物之处”的说法是将体认工夫“分为两节”，这显然就是在批评湛若水的“默坐澄心，随处体认天理”也是将体认工夫“分为两节”。阳明同黄绾、应良讲学，认为心如明镜，须痛加“刮磨”的“向里面”工夫，格正其心，而黄绾也认为人心犹镜，须务加“尽去其垢”的内里工夫，表明他完全认同了阳明的心学，而否定了湛若水的“随处体认天理”的思想。所以当黄绾写信来告近思切问讲论之功时，阳明立即回

[1]《泉翁大全集》卷十五。

信说：

> 所喻皆近思切问，足知为功之密也，甚慰！夫加诸我者，我所不欲也，无加诸人；我所欲也，出乎其心之所欲，皆自然而然，非有所强，勿施于人，则勉而后能，此仁恕之别也。然恕，求仁之方，正吾侪之所有事也。子路之勇，而夫子未许其仁者，好勇而无所取裁，所勇未必皆出天理之公也。事君而不避其难，仁者不过如是。然而不知食辄之禄为非义，则勇非其所宜，勇不得为仁矣。然勇为仁之资，正吾侪之所尚欠也。鄙见如此，明者以为何如?[1]

阳明这里是在论仁与忠恕之道，但主要强调自求其心，向里从心体（仁体）上入手下工夫，才能"出天理之公"。这封信说得比较含蓄，四年后阳明在正德十年写给黄绾的信中道出了真话：

> 杀人须就咽喉上著刀，吾人为学当从心髓入微处用力，自然笃实光辉。虽私欲之萌，真是洪炉点雪，天下之大本立矣。若就标末妆缀比拟，凡平日所谓学问思辩者，适足以为长傲遂非之资，自以为进于高明光大，而不知陷于狠戾险嫉，亦诚可哀也已！以近事观之，益见得吾侪往时所论，自是向里。此盖圣学的传，惜乎沦落湮埋已久，往时见得，犹自恍惚……[2]

这里说的"吾侪往时所论"，"往时见得"，就指正德六年阳明与

[1] 《王阳明全集》卷四《与黄宗贤》。
[2] 《王阳明全集》卷四《与黄宗贤》书五。

湛若水、黄绾三人的共论心学。阳明强调向里从心体上入微用工夫，天下之大本达道则立，心我笃实光明。所谓“就标末妆缀比拟”，就是批评湛若水的“随处体认天理”是治标末不治根本。

正德六年阳明与湛若水、黄绾三人的共论心学，主要就是围绕湛若水的“随处体认天理”展开论辨，湛若水坚持“随处体认天理”的工夫，用李侗、白沙的“理一分殊”“分殊体认”来解说“随处体认天理”的合理性；阳明否定了湛若水的“随处体认天理”，强调从心体上下工夫，求理于心，默坐澄观体认天理；黄绾则完全转向阳明的心学，也不认同湛若水的“随处体认天理”。但三人的讲学讨论还没有完全取得一致共识，湛若水在九月出使安南离京而去，三人的共论心学暂时中断。临别前，阳明作了一篇《别湛甘泉序》，对他与湛若水一年来的心学论辨作了一个意味深长的总结，说：

> ……今世学者，皆知宗孔、孟，贱杨、墨，摈释、老，圣人之道若大明于世。然吾从而求之，圣人不得而见之矣。其能有若墨氏之兼爱者乎？其能有若杨氏之为我者乎？其能有若老氏之清净自守、释氏之究心性命者乎？吾何以杨、墨、老、释之思哉？彼于圣人之道异，然犹有自得也。而世之学者，章绘句琢以夸俗，诡心色取，相饰以伪，谓圣人之道劳苦无功，非复人之所可为，而徒取辩于言词之间，古之人有终身不能究者，今吾皆能言其略。自以为若是亦足矣，而圣人之学遂废。则今之所大患者，岂非记诵词章之习？而弊之所从来，无亦言之太详、析之太精者之过欤？夫杨、墨、老、释，学仁义，求性命，不得其道而偏焉，固非若今之学者以仁义为不可学，性命之为无益也。居今之时，而有学仁义、

> 求性命、外记诵辞章而不为者，虽其陷于杨、墨、老、释之偏，吾犹且以为贤，彼其心犹求以自得也。夫求以自得，而后可与之言学圣人之道。某幼不问学，陷溺于邪僻者二十年，而始究心于老、释。赖天之灵，因有所觉，始乃沿周、程之说求之，而若有得焉。顾一二同志之外，莫予翼也，岌岌乎仆而后兴。晚得友于甘泉湛子，而后吾之志益坚，毅然若不可遏，则予之资于甘泉多矣。甘泉之学，务求自得者也。世未之能知，其知者且疑其为禅。诚禅也，吾犹未得而见，而况其所志卓尔若此！则如甘泉者，非圣人之徒欤？多言又乌足病也！夫多言不足以病甘泉，与甘泉之不为多言病也，吾信之。吾与甘泉友，意之所在，不言而会；论之所及，不约而同，期于斯道，毙而后已者。今日之别，吾容无言？夫惟圣人之学难明而易惑，习俗之降，愈下而益不可回，任重道远，虽已无俟于言，顾复于吾心若有不容已也，则甘泉亦岂以予言为缀乎？正德辛未九月晦日拜手书。[1]

阳明在序中其实是对他与湛若水、黄绾三人的讲论心学作了一个全面的总结，一方面肯定了三人在心学的基本问题上认识的一致（心即理，心具万理，默坐澄心，求理于心），另一方面又承认了三人在心学论辨上存在的矛盾分歧（随处体认天理，理一分殊，分殊体认，三教同根同源）。阳明在序中极力为自己的观点作了辩护，不着痕迹地批评了湛若水的观点。在对释、老之学上，阳明仍认为"彼于圣人之道异，然犹有自得也"，释、老之学自得一道之偏，与儒家圣人之道并不悖，只是世儒们（"世之学者"）

[1] 《王阳明全集》卷七。

用章句辞诵之学破碎败坏了儒家圣人之道，“圣人之学遂废”，才引得世人纷纷崇拜陷溺于佛、道之中，这不是佛、道的过错。所以阳明公然坦白直言：“居今之时，而有学仁义、求性命、外记诵辞章而不为者，虽其陷于杨、墨、老、释之偏，吾犹且以为贤，彼其心犹求以自得也。夫求以自得，而后可与之言学圣人之道。”可见阳明并不辟佛、老，仍坚持着为湛若水所批评过的以老聃、释氏为圣道“枝叶”、三教同根同源的思想，把这篇序同他后来写的《谏迎佛疏》相比照，两者惊人一致，可见阳明对佛、道之学的这种看法终身未变。至于对湛若水之学，阳明也许他为“自得之学”，“圣人之徒”，“甘泉之学，务求自得者也”。阳明同他的论辨（多言），并没有损害他的自得之学，称赞湛若水也能不以这种多言为病，“甘泉之不为多言病也”。论辨多言互益，所以阳明最后说：“顾复于吾心若有不容已也，则甘泉亦岂以予言为缀乎?”表示希望两人的讲学讨论能继续进行下去。

确实，三人在共论心学中早已感到矛盾分歧的难于相合，需要长期深入讲学讨论下去，他们甚至想跳出保守污浊的官场，三人隐居林下潜心共论心学。湛若水准备卜居萧山湘湖，以待阳明归居阳明洞后，两人可以经常聚会，共论圣学。阳明写信给王道提到这件事说：

> 甘泉近有书来，已卜居萧山之湘湖，去阳明洞方数十里耳。书屋亦将落成，闻之喜极。诚得良友相聚会，共进此道，人间更复有何乐！区区在外之荣辱得丧，又足挂之齿牙间哉?[1]

[1]《王阳明全集》卷四《与王纯甫》书一。

阳明提出三人隐居西湖论学，黄绾甚至提出筑庵雁荡山，三人世外讲学论道。黄绾在《别甘泉子序》中提到他们三人共盟林下讲学说：

> 阳明子曰："吾将与二三子启雪窦、帚西湖以居诸。"甘泉子曰："吾其拂横岳，拓西云，行与我三人游之。"又相谓予曰："子其揭天台、掀雁荡，以候夫我二人者。"予曰："我知终身从二子游，二子有欲，我何弗勤？且我结两草亭，各标其号，以为二子有焉，何如？"无几，甘泉子将帝之命，欲之于安南之国。予则忧之，曰："聚散其自此乎？子其舍我矣。"或问曰："何忧也？子过矣。天地之道，理以同聚，物以异散。今子三人理则同矣，物则类矣，浮游之间，何往而不与聚，而子犹疑其散耶？"曰："吾欲之甚而易之惑也。夫自世丧道，世之君子白玉于外而中珉也，其不可与道也久矣。而吾忽得二子者，不啻景星快见而凤凰乐睹之。今离索于此，此吾之所以为忧也，是何过哉？"[1]

黄绾道出了阳明、甘泉的心声。只是湛若水很快出使安南，两年后才归朝，而阳明也任南都太仆寺少卿出京，三人共盟林下论道之梦终成泡影。但是三人的共论圣学圣道却并没有结束，正德七年以后，他们继续在相互的通信中进一步展开了讲学讨论。

湛若水在正德七年二月才离京启程，阳明作了二诗送他，倾吐了对林下论道的殷切期待：

---

[1] 《黄绾集》卷十一。按：阳明《与湛甘泉》书二中亦云："西湖十居之兴，虽未能决，然扁舟往还之约，却亦终不可忘也。"即指隐居钱塘西湖论道。

别湛甘泉二首

行子朝欲发，驱车不得留。
驱车下长阪，顾见城东楼。
远别情已惨，况此艰难秋。
分手诀河梁，涕下不可收。
车行望渐杳，飞埃越层丘。
迟回歧路侧，孰知我心忧！

我心忧以伤，君去阻且长。
一别岂得已？母老思所将。
奉命危难际，流俗反猜量。
黄鹄万里逝，岂伊为稻粱？
栋火及毛羽，燕雀犹栖堂。
跳梁多不测，君行戒前途。
达命谅何滞，将母能忘虞。
安居尤阱擭，关路非歧岖。
令德崇易简，可以知险阻。
结茆湖水阴，幽期终不忘。
伊尔得相就，我心亦何伤。
世艰变倏忽，人命非可常。
斯文天未坠，别短会日长。
南寺春月夜，风泉闲竹房。
逢僧或停楫，先扫白云床。[1]

---

[1] 《王阳明全集》卷二十。按：“结茆湖水阴”，即指湛若水结庵于萧山湘湖。

阳明坚信斯道未坠，在人弘扬光大，论道越辨越明。所以在湛若水一离京去，他就迫不及待写了一封信给湛若水，谈到自己践行"默坐澄心""体认天理"的体会说：

> 别后，无可交接，百事灰懒，虽部中亦多不去，惟日闭门静坐，或时与纯甫、宗贤闲话，有兴则入寺一行而已。因思吾两人者平日讲学，亦大拘隘，凡人资禀有纯驳，则其用力亦自有难易，难者不可必之使易，犹易者不可必之使难。孔门诸子问仁，夫子告之，言人人殊，乌可立一定之说，而必天下之同己。或且又自己用功悠游，而求之人者太急迫无叙，此亦非细故也。又思平日自谓得力处，亦多尚杂于气，是以闻人毁谤辄动，却幸其间已有根芽，每遇惩创，则又警励奋迅一番，不为无益。然终亦体认天理欠精明，涵养功夫断续耳。元忠于言语尚不能无疑，然已好商量。子莘极美质，于吾两人却未能深信。舟次讲学，不厌切近，就事实上说。孔子云："言忠信，行笃敬，虽蛮貊之邦，行矣。"要之，至理不能外是，而问者亦自有益。盖卓尔之地，必既竭吾才，而后见深养者自得之耳。良心易丧，习气难除，牛羊斧斤日以相寻，而知己又益渐远，言之心惊气咽，但得来人便，即须频惠教言，庶有所警发也。[1]

阳明在信中总结了在京同士子学者的讲学论道，承认自己在讲学上有求之太过急迫、强欲人皆同己说之病，尤从践履实行上承认在体认天理工夫上有欠精明不力，在静坐涵养工夫上未能精进不

[1] 王守仁：《与湛甘泉》书一，《嘉靖增城县志》卷十七《外编杂文类》。

息，希望能就此同湛若水继续讨论下去。湛若水收到阳明信后，曾有多次回信，但后来都亡佚。[1] 其实他在同时作的《舟泊梁家庄檃括与应原忠语》诗中已作了最好的回答，表明他仍坚持自己原来的看法。他在四月经过钱塘江时，特意转道绍兴拜访了王华和阳明洞，作了二首怀念诗，可以看作是对阳明来信的正面回应：

过钱塘江将访大冢宰王先生有怀阳明

迢迢涉江去，江介生凄风。
涉之将奚为？南湖采芙蓉。
美人在远道，我心忧忡忡。
登山足夔魅，蹈海多鱼龙。
俯仰天地内，去子谁予从？

访阳明洞天

道经蓬莱馆，溪穷到阳明。
下看东南峰，苍苍入青冥。
不诣此真境，焉知匪虚名？
踟蹰步岩石，山高岂无灵？
子乔不可见，伫立魂屏营。
草木若有识，欣欣向予荣。
采之欲谁寄？岁晏难为情。[2]

湛若水把阳明比为王子乔，游访了阳明洞的道家仙境，他更加明

[1] 按：阳明《与湛甘泉》书二云：“别后，屡得途中书，皆足为慰。”可见湛若水多有书致阳明，定会将沿途所作诗一并寄阳明。
[2]《泉翁大全集》卷四十。

白了阳明何以坚信老聃、释迦为圣道"枝叶"，三教同根同源的原因，所以诗说"不诣此真境，焉知匪虚名"。这些诗应该是湛若水连同书信一起寄给阳明的，也清楚表明了他的看法。五月，阳明便再寄一封答书给湛若水说：

> 别后，屡得途中书，皆足为慰。此时计往增城已久，冲冒险阻之余，悯时忧世，何能忘怀；然回视鄙人，则已出世间矣。纯甫得应天教授，别去亦复三月，所与处惟宗贤一人，却喜宗贤工夫骤进，论议多所发明，亦不甚落寞也。往时朝夕多相处，观感之益良多，然亦未免悠悠度日。至于我字亦欠体贴，近来始觉稍亲切，未知异时回看今日，当复何如耳。习气未除，此非细故，种种病原，皆从此发。究竟习气未除之源，却又只消责志。近与宗贤论此，极为痛切，兄以为何如耶？太夫人起居万福，庆甚！闻潮、广亦颇有盗警。西湖卜居之兴，虽未能决，然扁舟往还之约，却亦终不可忘也。养病之举，竟为杨公所抑，在告已逾三月。南都之说，忍未能与计，亦终必得之。而拘械束缚，眼前颇不可耐耳。如何，如何！沉疴洎去，灯下草率，言莫能既，但遇风毋惜。[1]

阳明在信中已不同湛若水正面谈论学问，而专谈他与黄绾的讲学论道，称赞"宗贤工夫骤进，论议多所发明"，实际还是从侧面肯定自己的心学思想。他只认为自己的病根是在"习气未除"，根治病源还在心立其志，进一步坚定对心学（圣学）的信念。但

[1] 王守仁：《与湛甘泉》书二，《嘉靖增城县志》卷十七《外编杂文类》。

他终究深惜甘泉远去，同道凋零，士友渐散，在京感到了几许落寞。在湛若水去后，黄绾成为同阳明讲学论道的最主要的道友，以同远在南天的湛若水相呼应。

正德七年正月，任祁州守的徐爱进京来见阳明，给阳明的京都讲学论道带来新的亮色。讲学之余，阳明携黄绾、徐爱、顾应祥一班士子学者探春寻幽，访香山，登玉岩，一路唱酬，寄情山水，吟诗谈道，习静山寺，阳明一连作了三首诗：

香山次韵

寻山到山寺，得意却忘山。
岩树坐来静，壁萝春自闲。
楼台星斗上，钟声翠微间。
顿息尘寰念，清溪踏月还。

夜宿香山林宗师房次韵二首

幽壑来寻物外情，石门遥指白云生。
林间伐木时闻响，谷口逢僧不记名。
天壁倒涵湖月晓，烟梯高接纬阶平。
松堂静夜浑无寐，到枕风泉处处声。

久落泥途惹世情，紫崖丹壑是平生。
养真无力常怀静，窃禄未归羞问名。
树隐洞泉穿石细，云回溪路入花平。
道人只住层萝上，明月峰头有磬声。[1]

[1]《王阳明全集》卷二十。

黄绾作了二首和诗：

游香山次阳明韵

帝畿何处散幽情，林谷高深逸兴生。
不问金闺还有籍，岂图空界尚论名？
台前春色湖天远，阁上烟华象纬平。
面壁亦能随处静，花飞松径不闻声。[1]

香山夜坐

故山风物旧关情，异境登临感慨生。
万竹瞑烟如梦里，千岩月色共松声。[2]

徐爱也作了二首和诗：

孟春与顾惟贤奉陪阳明先生
游香山夜宿林宗师房次韵

春间出郭探幽情，杨柳迎风绿意生。
最爱僧堂无俗气，犹怜寺主有诗名。
山空籁寂鲸音杳，月白烟微野色平。
云鹤来依聊一息，翛然飞去不闻声。

登玉岩次惟贤韵

师友同真乐，幽探岂在山？
身随尘土脱，心与野云闲。

[1]《黄绾集》卷五。
[2]《黄绾集》卷七。

日落荒山外，烟横碧树间。
徘徊凝望处，飞鸟倦初还。[1]

阳明携弟子春游探胜其实是意在带他们往大自然中观物体道，教他们走出讲论学问的书斋，到山山水水中澄怀观道，默坐体认，故阳明诗说“岩树坐来静”，“养真无力常怀静”，黄绾诗也说“面壁亦能随处静”，徐爱诗也说“身随尘土脱，心与野云闲”。这表明阳明的在京讲学论道已经跳出了拱手空谈心性的象牙塔天地，从坐而论道走向实行践履，从“知言”走向“践行”，同弟子们一起做着知行合一的自我修养工夫。这时的黄绾已完全接受了阳明的心学，他不仅是同阳明订盟共论心学的“盟友”，而且成了协助阳明向士子学者宣扬传授心学的“师友”。五月，来京向阳明问学三个月的汪渊赴大名县令任，临别向阳明请益赠言，阳明告诉他要“变化气质”说：“居常无所见，惟当利害，经变故，遭屈辱，平时愤怒者到此能不愤怒，忧惶失措者到此能不忧惶失措，始是能有得力处，亦便是用力处。天下事虽万变，吾所以应之不出乎喜怒哀乐四者。此为学之要，而为政亦在其中矣。”[2] 这就是一种于静中体认喜怒哀乐未发时的气象的精神境界。黄绾特地写了一篇《赠汪景颜》代阳明道出了心声：

景颜学于阳明先生，三月而去，为大名令。同游之士数人，为醴酒而告之，曰：“育下事上之宜若是哉！轨物析争之宜若是哉！备灾捍患之宜若是哉！”云云未已。石龙子起而谓之曰：“子学于先生何耶？先生教子何耶？古者君子之学道，

[1]《横山集》卷上。
[2]《王阳明全集》卷四《与王纯甫》书一。

> 即心无不通。且鷦鹩善巢，蜾蠃善房，人使之欤？抑生之然欤？子自谓二虫孰贤？子但尽子之心，坚子之志，则先生之道在子矣。予何言，予何言！"[1]

徐爱更作了一首送别诗，同黄绾一样发挥阳明师训说：

送汪景颜尹大名

时平众竞仕，意气轻皋夔。
一或遭险巇，惶惑失所持。
哀哉中无主，此心任物移。
君独志贤圣，力学同余师。
天子命出宰，人悒君自怡。
时务良艰难，一心运有余。
莫析政与学，皆当去支离。
燕雀无远怀，卑卑恋堂阶。
鸿鹄出尘埃，矫矫凌汉逵。
霜雪鲜存木，请看松柏来。[2]

黄绾与徐爱都在代阳明说话，他们所说的"君子之道""圣贤之学"就是指他们自己心仪的阳明心学。大约在黄绾劝汪渊学行"先生之道"的同时，有一个台州学子施存宜要从黄绾受学，黄绾却劝他学阳明的"圣学"：

> 予尝有志，求之累岁而竟无得。迩者受官都下，始会阳

[1] 《黄绾集》卷八。
[2] 《横山遗集》卷上。

明、甘泉二子者，一语而合，遂成深契，日相亲炙，或庶几焉……施生存宜偶闻予语，辄弃所习，欲从予游，予惭而谢之弗可……予闻圣学以敬为要，敬者，天命之所流行也，一息不敬，则天命于此间矣。间则不久，不久则不熟，不熟则不得为圣贤。故欲学为圣贤者，必居敬以涵其心，即心以究其理，循理以尽其性。勉之不息，毙而后已，其必有得乎?[1]

确实，到正德七年，黄绾与阳明的共论心学已经到了日相亲炙、倾心深契的地步，阳明说“宗贤于吾言，犹渴而饮，无弗入也”，连黄绾自己也感到因职事在身，“尤为他事所间，一出一入，无以致其专深静一之功。故欲决去山泽，求毕此生而未能也”[2]，想要与阳明卜居林下再潜心共论心学。正好九月黄绾三年考满，他便三上疏章以病告归天台，以求“雾隐期豹变”，其实也是奉阳明、甘泉之命回去筑庵雁荡山，以待阳明、甘泉来山间卜居共论大道。阳明也应约早上了乞病归养疏，对三人天台共论圣学也抱着深深的期待。在临别前，阳明作了一篇《别黄宗贤归天台序》，对他与黄绾两年来的讲论心学作了总结：

君子之学以明其心。其心本无昧也，而欲为之蔽，习为之害。故去蔽与害而明复，匪自外得也。心犹水也，污入之而流浊；犹鉴也，垢积之而光昧。孔子告颜渊“克己复礼为仁”，孟轲氏谓“万物皆备于我”，“反身而诚”。夫己克，而诚固无待乎其外也。世儒既叛孔、孟之说，昧于《大学》

[1]《黄绾集》卷十一《送施生存宜序》。
[2]《黄绾集》卷十一《送施生存宜序》。

> “格致”之训，而徒务博乎其外，以求益乎其内，皆入污以求清，积垢以求明者也，弗可得已。守仁幼不知学，陷溺于邪僻者二十年。疾疢之余，求之孔子、子思、孟轲之言，而恍若有见，其非守仁之能也。宗贤于我，自为童子，即知弃去举业，砺志圣贤之学。循世儒之说而穷之，愈勤而益难，非宗贤之罪也。学之难易失得也有原，吾尝为宗贤言之。宗贤于吾言，犹渴而饮，无弗入也，每见其溢于面。今既豁然，吾党之良，莫有及者。谢病去，不忍予别而需予言。夫言之而莫予听，倡之而莫予和，自今失吾助矣，吾则忍于宗贤之别而容无言乎？宗贤归矣，为我结庐天台、雁荡之间，吾将老焉，终不使宗贤独往也。[1]

在阳明与湛若水、黄绾的三家共论心学上，这篇《别黄宗贤归天台序》同他的《别湛甘泉序》的论学基调明显不同，如果说在《别湛甘泉序》中多少暴露了他与湛若水在讲论心学上的分歧不合，那么在《别黄宗贤归天台序》中就充分表明了他与黄绾在讲论心学上的基本一致，阳明已经把黄绾视为“豁然”悟入王门的弟子，称赞“吾党之良，莫有及者”，弦外之音是把黄绾放在湛若水之上。他批评学者“昧于《大学》‘格致’之训，而徒务博乎其外，以求益乎其内”，是把湛若水也包括了进去。徐爱也心领神会地在《送黄宗贤谢病归天台诗叙》中称颂黄绾的勇于皈依阳明心学：

> ……既而官后军为都事，以诚意才德受知于国师，言听

[1] 《王阳明全集》卷七。

计从，足以得志行道，而乃决然违之，独遂归山之志。此其识量之弘毅，出处之正大，邈然非予所及，然而宗贤未尝自有也。盖予在阳明先生门下，而宗贤亦时闻教论，于是有以知志之所存与学之所居，有不约而同者。乃相与欢然契合者几三月，而遂告别夫子，与宗贤似可亡言矣，而犹有言乎哉？《传》曰：“书不尽言，言不尽意。”宗贤固得其意于予言之外者，则亦可谓亡言矣。[1]

而黄绾也作了一篇《留别三友》，当着阳明弟子的面吐露了对阳明心学大师的崇仰与两年来讲学受教的感激之情说：

石龙子将归天台，舜卿（王元正）、仲用（梁穀）、惟贤（顾应贤）二三子握其手，曰：“子去，我若何？”石龙子曰：“阳明先生在矣，子日亲之，其终染乎！”曰：“先生志去，又将奈何？”曰：“离合，迹也，在离合矣而不为离合者，神也。二三子其为迹乎？其为神乎？为其迹，爱而得之，一臂掉而失之，其能忍不悲乎？为其神，六合之内以及六合之外，千古之上与千古之下，何往而非神哉！夫神，心之所存，理之发也。心存则神存，神存故动而天，随天则一而无不同，无不同故彼此齐而离合亡矣。其不同者，雕刿卓鸷，人各其私，如面不一，或势或利，或名或技，拘而从之。方其从也，联席而寝，并匏而饮，口面与与，腹脏翡翡，转项背而秦越分矣，矧去万里而犹望有同哉？今二三子惟求之于心，切而弗懈，诚之以天，弗妄以人，则二三子与我与先生，皆将神

[1]《横山遗集》卷上。

契矣。神契则常而不变，二三子将何所不师先生而友予哉！况先生尚留数月，二三子勉以亲之，毋徒戚戚！"[1]

黄绾把他与阳明的共论心学比为"神契"，六合内外，千古上下，两人心心相通。阳明也热切期望今后同这个"神契"的道友继续进行天涯两地的讲学论道，所以又特地吟了一首意味深长的诗送他：

赠别黄宗贤

古人戒从恶，今人戒从善。
从恶乃同污，从善翻滋怨。
纷纷嫉媢兴，指谪相非讪。
自非笃信士，依违多背面。
宁知竟漂流，沦胥亦污贱。
卓哉汪陂子，奋身勇厥践。
拂衣还旧山，雾隐期豹变。
嗟嗟吾党贤，白黑匪难辨。[2]

阳明肯定黄绾是尊仰心学的"笃信士"，同那班世儒俗学依违背面于朱陆之间判然有别。"汪陂子"是指东汉的黄宪（叔度），他被东汉人尊为"当代颜回"，十四岁的时候，荀淑见到他，惊叹说："子，吾之师表也。"同郡戴良才高倨傲，也自愧弗及说："良不见叔度，不自以为不及；既睹其人，则瞻之在前，忽焉在后，故难得而测也。"同郡陈蕃当上三公，也自叹不如说："叔度

[1] 《黄绾集》卷八。
[2] 《王阳明全集》卷二十。

若在，吾不敢先佩印绶矣。”名士领袖郭林宗来汝南，先见袁阆，后见黄宪，心悦诚服地品评说：“奉高之器，譬诸氿滥，虽清而易挹；叔度汪汪若千顷陂，澄之不清，淆之不浊，不可量也。”[1]阳明把黄绾比为黄宪，称赞他为“汪陂子”，是隐然自以为心学的“孔夫子”，而以黄绾为“吾党”的大贤“颜回”了。无怪徐爱竟也洋洋洒洒一连作了五首诗送黄绾归天台：

送黄宗贤谢病归天台

送子归天台，天台深九重。
一从主人出，赤城紫霞封。
桃花笑溪洞，猿鹤哀长松。
今日倦游诣，仰首望归鸿。
晨光虽已微，秋色还正浓。
远迹匪沉寂，适意良自充。
山风出幽谷，海月流澄空。
美人吹玉笛，渺渺碧霄中。
知君已仙举，羽翼亦有同。

送我到祁阳，伊祁流正长。
淳朴会已散，俭啬犹自将。
忆当於变日，不识是陶唐。
胜此巍巍岁，浮云度空苍。
我亦何人斯，分治此一方。
未能扉心量，焉足希小康？

[1]《后汉书》卷八十三《黄宪传》。

犹将负平生，感此良堪伤。
悠哉颍滨叟，邈矣箕山郎。

巍巍阳明山，千古秘禹穴。
灵藏自鬼护，杳杳无敢祭。
孰知此山翁，精诚密求觅。
皇天真有感，神启不劳掘。
云雷震三日，龙虎互吼咁。
须臾古函开，乃一浑沦物。
书文不可读，字画俱灭没。
山翁一长啸，群山洒晴雪。
君如欲见之，耶溪访秋月。

缅念《无怀》时，淡然靡同异。
古道嗟既远，玄酒日无味。
纷纷嗜秾华，高者逐名誉。
如心本无非，却乃竞其是。
孰知天地化，浑浑原一气。
有我未为开，无我未为闭。
而况长短间，卑卑亦可系。
艾草能除根，秋瓜看落蒂。

吾心含万化，不潜亦不形。
世人窥其隙，往往好立名。
名亦眩痴人，因名复求情。
易简理既昧，支离从此生。

谁知扣真学，而不观音声。[1]

徐爱这五首诗完全超越了一般的亲友送别诗的意义，其实是为阳明二年来的“上国游”的讲学论道与超越象山、白沙的心学体系的建构竖立了一块诗碑。诗表面上是称赞黄绾从天台赤城出仕入京，如今修得真道真学归隐，真如羽化仙举，把他比为归隐颍水之滨、箕山之下的高士许由。但徐爱的真意却是在歌颂阳明独得心学的千古之秘，赞美这个阳明山翁的讲学论道是在发明心学绝传，开启人类心知，就如同窥探会稽山玄秘的禹穴（藏有经书），一下子打开千古神奥的天函石匮，虽然“书文不可读，字画俱灭没”，阳明却能心悟神会慧眼破译了古函的金简玉策——“无字天书”的心学。所谓“易简理既昧”，指陆学的迷失不传；“支离从此生”，指朱学的泛滥流布；而“谁知扣真学，而不观音声”，就是指阳明心悟独得的心学应时而起。徐爱把阳明奉为一代“天启”的心学大师，他自认是阳明最虔诚的“传习”受业的弟子，这五首心曲道诗成为他这个弟子要为老师编辑一部醒世觉民的《传习录》的“宣言书”了。

黄绾的归居天台，宣告了阳明、湛若水、黄绾三人京都共论心学的结束。虽然三人在讲学论道上最终并没有完全达到一致相合，潜在的矛盾分歧两年后又再度导致阳明与甘泉之间的一场新的论辨，但是这次“上国游”的三人共论圣学却对阳明心学体系的建构起了重要的作用与影响，他的心学体系在三人共同论辨圣学的推动下得到了初步的完成，徐爱编的《传习录》，作为这次三人京都共论圣学的直接产物，宣告了阳明心学体系的诞生。

[1]《横山遗集》卷上。

《传习录》："心一分殊"心学体系的诞生

到正德七年（1512 年），阳明已作为一个讲学论道的心学宗师誉满京华，四方来问学受业的士子日渐增多。徐爱后来作《同志考》，在叙中谈到正德七年的来学弟子说：

> 自尊师阳明先生……召入京师。居又岁余，中间从游者甚众，予自一二夙契与邂逅之外，莫之知也。乃癸酉春，侍先生自北来南，检简牍中，始观，多皆未识者……某叨先门下，责则奚辞？乃以义起此卷，奉留先生左右，俾将来者，皆得继书姓名于端。次纪字，便称谓也；次纪地，表厥自也；次纪年岁，以叙齿也；次纪及门时，志所始也。予前所纪数人无序者，追志者也。来者请读书，不必空次。间有知而为代书者，听，欲无遗也；欲番录者，听，示匪私也……爱题其端曰"同志考"，而叙其由以告。[1]

钱德洪据《同志考》说这年来受业的同志有穆孔晖、顾应祥、郑一初、方献夫、王道、梁穀、万潮、陈鼎、唐鹏、路迎、孙瑚、魏廷霖、萧鸣凤、林达、陈洸及黄绾、朱节、蔡仲兖、徐爱，并不确切，也多有遗漏。像方献夫正德六年九月就已归西樵，陈鼎在正德六年六月后也谪官离京。还有不少来学士子如傅凤、汪渊、何春、程曾、毕珊、王思、张鳌山、王元正、王元凯等，连徐爱

[1] 《横山遗集》卷上《同志考叙》。

也没有记录进《同志考》中。阳明在三月升吏部考功清吏司郎中，同在京的弟子与问学士子关系更加密切，他作了一首《与诸门人夜话》称赞自己的门人道：

翰苑争夸仙吏班，更兼年少出尘寰。
敷珍摛藻依天仗，载笔抽毫近圣颜。
大块文章宗哲匠，中原人物仰高山。
谭经无事收衡蚤，得句尝吟对酒间。
羽飞皦雪迎双鹤，砚洗玄云注一湾。
诸生北面能传业，吾道东来可化顽。
久识金瓯藏姓字，暂违玉署寄贤关。
通家自愧非文举，浪许登龙任往还。
与诸门人夜话，阳明山人王守仁。[1]

阳明在诗中所说的门人与事情都实有所指。像穆孔晖授翰林检讨，邹守益授翰林编修，应良、王道、王元正、张鳌山、王思均选为庶吉士，就是诗所谓“翰苑争夸仙吏班，更兼年少出尘寰”。王元凯、王元正兄弟双举进士，就是诗所谓“羽飞皦雪迎双鹤”。王道由庶吉士出为应天府学教授，就是诗所谓“久识金瓯藏姓字，暂违玉署寄贤关”。阳明任会试同考试官，亲录取多名举子，就是诗所谓“通家自愧非文举，浪许登龙任往还”。顾应祥征至京师，补锦衣卫经历，梁穀升吏部考功主事，徐爱任祁州知州等，就是诗所谓“诸生北面能传业，吾道东来可化顽”。与门人欢聚夜话论道，门人已把阳明奉为了“吾道东来”的心学“老子”。阳明

[1]《石渠宝笈三编》第一〇七八册《延春阁藏》四十《元明书翰》。

这些“同志”“门人”组成了一个心学学派的群体，同南北两京保守的程朱学派相对抗。

但事实上，随着四方来问学士子学者的日益增多，阳明的这些门人弟子与问道受学者也逐渐发生了分化，他们大多成了阳明心学的坚定信仰者，亦步亦趋追随阳明；有的却对阳明的心学将信将疑，徘徊于朱陆之间，甚至又返归到朱学的旧路，转过来回攻阳明的心学。就在这年三月，王道改任应天府教授，离京赴南都任。王道始终是一个尊朱学者，他改任南都表面上是乞请“便养”，实际还是同他与阳明讲学产生了裂痕有关。阳明作了一篇委婉的《别王纯甫序》说：

> 王纯甫之掌教应天也，阳明子既勉之以孟氏之言。纯甫谓“未尽也”，请益曰：“道未之尝学，而以教为职，鳏官其罪矣。敢问教何以哉?”阳明子曰：“其学乎！尽吾之所以学者而教行焉耳。”曰：“学何以哉?”曰：“其教乎！尽吾之所以教者而学成焉耳。古之君子，有诸己而后求诸人也。”曰：“刚柔淳漓之异质矣，而尽之我教，其可一乎?”曰：“不一，所以一之也……因人而施之，教也。各成其材矣，而同归于善……”曰：“然则教无定法乎？昔之辩者则何严也?”曰：“无定矣。而以之必天下，则弓焉而冶废，匠焉而陶圬废。圣人不欲人人而圣之乎？然而质人人殊。故辩之严者，曲之致也。是故或失则隘，或失则支，或失则流矣。是故因人而施者，定法矣；同归于善者，定法矣。因人而施，质异也；同归于善，性同也。夫教，以复其性而已。自尧、舜而来未之有改，而谓无定乎?”[1]

[1] 《王阳明全集》卷七。

阳明在别序中有意回避了论“道”，而着重论“教”。王道问“教”有无定法，他说的“昔之辩者则何严也”就是隐指朱熹。阳明认为“教”是有定法而无定法，执著于定法或执著于无定法，都是失于一偏。他批评“辩之严者，曲之致也。是故或失则隘，或失则支，或失则流矣”，就是暗批朱学。王道与阳明思想上的矛盾分歧已由此暴露端倪。同时黄绾作的《送王纯甫序》，就把他们两人的思想分歧说得更清楚：

> 王纯甫将之应天教，过石龙子，言曰：“向吾与子友，朝夕相观以心，虽不言可也。今吾将别去，子亦俟时而遁，宜有以赠我哉！”石龙子诺而问曰：“今有人外刻行工辞，博记志专，为圣人务先知诵古言，求探幽赜，不逃只字，自谓已造乎事理之至而足乎性命之真；考其居则笥焉而弗化，其弊也支离，而身不与者众矣，可以谓之善学乎？”曰：“不可。”曰：“恶可哉？”曰：“敬斯可矣。”曰：“今有人知敬为要，而守惟玄灵之府，持之不暴，悔之不遗，藏能反其本矣；求其至则凉乎弗类，其弊也禅，而内外两离矣，可以谓之善学乎？”曰：“不可。”曰：“又恶可哉？”纯甫曰：“子奚谓可？”曰：“察斯可矣。”纯甫曰：“然，吾尝闻诸阳明先生矣。”石龙子曰：“虽然，子亦闻内外之辩乎？以瓦抠者巧，以钩抠者惮，以黄金抠者惛。为其重内而轻外也，而巧生焉；为其重外而轻内也，而惮与惛生焉。夫技，一也，余之所大惧也，而愿与子察之。察之以不倦，其庶几乎！……”[1]

[1]《黄绾集》卷十一。

与阳明不同，黄绾在别序中直面与王道论“道”，层层设问递进，都是在抨击朱学，勉劝王道皈依阳明心学，他批评的“今有人”就是指尊朱学的世儒。黄绾发第一问，实际是批评朱学的博记志专，务先知诵古言，求幽探赜，不逃只字，笥焉不化，支离繁琐，王道予以了否定（他并不认为朱学笥焉不化，支离繁琐）。黄绾发第二问，王道却提出了“敬”回应，“敬”正是朱熹的根本工夫论（敬知双修），黄绾却直斥“敬”为禅学，内外两离，重外轻内。王道也予以了否定（他并不认为朱熹的“敬”重外轻内，内外两离，不能比附为禅）。黄绾最后提出了以“察”来代“敬”，“察”就是心察、澄察、察识，也就是阳明说的“默坐澄心，体认天理”。王道对黄绾以“察”代“敬”的说法却不置可否，沉默不答，显然表明他不认同阳明的澄心察识体认之说。可以说，后来阳明在南都同王道等人展开的一场朱陆异同论战的争辨基调与分歧焦点，已经由黄绾在这篇别序中预言式地讲出来了，黄绾后来也是抱着这种看法加入到了朱陆异同的论战中。

王道并没有接受阳明、黄绾的临别劝导，脱离了京师的羁绊，他反而更坚定地走自己的朱学之路。一到南都，他就陷入了人事矛盾的旋涡，与上下同僚多不相协。阳明立即写了一封信给他谆谆勉劝说：

> 别后，有人自武城来，云纯甫始到家，尊翁颇不喜，归计尚多牴牾。始闻而惋然，已而复大喜。久之，又有人自南都来者，云纯甫已莅任，上下多不相能。始闻而惋然，已而复大喜。吾之惋然者，世俗之私情；所为大喜者，纯甫当自知之。吾安能小不忍于纯甫，不使动心忍性，以大其

> 所就乎？譬之金之在冶，经烈焰，受钳锤，当此之时，为金者甚苦，然自他人视之，方喜金之益精炼，而惟恐火力锤锻之不至；既其出冶，金亦自喜其挫折锻炼之有成矣……尝以为：“君子素其位而行，不愿乎其外。素富贵，行乎富贵；素贫贱，行乎贫贱；素患难，行乎患难，故无入而不自得。”后之君子，亦当素其位而学，不愿乎其外。素富贵，学处乎富贵；素贫贱患难，学处乎贫贱患难，则亦可以无入而不自得……近日相与讲学者，宗贤之外，亦复数人，每相聚辄叹纯甫之高明。今复遭时磨励若此，其进益不可量，纯甫勉之！汪景颜近亦出宰大名，临行请益。某告以变化气质：“居常无所见，惟当利害，经变故，遭屈辱，平时愤怒者到此能不愤怒，忧惶失措者到此能不忧惶失措，始是能有得力处，亦便是用力处。天下事虽万变，吾所以应之不出乎喜怒哀乐四者。此为学之要，而为政亦在其中矣。”景颜闻之，跃然如有所得也。……[1]

阳明用勉劝汪景颜的“为学之要”勉劝王道，就是要王道做静中体认喜怒哀乐未发时的大本气象的心学工夫，王道仍固执地保持沉默不答，他和阳明的思想差距逐渐拉大，终于很快在沉默中爆发，与阳明反目断交，倒过来抨击阳明。阳明这封信，已然潜伏了两人后来展开朱陆异同论战的思想危机。

就在王道离京赴南都教授任同时，徽州知府熊桂（世芳）新修建成著名的紫阳书院，他派了两个邑庠弟子程曾、毕珊远赴京师求阳明作序。熊桂与阳明是同年，尊崇朱学。紫阳书院的宗旨

---

[1]《王阳明全集》卷四《与王纯甫》书一。

是"道朱子之道，心朱子之心"，大力弘扬朱学。请尊陆学的阳明作序，这给阳明出了一道难题。因为熊桂在请阳明作紫阳书院序后，又请杨廉作了一篇《紫阳书院题名记》，杨廉也是尊朱学者，他在记中大阐朱学说：

> 紫阳，徽之名山也。世以紫阳称朱子，犹以濂溪称周子、伊川称程子、横渠称张子也……自韦斋寓闽，以"紫阳书堂"刻其印章，而朱子复以名其所居，其眷眷于徽如此，则夫道朱子之道，心朱子之心，乌得而不紫阳之也哉！徽之有紫阳书院也，始于宋韩守补，自时厥后，迁徙不一。乃正德庚午复建于熊侯世芳，所以祀朱子者，一仍其旧，而又选于庠序，得若干人，以讲学其中。久之，出为乡魁，为廷魁，举有其人。侯谓不可不镵其姓名于石，于是遣生员程廷赞、毕珊谒予为记。二生盖讲学其中者也……书院之建也，复为二堂，曰"尊德性"，曰"道问学"，兼是二者，此其所以为朱子之学欤？论者谓象山陆氏以尊德性为主，谓朱子道问学之功居多，此不知朱子者也。朱子之学，主敬以立其本，穷理以致其知，存心于齐庄静一之中，穷理于学问思辨之际，所谓尊德性、道问学，孰有加于此哉？侯盖有以识此矣。侯又取朱子《白鹿洞教条》，刻置二堂之间，其望学者学朱子之学为何如哉！……[1]

杨廉代表了当时尊朱派对朱熹与朱学的典型认识，他用"主敬以立其本，穷理以致其知"对朱学作了精辟的概括，给那些以

[1] 《杨文恪公文集》卷三十二。

尊德性与道问学划判朱陆之学异同的人出了一道难题。同杨廉截然不同，阳明巧妙地站在陆学（心学）的立场解说朱学，写了一篇《紫阳书院集序》，化解了熊桂、杨廉提出的朱陆难题。序说：

> 豫章熊君世芳之守徽也，既敷政其境内，乃大新紫阳书院，以明朱子之学，萃士之秀而躬教之。于是七校之士惧政之弗继也，教之或湮也，而程生曾集书院之故，复弁以白鹿之规，遗后来者，使知所教。刻成，毕生珊来，致其合语，请一言之益。予惟为学之方，白鹿之规尽矣；警劝之道，熊君之意勤矣；兴废之详，程生之集备矣，又奚以予言为乎？然吾闻之：德有本而学有要，不于其本而泛焉以从事，高之而虚寂，卑之而支离，流荡失宗，劳而靡所得矣。是故君子之学，惟以求得其心，虽至于位天地，育万物，未有出于是心之外也。孟氏所谓“学问之道无他，求其放心而已”者，一言以蔽之。故博学者，学此也；审问者，问此也；慎思者，思此也；明辨者，辨此也；笃行者，行此也。心外无事，心外无理，故心外无学也。是故于父子尽吾心之仁，于君臣尽吾心之义；言吾心之忠信，行吾心之笃敬；惩心忿，窒心欲，迁心善，改心过；处事接物，无所往而非求尽吾心以自慊也。譬之植焉，心，其根也；学也者，其培壅而灌溉之者也，扶卫而删锄之者也，无非有事于根焉尔已。朱子白鹿之规，首之以五教之目，次之以为学之叙，又次之以修身之要，又次之以处事之要、接物之要，若各为一事而不相蒙者，斯殆朱子平日之意，所谓“随事精察而力行之，庶几一旦贯通之妙也”欤？然而世之学者，往往遂失之支离琐屑，色庄

> 外驰，而流入于口耳声利之习。故吾因诸士之请，而特原其本以相勖，庶乎操存讲习之有要，亦所以发明朱子未尽之意也。[1]

阳明完全从自己的心学视阈解读朱子之学，认为"君子之学"（朱子之学）在求其心，因为心外无事，心外无理，心外无学。故吾心即宇宙，天地定位，化育万物，均不出于吾心之外。心为根（本体），学为工夫（用），只有尽其心，精察力行，才显心具众理、一心贯万道之妙，"无所往而非求尽吾心以自慊"。这地地道道是陆学（心学）的思想，但阳明却把它说成是朱子的思想，是"朱子平日之意"，他不过是"发明朱子未尽之意"而已。在这里阳明有意把朱学陆学化了，或者说是用陆学来解读朱学——这里已经隐含了他的"朱子晚年定论"说的思想，以为朱陆之说始异终同，言异意同。后来阳明正是用这种始异终同的"朱子晚年定论"说同魏校、王道等尊朱派展开了朱陆异同的大论战，并写出了《朱子晚年定论》一书作总结，而他的这种始异终同的"朱子晚年定论"思想就在这篇《紫阳书院集序》中滥觞并公开"亮相"了。其实阳明序中的这种说法无非是用来掩饰自己的是陆非朱的立场，他背后的批判否定朱学的真面目还是很清楚的。熊桂遣程曾、毕珊来请序，本也有要他们来向阳明问学的意思，阳明作了一首诗送他们归徽州，就直言道出了他对朱陆之学的真实看法：

与徽州程毕二子

句句糠粃字字陈，却于何处觅知新？

[1]《朱子实纪》卷十一。按：《王阳明全集》卷七有《紫阳书院集序》，但有阙句。

紫阳山下多豪俊，应有吟风弄月人。[1]

所谓“句句糠粃字字陈”，就是批评朱学的支离繁琐的章句训诂。所谓“紫阳山下多豪俊，应有吟风弄月人”，就是呼唤像光风霁月的周敦颐一样的心学大师，希望朱学传统深厚、积重难返的徽州地区也能学术风气新变，涌现出“吟风弄月”式的心学传道人，徽州士子不要再陷溺在“句句糠粃字字陈”的朱学中不能自拔。程曾、毕珊受教回徽州后，思想上也真的发生了分化，程曾仍持守朱学不变，毕珊却从朱学转向了阳明的心学，两年后他又再来南都正式受学于阳明，成为徽州地区第一个“吟风弄月”的阳明心学弟子。[2]

阳明门人弟子中的这种思想分化，甚至也同样发生在“会稽三子”徐爱、朱节、蔡宗兖身上。徐爱、朱节、蔡宗兖都是最早来问学的阳明三大弟子，阳明一向以徐爱温恭、朱节明敏、蔡宗兖深潜称许，以为己所不及。但在正德七年以后，蔡宗兖同阳明在思想上渐渐产生了距离。季本后来谈到蔡宗兖的这种思想变化说：

……留心述作，所著有《大学私抄》《四书诗经节约》《图书浅见》《律同》等书。又欲注《周礼》而未就，斯亦勤矣。然自先师初讲良知之学，余方执晦翁旧见，未能信也，

[1]《王阳明全集》卷二十。按：《王阳明全集》将此诗定为正德九年四月升南京鸿胪寺卿时作，乃误。

[2] 按：毕珊字友梅，歙县人。《王畿集》卷十四《友梅毕君八衮序》云：“歙之北城，有友梅君者……正德间，闻阳明先生讲学于南都，徒步往受业焉，与闻古人为学之旨。久之，若有所得，将归卒业。先生嘉其志，赋风月章以期之，所谓‘紫阳山下多豪俊，应有吟风弄月人’者是也。”

而公于时已能不逆于心。及余困心穷究，乃知觉悟信从，而公反有疑于师说。故其为书多持衡调护，自成一家。此其故何哉？岂其新见超于旧闻，而信心不惑欤？盖公本以"万物皆备于我"为主，故自号"我斋"。凡己所独得，不轻徇人，自举世非之而不顾者。故先师尝曰："希渊真可以为我矣！"每相见，又即以耻独为君子之道，反复开明，惟惧公之有我也。[1]

其实蔡宗兖从来就不是一个虔诚尊仰心学的学者，他一生都是走的朱学的治学路子。对这种门人弟子与士子学人中的思想分化以及士大夫普遍冷漠的朱陆之学不明、心学排摈不传、大道潜隐沦替，阳明把原因归之于师友之道的废坏，造成道统中绝不传，士人学子在程朱理学的禁网下思想萎缩，躁进者纷纷追逐于科举声利之场，清高者遁入山林做枯槁抱道的山人隐士。在正德七年十月，阳明同南京户部侍郎储巏专门讨论了这一"师道不立"的问题。阳明在给储巏的第一封信中抨击明代以来师友之道的衰败说：

师友道废久，后进之中，有聪明特达者，颇知求道，往往又为先辈待之不诚，不谅其心而务假以虚礼，以取悦于后进，干待士之誉，此正所谓病于夏畦者也。以是师友之道日益沦没，无由复明。仆常以为世有周、程诸君子，则吾固得而执弟子之役，乃大幸矣。其次有周、程之高弟焉，吾犹得而私淑也。不幸世又无是人，有志之士，伥伥其将焉求乎？……凡仆于今之后进，非敢以师道自处也，将求其聪明

[1]《季彭山先生文集》卷三《奏议大夫四川按察使提学佥事蔡公墓志铭》。

> 特达者与之讲明，因以自辅也。彼自以后进求正于我，虽不师事，我固有先后辈之道焉。伊川瞑目而坐，游、杨侍立不敢去，重道也。今世习于旷肆，惮于检饰，不复知有此事。幸而有一二后进略知求道为事，是有复明之机，又不诚心直道与之发明，而徒阉然媚世，苟且阿俗，仆诚痛之惜之……[1]

阳明所斥都是针对现实有感而发。当时阳明在京师聚徒讲学论道，大阐心学，已引起朝廷士大夫们的注意，尤为保守的程朱派们所侧目，他们指责阳明是妄立师道，“以师道自居”，“别立一道”，以陆氏禅学私相授受。所以阳明在给储巏的第二封信中进一步痛斥说：

> 夫师法者，非可以自处得也，彼以是求我，而我以是应之耳。嗟乎！今之时，孰有所谓师云乎哉！今之习技艺者则有师，习举业求声利者则有师，彼诚知技艺之可以得衣食，举业之可以得声利，而希美官爵也。自非诚知已之性分，有急于衣食官爵者，孰肯从而求师哉！夫技艺之不习，不过乏衣食；举业之不习，不过无官爵；已之性分有所蔽悖，是不得为人矣……曾子病革而易箦，子路临绝而结缨，横渠撤虎皮而使其子弟从讲于二程，惟天下之大勇无我者能之。今天下波颓风靡，为日已久，何异于病革临绝之时，然又人是已见，莫肯相下求正。故居今之世，非有豪杰独立之士的见性分之不容已，毅然以圣贤之道自任

[1]《王阳明全集》卷二十一《答储柴墟》书一。

者，莫之从而求师也。……[1]

阳明认为自己所以热衷于同士子学者讲学论道，倡明心学，是因为当今天下波颓风靡，人心异化，性分蔽悖，人不为人，明朝已到了山穷水尽"病革临绝"的险危之境，需要有天下大勇无我者出来力挽颓波靡风，拯救人心世道。他自认为就是天下的大勇无我者，拯救人心性分的豪杰独立之士，以圣贤之道自任，不顾天下人谤议，发心学救世救人救道救心的呼喊。他从两年来的讲学论道中深深感到世人并不理解他倡导心学的苦心，对他的心学思想多有误解偏见，以为"立异好奇"，甚至斥为"禅说"。远在四方的士子学者对阳明的心学多只能雾里看花，他们渴望能看到听到他的心学的言教身教，却又鞭长莫及。正当阳明同储巏讨论师友之道的时候，远在天边的贵阳诸生还来信问学问道，阳明回信说：

诸友书来，间有疑吾久不寄一字者。吾岂遂忘诸友哉？顾吾心方有去留之扰，又部中亦多事，率难遇便；遇便适复不暇，事固有相左者，是以阔焉许时。且得吾同年秦公（秦文）为之宗主，诸友既得所依归，凡吾所欲为诸友劝励者，岂能有出于秦公之教哉？吾是可以无忧于诸友矣，诸君勉之！吾所以念诸友者，不在书札之有无，诸友诚相勉于善，则凡昼之所诵，夜之所思，孰非吾书札乎？……为仁由己，而由乎人哉？诸友勉之！[2]

[1]《王阳明全集》卷二十一《答储柴墟》书二。
[2]《新刊阳明先生文录续编》卷一《寄贵阳诸生》。

甚至黄绾在归天台途中也写信来慨叹从此不得再亲聆謦欬，当面问道受教，说：

> 登舟月余，默验此心，惟宿根难去，时或郁郁不乐，竟不知为何事。此道在人，诚不易得。苟非直前担当，难行能行，非忍能忍，恶可得哉！相去日远，疑将谁质？行将谁考？言之不觉泪下。世事如此，先生归计，亦宜早决。尝见世之父兄责子弟以荣势，至死心犹不灭。堂堂天地，如此人品，古今有几？不求自成，真可惜也。[1]

因此，对阳明来说，为了更好地以圣贤之道自任，广泛吸引士子学者来接受学习阳明的心学思想，打破世人对阳明心学的种种误解、责难与谤议，必须总结自己两年来的讲学论道，尤其要从两年来的讲学论道实践中总结出自己的心学体系，编成一部类似程朱学派的《近思录》一样的性理“教科书”，作为自己心学学派的标志著作，更有效地推广与传播阳明的心学，这在阳明的弟子们都感到十分急迫必要了。门人徐爱出色地担当了这一学派重任——他编辑成了一卷《传习录》。[2]

徐爱一直在祁州任知州，但自阳明进京任职后，徐爱每年都从祁州来京师见阳明受教。[3] 到正德七年六月，徐爱三年考满进京，立即投入到阳明同士子学者的讲学论道中，朝夕受业，与黄绾、穆孔晖、顾应祥一班弟子们同榻共居，谈道论学，受教为最。

[1] 《黄绾集》卷十八《寄阳明先生》书一。

[2] 按：徐爱所编一卷《传习录》，即今《传习录》卷上之前半部。

[3] 按：湛若水《祭徐曰仁文》云：“君既外补，阳明入部。长安卜邻，君时亦造。”（见《横山遗集·附录》）此即指徐爱在正德六年多来京见阳明、甘泉。

黄绾后来说："惟子在祁，数书来慰，情爱绸缪。既又逾岁，湛子使南，子来考绩。乃相与选幽择胜，交相设榻，昼谈夕憩，尽究二子所得之奥。如是者，凡数月而返，余亦遂东归。"[1] 周汝登也说："壬申，爱以知州考满入京师，即同穆孔晖等朝夕受业。冬，升南京工部员外郎。"[2] 从六月入都到十二月随阳明归越，徐爱在都下朝夕受业达半年之久，是徐爱生平问学受教于阳明时间最长的一次，记录下了大量问学受教的语录。因此可以肯定他编《传习录》就是选取正德六年到七年阳明在京讲学的语录辑集成书，其中又主要选取徐爱自己在正德七年六月到十一月向阳明朝夕问道受学的语录汇集成编。所以徐爱编的《传习录》实际是对阳明二年来在京讲学论道的一个思想总结，它包含和概括了一个阳明正德"上国游"时期的心学思想体系。奇怪的是后来钱德洪却认为徐爱编的《传习录》只是收集了徐爱与阳明十二月同舟归越时两人在舟中讲论《大学》宗旨的语录，并且是徐爱在归越后所编成，他说：

> （徐爱）与先生同舟归越，论《大学》宗旨。闻之踊跃痛快，如狂如醒者数日，胸中混沌复开。仰思尧、舜、三王、孔、孟千圣立言，人各不同，其旨则一，今之《传习录》所载卷首是也。[3]

这个说法是错误的，是完全误解了徐爱在《传习录跋》中的说

[1] 黄绾：《祭徐曰仁文》，见《横山遗集·附录》。按《黄绾集》卷二十八有《祭徐曰仁文》，语多有异。
[2] 《圣学宗传》卷十三《徐爱传》。
[3] 钱德洪：《阳明先生年谱》。

法。徐爱在《传习录跋》中说：

> 爱因旧说汩没，始闻先生之教，实是骇愕不定，无入头处。其后闻之既久，渐知反身实践，然后始信先生之学为孔门嫡传，舍是皆傍蹊小径，断港绝河矣。如说格物是诚意的工夫，明善是诚身的工夫，穷理是尽性的工夫，道问学是尊德性的工夫，博文是约礼的工夫，惟精是惟一的工夫。诸如此类，始皆落落难合，其后思之既久，不觉手舞足蹈。

可见徐爱是说自己平日闻阳明之教始无头绪，后来久久思考豁然大悟，不觉手舞足蹈，踊跃痛快，根本不是说在归越舟中闻阳明论《大学》宗旨而如狂如醒，踊跃痛快。徐爱在《传习录题辞》中更明白地说：

> 世之君子，或与先生仅交一面，或犹未闻其謦欬，或先怀忽易愤激之心，而遽欲于立谈之间，传闻之说，臆断悬度，如之何其可得也？从游之士，闻先生之教，往往得一而遗二，见其牝牡骊黄而弃其所谓千里者。故爱备录平日之所闻，私以示夫同志，相与考而正之，庶几无负先生之教云。

可见徐爱是“备录平日之所闻”而成《传习录》，这个“平日之所闻”就是指他在正德六年到七年在京问学受教所闻的语录。事实上，他在正德七年十二月与阳明同舟归越之前就已编成《传习录》，并刻版赠送人。阳明在十一月二十八日写给王华的信中说：

> 男与妹婿只待满期，即发舟而东矣……小录一册奉览，

> 未能多寄。梁太守一册，续附山阴任主簿。廿八日，男守仁百拜。[1]

这里说的"小录"就是指《传习录》，足见《传习录》已在十一月编成，刻版广传，阳明把《传习录》寄给了王华、梁乔（绍兴太守）、任颐（山阴主簿）、储巏（南京户部左侍郎）等人，随即携此录归越以为同绍兴门人学者讲学论道之用了。

显然，徐爱编的《传习录》是阳明重返"上国游"在京讲学论道的思想产物，作为传习的语录，它反映了阳明自龙场之悟以来到正德七年这一段时期的心学思考历程，阳明用编定"传习语录"的形式构建了自己易简的心学体系，为心学学派竖起了一面"心一分殊"的思想旗帜。徐爱在《传习录序》中谈到编这部《传习录》的宗旨说：

> 门人有私录阳明先生之言者。先生闻之，谓之曰："圣贤教人如医用药，皆因病立方，酌其虚实温凉阴阳内外而时时加减之，要在去病，初无定说。若拘执一方，鲜不杀人矣。今某与诸君不过各就偏蔽箴切砥砺，但能改化，即吾言已为赘疣。若遂守为成训，他日误己误人，某之罪过可复追赎乎?"爱既备录先生之教，同门之友有以是相规者，爱因谓之曰："如子之言，即又拘执一方，复失先生之意矣。孔子谓子贡，尝曰'予欲无言'，他日则曰'吾与回言终日'，又何言之不一邪？盖子贡专求圣人于言语之间，故孔子以无言警之，使之实体诸心，以求自得；颜子于孔子之言，默识心通无不

[1] 王守仁：《又上海日翁大人札》，《式古堂书画汇考·书考》卷二十五。

在己，故与之言终日，若决江河而之海也。故孔子于子贡之无言不为少，于颜子终日言不为多，各当其可而已。今备录先生之语，固非先生之所欲，使吾侪常在先生之门，亦何事于此？惟或有时而去侧，同门之友又皆离群索居，当是之时，仪刑既远而规切无闻，如爱之驽劣，非得先生之言时时对越警发之，其不摧堕靡废者几希矣。吾侪于先生之言，苟徒入耳出口，不体诸身，则爱之录此，实先生之罪人矣；使能得之言意之表，而诚诸践履之实，则斯录也，固先生终日言之之心也，可少乎哉！”录成，因复识此于首篇以告同志。

徐爱指出阳明的传习语录之“言”蕴含了阳明的心学思想之“意”，但对它们要“默识心通”，以心体道，悟言外之意，“得之言意之表”；如果把它们当作教条，规规于言语之间，那就会拘执一方，被语言所缚，反失阳明心学之“意”。因此读《传习录》，受阳明传习之教，关键还在于要践履实行，不能“徒入耳出口，不体诸身”。这是从知行合一的高度去认识阳明的心学，强调既要从“知”上“得之言意之表”，又要从“行”上“诚诸践履之实”，充分体现了《传习录》的根本的心学实践精神。

徐爱编的语录体的《传习录》，可以说是阳明生平对自己自弘治十八年归心白沙之学（乙丑之悟）以来形成的心学思想的第一次总结。徐爱在《传习录题辞》中精辟点明了阳明的心学体系形成发展的悟入进路说：

先生于《大学》“格物”诸说，悉以旧本为正，盖先儒所谓误本者也。爱始闻而骇，既而疑，已而殚精竭思，参互错综以质于先生，然后知先生之说若水之寒，若火之热，断

> 断乎百世以俟圣人而不惑者也。先生明睿天授，然和乐坦易，不事边幅。人见其少时豪迈不羁，又尝泛滥于词章，出入二氏之学，骤闻是说，皆目以为立异好奇，漫不省究。不知先生居夷三载，处困养静，精一之功固已超入圣域，粹然大中至正之归矣。

阳明是从“格物”的思路悟入建构了自己的“心一分殊”的心学体系。这里说的“先儒”就是指朱熹。与朱熹根据已定本《大学》把“格物”解说为格求外物之理（格物穷理），建立了“性学”的思想体系不同，阳明却是根据古本《大学》把“格物”解说为格求心中之理（正心正念头），建立了自己的“心学”的思想体系。这一以心为本体、以格物为工夫论的心学本体工夫论体系，就是徐爱在《传习录跋》中说的“格物是诚意的工夫，明善是诚身的工夫，穷理是尽性的工夫，道问学是尊德性的工夫，博文是约礼的工夫，惟精是惟一的工夫”的心学体系：

诚意是本体论，格物是工夫论；
诚身是本体论，明善是工夫论；
尽性是本体论，穷理是工夫论；
尊德性是本体论，道问学是工夫论；
约礼是本体论，博文是工夫论；
惟一是本体论，惟精是工夫论。

在《传习录》中，阳明对这六个向度的本体工夫论关系都作了明晰的规定，从而从哲学上建构起了一个心外无理—格物正心—知行合一的心学本体工夫论体系——这就是“心一分殊”的心学体系。一卷《传习录》突显了阳明这一“心一分殊”的心学本体工夫论体系的三大逻辑环节：

1. 心即理，心外无理，心外无物。这是阳明心学的本体论思想，《传习录》中作了重点阐释。当徐爱问“至善只求诸心，恐于天下事理有不能尽”时，阳明断然说：“心即理也。天下又有心外之事，心外之理乎?”理在吾心，故当求理于心，不能求之于事事物物，他具体分析说：“且如事父，不成去父上求个孝的理；事君，不成去君上求个忠的理；交友治民，不成去友上、民上求个信与仁的理，都只在此心，心即理也。”心为本体，因此求理必须就心上讲求，“只是就此心去人欲、存天理上讲求”，“恐怕有一毫人欲间杂，只是讲求得此心”。阳明正是用这种心即理的本体论展开了他的心学体系的本体工夫论的多层次建构。如他论述“诚意”与“格物”的本体工夫论关系说：

> 身之主宰便是心，心之所发便是意，意之本体便是知，意之所在便是物。如意在于事亲，即事亲便是一物；意在于事君，即事君便是一物；意在于仁民爱物，即仁民爱物便是一物；意在于视听言动，即视听言动便是一物。所以某说无心外之理，无心外之物。《中庸》言“不诚无物”，《大学》“明明德”之功，只是个诚意。诚意之功，只是个格物。

他又论述“约礼”与“博文”、“惟一”与“惟精”的本体工夫论关系说：

> “礼”字即是“理”字。理之发见可见者谓之文，文之

> 隐微不可见者谓之理，只是一物。约礼只是要此心纯是一个天理。要此心纯是天理，须就理之发见处用功。如发见于事亲时，就在事亲上学存此天理；发见于事君时，就在事君上学存此天理；发见于处富贵贫贱时，就在处富贵贫贱上学存此天理；发见于处患难夷狄时，就在处患难夷狄上学存此天理；至于作止语默，无处不然，随他发见处，即就那上面学个存天理。这个便是博学之于文，便是约礼的工夫。"博文"即是"惟精"，"约礼"即是"惟一"。

这就是阳明的"心一分殊"的心学，同朱熹的"性一分殊"的性学不同。在这里，"心一"就是指心本体（体），"分殊"就是指工夫（用）。

2. 格物正心，至善求理。这是阳明心学的工夫论思想。阳明认为理在吾心，故反对向外就事事物物求理。当徐爱问"朱子以为'事事物物皆有定理'，似与先生之说相戾"时，阳明断然说："于事事物物上求至善，却是义外也。至善是心之本体，只是'明明德'到'至精至一'处便是。"当郑朝朔问"至善亦须有从事物上求者"时，阳明也断然说："至善只是此心纯乎天理之极便是，更于事物上怎生求?"因此与朱熹把《大学》的"格物"解说为"穷理"、格求外物之理不同，阳明把《大学》的"格物"解说为"正心"，"正念头"，格物就是格正心中之理，说：

> 格物，如《孟子》"大人格君心"之"格"，是去其心之不正，以全其本体之正。但意念所在，即要去其不正以全其正，即无时无处不是存天理，即是穷理。天理即是"明德"，穷理即是"明明德"。

阳明认为至善是心之本体，至善即理，因此“格物”就是格求心中之“至善”。至善是本体，格物是工夫，阳明论“至善”与“格物”的这种本体工夫论关系说：

> 爱问：“昨闻先生‘止至善’之教，已觉功夫有用力处。但与朱子‘格物’之训，思之终不能合。”先生曰：“格物是止至善之功，既知至善，即知格物矣。”爱曰：“昨以先生之教推之‘格物’之说，似亦见得大略。但朱子之训，其于《书》之‘精一’，《论语》之‘博约’，《孟子》之‘尽心知性’，皆有所证据，以是未能释然。”先生曰：“子夏笃信圣人，曾子反求诸己。笃信固亦是，然不如反求之切……‘精一’‘博约’‘尽心’本自与吾说吻合，但未之思耳。朱子‘格物’之训，未免牵合附会，非其本旨。精是一之功，博是约之功。”

可见阳明正是从“格物”的工夫论路径悟入“吾性自足”“心外无理”，确立了至善（心体）与格物（工夫）的本体工夫论关系，构建了“心一分殊”的心学体系的逻辑结构。

3. 知行合一，良知良行，格物、尽心、知性、知天。这是“格物”的工夫论的进一步展开。阳明的“知行合一”思想发端于“龙场之悟”，确立了“知是行的主意，行是知的工夫；知是行之始，行是知之成”的心学工夫论原则。至正德五年阳明又同周衝作了进一步的探讨，从哲学的高度确立了“行之明觉精察处即是知，知之真切笃实处即是行”的心学实践原则。在《传习录》中，阳明对知行合一又作了深度的诠释，提出了“真知行”，认为知行合一要从心本体上下工夫，知与行才不被私欲私意隔断。

他分析说：

> （认知与行是两件）此已被私欲隔断，不是知行的本体了……圣贤教人知行，正是要复那本体（心），不是着你只恁的便罢。故《大学》指个真知行与人看，说“如好好色，如恶恶臭”。见好色属知，好好色属行，只见那好色时已自好了，不是见了后又立个心去好……此便是知行的本体，不曾有私意隔断的。圣人教人，必要是如此，方可谓之知。不然，只是不曾知。此却是何等紧切着实的工夫！

这就是说，知与行都是安复心本体的“格物”（正心求理）的同一工夫，是不能隔断为两件事的。知行都是格物的工夫，是格物实践过程的展开，“格物”的工夫在具体的道德修养与认知过程中表现为“知行合一”。阳明由此把“格物”同“尽心”“知性”“知天”联系起来，把“知行合一”看成是格物、尽心、知性、知天的同一连续不隔的道德修养过程。他说：

> “曰仁既明知行合一之说，此可一言而喻。尽心、知性、知天，是生知安行事；存心、养性、事天，是学知利行事；夭寿不贰，修身以俟，是困知勉行事。朱子错训‘格物’，只为倒看了此意，以‘尽心知性’为‘物格知至’，要初学便去做生知安行事，如何做得？”爱问：“‘尽心知性’何以为‘生知安行’？”先生曰：“性是心之体，天是性之原，尽心即是尽性。‘惟天下至诚为能尽其性，知天地之化育。’存心者，心有未尽也。知天，如知州、知县之知，是自己分上事，已与天为一……”

阳明的最后结论就是：“身之主宰便是心；心之所发便是意；意之本体便是知；意之所在便是物”，“诚意之功，只是个格物”。这里已包含了后来他提出的“王门四句教”的雏形。正是从这种知行合一的“真知真行”出发，阳明提出了“良知良行”，说：

> 知是心之本体。心自然会知，见父自然知孝，见兄自然知弟，见孺子入井自然知恻隐，此便是良知不假外求。若良知之发，更无私意障碍，即所谓“充其恻隐之心，而仁不可胜用矣”。然在常人不能无私意障碍，所以须用致知格物之功胜私复理。即心之良知更无障碍，得以充塞流行，便是致其知。知致则意诚。

阳明的“良知”说滥觞于正德五年与周衝的讲学论道，在徐爱编的《传习录》中，阳明进一步把“良知良行”同“知行合一”联系起来，认为“真知行”就是“良知良行”，“知行合一”才是“良知良行”，心之良知的充塞流行，便是“致其知”（致良知）。但阳明这时的心学体系是以“诚意”为主，所以他把“致知”（致良知）只看成是“诚意”的工夫，这表明在阳明“龙场之悟”以来形成的心学体系中，也就是在正德十四年“良知之悟”之前的心学体系中，“良知”与“致良知”还并不是阳明的心学体系的核心主体观念。

显然，在徐爱编的《传习录》中，阳明的心学体系是以“诚意”为主，还不是以“致知”（致良知）为主。这是由他这时从“格物”的致思进路上悟入心学体系而还没有从“致知”的致思进路上悟入心学体系所决定的。《大学》中的八目次序，是格物—致知—正心—诚意—修身—齐家—治国—平天下。朱熹以

"格物"为主，建立了"性一分殊"的性学体系，主张敬知双修。阳明反其道而行之，他以"诚意"为主，建立了"心一分殊"的心学体系，主张知行合一。后来到正德十三年"良知之悟"前夕，阳明揭开了他的以"诚意"为主的心学体系的秘密说：

> 蔡希渊问："文公《大学》新本先格致而后诚意工夫，似与首章次第相合。若如先生从旧本之说，即诚意反在格致之前，于此尚未释然。"先生曰："《大学》工夫即是明明德；明明德只是个诚意；诚意的工夫只是格物致知。若以诚意为主，去用格物致知的工夫，即工夫始有下落，即为善去恶无非是诚意的事。如新本先去穷格事物之理，即茫茫荡荡，都无着落处；须用添个'敬'字，方才牵扯得向身心上来，然终是没根源……正谓以诚意为主，即不须添'敬'字，所以提出个诚意来说，正是学问的大头脑处。于此不察，真所谓毫厘之差，千里之谬。大抵《中庸》工夫只是诚身，诚身之极便是至诚；《大学》工夫只是诚意，诚意之极便是至善，工夫总是一般。今说这里补个'敬'字，那里补个'诚'字，未免画蛇添足。"[1]

在"格物—致知—正心—诚意"的环节上，朱熹根据《大学》，建立了以"格致"为"大头脑"的"性一分殊"的性学体系；阳明根据《大学》与《中庸》，先是从"格物"的致思进路上悟入"心外无理"与"知行合一"，建立了以"诚意"为"大头脑"的"心一分殊"的心学体系；六年以后，阳明才从"致知"的致

[1] 《传习录》卷上后半部，由陆澄、薛侃编入。

思进路上悟入“良知”与“致良知”，建立了以“致知”为“大头脑”的“致良知”的心学体系。前者为“龙场之悟”，后者为“良知之悟”。

从存在论的哲学视阈看，阳明的“心一分殊”的心学，可以称是一个追问“人的存在”（人心）问题的存在论体系。在中国的传统文化思想中，“道”是一个形上的本体存在，而“人”是一个此在的存在者。存在论哲学的人文关怀是追问“存在”的意义，但对“存在”问题的追问必须奠基于对“此在”（人）的分析之上，此在是通向存在的大门。[1] 此在即人，此在即人心，故对此在（人）的追问就转化为对心（精神自我，意识主体）的追问，“人心”（此在）在阳明的心学中居于中心地位，是通向“存在”的大门。因为此在都是一种在世存在，此在的在世现身遮蔽了此在自身，走向了此在的沉沦与异化，心的在世存在被物欲所遮蔽，走向了心的异化、沉沦与堕落。因此必须通过道德的修养工夫（正心，致良知）来“去蔽”，使心由“遮蔽”返归“澄明”，由非本真状态回归本真状态，实现异化的复归—复心（人心复明）。因此阳明的心学实际是一个“复心”的人心救赎体系，同朱熹“复性”的人性救赎体系相对。朱熹走着此在“复性”的人性救赎之路，阳明走着此在“复心”的人心救赎之路。

徐爱编的《传习录》，还只是阳明宏大的全本《传习录》“心学交响乐”的第一乐章，它充满了对朱学的批判精神，发出了“人心复归”的呼唤，成为后来阳明在南都同尊朱学者展开朱陆异同论战的“圣经”。《传习录》的编订，宣告了阳明暗淡短暂的

[1] 参见海德格尔《存在与时间》。

第二次"上国游"的结束，他就是怀揣着这部《传习录》逃离京师向南都进发了。

"南都之图"："上国游"的放逐

阳明的第二次"上国游"其实来得不是时候，使他一进京师"上国游"就陷入了困境，政治上难有作为，蹭蹬困厄于仕途。刘瑾伏诛以后，武宗依旧故我，他的专断淫乱与宠信阉竖佞臣变本加厉，朝廷凶险的乱象有增无已，政局动荡不宁，比之刘瑾弄权时期有过之无不及，使阳明心头顿生逃离京师南奔的忧惧。武宗对"瑾党"清洗不力，显赫的张永取代了刘瑾的地位，开始了张永擅权的时代，在京亲睹这一幕的阳明愤懑地说："永斋用事，势渐难测，一门二伯，两都督，都指挥、指挥十数，千百户数十，甲第、坟园、店舍，京城之外，连亘数里，城中卅余处，处处门面，动以百计。"谷大用、丘聚依旧爱幸有加，新宠的"外四家"钱宁、江彬、许泰、刘晖势焰炽张，盖过了当年的"八虎"。武宗把那班谄媚有方的太监奴卒与市井狡黠无赖都收为"义子"，单在正德七年（1514年）九月竟一次赐"义子"一百二十七人为"国姓"，以永寿伯朱德、都督朱宁、朱安为首，朱国、朱福、朱刚都升都督。江彬骁勇狡险，尤善谄媚皇上，他通过贿赂钱宁进了豹房，得以服侍武宗，升左都督，冒朱姓为"义儿"，同武宗亲密同卧起居，宠在钱宁之上。他妄请武宗尽调辽东、宣府、大同、延绥四镇边兵入京操练，防卫京师。这些进京的边卒边将骄横难驯，武宗配合他在豹房的淫乐，命江彬在西苑练兵，习营阵，校骑射，作角觝戏嬉，伶优乐工奏唱艳靡之音。阳明居住在长安灰厂，日夜听到从西苑与宫中传来的操练呐喊，火炮鼓噪，同丝竹钟磬歌舞的曼曲淫调交织，震骇京师，骚扰人心，阳明也已经无法安坐在吏部郎中的冷板凳与讲学论道的冷讲席上了。

最使阳明骇惧的还是武宗沉湎在豹房的淫乐中，不理朝政，不御经筵，每月只偶尔朝见一两次。朝臣眼睁睁地看着秘淫的武宗没有子嗣，东宫虚位，忧心如焚。而武宗潜隐在“豹变”的云雾里，神龙不见首尾，连大臣都不知“豹房”是何物，武宗究竟在豹房中干什么。武宗登极当皇帝时还只有十五岁，已经好秘术淫乐。在正德二年他就遣刘瑾开始秘密营造豹房，建在皇城西苑太液池西南岸，到正德七年全部完工，耗银二十四万余两，起重重亭台楼阁，外建校场，内修佛寺，更大造密室于两厢，勾连栉比，有如迷宫。奇怪的是里面还装模作样养文豹一只，《涌幢小品》上说：“西苑豹房畜文豹一只，役勇士二百四十人，岁廪二千八百余石，又占地十顷，岁租七百金，此皆内臣侵牟影射之资。”养豹勇士佩戴豹字铜牌，正面画豹像，横刻“豹字××××号”；背面刻文六行曰：“随驾养豹官军勇士，悬带此牌，无牌者依律论罪，借者及借与者罪同。”一只文豹难道要用二百四十名勇士来养吗？显然养文豹、建校场之类都是一种表面遮人耳目的掩盖，武宗真正不可告人的“帝心”是要学文豹的“豹变”与“豹淫”，在豹房中修“御女”的房中秘术。豹房里养的真正的“文豹”是武宗自己，那一排排“密室”里就藏着供武宗御女享用的美女娇娃，那些养豹勇士就是保卫武宗“御女”豹淫的贴身武夫，那些佛寺就是豢养着一班给武宗提供御女房中秘术密法的神僧异人。后世居然说豹房是仿元朝饲养虎豹的动物房建造的养豹房，是武宗勤政的处理朝事之地，把武宗美化为一个“游龙戏凤"的风流皇帝，是太低估武宗皇帝"文豹"般的狂躁"淫心"了。武宗本就是一个耽迷佛道修炼长生秘术的淫棍（金刚杵），在正德二年，有人向他推荐说，锦衣卫指挥同知于永擅长"阴道秘术"，武宗马上把于永召进豹房。于永是色目人，他便说回族女子气质白润娇媚，光艳夺目，大胜过中原地区的女子。他知道都督吕佐也是色目人，便假造圣旨索取吕佐家中善跳西域旋舞的十二名回族女子，进献给武宗。另又将色目人官员家中能歌善舞的女子统统选入豹房。有的干脆就是武宗自己下诏命令回籍达官贵人将家中年轻貌美的女子轮流送豹房"承应"，甚至命令于永将自己的老婆送进豹房供他"御女"，吓得于永用一个邻家的回族女子冒充送进豹房，自己赶快致仕逃命。所谓"承应"其实就是"御女"。仅此已足可见"豹房"不过是武宗的"皇家淫窟"而已。"大庆法王"武宗在西化门豹房的淫乱，令人想起他的"同时代人"——《金瓶梅》里的"西门庆"[奇怪的是武宗皇宫里还真有一个叫郑金莲（莲花）的宫女]。后来大臣把武宗没有子嗣归罪于于永、绰吉我些儿的"阴道秘术"，不知这也是武宗这个荒淫的"西门庆法王"咎由自取。[1]

豹房里的佛寺就是供养着那班"善道术"的异人，尤其是供养着那班精秘术密法的西域番僧。武宗在豹房密室中玩的"豹淫"的秘术，就是一种男女双修的淫欲密法。武宗尤好西域番教秘术，为此他自学胡语，自名"忽必烈"（Qubilai，英武之王），习回食，自名"沙吉敖烂"（Sahigrlan，少年王），习藏教密法，

[1] 参见《明武宗实录》"正德二年十二月辛卯"条。又《国榷》卷四十六："（正德二年十二月辛卯）锦衣卫都指挥同知于永致仕。上召永女，以邻女进。惧泄，自免，子承袭指挥同知。永专导淫，上虽习其术，不能恒御女，致有宗祧之恨。"

自名“领占班丹”。正德元年他一登极为帝，就召领占竹至京，封为灌顶大国师，又封卜坚参、札巴藏卜为法王，封那卜领占、绰即罗竹为西天佛子。到正德二年建豹房，修佛寺，马上把通秘术密法的乌思藏大法王绰吉我些儿请进豹房佛寺，传授欢喜密法与房中御女秘术。正德五年，武宗自命为“大庆法王”，铸“大庆法王西天觉道圆明自在大定慧佛”金印一颗，定为“天字第一号”。到正德六年阳明入京时，绰吉我些儿已以一个精通密法秘术出入豹房的大法王名响京师，招致大臣的上疏抗论。二月十八日，大学士李东阳等人上疏请停豹房造佛寺，禁番僧绰吉我些儿等进出豹房传授秘术，武宗不予理睬。[1] 这些番僧竟上奏乞讨一百顷田，为武宗这个“西门庆”建造大庆王下院。吏部侍郎傅珪上书奏劾番僧说：“法王何为者，至与尊号并立，大不道，当诛！”武宗却下诏“不问其妄”[2]。这时刚好阳明进入京师，又在吏部任职，熟知事情内幕，对他是一个极大震动，成为他正德七年上《为急大本以图治安以尽修省事》与《自劾不职以明圣治事疏》、正德十年上《论乌思藏绰吉我些儿疏》与上《谏迎佛疏》的最初动因。

阳明在京师，很快看穿了在“豹房”里淫乱的武宗的真嘴脸。早在正德六年四月，阳明来京师还不到两月，书办官刘淮以刘瑾党人被告下锦衣狱，事牵王华。刘淮指认王华与原任户部尚书顾佐、刑部尚书屠勋、刑部尚书韩邦问、刑部右侍郎沈锐、布政使陆珩皆托刘淮贿赂刘瑾。武宗下命各巡按御史逮捕法治，最

---

[1] 按：《国榷》卷四十八：“（正德六年二月己亥）大学士李东阳等，请停京城内外工役，及豹房造寺，禁番僧出入。不报。时番僧绰吉我些儿以秘术幸，故言及之。”

[2] 见《国朝献征录》卷三十三《礼部尚书傅珪传》。

后却勒令"俱赎杖释遣"[1]。致仕的王华平白无辜受了赎杖的奇耻大辱，这对刚来京师积极进取的阳明是一个不小的当头棒击，他想上本奏辨也未成。其实贿赂刘瑾的并不是王华，而是黄珣，陆深在《海日先生行状》中谈到这件事说：

> 既而有以同年友事诬毁先生于朝者，人咸劝先生一白。先生曰："某吾同年友，若白之，是我讦其友矣。是焉能浼我哉?"竟不辨。后新建复官京师，闻士夫之论，具本奏辨。先生闻之，即驰书止之曰："是以为吾平生之大耻乎？吾本无可耻，今乃无故而攻发其友之阴私，是反为吾求一大耻矣。人谓汝智于吾，吾不信也。"乃不复辨。[2]

这里说的"同年友"就是指黄珣。武宗一系列阴差阳错的判案充分暴露了刘瑾伏诛以后朝局的混乱与危机，使阳明感到不寒而栗。武宗骨子里既不想惩治铲除阉瑾余党，也不想起用被贬被逐的正臣。就在王华被诬奏、遭辱的同时，又发生了宿进奏论刘瑾余党遭杖脊削籍、王崇庆援救宿进被投锦衣狱、阳明弟子王元凯奏救王崇庆致仕罢归的连环大案，使阳明不能再沉默了。先是刑部员外郎宿进（正德三年会元）在四月上奏请求抚恤因忤逆瑾而死的内臣王岳、范亨及言官许天锡、周钥，斥罢附刘瑾大臣兵部尚书王敞及内侍余党。武宗大怒，将宿进逮至午门外杖脊五十，削职为民，朝臣噤不敢言。到六月才有户部主事王崇庆出来上疏申救宿进，疏说：

---

[1] 见《明武宗实录》卷七十四，《国榷》卷四十八。
[2] 参见杨一清：《海日先生墓志铭》。

> 刑部主事宿进偶以疏奏上闻，意者不知忌讳，误渎宸聪，诚为有罪。但据其职分，虽不免出位，而原其本心，实不过于爱君。夫其心爱君，则其情可矜；其情可矜，则其狂可恕矣。向使宿进之言是，天下必望陛下采择，以为圣治之助；使进之言非，天下必望陛下优容，以励敢言之风。伏望陛下明开日月，永鉴壅蔽之源；量普乾元，曲示生成之造。俯察臣愚一得之见，以安天下久叛之心，仍复宿进官职，将臣放归田里，以赎宿进之罪。使天下闻之，史官书之，皆仰赞陛下之圣德雅量，足以光匹尧舜，岂不伟哉！[1]

王崇庆上书更惹恼了武宗，六月十七日，武宗下诏将王崇庆投入锦衣狱。直到九月，王崇庆才出狱，谪为广东肇庆府德庆州寿康驿驿丞。王崇庆的上疏乞宥言官，惊人相似地重演了当年阳明上疏被贬为龙场驿驿丞的命运。阳明尚有所顾忌未敢言，他的刚任兵科给事中的弟子王元凯禁不住拍案而起，上疏援救王崇庆。武宗更为震怒，也逮王元凯下狱。到十月王元凯才出狱，逐归田里。[2] 阳明到这时不能已于言了，在告别王元凯时，他作了一篇《赠王尧卿序》，愤慨地说：

> 终南王尧卿为谏官三月，以病致其事而去，交游之赠言

---

[1] 按：王崇庆字德徽，号端溪先生。正史不载其人其事。今河南省濮阳县档案馆藏有明本《端溪先生年谱图》，可见其详。

[2] 按：《民国盩厔县志》卷六：“王元凯，字尧卿，号终南。弘治辛酉举于乡，与弟元正同登正德辛未进士，授兵科给事中。因主事王崇庆以谏忤系狱，凯论救。武宗怒，诏逮对状，凯曰：‘主事部因言系狱，元凯谏官得罪，分也。’寻释崇庆，而凯致仕归，立朝才四十日耳。”

> 者以十数，而犹乞言于予。甚哉，吾党之多言也！夫言日茂而行益荒，吾欲无言也久矣。自学术之不明，世之君子以名为实。凡今之所谓务乎其实，皆其务乎其名者也，可无察乎？尧卿之行，人皆以为高矣；才，人皆以为美矣；学，人皆以为博矣，是可以无察乎？自喜于一节者，不足与进于全德之地；求免于乡人者，不可以语于圣贤之途。气浮者，其志不确；心粗者，其造不深；外夸者，其中日陋。已矣，吾恶夫言之多也！虎谷有君子，类无言者。尧卿过焉，其以予言质之。[1]

序说王元凯是“以病致其事而去”，是一种愤激的无奈之言，说“言日茂而行益荒”“尧卿之行，人皆以为高矣”，才道出了事情的真相。阳明批评了朝廷的名实颠倒、言行不副，指斥武宗与朝臣们貌似“凡今之所谓务乎其实”者，实不过“皆其务乎其名者也”。所谓“气浮者，其志不确；心粗者，其造不深；外夸者，其中日陋”，道出了弥漫朝廷上下的人心腐败、政事糜烂的苟安氛围。阳明所言并非危言耸听。在刘瑾伏法以后，武宗贬逐正臣越发肆无忌惮。就在六月，与他下诏将王崇庆投锦衣狱同时，又将阳明弟子、礼科给事中陈鼎逮锦衣狱。原来有一镇守河南的太监廖堂是福建人，暗中帮他的弟弟廖鹏之子廖铠冒籍河南中了乡试，士论沸腾，但都畏于廖堂、廖鹏的凶焰不敢言。给事中陈鼎发难上章揭发其事，廖铠被除名。廖堂、廖鹏怀恨在心，乘陈鼎上章陈弭盗机宜之时，廖堂唆使某个权幸（钱宁）摭拾了陈鼎上章中语向武宗告发，诬称陈鼎曾籍没平江伯的资产，附刘瑾增估物价，

[1]《王阳明全集》卷七。

从中侵盗。武宗大怒，将陈鼎下锦衣狱拷掠，亲下旨说：“陈鼎这厮，阿附刘瑾，夤缘要去变卖陈熊置买庄田、店房，指物卖价，勒要银两数多，尅落入已，不畏法度。锦衣卫拏送镇抚司，好生打着！”[1] 吏部尚书杨一清出面解救，武宗仍强词夺理下旨说：“陈鼎曲意奉承刘瑾，指物卖价，勒要银两数多，好生不职，本当治罪。你每既这等说，姑免查究，发回原籍为民。”陈鼎出狱，削职为民。[2] 这也是阳明说的“言日茂而行益荒”的荒唐之事。阳明在吏部任职，杨一清的援救陈鼎，可能也是出于阳明的请求。杨一清在援救陈鼎所上的《为乞恩宥过以全国体事》中称“臣等”，就包括吏部主事阳明在内。弟子的冤案，对为师的阳明不啻又是一个打击。武宗制造的这类冤案、诬案、错案、血案数不胜数，以至于后来监察御史施儒在正德九年上言“八事”，其一就是“宥言官”，说：“比岁给事中陈鼎、王昂，御史贺泰、周广、孟洋，主事宿进、王崇庆、曹琥等，各以言获罪，乞悉还原职，以示悔悟之实。”武宗如此奴豕朝臣，专断独裁，随意加罪加辱加戮，朝廷已成凶险之地，正直的朝官已经无法在朝立足，阳明也萌生了退意，决意逃离京师了。

早在正德六年五月，阳明在给王华的家书中就流露了养病归居的念头。信里谈到自己的处境说：

> 寓都下男王守仁百拜书上父亲大人膝下：前月王寿与来隆去，从祁州下船归，计此时想将到家矣。迩惟祖母老大人、母大人起居万福为慰。男辈亦平安。媳妇辈能遂不来极好，

［1］《杨一清集·吏部献纳稿·为乞恩囿过以全国体事》。
［2］见《杨一清集·吏部献纳稿·为乞恩宥过以全国体事》，《明史》卷一百八十八《陈鼎传》，《国榷》卷四十八。

> 倘必不可沮，只可带家人、媳妇一人，衣箱一二只，轻身而行。此间决不能久住，只如去岁江西，徒费跋涉而已。来隆去后，此间却无人，如媳妇辈肯不来，须遣一人带冬夏衣服，作急随便船来。男迩来精神气血殊耗弱，背脊骨作痛已四五年，近日益甚。欲归之计非独时事足虑，兼亦身体可忧也。闻欲起后楼，未免太劳心力，如木植不便，只盖平屋亦可。余姚分析事，不审如何？毕竟分析为保全之谋耳。徐妹夫处甚平安。因会稽李大尹行，便奉报平安。省侍未期，书毕，不胜瞻恋之至。五月三日，王守仁百拜。[1]

阳明说的"非独时事足虑"，是指明朝的整个岌岌可危的国家时局而言。在正德六年，由于武宗的倒行逆施，明朝动荡不宁的内忧外患达到了高潮，外有鞑靼小王子的频频入侵，内有流民农民起义遍布全国，烽火四起，天下骚乱，以至于阳明惊呼"十三省惟吾浙与南直隶无盗"。其实他更没有料到在他说了这句话后，刘六、刘七就把起义的大火烧进了南直隶。所以最使阳明日夜关注焦虑的"时事"，还不是武宗的专断淫乱，阉党的擅权弄政，而是遍布全国十三省的流民农民起义，尤其是河北爆发的声势浩大的刘六、刘七起义，最终成为阳明逃离京师南奔"无盗"的南直隶去做官的直接原因。

刘六、刘七起义在正德五年爆发于霸州，震动京畿。到正德六年正月阳明进京经过河北时，正逢刘六、刘七率军攻占安肃县，从狱中救出同党头领齐彦名。攻掠文安，与赵鐩部会于河间。义军由京畿进入山东，纵横来去，势如烈火燎原。三月，义军一连

[1] 王守仁：《寓都下上大人书》。按：此书手札真迹藏中国历史博物馆。

攻克博野、饶阳、南宫、无极、东明等县，攻破滨州、临朐、临淄、昌乐、日照、蒲台、武城、阳信、曲阜、泰安等州，势如破竹，明军望风奔溃，百姓开门迎接。吏部尚书杨一清上奏选用大将及文臣有用兵之才者提督军务。阳明在杨一清吏部下任职，他看在眼中，忧在心里。五月，朝廷加提督军务马中锡为左都御史，统率京营兵征讨；升何鉴为兵部尚书，提出分兵围剿之策。却依旧挡不住义军锋锐，兵败如山倒。六月，赵鐩、刘三、邢老虎、杨虎分掠河南，刘六、刘七、齐彦名分掠山东。赵鐩、刘三部由河南、山西深入文安、河间，再由山东阳信、海丰攻向西南上江；刘六、刘七部由山东、河南出湖广、江西，攻克长清、齐河等县，直抵霸州，复还山东，攻向东南下江。义军纵横驰骋，如入无人之境，举朝一片惊骇。阳明家书中说的“时事可虑”，首先就是指刘六、刘七起义军的横行黄河南北，大江上下，腐败的朝廷无力平定。阳明甚至从遍布十三省的农民流民起义预感到了明王朝的摇摇欲坠，慨叹“时事到此，亦是气数”，“未知三四十年间，天下事又当何如也”，明王朝已经到了“病革临绝之时”，甚至写信要远在绍兴的家人也做好天下大乱的避世准备。他的好友湛若水、方献夫、黄绾和他抱着同样悲观的看法，认为当今昏君武宗朝的统治时代不是“我辈”进取有为的时候，四人相约共同“告病”归居，山林讲学论道，以退为进，盼望有道新君出世，待时而出。

到正德六年八月，朝内外的形势更加严峻，四人商定了告病退隐归居的办法。方献夫第一个在九月告病归西樵。湛若水因忽然在九月三十日奉命出使安南封国，推迟了告病归居的时间。黄绾到正德七年九月也谢病归天台，他在归天台的路上还写信给阳明催促说：“世事如此，先生归计，亦宜早决。”阳明在正德七年二月也上了告病归居的奏章[1],但却为吏部尚书杨一清所阻,他在三月反升阳明为吏部考功清吏司郎中,极力挽留。这使阳明处在了“进退两难之地”。但他去意已决,无奈之下,他改作南都之图,跳出京师是非纷争旋涡,往南直隶任职。五月,阳明上了乞往南都任职章。[2] 就在他上南都任职章前夕,他写了一篇特长的家书给父王华,详细分析了朝中糜烂蜩螗、大祸将兴的政局与自己逃离京师“但得渡江而南”的真正原因,对摇摇欲坠的明王朝作了一个凶险至极的预言:

> 父亲大人膝下:毛推官来,□大人早晚起居出入之详,不胜欣□。弟恙尚不平,而祖母桑榆暮□,不能□。为杨公所留,养病致仕皆未能遂,殆亦命之所遭也。人臣以身许国,见难而退,甚所不可,但于时位出处中,较量轻重,则亦尚有可退之义,是以未能忘情;不然,则亦竭忠尽道,极吾心力之可为者死之而已,又何依违观望于此,以求必去之路哉!昨有一儒生,素不相识,以书抵男,责以“既不能直言切谏,而又不能去,坐视乱亡,不知执事今日之仕为贫乎?为道乎?不早自决,将举平生而尽弃,异日虽悔,亦何所及”等语,读之良自愧叹。交游之中,往往有以此意相讽者,皆由平日不务积德,而徒窃虚名,遂致今日。士夫不考其实,而谬相指目,适又当此进退两难之地,终将何以答之?反己自度,此殆欺世盗名者之报,《易》所谓“负且乘,致寇至”者也。

[1] 按:阳明《与湛甘泉》书二云:“养病之举,竟为杨公所抑,在告已逾三月。”(《嘉靖增城县志》卷十七《外编杂文类》)阳明此书作在五月,则其上养病章在二月。

[2] 按:阳明《与湛甘泉》书二云:“南都之说,忍未能与计,亦终必得之。”阳明此书作在五月,则阳明上乞南都任职章在五月。

近甸及山东盗贼奔突（按：指刘六、刘七起义），往来不常。河南新失大将，贼势愈张。边军久居内地，疲顿懈弛，皆无斗志，且有怨言，边将亦无如之何。兼多疾疫，又乏粮饷，府库内外空竭，朝廷费出日新月盛。养子、番僧、伶人、优妇居禁中以千数计，皆锦衣玉食。近又为养子盖造王府，番僧崇饰塔寺，资费不给，则索之勋臣之家，索之戚里之家，索之中贵之家；又帅养子之属，遍搜各监内臣所蓄积；又索之皇太后。皇太后又使人请太后出饮，与诸优杂剧求赏；或使人给太后出游，而密遣人入太后宫，检所有尽取之。太后欲还宫，令宫门毋纳，固索钱若干，然后放入。太后悲咽不自胜，复不得哭。又数数遣人请太后，为左右所持，不敢不至；至即求厚赏不已。或时赂左右，间得免请为幸。宫苑内外，鼓噪火炮之声，昼夜不绝，惟大风雨或疾病，乃稍息一日二日。臣民视听习熟，今亦不甚骇异。永斋（按：指张永）用事，势渐难测，一门二伯，两都督，都指挥、指挥十数，千百户数十，甲第、坟园、店舍，京城之外，连亘数里，城中卅余处，处处门面，动以百计。谷马（按：指御马太监、谷大用）诸家，亦皆称是，榱桷相望，宫室土木之盛，古未有也。大臣趋承奔走（按：指李东阳、费宏、杨廷和辈），渐复如刘瑾时事，其深奸老滑甚于贼瑾，而归怨于上，市恩于下，尚未知其志之所存，终将何如。春间黄河忽清者三日，霸州诸处一日动地十二次，各省来奏山崩地动、星陨灾变者，日日而有。十三省惟吾浙与南直隶无盗。近闻□中诸□颇黠桀（按：指军中诸阉），按兵不动，似有乘弊之谋，而各边谋将又皆顿留内地，不得归守疆场，是皆有非人谋所能及者。七妹已到此，初见悲咽者久之，数日来喜极，病亦顿减，颜色遂平复。大抵皆因思念乡土，欲见父母兄弟而不可得，遂致如此，本身却无他疾；兼闻男有南图，不久当得同归，又甚喜，其恙想可勿药而愈矣。又喜近复怀妊，当在八月间。曰仁考满在六月间。曰仁以盗贼难为之（按：亦指刘六、刘七起义），故深思脱离州事。但欲改正京职，则又可惜虚却三年历俸；欲迁升，则又觉年资尚浅。待渠考满后，徐图之。曰仁决意求南，此见亦诚是。男若得改南都，当遂与之同行矣。邃庵（按：指杨一清）近日亦苦求，退事势亦有不得不然。盖张（按：指张永）已盛极，决无不败之理，而邃之始进，实由张引，覆辙可鉴，能无寒心乎？中间男亦有难言者，如哑子见鬼，不能为旁人道得，但自疑怖耳。西涯诸老，向为瑾贼立碑，槌磨未了，今又颂张德功，略无愧耻，虽邃老亦不免。禁中养子及小近习与大近习交搆已成，祸变之兴，旦夕叵测，但得渡江而南，始复是自家首领耳。时事到此，亦是气数，家中凡百皆宜预为退藏之计。弟辈可使读书学道，亲农圃朴实之事，一应市嚣虚诈之徒，勿使与接，亲近忠信恬淡之贤，变化气习，专以积善养福为务，退步让人为心。未知三四十年间，天下事又当何如也。凡男所言，皆是实落见得如此，异时分毫走作不得，不比书生据纸上陈迹，腾口漫说。今时人亦见得及，但信不及耳。余姚事，亦须早区画，大人决不须避嫌，但信自己恻怛心、平直心、退步心，当时了却，此最脱洒，牵缠不果，中间亦生病痛。归侍虽渐可期，而归途尚尔难必，翘首天南，不胜瞻恋。男守仁拜书。外山巾及包头二封。[1]

---

[1] 王守仁：《上海日翁大人札》，《式古堂书画汇考·书考》卷二十五。

阳明这封幸存的长札，提供了太多的武宗一朝统治乱象与阳明自己失败的第二次“上国游”的内幕信息，撩开了堂堂官史正史（包括所谓《实录》）所掩饰不敢载的明王朝统治秽史的一角。可以说这封长札是对武宗短命一朝腐败独裁统治的凶险总结，也是对自己失败的第二次“上国游”的批判反思。武宗统治下的许多未解之谜：豹房的御女淫乱，张永的专权用事，少年天子的勒索虐待太后，西涯诸阁臣的老奸巨猾与寡廉鲜耻，军中镇守太监的按兵不动、乘弊谋乱，养子与养子、大近习与小近习、旧幸太监与新宠太监的勾心斗角、养成祸本等，都在这封家书中得到暴露。阳明坚称这些“皆是实落见得如此，异时分毫走作不得”，不是“书生据纸上陈迹，腾口漫说”。明代淫秽的宫廷迷案很多，像武宗是谁所生就一直是个谜，耸动天下，但朝臣个个都噤若寒蝉。阳明在信中破天荒大谈太后种种被勒索受辱的事情，解开了武宗的身世之谜。信里说的“太后”就是指孝宗朱祐樘的皇后张氏，武宗朱厚照的生母。但是张皇后并没有生育能力，当时人都怀疑武宗不是张皇后所生。有一个叫郑旺的军余跑来京师宣称他的女儿郑金莲入宫当了宫女，她才是武宗的生母。孝宗把他抓了起来，说他妖言惑众，判处死刑。但是武宗登极大赦天下，却让郑旺获赦出狱回家。后来郑旺仍到处宣扬自己是武宗的亲外公，有一次混进了皇宫，在东安门外高喊要将“国母”郑金莲被幽禁的事上告皇上。朝廷最后把郑旺逮捕入狱，以妖言罪处斩。这一迷案不了了之。阳明在信中大揭武宗虐待张皇后，根本不把她当作是自己的生母，武宗与张皇后在宫中的真实关系大白于天下，可以肯定武宗不是张皇后所生，武宗也显然知道张皇后不是他的生母。后来在正德十四年宸濠发动叛乱，登露台对众官宣称说：“孝宗为李广所误，抱民家子，我祖宗不血食者十四年。”[1] 这是说武宗是孝宗听信李广之言、由李广抱来的“民家子”。李广是孝宗最宠信的太监，《明史》上含混说他善于“以符箓祷祀蛊帝（孝宗）”[2]，应就包括了他蛊惑孝宗抱民家子入宫为太子这件事。武宗不可告人的身世之谜由此揭开。

从阳明这封家书看，阳明早已看穿武宗这个流氓无赖皇帝的真面目，不仅透露了他上章乞往南都任职的秘密，而且也透露了他决心要上章直言切谏武宗的秘密。因为有人批评他二年来在朝没有尽臣子之职，“既不能直言切谏，而又不能去，坐视乱亡，不知执事今日之仕为贫乎？为道乎？”阳明不愿被人落下逃离京师往南都苟安的骂名，决心要尽臣子之忠，在离京往南都之前干一件震惊朝廷的壮举，上书切谏昏君武宗。就在阳明作这封家书的同时，武宗以朝事日非、国事日敝下命文武百官“修省”上陈，这给了吏部杨一清与阳明上书切谏武宗的最好机会，阳明代杨一清精心起草了《为急大本以图治安以尽修省事》的奏章，以吏部尚书杨一清的名义上奏。奏章忧心忡忡切谏说：

> 少保兼太子太保、吏部尚书杨　　等谨题，为急大本以图治安以尽修省事：
>
> 臣等闻之，主圣则臣直。今圣主在上，泽壅而未宣，情格而不通，天下之事，日趋于敝。臣等默无一言，是终为容悦，而上无以张主之圣，下无以解于百姓之惑也，罪可辞哉！仰惟陛下天赐勇智，神授英明。自居春宫，万姓仰德；及登大宝，四夷向风。不幸贼臣刘瑾窃弄威柄，流毒生灵，潜谋

[1] 见《明史》卷二百八十九《孙燧传》，又刘賁《后鉴录》卷中《宁府招由》。
[2] 《明史》卷三百〇四《李广传》。

僭逆，几危郊社。赖祖宗上天之灵，假手近臣，发其罪状。陛下奋雷霆之断，诛灭党与，划涤凶秽。复累朝之旧章，吊群黎之疾苦。息烦屏苛，与民更始；举贤任能，庶政一新。天下莫不欢欣鼓舞，谓陛下固爱民之主，而前此皆贼瑾之荼毒；知陛下固有为之君，而前此皆贼瑾之蒙蔽。日夜跂足延颈，以望太平。奈何积暴所加，民痍未复；余烈所煽，妖孽荐兴。盗贼蜂起，将及二年；兵屯不解，民困益甚。陛下又尝采纳廷议，命将出师。招降抚顺，以安胁从；蠲赋宽租，以苏凋瘵。督责之令相寻，赈贷之使迭出。庙堂之上，算无遗策，然议论多而成功少。即今师老财耗，公私俱竭。中原数千里之地，僵尸渍血，杀人如麻，广村巨落，荡为灰烬。戕贼我将吏，攻陷我城邑，不知其几。事势至此，亦云极矣。况比岁乾象失常，坤舆弗靖，上天之示谴不一，四方之告变无时。臣等触目生嗟，经心抱痛，始非一日。近该礼部题奉钦依，文武百官同加修省。拜稽之余，感惧交集，展转思之，无以为计。窃惟朝廷四方之极，君身天下之本。意者今日之所建白，小举而大遗，徒事其末而弗究其本，天未悔祸，人未厌乱，职此之由。陛下有尧、舜之资，臣等不能导陛下于三代，而使天下之人疾首蹙频，怀怨积愤，如汉、唐之季，死有余罪矣。谨摭今日之政关系大本最切要者，为陛下陈之：

夫朝以出政，政以成事，每旦视朝，帝王听政之恒规也。陛下每月朔望之外，视朝不过一二，岂非欲弘委任责成之道，以成端拱无为之化乎？然臣之于君，犹子之于父母也。子于父母，一日不见则思，数日不见则忧。群臣百司，愿时一睹圣颜，一闻天语，久而不得，则进退惶惑，伥伥无依，忧思郁结，渐以解弛。且远近之民，遂疑陛下不复念其穷苦而日兴怨怼；四方盗贼，亦谓陛下未尝有意翦除而益肆猖獗。不可闻于外夷，不可训于后世。伏愿继自今昧爽视朝，令诸司照旧奏事，日以为常。黼坐仅临于数刻，纶音不越乎数言，未足为劳，而可以收拳纲，决壅蔽，示百官之承式，回万方之视听，亦可所惮而不为乎？

古者天子退朝，深宫燕息，以养天和，出警入跸，防范备至。窃闻龙舆常幸豹房，驻宿累日。夫豹房不知为何所，似非天子所居。又闻日于后苑训练兵戎，鼓炮之声，震骇城域，岂非念安不忘危之戒，而为思患预防之术乎？顾此乃将帅之事，兼非宫禁所宜，密迩庙社，恐无以安神之灵。况今前星未耀，震位犹虚，而乃疲力于击射之余，耗神于驰逐之下。且千金之子，坐不垂堂，壮岁乏嗣，则其心为之惕然。陛下奈何以宗庙社稷之身而自轻若是，此群臣之所以夙夜而不能安也。伏愿继自今高拱穆清，深居禁密。戒嬉游无度之劳，以保心体之和，远混杂不经之所，以消意外之虑。自然血气循轨，精神内固。上帝孚启圣之祥，后宫衍多男之庆。国本有托，人心以安，宗祧至计，莫急于此。

至于经筵日讲，陛下嗣位之始，时常举行。近岁讲期甫临，辄闻报罢，劝讲之官始为虚设。《书》曰：“学于古训，乃有获。”且一心之微，攻之者众，不在此则在彼，不游心于《诗》、《书》理义，则放情于宴安逸乐，固其所也。伏望继自今祗循旧典，时御经筵，非盛暑隆寒，不可辄罢。仍举行日讲故事，就近儒臣讲论经史，涵泳义理，以培养本原。则则聪明，有所开发，治道日益明畅，天下至乐，无以逾此，而百凡好尚皆不能夺之矣。

前此三者，天下之大本在焉。《易》曰：“正其本，万事

> 理。"《大学》曰:"其本乱而末治者否矣。"陛下俯垂听纳,见之施行,由是修圣政以亨天下之屯,广圣嗣以定天下之志,弘圣学以成天下之务。大本既立,庶政末节,各有司存,自当随事纳忠,以图报称,则天意可回,民生可遂,寇盗可消,境土可宁。上以承祖宗之鸿休,下以垂子孙之大统;近以慰臣庶之忧疑,远以答华夷之观向,实宗社万亿年灵长之福也。
>
> 臣等窃时高位,势共安危,受国厚恩,义关休戚,当四方多事之际,不能展一筹以纾患害。兹奉明旨修省,若又不能极陈探本之论,以赞维新之化,依阿澳涩,苟度岁年,纵能免触迕之罪于一时,岂能逃误国之罪于他日乎?臣等忠愤填臆,不知所裁,冒犯天威,罪当万死。缘系急大本以图治安以尽修省事理,谨题请旨。[1]

这篇重要章疏因为收在杨一清的文集里,向来都以为是杨一清所作。实际这篇章疏是阳明代杨一清所起草,由吏部尚书杨一清率吏部官员(包括阳明)上奏,所以疏中反复称"臣等",并不是杨一清一人所上奏。只要把这篇《为急大本以图治安以尽修省

[1] 见《杨一清集·吏部献纳稿》。《国榷》卷四十八:"(正德七年五月辛酉)吏部尚书杨一清等,以修省言:陛下每月视朝不过一二,非所以闻于外夷,训后世也。又常宿豹房,驻宿累日。后苑练兵,鼓炮之声,震骇城市。以宗庙社稷之身,不自慎惜。此群臣所以夙夜不能安也。"今按:以杨一清集中此《为急大本以图治安以尽修省事》同阳明《自劾不职以明圣治事疏》相较,二篇奏章语句相同,谏意相同,叙事相同,层次相同,结构相同,可证此《为急大本以图治安以尽修省事》实为阳明所作,是其代杨一清所起草的"修省"章疏。其时杨一清任吏部尚书,阳明任吏部郎中,故吏部所发所上的公文章疏多是阳明所写。如此疏反复称"臣等",即指吏部的官员,包括吏部郎中阳明,盖非杨一清一人所上章疏也。此疏开首一句已明言之,故武宗在答旨中也说:"卿等安心办事。""卿等"亦指吏部官员。按:杨一清《海日先生墓志铭》云:"伯安又予掌铨时首引至曹属,号知己。"又阳明《上海日翁大人札》云:"交游之中,往往有以此意相讽者。"此即是指杨一清来讽阳明直言切谏,请阳明代草《为急大本以图治安以尽修省事》也。

事》同阳明的《自劾不职以明圣治事疏》一比照，这篇谏疏出自阳明之手便一目了然。这篇章疏显然是作为吏部官员们的“修省”进上的。章疏捅了武宗腐败统治与帝王淫秽生活的“禁区”，批评锋芒直指君过，可称得上是武宗一朝的第一篇奏疏文字，也只有阳明才敢写这种事关“大本”的谏疏。奏章切谏的大旨是批评武宗的三大君过，要武宗急务三大根本，维新更化：一是修圣政，要武宗勤政视朝，处理政事；二是广圣嗣，要武宗弃豹房淫乐，养保心体，精神内固，以保生养子嗣，东宫立太子，宗祧有继，国本有托；三是弘圣学，要武宗日御经筵，读经明道，收其逸乐放心，涵泳义理。实际在三大急务之本中，广圣嗣、立国本又是急中首急，本之首本，所以章疏强调说“国本有托，人心以安，宗祧至计，莫急于此”。这才是阳明在谏章里急于要说的第一等金玉良言。可怜武宗不听劝谏，阳明的预言很快成真，武宗终无子嗣，储君虚位，为后来嘉靖朝的“大礼议”埋下了祸根。

杨一清、阳明的章疏上后，武宗无动于衷，他在五月十二日下旨无关痛痒地说：“朕已知悉了，卿等安心办事。钦此。”实际是不予理睬，好像问题不出在武宗身上，而倒出在吏部官员身上似的。他依旧不出朝理政，不御经筵，在豹房中恣意淫乐。阳明更加焦虑不安。闰五月，他在给父王华的长札中谈到了他上奏章以后的朝局与政局说：

> 寓都下男王守仁百拜书上父亲大人膝下：杭州差人至，备询大人起居游览之乐，不胜喜慰。寻得书，乃有廿四叔□下世□□寿固自有数，胡乃适□□时，信乎乐事不常，人生若寄。古之达人所以适情任性，优游物表，遗弃身家之累，养真恬旷之乡，良有以也。伏惟大人年近古稀，期功之制，礼所不逮，

自宜安闲愉怿，放意林泉，木斋、雪湖诸老，时往一访；稽山、鉴湖诸处，将出一游。洗脱世垢，摄养天和，上以增祖母之寿，下以垂子孙之福，庆幸，庆幸。男等安居如常，七妹当在八月，身体比常甚佳。妇姑之间，近亦颇睦。曰仁考满亦在出月初旬，出处去就，俟曰仁至，计议已定，然后奉报也。河南贼稍平，然隐伏者尚难测；山东势亦少减，而刘七竟未能获；四川诸江西虽亦时有捷报，而起者亦复不少。至于粮饷之不继，马匹之乏绝，边军之日疲，齐民之愈困，殆有不可胜言者。而庙堂之上，固已晏然，有坐享太平之乐，自是而后，将益轻祸患，愈肆盘游，妖孽并兴，谗谄日甚，有识者复何所望乎？守诚妻无可寄托，张妹夫只得自行送回。大娘子早晚无人，须搬渠来男处，将就同住。六弟闻已起程，至今尚未见到。闻余姚居址亦已分析，各人管理，不致荒秽，此亦了当一事。今年造册，田业之下瘠者，亲戚之寄托者，惟例从刊省，拒绝之为佳。时事如此，为子孙计者，但当遗之以安，田业鲜少，为累终轻耳。赵八田近因农民例开，必愿上纳，阻之不可。昨日已告通状，想亦只在仓场之列。不久，当南还矣。九弟所患，不审近日如何？身体若未壮健，诵读亦且宜缓，须遣之从黄司舆游，得清心寡欲，将来不失为纯良之士，亦何必务求官爵之荣哉！守文、守章，亦宜为择道德之师，文字且不必作，只涵泳讲明为要。男观近世人家子弟之不能大有成就，皆由父兄之所以教之者陋而望之者浅。人来，说守文质性甚异，不可以小就待之也。因便报安，省侍未期，书毕，不胜瞻恋。闰五月十一日，男守仁百拜书。[1]

---

[1] 王守仁:《上大人书》。此书今有阳明手迹石刻拓本藏贵州省博物馆，另有拓本藏日本九州大学图书馆。

阳明说的"河南贼稍平"，"山东势亦少减"，"四川……起者亦复不少"，都发生在五月、闰五月间。河南赵景隆倡白莲教起义，在五月被镇压。闰五月，赵鐩、贾勉儿义军与明军大战于宿州应山，赵鐩、贾勉儿均兵败被俘。山东杨寡妇（杨虎妻）攻潍县、高苑，钱鸾攻德平，皆被明军歼灭。四川方四义军攻破江津、綦江，在开县失利被俘。廖惠义军攻阆中，也败走东流。这些不过是明军的零星小胜利，朝廷却利令智昏，做起了安享太平之梦，武宗竟也"益轻祸患，愈肆盘游"了。他的淫心狂性大发，竟至下命磔杀赵鐩，割剥下他的人皮制成一副鞍镫，供武宗日日耀武扬威骑乘高头大马用。就在五月，武宗钦命御马太监张锐提督东厂。八月，监察御史周广劾锦衣指挥朱宁本是太监钱能的苍头，不宜冒国姓，收为义子。武宗大为震怒，周广谪为广东怀远驿丞。户部主事曹琥疏救周广，谪为寻甸军民府通判。武宗竟用钦赐一百二十七个义子为国姓回答了那些敢奏谏他的朝臣。到十月，武宗更公然下旨拓建豹房，朱宁等义子并进为后府都督佥事。[1] 阳明自上了谏章以后，恍如生活在光怪陆离的噩梦之中，武宗依旧我行我素，乞往南都任职的奏请也杳无回音，感到不能再沉默等待下去了。大约就在武宗下旨拓建豹房以后，阳明愤上了一道《自劾不职以明圣治事疏》，再次旧话新说痛谏说：

> 臣闻之，主圣则臣直，上易知而下易治。今圣主在上，泽壅而未宣，怨积而不闻。臣等皆无一言，是甘为容悦，而上无以张主之圣，下无以解于百姓之惑也。伏惟陛下神明英

[1] 见《国榷》卷四十八："（正德七年十月）甲子，拓豹房。……乙丑，朱宁、朱安、朱国并进后府都督佥事。宁、安仍署锦衣卫印，朱谦锦衣都指挥使，朱刚都指挥佥事。"

武，自居春宫，万姓仰德。及登大宝，四夷向风。不幸贼臣刘瑾窃弄威柄，流毒生灵，潜谋僭逆，几危郊社。赖祖宗上天之灵，俾张永等早发其奸，陛下奋雷霆之断，诛灭党与，刬涤凶秽，复祖宗之旧章，吊黎元之疾苦，任贤修政，与民更始。天下莫不欢欣鼓舞，谓陛下固爱民之主，而前此皆贼瑾之荼毒；知陛下固有为之君，而前此皆贼瑾之蒙蔽。日早跂足延颈，以望太平。奈何积暴所加，民痍未复，余烈所煽，妖孽连兴，几及二年，愈肆愈横。兵屯不解，民困日深。贼势相连殆遍，财匮粮竭，旦夕汹汹。臣等备位大臣，不能展一筹以纾患害，宽一缚以苏倒悬。抚心反己，自知之罪，莫可究言。至其暴扬于天下，訾詈于道途，而尤难掩饰者，大罪有三，请自陈其略，以伏厥辜：

夫朝以出政，政以成事。陛下每月视朝，朔望之外，不过一二。岂不以臣等分职于下，事苟无废，不朝奚损乎？然群臣百司，愿时一睹圣颜而不获，则忧思彷徨，渐以懈弛。远近之民，遂疑陛下不复念其困苦，而日兴怨怼；四方盗贼，亦谓陛下未尝有意翦除，而益猖獗。夫昧爽临朝，不过顷刻，陛下何惮而不为？所以若此，则实由臣等不能备言天下汹汹之情，以悟陛下，是其大罪一也。

陛下日于后苑训练兵事，鼓噪之声，震骇城域。岂不以寇盗未平，思欲奋威讲武乎？然此本亦将卒之事，兼非宫禁所宜。况今前星未耀，震位犹虚，而乃劳力于掣肘，耗气于驰逐，群臣惶惑，两宫忧危，宗社大本，无急于是。而臣等不能力劝陛下蓄精养神，以衍皇储之庆，思患预防，以为燕翼之谋，是其大罪二也。

夫日近儒臣，讲论道德，涵泳义理，以培养本原，开发志意。则耳目日以聪明，血气日以和畅，穷天地之化，尽万物之情，优游泮涣，以与古先神圣为伍，此亦天下之至乐矣。陛下苟知此，则将乐之终身而不能以须臾舍，奚暇游戏之娱乎？今陛下自即位以来，经筵之御，未能四五，而悦心于骑射疲劳之事，皆由臣等不能备陈至乐，以易陛下之所好，是其大罪三也。

陛下有尧、舜之资，臣等不能导陛下于三代，而使天下之民疾首蹙额相告，归咎怀愤，若汉、唐之季，臣等死有余罪矣。伏愿陛下继自今昧爽以视朝，励精而图治。端拱玄默以养天和，正《关雎》之风，毓《麟趾》之祥。日御经筵，讲求治道，务理义之悦心，去游宴之败度。正臣等不职之罪，罢归田里，举耆德宿望之贤，与共天职。使天下晓然皆知陛下忧悯元元之本心，由臣等不能极言切谏，以至于斯。自兹以往，务在休养生息，无复有所骚扰，躬修圣政以弭天下之艰屯，广圣嗣以定天下之危疑，勤圣学以立天下之大本。其余习染，以次洗刷。则民生自遂，若阳气至而万物春；寇盗自消，若白日出而魍魉灭。上以承祖宗之鸿休，下以垂子孙之统绪；近以慰臣庶之忧惶，远以答四方之观向。臣等虽死之日，犹生之年。不胜激切颠陨待罪之至，具疏上闻。[1]

把这篇《自劾不职以明圣治事疏》同先前上的《为急大本以图治安以尽修省事》相比较，可以清楚看出这篇《自劾不职以明圣治事疏》全是从《为急大本以图治安以尽修省事》变化修改而成，不同的是，《为急大本以图治安以尽修省事》是直谏，直指武宗

[1] 《王阳明全集》卷二十八。

三大君过；《自劾不职以明圣治事疏》是自劾，自陈三大罪。一隐一显，一直一曲，但直谏批评武宗的意思是完全一样的。阳明所以要重上内容相同的奏疏，固然是因为武宗对他们第一次的奏谏不予理睬，更变本加厉、我行我素；但同时也是因为朝廷对阳明的奏请养病归居与奏乞往南都任职都没有答允，使他进退两难。阳明任职满期在十二月[1]，他要赶在十二月之前催促朝廷答允他的往南都任职的奏请，所以阳明下了“破釜沉舟”的决心，他冒着“正臣等不职之罪”的风险上《自劾不职以明圣治事疏》，也意在敦促朝廷允准他的南都任职的奏请。在奏疏中，阳明故意正话反说，表面上是自劾臣下失职的三大罪，乞“罢归田里”，实际上却是在痛批痛揭武宗昏君的三大罪状，这是朝廷的言官谏臣都畏不敢言的显暴君“罪”的犯上奏章。武宗看了自然更加震怒，巴不得把这个他亲自请进京师的狂妄“言士”马上赶出京师。果然，在阳明上了这道《自劾不职以明圣治事疏》后不久，十二月八日，朝廷除阳明为南京太仆寺少卿，命即出京往南直隶任职，这是变相的“正臣等不职之罪”，阳明也算如愿以偿。

阳明其实早已知道外放南都任职的朝命，做好了离京南下的准备。他在十一月二十八日给父王华的家书中说：

> 男守仁百拜父亲大人膝下：会稽易主簿来，得书，备审起居万福为慰。男与妹婿等俱平安。但北来边报甚急，昨兵部得移文，调发凤阳诸处人马入援，远近人心未免仓黄。男与妹婿只待满期，即发舟而东矣。行李须人照管，祯儿辈久

[1] 按：阳明进京赴任在正德五年十一月，故其任职满期在正德七年十二月。阳明在是年十一月二十八日写的《又上海日翁大人札》中说：“男与妹婿只待满期，即发舟而东矣。”阳明与徐爱满期皆在十二月。

> 不见到，令渠买画绢，亦不见寄来。长孙之夭，骨肉至痛，老年怀抱，须自宽释。幸祖母康强，弟辈年富，将来之福尚可积累。道弟近复如何？须好调摄，毋贻父母兄弟之忧念。钱清、陈伦之回，草草报安。小录一册奉览，未能多寄。梁太守一册，续附山阴任主簿。廿八日，男守仁百拜。[1]

这里说的"男与妹婿只待满期，即发舟而东"，就是指他将乘舟南下赴南都任，正好这时妹婿徐爱也除南京兵部员外郎，两人同舟共行。十二月中旬，阳明与徐爱两人携家眷登舟南下，先便道归省回绍兴。他们永远告别了乌烟瘴气的京师，送他们出京赴南都的，只有北方鞑靼铁骑骚扰南侵的呐喊。

阳明第二次的"上国游"又过早地结束了。他这次出朝外放南畿闲散之地，与其说是出自阳明自己乞往南都任职的奏请，不如说是昏君武宗对他的"放逐"，是他两次上谏疏得罪武宗必然的悲剧结局。阳明经历了两次失败的"上国游"：弘治年间的"上国游"与正德年间的"上国游"。偌大的朝廷容不下这个直言敢谏的"言士"，如果说他的弘治"上国游"是因为上谏疏得罪武宗而被贬谪到龙场驿，那么他的正德"上国游"则是因为两次上谏疏得罪武宗而被外放到南直隶。这一"放逐"，却把阳明推上了凶险苦难的人生不归之路。令阳明始料未及的是，他这次得罪武宗出朝离京，京师森严的大门从此对他永远关上了，一直到死，他都没有能再叩开京师的大门入朝。他像一个被放逐南国的屈原，开始了他后半辈"倡道东南"的生命历程。

---

[1] 王守仁：《又上海日翁大人札》，见《式古堂书画汇考·书考》卷二十五。

第十章

南畿游：倡道东南的“杨时”

归省回越的心学大儒

阳明入朝的第二次“上国游”在他的“言士”心态上留下的最深的创伤，就是他更铭心刻骨认识到了国事的糜烂与人心的险恶，必须要有真正通达圣贤之道的豪杰独立之士出来格正人心，整顿世风，挽救这“病革临绝”的明王朝。“上国游”结束，京师大门关闭，却打开了他“南畿游”的广阔天地，他决心要学“吾道东矣”的郑玄与“吾道南矣”的杨时，往南畿倡道东南，坚定地走自己的“南畿游”的心路历程。他在离京之前写信给储巏说的“今天下波颓风靡，为日已久，何异于病革临绝之时……故居今之世，非有豪杰独立之士的见性分之不容已，毅然以圣贤之道自任者，莫之从而求师也”，道出了他内心的隐痛，也是他对这次“上国游”的自我反思总结，表明了他逃离京师到南畿继续要以圣贤之道自任、弘扬倡明圣学（心学）的决心。徐爱在离京之前编辑刻版的《传习录》，成了阳明“南畿游”倡明圣学拯救人心世道的“心经”，他和徐爱就是怀揣着这本《传习录》踏上了赴南畿弘扬倡明圣学的新路。走出了京师苟安污浊的官场圈子，使他眼界豁然大开，一路上他都热衷于同各地士人学者讲学论道，播撒《传习录》中新悟的心学思想的“种子”。他一出京就先写信给在南京的户部侍郎储巏，表示了来南京讲学论政的意愿，储巏很快回信说：

> 使来，承手翰，屡辱嘉惠，感感！絮艾护膝，尤荷远念。严寒切骨，跪拜之余，当益感故人之贶也。坐冗未得治笔砚，

> 卷子（按：指《传习录》）久留斋中，愧愧！近不幸哭一未弥月婴儿，至今情思惝恍，使者又徒回。想公闻之，且为我惋恻，姑置稽迟不问也。闻使旆已出齐鲁之境，诸寺僚先趋出之矣。时事日新，递中多邸报，不具。奉瞻不远，已寒珍啬。不宣。[1]

南都是程朱保守派的天下，看来阳明是急于要同储巏讨论《传习录》中的心学思想，他已经做好要同南都程朱派进行朱陆之学异同论辨的思想准备。正德八年正月他经过徐州，与胡伯忠相见。胡伯忠大概也是在刘瑾伏诛以后起用入京[2]，常与阳明讲学论政，因正道直行被京师“小人”所中伤，在正德六年外放到徐州任职，曾求助于阳明，阳明一时爱莫能助。两人在徐州的相见着重讨论了讲学论政、为人处事之道，据阳明后来写给胡伯忠的信说：

> 某往在京，虽极歆慕，彼此以事未及从容一叙。别去以为憾。期异时相遇，决当尽意剧谈一番耳。昨未出京师，即已预期彭城之会，谓所未决于心，在兹行矣。及相见又复匆匆而别，别又复以为恨。不知执事之心亦何如也。君子与小人居，决无苟同之理，不幸势穷理极而为彼所中伤，则安之而已。处之未尽于道，或过于疾恶，或伤于愤激，无益于事，而致彼之怨恨雠毒，则皆君子之过也。昔人有言：“事之无害于义者，从俗可也。”君子岂轻于从俗，独不以异俗为心耳。“与恶人居，如以朝衣朝冠坐于涂炭者”，伯夷之清也；“虽

[1] 《柴墟文集》卷十四《复王伯安》书二。编者按：此信应为《复李宗一》，此处束景南先生引用似有误，因先生过世，未及修改，特此说明，以待后来学者修正。

[2] 按：胡伯忠，无考，疑即胡瑞，正德元年与阳明同时被贬，正德五年起用入京。

> 袒裼裸裎于我侧，彼焉能浼我哉”，柳下惠之和也。君子以变化气质为学，则惠之和，似亦执事之所宜从者。不以三公易其介，彼固未尝无伯夷之清也。“德輶如毛，民鲜克举之。我仪图之，惟仲山甫举之。爱莫助之。”仆于执事之谓矣。正人难得，正学难明，流俗难变，直道难容。临笔惘然，如有所失，言不尽意，惟心亮。[1]

“正人难得，正学难明，流俗难变，直道难容”，这是阳明经历了两次“上国游”的挫折后得出的结论与教训。贬谪和放逐的打击多少挫钝了他直道锐进、疾恶如仇的锋芒，所以他感到直道难行，做剑拔弩张的“言士”无益于事，而主张行君子中庸之道，学柳下惠之“和”，从俗而不异俗。他更相信自心，相信圣贤之学拯人心、救世道的力量，认为“君子以变化气质为学”，知在行，学在变化人心气质。阳明在这里隐隐透露了他人生之路上的一个重要思想转折，他的“南畿游”的讲学论政就是按这样新的人生信条践行的，他在南都跨出了这条“倡道东南”的新生之路的第一步。

正月中旬，阳明到达南都，会见了太仆寺的同僚，同储巏也见面讨论了学问。但这时正好逢上云谷汤礼敬的七十岁生日，所以阳明特地赶往丹阳云谷祝汤礼敬寿。汤礼敬也是一个敢于直谏犯上的朝士，在正德元年与阳明同时被贬为蓟州判官，与阳明已经十年未见面。正德五年朝廷起用谪臣，他却归居乡里不出，屡召不起。他也是一个好仙道修炼的名士，在弘治十五年就向阳明吐露了归居修道、脱屣人间的打算，阳明注视着他的眉宇间说：

[1]《王阳明全集》卷四《与胡伯忠》。

"子之眉间惨然，犹有怛世之色。是道也，迟之十年，庶几也。"当时汤礼敬不信。十年后，阳明的预言成真，汤礼敬在经历了一番贬谪的磨难后成了抱道山林的"有道之士"。阳明后来作《寿汤云谷序》，谈到这次两人相见进行的一场奇特的论道说：

> ……至是正德癸酉某月，予自吏部徙官南太仆，再过丹阳，而云谷已家居三年矣。访之，迎谓予曰："尚忆'眉间'之说乎？吾信吾之心，而不若子之见吾貌，何也？今果十年而始出于泥涂，是则信矣。然谓古之庶几也，则貌益衰，年益逝，去道益远，独是若未之尽然耳。"予曰："乃今则几矣。今吾又闻子之言，见子之貌矣，又见子之庐矣，又见子之乡人矣。"云谷曰："异哉！言貌既远矣，庐与乡人亦可以见我乎?"曰："古之有道之士，外槁而中泽，处隘而心广，累释而无所挠其精，机忘而无所忤于俗。是故其色愉愉，其居于于，其所遭若清风之披物，而莫知其所从往也。今子之步徐发改，而貌若益惫，然而其精藏矣；言下意恳，而气若益衰，然而其神守矣；室庐无所增益于旧，而志意扩然，其累释矣；乡之人相忘于贤愚贵贱，且以为慈母，且以为婴儿，其机忘矣。夫精藏则太和流，神守则天光发，累释则怡愉而静，机忘则心纯而一，四者道之证也。夫道无在而神无方，安常处顺，其至矣，而又何人间之脱屣乎?"云谷曰："有是哉！吾信吾之心，乃不若子之见吾庐与吾乡人也。"于是云谷年七十矣。是月，值其悬弧，乡人方谋所以祝寿者。闻予至，皆来请言。予曰："嘻，子之乡先生既几于道，而尚以寿为贺乎？夫寿不足以为子之乡先生贺。子之乡而有有道之士若子之乡先生者，使尔乡人之子弟皆有所矜式视效，出而事君，则师

其道以用世；入而家居，则师其道以善身。若射之有的，各中乃所向。则是先生之寿，乃于尔乡之人复有足贺也已。”[1]

阳明几乎是用一个当代得道至人“庄子”的口吻同汤礼敬侃侃论“道”。在他看来，道无形而神无方，道无处不在，无时不在，得圣贤之道的“有道之士”能进能退，能屈能伸，能用能藏，时至出而事君，行其道以用世；时不济退而家居，养其道以善身。所以汤礼敬过去在朝谏昏君、斥权奸，疾恶如仇，是响当当的有道之士；如今退居乡处，藏精守神，释累忘机，充养身心，更是一个为人矜式的有道之士。其实这也是阳明的夫子自道，表白他来南畿做一个传道东南的“有道之士”的信念。

正月下旬，阳明到达毗陵、无锡、苏州，户部主事郑善夫、嘉定县令王应鹏、邵宝门人华云都来向这个“有道之士”问学问道。少谷郑善夫这时正以户部主事来南直隶督税浒墅关，他来谒见阳明是要拜阳明为师，后来他在《上阳明先生》中说：“善夫蒙天不弃，癸酉岁得假毗陵之谒，猥承至教。奈以天质凡下，无有其地，因循岁年，幸再私淑诸人，稍知向道，是虽未及先生之门，然窃念先生之恩，信与生我者同死不忘也……冀不弃绝于门下。”[2] 所谓“冀不弃绝于门下”，就是指正德八年正月来谒阳明拜师问道。郑善夫工画善文，诗学杜少陵，已经是一个小有名气的诗人。阳明当面针砭他的学问弊病说的“至教”，在徐爱写给郑善夫的信中有所透露：

畴昔闻仰天假毗陵之会，过辱倾盖之谊，且订约别后丽

[1]《王阳明全集》卷二十二。
[2]《少谷集》卷二十。

泽，喜慰以来，常愧歉负，虽时从士夫问达，何益也。今时士大夫皆知高执事，愚窃谓高之浅矣。彼所谓高者，诚以执事文以粹然，行之卓然也。然执事岂以是自高者？登东山者，鲁人望之则以为高，蹑其巅者则不自以为高，以见泰山之在前者。执事固望泰山者也。舍枝叶而务本根，抑华博而归渊塞，不越身心之间，而有超乎文行之外者，此固执事之今之志。然则时之高执事者，不为浅也耶?[1]

郑善夫见阳明时，徐爱也在场，亲耳聆听了阳明对郑善夫的"至教"。由此信可知阳明是针对郑善夫的陷溺词章诗赋之习发"圣贤之学"之教，要郑善夫不以"文"自高，而应以"道"自任，由词章之学的"东山"向圣贤之学的"泰山"迈进。所谓"舍枝叶而务本根，抑华博而归渊塞，不越身心之间，而有超乎文行之外者"，就是阳明"至教"的根本教旨。他自己在"上国游"中就这样从词章之学走向圣贤之学，现在在"南畿游"中他要南国的士子也这样从词章之学走向圣贤之学。他的这一倡道东南的基调也同样反映在他同王应鹏的讲学论道上。王应鹏与徐爱是同年，关系尤密。他特地从嘉定赶来见阳明、徐爱，虔诚问道，讲论通宵，阳明特意为他作了一篇《书王天宇卷》，说：

徐曰仁数为予言天宇之为人，予既知之矣。今年春，始与相见于姑苏，话通宵，益信曰仁之言。天宇诚忠信者也，才敏而沉潜者也。于是乎慨然有志于圣贤之学，非豪杰之士能然哉！出兹卷，请予言。予不敢虚，则为诵古人之言曰：

[1] 《横山遗集》卷上《与郑继之书》。

> “圣，诚而已矣。”君子之学以诚身。格物致知者，立诚之功也。譬之植焉，诚，其根也；格致，其培壅而灌溉之者也。后之言格致者，或异于是矣。不以植根而徒培壅焉、灌溉焉，敝精劳力而不知其终何所成矣。是故闻日博而心日外，识益广而伪益增，涉猎考究之愈详而所以缘饰其奸者愈深以甚。是其为弊亦既可睹矣，顾犹泥其说而莫之察也，独何欤？今之君子或疑予言之为禅矣，或疑予言之求异矣，然吾不敢苟避其说，而内以诬于己，而外以诬于人也。非吾天宇之高明，其孰与信之！[1]

阳明称赞王应鹏慨然有志于圣贤之学，正与他对郑善夫说的“至教”相同。他更明确说这“圣贤之学”就是以诚为本体论，以格物致知为工夫论，可见实际就是指阳明自己的以诚意为主的心学。他批评的“今之君子或疑予言之为禅矣，或疑予言之求异矣”，就是指保守的程朱派；他批评的“闻日博而心日外，识益广而伪益增，涉猎考究之愈详而所以缘饰其奸者愈深以甚”，也就是指程朱之学。在这篇不起眼的小文中，已经震响着阳明后来在南都同程朱派展开朱陆之学异同论战的挑战声音。

二月，阳明到达绍兴。他已有两年未回绍兴故里，越中士子早在翘首期盼着这个心学宗师从京师凯旋。所以阳明这次回绍兴名义上是一次归省探亲，实际上却是一次同越中士子讲学论道的大聚会，成为他在南畿倡道东南的开场序幕。他一回到绍兴，就登上寂寥的阳明洞，恢复真空炼形法的修炼，默坐澄心，体认天理。在洞中论道，越中士子纷纷来阳明洞拜谒问学。先是监察御史郑一初以疾自

[1]《王阳明全集》卷八。

京师南归揭阳，同陈洸一起转道到绍兴来问道受业，切磋圣学，领悟阳明心学至要。在他们告别阳明离绍兴时，徐爱竟一连作了五首别诗，描述郑一初与陈洸在阳明洞的问道受教说：

别郑朝朔诸友

绝学世不讲，于今凡几年？
有志颇寻绎，时流辨媸妍。
自非豪杰士，鲜不遭踣颠。
诸君总英特，立帜三军前。
成名还逊学，得师开心天。
鸾凤出霄汉，飘飖自高骞。
安能顾乌雀，聚口相咄喧。
我本朽劣姿，追陪后群贤。
辉光才接膝，离别俄当筵。
匪为儿女辈，穷素良足叹。

南山有一泉，千溪从此出。
脉络总分明，昼夜流不息。
我于上四望，群派了然晰。
揽艇试一弄，去来无顺逆。
有人不知源，却从下流觅。
流急不可止，退易进无力。
涕泣向千岐，眩乱终何适？

赠陈世杰

桃李竞芳晨，零落随东风。

芝兰媚空谷，馨香惟自荣。
岂无名业志？顾未根基崇。
豺狼梗当道，风波阻长江。
念归匪不切，求道义独降。
黄鸟鸣嘤嘤，悠然感微衷。

登览卧龙山，奇峰四森列。
江海济回互，仰见阳明穴。
穴中有仙子，扬言出云月。
自称将帝命，仙籍恣披阅。
姓名一一存，天机未敢泄。
佳期不远时，群仙会属兹。
天心谅无爽，有情当自期。

师言领至要，归求秉退心。
心属固宜得，功进当自今。
有待即为间，上帝不二临。
切磋复琢磨，可惮勤劳深。
垂弦苟不更，焉希太古音？[1]

徐爱这五首诗已经超越了一般离别诗的意义，给回南国传道东南的心学大师阳明画了一幅历史的肖像。他把阳明比为膺受帝命的“仙子”，在阳明洞中披阅秘籍，宣播心学，士人学子纷纷来问道受教，切磋琢磨，领悟了心学至要；他把阳明的心学比为南山的

[1]《横山遗集》卷上。

灵泉，千溪万流从此发源，孔儒学脉流派了然分明，探其源者（心学派）得其道，逐其末者（朱学派）迷其途。一个倡道东南的心学大儒形象在南国士子的心中竖立起来了。

这些虔诚来问道的越中士子，可以余姚的蕙皋徐天泽为代表。徐天泽是弘治十五年（1502年）进士，本是一个尊朱学者。刘瑾柄政时，他由吏部验封司郎中迁广西太平府知府，正德七年（1512年）被劾归余姚家居。得知阳明归省回绍兴，先是他的从弟来绍兴问学，接着徐天泽也赶来绍兴拜谒阳明受教，很快领悟了阳明心学的至要，由朱学转向了王学。他感叹说："吾生平劳精竭虑，博求于外，今反诸吾心，坦然有余也。"[1] 徐天泽后来因疾归余姚，阳明还写信邀他来赴四明天台之游。当徐天泽来信告诉阳明余姚县令楚书与县丞魏珊在政事上有矛盾时，阳明马上又写信给徐天泽，希望他从中斡旋：

> 四明之兴甚剧，意与蕙皋必有数日之叙，乃竟为冗病所夺。承有岁暮汤饼之期，果得如是，良亦甚至愿，尚未知天意何如耳。喻及楚之诬魏，近亦颇闻其事。然魏之朴实，人亦易见，上司当有能察之者。况楚有手笔可覆，诚伪终必有辨也。魏在薄感，乃蒙垂念若此，彼此均感至情。楚亦素相爱，不意其心事至此，殊不忍言，可恨，可恨！使还，草草致谢，不尽。九日，守仁顿首，蕙皋郡伯道契兄文侍。六弟同致意。[2]

徐天泽就这样成了阳明最器重的余姚弟子。他的由朱学转向王学，

[1]《光绪余姚县志》卷二十三《徐天泽传》。
[2]《天香楼藏帖·寄蕙皋书札》。

表明阳明在同越中士子的讲学论道上，最大的难题就是涉及朱陆之学异同的论辨，那些程朱学者与徘徊于朱、陆之间的学者，首先要引导他们跨过朱陆之学异同论辨的门槛，才会从朱学走向王学。阳明在经过无锡时，曾拜见归养家居的户部左侍郎邵宝，正逢邵宝叫他的弟子华云修复了东林书院，邵宝便请阳明作记。邵宝是一个正统的程朱学者，李东阳的大弟子，他每天读经书，遵奉二程“今日格一物，明日格一物”的大学信条，把每日格物所得写在书简上，自号“日格子”。他修复的东林书院的宗旨是弘扬朱学。就像熊桂请阳明作紫阳书院记一样，邵宝请阳明作东林书院记，这也给阳明出了一道难题。但阳明却也用自己的方式化解了这一难题。当无锡县令高文豸再遣人来阳明洞请他作记时，阳明欣然写了一篇意在言外的《东林书院记》：

> 东林书院者，宋龟山杨先生讲学之所也。龟山没，其地化为僧区，而其学亦遂沦入于佛老、训诂词章者且四百年。成化间，今少司徒泉斋邵先生始以举子复聚徒讲诵于其间。先生既仕，而址复荒，属于邑之华氏。华氏，先生之门人也，以先生之故，仍让其地为书院，以昭先生之迹，而复龟山之旧。先生既已纪其废兴，则以记属之某。当是时，辽阳高君文豸方来令兹邑，闻其事，谓表明贤人君子之迹，以风励士习，此吾有司之责，而顾以勤诸生则何事？爰毕其所未备，而亦遣人来请……夫龟山没，使有若先生者相继讲明其间，龟山之学邑之人将必有传，岂遂沦入于老佛词章而莫之知？求当时从龟山游不无人矣，使有如华氏者相继修葺之，纵其学未即明，其间必有因迹以求道者，则何至沦没于四百年之久！……若夫龟山之学，得自程氏，以上接孔、孟，下启罗、

> 李、晦庵，其统绪相承，断无可疑，而世犹议其晚流于佛，此其趋向，毫厘之不容于无辨，先生（邵宝）必尝讲之精矣……然而世之宗先生者，或以其文翰之工，或以其学术之邃，或以其政事之良，先生之心其殆未以是足也。从先生游者，其以予言而深求先生之心，以先生之心而上求龟山之学，庶乎书院之复不为虚矣。……[1]

这是一篇巧妙论辨龟山杨时之学的文章。东林书院本是杨时所建，成为他倡道东南的历史象征。如今东林书院竟沦为僧寺，杨时之学也沦为"佛老、训诂词章（按：指朱学）"之学，四百年来遭到世人误解批判。阳明就是学着传道东南的龟山杨时来南畿的，所以在记中他对四百年来沦没的杨时之学重新作了心学的诠释与阐扬，他提出了一个独特的孔子—孟子—程颢—杨时—罗从彦—李侗—白沙的心学道统，把杨时纳入心学的道统圣人中，从而为杨时的传道东南与阳明自己的传道东南之间找到了正统儒学道统学脉的沟通与关联。阳明确立这样一个心学道统传承与对杨时之学的心学新阐释系统其实是有充分的依据的。如果说《四书》中的《中庸》是思孟派相传的道统圣经，那么杨时传河洛之学也正是独得程颢《中庸》学的真传，所以杨时道南一脉都无不以《中庸》为宗，胡安国谈到他与杨时学问传授的不同就说："吾于谢、游、杨三公，义兼师友，实尊信之。若论其传授，却自有来历：据龟山所见在《中庸》，自明道先生所授；吾所闻在《春秋》，自伊川先生所发。"[2] 故杨时作《中庸义》认为："《中庸》之书，盖圣学之渊源，入德之大方也。"从龟山"抠衣侍席二十余载"

[1] 《王阳明全集》卷二十三。
[2] 《宋元学案》卷二十五《龟山学案》。

的罗从彦，也作《中庸说》，认为：“《中庸》之书，世之学者尽心以知性，躬行以尽性者也。”与龟山为忘年交的游复（游定夫族父），也是“其学以《中庸》为宗，以诚意为主，以闲邪寡欲为入德之途”[1]，清楚道出了杨时《中庸》学的心学特征。杨时的《中庸》学体系，就是以“诚意”为主，他把《中庸》的“心诚”同《大学》的“诚意”沟通统摄起来，认为：“自修身推而至于平天下，莫不有道焉，而皆以诚意为主。苟无诚意，虽有其道，不能行。《中庸》论天下国家有九经，而卒曰‘所以行之者一’，一者何？诚而已。”[2] 这同阳明的以诚意为主的心学完全相合。至于杨时提出的“诚”的工夫论，也就是后来李侗总结的“静中体认”（默坐澄心）与“分殊体认”（理一分殊）。杨时根据《中庸》的已发未发说，提出了诚意主静的工夫论，认为：“《中庸》曰：‘喜怒哀乐之未发谓之中，发而皆中节谓之和。’学者当于喜怒哀乐未发之际，以心体之，则中之义自见。”[3] 所谓“以心体之”，就是后来李侗说的“静中体认”，“默坐澄心，体认天理”。可见默坐澄心是明道、龟山、豫章、延平一脉相传的“指诀”，黄宗羲说是“明道以来下及延平一条血路也”。这条“血路”自然接上了阳明以诚意为主、默坐澄心体认天理的心学。这就是阳明在记中重新诠释杨时之学的秘密所在。这篇记塑造了一个“心学大儒”杨时的形象，也成了他自己在南都以当代“杨时”的心学大儒传道东南的“宣言书”。

但是这种对朱陆之学与杨时之学的论辨必然涉及对佛老之学的认识。杨时之学被后世认为“流于佛学”，陆学被程朱派视为

[1] 《宋元学案》卷二十五《龟山学案》。
[2] 《宋元学案》卷二十五《龟山学案》。
[3] 《宋元学案》卷二十五《龟山学案》。

"禅学"，连白沙、阳明的心学也被目为是"禅"。阳明也需要正面作出回应。经历了"上国游"的曲折，阳明虽认识到佛老之学中也有邪僻之说（如绰吉我些儿的"阴道秘术"之类），但他还是相信佛老之学与儒学合，主张不排辟佛老而又不依附佛老，而要儒家做光大弘扬自家圣学的工夫。就在五月，日东正使了庵和尚堆云桂悟寓居在宁波阿育王寺，因办理归国事务来到绍兴，阳明立即去拜访了他。堆云桂悟是日本著名的高僧，精通佛法，善作诗文，为日本诗僧之冠。正德中他有两次来明朝贡。一次在正德六年十月来京朝贡方物，后馆于姑苏，至正德七年四月归国。阳明这时在京，同他见面相识。一次在正德八年初来京朝贡方物，后转职南下居宁波阿育王寺，舟过绍兴，阳明也去拜访了他。到五月堆云桂悟又来绍兴告别阳明，给他看了京师杨一清等朝士作的送别诗卷，阳明为他作了一篇《送日东正使了庵和尚归国序》：

> 世之恶奔竞而厌烦拏者，多遁而之释焉。为释有道，不曰清乎？挠而不浊；不曰洁乎？狎而不染。故必息虑以浣尘，独行以离偶，斯为不诡于其道也。苟不如是，则虽皓其发，缁其衣，梵其书，亦逃租繇而已耳，乐纵诞而已耳，其于道何如耶？今有日本正使堆云桂悟字了庵者，年逾上寿，不倦为学，领彼国王之命，来贡珍于大明。舟抵鄞江之浒，寓馆于驿。予尝过焉，见其法容洁修，律行坚巩，坐一室，左右经书，铅朱自陶，皆楚楚可观爱，非清然乎？与之辨空，则出所谓预修诸殿院之文，论教异同，以并吾圣人，遂性闲情安，不哗以肆，非净然乎？且来得名山水而游，贤士大夫而从，靡曼之色不接于目，淫哇之声不入于耳，而奇邪之行不作于身，故其心日益清，志日益净，偶不期离而自异，尘不

待浣而已绝矣。兹有归思，吾国与之文字以交者，若太宰公及诸缙绅辈，皆文儒之择也，咸惜其去，各为诗章，以艳饬迥躅，固非贷而滥者，吾安得不序！皇明正德八年岁在癸酉五月既望，余姚王守仁序。[1]

这篇文章显然是阳明为京师士大夫缙绅们送别堆云桂悟作的诗卷所写的序，他明确地说佛学有道，“为释有道”；高僧有道，“不诡于其道”；儒佛同道同圣，“论教异同，以并吾圣人”。他在这里其实隐然把堆云桂悟与绰吉我些儿之流的番僧作了比较，同样是“番僧”，堆云桂悟才是清然不浊、净然不染的高僧，不诡于佛道。他批评那些假僧“虽皓其发，缁其衣，梵其书，亦逃租繇而已耳，乐纵诞而已耳”，实际就是指绰吉我些儿与武宗之流。这篇序为他同越中士子与南都士子论辨儒佛老三学异同定下了基调，也为他后来上劾绰吉我些儿疏与《谏迎佛疏》埋下了种子。

为了更广泛地同浙中士子相聚展开讲学论道，阳明发起了天台之游，准备携越中门人士子南下游四明、天台。这一方面固然是要带领弟子学者走出书斋，到山山水水中去讲论学问，澄观体道；但另一方面也是要践行黄绾提出的天台相聚论道的前诺。就在准备天台之游前不久，归居紫霄山的黄绾寄来了山中修道的诗，实际也是邀约阳明来天台聚会论道：

病中习辟谷寄阳明甘泉二首

伏疴久弗愈，乃试辟谷方。
山深易松柏，日采颇不忙。

[1] 伊藤松：《邻交征书》初篇卷一。

终朝未一粒，三咽充我肠。
神爽觉超越，肝肺忽已香。
从兹谢荤秽，并遣人间粮。
琼英与玉液，脱屣皆堪尝。
邀我若耶子，招手西云郎。
与锄三径草，白日游玄荒。

遁世亦何有，辟谷谅可常。
澹泊本素志，质性有相当。
当年赤松子，遗我出世方。
缅怀燧人上，烟火多未遑。
今胡有玉食？草木犹足将。
去去云磴深，及此春日长。[1]

黄绾在紫霄山修炼辟谷仙方与阳明在阳明洞修炼真空炼形法取得了一种精神上的感应。所谓“邀我若耶子，招手西云郎。与锄三径草，白日游玄荒”，就是邀请阳明、甘泉来天台山中论道。六月中旬，阳明偕徐爱赴余姚龙泉山清风亭，山中抱道之士王世瑞、许璋与门人蔡宗兖、朱节等来会，沿星烛溪、永乐寺出发，开始了四明、天台、雁荡之游。他们从上虞入四明山，观白水瀑，寻龙溪源，登杖锡山，访雪窦寺，上千丈岩，游玉泉庵，遥望妙高峰、天姥山、华顶峰诸胜。一路吟诗唱酬，随地讲学论道，途中不断有汪叔宪、郑满等弟子士人来陪游，姒溪王氏宗人也纷纷来聚会。从永乐寺开始出发时，阳明就即兴吟诗道出了这次游山玩

[1] 《黄绾集》卷二。

水、访禅问道的“兴会”之意，徐爱吟了一首和诗阐发个中师意说：

游永乐次阳明先生韵

放舟始寻寺，师友兴何长。
古树云萝湿，闲心夏日凉。
江流随地合，海色接天苍。
宴坐清茶罢，悠然月满廊。[1]

师弟子一行山路跋涉到了雪窦寺，游山玩水的兴会淋漓尽致，阳明坐在山石上，对着门人总结这次游山访道说：

> 今日毕素怀已。中所历佳胜比比，独不彰于古昔，乃今得与二三子观焉。夫永乐诸山，可备游观者也；四明，可居者也。龙溪，可以避地者也，然而近隘矣；杖锡者，可以隐德也，然而几绝矣。乃若隐显无恒，俯仰不拘，近而弗亵，远而弗乖，可以致远，可以发奇者，其惟雪窦乎！诸君耳目之所接，心志之所乐，其于山水已乎？[2]

所谓“耳目之所接，心志之所乐，其于山水已乎”，就是仁者乐山、智者乐水的意思，暗示这次游山玩水达到了于山水胜处澄心体道的成效。本来阳明到了雪窦后，准备即从奉化取道往天台，不巧正逢奉化遇大旱，山田龟裂，农家盼天下雨不至，村庄一片凄惨景象；加上汪叔宪、王世瑞误食了石撞骨生病，朱节脚又受

[1]《横山遗集》卷上。
[2]《横山遗集》卷下《游雪窦因得龙溪诸山记》。

伤，蔡宗兖也因病归去，天台、雁荡路遥难往，所以阳明决计折道返回，下山至大埠。回望古松掩映的雪窦寺，阳明吟了三首告别诗：

游 雪 窦

平生性野多违俗，长望云山叹式微。
暂向溪流濯尘冕，益怜萝薜胜朝衣。
林间烟起知僧往，岩下云开见鸟飞。
绝境自余麋鹿伴，况闻休远悟禅机。

穷山路断独来难，过尽千溪见石坛。
高阁鸣钟僧睡起，深林无暑葛衣寒。
壑雷隐隐连岩瀑，山雨森森映竹竿。
莫讶诸峰俱眼熟，当年曾向画图看。

僧居俯瞰万山尖，六月凉飙早送炎。
夜枕风溪鸣急雨，晓窗宿雾卷青帘。
开池种藕当峰顶，架竹分泉过屋檐。
幽谷时常思豹隐，深更犹自愧蛟潜。[1]

阳明第一首诗是步唐诗人方干的《登雪窦僧家》诗韵："登寺寻盘道，人烟远更微。石窗秋见海，山霭暮侵衣。众木随僧老，高泉尽日飞。谁能厌轩冕，来此便忘机。"第三首诗是次韵徐爱的《题雪窦》："肩舆飞下四明尖，衣拂林梢暑却炎。山尽南天开雪

[1] 《嘉靖宁波府志》卷六。按：今书画拍卖会上出现阳明此第一首诗真迹，题作《雪窦寺步方干韵》。

窦，水钟西嶂结冰帘。长风万里来江雨，湿雾千重出晓檐。耽僻山人亦何意？隐潭元自有龙潜。”[1] 阳明这三首诗成了这次四明之游的曲终奏雅。他偕门人由大埠到宁波，然后买舟泛江回到余姚，居永乐寺中，越中士子也都来接迎，这又是一次讲学论道的聚会。徐爱作《游雪窦因得龙溪诸山记》，记述了这次不寻常的四明之游。阳明的同年郑满赋诗和韵，对这半个多月的四明之游作了总结：

永乐寺同王伯安许半珪夜话二首

曲曲江流小小山，禅房掩映茂林间。
早潮晚汐舟来去，坐得清时不省还。

黄叶满山秋后雨，青灯一夜树声中。
连床话到忘言处，寥廓长天阵阵风。

早秋即事二首次王伯安年兄韵

香销昼永阅遗经，目转松阴影半庭。
雨后碧天浑似洗，南窗遥见数峰青。

昼静闲观山水经，白云晴日照空庭。
半生寂寞凭谁语，惟有好山来送青。[2]

阳明的天台之游最终只成了四明之游，未能如愿下天台见到黄绾与天台士子。归来后他在给黄绾的信中作了解释：

---

[1] 《横山遗集》卷上。
[2] 《勉斋先生遗稿》卷三。

……仆到家，即欲与曰仁成雁荡之约，宗族亲友相牵绊，时刻弗能自由。五月，终决意往，值烈暑，阻者益众且坚，复不果。时与曰仁稍寻傍近诸小山，其东南林壑最胜绝处，与数友相期，候宗贤一至即往。又月余，曰仁凭限过甚，乃翁督促，势不可复待。乃从上虞入四明，观白水，寻龙溪之源；登杖锡，至于雪窦；上千丈岩，以望天姥、华顶，若可睹焉。欲遂从奉化取道至赤城，适彼中多旱，山田尽龟裂，道傍人家彷徨望雨，意惨然不乐，遂从宁波买舟还余姚。往返亦半月余。相从诸友亦微有所得，然无大发明。其最所歉然，宗贤不同兹行耳。归又半月，曰仁行去，使来时已十余日。思往时在京，每恨不得还故山，往还当益易，乃今益难。自后精神意气当日不逮前，不知回视今日又何如也！……亲友以曰仁既往，催促日至，滁阳之行，难更迟迟，亦不能出是月。闻彼中山水颇佳胜，事亦闲散。……[1]

四明之游结束后，阳明离赴南京太仆寺少卿任的时间已很紧迫，却有更多的士子络绎不断来问学，阳明抓紧了同越中士子最后的讲学论道。深秋后越中士子也开始忙碌起来，准备行囊赶赴明年春中的科举考试。有一个鄞县的士子致斋黄宗明赴京参加明年的春官试，经绍兴来问学。阳明同他讨论了尊德志道与科举功名的关系，要他立志明德行道，在黄宗明离绍兴北赴京师时，阳明特为他写了临别赠言：

立志之说，已近烦渎，然为知己言，竟亦不能舍是也。

[1] 《王阳明全集》卷四《与黄宗贤》书二。按：此书注"壬申"作，乃误。

志于道德者，功名不足以累其心；志于功名者，富贵不足以累其心。但近世所谓道德，功名而已；所谓功名，富贵而已。“仁人者，正其谊不谋其利，明其道不计其功”。一有谋计之心，则虽正谊明道，亦功利耳。诸友既索居，曰仁又将远别，会中须时相警发，庶不就弛靡。诚甫之足自当一日千里，任重道远，吾非诚甫谁望邪？临别数语，彼此暗然，终能不忘，乃为深爱。[1]

同时山阴的朱节、萧鸣凤、季本一班弟子也都有意参加南宫春试，来见阳明问学。当阳明得知蔡宗兖丁忧在家守孝、无意一出时，他立即托朱节带给蔡宗兖一信，意味深长地劝说道：

……守忠（朱节）来，承手札喻及出处，此见希颜爱我之深，他人无此也……患难忧苦，莫非实学。今虽倚庐，意思亦须有进。向见季明德（季本）书，观其意向甚正，但未及与之细讲耳。“学问之道无他，求其放心而已”，盖一言而足。至其功夫节目，则愈讲而愈无穷者。孔子犹曰“学之不讲，是吾忧也”，今世无志于学者无足言，幸有一二笃志之士，又为无师友之讲明，认气作理，冥悍自信，终身勤苦而卒无所得，斯诚可哀矣。读《礼》之余，与明德相论否？幸以其所造者示知。某无大知识，亦非好为人言者。顾今之时，人心陷溺已久，得一善人，惟恐其无成。期与诸君共明此学，固不以自任为嫌而避之……乡里后进中有可言者，即与接引，此本分内事，勿谓不暇也。楼居已完否？糊口之出非得已，

[1]《王阳明全集》卷四《与黄诚甫》书一。按：此文云“临别数语”，可见此乃阳明临别赠言之文，集中定为书信，不当。

> 然其间亦有说。闻朋友中多欲希颜高尚不出，就中亦须权其轻重。使亲老馆粥稍可继，则不必言高尚，自不宜出。不然，却恐正其私心，不可不察也。[1]

阳明把讲学与出仕统一起来，他的真意却还在因为感到蔡宗兖在思想上与他拉开了距离，期望蔡宗兖能笃志于学，合力共倡心学，"期与诸君共明此学"。同样的情况也发生在应良身上。应良这时也丁忧归仙居，遣金克厚来请阳明作墓铭。阳明立即托金克厚带给应良二本《传习录》，并有信说：

> 岁欲一访庐下，少伸问慰，遂为天台、雁荡之游；而冗病相缚，竟不得行。今伯载之往，又弗克偕，徒有怅怏而已，可如何！如何！迩惟孝履天相，读《礼》之余，孰非进德之地？今冬大事克举否？执绋之役，未能自决，则相见之期，亦未可先定也。离怀耿耿，病笔不能具，伯载当亦略能悉。九月三日，守仁拜手，原忠太史道契。
>
> 兄大孝莫次，令先翁墓文不敢违约，病患中望少迟之，然稽缓之罪已知不能逭矣。别录二册奉览。[2]

这里说的"二册"就是指二本《传习录》，这充分表明阳明回绍兴原来是用《传习录》同越中士子讲学传道，把他们引进"王门"的。他把《传习录》作为传授圣贤之学的"教科书"，广赠给越中士子，他传授的"圣学""绝学"实际就载在他的《传习录》上。有一个郧阳竹溪士子熊彰，是正德五年湖广举人，正德

[1] 《王阳明全集》卷四《寄希渊》书三。
[2] 邹显吉：《湖北草堂藏帖》第一册《王阳明先生守仁柬》。

六年赴京科举失利，大概就在这时与阳明相识，他也迢迢赶来绍兴向阳明问学，阳明特为他作了一首《赠熊彰归》诗：

门径荒凉蔓草生，相求深愧远来情。
千年绝学蒙尘土，何处澄江无月明？
坐看远山凝暮色，忽惊废叶起秋声。
归途望岳多幽兴，为问山田待耦耕。[1]

所谓“千年绝学”就是指载在《传习录》中的心学，所谓“蒙尘土”就是对朱学的批评。这正是阳明同越中士子讲学论道的基调，阳明显然也把《传习录》授给了熊彰。

随着阳明生日与赴南都太仆寺少卿任的临近，越中士子抓紧了同阳明的讲学论道。在九月，山阴士子与萧山士子发起了浮峰诗社，请阳明来主诗盟。阳明作了一首《寄浮峰诗社》：

晚凉庭院坐新秋，微月初生亦满楼。
千里故人谁命驾？百年多病有孤舟。
风霜草木惊时态，砧杵关河动远愁。
饮水曲肱吾自乐，茆堂今在越溪头。[2]

实际越中士子结浮峰诗社是为了祝贺阳明生日，送阳明赴南都任。九月三十日是阳明四十二岁生辰，越中士子纷纷来聚祝寿，把阳明奉为心学的泰山北斗。徐爱作了二首贺诗，道出了越中

[1] 《王阳明全集》卷二十四。按：《王阳明全集》将此诗归入“滁州诗”，谓“正德癸酉年到太仆寺作”，乃误。
[2] 《王阳明全集》卷二十。按：《王阳明全集》将此诗归入“滁州诗”，乃误。

士子的共同心声：

九月晦舟中值阳明寿日赋以佑觞

水落江湖秋气清，仙舟忽动紫鸾笙。
本来超出风尘客，漫道循环甲子更。
绝学争新瞻北斗，遥天更喜焕南星。
天将兴道多情在，海岳还教起凤鸣。

和诸友舟中写怀用韵

春风浩荡酿和平，绝胜时时听管笙。
岸菊行残霜九月，江枫坐落露三更。
静穷妙道忘辞说，默识真文见日星。
已得舟师操舵法，欲寻海窟看龙鸣。[1]

徐爱这二首诗，是在阳明赴南都任前夕，对阳明归越一年来同越中士子的讲学论道作了最好的总结。"绝学争新瞻北斗"，是把阳明仰为"为天地立心，为生民立命，为往圣继绝学，为万世开太平"的泰山北斗。"遥天更喜焕南星"，是把南来的阳明奉为倡道东南、照耀南天的心学大儒"杨时"。"天将兴道多情在，海岳还教起凤鸣"，是说天道将兴，绝学将传，新圣将出，阳明就是涅槃再生的多情凤凰鸣唱于海岳之上。"静穷妙道忘辞说"，是说阳明在南国澄心默照，体认天道，自求其心；"默识真文见日星"，是说南国士子奉读《传习录》，顿悟心学的日月新天。浙中士子从《传习录》中"已得舟师操舵法"，兆示着

[1] 《横山遗集》卷上。

浙中王门的历史崛起。

十月上旬，阳明启程赴南都。二十二日，他到达滁州上任，开始了“遥天更喜焕南星”的“南畿游”心路历程。

在滁州：遥天更喜焕南星

南京的太仆寺设在滁州，实际是一个管理马政的专署机构，归属兵部。寺下设太仆寺少卿二名，分司其职。阳明任南京太仆寺少卿，主要就是来督马政，革除滁州马政积弊。还在明初建都金陵时，朝廷考虑到江北各郡县被长江阻隔，马运至南京困难，但滁州土旷草茂，水流丰美，利于河牧，所以便设太仆寺于滁州，建马场，领滁阳等八监的骕骦十八群，命令近京的军民都要养母马一匹，每岁可蠲免科赋。但后来马政弊端丛生，百姓苦于科驹、卖驹、征银以及追陪倒失等弊害，加上北方边事紧张，流民起义遍布全国，深感打仗军用马匹不足。因此革除马政弊端的呼声兴起。在正德七年（1512 年），南京太仆寺少卿文森就条陈古今厩牧之法与马政利病兴革之宜，大略说：

> 今日马政除补足种马之外，上之所须，独备用一事而已，岂有科卖征解诸扰民之令哉？奈何有司沿故习而惮改革，以失事机，援例变卖之文属于途，听民自便之条束于阁，妄传点视，而使期集之不暇，虚称拘刷，以示科需之有名。是致一牝常随两驹、三驹之多，而一驹或养三年、四年之久。群医牙贩则请卖驹于官，以谋挠法；吏书库役则请收银于官，

以遂己私。不知官卖之际，多估则买者陪贩，而厩牧愈受其殃；少估则卖者亏损，而市井共饕其利。负欠或遭势豪之手征求难免捶楚之刑，甚而官吏私相贸易，而马于是乎并去矣。此卖驹于官之弊也。官收之时，法重有秤头之积出，较阅有火耗之羡余，券票有纸笔之需，伺候通搀先之赂，甚至上下转相交代，而利于是乎并失矣，此收银于官之弊也。况名虽补辏备用，而全科并派之数实不开除，阳虽变卖不堪，而倒失亏欠之逋，阴加并敛。[1]

阳明就是在文森下了这道马政条陈后，被朝廷任命为南京太仆寺少卿的，自然他到南京太仆寺的首要职事就是协同文森一起整顿滁州马政，兴利革弊。阳明还在京师时就同任监察御史的文森关系密切，文森居白河之湾，山水环抱，号"白浦先生"，阳明为他的水湾栖息之地大书了"白湾"匾，作《白湾六章》称颂文森的高风亮节：

宗严文先生居白浦之湾，四方学者称曰"白浦先生"，而不敢以姓字。某素高先生，又辱为之僚，因为书"白湾"二字，并诗以咏之。

浦之湾，其白漫漫。
彼美君子，在水之盘。

湾之浦，其白淼淼。
彼美君子，在水之涘。

[1] 文征明：《文公森行状》，《国朝献征录》卷五十六。

云之溶溶，于湾之湄。
君子于处，民以为期。

云之油油，于湾之委。
君子于兴，施及四海。

白湾之渚，于游以处。
彼美君子兮，可以容与。

白湾之洋，于濯以湘。
彼美君子兮，可以徜徉。[1]

文森先在正德七年来任南京太仆寺少卿，已开始着手对滁州马政的更革，所以阳明接着也被除为南京太仆寺少卿，很可能是出于文森的举荐。两人首先按照文森的条陈思路展开滁州马政的兴利除弊。但阳明也有自己重点的马政整顿建设事项。雷礼的《南京太仆寺志》记载了阳明在滁州督建整饬马政的事迹：

> 癸酉，升南京太仆寺少卿。值留垧多暇，专以良知之旨训后学，随方而答，必畅本原。恒语诸生曰：“不患外面言谤，惟患诸生以身谤。拳拳以孝悌礼让为贵，即闾阎小竖咸歆艳向慕，思有所表，则欲殊于俗，滁水之上洋洋如也。”又因寺址距滁城二里，萑苇蔽野，令军民于马场隙地自置房居住。设总小甲联之，论丁巡警。及流贼猖起，复即滁城尼寺

[1]《王阳明全集》卷二十。

改为寺仓。建官厅一所，而擘画所遗，莫非远虑。(卷十五)

官仓，在滁城南门内左所右。初为宋乾明尼寺。正德九年，因流贼之变，本寺少卿王守仁废寺为太仆寺仓，建官厅一所，以备入滁憩息之地。(卷九)

新街……街俱牧监点马旧地。正德七年（九年?）流贼猖起，本寺少卿王守仁因寺居滁城外二里孤悬，招集军民二百余家，自置房屋居住，立总小甲，属之照户，按日巡警防护，本寺免其地租。(卷九)

来远亭，在柏子潭上。正德七年（八年?）秋月，本寺少卿王守仁建。(卷九)

因为太仆寺设在滁州城外二里之遥，孤危不安全，所以阳明下令招集军民二百多家到马场隙地建造房屋居住，立总小甲相连，免除他们的地租。又将城内一座尼寺改为太仆寺仓，建官厅一所。后来这里很快变成了一条热闹的马政街。[1] 阳明在滁短短的半年中，就使太仆寺与马场的面目一新，与他在庐陵半年的善治有异曲同工之妙。文征明说文森“在太仆三年，综核财正，下享其利，而上蒙其成”，其实这里也有阳明一半的功劳。

但正如雷礼所说，阳明在滁督马政是同他在滁的讲学论道紧密结合在一起，政教齐下，所以才能“滁水之上洋洋如也”。滁州有州学，同州学的莘莘学子诸生日日讲学论道也成了作为太仆寺少卿的阳明在滁推行政教的一个方面。钱德洪说：“滁山水佳胜，先生督马政，地僻官闲，日与门人遨游琅琊、瀼泉间。月夕

[1] 见胡杰《创建马政街丰乐社仓学记》：“正德初……阳明先生始招民立业，不隶有司。逮于兹，生齿林林，凡三百户。”《南滁会景编》卷十二有萧崇业作《马政街谣》。

则环龙潭而坐者数百人，歌声振山谷。诸生随地请正，踊跃歌舞。旧学之士皆日来臻，于是从游之众自滁始。”这里说的“诸生”就指滁州州学的庠生，“数百人”主要也是指州学诸生。这块长江边上“环滁皆山”的贫瘠荒原之地，却成了阳明传道东南、随地讲学的一方乐土，师弟子间讲学论道的弦歌诵唱声震山谷，飞向了学风沉闷的南都上空。纷纷来向这个南天新星瞻仰问道的主要有四类人：一是阳明的门人弟子，二是滁州的庠生学子，三是前已问道受业过的旧学之士，四是各地来朝拜的新学之士。阳明一到滁州，就引起南都朱学领袖泾野吕柟的注意，他首先来滁谒见阳明，马上写信给南京国子司业穆孔晖与应天府丞寇天叙说：“阳明子讲学，能发二程之意，可数会晤也。”[1] 这里已隐隐透露出南都程朱派学子要同阳明进行朱陆论辨的意向，阳明心里是很清楚的，所以他也写信给远在天台的黄绾，希望他与应良都来滁论道辨学，信中点明深意说：

> 滁阳之行，相从者亦二三子，兼复山水清远，胜事闲旷，诚有足乐者。故人不忘久要，果能乘兴一来耶？得应原忠书，诚如其言，亦大可喜。牵制文义，自宋儒已然，不独今时。学者遂求脱然洗涤，恐亦甚难，但得渐能疑辩，当亦终有觉悟矣。自归越后，时时默念年来交游，益觉人才难得，如原忠者，岂易得哉？京师诸友，迩来略无消息。每因己私难克，辄为诸友忧虑一番。诚得相聚一堂，早晚当有多少砥砺切磋之益。然此在各人，非可愿望得。[2]

---

[1]《泾野先生文集》卷六《赠玉溪石氏书》。
[2]《王阳明全集》卷四《与黄宗贤》书三。

所谓"牵制文义，自宋儒已然"，就是对朱学的批评；所谓"脱然洗涤"，"但得渐能疑辩，当亦终有觉悟"，表达了阳明愿同南都士子进行朱陆之学论辨的态度，想通过学问论辨来洗涤士子心性，启迪他们的心学之悟。阳明就这样开始了同滁州士子洗心启悟、释疑辨异的讲学论道，一群一群新旧士子汪玉、梁穀、王元正、苏民、陈佑卿、顾应祥、陈一鸿、刘观时、孙存、屠岐、刘韶、朱勋、萧惠、王性甫、姚瑛、孟源、孟津、崔伯栾、姚惟芹、蔡宗兖、朱节、郑杰等，都走进了滁山环抱中的太仆寺官舍，来向阳明问道辨疑。阳明在十一月给戴德孺的信中谈到他与滁州士子的讲学情况说：

> 汝成相见于滁……学之不明已非一日，皆由有志者少。好德，民之秉彝，可谓尽无其人乎？然不能胜其私欲，竟沦陷于习俗，则亦无志而已……宗贤已南还，相见且未有日。京师友朋如贵同年陈佑卿、顾惟贤，其他如汪汝成、梁仲用、王舜卿、苏天秀，皆尝相见。从事于此者，其余尚三四人，吾兄与诸友当自识之。自古有志之士，未有不求助于师友。匆匆别来，所欲与吾兄言者，百未及一。[1]

在这些众多的来学士子中，最立志好学、脱然有悟的是汪玉。他是鄞县人，号雷峰，授任湖广按察司佥事，在归省回鄞县途经滁州时，特来谒见阳明问学。阳明同他进行了数十次的学问讨论，直到最后一次在玉泉的夜以继日的论辨，汪玉终于豁然领悟了格物正心之旨。阳明在汪玉作的《格物说》卷上记下了他的心学之悟：

---

[1]《王阳明全集》卷四《与戴子良》。

> 予于汝成“格物致知”之说、“博文约礼”之说、“博学笃行”之说、“一贯忠恕”之说，盖不独一论再论，五六论、数十论不止矣。汝成于吾言，始而骇以拂，既而疑焉，又既而大疑焉，又既而稍释焉，而稍喜焉，而又疑焉。最后与予游于玉泉，盖论之连日夜，而始快然以释，油然以喜，冥然以契。不知予言之非汝成也？不知汝成之言非予言也？於戏！若汝成，可谓不苟同于予，亦非苟异于予者矣。卷首汝成之请，盖其时尚有疑于予；今既释然，予可以无言也已，叙其所以而归之。[1]

阳明与汪玉的讲学讨论从“格物致知”“博文约礼”“博学笃行”“一贯忠恕”上展开，涉及了阳明的心外无理、格物正心、默坐澄心体认天理、知行合一等心学本体工夫论的根本问题，无怪汪玉在讲论中始而骇、中而疑、终而悟了。这正是阳明同滁州士子讲学论道的心学主旋律。有一个滁州庠生陈一鸿来问学，阳明也是向他传授了这些“骇人听闻”的心学本体工夫论思想，后来东岩夏尚朴在一首给陈一鸿的诗中透露说：

> **滁学陈一鸿以诗见饷，次韵复之。阳明官太仆时，一鸿辈从之讲学官舍。**
>
> 杏坛盟远未应寒，也信从来取友端。
> 道在吾心元自足，事当为处敢辞难？
> 漱残芳润方知孔，语欠精详或病韩。
> 寄语同袍二三子，知行并进始能安。[2]

---

[1] 《王阳明全集》卷八《书汪汝成格物卷》。
[2] 《东岩先生诗集》卷六。

所谓“道在吾心元自足”，就是认为心外无理，吾心自足，须向内格心求理。“知行并进始能安”，就是认为知行合一，交互循环并进，认知要落实到践行上。另一个辰州士子刘观时来问学，阳明也是向他反复论辨了这些同样的心学思想，要他们去践行。后来他在一首送别刘观时的诗中说：

别易仲

辰州刘易仲从予滁阳，一日问：“道可言乎?”予曰：“哑子吃苦瓜，与你说不得。尔要知我苦，还须你自吃。”易仲省然有悟。久之，辞归，别以诗。

迢递滁山春，子行亦何远。
累然良苦心，惝恍不遑饭。
至道不外传，一悟失群暗。
秋风洞庭波，游子归已晚。
结兰意方勤，寸草心先断。
末学久仳离，颓波竟谁挽?
归哉念流光，一逝不复返。[1]

所谓“哑子吃苦瓜，与你说不得”，是说道在吾心，不可言传，要自家亲身去静中体认，“还须你自吃”。“至道不外传，一悟失群暗”，是说心外无道，须反身以求，直指本心，心源上大悟，才一悟百悟，一了百了。阳明特别强调学子要自家去实践中做以心静中体认的工夫，因为心学不仅是一种“知”，而且更是一种“行”，所以他与士子讲学不是纸上谈玄，也不是坐而论道，而是

[1]《王阳明全集》卷二十。

要求去实行其知，践行其道，从“行”中去体证其“知”。阳明的心学本质上是一种实践的儒学，一种哲学的实践工夫论，而不是一种玄解妙觉的形上玄学，故要在实践中去做心学的工夫，而不能在书斋中清谈玄论。在阳明提出“良知”与“致良知”的心学体系之前（正德十四年），阳明的心学工夫论就是提出了默坐澄心体认天理的践行工夫（静坐），这是一种知行合一的实践工夫，要求对“道”做心的体认工夫，于静中体认大本达道，体认心的未发之中，因“知”发其“行”，由“行”证其“知”。在格物致知上，如果说他是从“格物”上提出了心具万理、吾心自足的形上本体论，那么他是从“致知”上提出了默坐澄心体认天理的实践工夫论（还未提出致良知的工夫论）。所以阳明在滁讲学论道特别重视做默坐澄心体认天理的践行工夫——这就是阳明说的静坐工夫。他后来提到他的这一思想变化发展说：

> 一友静坐有见，驰问先生。答曰：“吾昔居滁时，见诸生多务知解，口耳异同，无益于得，姑教之静坐。一时窥见光景，颇收近效。久之，渐有喜静厌动，流入枯槁之病。或务为玄解妙觉，动人听闻。故迩来只说致良知。良知明白，随你去静处体悟也好，随你去事上磨炼也好，良知本体原是无动无静的，此便是学问头脑。我这个话头自滁州到今，亦较过几番，只是‘致良知’三字无病。”[1]

阳明在这里说得非常明白：他的心学是一种实践工夫的儒学，但诸生却多只从如何“知解”上用功着力（知），而不从如何践行

[1]《传习录》卷下。

上去体认践履（行），他们都斤斤计较于争辨如何认识口耳相传异同之说，却忘了实际的躬行践履，所以阳明才提出了静坐，要诸生去做践行的工夫。结果，他们却又未能领会阳明静坐的要旨，从一偏于动走向了一偏于静，只知去静处体悟，却忘了去事上磨炼。可惜的是后人又多误解了阳明的这些话，钱德洪解释说：

> 先生之学凡三变，其为教也亦三变……自滁阳后，多教学者静坐……先生曰："吾昔居滁时，见学者徒为口耳同异之辩，无益于得，且教之静坐。一时学者亦若有悟，但久之渐有喜静厌动，流入枯槁之病。……"（《刻文录叙说》）
>
> 滁阳为师讲学首地……当时师惩末俗卑污，引接学者多就高明一路，以救时弊。既后渐有流入空虚，为脱落新奇之论。（《与滁阳诸生书并问答语跋》）

连黄宗羲也顺着钱德洪的学术三变说认为：

> 其学凡三变，而始得其门。自此以后，尽去枝叶，一意本原，以默坐澄心为学的（按：指静坐）。有未发之中，始能有发而中节之和。[1]

钱德洪的说法有错误。首先，把静坐说成是阳明生平学术三变中的第二变的标志是错误的。阳明早在弘治九年就向尹真人学静入窈冥的修炼，从此他在阳明洞中沉潜于静坐导引的修炼中。到弘治十八年他更立白沙的"默坐澄心，体认天理"为心学的座右

[1] 《明儒学案》卷十《姚江学案·文成王阳明先生守仁》。

铭，他的“静坐”获得了心学工夫论的明确规定。他在滁州，就是用这种心学工夫论的静坐（默坐澄心，体认天理）教学子诸生。到后来他提出了“良知”与“致良知”以后，他把“默坐澄心，体认天理”统摄到“致良知”的工夫论中，也没有否定静坐，一直到死，他都仍强调“静坐”“静观”（他把自己的书斋名为“静观斋”）、“默坐澄心，体认天理”。可见阳明在滁并不是首次提出静坐，而只是针对学子诸生的学问弊病“姑教之静坐”，这里根本不存在什么阳明生平学术思想“第二变”的事。其次，阳明所以强调要滁州学子诸生静坐，是因为他们只在“知”上下工夫（知解），却不在“行”上去体认践履；钱德洪却说阳明教诸生静坐是“引接学者多就高明一路，以救时弊”。其实阳明认为静坐体认本身是对的，“高明一路”是诸生枯槁静坐产生的流弊。钱德洪把静坐体认同“高明一路”等同起来，这无异于是把阳明的心学看成了一个失却实践工夫的“高明一路”的玄学，而完全没有认识到阳明心学的知行合一、知行互证的实践品格，对阳明的心学作了南辕北辙的相反解说。

在滁州，阳明就是用这种静坐践履把学子诸生由“知”转向“行”，由知解转向践行，希望他们把静处体悟与事上磨炼结合起来，消除“高明一路”的流弊。他在讲学论道中注重静坐的体认工夫，常同学子诸生到山水胜处进行共同的静坐体认。在正德九年仲春，他携数百诸生到龙潭上静处体悟，作了一首《龙潭夜坐》咏道：

何处花香入夜清，石林茅屋隔溪声。
幽人月出每孤往，栖鸟山空时一鸣。
草露不辞芒履湿，松风偏与葛衣轻。

临流欲写《猗兰》意，江北江南无限情。[1]

这就是钱德洪说的“月夕则环龙潭而坐者数百人”的静坐体道。阳明又携诸生上梧桐冈静坐体认，作了一首《梧桐冈用韵》咏道：

凤鸟久不至，梧桐生高冈。
我来竟日坐，清阴洒衣裳。
援琴俯流水，调短意苦长。
遗音满空谷，随风递悠扬。
人生贵自得，外慕非所臧。
颜子岂忘世？仲尼固遑遑。
已矣复何事，吾道归沧浪。[2]

但是学子诸生们多不能如实践行阳明默坐澄心体认天理的静坐要法，他们的静坐流于空寂枯槁之病，反渐生喜静厌动之心。滁州诸生孟源、孟津兄弟来问学，阳明教他们静坐。后来孟源问：“静坐中思虑纷杂，不能强禁绝。”阳明回答说：“纷杂思虑，亦强禁绝不得，只就思虑萌动处省察克治，到天理精明后，有个物各付物的意思，自然精专无纷杂之念，《大学》所谓‘知止而后有定’也。”[3] 所谓“物各付物的意思”，就是指静中格物正心。阳明认为静坐不是无思无虑，心寂然空虚，止如死水，而是要静中体认，如思虑纷杂而生，则须就思虑萌动处省察克治，体认天理澄

[1] 《王阳明全集》卷二十。
[2] 《王阳明全集》卷二十。按：此诗题原作“梧桐江用韵”，乃误。
[3] 钱德洪《阳明先生年谱》。

明，格物正心，才可达到知止而后有定的境界。后来阳明在《书孟源卷》中谈到在滁时学子静坐的弊病说：

> 向在滁阳论学，亦惩末俗卑污，未免专就高明一路开导引接。盖矫枉纠偏，以拯时弊，不得不然，若终迷陋习者，已无所责。其间亦多兴起感发之士，一时趋向，皆有可喜。近来又复渐流空虚，为脱落新奇之论，使人闻之，甚为足忧。[1]

阳明的默坐澄心体认天理的静坐，就是他后来终生强调的“心上体认”，要求“皆向里寻求，见得自己心体，即无时无处不是此道……不假外求始得”[2]。本是要求静中体认天理，静中体认喜怒哀乐未发时气象，体认未发之中，求理于心；学子诸生却把体认天理的静坐变成了寂心枯坐，流入空虚。阳明的默坐澄心体认天理的静坐，本是要求静处体认，澄心悟道，把体认未发之中与发而皆中节结合起来，把未发与已发结合起来，把静处澄心体悟与动处事上磨炼结合起来，做到动静无间，知行合一；学子诸生却把静处体悟奉为“高明一路”，从一偏于动走向一偏于静，喜静厌动，只一味去静处体悟，不知去动处事上磨炼，只知体认“未发之中”，却忘了“发而皆中节”，有静无动，动静相间。大约在正德九年春间，阳明在给王应鹏的信中就谈到学子这一弊病说：

> 书来，见平日为学用功之概……天宇自谓“有志而不能

[1]《王阳明全集》卷八。
[2]《传习录》卷上。

> 笃"，不知所谓志者果何如？其不能笃者又谁也？谓"圣贤之学能静，可以制动"，不知若何而能静？静与动有二心乎？谓"临政行事之际，把捉摸拟，强之使归于道，固亦卒有所未能，然而造次颠沛必于是"者，不知如何其为功？谓"开卷有得，接贤人君子便自触发"，不知所触发者何物？又"赖二事而后触发"，则二事之外所作何务？当是之时，所谓志者果何在也？凡此数语，非天宇实用其力不能有。[1]

一个人一生大部分时间处在日常的动中（动处），不可能终日静坐（静处），这就有一个平衡静处体认、动处致知的通贯统合工夫，要求达到动静一贯无间，既不能弃动就静，也不能弃静就动，而应以一心贯通动静。阳明说的"静与动有二心乎"，实际也包含了对滁学士子一味静处体悟、不知动处事上磨炼的批评。阳明后来立"良知"之教，提出"致良知"的工夫论，把静处澄心体悟与动处事上磨炼完全统一起来，这就是他说的"良知明白，随你去静处体悟也好，随你去事上磨炼也好，良知本体原是无动无静的"，这是他的心学思想的一个大飞跃。阳明在滁对静处澄心体悟与动处事上磨炼的思考，成为他向"致良知"心学本体工夫论思想飞跃历程上迈出的第一步。

但静坐澄心体悟向来被认为是陆学的本体工夫论，也是陆学、白沙学乃至阳明王学被程朱派目为"禅"的主要"证据"，所以阳明在滁提倡学子诸生进行默坐澄心体认天理的静坐工夫，引起了南都程朱派们的严重关注，他们同阳明的朱陆之学的论辨由此迫不及待地开始了。论辨发难的竟还是他的原来的弟子、应天府

[1]《王阳明全集》卷四《答王天宇》书一。

学教授王道，他自来南都后，同程朱派的中坚魏校讲论朱学，思想上同阳明已渐行渐远。在正德八年十二月，王道从南都写来一封信，全面否定了阳明的心外无理、默坐澄心体认天理、格物正心等心学思想。这是王道叛离师说的开始，甚至可以说是后来两京程朱派同阳明展开朱陆之学异同论战的“信号”。阳明立即写了一篇长札针锋相对地详辨说：

> 纯甫所问，辞则谦下，而语意之间，实自以为是矣。夫既自以为是，则非求益之心矣……纯甫之自是，盖其心尚有所惑而然，亦非自知其非而又故为自是以要我者，吾何可以遂已？故复备举其说以告纯甫。
>
> 来书云：“学以明善诚身，固也。但不知何者谓之善？原从何处得来？今在何处？其明之之功当何如？入头当何如？与诚身有先后次第否？诚是诚个甚的？此等处细微曲折，仅欲扣求启发，而因献所疑，以自附于助我者。”反复此语，则纯甫近来得力处在此，其受病处亦在此矣。纯甫平日徒知存心之说，而未尝实加克治之功，故未能动静合一，而遇事辄有纷扰之患。今乃能推究若此，必已渐悟往日之堕空虚矣。故曰纯甫近来用功得力处在此，然已失之支离外驰而不觉矣。夫心主于身，性具于心，善原于性，孟子之言性善是也。善即吾之性，无形体可指，无方所可定，夫岂自为一物，可从何处得来者乎？故曰受病处亦在此。纯甫之意，盖未察夫圣门之实学，而尚狃于后世之训诂，以为事事物物，各有至善，必须从事事物物求个至善，而后谓之明善，故有“原从何处得来，今在何处”之语。纯甫之心，殆亦疑我之或堕于空虚也，故假是说以发我之蔽。吾亦非不知感纯甫之意，其实不

> 然也。夫在物为理，处物为义，在性为善，因所指而异其名，实皆吾之心也。心外无物，心外无事，心外无理，心外无义，心外无善。吾心之处事物，纯乎理而无人伪之杂，谓之善，非在事物有定所之可求也。处物为义，是吾心之得其宜也，义非在外可袭而取也。格者，格此也；致者，致此也。必曰事事物物上求个至善，是离而二之也。伊川所云“才用彼即晓此”，是犹谓之二。性无彼此，理无彼此，善无彼此也。纯甫所谓“明之之功当何如？入头处当何如？与诚身有先后次第否？诚是诚个甚的？”且纯甫之意，必以明善自有明善之功，诚身又有诚身之功也。若区区之意，则以明善为诚身之功也。夫诚者，无妄之谓。诚身之诚，则欲其无妄之谓。诚之之功，则明善是也。故博学者，学此也；审问者，问此也；慎思者，思此也；明辨者，辨此也；笃行者，行此也。皆所以明善而为诚之之功也。故诚身有道，明善者，诚身之道也；不明乎善，不诚乎身矣。非明善之外别有所谓诚身之功也。诚身之始，身犹未诚也，故谓之明善；明善之极，则身诚矣。若谓自有明善之功，又有诚身之功，是离而二之也，难乎免于毫厘千里之谬矣。……[1]

阳明这封信对自己以诚意为主的心学本体工夫论体系作了简约的解说，实际也是对朱陆之学异同的一个明晰论辨，可以把它同徐爱编的一卷《传习录》对读。阳明在信中主要批评了王道表现出来的程朱理学观点：一是王道认为理在物中，事事物物各有其理（至善），故须从事事物物中求理。阳明认为心外无物，心外无

[1]《王阳明全集》卷四《与王纯甫》书二。

事，心外无理，心外无义，心外无善，一句话，就是心即理，心具万理；故格物致知是求理于心，不是外求于物，所谓“格”，就是格此心中之理；所谓“致”，就是致此心中之理。二是王道把诚身与明善分为二事，认为至善（理）在事事物物中，因此诚身是向内以求于心，明善是向外以求于事事物物，诚身之功与明善之功离而为二。阳明认为诚身与明善是同一的，以诚身为主，明善是诚身之功，诚身无妄是明善，明善之极则身诚，故明善与诚身是同一的向内心求理明理的过程。可见阳明与王道的思想对立实质是陆学与朱学的对立，两人的朱陆之学异同论战的基本观点已在这里亮出来了。

面对阳明咄咄逼人的批评，王道一时回避不作答，但他在同魏校的讲论中仍坚持自己的看法。这时徐爱也在南都任兵部车驾清吏司员外郎，熟知王道的思想动态，他写信告诉了阳明。阳明便在正德九年春间再写了一封信给王道，接着上一封信的论题问道：

> 得曰仁书，知纯甫近来用功甚力，可喜，可喜！学以明善诚身，只兀兀守此昏昧杂扰之心，却是坐禅入定，非所谓“必有事焉”者矣。圣门宁有是哉？但其毫厘之差，千里之谬，非实地用功，则亦未易辩别。后世之学，琐屑支离，正所谓采摘汲引，其间亦宁无小补？然终非积本求原之学。句句是，字字合，然而终不可入尧舜之道也。[1]

阳明所批评的“后世之学，琐屑支离”，“句句是，字字合，然而

[1]《王阳明全集》卷四《与王纯甫》书三。

终不可入尧舜之道也”，就是指王道所尊信的朱学。王道仍旧不作正面回答，保持沉默。直到四月阳明升南京鸿胪寺卿，由滁州回到南都，居住正好与王道为邻，他与王道才展开了当面的讨论问辨。但是阳明在滁教学子诸生静坐体悟及与王道的朱陆之学异同的论辨已经传扬出去，引起了两京程朱派士人的关注。阳明的滁阳弟子孙存在正德八年冬入京师赴南宫春试，阳明托他带给顺天府尹杨廉一封信，杨廉大概从孙存那里知道了阳明在滁的讲学情况，立即写了一封回信说：

> 论学难，论政亦难。大抵政事卑陋，皆由学术肤浅，为世道计，不能不为之忧也。门下近日可语者何人？留意收拾，使此道果明于下，则异日必有行之于上者。许大乾坤，岂终绝望也哉？吾人此后相见，皆未敢必。风便，幸无金玉是祷。[1]

杨廉也是尊朱学者，他的信写得比较含蓄，实际对阳明在滁热衷于静坐体悟的讲学论道表示了担忧。杨廉这封信反映了两京程朱派的思想动向，预示着阳明同两京程朱派的朱陆之学异同论战不可避免地到来了。

滁阳之会与《游海诗》之谜

到正德九年（1514 年），有更多的四方士子郭庆、吴良、冀

[1] 《杨文恪公文集》卷四十六《与王伯安》书一。

元亨、德观、商佑、孙允辉、孙玺、王嘉秀、萧琦等人来滁问学，阳明在滁讲学论道的重点已经从教学子静坐体悟转向了对朱陆之学异同的论辨及其相关的儒、佛、道三家异同的论辨，为他由滁州进入南都展开更大规模的朱陆之学异同论战作了先行铺垫。

滁州在正德八年冬间发生严重干旱，直到正德九年春正月降下大雪，旱象才解除。春色明媚，阳明与文森偕同僚上琅琊、龙潭、丰山进行望祭，告祭山川之神，阳明门人诸生也都携壶榼上山随侍，师弟子作了一次春游讲学的山中迎春聚会。阳明在琅琊山壁上刻石纪事说：

> 正德癸酉冬旱，滁人惶惶。乃正月乙丑雪，丁卯大雪。太仆少卿、白湾文宗严森与阳明子王守仁，同登龙潭之峰以望。再明日霁，又登琅琊之峰以望，又登丰山之峰以望。见金陵、凤阳诸山皆白，喜是雪之被广矣。回临日观，探月洞，憩了了堂。风日融丽，泉潏鸟嘤，意兴殊适。门人蔡宗兖、朱节辈二十有八人壶榼继至，遂下饮庶子泉上，及暮既醉，皆充然有得，相与盥濯，咏歌而归，庶几浴沂之风焉。后三月丁亥，御史张俅、行人李校、员外徐爱、寺丞单麟复同游，始刻石以纪。余姚王守仁伯安题。[1]

阳明把这场山川望祭变成了他携门人学子到山川胜境讲学论道、静坐体悟的讲会，正像他自己所说的：“只把山游作课程。”[2]他与门人学子行走在琅琊山中，一路讲学，作诗吟道：

[1]《南滁会景编》卷八《琅琊题名》。按：“日观”指日观亭，“月洞”指偃月洞。题刻在白龙池上方之琅琊石壁上。

[2]《王阳明全集》卷二十《龙蟠山中用韵》。

琅琊山中三首

草堂寄放琅琊间，溪鹿野僧且共闲。
冰雪能回草木死，春风不化山石顽。
六经散地莫收拾，丛棘被道谁刊删？
已矣驱驰二三子，凤图不出吾将还。

狂歌莫笑酒杯增，异境人间得未曾。
绝壁倒翻银海浪，远山真作玉龙腾。
浮云野思春前动，虚室清香静后凝。
懒拙惟余林壑计，伐檀长自愧无能。

风景山中雪后增，看山雪后亦谁曾？
隔溪岩犬迎人吠，饮涧飞猱踔树腾。
归骑林间灯火动，鸣钟谷口暮光凝。
尘踪正自韬笼在，一宿云房尚未能。[1]

所谓“六经散地莫收拾，丛棘被道谁刊删”，就是指阳明与门人学子一路的讲学论道（“丛棘被道”隐喻朱学训诂之说）。所谓“浮云野思春前动，虚室清香静后凝”，就是指他与门人学子的山中静坐悟道。所谓“驱驰二三子”，就是指二十八个门人学子，他们唱酬应和，朱勋作了一首次韵诗：

阳明先生雪中登琅琊山从游次韵

爱山豪兴雪中增，立雪吟风旧有曾。

[1] 《王阳明全集》卷二十。

落地琼花浑粲烂，漫天柳絮乱飞腾。
鸟投林树迷云暗，马度溪桥怯冻凝。
莫厌冲寒登绝地，晴郊游衍是人能。[1]

阳明又携门人学子登上龙潭栖云楼静坐体认，自比为“老懒羲皇”，作诗吟道：

栖云楼坐雪二首

才看庭树玉森森，忽漫阶除已许深。
但得诸生通夕坐，不妨老子半酣吟。
琼花入座能欺酒，冰溜垂檐欲堕针。
却忆征南诸将士，未禁寒夜铁衣沉。

此日栖云楼上雪，不知天意为谁深？
忽然夜半一言觉，又动人间万古吟。
玉树有花难结果，天机无线可通针。
晓来不觉城头鼓，老懒羲皇睡正沉。[2]

所谓“忽然夜半一言觉，又动人间万古吟”，就是指这个一宿觉的“羲皇上人”在栖云楼静坐体认有悟，向弟子发抒万古圣贤心学的“吟唱”。

其实阳明在滁浩发“人间万古吟”的传道吟唱主要不过是两个方面：一是论辨朱陆之学的异同，一是论辨儒、佛、道三家的异同，都同他的默坐澄心体认天理的静坐有关。在三月，太仆少

[1]《南滁会景编》卷八。
[2]《王阳明全集》卷二十。

卿文森忽然别有深意地刻版了文天祥的《文山别集》。因为文天祥是吉安庐陵人，阳明又刚在庐陵任过职，所以文森便请阳明作序。但文森属程朱学派，文天祥尊信程朱理学，这分明是给阳明出的又一道难题。阳明仍像以前作《紫阳书院集序》《东林书院记》一样，借序巧妙地对文天祥的忠君思想作了心学诠释，化解了这一朱陆之学的难题，深化了他自己对心学本体工夫论的认识。他在序中说：

> 古之君子之忠于其君，求尽吾心焉以自慊而已，亦岂屑屑言之，以蕲知于世？然而仁人之心忠于其君，亦欲夫人之忠于其君也。忠于其君，则尽心焉已。欲夫人忠于其君，而思以吾之忠于其君者启其良心，固有人弗及知之者，非自言之，何由以及人乎？斯先生之所为自述，将以教世之忠也。当其时，仗节死义之士无不备载，亦因是以有传，是又与人为善者也。是集也，在先生之自尽，若嫌于蕲世之知；以先生之教人，则吾惟恐其知之不尽也。在先生之自尽，若可以无传；以先生之与人为善，则吾惟恐其传之不远也。……呜呼！当颠沛之心而不忘乎与人为善者，节之裕也；致自尽之心而欲人同归于善者，忠之推也；不以蕲知为嫌而行其教人之诚者，仁之笃也。象贤崇德，以章其先世之美之谓孝；明训述事，以广其及人之教之谓义。吾于是集之序，无愧辞耳矣！[1]

阳明用"尽心"来诠释文天祥的忠君思想，认为忠君就是要求尽

[1]《王阳明全集》卷二十二《文山别集序》。

吾心，尽吾心则忠其君，因此尽心即忠君，忠君即尽心。这种“尽心”，就是一种尽良心的心学本体工夫，“欲夫人忠于其君，而思以吾之忠于其君者启其良心”，这里说的“良心”已具有“良知”的本体论意义，因而他说的“当颠沛之心而不忘乎与人为善者，节之裕也；致自尽之心而欲人同归于善者，忠之推也；不以蕲知为嫌而行其教人之诚者，仁之笃也”，也具有了“致良知”的工夫论意义。阳明这篇《文山别集序》，表明了阳明在滁讲学时期所达到的心学思想的新高度：它已突破了他的一偏于静的默坐澄心体认天理的静坐工夫论框架，已经站到了“良知”与“致良知”思想的门槛前。这种认识使他更加意识到必须把静处澄心体悟同动处事上磨炼通贯结合起来。湖北黄冈郭庆、吴良吉师徒两人来滁问学，阳明就教他们把“静坐”与“读书”结合起来。薛侃在《儒释辩》中提到这件事说：

> 先生奚废书乎？昔者郭善甫见先生于南台，善甫嗜书者也，先生戒之曰：“子姑静坐。”善甫坐余月，无所事，复告之曰：“子姑读书。”善甫憝而过我曰：“吾滋惑矣。始也教庆以废书而静坐，终也教庆废坐而读书，吾将奚适矣？”侃告之曰：“是可思而入矣。书果学乎？孔子谓子贡曰：‘汝以予为多学而识之者欤？非也，予一以贯之。’学果废书乎？孔子赞《易》曰：‘君子多识前言往行，以畜其德。’是可思而入矣。故言之弗一，教之因材而笃也。先生奚废书乎？”[1]

心学是实学，不废读书。静坐是知，读书是学（用“读书”来指

[1]《薛侃集》卷六。

称学问思辨笃行)，须将知学结合起来，达到动静“一以贯之”。“不读书”向来被看作是陆学的“禅病”，所以他们的静坐心悟是“空悟”。阳明把静坐与读书结合起来，实际是强调静处澄心体悟与动处事上磨炼的一以贯之，这是他对陆学的解弊救偏，也是对白沙心学本体工夫论的超越升华。后来他送郭庆归省回黄冈时特写了一篇《赠郭善甫归省序》，把这个思想解释得更清楚：

> ……君子之于学也，犹农夫之于田也，既善其嘉种矣，又深耕易耨，去其蝥莠，时其灌溉，早作而夜思，皇皇惟嘉种之是忧也，而后可望于有秋。夫志，犹种也；学问思辨而笃行之，是耕耨灌溉以求于有秋也。志之弗端，是荑稗也；志端矣，而功之弗继，是五谷之弗熟，弗如荑稗也。吾尝见子之求嘉种矣，然犹惧其或荑稗也；见子之勤耕耨矣，然犹惧其荑稗之弗如也。夫农，春种而秋成，时也。由志学而至于立，自春而徂夏也；由立而至于不惑，去夏而秋矣。已过其时，犹种之未定，不亦大可惧乎？过时之学，非人一己百，未之敢望，而犹或作辍焉，不亦大可哀乎？从吾游者众矣，虽开说之多，未有出于立志者。故吾于子之行，卒不能舍是而别有所说。子亦可以无疑于用力之方矣。[1]

阳明把学问思辨笃行看成是心学的实践工夫，即是一种事上磨炼的工夫，正如种田要有耕耨灌溉的劳作之功一样，“功之弗继，是五谷之弗熟”，静处的“默坐澄心，体认天理”的本体证悟必须同动处的学问思辨笃行的践行工夫结合起来，这才是一种真正的

[1] 《王阳明全集》卷七。

知行合一的本体工夫论。在这里，他说的“学问思辨笃行”的工夫已经具有后来他说的“致良知”的工夫的意义。阳明这种心学的本体工夫论，克服了陆氏心学静坐空悟的禅病，也同佛老之学的禅定静观划清了界限。

事实上，阳明的朱陆之学异同的论辨是同他的儒佛道三家异同的论辨结合在一起的。他仍坚持儒佛老同根同源、儒学高于佛老之学的观点。《传习录》上记录一次他与萧惠的儒佛老三学异同的论辨说：

> 萧惠好仙、释，先生警之曰：“吾亦自幼笃志二氏，自谓既有所得，谓儒者为不足学。其后居夷三载，见得圣人之学若是其简易广大，始自叹悔错用了三十年气力。大抵二氏之学，其妙与圣人只有毫厘之间。汝今所学，乃其土苴，辄自信自好若此，真鸱鸮窃腐鼠耳！”惠请问二氏之妙，先生曰：“向汝说圣人之学简易广大，汝却不问我悟的，只问我悔的！”惠惭谢。请问圣人之学……先生曰：“已与汝一句道尽，汝尚自不会。”
>
> 萧惠问死生之道，先生曰：“知昼夜即知死生。”问昼夜之道，曰：“知昼则知夜。”曰：“昼亦有所不知乎？”先生曰：“汝能知昼？懵懵而兴，蠢蠢而食，行不著，习不察，终日昏昏，只是梦昼。惟‘息有养，瞬有存’，此心惺惺明明，天理无一息间断，才是能知昼。这便是天德，便是通乎昼夜之道而知，更有甚么死生？”

阳明后悔自己“错用了三十年气力”，并不是说佛、老之学本身错了，而是说没有看到儒学的“简易广大”，远高于佛、老学，没有求道于自家的圣贤之学，走错了路。佛、老学也有高妙之说（阳明在这里不肯说出来），与儒学相合。也有误说邪说异说（如绰吉我些儿的"阴道秘术"，道家外丹烧炼长生不死之说），那只是佛、老学的"土苴""腐鼠"。从根本上说，儒佛老三教同根同源，但儒说比佛老更简易广大，高明精微，因此士子学道只须求之于儒家的圣贤之学，而不必问之于佛老之学，更毋须去排辟佛老之学。阳明就是用这种三教同根同源的思想与学子士人展开三教异同的论辨，辰阳有两个士子王嘉秀、萧琦来问学，王嘉秀好仙，萧琦好禅，阳明便教他们只须就儒家简易广大的圣学中去求道。在王嘉秀、萧琦学成归辰阳时，阳明作了一首别诗又反复叮咛道出了其意：

门人王嘉秀实夫萧琦子玉告归书此
见别意兼寄声辰阳诸贤

王生兼养生，萧生颇慕禅。
迢迢数千里，拜我滁山前。
吾道既非佛，吾学亦非仙。
坦然由简易，日用匪深玄。
始闻半疑信，既乃心豁然。
譬彼土中镜，暗暗光内全。
外但去昏翳，精明烛媸妍。
世学如剪彩，妆缀事蔓延。
宛宛具枝叶，生理终无缘。
所以君子学，布种培根原。
萌芽渐舒发，畅茂皆由天。
秋风动归思，共鼓湘江船。

湘中富英彦，往往多及门。
临歧缀斯语，因之寄拳拳。[1]

所谓“坦然由简易，日用匪深玄”，就指儒家简易广大的圣学。所谓“世学如剪彩，妆缀事蔓延。宛宛具枝叶，生理终无缘”，就是指繁琐的朱学。所谓“所以君子学，布种培根原。萌芽渐舒发，畅茂皆由天”，就指他的王学，同他在《赠郭善甫归省序》中所说完全一样。有一个来学的襄阳士子郑杰，因病归鹿门，阳明在给他的送别诗中道出了同样的意思：

郑伯兴谢病还鹿门雪夜过别赋赠三首

之子将去远，雪夜来相寻。
秉烛耿无寐，怜此岁寒心。
岁寒岂徒尔，何以赠远行？
圣路塞已久，千载无复寻。
岂无群儒迹？蹊径榛茆深。
浚流须寻源，积土成高岑。
揽衣望远道，请君从此征。

浚流须有源，植木须有根。
根源未浚植，枝派宁先蕃？
谓胜通夕话，义利分毫间。
至理匪外得，譬犹镜本明。
外尘荡瑕垢，镜体自寂然。

[1]《王阳明全集》卷二十。

孔训示克己，孟子垂反身。
明明贤圣训，请君勿与谖。

鹿门在何许？君今鹿门去。
千载庞德公，犹存栖隐处。
洁身非乱伦，其次乃避地。
世人失其心，顾瞻多外慕。
安宅舍弗居，狂驰惊奔骛。
高言诋独善，文非遂巧智。
琐琐功利儒，宁复知此意？[1]

阳明认为儒家的圣贤之学以道在吾心，吾心万理具足，自应向内格心求理，不应向外格物求理，“至理匪外得”。他把心比为明镜，镜体本明，因外尘的污染而积垢无明，“譬犹镜本明。外尘荡瑕垢，镜体自寂然”，这种心外无理与明镜尘垢的比喻完全是用自佛说。庞德公是道家者流，他栖隐鹿门，后携妻子入山采药不归。阳明称赞他洁身避世独善，而痛斥那些世儒琐琐功利，“狂驰惊奔骛”。可见阳明是承认佛老之说与“孔训示克己，孟子垂反身”的孔孟儒说相合的，关键还在于儒生士子应从自家儒学的“源”与“根”上寻源浚流，扫除圣路芜塞，蹊径榛茆（暗指朱学）。

然而阳明在滁宣扬这种儒佛老三教同根同源的思想，却给程朱派们提供了指斥阳明王学为“禅”的攻击口实，也给程朱派们提供了同阳明展开朱陆之学异同论战的把柄，更引起了他的共盟倡导圣学的同道湛若水的注意。就在二月，甘泉湛若水出使安南

[1]《王阳明全集》卷二十。

归，路经南都，他专门来滁阳与阳明相见论学。两人两年后再见，双方的观点都还没有变，讨论的问题竟还是儒释之辨。这次滁阳之会争论的焦点，阳明从来没有说起，但湛若水却多次清楚地提到过：

> 阳明公迁贰南太仆，聚徒讲学，有声。甘泉子还，期会于滁阳之间。夜论儒释之道。（《阳明先生墓志铭》）
>
> 奉使安南，我行兄止。兄迁太仆，我南兄北。一晤滁阳，斯理究极。兄言迦、聃，道德高博，焉与圣异？子言莫错。我谓高广，在圣范围，佛无我有，《中庸》精微；同体异根，大小公私；斁叙彝伦，一夏一夷。夜分就寝，晨兴兄嘻。夜谈子是，吾亦一疑。分呼南北，我还京圻。（《奠王阳明先生文》）
>
> 人或告曰：“阳明公至浙，沉于江矣，至福建始起矣。登鼓山之诗曰：‘海上曾为沧水使，山中又拜武夷君。’有征矣。”甘泉子闻之笑曰：“此佯狂避世也。”故为之作诗，有云：“佯狂欲浮海，说梦痴人前。”及后数年，会于滁，乃吐实。彼夸虚执有以为神奇者，乌足以知公者哉！（《阳明先生墓志铭》）

后来湛若水重来滁阳作《过滁感旧作》回忆说：“遵途出滁阳，望望琅琊山。昔日阳明子，相期共跻攀。寂寞卧山房，共话儒释言。”[1] 可见滁阳之会重点论辨的还是儒佛老三教异同的老话题。阳明仍坚持当年在京师长安灰厂的看法，认为释迦、老聃道德高

[1]《南滁会景编》卷八。

博，与儒圣孔子一样，儒佛老三教同根同源，各分枝叶流派。湛若水认为儒学与佛学，一夏一夷，异根异源，有大小公私之别，敕叙彝伦之异。儒家《中庸》的中道广大精微高明，佛说"空"，儒说"有"，"佛无我有"，不可同道而语。尤令人注目的是，在滁阳之会上，同两人的儒释论辨相关联，湛若水问起了正德二年阳明游海遇仙的神奇故事，阳明承认了是自己的虚构。原来在正德二年阳明谪赴龙场驿到钱塘时，忽然神秘消失，悄然远遁武夷山，社会上广泛流传起一个阳明遭刘瑾派遣二名特务追杀、投江游海遇仙、上武夷山遇虎不食的神奇故事，但真相一直得不到朝廷与阳明本人的证实，成为一桩无头谜案。当时湛若水在京听到这个传说，就认为是阳明佯狂避祸，痴人说梦虚构。但阳明对世人的质疑一直保持沉默，听任门人弟子传播宣扬，越说越离谱。游海遇仙的传说充满了神秘的仙佛气，到两人滁阳之会当面的儒释论辨上已经再绕不过去，湛若水提出了游海遇仙故事的真假质疑，阳明承认了是佯狂虚构捏造，都是基于各自对儒释老的不同认识，因此这场关于游海遇仙有无的谈论，正是滁阳之会两人儒佛老论辨的一个主要内容，这桩无头谜案到此应该水落石出了。

然而未料这个"游海遇仙"的无头谜案反又牵出了一个更大的阳明作《游海诗》的千古谜案。就在滁阳之会后，阳明或许是受到湛若水当面质问游海遇仙故事的刺激，整理了当年远遁武夷山的资料，补作了大量的"游海"诗，编造了一个完整的刘瑾遣二特务追杀、阳明投江游海遇仙、驾飓风入闽、上武夷山见武夷君、入虎穴不死的神话故事，编集成一部《游海诗》，授给门人弟子。得到这本《游海诗》的阳明门人季本，在《跋阳明先生游海诗后》中透露了阳明作这本《游海诗》的惊天秘密：

> 此阳明先生记游海时所作也。正德丁卯，先生以言事谪官龙场，病于杭之胜果寺，云有二青衣者至，欲擒之沈于江，漂于海，海神曰吴君高者救之，得生。于是入建阳，游武夷，历广信，而复归于杭。往来数千里之间，距其初行，才七日耳。所至之地必有题咏；所遇之人，必有唱酬，篇章累积，不可胜纪。既毕之暇，则手书一卷，以授其徒孙君允辉，允辉以授余。是岁，余携之游南雍。时同舍孙君朝信，平湖人也，异而爱之，中分之而各取其半，此其所存也。呜呼！游海之事茫昧幽渺，世所罕有，岂先生忠义之气有所感欤？不然，或其有为而自托焉，未可知也。然词翰潇洒，飘然出尘，则固有不易得者矣。[1]

季本在正德九年五月因南宫试失利来游南雍。他在《祭同年薛尚谦文》中说：“惟公时起岭南……及游南雍，见闻弥广。惟时先师，教铎方响，分合知行，如指诸掌……余与公同学鸿胪之舍，同登丁丑之榜。”[2] 所谓“同学鸿胪之舍”，就是指季本正德九年五月与南宫试下第的薛侃同入南雍，这时阳明也到南京任鸿胪寺卿，所以季本与薛侃同居鸿胪寺舍受教。孙允辉是山阴人，是同王文辕（黄轝子）、许璋（半珪）、王琥（世瑞）一班山中高士论道交游的抱道之士，阳明在《与徐曰仁书》中就提到过他：“黄轝阿靓近如何？……世瑞、允辉、商佐、勉之、半珪凡越中诸友，皆不及作书。”孙允辉是阳明的好道弟子，所以阳明特手书了一卷《游海诗》给他。这必定是孙允辉在正德九年春间曾来滁见阳明，适逢阳明写成《游海诗》，孙允辉便得

[1]《季彭山先生文集》卷四。
[2]《季彭山先生文集》卷三。

到阳明手写的一部《游海诗》而归。正好季本因南宫试失利也先归山阴，见到孙允辉手头这部《游海诗》，便请要了这部《游海诗》，携往南雍。孙惟信即孙玺，号峰溪道人，平湖人，也是一名好道之士，阳明的弟子。[1] 他与徐爱是同年，正德九年他任南京宗人府经历，徐爱这时也在南京任职。宗人府与鸿胪寺关系密切，所以他也来鸿胪寺与季本、薛侃同舍受教，季本把《游海诗》的一半赠给了他。

但阳明并不是只手书了一部《游海诗》给孙允辉。大约就在正德九年下半年，陆相也来南京见阳明，阳明又写了一部《游海诗》赠给陆相。陆相就是根据这部《游海诗》写了一本《阳明山人浮海传》，在社会上风传开来。黄宗羲说陆相的《阳明山人浮海传》是阳明向陆相口授写出来的，这当然也不错，但上百篇的"游海"诗以及曲折离奇的游海经历单靠一时口谈是记不住的，也是阳明口头说不清楚的，可以肯定阳明在口谈之外又手书了一部《游海诗》给陆相，陆相才得以据此书写出一部《阳明山人浮海传》的奇书。书称"浮海"而不称"游海"，就是根据湛若水的诗"佯狂欲浮海，说梦痴人前"。阳明的《游海诗》与陆相的《阳明山人浮海传》的传播，反而使事情变得更加扑朔迷离。陆相的《阳明山人浮海传》到清代中期亡佚[2]，阳明的《游海诗》也就成了千古之谜。幸而在《阳明山人浮海传》亡佚之前，有一个叫"墨憨斋主人"的新编了一

---

[1] 按:《两浙名贤录》卷三十七有《山西按察佥事孙朝信玺》，述孙玺生平事迹甚详。

[2] 按:《四库全书》著录陆相《阳明山人浮海传》，提要云："《阳明先生浮海传》一卷，是书专纪王守仁正德初谪龙场驿丞，道经杭州，为奸人谋害，投水中，因漂至龙宫，得生还之事。说颇诡诞不经。论者谓守仁多智数，虑刘瑾迫害，故弃衣冠，伪托投江。"

本《皇明大儒王阳明先生出身靖乱录》[1]，其中写阳明正德二年的游海故事完全袭用了陆相的《阳明山人浮海传》，使后人从中犹可以看到阳明在《游海诗》中编造的游海故事的大致面貌，揭开了阳明《游海诗》的千古之谜。

《皇明大儒王阳明先生出身靖乱录》是这样描述阳明的游海遇仙故事的：

> 居两月余，忽一日午后，方纳凉于廊下，苍头皆出外，有大汉二人，矮帽窄衫，如官校状，腰悬刀刃，口吐北音，从外突入，谓先生曰：“官人是王主事否？”先生应曰：“然。”二校曰：“某有言相告。”即引出门外，挟之同行。先生问何往，二校曰：“但前行便知。”先生方在病中，辞以不能步履。二校曰：“前去亦不远，我等左右相扶可矣。”先生不得已，任其所之。约行三里许，背后复有二人追逐而至，先生顾其面貌，颇似相熟。二人曰：“官人识我否？我乃胜果寺邻人沈玉、殷计也。素闻官人乃当世贤者，平时不敢请见，适闻有官校挟去，恐不利于官人，特此追至，看官人下落耳。”二校色变，谓沈、殷二人曰：“此朝廷罪人，汝等何得亲近！”沈、殷二人曰：“朝廷已谪其官矣，又何以加罪乎？”二校扶先生又行，沈、殷亦从之。
>
> 天色渐黑，至江头一空室中，二校密谓沈、殷二人曰：“吾等实奉主人刘公之命，来杀王公。汝等没相干人，可速去，不必相随也。”沈玉曰：“王公今之大贤，令其死于刃

[1] 按：《皇明大儒王阳明先生出身靖乱录》题“墨憨斋主人新编”，后人皆以为此墨憨斋主人即冯梦龙，不当。今有人考定此“墨憨斋主人”为冯梦龙之孙。

下，不亦惨乎？且遗尸江口，必累地方。此事决不可行。"二校曰："汝言亦是。"乃于腰间解青索一条，长丈余，授先生曰："听尔自缢，何如？"沈玉又曰："绳上死与刀下死，同一惨也。"二校大怒，各拔刀在手，厉声曰："此事不完，我无以复命，亦必死于主人之手。"殷计曰："足下不必发怒，令王公夜半投江中而死，既令全尸，又不累地方，足下亦可以了事归报。岂不妙哉！"二校相对低语，少顷，乃收刀入鞘曰："如此，庶几可耳。"沈玉曰："王公命尽此夜，吾等且沽酒共饮，使其醉而忘。"二校亦许之，乃锁先生于室中。先生呼沈、殷二人曰："我今夕固必死，当烦一报家人收吾尸也。"二人曰："欲报尊府，必得官人手笔，方可准信。"先生曰："吾袖中偶有素纸，奈无笔何！"二人曰："吾当于酒家借之。"沈玉与一校同往市中沽酒，殷计与一校守先生于门外。少顷，沽酒者已至，一校启门，身边各带有椰瓢。沈玉满斟送先生，不觉泪下。先生曰："我得罪朝廷，死自吾分，吾不自悲，汝何必为我悲乎？"引瓢一饮而尽。殷计亦献一瓢，先生复饮之。先生量不甚弘，辞曰："吾不能饮矣。既有高情，幸转进于远客，吾尚欲作家信也。"沈玉以笔授先生，先生出纸于袖中，援笔写诗一首。诗曰：

学道无成岁月虚，天乎至此欲何如？
生曾许国惭无补，死不忘亲恨有余。
自信孤忠悬日月，岂论遗骨葬江鱼？
百年臣子悲何极，日夜潮声泣子胥。

先生吟兴未已，再作一首：

敢将世道一身担，显被生刑万死甘。
满腹文章宁有用，百年臣子独无惭。

涓流裨海今真见，片雪填沟旧齿谈。

昔代衣冠谁上品，状元门第好奇男。

二诗之后尚有《绝命辞》，甚长，不录。纸后作篆书十字云：“阳明已入水，沈玉、殷计报。”二校本不通文理，但见先生手不停挥，相顾惊叹，以为天才。先生且写且吟，四人互相酬劝，各各酩酊。

将及夜半，云月朦胧，二校带着酒兴，逼先生投水。先生先向二校谢其全尸之德，然后径造江岸，回顾沈、殷二人曰：“必报我家，必报我家！”言讫，从沙泥中步下江来。二校一来多了几分酒，二来江滩潮湿，不便相从，乃立岸上，远而望之，似闻有物堕水之声，谓先生已投江矣。一晌之后，寂然无声。立了多时，放心不下，遂步步挣下滩来，见滩上脱有云履一双，又有纱巾浮于水面，曰：“王主事果死矣。”欲取二物以去，沈玉曰：“留一物在，使来早行人人见之，知王公堕水。传说至京都，亦可作汝等证见也。”二校曰：“言之有理。”遂弃履，只捞纱巾带去，各自分别。

至是夜，苍头回胜果寺，不见先生，问之主僧，亦云不知。乃连夜提了行灯，各处去找寻了一回，不见一些影响。其年丁卯，乃是乡试之年，先生之弟守文在省应试。仆人往报守文，守文言于官，命公差押本寺僧四出寻访。恰遇沈、殷二人亦来寻守文报信，守文接了《绝命词》及二诗，认得果其兄亲笔，痛哭了一场。未几，又有人拾得江边二履报官，官以履付守文。众人轰传，以为先生真溺死矣。守文送信家中，合家惊惨，自不必说。龙山公遣人到江边遗履之处，命渔舟捞尸，数日无所得。门人闻者无不悼惜，惟徐爱言：“先生必不死。”曰：“天生阳明，倡千古之绝学，岂如是而已耶?”

却说先生果然不曾投水。他算定江滩是个绝地，没处走脱，二校必然放心。他有酒之人，怎走得这软滩，以此独步下来，脱下双履，留做证见，又将纱巾抛弃水面，却取石块向江心抛去。黄昏之后，远观不甚分明，但闻扑通声响，不知真假，便认做了事。不但二校不知，连沈玉、殷计亦不知其未死也。先生却沿江滩而去，度其已远，藏身于岸坎之下。次日趁个小船，船子怜其无履，以草履赠之。七日之后已达江西广信府。行至船山县，其夜复搭一船，一日夜到一个去处，登岸问之，乃是福建北界矣。舟行之速，疑亦非人力所及。巡海兵船见先生状貌不似商贾，疑而拘之。先生曰：“我乃兵部主事王守仁也。因得罪朝廷，受廷杖，贬为龙场驿驿丞。自念罪重，欲自引决，投身于钱塘江中，遇一异物，鱼头人身，自称巡江使者，言奉龙王之命前来相迎。我随至龙宫，龙王降阶迎接，言我异日前程尚远，命不当死，以酒食相待。即遣前使者送我出江，仓卒之中，附一舟至此。送我登岸，舟亦不见矣。不知此处离钱塘有多少程途，我自江中至此，才一日夜耳。”兵士异其言，亦以酒食款之，即驰一人往报有司。

先生恐事涉官府，不能脱身，捉空潜遁，从山径无人之处，狂奔三十余里，至一古寺。天已昏黑，乃叩寺投宿。寺僧设有禁约，不留夜客歇宿。寺傍有野庙久废，虎穴其中。行客不知，误宿此庙，遭虎所啖。次早寺僧取其行囊自利，以为常事。先生既不得入寺，乃就宿夜庙之中。饥疲已甚，于神案下熟寝。夜半，群虎绕庙环行，大吼，无敢入者。天明寂然。寺僧闻虎声，以为夜来借宿之客已厌虎腹，相与入庙，欲简其囊。先生梦尚未醒，僧疑为死人，以杖微击其足，先生蹶然而起。僧大惊曰：“公非常人也。不然，岂有入虎穴而不伤者乎?”先生茫然不知，问：“虎穴安在?”僧答曰：“即此神座下是矣。”僧心中惊异，反邀先生过寺朝餐。

餐毕，先生偶至殿后。先有一老道者打坐，见先生来，即起相讶曰：“贵人还识无为道者否?”先生视之，乃铁柱宫所见之道者，容貌俨然如昨，不差毫发。道者曰：“前约二十年后相见于海上，不欺公也。”先生甚喜，如他乡遇故知矣。因与对坐，问曰：“我今与逆瑾为难，幸脱余生，将隐姓潜名，为避世之计。不知何处可以相容，望乞指教。”道者曰：“汝不有亲在乎？万一有人言汝不死，逆瑾怒逮尔父，诬以北走胡，南走越，何以自明？汝进退两无据矣。”因出一书示先生，乃预写就者。诗曰：

二十年前已识君，今来消息我先闻。
君将性命轻毫发，谁把纲常重一分?
寰海已知夸令德，皇天终不丧斯文。
英雄自古多磨折，好拂青萍建大勋。

先生服其言，且感其意，乃决意赴谪。索笔提一绝于殿壁，诗曰：

险夷原不滞胸中，何异浮云过太空。
夜静海涛三万里，月明飞锡下天风。

先生辞道者欲行，道者曰：“吾知汝行资困矣。”乃于囊中出银一锭为赠。先生得此盘缠，乃从间道游武夷山，出铅山，过上饶，复晤娄一斋。一斋大惊曰：“先闻汝溺于江，后又传

> 有神人相救，正未知虚实，今日得相遇，乃是斯文有幸。"先生曰："某幸而不死，将往谪所。但恨未及一见老父之面，恐彼忧疑成病，以此介介耳。"娄公曰："逆瑾迁怒于尊大人，已改官南京宗伯矣。此去归途，便道可一见也。"先生大喜。娄公留先生一宿，助以路费数金。先生径往南京，省觐龙山公。

这堪称是明代少见的一篇荒诞演义的奇文，可以肯定，陆相在据阳明《游海诗》作《阳明山人浮海传》时，已对游海遇仙故事作了夸张粉饰的加工；到墨憨斋主人据《阳明山人浮海传》新编《皇明大儒王阳明先生出身靖乱录》时，又对游海遇仙故事作了一番荒诞离奇的演绎，把它变成了一篇明代常见的神怪演义小说。[1] 但不管怎样，阳明在《游海诗》中虚构的游海遇仙故事情节的大致轮廓仍被保存下来。这样一个游海遇仙的离奇故事，湛若水已指明是佯狂虚构，阳明也承认是子虚乌有，可是门人弟子们却仍笃信不疑，宣扬传播，钱德洪写进了《阳明先生年谱》，邹守益写进了《王阳明先生图谱》，从此具有了无可怀疑的权威性与真实性，误导了五百年来的阳明学研究，至今成为人们神化阳明的最主要的"神迹"依据，这是阳明所始料未及的。

其实在滁阳之会上说明了真相以后，阳明所以仍整理编集出《游海诗》一书，一则是为了了结旧案，表明自己当年佯狂避祸、

[1] 按：阳明书名《游海诗》，自是说有"游海"之事。季本也称《游海诗》中写阳明"沈于江，漂于海，海神曰吴君高者救之，得生"。然《皇明大儒王阳明先生出身靖乱录》却谓阳明没有投江游海，显是感到阳明游海遇仙太荒诞不可信，乃妄自改写。然后面却又借阳明之口大谈游海遇仙，前后矛盾。

假痴人说梦以保身苟命的无奈，故作“夸虚执有以为神奇”的创痛；二则是要用嬉笑怒骂的小说家言的笔触嘲讽仍不悔改的昏君武宗与权阉，发泄自己被昏君又“放逐”到滁州荒野之地的愤懑与牢愁。他要为昏君权阉留下一份难逃天谴的“罪恶状”，也为自己留下一份清白无罪的“辨白书”。所以这本《游海诗》不过是一部自嘲嘲世的游戏文字而已。但令阳明没有料到的是，这本充满怪诞仙佛气的《游海诗》却又成了南都程朱派们攻击他的心学为“禅”的把柄。

正德九年正月以来，地震流星凶险灾异接连不断。乾清宫发生大火，光焰烛天，武宗却顾自跑往豹房淫乐，对着大火中倒塌的乾清宫放声大笑。这时正是阳明贬谪龙场驿七周年，或许是武宗从这场豹房淫乐造成的乾清宫熊熊大火中惊醒过来，想起了当年谏劝过他的阳明，对仍在“放逐”困境中的“言士”阳明动了一点恻隐之心，三月六日，朝廷忽然改除阳明为南京鸿胪寺卿。阳明有一种仿佛又从“放逐”中起用的感觉，终于可以像杨时一样进南都传道东南了。他先送走了他最器重的湘中士子冀元亨，作诗自叹一年来的滁阳讲学生活道：

送惟乾二首

独见长年思避地，相从千里欲移家。
惭予岂有万间庇？借尔刚余一席沙。
古洞幽期攀桂树，春溪归路问桃花。
故人劳念还相慰，回雁新秋寄彩霞。

簪笈连年愧远求，本来无物若为酬。
春城驿路聊相送，夜雪空山且复留。

江浦云开庐岳曙，洞庭湖阔九疑浮。
悬知再鼓潇湘柁，应是芙蓉湘水秋。[1]

徐爱也从南京赶来送冀元亨归湘，吟了二首和诗：

送冀惟乾二首

同心离居，羁怀若惘，兴言幽期，已动欢襟。人有心盟，天靡爽鉴，君子所贵远虑，宁以近忧？谅在有道，能概斯情。故次韵二首，不妨赠行云。

飘泊乾坤吾未定，怜君风雨独还家。
愁听双雁遗寒侣，更看孤鸥度远沙。
道未探真观逝水，身犹浮世叹飞花。
金华亦是仙人地，莫问桃源沮落霞。

嘤嘤山鸟亦何求，幽谷乔迁愿已酬。
江上扁舟知我始，滁阳三月羡君留。
陈良先得北方学，尼叟曾思东海浮。
明月洞庭如有约，送君飞下楚天秋。[2]

陈良是南方楚国人，学贯儒、道，他曾迢迢往北方向孔子问学，学习孔学比北方的学者还好。徐爱把冀元亨比为楚湘虔诚来学王学的陈良，把阳明比为"道不行，乘桴浮于海"的孔子。经过滁阳讲学的岁月，阳明已以一个南国"尼叟"的形象耸立在南国士子的心中。他打消了"乘桴浮海"的消沉念头，决心进南都做传

[1]《王阳明全集》卷二十。
[2]《横山遗集》卷上。

道东南的“尼叟”了。

四月，阳明启程赴南都，滁阳学子送他一直到乌衣渡江浦。阳明作了一首告别诗，宛转吐尽了他同滁阳学子士人“共进此学”的深情：

滁阳别诸友

滁阳诸友从游，送予至乌衣，不能别。及暮，王性甫汝德诸友送至江浦，必留居，俟予渡江。因书此促之归，并寄诸贤，庶几共进此学，以慰离索耳。

滁之水，入江流，
江潮日复来滁州。
相思若潮水，来往何时休？
空相思，亦何益？
欲慰相思情，不如崇令德。
掘地见泉水，随处无弗得。
何必驱驰为？千里远相即。
君不见，尧羹与舜墙；
又不见，孔与跖，对面不相识。
逆旅主人多殷勤，
出门转盼成路人。[1]

阳明就是怀揣着《传习录》与《游海诗》走进南都，开始了真正的“南畿游”。

[1]《王阳明全集》卷二十。

第十一章
在南都：讲学论道开新天

“共进此学”

——揭橥“主一”的心学旗帜

南京鸿胪寺卿其实也是一个清散的闲职，这倒给阳明提供了一个更广阔的讲学论道的新天地。南雍的莘莘学子早已在期盼阳明这个心学大儒的到来。南都的程朱派们也早准备同阳明展开朱陆之学异同的论辨。阳明进南都时，又适逢南宫春试结束，落第的举子纷纷南下来游南雍，成了阳明最虔诚的新弟子。就连新科进士的学子到南都来任职，也都来向阳明问学。阳明在给顾应祥的信中提到这些纷纷来学的士子说：“陆（澄）与潮人薛侃皆来南都从学，二子皆佳士……向在南都相与者，曰仁之外，尚有太常博士马明衡、兵部主事黄宗明、见素之子林达，有御史陈杰、举人蔡宗兖、饶文璧之属，蔡今亦举进士，其时凡二三十人，日觉有相长之益。”[1] 故钱德洪在《阳明先生年谱》中说：“自徐爱来南都，同志日亲，黄宗明、薛侃、马明衡、陆澄、季本、许相卿、王激、诸偁、林达、张寰、唐愈贤、饶文璧、刘观时、郑骝、周积、郭庆、栾惠、刘晓、何鳌、陈杰、杨杓（按：当作杨礿）、白说、彭一之、朱篪辈，同聚师门，日夕渍砺不懈。”钱德洪遗漏了很多来学的弟子，单在正德九年，就还有众多四方士子如永嘉王澈、临海金贲亨、仙居应大猷、永康应典、余姚诸陞、山阴孙允辉、平湖孙玺、武进白谊、苏州顾瑮、溧阳马一龙、全椒戚贤、歙县毕珊、洪侹、休宁汪尚和、滁阳刘韶、万安郭持平、

[1]《王阳明全集》卷二十七《与顾惟贤》。

辰州王嘉秀、汶上路迎、蒙化朱克明等，来南京问道受教，涵盖了浙江、江西、安徽、江苏、湖北、湖南、山东、福建、广东、云南等大片地区。阳明在南京讲学论道的盛况很快引起两京士大夫们的关注，在五月，京中翰林编修中峰董玘写了一封信给阳明说：

> 往岁幸迩君子之居，过承教爱。顾以蹇劣，不能有所请益，至今负慊。比从元明所见华札，两及贱名，尤荷惓惓。所谕责己责人之说，甚公平，且欲守默，若有戒于议论之多者，益见近日所养大异也。南都视滁虽觉少烦，鸿胪多暇，实育德之地，归计宜可暂止也。元明此来，遂东处终月，不能再会，思畴昔往返之适，殊不可得。尊闻守知，要有不必同者，善贵相观，窃不能无所憾耳。便中草草。[1]

董玘是尊程朱学者，在京同阳明、甘泉就有过学问的论辨。他已预感到两京的程朱学者要同阳明展开朱陆之学异同的论辨，所以他主张"尊闻守知，要有不必同者，善贵相观"。阳明也有自己讲论学问的非凡大气的魄力，在官方程朱理学阴霾笼罩的南都，他一手同学者士子展开正面的心学讲学讨论，一手同程朱派展开反面的朱陆论辨，开始了他传道东南的大儒圣门事业。

在同学子士人的讲学论道上，最引人注目的是陆澄与薛侃两个弟子。陆澄字原静，归安人。薛侃字尚谦，揭阳人。他们两人都因会试落第南下来游南雍，拜阳明为师，在鸿胪寺仓受教二年多，记下大量重要的阳明讲学的语录，编进了《传习录》[2]，真

[1] 《董中峰先生文选》卷六《与王伯安书》。
[2] 按：陆澄、薛侃所记语录，保存在今《传习录》卷上后半部。

实记录和保存了阳明“南畿游”时期的思想原貌。陆澄问学受教最勤奋，阳明在《赠陆清伯归省序》中说：“清伯始见夫子，一月一至；既而旬一至；又既而五六日、三四日而一至；又既而迁居于夫子之傍；后乃请于夫子扫庾下之室（指鸿胪寺仓舍）而旦暮侍焉。”[1] 阳明把他从沉溺科举之学拉回到圣贤之学的道路上来，徐爱在《陆子清伯行序》中谈到他亲见陆澄勤奋好学的一幕说：

> 始客有语清伯于科举之学，蚤作夜思，食忘味，寝忘寐，出忘容，对客忘言，博考精会，非徒欲猎近义，绘时文，其专有如此者；以六经之义奥，非专门莫究，乃不耻屈己以师同辈焉，其谦有如此者。予曰：“惜哉！何不务是以求道？”客曰：“彼且有所利也。今之言道，莫阳明夫子若，而世方哄然訾议，彼苟有慕，人将畏而违之，何利焉？”予曰：“不然。清伯且来，未可知。不曰专乎？专者，志之聚也，专而不达，不变；不曰谦乎？谦者，气之虚也，谦而弗应，必反。夫道也者，虚其体也，一其用也。唯克己可以致虚，故谦者，克之萌也；唯凝神可以致一，故专者，凝之渐也。其机则然，故曰清伯且来。”越数日，清伯果斋洁执弟子礼，来叩阳明夫子之门，夫子纳焉。先定之以立志，次培之以濯□，见乃密之以存养省察之功。自天地之变化，群言之同异，虽靡所不辩，而恒化□以不言之教。久之，清伯怃然曰：“微夫子，几不丧吾生！”[2]

[1] 《王阳明全集》卷七。
[2] 《横山遗集》卷下。

阳明对陆澄的授业传道，从"先定之以立志"到"密之以存养省察之功"，对"天地之变化，群言之同异"都"靡所不辩"，而最终归之于"不言之教"，都记载在《传习录》中。到正德十一年五月陆澄告别阳明回归安时，他已是一个坚定不移的尊陆非朱的王门弟子。阳明在《赠陆清伯归省序》中总结他在南都二年顿悟心学的学业进步说：

> 陆清伯澄归归安，与其友二三子论绎所学，赠处焉。二三子或曰："清伯之学日进矣。始吾见清伯，其气扬扬然若浮云，其言滔滔然若流波；今而日默默尔，日慊慊尔，日雍雍尔，日休休尔，有大径庭焉。以是知其进也。"……清伯曰："有是哉？澄则以为日退也。澄闻夫子之教而茫然，已而歆然，忽耿然而疑，已而大疑焉，又闪然大骇，乃忽闯然若有睹也。当是时，则亦几有所益焉。自是且数月，盖悠焉游焉，业不加修焉，反而求焉，伥伥然，颓颓然，昏蔽扩而愈进，私累息而愈兴，众妄攻而愈固，如上滩之舟，屡失屡下，力挽而不能前，以为日退也。"明日，又辞于阳明子，二三子偕焉，各言其所以。阳明子曰："其然乎！其然乎！谓己为日退者，进修之励，善日进矣；谓人为日进者，与人为善者，其善亦日进矣。虽然，谓己为日退也，而意阻焉，能无日退乎？谓人为日进也，而气歉焉，亦能无日退乎？斯又进退之机，吉凶之所由分也，可无慎乎？"[1]

徐爱在《送陆子清伯行序》中把陆澄独得王门心学之要的超常进

[1]《王阳明全集》卷七。

步说得更清楚：

……呜呼！道果在我，何事外求？学果在独，何事博取？故不知三才合一之道者，不可以言理；不知理者，不可以言性；不知性者，不可以言心；不知心者，不可以言知；不知知者，不可以言行；不知行者，不可以言学。故知学则可以穷理，穷理则可以尽性，能尽其性则可以尽人之性、尽物之性，则可以参两间、赞造化……吾今而后乃知夫子之学，其一出于性情之真实，而功用自无不大者如此……予乃言曰："子之于道，既知大而有本矣；于学，既知其博而有要矣。然充之宜有渐也，居之宜有恒也……清伯无予之懦病，或亦有离索之叹乎？则请同事于弘毅，以行子之所知。"[1]

阳明与徐爱都希望陆澄能知其所知，行其所行，日进日新。陆澄后来果然不负师望，成为王门中最勇捍师道、弘毅师说的门人。

薛侃与陆澄同时来南都问学，二年后又同时分手各归。阳明特别看中从岭南来的士子，对薛侃尤为赏识。薛侃也学习勤勉，季本说他"惟公时起岭南，昂藏倜傥……及游南雍，见闻弥广。惟时先师，教铎方响。分合知行，如指诸掌。公在门墙，朝诹夕访。岂徒空言，力行不漭。芟削枝条，抹杀伎俩。一登灵台，八窗使厂"[2]。在讲论学问上，阳明对他几乎是倾囊相授。编入《传习录》的薛侃所记的语录，完整展现了阳明"南畿游"时期以"诚意"为主的心学思想体系。阳明这种以"诚意"为主的心学本体工夫论正是在同薛侃、陆澄一班门人弟子的朱陆之学论辨

[1]《横山遗集》卷下。
[2]《季彭山先生文集》卷三《祭同年薛尚谦文》。

中得到了升华，薛侃有一条语录记叙说：

> 蔡希渊问："文公《大学》新本先格致而后诚意工夫，似与首章次第相合。若如先生从旧本之说，即诚意反在格致之前，于此尚未释然。"先生曰："《大学》工夫即是明明德；明明德只是个诚意；诚意的工夫只是格物致知。若以诚意为主，去用格物致知的工夫，即工夫始有下落，即为善去恶无非是诚意的事。如新本先去穷格事物之理，即茫茫荡荡，都无着落处，须用添个'敬'字，方才牵扯得向身心上来。然终是没根源。若须用添个'敬'字，缘何孔门倒将一个最紧要的字落了，直待千余年后要人来补出？正谓以诚意为主，即不须添'敬'字，所以提出个诚意来说，正是学问的大头脑处。于此不察，直所谓毫厘之差，千里之谬。大抵《中庸》工夫只是诚身，诚身之极便是至诚；《大学》工夫只是诚意，诚意之极便是至善。工夫总是一般。……"[1]

阳明的心学这时是以"诚意"为大头脑，还不是以"良知"为大头脑。他比较了自己与朱熹的新古本《大学》的不同，指出格物致知只是诚意的工夫，因此朱熹向外穷格事物之理，是以格致为主，错误地把格致放在诚意之前，不能自圆其说，于是又去添加一个"敬"（持敬），敬知双修，是错上加错。这里已清楚道出陆学、王学与朱学的根本差异，蔡宗兖不能领会，所以终未能踏入王门圣域；薛侃讲论中开悟，他成了阳明在岭南的大弟子。正德十一年他告别阳明回岭南时，徐爱也作了一篇《赠薛子尚谦序》，

[1]《传习录》卷上。

意味深长地讲到自己受学阳明的大悟有得说：

> 尚谦之质朴而美全，又从阳明先生学，信而有得，故益混然不见言行之可议……予始学于先生，数年惟循迹而行。久而大疑且骇，然不敢遽非，必反而思之。思之稍通，复验之身心，既乃恍若有见，已而大悟，不知手之舞，足之蹈，曰："此道体也，此心也，此学也。"人性本善也，而邪恶者客感也。感之在于一念，去之在于一念，无难事，无多术。且自恃禀性柔，未能为大恶，则以为如是终身可矣，而坦坦然，而荡荡然乐也，孰知久则私与忧复作也。忽之则无所进，乃今大省，而知通世之痼疾存者有二，而不觉为之害也。……[1]

表面上徐爱是说自己的心学大悟，实际也是说薛侃的心学大悟。那些四方来问学的学子士人几乎都有这样相同的心悟体证与思想转变过程。从江右士子来说，有一个临川士子行斋饶文璧，原来尊朱学，相信朱熹向外格物穷理之说。在正德九年会试下第后，也入南雍，来向阳明问学，从默坐澄心体认天理入手，很快践行有悟，转向了陆学，成为阳明弟子。陈九川在《造士行斋饶先生墓志铭》中记叙他的契悟心学说：

> 先生讳瑄，字文璧，世为临川人。后以字易名，复字德温，号行斋以厉志……正德癸酉宾兴，川也实从其后，因侍以北。先生下第，入南雍，川始离师门，凡粗有所悟，实皆

[1]《横山遗集》卷下。

> 先生发之。初，先生宗考亭格物之训，凡天文地理、律历算数、兵法丹经、阴阳医卜诸书，莫不广购而精究之，已乃觉其博而寡要，乃独体服《礼经》，善横渠之教，曰：“如有用我，执此以往。”已复觉其器而不通，慕邵子之静坐百原，乃捐书习静，澄心立本以应变，若有得也。犹觉其判而不一，在雍闻阳明先生讲圣学于鸿胪，遂执弟子礼，勇就正焉。即涣然契悟合一，知万化生于心，始有定见矣。自是归山，绝意仕进，不复会试。日尊象山之学，信从者益众，争相延致。先生随地教授，多先之以静坐，四方游其门者，因材而成之。[1]

饶文璧的心学之悟正与徐爱、薛侃相似，他的由朱学转向陆学、王学，为江右士子做出了表率。与此同时，有一个江西万安的士子郭持平（守衡）也因会试下第来游南雍，问学于阳明。阳明向他大阐以“诚意”为主的心学，薛侃记录了一则阳明与郭持平讲论学问的重要语录：

> 守衡问：“《大学》工夫只是诚意，诚意工夫只是格物。修齐治平，只诚意尽矣。又有正心之功，有所忿懥好乐，则不得其正，何也？”先生曰：“此要自思得之，知此则知未发之中矣。”守衡再三请。曰：“为学工夫有浅深。初时若不着实用意去好善恶恶，如何能为善去恶？这着实用意便是诚意。然不知心之本体原无一物，一向着意好善恶恶，便又多了这分意思，便不是廓然大公。《书》所谓无有作好作恶，方是

[1] 《明水陈先生文集》卷四。

> 本体，所以说有所忿懥好乐，则不得其正。正心只是诚意工夫里面体当自家心体，常要鉴空衡平，这便是未发之中。”[1]

以心为无善无恶、“原无一物”的本体，以正心为体认自家心体的工夫，格物为诚意的工夫，着实用意去好善恶恶，为善去恶，这种看法已经包含了后来“王门四句教”的雏形，对江西无论是陆学还是朱学的士子都是一帖清新的思想良剂。可以说正是在饶文璧、郭持平之后，江右王学之门开启，江西的尊陆学士子逐渐同阳明王学取得了精神的沟通，纷纷来向阳明问学。后来陈九川也来赣州向阳明问学，显然就是受了饶文璧的影响。这些江西士子的转向王学，预告了江右王门的崛起。

其实这些四方来学的士子思想参差驳杂，他们有的尊仰朱学，有的信奉陆学，有的甚至推崇永嘉事功学，更多的则是思想还未定形，或彷徨朱陆之途，或出入佛老之境，或沉溺科举之习，甚至不知白沙学、王学为何物。对这些士子阳明都能对症下药，因人立教。云南士子朱光霁（克明）也在这时南宫试下第后来游太学，向阳明问学受教。朱光霁与其兄朱光弼都是阳明在龙场驿收的弟子，阳明同他已有五年未见。针对朱光霁的偏重于科举之学与词章之学，阳明教给他“变化气质”的“君子之学”，作了一篇《赠朱克明南归言》，送他归省蒙化：

> 朱光霁，字克明……廉宪朱公（朱玑）之子也。尝与其

---

[1] 《传习录》卷上。按：《传习录》所言及此“守衡”，向来不知为何人。今考定为郭持平，字守衡，号浅斋，万安人。见《邹守益集》卷二十二《明故南京刑部右侍郎浅斋郭公墓志铭》。

兄光弼从学于予，举于乡，来游太学，已而归省，请学之要。予曰：“君子之学，以变化气质。其未学也，粗暴者也，贪鄙者也，虚诞者也，矜夸者也，轻躁者也；及其既学，粗暴者变而为温良，贪鄙者变而为廉介，虚诞者变而为忠信，矜夸者变而为谦默，轻躁者变而为重厚，夫然后谓之学。其未学也，犹夫人也；及其既学，亦犹夫人也，则亦奚贵乎学矣？于是勉夫！”光霁曰：“敢问何以知其气质之偏而去之？”予曰：“手足之疾痛，耳目之聩昏，无弗自知也；气质之偏，独假于人乎弗思耳。故有隐沦于脏腑，潜汩于膏肓而不能自知者。非有明医为之切脉观色，酌之以良剂，蔑由济矣。”曰：“有弗能自知也乎？”“弗思耳。吾语子以剂：温良者，粗暴之剂也，能温良则变其粗暴矣；廉介者，贪鄙之剂也，能廉介则变其贪鄙矣；忠信者，虚诞之剂也，能忠信则变其虚诞矣；谦默者，矜夸之剂也，能谦默则变其矜夸矣；重厚者，轻躁之剂也，能重厚则变其轻躁矣。医之言曰：‘急则治其标，缓则治其本。’凡吾之言，犹治其标本者也。若夫科第之举，文艺之美，子之兄弟有余才也，吾固不屑为二子道也。吾所言五病，虽亦一时泛举，然今之学者能免于是，亦鲜矣。”道经湖、贵，从吾游者多，或有相见，其亦出此致勉励之意。[1]

阳明说的变化气质的“君子之学”，就是他说的“守心克已”之学，故他开的治病“良剂”实际就是他的心学。朱光霁兄弟把他的心学传播进了云、贵。

同样也是在五月，有一个永嘉士子张璁南宫试下第南归，经

[1] 《蒙化志稿》卷八。

南都时来谒见阳明。两人讲学唱酬，阳明作了一首《咏一诗》，张璁和了一首《咏万诗》：

> 品物形容别，君门万里多。
> 藏三生几许，挂一漏如何？
> 对策言难尽，封侯户岂过？
> 独欣歌圣寿，列国似星罗。[1]

由于阳明的《咏一诗》亡佚，两人打哑谜式的一万吟唱至今还是个未解之谜。要揭开这一迷案可以从张璁的《咏万诗》切入，原来《咏万诗》所以称咏“万”，是因诗的每一句都是咏“万”的：“品物形容别”，指品汇万物；“君门万里多”，指疆土万里（溥天之下，莫非王土，率土之滨，莫非王臣）；“藏三生几许”，指三生万岁；“挂一漏如何”，指挂一漏万；“对策言难尽”，指万言对策；“封侯户岂过”，指封万户侯；“独欣歌圣寿”，指万寿无疆；“列国似星罗”，指万国来朝。全诗是借咏“万”字颂扬武宗万国来朝的圣朝气象，同时也咏叹自己正德九年来京赴南宫试的见闻感受与抱负。《国榷》上记载这一年正月万国使臣来贺、武宗大宴群臣夷使说：

> 正德九年正月戊寅，上御奉天殿，大宴群臣夷使，至暮，驾始临，席各举烛。

张璁入京，应该目睹了这一朝廷大典，他作了一首《朝奉天殿》

［1］ 见唐长孺：《跋明张璁书扇》，载《学林漫录》十一集。又《张璁集·诗文辑佚》。

咏道：

三朝日暖开宫殿，五色云深舞凤凰。
答谢无言惭草莽，随朝有例杂冠裳。
珠帘高映天颜近，玉漏稀闻昼刻长。
明试从容忘晏罢，圣明原只爱忠良。[1]

看来张璁在进场屋会试之前曾朝谒过奉天殿。这首诗吐露了他要报效圣朝、建功立业的雄心壮志，同《咏万诗》有异曲同工之妙。他的昂奋的头脑里打有强烈的永嘉事功学的烙印，后来他在嘉靖朝上大礼议的功利雄心早已潜伏在这个落第举子心灵深处了。由这首《咏万诗》回看阳明的《咏一诗》，便可以推知阳明的《咏一诗》每一句都是咏“一”的，也就是用诗的语言咏叹他的心学根本思想：道即一（太极），心即一（本体），天下一道，宇宙一心，万物一体，体用一源，静观守一（默坐澄心体认一理），惟精惟一，知行合一。这就是阳明的“一”的哲学。理学家提出的“理一万殊”，“理一”与“万殊”的关系是体与用的关系，这就是说，在“理一万殊”的儒家内圣外王的思维模式上，如果说阳明的心学是重在彰显、弘扬与咏叹“理一”的内圣之学（道德之学），那么张璁的理学就是重在彰显、弘扬与咏叹“万殊”的外王之学（事功之学）。阳明的心学是咏“一”的义理哲学，张璁的理学是咏“万”的功利哲学。两个月后，滁阳刘韶在七月来南都问学，阳明特为他作了一篇《约斋说》，专门论说了这种“一”的哲学：

[1]《张璁集·诗稿》卷一。

予曰：子欲其约，乃所以为烦也，其惟循理乎！理一而已，人欲则有万其殊。是故一则约，万则烦矣。虽然，理亦万殊也，何以求其一乎？理虽万殊，而皆具于吾心；心固一也，吾惟求诸吾心而已。求诸心而皆出乎天理之公焉，斯其行之简易，所以为约也已。……[1]

理一即心一，主一即主心。阳明这篇《约斋说》揭开了阳明《咏一诗》与张璁《咏万诗》的秘密，它清楚道出了阳明在《咏一诗》中的"一"的思想实质，也显然是针对张璁的"咏万"作的一篇批评文字。两人后来在嘉靖大礼议上的矛盾分歧，在《咏一诗》与《咏万诗》的对立中已暴露出来了。

阳明在南都同学子士人"共进此学"，其实就是共进阐扬这种"一"的哲学。他生平同张璁第一次、也是唯一的一次见面论学，就在这种戏剧性的"一""万"咏叹中收场。但阳明继续向学子士人大阐"一"的哲学。就在与张璁论学的同时，王嘉秀再来南都问学，阳明主要向他讲述了"万物一体"的哲学，在《书王嘉秀请益卷》中详密论析说：

仁者以天地万物为一体，莫非己也，故曰："己欲立而立人，己欲达而达人。"古之人所以能见人之善若己有之，见人之不善则恻然若己推而纳诸沟中者，亦仁而已矣。今见其善而妒其胜己，见不善而疾视轻蔑不复比数者，无乃自陷于不仁之甚而弗之觉者邪？……君子之学，为己之学也。为己故必克己，克己则无己。无己者，无我也。世之学者执其自私

[1]《王阳明全集》卷七。

自利之心，而自任以为为己；茫焉入于隳堕断灭之中，而自任以为无我者，吾见亦多矣。呜呼！自以为有志圣人之学，乃堕于末世佛、老邪僻之见而弗觉，亦可哀也夫！"有一言而可以终身行之者，其恕乎"，"强恕而行，求仁莫近焉"，"恕"之一言，最学者所吃紧。其在吾子，则犹对病之良药，宜时时勤服之也。"见贤思齐焉，见不贤而内自省。"夫能见不贤而内自省，则躬自厚而薄责于人矣，此远怨之道也。[1]

阳明认为心外无理，心外无物，心物一体，因此所谓"万物一体"，就是要以仁心待物，将天地万物都视为与"己"一样（民吾同胞物吾与），与"己"为一体，万物即己，这是一种推己及人及物、人物彼我浑然一体的仁心（仁爱之心）。因此"己欲立而立人，己欲达而达人"与"己所不欲，勿施于人"的忠恕之道，就是"万物一体"哲学的人伦极则。这种万物一体观，阳明在同时与薛侃的讲学中作了明晰的阐释：

问："程子云'仁者以天地万物为一体'，何墨氏'兼爱'反不得谓之仁？"先生曰："此亦甚难言，须是诸君自体认出来始得。仁是造化生生不息之理，虽弥漫周遍，无处不是，然其流行发生，亦只有个渐，所以生生不息……父子兄弟之爱，便是人心生意发端处，如木之抽芽。自此而仁民，而爱物，便是发干生枝生叶。墨氏兼爱无差等，将自家父子兄弟与途人一般看，便自没了发端处；不抽芽便知得他无根，便不是生生不息，安得谓之仁？孝悌为仁之本，却是仁理从

[1]《王阳明全集》卷八。

里面发生出来。”[1]

阳明把“万物一体”同一贯忠恕之道联系起来，表明从弘治十八年同湛若水共论“仁者混然与天地万物为一体”以来，他对“万物一体”的思想又有了更进一层的认识，领悟到“万物一体”要从己心（仁心）做起，反心以求，行忠恕之道。有一个昆山士子石川张寰与王嘉秀差不多同时来问学，阳明就着重同他论反心以求的忠恕之道，在《书石川卷》中说：

学者惟当反之于心，不必苟求其同，亦不必故求其异。要在于是而已……程先生云：“贤且学他是处，未须论他不是处。”此言最可以自警。见贤思齐焉，见不贤而内自省，则不至于责人已甚，而自治严矣……今学者于道，如管中窥天，少有所见，即自足自是，傲然居之不疑……某之于道，虽亦略有所见，未敢尽以为是也；其于后儒之说，虽亦时有异同，未敢尽以为非也。朋友之来问者，皆相爱者也，何敢以不尽吾所见？正期体之于心，务期真有所见其孰是孰非而身发明之，庶有益于斯道也。……[2]

阳明这种“反之于心”“体之于心”的仁心恕道，同他在《书王嘉秀请益卷》中说的“仁者以天地万物为一体”的忠恕之道是一致的。到这年七月王守文来受学，阳明为他作《示弟立志说》，更进一步发挥这种道一心一、天下一道、宇宙一心、惟精惟一、

[1]《传习录》卷上。
[2]《王阳明全集》卷八。

知行合一的哲学说：

> ……自古圣贤因时立教，虽若不同，其用功大指无或少异。《书》谓"惟精惟一"，《易》谓"敬以直内，义以方外"，孔子谓"格致诚正""博文约礼"，曾子谓"忠恕"，子思谓"尊德性而道问学"，孟子谓"集义养气""求其放心"，虽若人自为说，有不可强同者，而求其要领归宿，合若符契。何者？夫道一而已。道同则心同，心同则学同。其卒不同者，皆邪说也……若以是说而合精一，则字字句句皆精一之功；以是说而合敬义，则字字句句皆敬义之功。其诸"格致""博约""忠恕"等说，无不吻合。……[1]

在这里，阳明提出了一个"主一"哲学千圣相传的"学统"。这种"主一"的哲学就是以"一心具众理"为本体论，以"惟精惟一"为工夫论的心学，主心主道合一，知行合一，居敬穷理合一，穷理尽性合一。薛侃记录下了阳明与梁日孚精彩讨论这种"主一"哲学的一幕：

> 日孚请问。曰："一者，天理，主一是一心在天理上。若只知主一，不知一即是理，有事时便是逐物，无事时便是着空。惟其有事无事，一心皆在天理上用功，所以居敬亦即是穷理。就穷理专一处说，便谓之居敬；就居敬精密处说，便谓之穷理。却不是居敬了别有个心穷理，穷理时别有个心居敬，名虽不同，功夫只是一事。就如《易》言'敬以直内，义以方

[1]《王阳明全集》卷七。

外'，敬即是无事时义，义即是有事时敬，两句合说一件……"问："穷理何以即是尽性？"曰："心之体性也，性即理也。穷仁之理，真要仁极仁；穷义之理，真要义极义。仁义只是吾性，故穷理即是尽性。如孟子说充其恻隐之心，至仁不可胜用，这便是穷理工夫。"日孚曰："先儒谓一草一木亦皆有理，不可不察，如何？"先生曰："夫我则不暇。公且先去理会自己性情，须能尽人之性，然后能尽物之性。"日孚悚然有悟。[1]

阳明认为"主一"就是要"一心在天理上"，"一心皆在天理上用功"，因此主一就是主心，"主一"的哲学就是"主心"的心学。在主"一"的工夫论上，阳明主张以一理克万欲，以一心克万恶，反对"矫"而主张"克"。有一个南京刑部主事方鹏号矫亭，主张为人处事行"矫"的中道，他作了一首《矫亭箴》道："予有六病，伤生伐性。有善医者，曰矫斯胜。暴则矫之以和，狂则矫之以敬，褊则矫之以容，躁则矫之以静，露则矫之以默，懦则矫之以劲。但当矫以就中，不可矫而过正。守一字之秘方，来百福之类应。"[2] 他请阳明作矫亭说，发挥"矫"意。阳明却认为"私欲"之类的"恶"不能矫，只能克。于是他反其意作了一篇《矫亭说》道：

君子之行，顺乎理而已，无所事于偏。偏于柔者，矫之以刚，然或失则傲；偏于慈者，矫之以毅，然或失则刻；偏于奢者，矫之以俭，然或失则陋。凡矫而无节，则过；过则复为偏。故君子之论学也，不曰矫，而曰克，克以胜其私，

[1] 《传习录》卷上。
[2] 《矫亭存稿》卷九。

> 无过不及矣。矫犹［未］免于意、必也，意、必亦私也。故言矫者，未必能尽克己也。矫而复其理，亦克己之道矣。行其克己之实，而以矫名焉，何伤乎？古之君子也，其取名也廉；后之君子，实未至而名先之，故不曰克而曰矫，亦矫世之意也。秋卿方君时［举］以"矫"名亭，尝请家君为之说，辄为书之。[1]

这就是阳明在《书王嘉秀请益卷》中说的"克己"之学。方鹏虽是一个程朱学者，但却还是接受了阳明的以心理克私欲的观点，回信称赞说：

> 昨承雄文赐教，非造理精到，用工纯熟，必不能吐词落笔谨严正大若是其至也！某惟凡民之生，有幸与不幸存焉，使黄叔度幸而生于圣人之世，恶知其不为颜子、游、夏之徒？不幸而不游于圣人之门，恶知其不为后世之文人而已也？徐君（徐爱）警敏之质，固自夙成，而又得执事为之师友，日夕与之游处，以潜养而默成之，虽欲不为闻人，不可得也。某自蚤岁没溺于科举无用之学，及其长也，昏迷颓惰，至于衰病而将老矣，虽欲不为庸人，亦不可得也。然得执事绪论，虽多未能卒解，非躬诣而面质之，恐有记录传闻之误。谨俟请告。家居，则趋侍有日矣。不备。[2]

一心在天理上用功，以一理克万欲，一心克万恶，主一就是主心，

［1］王阳明《矫亭说》手迹，今藏上海博物馆。按：《王阳明全集》卷七有《矫亭说》，题下注"乙亥"，乃后来改定稿。

［2］《矫亭存稿》卷七《与王阳明》。

识理明道须从自家心上体认，不假外求，这就是阳明的“主一”哲学所具有的“心学”本质特征，阳明已经不再隐晦自己的王学是“心学”了。正好这时白沙的大弟子东所张诩除南京通政司左参议，在五月来南京与阳明相见。白沙心学是阳明心学的历史起点，张诩同他已经有十年未见面，但在“心学”上一直心心相通，十年以后，张诩所寄望盼出的一代心学大儒应在阳明身上了，自然感慨良多，所以这次两人的南都相见是一次对白沙“心学”的新的相互印证交流之会，阳明感叹吟了一首《寄张东所次前韵》：

远趋君命忽中违，此意年来识者稀。
黄绮曾为炎祚出，子陵终向富春归。
江船一话千年阔，尘梦今惊四十非。
何日孤帆过天目，海门春浪扫渔矶。[1]

十年前两人“江船一话”，自然是谈的“心学”；十年后“尘梦今惊四十非”，也是说对“心学”有了新的领悟，惊觉昨日之我四十年之非。这是阳明要在南都揭橥“心学”大旗的信号。就在与张诩见面的同时，应天府尹白圻重修应天府儒学成，遣白说、白谊二子来拜师受学，阳明特为白圻作了一篇《应天府重修儒学记》，公开揭起了“心学”的旗帜，主张大力推广他倡导的主一的心学说：

……士之学也，以学为圣贤。圣贤之学，心学也。道德

[1] 《王阳明全集》卷二十。按：“千年阔”疑是“十年阔”之误。

> 以为之地，忠信以为之基，仁以为宅，义以为路，礼以为门，廉耻以为垣墙，六经以为户牖，《四子》以为阶梯。求之于心而无假于雕饰也，其功不亦简乎？措之于行而无所不该也，其用不亦大乎？三代之学皆此矣。我国家虽以科目取士，而立学之意，亦岂能与三代异！学之弗立，有国者之缺也；弗修焉，有司者之责也；立矣修矣，而居其地者弗立弗修，是师之咎，士之耻也。二公之修学……无亦扩乃地，厚乃基，安乃宅，辟乃门户，固乃垣墙。学成而用，大之则以庇天下，次之则以庇一省一郡，小之则以庇其乡闾家族，庶亦无负于国家立学之意、有司修学之心哉！……[1]

面对南都保守顽固的程朱派，这是阳明第一次径直大胆宣称自己的王学为"心学"，也是他在南都理直气壮向程朱派发出的第一声"心学"呼喊。首善之地的应天府学是程朱理学的营垒，科举考试以程朱的性理之说为标准答案，府学诸生都是读程朱之书，尊程朱之学。阳明却主张要把"心学"推广到县学郡学府学中，"进之圣贤之学"，有司有修"心学"之责，学子们也要"忻然有维新之志"，弃旧图新，大习"心学"的新学，从而使"心学"由"庇其乡闾家族"推广到"庇一省一郡"，直至"以庇天下"。这真可谓是对笼罩天下郡县府学的官方程朱理学的"挑战"，阳明公然站到了陆氏心学一边，自然招致了南都程朱派们的"围攻"，"攻之者环堵"。可以说，在这篇《应天府重修儒学记》中已隐然震响着阳明与程朱派展开朱陆之学异同论战的声音。从此之后，"圣贤之学，心学也"几乎成了阳明的口头禅。

[1] 《王阳明全集》卷二十三。

为了宣扬自己的“心学”，阳明在同学子士人的讲学论道中特别注重划判陆学（心学）与朱学（性学）的不同。自宋以来学者都以陆学主“心即理”、朱学主“性即理”，陆学主一超直入的顿悟、朱学主循序渐进的格物来划判朱陆之学，实际是不恰当的，用这种标准来划判朱学与王学的不同也是错误的。其实朱熹的性学在主要讲性即理的同时，也明确承认心即理（心外无理，心具万理）；阳明的心学在主要讲心即理的同时，也明确承认性即理。朱学与王学的矛盾不同并不是在一个主性即理、一个主心即理上，而是在一个主理在物中、主张向外格物穷理，一个主理在吾心、主张向内正心求理。阳明也明确认为“性即理”，同“心即理”并行不悖。当梁日孚问“穷理何以即是尽性”时，阳明肯定说：“心之体性也，性即理也。”当萧惠问“克己”时，阳明肯定说：“所谓汝心，却是那能视听言动的，这个便是性，便是天理。”当薛侃问孟子“不动心”时，阳明肯定说：“心之本体即是性，性即是理。”[1] 当马明衡问“性”与“道”（理）时，阳明更详细论述了他的性即理（道）的思想：

> 马子莘问：“修道之教，旧说谓‘圣人品节，吾性之固有，以为法于天下，若礼乐刑政之属’。此意如何？”先生曰：“道即性，即命，本是完完全全，增减不得，不假修饰的，何须要圣人品节，却是不完全的物件？……”子莘请问。先生曰：“子思性、道、教皆从本原上说。天命于人，则命便谓之性；率性而行，则性便谓之道；修道而学，则道便谓之教。率性是诚者事，所谓自诚明谓之性也；修道是诚之者事，

[1] 《传习录》卷上。

> 所谓自明诚谓之教也。圣人率性而行，即是道。圣人以下，未能率性，于道未免有过不及，故须修道。……‘修道’字与‘修道以仁’同。人能修道，然后能不违于道，以复其性之本体，则亦是圣人率性之道矣。下面‘戒慎恐惧’便是修道的工夫，‘中和’便是复其性之本体……”[1]

率性即道，这是阳明对“性即理”的另一种表述。由此可见朱学与王学的矛盾不同主要不是在本体论上，而是在工夫论上：在格物致知上，朱熹以理在物中，理一分殊，主张向外格物穷理，分殊体认；阳明以理在吾心，心外无物，主张向内正心求理，心体体认。阳明把白沙的“默坐澄心，体认天理”改为“默坐澄心，体认心体”，而同湛若水的“默坐澄心，体认分殊”相对立，这是阳明在南都论辨朱陆之学异同的基调。他向陆澄明确地说：“道无方体，不可执著……人但各以其一隅之见认定，以为道止如此，所以不同，若解向里寻求，见得自己心体，即无时无处不是此道……诸君要实见此道，须从自己心上体认，不假外求始得。”[2]阳明特别强调“心上体认”，而反对“分殊体认”，当梁日孚问：“先儒谓一草一木亦皆有理，不可不察，如何？”阳明断然否定说：“夫我则不暇。公且先去理会自己性情，须能尽人之性，然后能尽物之性。”[3] 这里说的“先儒”就是指朱熹，所谓一草一木亦皆有其理可格，正是朱熹的至理名言。可见阳明对自己的心学与朱熹的性学的矛盾对立是有清醒认识的，决不是像他在同时所作的《朱子晚年定论》中所说的调和论调那样。

[1] 《传习录》卷上。
[2] 《传习录》卷上。
[3] 《传习录》卷上。

阳明对自己主一的心学体系的建构，就是同他与程朱派的朱陆之学异同论战同步并进的。到正德十年七月，正当他与程朱派的朱陆之学异同论战达到白热化时，他却特意为一名白沙弟子监察御史杨琠（景瑞）写了一篇《谨斋说》，宣告了自己主一的心学体系的诞生：

> 君子之学，心学也。心，性也；性，天也。圣人之心纯乎天理，故无事于学；下是，则心有不存而汩其性，丧其天矣，故必学以存其心。学以存其心者，何求哉？求诸其心而已矣。求诸其心何为哉？谨守其心而已矣。博学也，审问也，慎思也，明辨也，笃行也，皆谨守其心之功也。谨守其心者，无声之中而常若闻焉，无形之中而常若睹焉……谨则存，存则明；明则其察之也精，其存之也一。昧焉而弗知，过焉而弗觉，弗之谨也已……古之君子所以凝至道而成盛德，未有不由于斯者。虽尧、舜、文王之圣，然且兢兢业业，而况于学者乎！后之言学者，舍心而外求，是以支离决裂，愈难而愈远，吾甚悲焉！……景瑞尝游白沙陈先生之门，归而求之，自以为有见。又二十年而忽若有得，然后知其向之所见犹未也。……[1]

杨琠是人文荟萃的南都唯一的一名尊崇心学的白沙弟子，他与徐爱是同年，其子杨思元也是阳明的弟子。阳明意味深长地在给白沙弟子写的文章中宣告了自己王门心学的诞生，与他同时写的《朱子晚年定论》形成了强烈的反差。应该说，不是《朱子晚年

[1] 《王阳明全集》卷七。

定论》，而是《应天府重修儒学记》与《谨斋说》，才真实地反映了阳明"南畿游"时期的心学思想。他用"圣贤之学，心学也"的呼喊表明了自己反朱尊陆的心学立场，正式揭橥起"心学"的大旗，真正以一个传道东南的心学大儒的身份出现了。他的一个溧阳弟子马一龙（孟河）尊他为"当世道学之宗"，后来作了一首诗颂扬这个传道东南的心学夫子说：

昔有笼鹅客，今当问字人。
出词天地合，说法鬼神惊。
礼乐宗三代，簪缨重万钧。
吾儒全属望，斯教迈群伦。
题王夫子卷后，史氏马孟河。[1]

这是对阳明以心学夫子在南都传道东南的最好写照。阳明公开揭起"心学"的旗帜激化了他同南都程朱派的矛盾，他的《应天府重修儒学记》与《谨斋说》连同他的《传习录》与《游海诗》，成了朱陆之学异同论战的众矢之的。

朱陆之学论战：《朱子晚年定论》的诞生

阳明在进南都前夕写给王道的信，实际是他向南都程朱派发出的朱陆之学异同论战的信号，他在信中尖锐批评朱学"琐碎支

[1] 《石渠宝笈三编》第一〇四八册《延春阁藏》四十《元明书翰》。

离”，“终非积本求原之学”，批评王道“句句是，字字合，然而终不可入尧舜之道”。可以说这封给王道的信标志着阳明同南都程朱派展开朱陆之学异同论战的开始。正德九年五月，阳明一进入南都，正好同王道相居密迩，两人立即开始了当面的朱陆之学论辨。他后来在给黄绾的信中说：“仆在留都，与纯甫住密迩，或一月一见，或间月不一见，辄有所规切，皆发于诚爱恳恻，中心未尝怀纤毫较计。”[1] 作为留都的南京成为程朱派士人麇集的大本营，王道在应天府学任教授，他的主朱非陆的立场得到了南都程朱派同道中坚魏校、余祐、夏尚朴等人的支持，使最初阳明同王道的朱陆之学论辨扩大成了一场同两京程朱派“攻之者环四面”的朱陆之学异同论战。

关于这场耸动两京士人耳目的朱陆之学异同论战的起因，阳明自己解释说：“留都时偶因饶舌，遂致多口，攻之者环四面。取朱子晚年悔悟之说，集为《定论》，聊借以解纷耳。”[2] 所谓“偶因饶舌”，就是指阳明多说了一些批评朱学的话，这些话其实早已载在《传习录》中。他带着《传习录》与《游海诗》走进南都，这本充满了批评朱学话语的《传习录》立即成了南都程朱派们攻击的目标。在《传习录》中，阳明引人注目地主要批评了朱熹这样几个思想。

批评朱熹的《大学》新本把“亲民”改为“新民”，认为“‘亲民’犹孟子‘亲亲仁民’之谓，亲之即仁之也……又如孔子言‘修己以安百姓’，‘修己’便是‘明明德’，‘安百姓’便是‘亲民’。说‘亲民’便是兼教养意，说‘新民’便觉偏了”。主张恢复《大学》古本“亲民”之说。

[1] 《王阳明全集》卷四《与黄宗贤》书五。
[2] 《王阳明全集》卷四《与安之》。

批评朱熹的“事事物物皆有定理”的说法，认为“于事事物上求至善，却是义外也”。心外无理，心外无物，否定朱熹向外就事事物物求理的说法，认为求理“只在此心”，“至善只是此心纯乎天理之极便是，更于事物上怎生求？”

批评朱熹的“先知后行”的说法，主张知行合一，“今人却就将知行分作两件去做，以为必先知了然后能行，我如今且去讲习讨论做知的工夫，待知得真了方去做行的工夫，故遂终身不行，亦遂终身不知”。

批评朱熹的向外格物的说法，认为格物即是正心，“格物……是去其心之不正，以全其本体之正”，“格物是止至善之功”，“朱子格物之训，未免牵合附会，非其本旨”，“朱子错训‘格物’，只为倒看了此意，以‘尽心知性’为‘物格知至’，要初学便去做生知安行事，如何做得？”

批评朱熹繁琐的章句训诂之学，认为“天下所以不治，只因文盛实衰，人出己见，新奇相高，以眩俗取誉。徒以乱天下之聪明，涂天下之耳目，使天下靡然争务修饰文词，以求知于世，而不复知有敦本尚实、返朴还淳之行，是皆著述者有以启之”。因此“使道明于天下，则《六经》不必述”。

批评朱熹的经学之说，认为《六经》既是经，也是史。在《春秋》学上，朱熹认为《春秋》是史不是经，所以他终生不给《春秋》作注。阳明认为“《春秋》亦经，《五经》亦史”，“以事言谓之史，以道言谓之经。事即道，道即事”。在《诗经》学上，朱熹认为《诗经》中的《郑风》《卫风》就是郑卫淫声，孔子存留《诗经》不删，“可以惩创人之逸志”。阳明认为今传《诗经》已非当初孔本原貌。孔子明说“放郑声，郑声淫”，“郑、卫之音，亡国之音也”，早从《诗经》中删去。今本《诗经》中仍有

《郑风》《卫风》，阳明认为“此必秦火之后，世儒附会，以足三百篇之数”。

阳明在《传习录》中这些对朱熹的批评，实际已大致划判了朱陆之学的异同。从陆澄与薛侃当时所记的语录来看，阳明在南都也确是从这些方面同学子士人进行朱陆之学的论辨，他说的“饶舌”论辨之语都被陆澄、薛侃记录下来，阳明也正是从这些方面切入同南都的程朱派展开了朱陆之学异同的论战，《传习录》成为阳明同南都程朱派进行朱陆之学异同论战的“圣经”。

阳明在南都，除了他的门人弟子与来学士子之外，他几乎是以一个“孤家寡人”面对着南都芸芸众多的程朱派们的辨难。这时的南都，聚集了不少有名的程朱派中坚人物，他们主要有罗钦顺（南京太常少卿）、吕柟（南京吏部考功司郎中）、魏校（南京刑部广东司郎中）、余祐、夏尚朴（南京礼部主事）、王道（应天府学教授）、杨廉（南京吏部右侍郎）、寇天叙（南京大理寺副）、邵锐（南京礼部员外郎）等。其他像南京礼部尚书乔宇、南京吏部左侍郎石珤、南京国子祭酒吴一鹏、南京国子司业汪伟、鲁铎等，也都是尊信程朱学的名家。此外还有一些程朱派的著名人物如许浩、胡世宁、李承勋、顾璘、胡铎、汪循、程曈、秦金等虽然不在南京，却也密切关注南都的朱陆之学论战，加上江右多陆学士子，安徽多朱学士子，浙中多王学士子，他们构成了“攻之者环四面”的外围人物。朱陆之学异同论战分两个阶段展开：从正德九年五月到正德十年二月，主要是阳明同南都的程朱派进行论战；从正德十年三月到十一月，主要是阳明同北都的程朱派论战，最终以阳明作《朱子晚年定论》结束。

论战从阳明同王道、魏校、余祐、夏尚朴的朱陆之学论辨开始。《太常寺卿魏公校传》上说：“正德元年丙寅授南京刑部云南司主事，迁陕西司员外郎，广东司郎中……暇则与余公子积、夏公敦夫、王公纯甫讲明圣贤之学。正德九年，召为兵部职方司郎中。"[1] 这三个尊程朱学士子，余祐与阳明为同年，是敬斋胡居仁弟子，夏尚朴是一斋娄谅弟子，魏校在弘治十八年中进士，观政武选，已与阳明相识。魏校是他们当中的领袖，但他在正德九年下半年赴京任职，所以阳明在南都主要同王道、夏尚朴、余祐之间展开论辨。严嵩《吏部右侍郎王公道墓碑》上说：

> （王道）居应天学二载，升南京仪部主事，召改吏部验封……始也驰骋词章，既而叹曰："此无益也！"乃遂研精于义理之学，取宋儒程朱书读之。既又取《论语》一部，反复潜玩，有悦于心，曰："圣门平实简易之学，固如是也。"公虽潜心理学，而见世之立门户相标榜者，则深耻之。尝言："汉以前，无名道学者。其人品如张文成、曹相国、黄叔度、管幼安，皆真道学之流。虽老释二氏，亦各有所见，不可厚非。"[2]

这里说的"世之立门户相标榜者"，就是隐指阳明。王道从一进南都任应天府教授，就同魏校、余祐、夏尚朴打成一片，在对朱陆之学认识上同阳明的矛盾公开暴露。由于论辨主要采取见面进行讨论交流的方式，相关论辨的资料多没有能保存下来，但在各人的文集与语录中还是留下了明显的痕迹。特别是《夏东岩先生文集》中的《语录》，保存了较多的朱陆之学异同论战的宝贵资料，这里选录关键的几条：

[1]《国朝献征录》卷七十。
[2]《国朝献征录》卷二十六。

白沙云：“斯理也，宋儒言之备矣，吾尝恶其太严也。”此与东坡要与伊川打破“敬”字意思一般。盖东坡学佛，而白沙之学近禅，故云尔。然尝观之程子云：“会得底，活泼泼地；不会得底，只是弄精神。”又曰：“与其是内而非外，不若内外之两忘。两忘，则澄然无事矣。”又云：“必有事焉，而勿正，心勿忘，未尝致纤毫之力。”此其存之之道也。朱子云：“才觉得间断，便已接续了。”曷尝过于严乎？

《朱子语类》解敦厚以崇礼云：“人有敦厚而不崇礼者，亦有礼文周密而不敦厚者。故敦厚又要崇礼。”此解胜《集注》。由是推之……盖有尊德性而不道问学者，亦有道问学而不尊德性者，故尊德性又要道问学。如柳下惠，可谓致广大矣，而精微或未尽，故致广大又要尽精微；如伯夷可谓极高明矣，稽之中庸或未合，故极高明又要道中庸。又《集注》以尊德性为存心，以极道体之大；道问学为致知，以极道体之细。恐亦未然。窃谓二者皆有大小，如涵养本原是大，谨于一言一行处是小；穷究道理大原大本处是大，一草一木亦必穷究是小。尝以此质之魏子才，子才以为然。

张子云：“心统性情。”程子云：“性即理也。”又云：“心如谷种，仁则其生之性也。阳气发处是情。”朱子云：“灵的是心，实的是性。性是理，心是盛储该载，敷施发用的。”又云：“心者，气之精爽。”愚谓心无形体，是人身一点灵处，其中所具之理为性。佛氏之徒只指那灵妙处为性，以理为障，故为异端。后世儒者本学圣贤，只是源头认得不真，故流入异学而不自知。如告子以知觉为性，象山之学以收拾精神为主。至门人杨慈湖论学，每云：“心之精神谓之性。"故朱子辟其为禅。近者诸公以良知为话头，接引后学，恐不免此弊。

《遗书》云："仁者浑然与物同体。义礼智信，皆仁也，识得此理，以诚敬存之而已。"又云："学者识得仁体，实有诸己，只要义理栽培。"如求经义，皆栽培之意。以诚敬存之，复涵泳经义，以栽培浇灌之，庶几生意条达，自有不容已者。然必先识此理，譬之五谷，不知其种得不误认稊稗为五谷耶？虽极力培壅，止成稊稗耳。近世儒者用尽平生之力，卒流入异学而不自知者，正坐未识其理耳。

象山之学，以收敛精神为主，曰："精神一霍便散了。"门人杨慈湖论学，只是"心之精神谓之性"一句，更无他说，此其所以近禅。朱子云："收敛得精神在此，方看得道理尽；看道理不尽，只是不专一。"如此说，方无病。

尧之学以"钦"为主，以"执中"为用，此万古心学之源也……曰钦、曰中、曰敬，皆本于尧而发之。且精一执中之外，又欲考古稽众，视尧加详焉。盖必如此，然后道理浃洽，庶几中可得以执矣。近世论学，直欲取足吾心之良知，而谓诵习讲说为支离，率意径行，指凡发于粗心浮气者皆为良知之本然。其说蔓延已为天下害，揆厥所自，盖由白沙之说倡之耳。

象山之学虽主于尊德性，然亦未尝不道问学，但其所以尊德性、道问学与圣贤不同……象山之学谓能收敛精神在此，当恻隐自恻隐，当羞恶自羞恶，更无待于扩充。此与告子不知性之为理，而以所谓气者当之，虽能坚持力制；至于不动心之速，适足为心害也。朱子曰："以天下之理处天下之事，以圣贤之心观圣贤之书。"象山所引诸书，多是驱率圣贤之言，以就己意，多非圣贤立言之意。[1]

夏尚朴这些语录虽是后来所辑，但也包含了他在南都进行朱陆之学论辨时的主要思想。大致他们围绕心、性上的重要问题展开论辨，先是余祐在正德八年就写出了专论“性”的文章《性书》，到正德九年初夏尚朴来南都任职后，余祐便把这篇《性书》拿出来同魏校、夏尚朴与阳明讨论，成为他们朱陆之学异同论辨的开场争论。夏尚朴后来在给余祐的信中详细谈到他们在“性”上的分歧争论说：

钦闻盛誉，无由拜觌。往岁（按：指正德八年）舟过龙江（按：指南京），拟约与子才、纯甫同出一拜，以领高论。偶以贱疾中止。继闻先大夫奄弃荣养，有失具疏吊慰，至今犹以为歉。开岁（按：指正德九年初）到此，得接手教及。与子才、纯甫论性诸书，足见留心理学，且不以疏陋见外，感慰之至。敬斋之学笃信程朱，攘斥异教，有功于吾道甚大，非得执事裒集遗书而表章之，将遂泯灭而无闻矣。是执事有功于敬斋也为不浅。但《性书》之作兼理、气论性，深辟性即理也之言，重恐得罪于程朱，得罪于敬斋，不敢以不复也。人得天地之气以成形，气之精爽以为心。心之为物，虚灵洞彻，有理存焉，是之谓性。性字从心从生，乃心之生理也。故朱子谓：“灵底是心，实底是性。性是理，心是盛贮该载，敷施发用底。浑然在中，虽是一理，然各有界分，不是儱侗之物，故随感而应，各有条理。”程子谓：“冲漠无朕，万象

[1]《夏东岩先生文集》卷一《语录》。

> 森然已具。未应不是先，已应不是后者，此也。"孟子言人性本善，而所以不善者，由人心陷溺于物欲而然，缺却气质一边，故启荀、扬、韩子纷纷之论。至程、张、朱子，方发明一个气质出来，此理无余蕴矣。盖言人性是理，本无不善；而所以有善不善者，气质之偏耳，非专由陷溺而然也。其曰："天地之性者，直就气禀中指出本然之理而言，孟子之言是也；气禀之性，乃是合理与气而言，荀、扬、韩子之言是也。"程朱之言明白洞达，既不足以服执事之心，则子才、纯甫之言宜其不见取于执事也，又况区区之言哉！尝思之天下无性外之物，而性无不在。日用之间，种种发见，莫非此性之用。今且莫问性是理是气，是理与气兼，但就发处认得是理即行，不是理处即止，务求克去气质之偏，物欲之蔽。俟他日功深力到，豁然有见处，然后看是理耶，是气耶，是理与气兼耶，当不待辨而自明矣。[1]

夏尚朴是在这些程朱派们中把朱熹的性论思想辨析得最清楚准确的人。朱熹认为性即理，人性即天理。因此在人性上，朱熹认为人有天命之性，有气质之性：得自于"理"的性构成天命之性，故天命之性无不善；得自于"气"的性构成气质之性，故气质之性有善有恶。因此说朱熹是兼理、气言性也未尝不可，但这同他说性即理并不矛盾，而是相辅相成。朱熹所以要在人性上兼理、气说性，正是针对陆学在人性上说理不说气的弊病。但是余祐却

[1] 《夏东岩先生文集》卷四《答余子积书》。按："北新"（北新关）在南京。魏校在正德九年下半年即召为兵部郎中离南都赴京师任职，故可肯定夏尚朴此书作于正德九年五六月间。书中所言及余祐《性书》一文乃作于正德八年。后来余祐在正德十一年被逮锦衣狱作《性论》三卷（十余万言），仍持旧说，或其中收入正德八年所作之《性书》一篇。

把性即理与兼理、气说性两个命题对立起来，肯定朱熹的兼理、气说性，而大辟他的性即理说，可以说是本末颠倒。余祐的说法遭到夏尚朴、王道的反对，却得到魏校的肯定，但很快也被魏校否定。魏校后来作《复余子积论性书》谈到他的这种思想转变说：

> 窃观尊兄前后论性，不啻数十万言，然其大意，不过谓性合理与气而成，固不可指气为性，亦不可专指理为性。气虽分散万殊，理常浑全。同是一个人物之性不同，正由理、气合和为一，做成许多般来。在人在物，固有偏全，而人性亦自有善有恶……曩尝妄谓尊兄论性虽非，其论理气却是。近始觉得尊兄论性之误，正坐理气处见犹未真耳……尝记曩在南都，交游中二三同志，咸乐闻尊兄之风而向往焉。至出《性书》观之，便掩卷太息，反度尊兄自主张太过，必不肯回。纯甫面会尊兄，情不容已，故复其书论辨……[1]

魏校这封信是针对正德十一年余祐作的《性论》（三卷）而言[2]，所谓“尊兄前后论性”，就指余祐从正德八年到十一年的论性之文。所谓“曩尝妄谓”“曩在南都”，就指魏校正德九年在南都与余祐的性说论辨。可见他最初肯定余祐兼理、气论性，后来又否定余祐的性说，认为他“正坐理气处见犹未真”。

余祐仍坚持自己的看法，他到正德九年四月更写出了《文公

[1]《明儒学案》卷三《恭简魏庄渠先生校》。

[2] 按：余祐《性论》三卷作于正德十一年。《明史》卷二百八十二《余祐传》：“祐之学，墨守师说，在狱中作《性书》三卷。其言程、朱教人，专以诚敬入。学者诚能去其不诚不敬者，不患不至古人。”魏校所言“论性书”，即指此《性论》三卷。

先生经世大训》的大书，全面论述了朱熹的性学思想体系。这本书成了程朱派宣扬朱学的一面性理旗帜，立即引起了刚进南都的阳明的注意。他一开始对余祐的性论的批判态度就十分明确。在他看来，心即理，理即性，心即性，吾性自足，这种性论简易精微，后人无须再多加一句支离苛细的繁琐论说。故他反对朱熹论性的支离繁琐，也否定了余祐的支离繁琐的性说。阳明在南都的这种论辨性说的立场，反映在他正德十二年写给余祐的信中：

> ……《性论》一篇，尤见潜心之学，近来学者所未能道。详味语意，大略致论于理、气之间，以求合于夫子"相近"之说，其盛心也。其间敝意所未能信者，辞多不能具，辄以别幅写呈，略下注脚求正，幸不吝往复，遂以蹇劣见弃也。夫析理愈精，则为言愈难；立论愈多，则为缪愈甚。孔子性善相近之说，自是相为发明，程朱之论详矣。学者要在自得，自然循理尽心有不容已。毫分缕析，此最穷理之事。言之未莹，未免支离，支离判于道矣。是以有苦心极力之状，而无宽裕温厚之气，意屡偏而言之窒，虽横渠有所不免。故仆亦愿吾兄之完养思虑，涵泳养理，久之自当条畅也……学术不明，人心陷溺之余，善类日寡，诸君幸勉力自爱，以图有成也。尝有论性一书，录去一目。[1]

阳明这封信也是针对余祐正德十一年作的《性论》（三卷）而言，所谓"《性论》一篇"就是指余祐面呈阳明的《性论》中的一篇，阳明对他的性论明确表示"未能信"，另作了"别幅"加以注脚

[1]《新刊阳明先生文录续编》卷二《答余子积》。

评说（文今亡佚）。所谓“尝有论性一书”，就是指阳明在南都时所作论辨性说的一篇文章，这篇论性文章虽然已亡佚，但他的看法却在这篇《答余子积》中反映出来：他认为朱熹的性论“毫分缕析”，“未免支离”，余祐追随其说也不免“苦心极力”，“无宽裕温厚之气”，“意屡偏而言之窒”。他劝告余祐论性“要在自得”，不必字字句句强求与古人合。显然，阳明在性论上认同陆学的论性不论气的简易精微之说，而否定了朱学的兼理、气论性的支离繁琐之说。

阳明与余祐、魏校、夏尚朴、王道在性论上的论辨最终未能调和，反而进一步暴露了他们在朱陆之学异同认识上的矛盾分歧。接踵而来他们的论辨由论“性”进到论“心”，展开对朱熹“主敬”“格物”直至朱熹《大学》新本的论辨，分歧进一步扩大，最终把阳明推上了作《朱子晚年定论》以调和朱陆之学异同的困境。张岳在《吏部右侍郎讱斋余公祐神道碑》中透露这一事情的真相说：

> 公学务有用，不事空言，发端于敬斋，而推其本原，以为出于程朱。故于程朱之书尤究心焉，微言精义多所自得，其言曰：“程朱教人，拳拳以诚敬为入门，学者岂必多言？惟去其念虑之不诚不敬者，使心地光明笃实，邪僻诡谲之意勿留其间，不患不至于古人矣。”其时公卿间有指主敬存养为朱子晚年定论者，公摭朱子初年之说以折之，谓：“其入门功夫，非晚年乃定。”又辑朱子书之切治道者为《经世大训》，其论及文章辞翰者为《游艺录》，见其学之备体用，兼大小，非近时所谓单传妙诀者可拟也……所交游皆贤士大夫，而于庄渠魏公子才尤善。人有过不能忍，常面斥之，而退无后言。

有以其过攻之者，欣然乐受。……[1]

朱熹主张"主敬"与"格物"的工夫交相为用，这就是他提出的敬知双修，是依据二程说的"涵养须用敬，进学则在致知"在乾道五年"己丑之悟"中建立的生平学问大旨，并不是朱熹晚年才提出来的"定论"。余祐、王道、夏尚朴同阳明讨论到主敬存养、格物致知这些问题时，完全认同朱熹的敬知双修和他的《大学》新本，而阳明坚决否定了朱熹的敬知双修及其《大学》新本，他对蔡希渊批评朱熹说："如新本（《大学》）先去穷格事物之理，即茫茫荡荡，都无着落处；须用添个'敬'，方才牵扯得向身心上来，然终是没根源。若须用添个'敬'字，缘何孔门倒将一个最紧要的字落了，直待千余年后要人（按：指朱熹）来补出？正谓以诚意为主，即不须添'敬'字，所以提出个诚意来说，正是学问的大头脑处。"[2] 这些话也显然是说给余祐、王道、夏尚朴等程朱派听的。阳明把朱熹理学的大旨（敬知双修）连同他的文本依据《大学》新本都否定，而提出了自己一个以"诚意"为主的心学相抗衡。他在正德九年五月作的《应天府重修儒学记》中喊出了"圣贤之学，心学也"，在正德十年七月作的《谨斋记》中喊出了"君子之学，心学也"，就是向余祐、王道、夏尚朴这些程朱派宣告了自己以诚意为主的心学的诞生。余祐、王道、夏尚朴等同他的朱陆之学异同论战已经难以进行下去。论战的焦点集中在朱熹的"格物"说及其文本依据《大学》新本上，无法调和。正德十年二月，阳明正式公开了他定的《大学》古本与《格

[1] 《国朝献征录》卷二十六。
[2] 《传习录》卷上。

物说》。表面上是他献给湛若水看的[1]，实际却更是要出示给余祐、王道、夏尚朴们看的，是对这些程朱派们尊信朱熹《大学》新本及其格物说的最好回答。如果说阳明正式定的《大学》古本，是对他自龙场驿觉悟到朱熹《大学》新本之误的大学思想的一个总结；那么他正式写的《格物说》，就是他自龙场驿觉悟到吾性自足、格物即正心的格致思想的一个总结。两者相得益彰，破除了四百年来朱熹的补作“格物”章的大学思想体系：《大学》古本代替了朱熹的《大学》新本，《格物说》代替了朱熹的《格物章》。

值得注意的是，阳明用新定的《大学》古本与“格物”新说宣告了他同南都的程朱派们的朱陆之学异同论战的结束，同时也宣告了他同北都的程朱派们的朱陆之学异同论战的开始。正是在阳明正式公开《大学》古本与《格物说》的同时，王道改任吏部验封赴京师。魏校在他之前已先入都，夏尚朴则在他之后不久也入都。他们三人在京又形成一个新的讲论程朱理学的群体，在京的程朱派人物吕柟、杨廉、邵锐、董玘等同他们声气相应，一些不在京中的程朱派名士如李承勋（魏校师）、许浩、胡世宁、胡铎、程瞳、汪俊、汪循、张文渊等也都加入了与阳明的朱陆之学异同的论战，形成“攻之者环四面”的局面，阳明在南都更陷孤立。正德十年三月，阳明在给黄绾的信中谈到自己在南都的处境说：

春初，姜翁自天台来，得书，闻山间况味，悬企之极……甘泉丁乃堂夫人忧，近有书来索铭，不久且还增城。

[1] 见《王阳明全集》卷四《答甘泉》。

道途渺绝，草亭席虚，相聚尚未有日。仆虽相去伊迩，而家累所牵，迟迟未决，所举遂成北山之移文矣。应原忠久不得音问，想数会聚。闻亦北上，果然否？此间往来极多，友道则实寥落。敦夫（夏尚朴）虽住近，不甚讲学。纯甫近改北验封，且行。曰仁又公差未还。宗贤之思，靡日不切！……承欲与原忠来访，此诚千里命驾矣，喜慰至极！日切瞻望，然又自度鄙劣，不足以承此。曰仁入夏当道越中来此，其时得与共载，何乐如之！[1]

阳明这封信流露了他企盼黄绾、应良与徐曰仁来南都以助朱陆之学论战的急迫心情。因为王道一赴北都就公开唱起了是朱非陆的调子，态度急遽转变，甚至拒绝同阳明论辨。到七月阳明在给黄绾的信中谈到王道等人态度的变化说：

书来，及纯甫事，恳恳不一而足，足知朋友忠爱之至。世衰俗降，友朋中虽平日最所爱敬者，亦多改头换面，持两端之说，以希俗取容……仆在留都，与纯甫住密迩，或一月一见，或间月不一见，辄有所规切，皆发于诚爱恳恻，中心未尝怀纤毫较计。纯甫或有所疏外，此心直可质诸鬼神。其后纯甫转官北上（按：指改吏部验封北上），始觉其有恝然者。寻亦痛自悔责，以为吾人相与，岂宜有如此芥蒂，却是堕入世间较计坑陷中，亦成何等胸次？当下冰消雾释矣。其后人言屡屡而至，至有为我愤辞厉色者。仆皆惟以前意处之，实是未忍一日而忘纯甫。盖平日相爱之极，情之所钟，自如

[1]《王阳明全集》卷四《与黄宗贤》书四。

> 此也。旬日间，复有相知自北京来，备传纯甫所论。仆窃疑有浮薄之徒，幸吾党间隙，鼓弄交构，增饰其间，未必尽出于纯甫之口……仆平日之厚纯甫，本非私厚，纵纯甫今日薄我，当亦非私薄。然则仆未尝厚纯甫，纯甫未尝薄仆也，亦何所容心于其间哉！……仆近时与朋友论学，惟说"立诚"二字。杀人须就咽喉上著刀，吾人为学当从心髓入微处用力，自然笃实光辉。虽私欲之萌，真是洪炉点雪，天下之大本立矣。若就标末妆缀比拟，凡平日所谓学问思辩者，适足以为长傲遂非之资，自以为进于高明光大，而不知陷于狠戾险嫉，亦诚可哀也已！……[1]

这封信表明阳明是用自己的以"诚意"为主的心学同两京的程朱派展开朱陆之学异同的论战的，也道出了王道最终同他在思想上决裂的根本原因。王道回避了同阳明的正面论辨，但是却在给徐爱的信中极力贬损阳明，几乎表现了要"割席断交"的决绝态度。阳明立即写了一封回信：

> 屡得汪叔宪书，又两得纯甫书，备悉相念之厚，感愧多矣！近又见与曰仁书，贬损益至，三复赧然！夫趋向同而论学或异，不害其为同也；论学同而趋向或异，不害其为异也。不能积诚反躬，而徒腾口说，此仆往年之罪，纯甫何尤乎？因便布此区区，临楮倾念无已。[2]

[1] 《王阳明全集》卷四《与黄宗贤》书五。按：《王阳明全集》于此书题下注"癸酉"作，乃误。

[2] 《王阳明全集》卷四《与王纯甫》书四。按：《王阳明全集》于此书题下注"甲戌"作，亦误。

这是阳明给王道的最后一封信，从此以后两人再无往来。这时两京的程朱派魏校、李承勋、邵锐等人也都采取了像王道一样的态度，主张"各尊所闻，各行所知"，朱陆之学异同的论战已难以进行下去。阳明还想挽回同王道等人的关系，他请出了黄绾来同王道、魏校、李承勋、邵锐等人斡旋，实际是把黄绾拉进了朱陆之学异同的论战中，代"师"参战。黄绾一连写了两封信给王道。第一封信论辨朱陆之学说：

> 仆卧病山中，与世隔越，忽邵思抑寄到兄手书，有"各尊所闻，各行所知"，不知何以有此？即欲修书请问，度或无益，姑止未敢。昨再得书，知不终弃，喜慰何如！且令仆言以尽同异，尤知与善盛心。夫圣人事业，广博极乎天地，其道虽大，其本只在一心。盖一心之眇，君临百骸，道德仁义由此而备，礼乐刑政由此而出，《六经》《四子》由此而作。累于私则蔽而昏，反其本则明而通。蔽而昏则无所不害，明而通故无所不用。用之则三极之道立，害之则三极之道废。今欲学圣人，惟求之吾心而已。不知反之于心，求其累与害者去之，徒以博物洽闻为有事，旁寻远觅为会通，是乃逐物而滋蔽也。故古圣传授皆以克己去私为至要，私去则心无所蔽，其体清明而天下之本立矣。故曰"皇建其有极"也，非若释、老专事生死，不恤其他。昔者朱、陆二先生皆欲明此者也，但所造各有浅深、偏纯之异，不可皆为已至，不思补救其弊，以求自成自得之妙，从事纸墨为按图索骏之误，卒堕俗学之归，以贻轮扁之笑。昨兄书云："讲于子才，参之《论语集注》，无有不合。"仆不敢易，但谓兄更能以我观书，深求至当，以为先贤忠臣，岂不尤妙？仆尝曰："苟求之能变

吾气质而有益于得，虽百家众说皆可取也。苟求之不能变吾气质而无益于得，虽圣言不敢轻信。若朱有益于此，则求之于朱；陆有益于此，则求之于陆，何彼我之间朱、陆之得亲疏哉?”今若不求其至，不究其是，妄立门户以为异，自矜功能以夸耀，各相离合以为党，圣人之学决不如此，吾人又可以此谓之学哉?[1]

黄绾论辨的口气竟比阳明还激烈。表面上，他站在超越朱陆之学的立场，用夸饰的语言全盘肯定了阳明的王学，而认为朱、陆之学各有所偏，“朱、陆二先生皆欲明此者也，但所造各有浅深、偏纯之异”，所以对朱、陆“不可皆为已至，不思补救其弊，以求自成自得之妙”。但实际上他是偏向陆学而否定朱学，只是畏于朱学定为官方统治之学，不敢公然全盘推倒，所以他表面上又发调和朱、陆之学的论调，认为朱、陆之学所造各有深浅，“若朱有益于此，则求之于朱；陆有益于此，则求之于陆，何彼我之间朱、陆之得亲疏哉?”黄绾的这种调和朱陆之说同阳明的“朱子晚年定论”的调和之说有异曲同工之妙，可以说黄绾的调和朱陆之说为阳明的“朱子晚年定论”的出场作了先行的铺垫与暗示。

王道对黄绾的无论独尊王学还是调和朱陆之说都不能接受，他拒绝回答。黄绾便给他写了第二封信：

向日一笺，未蒙回示，深用企仰。吾兄尝称魏子才者，虽未识其人，向已闻其略矣。知子才爱玩《易传》，仆于《易》亦尝用心，但求下手之实，苟非心地精一，则不能立

[1] 《黄绾集》卷十八《复王纯甫》书一。

> 天下之大本；本既不立，则将何变易，随时以从道哉？且《易》为洁净精微之教，舍此不求，不知所谓洁净者何所而所谓精微者何有？况体用一源，显微无间，未有体不立而用独行，显微而二致者。阳明向与吾辈所讲，先此用力而已，自谓元无不同。子才以为不同，谅子才必自有说，吾兄必得之深矣。便中乞不惜详教，使仆得究所以同、不同之实，以俟"同人于野"，彼此之益，何如？[1]

黄绾旁敲侧击地批评了魏校的玩好程颐《易传》，认为要识宇宙的变易之道必须从心体上下手，心地精一，才能随时随处默识体认随顺变易之道。魏校不从心体上入手，而只就《易传》中潜玩易说，这是心体未明，大本未立，有用无体，显微二致。这是黄绾从《易》学上论辨朱陆之学的异同，是对王道、魏校的进一步批评。

因为王道、魏校仍拒不回答，黄绾把批评指向了魏校的老师李承勋，想托他从中调停。逊庵李承勋也是程朱派的中坚人物，同程朱派的胡世宁、魏校、余祐号称"南都四君子"。这时李承勋任浙江按察使，实际在背后支持魏校、王道。黄绾给他写了一封详细的长信，却转而唱起了不辨朱陆之学异同的调子：

> 近者京师朋友书来，颇论学术同异，乃以王伯安、魏子才为是非：是伯安者则以子才为谬，是子才者则以伯安为非。若是异物，不可以同。子才，旧于公处见其数书，其人可知。

[1] 《黄绾集》卷十八《复王纯甫》书二。

伯安，绾不敢阿所好，其学虽云高明，而实笃实，每以去心疚、变气质为本，精密不杂，殊非世俗谤议所言者，但未有所试，而人或未信。向者公尝语绾曰："凡遇事，须将己身放开一边，则当洒然自得其理。"绾每诵以为数字符。及读《易·艮卦》云："艮其背，不获其身。行其庭，不见其人。"然后知公言之有自，实与伯安之旨无二。子才素讲于公，学问根本宜无不同。盖皆朋友用功未力，好起争端，添驾为疑，以致有此，诚可慨也。昔者二程之学似不同于濂溪，伊川之言若有异于明道，邵、张之绪若不同于二程，但其大本之同，相观相长，卒以同归，而皆不失为善学。他如司马、吕、文、韩、富诸公，虽功名道德各有其志，然皆为深交笃契，为国家共济，岂如今日动辄分离也！至于晦翁、象山，始有异辩，然亦未尝不相为重。至晦翁门人，专事简册，舍己逐物，以争门户，流传至今，尽经纂辑为举业之资，遂满天下，三尺童子皆能诵习，腾诸颊舌。或及德性，即目为禅，乃以德性为外物，圣学为粗迹，道之晦蚀，一至此矣！殊不知古人所谓问学者，学此而已，学不由德性，其为何学？贤如子才，岂宜有此？绾知必不然矣。况为学此时，不啻晓天微星，并力共图，犹患寥落磨泯，颓而不振，况志之未笃，工之未力，各相排摈，销沮阻丧，实乃自坏。此事关系非细，区区朱陆之辩，姑置之可也。朱果有益于此，则求之于朱；陆果有益于此，则求之于陆，要皆自成其身而已。辱深爱，敢并及此。倘得一言子才，只以天地为度，各通其志，各尽其力，斯道之幸何如！[1]

---

[1]《黄绾集》卷十八《复李逊庵书》。

黄绾的态度与看法已经暗中有了转变：一是他认为朱熹、陆九渊学从大本上相同，虽有异辩，却相互为重，皆不失为善学；只是后来晦翁一班门人后学舍己逐物，争立门户，才使大道晦蚀，目陆学为禅学。二是他从调和朱陆之学更进一步提出了不辨朱陆之学，既然朱陆之学大本相同，因此毋须争辩朱陆之学异同，"区区朱陆之辩，姑置之可也"。"无辨"，正是阳明的一贯主张。他提出的"朱子晚年定论"，也正是以为朱陆之学大本相同，区区朱陆之辩可以置而不论。可见黄绾这封信说出了阳明的心里话，也道出了阳明所以要作《朱子晚年定论》的秘密。这封信是阳明的"朱子晚年定论"接踵登场的信号，也预示着一场不同凡响的朱陆之学异同的论战竟反向地要以不辨朱陆之学异同结束了。

黄绾这种论战态度与看法的转变，更鲜明地表现在他同时给邵锐的信中。他写信给邵锐说：

> ……吾人学问，惟求自得，以成其身。故曰："诚者自成也，而道自道也。"实无门户可立，名声可炫，功能可矜，与朱陆之同异，有如俗学者也。苟求之能成吾身而有益于得，虽百家众说，皆可取也，况朱陆哉！……若朱有益于此，则求之于朱；陆有益于此，则求之于陆，何彼我之间朱、陆之得亲疏哉？且仆于朱书曾极力探讨，几已十年，虽只字之微，必咀嚼数四，至今批抹之本，编纂之册，皆可验也。请兄于陆书姑读之，久看所得，比之于朱何如？又比之濂溪、明道何如？则可知矣。世皆以陆学专尊德性而不及道问学，故疑之曰禅。凡其有言，概置之不考。有诵其言者辄命之曰禅，不复与论。是以德性为外物，圣学有二道哉！殊不知象山每以善之未明、知之未至为心疚，何不道问学之有？又其言曰：

> "束书不观，游谈无根。"何不教人读书也？但其所明、所知与所读有异于人者，学者类未之思耳……又闻魏君子才学行绝出，仆极倾仰，但与阳明时有门户之驰，浅陋念此，不堪忧怅，惟恨无由一讯其故。然求吾道于此时，真所谓不绝如线。海内有志如吾徒，能有几人？只此几人而又分裂如此，不肯合并切磋，深求至当，往往自高自止，转相讥刺如世俗，斯道一脉，岂不自吾徒坏也？阳明素知其心如白日，绝无此事。魏君虽未接，尝得之李逊庵，及见其数书，虚己平恕，可知亦必无此。窃意为其徒者，各持胜心，或私有所怀，巧添密劃，推附开合，如昔朱陆门人，以自快一时。却不知此道塞天地，亘古今，无物不该，无人不同，可独为阳明、子才之私，象山、考亭之有也？吾兄明烛几微，身居其间，何不据理一言，以使共学吾兄之贤，何如也？[1]

黄绾的《复李逊庵书》与《答邵思抑书》，几乎可以说是他代阳明向两京程朱派发出的停止朱陆之学异同论战的"免战牌"。在这场论战中，阳明从开始旗帜鲜明主张明辨朱陆之学异同到最后走向调和朱陆之学与不辩朱陆之学异同，这是有不言自明的原因的：一方面，他的心学思想遭到两京保守的程朱派们的坚决抵制与反对，"攻之者环四面"，使他无从展开正常的朱陆之学的论辨；另一方面，他的心学思想在论战中成了众矢之的，谤讪诋毁朝他汹汹而来，攻诋他的心学为禅，指斥他诬毁儒家圣人朱熹，奉陆氏禅学为正统；再一方面，他对定于一尊的官方程朱理学的公然批判，也引起了官方的反感与不满，把他的心学视为是同

[1] 《黄绾集》卷十八《答邵思抑书》。

"钦定"的程朱理学相对抗的"异学"，这给阳明也造成了不小的心理压力。在论战中，就曾发生过两个不祥的小插曲，使阳明陷入了论战进退两难的困境。一是在正德十年四月，朝廷考察两京官员，监察御史方凤同时举荐了阳明与吕柟、魏校为馆阁之臣。结果朝廷起用吕柟、魏校为馆阁之臣，而阳明却落选。这显然是因为吕柟、魏校尊信官方程朱理学的"古学"，而阳明推崇陆氏心学的"异学"，深为朝廷所忌。[1] 二是也在正德十年四月，御史杨琠（白沙弟子）举荐阳明任南京国子祭酒。但南雍是国家传授教习程朱理学的大本营，从教授到诸生都早对阳明的朱陆之学论战怒目相视，拒斥尊崇陆学的阳明来任国子祭酒。朝廷最后选中尊信程朱理学的鲁铎任国子祭酒，阳明又一次落选。这两件事表明阳明在南都进行的朱陆之学异同论战已引起朝廷的严重关注，他的朱陆之学异同论战已触犯官方程朱理学的禁网，这就是阳明最终从明辨朱陆之学异同走向调和朱陆之学异同、提出"朱子晚年定论"以消泯朱陆之学异同的真正原因。他急于要从这场变得扭曲与凶险的朱陆之学异同论战的困境中挣脱出来，恰好这时加入"攻之者环四面"论战的程朱派中坚程瞳写出了《闲辟录》，并把它寄给了阳明，从反面触发了阳明作《朱子晚年定论》以调和消泯朱陆之学异同的"灵感"。

---

[1] 见方凤《改亭奏草》中《为崇古学用正人以裨圣治事》："臣见南京鸿胪寺卿王守仁，性资沉毅，学识渊深，忠节不变于险夷，才猷可济于纷乱。翰林院养病修撰吕柟，学行纯明，出处高洁，养之深而有不可测之度，持之固而有不可易之守。兵部职方清吏司养病郎中魏校，禀赋既充，学力尤邃，修已有实践之功，应物无虚余之行。之三臣者，心慕古人，望隆当世，诚圣代之人瑞，士林之师式也。使隆以馆阁之任，必能弼时仔肩而成正君之功，使处以师儒之职，必能敬敷教化，而覃至治之泽，其守经之仁，行权之智，必有异乎寻常者。臣近见王守仁议论英发，精力方强；及闻吕柟、魏校前疾愈可，而乃置之散地，托以病乡，揆之事体，似非所宜。伏望皇上特敕吏部，将三臣越次起用……"

程瞳的《闲辟录》写成于正德十年四月。[1] 他作《闲辟录》就是要大力排辟程敏政《道一编》中的“朱子晚年定论”之说。阳明深受程敏政《道一编》的影响，从贬谪龙场驿以来就形成了“朱子晚年定论”的思想。在朱陆之学异同论战中，他肯定也会同门人弟子与程朱派谈起自己的“朱子晚年定论”思想，其说已经传出，所以程瞳把自己专攻程敏政“朱子晚年定论”之说的《闲辟录》寄给阳明，也显然有旁攻阳明“朱子晚年定论”之说的深意。阳明当然不会接受程瞳《闲辟录》的批判责难，恰相反，它倒及时“提醒”了阳明仿效程敏政的手法作《朱子晚年定论》来终结这场朱陆之学异同论战的纷争。正德十年十一月一日，阳明写成《朱子晚年定论》，一方面是对程瞳的《闲辟录》的回击，另一方面径自宣告了朱陆之学异同论战的结束。

阳明明确说自己所以作《朱子晚年定论》是要停息朱陆之学异同论战的纷争，“取朱子晚年悔悟之说，集为《定论》，聊借以解纷耳”。但是他却有意隐去了他的“朱子晚年定论”之说袭用自程敏政《道一编》的事实，用《朱子晚年定论》掩盖了他对朱陆之学异同的真实看法。他在《朱子晚年定论序》中说了一大段言不由衷的话：

> ……圣人之道坦如大路……独于朱子之说有相牴牾，恒

[1] 按：程瞳《闲辟录》写成于正德十年四月，《闲辟录》前有程瞳《闲辟录序》，署“正德乙亥四月既望新安程瞳序”。阳明《朱子晚年定论序》云：“且慨夫世之学者徒守朱子中年未定之说，而不复知求其晚岁既悟之论，竞相呶呶，以乱正学。”这里说的“竞相呶呶”，首先就指程瞳，可见阳明在作《朱子晚年定论》之前已见到程瞳的《闲辟录》。又阳明《与安之》书中云：“近年篁墩诸公尝有《道一》等编，见者先怀党同伐异之念，故卒不能有入，反激而怒。”这里说的“怀党同伐异之念”“反激而怒”的“见者”，也指程瞳。

> 疚于心，切疑朱子之贤，而岂其于此尚有未察？及官留都，复取朱子之书而检求之，然后知其晚岁固已大悟旧说之非，痛悔极艾，至以为自诳诳人之罪，不可胜赎。世之所传《集注》《或问》之类，乃其中年未定之说，自咎以为旧本之误，思改正而未及，而其诸《语类》之属，又其门人挟胜心以附己见，固于朱子平日之说犹有大相谬戾者，而世之学者局于见闻，不过持循讲习于此。其于悟后之论，概乎其未有闻，则亦何怪乎予言之不信，而朱子之心无以自暴于后世也乎？予既自幸其说之不谬于朱子，又喜朱子之先得我心之同然，且慨夫世之学者徒守朱子中年未定之说，而不复知求其晚岁既悟之论，竞相呶呶，以乱正学，不自知其已入于异端，辄采录而裒集之，私以示夫同志，庶几无疑于吾说，而圣学之明可冀矣。

只要把阳明《朱子晚年定论序》中说的这番话同他同时由陆澄、薛侃记的传习语录（《传习录》卷上）相比较，就可以清楚看出《朱子晚年定论序》中的说法是完全不真实的。在陆澄、薛侃所记的传习语录中，充满了大量激烈批判朱学的话语，并把自己的心学同朱学划清了不可调和的界限，他的反朱学的立场是毫不动摇的，终其一生他都是坚持是陆反朱的批判立场不变，这才是阳明对朱学的真实看法与态度。就在阳明写《朱子晚年定论》的同时，他自定了《大学》古本，作了《格物说》，把它们献给了湛若水，这个《大学》古本与《格物说》都是严辨朱陆之学、批判朱学的，这才是阳明的真实看法，所谓"朱子晚年定论"的调和之说，不过是对他一贯的是陆反朱的心学立场的一种掩饰与托词，也是针对当时程朱派的攻诋与自己干犯官方程朱理学禁网的巧妙的自我保护与反讽。阳明提出“朱子晚年定论”的真实目的，不过是要将朱学陆化，以此消解朱学，尊崇陆学。他在序中说朱熹“晚岁固已大悟旧说之非，痛悔极艾，至以为自诳诳人之罪，不可胜赎”，分明是阳明“陆化朱学”的子虚乌有的虚构，正像他在《游海诗》中虚构了一个“游海遇仙”的荒诞故事一样。因此他的《朱子晚年定论》也同他的《游海诗》一样，不过是他的论战自我保护与反讽程朱派“世儒”的诡辩游戏文字，用阳明自己的话说，就是“聊借以解纷”而已，本不能视为是一部严肃的学术著作。

程敏政是“朱子晚年定论”说的开创者（其说可上溯到元末赵滂的朱陆“合并于暮岁”说），阳明的《朱子晚年定论》完全承袭了程敏政的《道一编》而又加以了极端的发展。程敏政早在弘治二年写成的《道一编》中提出了朱子晚年定论说，认为朱陆二家的思想“始异而终同”。《道一编》无根据地分朱陆思想同异为三个阶段：始焉如冰炭之相反，中焉则疑信相参半，终焉若辅车之相依，晚年定论终同。于是他从朱熹集中捕风捉影地选取了十五篇书，以证成其所谓朱子晚年定论之说。但他对这十五篇书的写作年代没有考定，究竟每篇书作于何时，朱熹晚年“悟”到了什么，“同”在哪里，他自己都无法说清，所以他的朱陆思想始异终同说一眼可见是不能自圆其说的荒诞虚构。程瞳在《闲辟录》中考定了朱熹这十五篇书的写作年代，指出程敏政故意颠倒书的写作时间，或将早年之书当作晚年，或将晚年言论当作早年，揭露了他的虚构伪造，实际已推翻了程敏政的朱子晚年定论的伪说，误案已判。尽管如此，阳明却还是发现了程敏政的朱子晚年定论之说的特殊价值，对他当下用来回击程朱派的攻诋与结束朱陆之学异同论战有着说不出的好处与用处，所以他仍然绕开了程曈的批判，全盘袭用程敏政的朱子晚年定论之说，写出了《朱子晚年定论》。阳明的“晚年定论”说法比程敏政走得更远，他从朱熹集中选取了三十四篇书信，想以此来进一步证成己说。在这三十四篇书信中，有八篇同于程敏政的《道一编》，阳明袭用《道一编》之迹一目了然。因为程敏政的朱子晚年定论之说本来漏洞百出，不攻自破，所以阳明的《朱子晚年定论》在袭用程敏政的《道一编》的同时，也就承袭了程敏政之说的两个致命的错误：

一是同程敏政一样，阳明对所选的三十四篇书信的写作年代也没有考定，想当然地一概定为朱熹晚年的书信，实际其中不少都是朱熹的早年书信，反映的是他早年的思想，而不是晚年的思想。用早年的书信来论证晚年的“定论”，这在逻辑上是悖谬不通的。尤其是在朱熹的文集中，有成百上千的大量的朱熹晚年写的书信文章（还有著作），可以清楚看出朱熹晚年的真实思想，根本不存在什么朱熹晚年思想已转向陆学的事，阳明不顾朱熹这些大量的晚年书信文章上反映的真实思想，只拈取出几篇书信似是而非地从“字面”上指认朱熹晚年思想已转向陆学，这种只举一点、不论其余、罔顾事实、自我臆断的手法，在逻辑上也是悖谬不通的。

二是同程敏政一样，阳明只是罗列了三十四篇书信，不作分析论述，不指明每一篇书信究竟反映了朱熹什么样的“定论”，他究竟转向了陆学什么样的思想。实际上，对朱熹晚年的“定论”究竟是什么，朱熹晚年究竟“大悟”到了什么，阳明从来不明说，含糊其词，使人捉摸不透。本来，所谓朱陆思想早异晚同，自然是指朱熹晚年思想已转向陆学，与陆学相同。所以阳明说的朱熹的“晚年定论”应该是指朱熹晚年放弃了自己的朱学，转以陆学为定论。但是阳明为此所引证的三十四篇书信，没有一篇能够证明朱熹晚年已转向了陆学，没有一篇能够证明朱熹晚年大悟到了陆学。因为朱熹书信中说的“自觉其误”“自悔”“自悟”，不过是说他对某一事物或某个问题认识上的变化提高，如对《四书》的注说，他的认识不断变化，自觉前说之误，不断修改旧说，一直到死他都在修改他的《四书集注》，这哪里是说他大悟到了陆学，转向了陆学呢？所以他引证的三十四篇书信，充其量只能证明朱熹对某一事物认识的前后变化提高，完全不能证明朱熹晚年已大悟陆学，转向陆学，与陆学同。结果，这三十四篇书信适得其反地倒过来有力证明了阳明“朱子晚年定论”的错误。如阳明引了一篇朱熹《答何叔京》：“向来妄论‘持敬’之说……钦夫之学所以超脱自在，见得分明，不为言句所桎梏，只为合下入处亲切。”朱熹这篇书信作在乾道中，分明是说他早年的“主敬”之悟的，他在张栻（张栻“持敬”）的影响下，大悟了二程的“涵养须用敬，进学则在致知”，确立了自己朱学的学问大旨（敬知双修），这时陆九渊的陆学尚未形成，哪里是什么大悟陆学、与陆学“同”呢？事实正相反，朱熹的“主敬”恰同陆九渊的“主悟”相对立，而阳明也最激烈反对朱熹的“主敬”思想（见陆澄、薛侃所记语录），他在《朱子晚年定论》里引证朱熹这篇书信，却肯定了他的“主敬”之悟，这不是自攻己说，反叛己说了吗？他引证的三十四篇朱熹书信类多如此。

正因《朱子晚年定论》承袭了程敏政《道一编》的两个致命错误，所以他公开刊刻了《朱子晚年定论》不仅没有能停止朱陆之学异同的论战，相反激起了程朱派更猛烈的攻击。钱德洪在《朱子晚年定论序》中居然连起码的事实都不顾说：“朱子病目静久，忽悟圣学之渊薮，乃大悔中年注述误己误人，遍告同志。师阅之，喜己学与晦翁同，手录一卷，门人刻行之。自是为朱子论异同者寡矣。师曰：'无意中得此一助！'" 这种为师尊讳的夸饰虚言掩盖了事情的真相。实际阳明的《朱子晚年定论》公开刊刻后，信之者寥寥无几，攻之者汹汹而至。像程曈一连写出了《朱子晚年定论考》《朱子早年定论》《阳明传习录考》等，抨击的矛头从程敏政的《道一编》直接指向了阳明的《朱子晚年定论》与《传习录》。余祐写出了《性论》三卷，同阳明展开进一步论辨。《明史》中的《余祐传》说：

> 祐之学，墨守师说……时王守仁作《朱子晚年定论》，谓其学终归于存养。祐谓："朱子论心学凡三变，《存斋记》所言，乃少时所见；及见延平，而悟其失；后闻五峰之学于南轩，而其言又一变；最后改定已发未发之论，然后体用不偏，动静交致其力，此其终身定见也。安得执少年未定之见，而反谓之晚年哉？"其辨出，守仁之徒不能难也。

汪循写出了《闲辟辩》，为程曈的《闲辟录》张大声势，推波助澜。"姚江三廉"之一的胡铎写出了《异学辨》，以陆学为异学，专攻阳明的《朱子晚年定论》。张文渊写出了《卫道》一书，捍卫朱学不被"陆化"，完全否定了阳明的"朱子晚年定论"之说。夏尚朴也一针见血指出了阳明"朱子晚年定论"说的错误，他在《滁州省愆录》中说：

> 朱陆同异之辩，前辈已有定论，细观其书，当自见之。今就其中摘其一二稍稍同处，遂欲会而为一，非所谓不揣其本而齐其末、方寸之木可使高于岑楼者耶？近时诸公力扶象山之学，极诋朱子之学支离，盖亦未能平心易气细观其书以

> 致然耳。王钦佩尝谓予云："朱子所著诸书，或有初言未定之论，兼门人记录未能尽得其意者，亦或有之。吾辈观之，但择其好处。今王阳明专择其不好处来说，岂不是偏耶?"[1]

对阳明《朱子晚年定论》批判最有力的是罗钦顺。他本来在南都就加入了朱陆之学异同的论战，对阳明的是陆反朱的真实立场十分清楚。当阳明把《朱子晚年定论》连同他定的《大学》古本（按：这两本书是矛盾对立的）寄给罗钦顺时，罗钦顺写了一封长信尖锐批判说：

> ……又详《朱子定论》之编，盖以其中岁以前所见未真，爰及晚年，始克有悟，乃于其论学书尺三数十卷之内，摘此三十余条，其意皆主于向里者，以为得于既悟之余，而断其为定论。斯其所择宜亦精矣，第不知所谓晚年者，断以何年为定？羸躯病暑，未暇详考，偶考得何叔京氏卒于淳熙乙未，时朱子年方四十有六，尔后二年丁酉，而《论孟集注》《或问》始成。今有取于答何书者四通，以为晚年定论。至于《集注》《或问》，则以为中年未定之说。窃恐考之欠详，而立论之太果也。又所取《答黄直卿》一书，监本止云"此是向来差误"，别无"定本"二字。今所编刻，增此二字，当别有据。而序中又变"定"字为"旧"字，却未详本字同所指否？朱子有《答吕东莱》一书，尝及定本之说，然非指《集注》《或问》也。凡此，愚皆不能无疑，顾犹未足深论。

[1]《夏东岩先生文集》卷一。

窃以执事天资绝出，而日新不已，向来恍若有悟之后，自以为证诸《五经》《四子》，沛然若决江河而放诸海，又以为精明的确，洞然无复可疑，某固信其非虚语也。然又以为独于朱子之说有相牴牾，揆之于理，容有是耶？他说姑未敢请，尝读《朱子文集》，其第三十二卷皆与张南轩答问书。内第四书，亦自以为“其于实体似益精明，因复取凡圣贤之书，以及近世诸老先生之遗语，读而验之，则又无一不合。盖平日所疑而未白者，今皆不待安排，往往自见洒落处”。与执事之所以自序者，无一语不相似也。书中发其所见，不为不明，而卷末一书，提纲振领，尤为详尽。窃以为千圣相传之心学，殆无以出此矣，不知何故，独不为执事所取，无亦偶然也邪？若以此二书为然，则《论孟集注》《学庸章句》《或问》不容别有一般道理，虽或其间小有出入，自不妨随处明辨也。如其以为未合，则是执事精明之见，决与朱子异矣。凡此三十余条者，不过姑取之以证成高论，而所谓“先得我心之所同然者”，安知不有毫厘之不同者为祟于其间，以成牴牾之大隙哉！恐不可不详推其所以然也。

又执事于朱子之后，特推草庐吴氏，以为见之尤真，而取其一说，以附于三十余条之后。窃以草庐晚年所见端的与否，良未易知。盖吾儒昭昭之云，释氏亦每言之，毫厘之差，正在于此。即草庐所见果有合于吾之所谓昭昭者，安知非其四十年间钻研文义之效，殆所谓“真积力久而豁然贯通”者也？盖虽以明道先生之高明纯粹，又早获亲炙于濂溪，以发其吟风弄月之趣，亦必反求诸《六经》而后得之。但其所禀，邻于生知，闻一以知十，与他人极力于钻研者不同耳，又安得以前日之钻研文义为非，而以堕此窠臼为悔？夫得鱼

> 忘筌，得兔忘蹄可也，矜鱼兔之获，而反追咎筌蹄以为多事，其可乎哉？然世之徒事钻研，而不知反说约者，则不可不深有儆于斯言也。抑草庐既有见夫所谓昭昭者，又以“不使有须臾之间断”，为庶几乎尊之之道，其亦然矣。而下文乃云：“于此有未能，则问于人，学于己，而必欲其至。”夫其须臾之间间断与否，岂他人之所能与？且既知所以尊之之道在此，一有间断则继续之而已，又安得以为“未能”，而别有所谓学哉？是则见道固难，而体道尤难。……[1]

罗钦顺对阳明的《朱子晚年定论》作了中肯的评说。阳明在答书中只作了含混无力的辩解说：“其为《朱子晚年定论》，盖亦不得已而然。中间年岁早晚诚有所未考，虽不必尽出于晚年，固多出于晚年者矣。”[2] 到嘉靖中，随着“学禁”的兴起，更有陈建起来作《学蔀通辨》，对程敏政的《道一编》与阳明的《朱子晚年定论》作了全面的批判考辨，了结了这一桩朱陆之学异同纷争中的“奇案”。因此可以说，阳明同两京程朱派的朱陆之学异同的论战，因他的《朱子晚年定论》这一部有争议的书而最终失败了，也为后来的嘉靖“学禁”的兴起埋下了祸种。但是阳明却更坚定不屈地走着自己的心学之路，他对这场论战挫折进行了自我反思，升华自己的批判朱学的心学思想，走上了“良知”说的觉悟新路，扬弃了“朱子晚年定论”旧说，到晚年他就像否弃了《游海诗》一样否弃了《朱子晚年定论》。后来钱德洪在隆庆六年（1572 年）编定阳明全书时，居然莫名其妙地又捡起这本《朱子晚年定论》，不伦不类地编入《传习录》中（附最末），反倒贬损

[1] 《困知记》附录《与王阳明书》一。
[2] 《传习录》卷中《答罗整庵少宰书》。

了《传习录》中阳明鲜明批判朱学的心学锋芒，误导了不明真相的后人对阳明"朱子晚年定论"旧说的认识。五百年来人们竟为阳明的"朱子晚年定论"这一桩早已了结的过时公案展开了纷争论辨，就不能不说是一场喜剧性的历史误会了。[1]

自然，从批判僵化保守的官方程朱理学的积极意义上看，阳明同两京程朱派的朱陆之学异同论战仍然产生了巨大的影响与效应。可以说这是正德以来新兴崛起的心学派向禁锢士人头脑的官方程朱理学统治思想的第一次公开的挑战。他的《朱子晚年定论》，与其说是他在对朱陆之学的异同作严肃的经院式的学术讨论，不如说是他在用调侃嘻嘲的笔法讽刺那些保守可笑的程朱派"世儒"，冲击被官方定为神圣独尊偶像的程朱理学的禁网。他用"朱子晚年定论"说的反讽武器对官方程朱理学的挑战虽然失败，但却为他后来用"良知"说的批判武器对官方程朱理学的挑战准备了条件。从这一意义上可以说，阳明用"朱子晚年定论"之说同两京程朱派进行的朱陆之学论战从反面推动他超越了"朱子晚年定论"之说，催生了他的"良知"心学的诞生。

龙江之会：心学的《大学》体系的诞生

实际上，在南都，阳明对朱陆之学异同的真实看法，不是反

[1] 按：今人又有把阳明的"朱子晚年定论"说视为一种"会通朱陆""和会朱陆"的思想，把它归入元明以来兴起流行的"会通朱陆"的思潮中，也是错误的。阳明的"朱子晚年定论"说实质上是一种是陆反朱的思想，是在虚构所谓朱子晚年"定论"的掩盖下以陆反朱，"以朱子攻朱子"，"阳若取朱子而实抑朱子"（陈建语）。阳明的心学就是一种反朱学的思想体系，他一生都持批判否定朱学的立场，从来没有想要"和会朱陆""会通朱陆"。

映在《朱子晚年定论》一书中，而是反映在他同湛若水的讲学论道中，尤其反映在他同时所序定的《大学》古本与所作的《格物说》中。从正德九年二月的滁阳之会以后，阳明与湛若水恢复了中断的讲学论道。据董玘写给阳明的信，湛若水一回到京都，阳明就同他展开了书信往来讨论。董玘与湛若水是同年，所以他在给阳明的信中说的“所谕责己责人之说，甚公平，且欲守默，若有戒于议论之多者”，“尊闻守知，要有不必同者，善贵相观”，实际也是暗指阳明与湛若水之间的讲学论辨，相互之间仍多有分歧。两人的圣学论辨依旧围绕“随处体认天理”（格物求理）与三教同根同源两大问题展开。湛若水还在正月经过兰溪时，就向西安学子栾惠传授了圣学工夫的大要，并介绍他来南都向阳明问学。湛若水自己提到这件事说：

甘泉子反自交南，过兰溪，西安栾生惠子仁过之，请学焉，往从于浙之浒。甘泉子问曰：“子之学也，将为乡善人乎？将为圣人乎？”栾生默然久之，曰：“固将为圣人也。”甘泉子曰：“将欲为圣人也，必将求变化气质也。”栾生曰：“有要乎？”曰：“有。子欲问学，须学树木，先之以立根，次之以培灌。根不立，灌焉者死矣；根虽立，而不灌焉者死矣。是故君子敬以立其本，问学以滋其生，生则不息，不息则不可御，不可御则变，变则化。君子者以此盛德而生大业。孔子曰：‘立则见其参于前也，在舆则见其倚于衡也。’其基之之类乎？《易》曰：‘君子多识前言往行，以畜其德。’其灌之之类乎？内外夹持，上达天德，夫然后优入圣域。”[1]

---

[1] 《泉翁大全集》卷三十一《答问》。

湛若水说的变化气质的圣学工夫大要是“敬以立其本，问学以滋其生”，这实际还是朱熹说的敬知双修——涵养须用敬，进学则在致知，也就是白沙说的“默坐澄心，体认天理”。主敬澄心与格物致知的关系，就是“立本”与“培灌”的内外关系。孔子说的“参前倚后”，就是向内的主敬澄心；《周易》说的“多识前言往行”，就是向外的格物致知。向内的默坐澄心与向外的随处体认天理的统一，就是内外夹持，诚明两进。所以湛若水说“内外夹持，上达天德，夫然后优入圣域”。显然，湛若水的这种对圣学工夫大要的诠释仍没有超越白沙的心学诠释藩篱，坚持把于日用处随事体认天理解释为向外的格物求理，这就是他的理在物中、即事求理的格物说，同阳明正心求理的格物说相对立。这些话湛若水实际是要说给阳明听的，所以栾惠便在五月带着湛若水这一教诲来到南都问学于阳明，阳明同他重点谈到了这个问题，也是要说给湛若水听的。《传习录》记载阳明与栾惠的讨论说：

> 子仁问：“‘学而时习之，不亦说乎？’先儒以学为效先觉之所为，如何？”先生曰：“学是学去人欲，存天理；从事于去人欲，存天理，则自正诸先觉，考诸古训，自下许多问辨、思索、存省、克治工夫，然不过欲去此心之人欲，存吾心之天理耳。若曰效先觉之所为，则只说得学中一件事，亦似专求诸外了。‘时习’者，坐如尸，非专习坐也，坐时习此心也；心如斋，非专习立也，立时习此心也。‘说’是‘理义之说我心’之‘说’，人心本自说理义，如目本说色，耳本说声，惟为人欲所蔽所累，始有不说。今人欲日去，则理义日洽浃，安得不说？”

阳明说得十分明白，所谓问辨、思索、存省、克治、习学等工夫，并不是向外去体认格求物理，而应是向内体认格求吾心中固有之理，“存吾心之天理”。因此“时习”也不是向外格物求理，而是时习体认心中之理，“坐”时是习心中之理，“立”时也是习心中之理，“说”他同格物说的批评。后来栾惠受学归西安时，阳明作了四首别诗，仍然用他的这一正心求理的心学思想针砭栾惠的学病：

次栾子仁韵送别四首

子仁归，以四诗请用其韵答之，亦言有过者，盖因子仁之病而药之，病已则去其药。

从来尼父欲无言，须信无言已跃然。
悟到鸢鱼飞跃处，工夫原不在陈编。

操持存养本非禅，矫枉宁知已过偏？
此去好从根脚起，竿头百尺未须前。

野夫非不爱吟诗，才欲吟诗即乱思。
未会性情涵泳地，《二南》还合是淫辞。

道听途传影响前，可怜绝学遂多年。
正须闭口林间坐，莫道青山不解言。[1]

所谓“道听途传影响前”，似即暗指栾惠先前在兰溪途中所听到

[1] 《王阳明全集》卷二十。

的湛若水之教。阳明仍强调鸢飞鱼跃的心悟，而反对去"陈编"中格物求理，默坐澄心体认天理的操持存养并不是"禅"，而"未会性情涵泳地"的随处体认天理才是"淫辞乱思"。因为阳明与湛若水两人遥隔南北，所以他们这时多是采用这种侧面的交流论辨评说着双方思想的异同。就在栾惠来向阳明问学的同时，白沙弟子张诩也来南都见阳明，阳明肯定了张诩的心学，有"江船一话千年阔，尘梦今惊四十非"之叹。这是因为张诩也主三教同源合一说，与阳明思想相合。湛若水却在六月张诩卒时写了一篇《薤歌辞》，批评张诩的三教同源合一说："薤歌者，甘泉子所作以悼东所张先生之词也。东所生年六十，智性高明。往来白沙之门二三十年，未尝问学。性智超诣，自谓独打合同云，至谓三教同一道，一时师友，无足以易君之见也。"[1] 湛若水对张诩"三教同一道"的批评，无疑也是对阳明三教同根同源说的否定。到七月郑一初卒于杭州时，阳明作《祭郑朝朔文》，认为郑一初思想已转向阳明的心学，成为阳明"昔迷今悟"的弟子："君尝问予：圣学可至？余曰：然哉，克念则是。隐辞奥义，相与剖析，探本穷原，夜以继日。君喜谓予：昔迷今悟，昔陷多歧，今由大路。呜呼绝学，几年于兹。"[2] 湛若水也作了一篇《紫坡子传》，肯定了郑一初的弃旧学从阳明学："及为御史矣，人皆扬扬，而独首事阳明先生，以为自得师，弃其旧学而学之。"这是对阳明心学的肯定。但他也认为自己的思想没有错，所以他又点出郑一初的长子郑大仓从己学："大仓从甘泉子游，亦有志于学。"[3] 这是意在表明他的思想与阳明的思想的

---

[1]《泉翁大全集》卷五十五。
[2]《王阳明全集》卷二十五。
[3]《泉翁大全集》卷五十六。

一致。但如果说在对心学的“圣学”的认识上，湛若水是着眼于论辨两人心学思想之“同”，那么阳明却是着眼于论辨两人心学思想之“异”。所以在论辨中湛若水抓住了阳明的三教同根同源思想展开批评，而阳明则抓住了湛若水的随处体认天理思想展开批评，相持不下。

到九月，南京兵部主事路迎因事北上入京，也要拜访湛若水。路迎是阳明弘治十七年主考山东所亲录取的举子，阳明乘机写了一篇送他北上入京的赠言：

> 宾阳质美近道，固吾素所属望。昨行，必欲得一言，此见宾阳好学之笃，然浅鄙之见平日已为宾阳尽之矣。君子之学，譬若种植然，其始也，求佳种而播之，沃灌耘耔，防其浅收，去其蟊蜮，畅茂条达，无所与力焉。今佳种之未播，而切切然日讲求于苗秀实获之事，以望有秋，其于谋食之道远矣。宾阳以为何如？北行见甘泉，遂以此意质之。外书三纸，烦从者检入。守仁顿首，宾阳司马道契文侍，九月八日。[1]

显然，阳明这篇赠言是写给湛若水看的。所谓“外书三纸”，似是另外写给湛若水的一封信。阳明在文中说的“求佳种而播之，沃灌耘耔”的譬喻，就是用来批评湛若水的随处体认天理的思想，认为湛若水不知理在吾心，而以理在物中，汲汲于日用间去随处随时随事体认天理，这就如同“佳种之未播，而切切然日讲求于

[1]《玉虹鉴真续帖》卷八《王守仁与宾阳司马书四通》一。按：此文原题作“与路宾阳书一”，不当。观文中所述，此实是阳明为路迎北上京师所作临别赠言。

苗秀实获之事，以望有秋，其于谋食之道远矣”。阳明的批评击中了湛若水的心学思想的痼疾，给了湛若水很大的触动。所以他在路迎离京回南都时，精心作了一篇《赠兵曹路君宾阳还南都序》，实际是对阳明质疑的回答：

> 古之为道也，浑浑尔也；今之为道也，断断尔也。夫道，天下之公，四达之逵也。今夫适道，自东至者，或以西至为非，而不知亦犹西之视东也，其可乎？自南至者，或以北至为非，而不知亦犹北之视南也。其可乎？夫自达观大道者，其至一尔，故言有殊立而无殊理，行有异入而无异至。古之学者，传而不议，行而致同。色相受也，意相传也，善相观也，和相饮也，德相化也，殊途而同归，百虑而一致，故曰浑浑尔。夫道，一而已矣。视听言动，皆心也。情性微显，同原也；内外动静，一理也。是故知而至之存乎智，默而成之存乎德，化而裁之存乎义，体而尽之存乎心，溥而通之存乎公，遁而无闷存乎蕴，诱而相之，正而不歧，存乎师友。故夫断断者各就其方，自其私见言之，未睹乎大道者也。吾友路君宾阳宦学于南都，志笃而行确，与甘泉子相遇于金台，今归而南也。南中多学者，然吾惧其断断，故有以赠宾阳，庶闻吾言者，断断之说或息。断断之说不息，浑浑之道不见。[1]

湛若水这篇序是有意写给阳明看的。他说“南中多学者，然吾惧其断断，故有以赠宾阳，庶闻吾言者，断断之说或息”，就是指南都

[1] 《泉翁大全集》卷十五。

一班好龂龂论战的程朱派士子，但却把阳明也隐然包括在里面了。针对阳明批评他“佳种之未播，而切切然日讲求于苗秀实获之事”，湛若水回答说：“夫道，一而已矣。视听言动，皆心也。情性微显，同原也；内外动静，一理也。”这是认为天下一道，心具一理，人的视听言动、性情微显、内外动静，都是在体认格求心中之理。“内静”，就是默坐澄心；“外动”，就是随处体认天理。但因为心外无理，心外无物，内外一理，所以随处体认天理实际还是在心中进行，也就是在体认心中之理，并不是向外格物求理，所以说“内外动静，一理也”。显然，湛若水对他的“随处体认天理”作了不同于白沙的新的解说，把它解释为也是在体认心中之理，为自己的“随处体认天理”作了辩护，同阳明正心求理的思想取得了一致。湛若水的这一辨说比较委婉含混，但阳明还是读懂了湛若水的苦心，看出了湛若水的“格物”思想已在向他靠拢。所以他在读了湛若水的这篇序后，竟为这篇序写了一跋，称赞湛若水说：

> 宾阳视予兹卷，请一言之益。湛子之说详矣，凡予之所欲言者，湛子既皆言之，予又何赘？虽然，予尝有立志之说矣，果从予言而持循之，则湛子之说亦在其中矣。夫言之启人于善也，若指迷途，其至之则存乎其人，非指迷途者之所能与矣。孔子曰：“为仁由己，而由乎人哉！”宾阳勉之，无所事于予言。[1]

阳明把路迎与湛若水都看成是迷途知返的人，所谓“夫言之启人

[1]《玉虹鉴真续帖》卷八《王守仁与宾阳司马书四通》三。按：此文定为书信，不当。据其余三书所言，此文实是为湛若水《赠兵曹路君宾阳还南都序》所作跋，应题为《跋甘泉赠兵曹路君宾阳还南都序后》。

于善也，若指迷途，其至之则存乎其人，非指迷途者之所能与矣"，明里指路迎，暗里指湛若水。

阳明从湛若水的序中已看出他的思想有了松动，所以阳明继续向他展开了思想进攻。正德十年二月，湛若水丁母忧，自京扶柩南归到达南京，阳明迎吊于龙江关，两人一年后又再相见。但这次龙江之会已远非滁阳之会可比。阳明为这次龙江之会做了精心准备，他全面总结了自己的《大学》思想，先重新序定了《古本大学》，然后又作了《格物说》，打算在相见时拿出来当面讨论。《大学古本》与《格物说》相辅相成，相得益彰，珠联璧合，构成了阳明自己独特的心学的《大学》思想体系，他是以《大学古本》为文本诠释依据，从"格物"说切入，构建了自己向内正心求理的《大学》体系，用以同湛若水的向外"随处体认天理"的格物说展开了论辩。龙江之会是一次《大学》"格物"说的论辨会，阳明明确说：

> 向在龙江舟次，亦尝进其《大学旧本》及《格物》诸说，兄时未以为然，而仆亦遂置不复强聒者，知兄之不久自当释然于此也。[1]

阳明定的《大学古本》，推翻了朱熹定的《大学新本》；阳明写的《格物说》，推翻了朱熹补写的《格物章》。这是一个全新的心学的《大学》思想体系，阳明显然有用它来代替三百年来被官方钦定尊奉的朱熹经典的《大学》思想体系的深意。值得注意的是，阳明在龙场驿时已自定了《大学古本》，这次实际是重新序定

[1] 《王阳明全集》卷四《答甘泉》。

《大学古本》，为《大学古本》作了序，这篇序，应就是保存在《大学古本傍释》中的序，原称为“大学古本序”[1]。龙江之会上阳明呈给湛若水看的《大学古本》就有这篇序，精要概括了阳明的《大学》思想体系。[2] 阳明这篇《大学古本序》，可以说是宣告了他的心学的《大学》思想体系的诞生，也宣告了三百年来朱熹理学的《大学》思想体系的终结。序的矛头就是直接对准了朱熹的《大学》思想体系：所谓“人之求之于外”，就是指朱熹的向外格求物理；所谓“旧本析”，就是指朱熹《大学新本》的强分经、传；所谓“不本于诚意，而徒以格物者，谓之支；不事于格物，而徒以诚意者，谓之虚”，就是指朱熹离“诚意”之本而从事向外“格物”的支离虚浮、舍本逐末；所谓“合之以‘敬’而益缀”，就是指朱熹的敬知双修（主敬）的繁琐赘说；所谓“补之以《传》而益离”，就是指朱熹的补作《格物章》的离

[1] 按：《大学古本傍释》中的序，原来都称为“大学古本序”，向来不称“大学古本傍释序”。如《王阳明全集》卷七著录此序，就题作《大学古本序》。阳明本人提及此序，也均称“大学古本序”（见《王阳明全集》卷二《寄薛尚谦》、卷二十七《与陆清伯书》等）。今庐山白鹿洞书院保存有阳明手书的《大学古本》石刻，即是阳明正德十年所序定的《大学古本》，其序正赫然手书作“大学古本序”，不作“大学古本傍释序”（见孙家骅：《白鹿洞书院碑刻摩崖选集》）。罗钦顺最初见到这篇序，也称“大学古本序”（见《困知记》三续第二十章及附录《与王阳明书》）。故《王阳明全集》卷三十二《补录》著录此序，也题作《大学古本原序》。仅此足以证明这篇序乃是阳明正德十年序定《大学古本》所作的序，故称为“大学古本序”。到正德十三年，阳明乃是就这个序定本补作了“傍释”，但前面仍保留了“大学古本序”的原名，并没有改称“大学古本傍释序”。阳明从正德十年序定《大学古本》到十三年作《大学古本傍释》的写作历程由此清晰可见。钱德洪《阳明先生年谱》对此叙述皆误。

[2] 见罗钦顺《困知记》三续第二十章所引，又见庐山白鹿洞书院今存阳明手书《大学古本》石刻。按《王阳明全集》卷七所录《大学古本序》，乃是正德十六年以后改定本，字句差异甚大，不足为据。又今存庐山白鹿洞书院阳明手书《大学古本》石刻，显即是阳明据其正德十年所序定《大学古本》所书，其中《大学古本序》与罗钦顺所录《大学古本序》字句全同，而阳明手书的《大学古本》中并无“傍为之什”之文，可证序中所谓“傍为之什以引其义”，当指阳明另外作的《格物说》篇。

经叛道。阳明完全一反朱熹的《大学》之道而行之，重建了一个《大学古本》的心学诠释文本，用来构造自己的心学的《大学》思想体系。尤引人注目的是，阳明批判朱熹《大学》思想体系的锋芒是指向朱熹的向外格求物理的格物说，他说的“惧人之求之于外”，隐然把湛若水也包括在里面，无异于否定了湛若水向外的“随处体认天理”的格物说，所以正是“格物说”成为龙江之会上两人论辨的焦点。

阳明的《格物说》，大旨就在用心学重新阐释《大学古本》的格物思想，用以取代朱熹的《格物章》（《格物传》）。这篇《格物说》虽然已经亡佚，但是其中的格物思想却清晰反映在他闰四月写给王应鹏的信中。这封信就是详论《大学》的格物说的，直可视为是一篇论格物说的专文。信中说：

> 来书云：“诚身以格物，乍读不能无疑，既而细询之希颜，始悉其说。”区区未尝有“诚身格物”之说，岂出于希颜邪？鄙意但谓君子之学以诚意为主。格物致知者，诚意之功也。犹饥者以求饱为事，饮食者，求饱之事也……
>
> 又云：“《大学》一书，古人为学次第。朱先生谓‘穷理之极而后意诚’，其与所谓‘居敬穷理’‘非存心无以致知’者，固相为矛盾矣。盖居敬存心之说补于传文，而圣经所指，直谓其穷理而后心正。初学之士，执经而不考传，其流之弊，安得不至于支离邪?”《大学》次第，但言物格而后知至，知至而后意诚。若“穷理之极而后意诚”，此则朱先生之说如此，其间亦自无大相矛盾。但于《大学》本旨，却恐未尽合耳。“非存心无以致知”，此语不独于《大学》未尽，就于《中庸》“尊德性而道问学”之旨，亦或有未尽。然此等处言

之甚长，非面悉不可。后之学者，附会于《补传》而不深考于经旨，牵制于文义而不体认于身心，是以往往失之支离而卒无所得，恐非执经而不考传之过也。

又云："不由穷理而遽加诚身之功，恐诚非所诚，适足以为伪而已矣。"此言甚善。但不知诚身之功又如何作用耳，幸体认之！

又言："譬之行道者，如大都为所归宿之地，犹所谓至善也。行道者不辞险阻，决意向前，犹存心也。如使斯人不识大都所在，泛焉欲往，其不南走越北走胡几希矣。"此譬大略皆是，但以不辞险阻艰难，决意向前，别为存心，未免牵合之苦，而不得其要耳……

又云："格物之说，昔人以扞去外物为言矣。扞去外物，则此心存矣。心存，则所以致知者，皆是为己。"如此说，却是"扞去外物"为一事，"致知"又为一事。"扞去外物"之说，亦未为甚害，然止扞御于其外，则亦未有拔去病根之意，非所谓"克己求仁"之功矣。区区格物之说亦不如此。《大学》之所谓"诚意"，即《中庸》之所谓"诚身"也。《大学》之所谓"格物致知"，即《中庸》之所谓"明善"也。博学、审问、慎思、明辨、笃行，皆所谓明善而为诚身之功也，非明善之外别有所谓诚身之功也。格物致知之外，又岂别有所谓诚身之功乎？《书》之所谓"精一"，《语》之所谓"博文约礼"，《中庸》之所谓"尊德性而道问学"，皆若此而已。是乃学问用功之要，所谓毫厘之差，千里之谬者也。[1]

---

[1]《王阳明全集》卷四《答王天宇》书二。按：《王阳明全集》于此书题下注"甲戌"作，乃误。

王应鹏信中说"诚身以格物，乍读不能无疑"，似是指读阳明序定的《大学古本》，阳明信中说"区区格物之说亦不如此"，似是指他写的《格物说》。因为王应鹏也向湛若水问学，眼下又擢为监察御史将北上入京，往见湛若水，所以估计阳明也把《大学古本》与《格物说》寄给了王应鹏，在给王应鹏的信中大谈格物说，也有写给湛若水看的意思。可以说阳明这封给王应鹏的信，实际完全是他的《格物说》的翻版，有助于揭开两人在龙江之会上论辨格物说的真相。

在龙江之会上，阳明与湛若水两人即是就阳明提出的《大学古本》与《格物说》，在"格物"思想上展开论辨的。论辨从两个方面进行：一是"格物"是指向内格求心中之理（正心诚意），还是指向外格求事物之理（随处体认天理）？二是"物"是指意之所在之物（意物），还是指外在客观存在之物（外物）？这两个问题说到底，实际就是一个是对"格"如何认识，一个是对"物"如何认识。湛若水后来在给阳明的信中谈到他们论辨这两个问题的看法分歧说：

> 昨承面谕《大学》格物之义，以物为心意之所著，荷教多矣。但不肖平日所以受益于兄者，尚多不在此也。兄意只恐人舍心求之于外，故有是说。不肖则以为人心与天地万物为体，心体物而不遗，认得心体广大，则物不能外矣。故格物非在外也，格之致之之心又非在外也，于物若以为心意之著见，恐不免有外物之病。幸更思之。[1]

当时明水陈九川正好也来南京龙江关见阳明，他亲眼目睹了阳明

［1］《泉翁大全集》卷八《先次与阳明鸿胪》。

与湛若水论辨格物说的一幕：

> 正德乙亥，九川初见先生于龙江。先生与甘泉先生论格物之说，甘泉持旧说。先生曰："是求之于外了。"甘泉曰："若以格物理为外，是自小其心也。"九川甚喜旧说之是。先生又论《尽心》一章，九川一闻却遂无疑。后家居，复以格物遗质先生。答云："但能实地用功，久当自释。"山间乃自录《大学旧本》（按：即阳明序定的《大学古本》）读之，觉朱子格物之说非是，然亦疑先生以意之所在为物，"物"字未明。[1]

在"格物"上，阳明针对湛若水的"随处体认天理"的格物说，坚持认为心即理，物在心，心外无理无物，因此格物就是正心，格求心中之理，格物不是"扞去外物"，不能舍心求之于外，而是向内自求于心，格物是诚意的工夫。物是指心物，是指心理，不是指外物、外理，因此格物是格正心物心理，体认也是体认心物心理。湛若水面对阳明咄咄逼人的辩锋，也重新思考了自己的"随处体认天理"，对这一工夫论命题作了心学意义的诠释。他从仁者天地万物浑然一体的思想出发，认为人心与天地万物一体，心体无量广大，包举宇宙万理万物，心外无理，心外无物，物在心而不在外，因此格物也是在心中格物，体认心中之理，"格物非在外也"，也就是说，他的"随处体认天理"也是在心中格物，非在外格物。这就否定了阳明对他的"随处体认天理"的批评与责难，并且也是在认同这一"心中格物"的意义上接受了阳明的

[1]《传习录》卷下。

《大学古本》。湛若水对自己"随处体认天理"的心学阐释超越了李侗、白沙，把它作为一个向内格物求理的工夫论命题同"默坐澄心"真正珠联璧合，构成了湛若水自己独特的心学本体工夫论体系。这是湛若水的心学思想发展上的一个重要转折，阳明也是在这一心学阐释的意义上肯定了湛若水的"随处体认天理"。

但是在"物"上，两人的认识却未能达到一致。阳明对"物"有一个惊世骇俗的独特看法，即认为"意"之所在就是"物"，"物"是"意"的"著现"（显现，外化），"意"即"物"，意念动而物生，意念不动而物灭。这个思想在龙江之会上并没有讲清楚，实际阳明早已形成了这一思想。徐爱记的《传习录》中就有一条详论"意"之所在即"物"的语录：

> "爱昨晓思格物的'物'字即是'事'字，皆从心上说。"先生曰："然。身之主宰便是心，心之所发便是意，意之本体便是知，意之所在便是物。如意在于事亲，即事亲便是一物；意在于事君，即事君便是一物；意在于仁民爱物，即仁民爱物便是一物；意在于视听言动，即视听言动便是一物。所以某说无心外之理，无心外之物。"

在陆澄、薛侃记的《传习录》中也多有论"意"之所在即"物"的语录，如：

> 身之主为心，心之灵明是知，知之发动是意，意之所着为物。
>
> 心外无物。如吾心发一念孝亲，即孝亲便是物。

陈九川在龙江之会上未听懂阳明讲的“意”之所在为“物”的思想，后来他第二次来见阳明，阳明把这一思想作了更详细的阐说：

> 先生曰：“惜哉！此可一言而悟。惟濬所举颜子事便是了，只要知身、心、意、知、物是一件。”九川疑曰：“物在外，如何与身、心、意、知是一件？”先生曰：“耳目口鼻四肢，身也，非心安能视听言动？心欲视听言动，无耳目口鼻四肢亦不能。故无心则无身，无身则无心。但指其充塞处言之谓之身，指其主宰处言之谓之心，指心之发动处谓之意，指意之灵明处谓之知，指意之涉着处谓之物，只是一件。意未有悬空的，必着事物……”[1]

这里说的“意之涉着”，就是他一直说的“意之所着”，“意之所在”，“意之著见”。显然，阳明是在“心外无物”与“皆从心上说”的绝对原则下讲“物”的，他认为身、心、意、知、物都是指同一的“一件”物事。从心即意、意即物的视阈上看，他说的“物”是指心物、意物，指心象、意象，不是指客观存在的外物。“物”不过是“意”的着在（存在）、显现（著见），未发为意（幽、隐、虚、空），已发为物（显、著、实、在）。物作为意的外化显现，是一种意物（意象），心念（意）发动则物生，心念不发动则物灭，所以说“如吾心发一念孝亲，即孝亲便是物”。物由意发动而生起，这有点类似于笛卡尔说的“我思故我在”或佛教以心念起灭天地的思想：我思则我在，我不思则我

[1]《传习录》卷下。

不在；意念生起则物显（在），意念不生起则物灭（不在）。[1]阳明这种"意即物"观遭到了湛若水的非难，在他看来，虽然心外无物，物在心中，但心还是心，物还是物，不是"一件事"，所以要以心格物，仍是在心中格物。而阳明却把物看成是同心、意合一的"一件事"，心物合一，意物合一，又如何以心格物？如果物由意的发动而生起，物是意的外化显现（著见），那么这就不免又把物看成是在心外意外的"外物"，"恐不免有外物之病"。

显然，湛若水对阳明的意之所在即物、物是意的外化显现的质疑已涉及对阳明的三教同根同源思想与"到底是空"思想的批评。因为以物为意念发动生起的外在意象，实际是"空"的物象，而以意念动则物现、意念不动则物灭的观念，也同佛教的以心念起灭天地、无明妄念执著生起万物的"空"的思想相通，这就是阳明说的"到底是空"思想的内在真秘。所以可以肯定，在龙江之会上，湛若水已经对阳明的三教同源同根说与"到底是空"说予以了批评、论辨。但这个问题主要是在两人分手告别以后展开的。就在湛若水一离南都，阳明就上了奏论乌思藏绰吉我些儿的疏章，他依旧是用他的三教同根同源、儒教高于佛老的思想谏劝武宗，这无异于是公开了他的"不疑佛老"的三教同根同源说。湛若水在归增城的路上一连写了三封信给阳明，都有隐然针砭他的三教同根同源思想的意思，而后来在给方献夫与徐爱的信中便尖锐地提了出来。给方献夫的信中说：

---

[1] 按：阳明晚年曾用"山中之花"为譬喻论述了这一思想。今人有用现象学的"意向性"来解释阳明的意之所在即物的思想，不符合阳明本意。阳明认为心外无物，物在心中而不在外存在，格物致知都只在心中进行。心即物，意即物，物是心物、意物，不是外物，意念动而物生，意念不动而物灭，物只是意的显现（意象），"到底是空"，不存在主观之意指向客观外物的事。

> 昨得来教，哀痛中亦暂解忧，但其中犹有未深领者，几欲奉书请教，将作复止，然终不能已也……盖读书有涵泳持养之功，有穷格发明之益，于此有得，必有不知其手舞足蹈之乐，心广体胖之验，而吾弟以为心病者何耶？……夫存心之说则闻之矣，至于了心之说，则不肖所未闻。吾契相从阳明讲究，必有实用力处，幸不惜明示（按：暗指阳明“不疑佛老”说与“到底是空”说），以慰未死之人。[1]

给徐爱的信中说：

> 再拜徐曰仁道契执事：承远致盛礼，重以奠文，甚感斯文骨肉之情。告奠墓前，哀哭不自胜。知旌旆已还都，有师承之益。所叹此道孤危，彼此同然。七月初，叔贤来此，墓下住二旬，初颇锐意讲贯，极论累日，彼此有益，却是精密长进，路脉亦正……吾人切要，只于执事敬用功，自独处以至读书酬应，无非此意。一以贯之，内外上下，莫非此理，更有何事？吾儒开物成务之学异于佛老者此也，如何？如何？幸以质诸阳明先生见示……[2]

因为方献夫在七月归增城入山来见湛若水，面告了阳明“不疑佛老”“到底是空”的思想，所以湛若水才在给徐爱的信中说“吾儒开物成务之学异于佛老者此也”，并要他“质诸阳明先生”。但阳明不作回答，于是湛若水径直给阳明写去了一信，严厉批评阳明的“不疑佛老”“到底是空”说：

[1] 《泉翁大全集》卷八《复方西樵》。
[2] 《泉翁大全集》卷八《答徐曰仁工曹》。

昨叔贤到山间，道及老兄，颇讶不疑佛、老，以为一致；且云"到底是空"，以为极致之论。若然，则不肖之惑滋甚。此必一时之见耶？抑权以为救弊之言耶？不然，则不肖之惑滋甚。不然，则不肖平日所以明辨之功未至也。上下四方之宇，古今往来之宙，宇宙间只是一气充塞流行，与道为体，何莫非有？何空之云？虽天地弊坏，人物消尽，而此气此道亦未尝亡，则未尝空也。道也者，先天地而无始，后天地而无终者也。夫子川上之叹，子思鸢鱼之说，颜子卓尔之见，正见此尔。此老兄平日之所潜心者也。叔贤所闻者，必有为而发耶？此乃学最紧关处，幸示教以解惑。[1]

阳明有信作了回答（信今亡佚），仍坚持他的"不疑佛老""到底是空"的思想，因为他的意之所在即物、物是意的外化显现（空）之说正是建立在他的"不疑佛老""到底是空"的思想之上的。阳明在十一月用上《谏迎佛疏》回答了湛若水对他的"不疑佛老""到底是空"的责难。后来湛若水在《奠王阳明先生文》中谈到两人论辨"到底是空"最终不能相合说：

遭母大故，扶柩南归。迓吊金陵，我戚兄悲。及逾岭南，兄抚赣师。我病墓庐，方子来同。谓兄有言：学竟是空；求同讲异，责在今公。予曰岂敢，不尽愚衷？莫空匪实，天理流行。兄不谓然，校勘仙佛；天理二字，岂由此出？予谓学者，莫先择术；孰生孰杀，须辨食物。我居西樵，格致辨析。兄不我答，遂尔成默。[2]

[1] 《泉翁大全集》卷八《寄阳明》。
[2] 《王阳明全集》卷四十。

由此可见，在龙江之会上两人的思想交锋论辨有合同也有异趋：在格物说（“随处体认天理”）的论辨上，两人认识大致趋同；但在三教同根同源说（“到底是空”）的论辨上，两人看法始终不合。但是不管怎样，龙江之会的讨论还是取得了很大成功，它成了湛若水与阳明各自心学思想发展之路上的一个重要转折点与新起点：如果对湛若水来说，龙江之会成为他建立“随处体认天理”的心学思想体系的标志；那么对阳明来说，龙江之会就成为他建立心学的《大学》思想体系的标志。从湛若水方面说，他重新对自己的“随处体认天理”作了心学的诠释，完善了自己的心学体系。阳明后来向陈九川谈到湛若水在龙江之会上的这一思想转变说：

> （九川）又问：“甘泉近亦信用《大学古本》，谓格物犹言造道。又谓穷理如穷其巢穴之穷，以身至之也。故格物亦只是随处体认天理，似与先生之说渐同。”先生曰：“甘泉用功，所以转得来。当时与说‘亲民’字不须改，他亦不信，今论格物亦近，但不须换‘物’字作‘理’字，只还他一‘物’字便是。”后有人问九川曰：“今何不疑‘物’字？”曰：“《中庸》曰‘不诚无物’，程子曰‘物来顺应’，又如‘物各付物’‘胸中无物’之类，皆古人常用字也。”他日先生亦云然。[1]

后来洪垣在《湛甘泉先生墓志铭》详细论述湛若水的思想演进转变说：

---

[1]《传习录》卷下。

> 初为“体认天理”，后觉有未尽，复加“随处”二字，动静物我内外始终无起处，亦无止时，与阳明先生“致良知”之说交证于天下。先生尝言：“吾之所谓‘随处体认天理’者，格物尔，即孔子求仁造次颠沛必于是、曾子所谓‘仁以为己任，死而后已’者也……都在心性上用功，则古人所谓学者可知矣……”又曰：“造次颠沛不违，欲人于本上用，贯通只一理。若无此本，只于制行上便了，则必行必果者，夫子何以谓之小人？孟子何以有由仁义行、非行仁义之辨？……”又曰：“人心与万物为一体，心体物而不遗。认得心体广大，则物不能外矣。格物非在外也，格之致之之心不在外也。”故答阳明先生书云：“物者，天理也。即‘言有物’‘舜明于庶物’之‘物’，即道也。格则造诣之义，格物即造道也。知行并进，博学审问慎思明辨笃行，皆所以造道也。意、身、心一齐俱到，诚、正、修功夫皆于格物上用了……”盖心非独知觉已也，知觉而察知天理焉，乃为心之全体……是则先生所自得于格物体认天理之说者……[1]

如果说“随处体认天理”在李侗、白沙那里还是一个向外格物求理、分殊体认的命题，那么到湛若水那里就转化为一个向心格物求理、心中体认的命题，湛若水这种认识到“心体广大，则物不能外矣。格物非在外也，格之致之之心不在外也”的重要格物思想转变，使他自得的“随处体认天理”的心学体系超越了李侗、白沙，就是从龙江之会上开始的。

至于从阳明方面说，他在龙江之会上提出自己序定的《大学

[1] 《增城沙堤湛氏族谱》，见黎业明：《湛若水年谱》附录。

古本》与《格物说》，宣告了自己心学的《大学》思想体系的诞生，推动他继续沿着“格物致知”的思路前进，为他建立“致良知”的心学体系迈出了坚实的一步。

谏迎“活佛”：南畿“言士”命运的浮沉

到正德十年，由于武宗的淫乱专横与朝局的内外糜烂，阳明也把注意力由讲学转到了论政上，又恢复了他的直谏“言士”的本来面目。朝廷纲纪败坏的根源还在独夫皇帝武宗身上，朝臣都把谏劝抨击的矛头指向了武宗的豹房淫乱、番僧作祟、东宫虚位上。先是正德十年正月十七日，大学士杨廷和等上奏，批评武宗的豹房淫乐、不理朝政说：“祖训曰：‘朕以乾清宫为正寝，晚朝毕而入，清晨星存而出。除有疾外，平时不敢怠惰。’盖言视朝之当谨也。”指责“皇上近年以来，纵射逞欲，积习既久，废祖宗之典，边兵非宿卫之人，禁御非操练之所，疑似之间，未免惊骇”。武宗不予理睬。接着在二十二日，吏部尚书杨一清等更上了一道《为遵成宪早视朝以端治本事》的奏章，说：

> 臣等伏见陛下比岁视朝太稀，又复太晚，或日西，或薄暮，入春以来，渐至昏夜，臣工忧惶，中外疑骇……臣等旦旦入朝，辄闻报免，目不睹天颜，耳不闻天语，如婴儿之违远父母，伥伥乎无所依。小大诸司，各有政务，辰而入，酉而罢，未免妨废职业。而况侍卫之人，披执铠仗，自朝至暮，

饥馁困惫，何能胜堪？遂令阙门之外，御街之傍，群众喧阗，殆同市井。四夷朝贡之使络绎而来，见此能无骇异？……

又窃闻陛下日于内苑演习营阵，教阅士卒，是固安不忘危，思患预防之意。但宿卫扈从，自有禁兵，简阅训练，责在将领。其沿边设兵，本为防御虏寇。顷者征调边兵，轮番京师操练，已失本末轻重之伦，陛下又亲教阅之，是以天子之尊而行将帅之事，以禁密之地而为攻战之场。震撼喧呼，以夜继日，既无警跸之规，复乖堂陛之分。彼边鄙将士，不闲大体，恃宠而骄，猖狂悖慢，容或有之。况密迩宫壶，意外之虞，不可不防，其所关系，甚不为细。且陛下春秋鼎盛，储位尚虚，正宜凝神冲默，以养性灵，深居端拱，以延福祚。顾乃耗神疲力于兵革之间，上损威重，下骇人心，此臣等所以食不下咽，卧不安寝也。及照近时宣、大地方，虏寇猖獗，议者恒以兵寡为患，奈何撤此有用之兵，以供无益之役，尤非事体所宜。……[1]

杨一清活画出了武宗溃烂一朝不可救药的岌岌危象，昏愦的武宗却更加冥顽骄横。二月六日，番僧完卜镇南坚、参巴尔藏卜来贡，武宗竟赐封他们为大庆法王。九日，那个以秘术得幸的乌思藏使者绰吉我些儿乞请其僧徒领占绰节儿与绰供札失归居乌思藏，封为大乘法王入贡，并乞封两人为"国师"，在朝中掀起了轩然大波。《武宗实录》上是这样叙述这件事的：

正德十年二月戊戌（按：《国榷》作"丁酉"），保安寺

[1]《杨一清集·吏部献纳稿》。

> 大德法王绰吉我些儿，本乌思藏使也，上留之，得幸，至是欲遣其徒领占绰节儿、绰供札失为正副使，还居乌思藏，比大乘法王例入贡，且为两人请国师诰命，及入番熬设广茶。下礼部尚书刘春议，不可，且为沮坏茶法，骚扰道路。有旨令复议，春执奏：乌思藏远在西方，性极顽犷，虽设四王抚化，而其未贡，必为之节制，务令各安其所，不为边患而已。若遣僧赍茶以往，给之诰敕，万一假上旨以诱羌胡，妄有所请求，欲因以自利，不从，便为失异俗意；从之，则无益事，与其害有不可胜言者。诏仍与诰命，而罢设茶敕。是时上诵习番经，崇尚其教，常被服如番僧，演法内厂。绰吉我些儿辈出入豹房，与诸权贵杂处。及两人乘传归，辎重相属于道，所过烦费，行道避之无贵贱，皆称两人“国师”云。[1]

朝中大臣纷纷起来谏劝反对，甚至也惊动了留都的一班言臣礼官，阳明首当其冲，也愤上了奏章。本来他在京师任职时就上章奏论过武宗的豹房淫乱、绰吉我些儿的秘术得幸，并因此被“放逐”到了南都。现在武宗更加宠信绰吉我些儿一班番僧，十年储君虚位，而番僧干政危帝更加猖獗，阳明无法再保持缄默了。鸿胪寺卿本是礼官，鸿胪寺的职掌就是：“掌朝会、宾客、吉凶仪礼之事。凡国家大典礼、郊庙、祭祀、朝会、宴飨、经筵、册封、进历、进春、传制、奏捷，各供其事。外吏朝觐，诸番入贡，与夫百官使臣之复命、谢恩，若见若辞者，并鸿胪引奏……外吏来朝，必先演仪于寺。司宾，典外国朝贡之使，辨其等而教其拜跪仪

---

[1] 《明武宗实录》卷一百二十一。参见《国榷》卷四十九。

节。"[1] 可见作为南京鸿胪寺卿的阳明，同这次接待迎送绰吉我些儿遣正副使还居乌思藏、以大乘法王入贡、请国师、设广茶的大事有直接关系。这两名正副使"国师"归乌思藏的路线，是从京师乘船南下至南京，迎入鸿胪寺，由鸿胪寺卿阳明出面接待，办理一应归藏仪节手续与一路所需，然后沿长江西行，进四川，入乌思藏，这就是《武宗实录》上说的"两人乘传归，辎重相属于道，所过烦费，行道避之无贵贱，皆称两人'国师'云"。阳明痛恨番僧行径，上奏章也是必然的。据监察御史方凤在四月上的荐章《为崇古学用正人以裨圣治事》中说："臣近见王守仁议论英发，精力方强。"他说的"议论英发"，显然就是指阳明二月奏论绰吉我些儿一班番僧的奏章。阳明这篇奏章虽然亡佚，但依旧可以从他后来上的《谏迎佛疏》中依稀看到这篇奏章的影子。

阳明的奏章又一次触怒了武宗，给他带来不测之祸。后经南京吏科给事中潘棠上书奏援，阳明才幸免于祸。湛若水还在归增城途中就听到了阳明上奏章招祸的事，他一连写了三封信给阳明，劝他少开口说话，韬光避祸。第一封信说：

> 老兄仁者之心，欲立人达人甚切，故不免急迫，以召疑议。在《易》之《咸》，以无心感物，物之感也深。"九四，贞吉悔亡，憧憧往来，朋从尔思。"其上六："咸其辅、颊、舌，腾口说也。"感人以心且不可，况以颊舌乎？此不肖与老兄当共戒之。[2]

[1]《明史》卷七十四《职官志》。
[2]《泉翁大全集》卷八《先次与阳明鸿胪》。

第二封信说：

> 相去渐远……道途人心汹汹，切为老兄危之。垂死之人，独有此念而已。遁世无闷，不见是而无闷，溥博渊泉而时出之，古人尚韬晦亦未尽，盖涵养本源深厚，自能尔也。幸惟此义。……[1]

第三封信说：

> 潘希召黄门肯直言，自是益友，乃老兄禁中汲长孺也，且欲亲之。[2]

第一封信说“不免急迫，以召疑议”，是指阳明的上章招议得谤，湛若水引《周易》的《咸》卦，劝阳明缄口，明哲保身。第二封信说“道途人心汹汹，切为老兄危之”，是指阳明的上章招致祸咎，劝阳明遁世避祸，韬光养晦。第三封信说“潘希召黄门肯直言”，是指潘棠的上章直谏，援救阳明。西汉的汲黯学黄老之言，好清静，任气节，行修洁，敢于犯颜谏主。一次武帝要招用文学儒，汲黯直言讽刺说：“陛下内多欲而外施仁义，奈何欲效唐、虞之治乎！”武宗之内多欲而外施仁义，同汉武帝何其相似乃尔；而潘棠上章直谏援救阳明，又同汲黯何其相似乃尔。所以湛若水把潘棠比为阳明的“汲长孺”。

但阳明虽然因潘棠的奏援幸免于祸，而潘棠却遭到了斥逐罢归的命运。五月潘棠离南都归辰州时，阳明作了一首别诗痛苦地吟道：

---

[1]《泉翁大全集》卷九《与王阳明先生鸿胪》。
[2]《泉翁大全集》卷九《寄阳明王先生》。

赠潘给事

五月沧浪濯足归，正堪荷叶制初衣。
甲非乙是君休问，酉水辰山志未违。
沙鸟不须疑雀舫，江云先为扫鱼矶。
武陵溪壑犹深僻，莫更移家入翠微。[1]

所谓"甲非乙是君休问"，就是对昏愦糊涂的武宗宠信番僧、罢逐谏臣的愤慨痛斥。阳明从这件事中感到朝政内外交困糜烂的不堪收拾，顿生归休之念。四月，朝廷考察两京官员，阳明愤上了一道《自劾乞休疏》，说：

> 迩者朝廷举考察之典，拣汰群僚。臣反顾内省，点检其平日，正合摈废之列。虽以阶资稍崇，偶幸漏网，然其不职之罪，臣自知之，不敢重以欺陛下……夫幸人之不知，而鼠窜苟免，臣之所甚耻也；淑慝混淆，使劝惩之典不明，臣之所甚惧也。伏惟陛下明烛其罪，以之为显罚，使天下晓然知不肖者之不得以幸免，臣之愿，死且不朽……[2]

在一篇普通的乞休疏中把话说得如此剑拔弩张、激烈决绝，吐尽了阳明内心最大的愤怒不平。乞休疏采取了"自劾"的方式，正话反说，也是对忠奸不分、是非颠倒的武宗的最大讽刺。其实这次朝廷考察京官，阳明考核为最。监察御史方凤举荐阳明为馆阁之臣，御史杨璵举荐阳明为南京国子祭酒，武宗均不用，无非就是因为阳明的上章撄犯了武宗的"龙怒"。阳

[1]《王阳明全集》卷二十。
[2]《王阳明全集》卷九。

明在上乞休疏后生了一场大病，到五月才渐愈。乔宇、吴一鹏、邓庠、汪伟都有诗来慰问。南京副都御史邓庠作了三首诗感慨吟道：

乔司马希大吴太常南夫汪司业器之联句怀王鸿胪伯安因和其韵

飞章未下又逢春，琴鹤萧然共一身。
李密报刘归思切，贾生忧汉二毛新。
文词笔落浑如锦，襟度冰清不受尘。
圣主求贤劳梦卜，姚江且莫忆垂纶。

曾从谏草慕高风，直气稜稜奎壁东。
贵竹年光随逝水，九华山色付吟筒。
笼鹅漫洒《黄庭卷》，警枕时看《白虎通》。
仕路余功犹务学，青衿相对夜灯红。

红尘扰扰簿书间，未睹文园憔悴颜。
丰采喜君今复旧，醇醪醉我欲忘还。
日移竹影半窗翠，风送松声一榻闲。
闻说此中诗景富，掀帘试与看钟山。[1]

所谓“贾生忧汉二毛新”，就是指阳明这次上章谏武宗。“李密报刘归思切”，指阳明上乞休疏。当年李密上《陈情表》时四十四岁，祖母九十六岁；阳明这次上乞休章也是四十四岁，祖母岑太

[1] 《东溪别稿》。

夫人九十六岁。邓庠称赞阳明"仕路余功犹务学"，劝他"姚江且莫忆垂纶"。阳明次韵作了回答：

病中大司马乔公有诗见怀次韵奉答二首

十日无缘拜后尘，病夫心地欲生榛。
诗篇极见怜才意，伎俩惭非可用人。
黄阁望公长秉轴，沧江容我老垂纶。
保厘珍重回天手，会看春风万木新。

一自多岐分路尘，堂堂正道遂生榛。
聊将肤浅窥前圣，敢谓心传启后人。
淮海帝图须节制，云雷大造看经纶。
枉劳诗句裁风雅，欲借《盘铭》献日新。[1]

阳明归休之意已决，他只盼望"黄阁望公长秉轴"，自己但求"沧江容我老垂纶"。但他依旧不能忘怀于倡道圣贤之学，痛心于三百年来"堂堂正道遂生榛"，所以他的归休并不是退隐逃世，而是在倡道东南意义上的另一种日新进取，要继续做"南国夫子"，"聊将肤浅窥前圣，敢谓心传启后人"。其实在他上奏章以后，武宗干脆把这个令他头痛的"言士"晾在一边，不用也不休。于是阳明便不断地上章乞休，八月、九月他接连疏乞养病告归。为了表明自己归休的决心，在九月二十九日王华七十寿辰时，他立了王守信的第五子王正宪为嗣子。这次祝王华七十寿场面很大，是把祝王华寿、祝阳明寿与祝阳明得子王华得孙一起结合起

[1]《王阳明全集》卷二十。

来庆祝。所以应良在《寿大冢宰王公序》中特点明说："良也昔从公之阳明先生游，阳明于良实有开先启迪之功，师资之谊者……世禄之子勋贤者，则亦有之矣，而我阳明先生反躬力学，伟然一代儒宗，斩伐荒蓁，开辟塞路，明孔孟之道，以淑其身，而与海内有志者共焉，此公余波所及，泽未易量也……阳明大卿士于朝，天下以为慰，而不以为荣。则公父子所系于天下，而天下所望公何如也!"[1] 黄绾在《实翁先生寿序》中也说："公行年古稀，而上有太母九十六年，耳聪目明，筋力如少壮，慈闲正则，得以尽公孝养之心；而下有令子得圣人之学于无传，方将龙蛇其身，求天地之化、鬼神之妙以为道，以待百世有征……绾先选部，公同年而好。公子守仁，绾则从而赖其成，即所谓得圣人之学者。于是以为公寿。"[2] 木翁谢迁来祝王华寿并祝王华得孙，作了二首贺诗吟道：

贺龙山太宰得孙及得从曾孙志喜各一首

槐分世谱几千叶，兰茁庭阶第一孙。
佳气充闾连故里，德星照夜自初昏。
两朝旧笏龙光远，万卷遗书手泽存。
燕翼不许廛作室，于公只合再高门。

群从孙多又见曾，一门福履更谁胜？
光昭世德槐阴密，欢动慈颜鹤算增。
瀛海仙源流庆泽，丹山雏凤协休征。

[1] 《光绪仙居后志》卷九。
[2] 《黄绾集》卷十一。

鸿胪复有熊罴梦，伫听君家燕喜声。[1]

"欢动慈颜鹤算增"指王华七十寿辰，"鸿胪复有熊罴梦"指阳明立王正宪为后。四十四岁的阳明立王正宪为子，一则是要慰藉老父王华与岑太夫人的久久盼嗣之心，一则也是要表明自己决心归休孝养亲老与抚育幼子之意。易直王衮生有王守礼、王守信二子，王正宪是王守信的五子，这时已有八岁。王守信字伯孚，号西林。据倪小野在《送王伯孚序》中说：

> 今吾邑冢宰王公，以状元入翰林，先帝在东宫暨御极，侍经帷十余年，论思陈善，启沃功多，天下望以为相，而未老谢事，揆之于德位亦未满。故其子阳明以文学行谊名于时，方被柄用。而从子伯孚辈颖秀特拔，奋庸相继于此，又有以见天之道，而子瞻之言益信……伯孚承冢宰公所遗，得气完以盛者也……而冢宰公及阳明所面授，当必有切于身、宜于官、循之易行、守之有效之说，伯孚其念之哉！[2]

又在《赠王西林寿序》中说：

> 西林承海日公及阳明之庇，门开阀阅，泽世文章，薄宦以取荣……西林悠然其间，了无惭德，无乖戾之事形于其身也，无嫌隙之声出于其户也……[3]

[1]《归田稿》卷七。
[2]《倪小野先生全集》卷一。
[3]《倪小野先生全集》卷二。

可见王守信也受学于阳明，实也是阳明弟子。谢迁诗中说王华又“得从曾孙”，应是指王守信的长子所生之子，这显然正是因为在这一年王守信的长子生子有嗣，所以王守信才乐于把五子王正宪过继给了阳明。阳明为自己归居田园做好了准备。

然而正当阳明接连上章乞养病归休时，武宗却愈加宠佞番僧，向往西域胡僧“活佛”，沉迷于豹房淫嬉。从二月赐封领占绰节儿、绰供札失为“国师”，送归乌思藏以后，武宗更做起了遣太监万里迢迢往迎胡僧“活佛”入京师的美梦。七月，他下诏重修太素殿，征役三千民夫，费帑二十余万金。又开工造御马监、钟鼓司，扩建豹房新房、火药库，甚至大造权阉的庄园、祠墓及香火寺观。朝臣畏不敢言。到十月，南京监察御史范辂愤上奏疏说：“今日大计未定，大疑未决。陛下独御于上，而皇储不豫建也。宗室之贤，孰与异姓义子？陛下日驰逞于骑射戎阵，曾念不及此，其如宗庙社稷何？”[1] 武宗置若罔闻。到十一月二十六日，武宗竟效法唐宪宗将佛骨迎入长安的故伎，下诏命太监刘允往乌思藏赍送番供诸物，奉迎“活佛”入京，轰动朝野内外，连远在南畿、一心归休的阳明听到这桩泼天荒诞怪事，都忍不住又要拍案而起了。《武宗实录》上透露了这场武宗奉迎西域“活佛”的荒诞剧的内幕说：

> 正德十年十一月己酉，命司设监太监刘允往乌思藏赍送番供等物。时左右近幸言西域胡僧有能知三生者，土人谓之“活佛”。遂传旨查永乐、宣德间邓成、侯显奉使例，遣允乘传往迎之。以珠琲为幡幢，黄金为七供，赐法王金印、袈裟，

[1] 《国榷》卷四十九。

> 及其徒馈赐以钜万计，内库黄金为之一匮。敕允往返以十年为期，得便宜行事，又所经络带盐茶之利亦数十万计。允未铨，导行相续，已至临清，运船为之阻截。入峡江，舟大难进，易以舫艦，相连二百余里。至成都，有司先期除新馆督造旬日，而成。日支仓廪百石，蔬菜银亦百两，锦官驿不足，旁取近城数十驿供之。又治入番物料，估直银二十万，镇巡争之，减为十三万。取百工杂造，遍于公署，日夜不休。居岁余始行，率四川指挥、千户十人、甲仕千人俱西，逾两月至期地。番僧号"佛子"者，恐中国诱害之，不肯出。允部下人皆怒，欲胁以威。番人夜袭之，夺其宝货、器械以去，军职死者二人，士卒数百人，伤者半之。允乘良马疾走，仅免。复至成都，仍戒其部下讳言丧败事，空函驰奏乞归，时上已登遐矣。[1]

这是一场荒唐至极的闹剧与骗局，武宗不惜以十年为期，内库资金为之扫荡一空，往西域奉迎"活佛"，旷日持久，到头来"活佛"没有请回，武宗先在正德十六年暴毙于豹房了。其实这场荒唐可笑的迎"活佛"闹剧不过是二月封大乘法王入贡闹剧的恶性继续，太监刘允走的还是老路，他带领太监刘宗等八人、锦衣指挥同知韦禄等一百十三人，大队人马由京师南下，一路骚动，地方各给车马船廪，到达南都，由南都鸿胪寺接待安排，小心伺候，然后沿长江西行入蜀，进西域。所以阳明又是首当其冲，这个如骨鲠在喉不吐不快的"言士"忍无可忍，终于鼓起当年韩愈谏迎佛骨的胆勇又上了《谏迎佛疏》

[1] 《明武宗实录》卷一百三十一。参见《国榷》卷四十九。

的封事。[1]

然而令人意想不到的是，阳明在奏疏中思路别开，完全是用他的三教同根同源、“不疑佛老”、“不辟佛老”的思想规谏武宗不要靡财费时往外夷迎活佛，要以自家儒教的圣人为“佛”，不以外夷的活佛为“圣”；他用三教同道而儒教高于佛老的思想肯定了武宗的“好佛之心”是“善心之萌”，认为儒佛老三教各行其道，各尽其用，各施其利，但儒教比佛老更精微广大，要武宗只当用儒家的圣人之道来“参赞化育”，不必求之于佛老异道。阳明用这种儒佛老三教同道异趋的思想谏劝武宗罢迎活佛，这在当时一片群臣纷纷进谏辟佛的呼声中，真可谓是独树一帜的惊世骇俗之论。阳明在奏疏开首就宣称自己的奏谏与众不同，把自己同那班慷慨辟佛的群臣世儒的奏谏划清了界线，说：

---

[1] 按：《谏迎佛疏》，《王阳明全集》卷九于题下注“稿具未上”。钱德洪《阳明先生年谱》竟云：“八月，拟《谏迎佛疏》。时命太监刘允、乌思藏赍番供诸佛，奉迎佛徒。允奏请盐七万引以为路费，许之。辅臣杨廷和等与户部及言官各疏执奏，不听。先生欲因事纳忠，拟疏欲上，后中止。”其说全错。如往迎“活佛”事在十一月，钱德洪误说在“八月”。乌思藏为地名（中藏），钱德洪竟误当作人，说武宗命乌思藏入藏。武宗乃命刘允“赍番供诸物”入藏，钱德洪竟谓“赍番供诸佛”，大谬不通。《明武宗实录》明谓“其徒馈赐以钜万计，内库黄金为之一匮……所经络带盐茶之利亦数十万计”，《国榷》亦谓“及其徒馈赐以巨万计，内库黄金为匮。期往返十年，又途带茶盐之利亦数十万计”，钱德洪却只说“允奏请盐七万引以为路费”。至谓“拟疏欲上，后中止”，更谬。按《谏迎佛疏》中明云“专差舍人某具疏奏上以闻”，可见此疏是上封事，乃是将奏疏密封专差舍人送往京师朝廷，何来“稿具未上”“拟疏欲上，后中止”之事？据阳明上封事后不久升左佥都御史，巡抚南、赣、汀、漳，邓庠在送阳明赴江西的《送王都宪伯安巡抚南赣郴桂等处》诗中云：“应知封事多民隐，鸣凤朝阳治世音。”（《东溪别稿》）这里说的“封事”，就是指阳明的《谏迎佛疏》，所谓“多民隐”，就是指《谏迎佛疏》中反复指陈的对“天下之民困苦已极”的体恤民隐之情，可见阳明上《谏迎佛疏》的封事确凿无疑。所谓“封事”，乃是将机密奏疏严封，遣专人入京投匦以进，外人均不得知。故史书对阳明上《谏迎佛疏》的封事均无记载。到钱德洪嘉靖中编阳明全书与阳明年谱时，其对正德十年刘允往迎活佛与阳明上封事之事全然无所知，记叙皆错，不明上疏事情前后真相，遂乃臆断谓阳明此疏“稿具未上”。或阳明此疏论三教同道同源、“不疑佛老”“不辟佛老”之说，而嘉靖“学禁”时正攻诋阳明学为禅学，故钱德洪为师尊讳，诡云阳明此疏“稿具未上”耶？

……陛下遣使外夷，远迎佛教，群臣纷纷进谏，皆斥而不纳。臣始闻不信，既知其实，然独窃喜幸，以为此乃陛下圣智之开明，善端之萌蘖。群臣之谏，虽亦出于忠爱至情，然而未能推原陛下此念之所从起，是乃为善之端，作圣之本，正当将顺扩充，溯流求原；而乃狃于世儒崇正之说，徒尔纷争力沮，宜乎陛下之有所拂而不受，忽而不省矣。愚臣之见独异于是，乃惟恐陛下好佛之心有所未至耳。[1]

所谓“世儒崇正之说”，就是指群臣世儒的辟佛排佛之论，阳明上《谏迎佛疏》并不是要辟佛排佛，他称赞了武宗的“好佛之心”已是“为善之端，作圣之本”，只是他在好佛上还是徒好其名而未务得其实，徒好其末而未务求其本，所以阳明认为：“陛下好佛之心诚至，则臣请毋好其名而务得其实，毋好其末而求其本。陛下诚欲得其实而求其本，则请毋求诸佛而求诸圣人，毋求诸外夷而求诸中国。”他把佛教之“佛”与儒教之“圣”、佛道与儒道作了高下比较，说：

夫佛者，夷狄之圣人；圣人者，中国之佛也。在彼夷狄，则可用佛氏之教以化导愚顽；在我中国，自当用圣人之道以参赞化育。犹行陆者必用车马，渡海者必以舟航。今居中国而师佛教，是犹以车马渡海，虽使造父为御，王良为右，非但不能利涉，必且有沉溺之患。夫车马本致远之具，岂不利器乎？然而用非其地，则技无所施。陛下若谓佛氏之道虽不可以平治天下，或亦可以脱离一身之生死；虽不可以参赞化

[1] 《王阳明全集》卷九。

育，而时亦可以导群品之嚣顽。就此二说，亦复不过得吾圣人之绪余……夫西方之佛，以释迦为最；中国之圣人，以尧、舜为最。臣请以释迦与尧、舜比而论之。夫世之最所崇慕释迦者，莫尚于脱离生死，超然独存于世。今佛氏之书具载始末，谓释迦住世说法四十余年，寿八十二岁而没，则其寿亦诚可谓高矣。然舜年百有十岁，尧年一百二十岁，其寿比之释迦则又高也。佛能慈悲施舍，不惜头目脑髓以救人之急难，则其仁爱及物，亦诚可谓至矣；然必苦行于雪山，奔走于道路，而后能有所济。若尧、舜则端拱无为，而天下各得其所……其仁爱及物，比之释迦则又至也。佛能方便说法，开悟群迷，戒人之酒，止人之杀，去人之贫，绝人之嗔，其神通妙用，亦诚可谓大矣，然必耳提面诲而后能。若在尧、舜，则光被四表，格于上下，其至诚所运，自然不言而信，不动而变，无为而成……其神化无方而妙用无体，比之释迦则又大也。若乃诅咒变幻，眩怪捏妖，以欺惑愚冥，是故佛氏之所深排极诋，谓之外道邪魔，正与佛道相反者，不应好佛而乃好其所相反，求佛而乃求其所排诋者也。

这就是阳明独特的儒佛老三教同道而儒教又高于佛老的思想，这篇奏疏与其说是一篇规劝武宗罢迎活佛的谏章，不如说是一篇论儒佛老三教异同的绝妙论文，它进一步印证了湛若水对他的“不疑佛老”“到底是空”思想的批判，阳明很少暴露的对儒佛老三教的真实看法在这里定格。尤值得注意的是，同以往上的直言谏章不同，阳明宛转谏劝，一方面称颂了武宗的“好佛之心”，能“一洗旧习之非，幡然于高明光大之业”；一方面又阐扬了儒家精微广大的圣学，规劝武宗不要迷信外夷活佛，这样温情得体的奏谏，比那班群臣盛气凌人的责君辟佛的谏章，就更能说动武宗骄横的“帝心”。尤其是阳明在谏章中说的“今灾害日兴，盗贼日炽，财力日竭，天下之民困苦已极”，正好触动了武宗心头难解的“帝病”，终于使他对阳明的规谏刮目相看。武宗对其他群臣的谏章一概斥而不纳，却默认了阳明的奏谏，选中了这个他一直弃逐不用的“言士”，阳明又从宦海沉沦中耀眼升起，这是阳明自己也始料未及的。

原来武宗这时正在为江西的“盗贼日炽”犯愁，急于觅选一名精通兵法的能干大员往江西去镇压平定四起的“盗贼”叛乱。贫困的江西近五年来不断爆发流民起义，“盗贼”横行，特别是赣南的流民起义同闽西、郴东、粤北的流民起义连成一片，声势炽张蔓延，朝廷不断派兵镇压，剿抚兼施，均告失败。加上宁王宸濠在南昌的专横统治与压榨，江西百姓困苦已极，烽火四起，动荡不宁，成为朝廷的心腹大患。起先朝廷在正德九年正月命蒋昇为右副都御史，巡抚南、赣、汀、漳，很快失败。三月，江西兵备副使胡世宁上章言：“江西之盗，抚、剿二说，相持不安。臣谓旧抚者不讨，再叛者不抚，新起者必扑之于微……又江西之祸，不止盗贼。宁府数年以来，威势日盛，不逞之徒，导以非法，上下官司，承奉太过，数假火灾，夺民廛地，买办渐行于外郡，骚扰遍及于穷乡。臣恐良民不安，皆起为盗。”[1] 他建议都御史任汉兼提督巡抚之职，统兵征剿。但是仅过十三天，江西巡抚任汉便被劾罢逐，江西平乱事无人过问，连江西兵备副使胡世宁也调离江西，后来更因得罪宸濠，胡世宁被逮下镇抚司狱。到正德十年八月，朝廷才匆匆任命陈恪为右副都御史，巡抚南、赣、汀、漳。

---

[1]《国榷》卷四十九。

但陈恪庸凡无能，平叛不力，朝廷只好在十二月把他调离江西，改命公勉仁为右副都御史，巡抚南、赣、汀、漳。可是公勉仁也是无能之辈，一个月后，朝廷在正德十一年正月改命南京太仆寺少卿文森为右佥都御史，巡抚南、赣、汀、漳。然而胆小的文森却迟迟不肯到任。阳明上这道谏章时，就正当朝廷撤除陈恪之任而文森又迟迟不肯就任之际，江西平乱焦头烂额，巡抚频频撤换，不得其人，阳明在谏章说"盗贼日炽"自然引起了武宗的注意，大概在他的头脑中马上想起了阳明当年参预平阿贾阿札叛乱建言立功的往事，本是他要诏见后来又未用的精通兵法的"言士"，已经在心里认定阳明是巡抚南赣汀漳、平定江西叛乱的最合适的人选了。阳明乞请养病归休所以始终不见下文，个中原因就在这里。后来人们都认为阳明除左佥都御史巡抚南、赣、汀、漳是出于兵部尚书王琼的举荐，也是不明个中奥秘。据南京户部尚书邓庠在送阳明赴江西任作的《送王都宪伯安巡抚南赣郴桂等处》中说："节操莫云包拯砚，济时端赖傅岩霖。应知封事多民隐，鸣凤朝阳治世音。"[1] 所谓"封事"，就是指阳明上《谏迎佛疏》的封事。所谓"多民隐"，就是指《谏迎佛疏》中提到的"盗贼日炽""天下之民困苦已极"的体恤民隐之情。所谓"鸣凤朝阳治世音"，就是把阳明上《谏迎佛疏》比喻为凤鸣朝阳的治世之音。所谓"济时端赖傅岩霖"，即暗示是武宗皇上求贤发现了阳明这个当代"傅说"，举为江西南赣汀漳巡抚。邓庠清楚地把阳明举为南赣汀漳巡抚同他上《谏迎佛疏》的封事联系起来，表明阳明升为左佥都御史巡抚南赣汀漳是出自武宗求贤的"上意"。王琼不过是窥破了或顺从了武宗的上意才上章荐举阳明。后来南京礼

---

[1] 《东溪别稿》。

部尚书傅珪在送阳明赴江西任的诗中说"大敷文教畅武功，帝曰汝来匡朕躬"，也清楚道出了这一事实。

其实在王琼荐举阳明之前，也已经有人在荐举阳明，这就是宸濠与陆完。孙继芳的《矶园稗史》中记到这件事说：

> 陆太宰完，姑苏人，机、云之后，富甲苏州。曾为江西按察副使，与宁藩有旧。后任兵书，宸濠奏复护卫，陆疏未参劾，止备查护卫予夺来历，疏后云："今宁王又以太祖典章为言，臣等擅难定拟，乞会官详议。"内批遂复之。陆改吏书，时孙燧为都御史，巡抚江西。宸濠托书陆去燧，用布政使梁辰为巡抚，或王守仁亦可，惟不用吴廷举。书至九江被盗。盗擒获，书事闻于朝，陆请罪己。宸濠反，太监张永随征江西，以失势时干请陆，不遂，因劾陆假太祖典章擅复护卫，遂致反叛。陆坐是逮锦衣卫狱，并原籍捕系其母、妻、女入浣衣局。[1]

陆完改任吏部尚书在正德十年闰四月，孙燧除右副都御史巡抚江西在正德十年十月，宸濠致书陆完举荐阳明为江西巡抚在这以后不久，恰与阳明上《谏迎佛疏》差不多同时。武宗所以没有加罪处置宸濠与陆完，不过就是他们的举荐阳明正好投合了武宗急切的心愿。因为朝廷虽在正德十一年正月除文森为左佥都御史巡抚南赣汀漳，但他却畏不敢赴任，违抗朝命，拖延时日七个月之久，最后竟在七月上章乞养病归休，给了武宗当头一棒。从正月到八月南赣汀漳的巡抚实际空缺，王琼就是在文森逃归、"急缺巡抚"

[1] 《矶园稗史》卷一。按：《明史纪事本末》卷四十七《宸濠之叛》亦载此事，但系于正德十四年四月则误。

的无奈情况下才在八月上章荐举阳明，故武宗也急如星火地在八月二十五日下死命说："是既地方有事，王守仁着上紧去，不许辞避迟误。"[1] 所以可以说阳明其实是危急之际被武宗强拉出来往江西平乱，无所谓是出于王琼的举荐。临危授命，其实这也不过是独裁帝王驾驭桀骜难驯的诤臣的惯用之术：以"重用"的名义把他们外放到险地危境拼死效力，在刀口上考验他们对君王的忠心，随时又可以予夺其生死存亡。

阳明对这一切自然心中有数，赴江西平乱成败安危难料，他抱定了归休的决心，在九月十四日升左佥都御史的吏部咨文下到南京时，他立即上了一道《辞新任乞以旧职致仕疏》，辞免新任，乞以旧职致仕。但是这次武宗帝命峻厉，杀机已露，不容辞避迟误，文森身败名裂的前车之鉴就是昭戒，阳明身不由己，只有受命赴任，但还天真地抱着先归省回越，再设法辞职归休的打算，他后来在《祭徐曰仁文》中说："自转官南、赣，即欲过家，坚卧不出。曰仁曰：'未可。纷纷之议方驰，先生且一行。爱与二三子姑为饘粥之计，先生了事而归。'"[2] 赴任倥偬之际，他一连写了两封家信给在绍兴的王守文弟，谈了他的这种归居讲学论道的打算。第一封信说：

> 比闻吾弟身体极羸弱，不胜忧念。此非独大人日夜所彷徨，虽亲朋故旧，亦莫不以是为虑也。弟既有志圣贤之学，惩忿窒欲，是工夫最紧要处。若世俗一种纵欲忘生之事，已应弟所决不为矣，何乃亦至于此？念汝未婚之前，亦自多病，此殆未必尽如时俗所疑，疾病之来，虽圣贤亦有所不免，岂

[1] 《晋溪本兵敷奏》卷十《南赣类·为地方有事急缺巡抚官员事》。
[2] 《横山遗集》附录。

可以此专咎吾弟？然在今日，却须加倍将养，日充日茂，庶见学问之力果与寻常不同。吾固自知吾弟之心，弟亦当体吾意，毋为俗辈所指议，乃于吾道有光也。不久吾亦且归阳明，当携弟辈入山读书，讲学旬日，始一归省，因得完养精神，薰陶德性，纵有沉疴，亦当不药自愈。顾今未能一日而遂言之，徒有惘然，未知吾弟兄终能有此福分否也。来成去，草草，念之，念之！长兄阳明居士书，致伯显贤弟收看。[1]

阳明渴望入山读书，他还是低估了武宗的凶横险诈。但阳明临危受命，为南畿百姓万民所瞩目仰盼，"王程风霆速，苍生瞻望剧"，朝廷刚刚严厉惩处了南京鸿胪寺少卿文森，南都六部的要员都深知其中切身的利害所系，所以都纷纷来给阳明送行，从清凉山、借山亭、乔宇宅一直饯行到龙江关。最大的一次集饯是在清凉山，南京兵部尚书乔宇、太常寺卿吴一鹏、南太学祭酒鲁铎、司业汪伟联句吟诗，户部尚书邓庠席上作了最长和最多的送别诗，史诗般的吟唱吐尽了南都官员士子们的共同心声：

游清凉山送王都宪伯安

——和乔司马希大、吴太常南夫、鲁祭酒振之、汪司业器之联句韵

金陵清凉山，中有摩尼宅。
峨峨青云端，窅窅红尘隔。
长松挂晴旭，丛蓧迷鸟迹。
畹兰含晚香，岩菊饱秋色。

[1]《式古堂书画汇考·书考》卷二十五《与弟伯显札》。

良辰盍华簪，离筵饯行客。
垂萝翳深谷，琼芝俯可摘。
远水罗带萦，遥岑珊瑚格。
曲阑绕十二，斜磴蹑千百。
高攀玉女盆，下视彭蠡泽。
凉飙涤烦襟，晨光转驹隙。
缠蔓引龙蛇，悬崖峙圭璧。
岛屿芙蓉青，楼台蜃霞赤。
林巢逋仙鹤，苔护娲皇石。
章甫湿山翠，旌旗拂霜白。
岂惟发清兴，所期就丹液。
自惭麋鹿情，素有山林癖。
缘云日熙熙，满怀春拍拍。
胜概兹逢辰，野趣动畴昔。
欲跻鹫岭奇，旋烹凤团嗌
红树纷烟岚，铁枝参古柏。
每陋子长游，惟求卜商益。
频采民隐陈，须叩天阍辟。
笑吟恣游衍，意适忘杖策。
危峰一振衣，虚亭时岸帻。
穗繁稻初黄，壤沃土非瘠。
深竹路转细，柔草地堪席。
始登足岖嵚，稍瞰心辟易。
蝉鸣樵迳午，猿竞林果获。
佳境犹啖蔗，幽寻异餐蘖。
兹游得良朋，文藻自逢掖。

拄轸同盘桓，停车探隐僻。
南都富灵秀，瀛洲临咫尺。
昨闻使星飞，遥指楚天碧。
送别石城门，迢递匡庐驿。
后会知几时，深杯醉何惜。
萧萧江上帆，飘飘云中舄。
丈夫志四方，胡为叹离索。
雄略仗皇威，执俘兼折馘。
王程风霆速，苍生瞻望剧。
思君渺何许，明月照秋夕。

送王都宪伯安巡抚南赣郴桂等处

——和乔司马希大、吴太常南夫、鲁祭酒振之、汪司业器之联句韵

中丞妙选诏新裁，送别高轩出凤台。
风动遐荒威令肃，霜清嵠峒瘴氛开。
旌幢远带阳和去，梅信还从驿使来。
良会几时重载酒，江头笳鼓莫频催。

湖海汪洋宇量宽，远纾南顾圣情欢。
绯衣旧弁黄金带，白笔新簪獬豸冠。
细略靖边民尽乐，豺狼当道胆先寒。
草头朝露流光易，留取勋名汗简看。

渺渺天南一雁飞，钟山云敛晓风微。
裴公绿野灵椿老，莱子趋庭彩服归。

暂奉重闱春酒寿，邀瞻南国法星辉。
边疆柝静吾民乐，山甫言还补衮衣。

直谅多闻获我心，对床清论辱知深。
每怀高谊云天薄，忽送征帆烟水浔。
节操莫云包拯砚，济时端赖傅岩霖。
应知封事多民隐，鸣凤朝阳治世音。

家世吴山浙水东，翰林家学几人同？
蜚英春榜传先泽，谳狱秋曹羡至公。
心上经纶裨圣治，笔端文锦夺天工。
历官中外年华远，蹇蹇王臣念匪躬。

诗句清新思不群，彩毫落纸见春云。
同游草阁看山色，共爱岩泉溜竹分。
未许文园辞病渴，且劳锁钥建殊勋。
蛮烟瘴雨汀潮路，一饭无忘答圣君。

崎岖鸟道倚云长，巢穴深深草树荒。
赤子频闻经虎害，彤弓今喜拂秋光。
泰山压卵风尘净，黄犊耕春野水傍。
四省清平更何事，行台含笑看干将。

扰扰欃枪四载余，九重宵旰定何如？
累提戈甲诛狐鼠，未听边庭息羽书。
玉帐晚风吹袂爽，画船秋月照窗虚。

相期整顿炎荒后，归步天街叙起居。

棠树螺川去后思，才名烨烨士林知。
事繁棼缕无盘结，心静虚舟任所之。
取友每聆开肺腑，忧民那得展愁眉。
暂教进秩登台宪，还待经邦论道时。

乾坤间气萃阳明，山耸高寒云水清。
冢宰早魁天下士，都台今选浙中英。
忠言曾犯雷霆怒，直道宁为宠辱惊？
遥想轺车行部处，南荒草木识威名。
（阳明，山名，伯安别号。其乃尊以状元历官冢宰。）

晓听秦淮发棹歌，若为分手奈愁何！
河桥日丽银旌远，乡国秋深画锦过。
暂向庭闱舒舞袖，早闻边徼罢干戈。
湖南郴桂尤荒落，洗耳人传霈泽多。

酒尽离筵醉更豪，狂吟应秃兔千毫。
魏公自有平羌策，萧相何须汗马劳。
捣穴力除虎狼虐，磨崖功并斗山高。
捷书入奏天颜喜，懋赏恩覃金字袍。

漂漂萍梗倍堪嗟，庾岭章江入梦赊。
京邸屡曾□霁月，吟篇犹未报琼华。
凯歌伫听闻千里，弦诵应知动万家。

黄阁待君弘治化，银河翘首望归槎。[1]

阳明也诗兴大发，吟了十三首和诗：

和大司马白岩乔公诸人送别

正德丙子九月，守仁领南、赣之命，大司马白岩乔公、太常白楼吴公、大司成莲北鲁公、少司成双溪汪公，相与集饯于清凉山，又饯于借山亭，又再饯于大司马第，又出饯于龙江，诸公皆联句为赠，即席次韵奉酬，聊见留别之意。

未去先愁别后思，百年何地更深知？
今宵灯火三人尔，他日缄书一问之。
漫有烟霞刊肺腑，不堪霜雪妒须眉。
莫将分手看容易，知是重逢定几时？

谪乡还日是多余，长拟云山信所如。
岂谓尚悬苍水佩，无端又领紫泥书。
豺狼远道休为梗，鸥鹭初盟已渐虚。
他日姑苏归旧隐，总拈书籍便移居。

寒事俄惊蟋蟀先，同游刚是早春天。
故人愈觉晨星少，别话聊凭杯酒延。
戎马驱驰非旧日，笔床相对又何年？
不因远地疏踪迹，惠我时裁金玉篇。

[1]《东溪别稿》。

> 无补涓埃媿圣朝，漫将投笔拟班超。
> 论交义重能相负？惜别情多屡见招。
> 地入风尘兵甲满，云深湖海梦魂遥。
> 庙堂长策诸公在，铜柱何年折旧标？
>
> 孤航眇眇去钟山，双阙回看杳霭间。
> 吴苑夕阳临水别，江天风雨共秋还。
> 离恨远地书频寄，后会何时鬓渐斑。
> 今夜梦魂汀渚隔，惟余粱月照容颜。
>
> 阳明山人王守仁拜手书于龙江舟中。余数诗稿亡，不及录，容后便觅得补呈也。守仁顿首，白楼先生执事。[1]

从清凉山到龙江关的集饯唱酬，实际上堪称是一场南都士人为阳明赴江西平乱壮行的宏大诗会，连前七子领袖李梦阳也寄来了壮行诗：

> 秋日读王子赴江西时诸曹赠行篇什感赋
>
> 接揽西江辔，同怀振铎年。
> 匡庐并突兀，鄱水日悠然。
> 子进薇花省，予归莲叶船。
> 梁园邂逅地，把酒对秋天。[2]

边贡也寄来了二首诗：

[1] 《三希堂法帖》，又《壬寅消夏录·王阳明诗真迹卷》。按：此诗跋称"余数诗稿亡"，可见阳明也作了十三首和诗，后多亡佚，只存此五首。
[2] 《空同集》卷二十五。

送王子兵备江西二首

旧隐辞函谷，新章出汉闱。
碧山留岂得，芳草怨相违。
简拔皇心注，升沉士论归。
传闻拜恩日，犹着赏功衣。

盖拂匡庐过，帆飞蠡泽深。
三秋持斧日，万里渡江心。
虎豹潜移窟，牛羊广出林。
只应台柏下，端坐听鸣禽。[1]

西村朱朴在席间吟了一首和诗：

和阳明王公入楚韵

鄂渚烟波接素秋，仙人黄鹤有高楼。
乱山明月停行骑，落木寒江倚客舟。
红袖不沾司马泪，清篇唯带杜陵愁。
炎方自古无霜雪，莫遣闲丝上黑头。[2]

连白圻也赶到龙江关赋诗壮别：

送中丞王阳明抚镇江右

龙江风静潮初落，枫叶芦花秋漠漠。
船头击鼓催发船，为君起舞劝君酌。

[1]《边华泉集》卷四。
[2]《西村诗集》卷下。

怜君独擅八斗才，夙承家学继抡魁。
纳忠一疏昭日月，谪官三载留尘埃。
清朝选拔采廷论，碧海神虬岂终困?
省寺回翔几十年，超陟内台持帝宪。
惭予仰德如斗山，敢云契谊同金兰。
二子从君辱陶冶，耳提面命开蒙顽。
使旌摇曳西江路，天子恩威两宣布。
礼乐三年笔底翻，甲兵数万胸中富。
大敷文教畅武功，帝曰汝来匡朕躬。
唐虞治道在古学，朝夕岩廊沃圣衷。[1]

这场满怀浩气的送行壮别的诗会，宣告了阳明从近十年省寺沉沦中的崛起，所以傅珪代他喊出了"省寺回翔几十年""碧海神虬岂终困"的心声。邓庠也说他从此由"讲学论道"转向了"经邦论道"，可以大展宏图。其实阳明在开始他后半辈命途多舛的"戎马"生涯之际，更是忘怀不了他的传道东南的圣贤事业，"唐虞治道在古学"，孜孜不倦为那些南都士子指点迷津。当他九月二十五日登上龙江大舟时，他的弟子依旧纷纷登舟来向这个"南国夫子"问道朝圣。在舟中，阳明给天台弟子林典卿写了一封如何会讲聚学论道的信：

立诚之说，昔已反覆，今不复赘。别后，诸君欲五日一会，寻丽泽之益，此意甚好，此便是不忘鄙人之盛心。但会时亦须略定规程，论辩疑难之外，不得辄说闲话，评论他人

[1] 曹学佺:《石仓历代诗选》卷四百三十五。

长短得失，兼及诸无益事。只收心静坐，闲邪存诚，此是端本澄源，为学第一义。若持循涵养得熟，各随分□，自当有进矣。会时但粗饭菜羹，不得盛具肴品为酒食之费。此亦累心损志之一端，不可以为琐屑而忽之也。舟发匆匆，不尽不尽。正德丙子九月廿九日，阳明山人守仁书于龙江舟次。[1]

阳明强调“端本澄源”为“为学第一义”，所以他在同时写信给天台黄绾论学贵得其源说：

令兄又辱书惠，礼恭而意笃，意家庭旦夕之论，必于此学有相发明者，是以波及于仆。喜幸之余，愧何以堪！别后工夫，无因一扣，如书中所云，大略知之。“用力习熟，然后居山”之说，昔人尝有此，然亦须得其源。吾辈通患，正如池面浮萍，随开随蔽；未论江海，但在活水，浮萍即不能蔽。何者？活水有源，池水无源；有源者由己，无源者从物。故凡不息者有源，作辍者皆无源故耳。[2]

当白说、白谊兄弟来龙江关登舟送行时，阳明抄了《四箴》给他们作为座右铭：

白生说贞夫，尝从予学。予奉命将南，生与其弟追送于江浒，留信宿不能别，求所以诲励之说。予尝作《四箴》以自警，因为生书之。

呜呼小子，曾不知警。尧讵未圣，犹日兢兢。既坠于渊，

[1]《湖海阁藏帖·龙江舟次与某人书》。
[2]《王阳明全集》卷四《与黄宗贤》书六。

犹恬履薄；既折尔股，犹迈奔蹶。人之冥顽，则畴与汝。不见肿蘧，砭乃斯愈？不见痿痹，剂乃斯起？人之毁诟，皆汝砭剂。汝曾不知，反以为怒。匪怒伊色，亦反其语。汝之冥顽，则畴之比。

呜呼小子，告尔不一，既四十有五，而曾是不忆。顽……（下缺）

呜呼小子，慎而出话。噪言维多，吉言维寡。多言何益，徒以取祸。德默而成，仁者言讱。孰默而讥？孰讱而病？誉人之善，过情犹耻。言人之非，罪盍有已？呜呼多言，亦惟汝心；汝心而存，将日钦钦。岂遑多言，上帝汝临。

呜呼小子，辞章之习，尔工何为？不以钓誉，不以蛊愚。佻彼优伶，尔视孔丑；蹈覆其术，尔颜不厚？日月逾迈，尔胡不恤？弃尔天命，昵尔雠贼，昔皇多士，亦胥兹溺。尔犹不鉴，自抵伊亟！

正德丙子九月廿六日，阳明山人王守仁书于龙江舟中。

生又问："圣贤之学，所以成身；科举之业，将以悦亲。二者或不能并进，奈何？"予曰："成身悦亲，道一而已。不能成身，不可以悦亲；不能悦亲，不可以成身。子但笃志圣贤之学，其绪余出之科举而有余矣。"曰："用功何如？"曰："先定志向，立工程次第，坚持无失。循序渐进，自当有至。若易志改业，朝东暮西，虽终身勤苦，将亦无成矣。生勉之！"阳明山人书。[1]

[1] 此文真迹今藏上海市博物馆。

也许这就是阳明留给南都士子的最好的人生箴言与处世哲学。十月一日，阳明启舟南行，告别了金陵王气早已黯然收的“石头城”，他的几经浮沉的“南畿游”又结束了。当然他也绝没有料到，当他迫于王命踏上戎马倥偬的凶险征程时，南都的大门却在他后面永远关上了，直到死他都未能再踏进南都一步。

第十二章

文武之道：在江西的文治武功

征汀漳—攻左溪—平桶冈

阳明约在十月中旬归省回到绍兴故里，本来还打算再上章乞休养病，但朝廷接连命下催赴江西。十月二十四日，朝廷传下武宗圣谕，竟漫无边际地命阳明“尔前去巡抚江西南安、赣州，福建汀州、漳州，广东南雄、韶州、惠州、潮州各府及湖广郴州地方。抚安军民，修理城池，禁革奸弊。一应地方贼情、军马、钱粮事宜，小则径自区画，大则奏请定夺”。十一月十四日，兵部再下咨文，重申武宗“既地方有事，王守仁着上紧去，不许辞避迟误”的峻命。阳明只好启程赴任。次日，他与徐爱、钟世符、王世瑞一班弟子饯别于映江楼，决定由徐爱、钟世符、陆澄等弟子先去湖州霅上买田，等待阳明将来功成归来同居。阳明从绍兴启程，到达杭城暂驻，继续观望待命。十二月二日，吏部再下咨文，传达武宗新命：“王守仁不准休致。南、赣地方见今多事，着上紧前去，用心巡抚。”阳明最终乞养病休致无望，也就不再徘徊观望待命，三日，他从杭城启程南下。

由浙入赣一路南行，沿途形势越来越紧张，但阳明在途仍不忘同士子惓惓讲学论道。舟过玉山时，靖轩薛俊（薛侃兄）、月川夏浚（玉山县学诸生）都来问学，执弟子礼。薛俊问行己之要：“俊未知学，但凡事依理而行，不敢出范围耳。”阳明回答说：“依理而行，是理与行犹二也。当求无私行之，则一矣。”薛俊得知行合一之教，后来带了群弟群侄来受学。舟过饶州时，余祐携了新作《性论》来见阳明，两人就“性”说展开了讨论，这实际是他们在两京的朱陆异同论战的继续，又成为阳明进入江西后同江右士子展开朱陆之学异同论辨的先声。

正德十二年正月初，阳明到达南昌，与宁王宸濠相见。因为都察院设在南昌，阳明自必须先到南昌省会一过。宸濠又是江西的藩王，藩王府也设在南昌，他也算荐举过阳明。所以阳明这次过南昌见宸濠不过是一次官场新官上任例行的礼节性拜访。但这时阳明并不知道宸濠早在暗中招兵买马，搜罗人才，准备发动叛乱。精通兵法的阳明正是他首要笼络邀结的军事人才。宸濠手下的"国师"李士实与"军师"刘养正又都是阳明的故旧好友。阳明在弘治十二年观政工部与十三年任刑部主事时，李士实任刑部侍郎，两人关系很好。刘养正是安福举人，为人狂傲自负。正德五年阳明赴庐陵任经安福时，刘养正曾来见阳明问学。以后阳明在庐陵任上与在南都任上，刘养正也经常来谒见阳明。正德十一年五月刘养正应朝廷荐召赴京经过南都，也必定会谒见阳明。所以罗洪先说刘养正"与阳明先生素厚善"，阳明也自称与刘养正有"朋友之情"。刘养正也自认是阳明弟子，所以后来特来请阳明为母作墓志铭，而阳明也为刘养正作了祭母文。阳明这次到南昌，自然也会见到李士实与刘养正，给了他们当面试探阳明思想动态的极好机会。在宴席上，三人发生了这样一番微妙的对话：

> 宴时，李士实在座，宸濠言康陵政事缺失，外示愁叹。
> 士实曰："世岂无汤、武耶？"
> 阳明曰："汤、武亦须伊、吕。"
> 宸濠又曰："有汤、武，便有伊、吕。"
> 阳明曰："若有伊、吕，何患无夷、齐？"[1]

---

[1] 郑晓：《今言类编》卷一。按：此事史多有记载，如张怡《玉光剑气集》卷二《臣谟》，张瀚《松窗梦语》卷四等。但都不知其年月，解说皆误。

这一番简单的对话本来也没有什么奥妙，却被后人作了离谱的解读，说阳明这次来南昌是要窥探宸濠的叛逆之迹，“佯言售意，以窥逆谋”；阳明听了宸濠、李士实的话后，看穿了宸濠有谋逆的野心，“阳明始知宸濠谋逆决矣”，于是便回去上书请提督军务。其实这时宸濠的叛逆面目还没有暴露，从武宗到朝廷内外上下都只认为宸濠统治凶横残虐，并不相信他会作乱犯上。阳明初进江西，对宸濠并不了解，所以在席上回答有点“不得要领”。李士实问“世岂无汤、武耶”，是指斥武宗乱政，探问当世有无像汤、武一样的贤君，阳明却回答说汤、武一样的贤君也须要有像伊、吕一样的能干辅相。宸濠说有汤、武一样的贤君，就会有伊、吕一样的能相，阳明却回答说如果有伊、吕一样的能干辅相，还怕没有像夷、齐一样的贞洁之士吗？阳明的回答有点“答非所问”，所以宸濠的试探也只好到此结束。宸濠既不敢向阳明透露自己叛逆的野心，阳明也没有看出宸濠的逆谋已决。阳明与宸濠的首次相见双方都心机不露，这番谈话同阳明后来请提督军务没有任何关系，却为后来平宸濠乱中朝廷权臣诬陷他与宸濠勾结往来留下了隐患。

阳明很快在三日离开了南昌，十三日他前往万安，遇到了大股流民的骚动，阻江焚掠，商船不进，看到阳明大船到来，流民们纷纷拜倒在岸上大呼：“饥荒流民，乞求赈济！”阳明将船靠岸，遣人抚谕说：“至赣后，即差官抚插。各安生理，毋作非为，自取戮灭。”后来阳明在给徐爱的信中谈到他在万安的遭遇说；

> 正月三日，自洪都发舟。初十日次庐陵，为父老留，再宿。十三日，未至万安四十里，遇群盗千余，截江焚掠，烟焰障天。妻孥皆惧，始有悔来之意。地方吏民及舟中之人，

> 亦皆力阻，谓不可前。鄙意独以为我舟骤至，贼人当未能知虚实，若久顿不进，必反为彼所窥。乃多张疑兵，连舟速进，示以有余。贼人莫测所为，竟亦不敢逼，真所谓天幸也。[1]

阳明从这件事中看到了江西流民问题的严重，也显露了他的临事应变的用兵才干，他的五年江西平乱的生涯就从万安遣散流民的小小"遭遇战"开始了。

正月十六日，阳明到达赣州，立即开府处置巡抚弹压事宜。南、赣、汀、漳、郴、桂的民乱，比他想象的情况还要严重得多。由于明王朝官府的残酷盘剥与压榨，在江西、福建、广东、湖广四省交界的广大地区，正德以来流民啸聚四起，谢志珊据横水，蓝天凤据左溪，钟景据桶冈，池仲容据浰头，又有陈曰能起于大庾，高快马起于乐昌，龚福全起于柳州，詹师富起于大帽山，四省民乱纵横交织，千里骚动。这些被官府逼良为寇的"盗贼"主要由贫困潦倒、流离失所、无田可耕的流民组成（主要是瑶民），但他们大都是受地方土酋恶霸的逼迫胁持虏掠诱骗入山为寇，这些土酋巨魁占山称王，四出骚扰，攻城略地，夺取民田，抢劫杀戮百姓，成为独霸一方的地方割据势力，已说不上是什么"流民起义"或"农民起义"。民困于输租，又受寇害，这些遍地的山大王杀民夺田，焚烧劫掠，使更多的农民沦为流民，失去了田地家园，被虏当了"山贼"。土酋恶豪们控制了这些无田可耕、无家可归的流民，以建立分裂国家的独立王朝政权为目标，分立山头称王称霸，像谢志珊号"南征王"，池大鬓号"金龙霸王"，龚福全号"延溪王"，阳明说他们"占据居民田土数千万顷，杀虏

---

[1] 王守仁：《与徐曰仁书》，《中国书法大成》（五），《支那墨迹大成》第十卷《补遗》。

人民，尤难数计。攻围城池，敌杀官兵，焚烧屋庐，奸污妻女，其为荼毒，有不忍言”。“良民子女，被其奴戮；房屋仓廪，被其焚烧；道路田土，被其阻荒占夺者，以千万顷；赋税屯粮，负累军民陪纳者，以千万石。”阳明一到赣州，就遇上一千余人的流贼来攻打赣州城。这使他感到，南、赣、汀、漳地区所以寇乱猖獗，剿抚不断失败，一是官府招抚太滥，南、赣之兵素不练养，骄惰无用；二是官员镇压不力，贪生怕死，互相推诿，不敢决战；三是兵力不足，从外省调动军队，依仗狼兵，不能经久驻扎弹压；四是不善用兵，不习山战，不谙兵法，不会运筹计谋。于是他从整饬地方各省兵备入手，精拣民兵，挑选赣、闽、湘、粤四省精兵与召募乡兵相结合，选将督练，严明军法，整肃军纪。先调兵进驻赣州下属各邑，稳定周边民心。然后展开了四省大规模的平寇乱的军事行动。

阳明在南赣汀漳的整个平寇乱的作战方略，是由三大战役组成：东征汀漳（大帽山），西平南安（桶冈茶寮），南定粤北（三浰），四省联合展开平乱的军事征剿，连成一气。鉴于福建寇乱尤为猖獗，阳明决定首先从东征汀漳深入，由他亲自指挥，制定了作战方略，正月十八日开始行动，采取分兵夹击的战略，分四路进击：

一路由胡琏、艾洪等指挥，进兵长富村，直捣象湖山；

一路由王铠、李诚等指挥，分五路攻打可塘洞山寨；

一路由徐麟、张钺等指挥，会同广东官兵进攻黄蜡溪，克复赤石岩；

一路由顾应祥、杨昂等指挥，会同福建官兵，从牛皮石、岭脚隘突入，攻克大水山、柘林诸寨。

进兵长富村一路起初势如破竹，先攻下长富村，一连克复阔竹洋、新洋、大丰、五雷、大小峰等寨。但敌余众奔聚到象湖山凭险顽强拒守，打死明官覃桓、纪镛，明军败退。阳明闻知进攻受挫，迅速在二月十九日领兵由赣州进屯长汀、上杭，亲自坐镇察院督战。他给明军定下了"缓兵"之计：明里放风佯言犒众退师，待秋后再用兵；暗中却选精兵重兵，分三路并进，深夜衔枚直捣象湖山，一举攻下险隘。与此同时，其他三路也取得了胜利：王铠、李诚一路攻破可塘洞山寨，生擒大首领詹师富。徐麟、张钺一路与广东官兵会合，在三月二十一日进兵攻破黄蜡溪，乘胜追至赤石岩，攻下陈吕村。顾应祥、杨昂一路与福建官兵会合，也在三月二十日攻破水竹、大重坑、白罗、南山等寨，直捣洋竹洞、三角湖，生擒大首领温火烧。东征汀漳实际在三月下旬已经战事结束。阳明在三月十三日夜宿汀州行台，吟了一首诗题壁，叙到战事的进展说：

长汀道中□□诗

夜宿行台，用韵于壁。时正德丁丑三月十三日。阳明□□□□□。

将略平生非所长，也提戎马入汀漳。
数峰斜阳旌旗远，一道春风鼓角扬。
莫倚贰师能出塞，由来充国善平羌。
疮痍满地曾无补，深愧湖边旧草堂。[1]

东征汀漳，可以说是阳明这个精通兵法的文武全才生平第一次用兵打仗的"初试牛刀"，他已把自己比为善于平羌的赵充国。但

[1]《嘉靖汀州府志》卷十七。按：《王阳明全集》卷二十有此诗，题作《丁丑二月征漳寇进兵长汀道中有感》，谓"丁丑二月"乃误。

他并没有一味以军事剿灭杀戮为能事，他深知民穷民乱民瘼、遍地疮痍的根源在于明王朝的残酷剥削与压迫，“安民”是“弭盗”之本，所以他更关心的还是在征剿以后安抚穷民百姓的善后处置，让他们尽快恢复生计与生产。这时正好发生了旱灾，一春三月不下雨。阳明决定尽快班师，他先在四月初亲到上杭为民祷雨，作了一首《祈雨辞》：

> 呜呼！十日不雨兮，田且无禾；一月不雨兮，川且无波。一月不雨兮，民已为疴；再月不雨兮，民将奈何？小民无罪兮，天无咎民！抚巡失职兮，罪在予臣。呜呼！盗贼兮为民大屯，天或罪此兮，赫威降嗔。民则何罪兮，玉石俱焚？呜呼！民则何罪兮，天何遽怒？油然兴云兮，雨兹下土。彼罪遏逋兮，哀此穷苦？[1]

他又作了二首祈雨诗吟道：

祈雨二首

旬初一雨遍汀漳，将谓汀虔是接疆。
天意岂知分彼此，人情端合有炎凉。
月行今已虚缠毕，斗杓何曾解挹浆？
夜起中庭成久立，正思民瘼欲沾裳。

见说虔南惟苦雨，深山毒雾长阴阴。
我来偏遇一春旱，谁解挽回三日霖？

[1]《王阳明全集》卷十九。

寇盗郴阳方出掠，干戈塞北还相寻。
忧民无计泪空堕，谢病几时归海浔？[1]

到四月五日天果然下大雨，促使阳明终于定下了班师的日期。目睹农民喜迎及时大雨纷纷出田农作，阳明兴奋作了一首诗题在南泉庵壁上：

南泉庵漫书

山城经月驻旌戈，亦复幽寻到薜萝。
南国已看回甲马，东田初喜出农蓑。
溪云晓度千峰雨，江涨春深两岸波。
暮倚七星瞻北极，绝怜苍翠晚来多。

雨过南泉庵，书壁。是日，梁郡伯携酒来同，因并呈。时正德丁丑四月五日，阳明山人守仁顿首。[2]

所谓"南国已看回甲马"，就是指定下班师的日子。四月十三日，阳明率东征汀漳军班师，他作了一首班师凯旋诗，后来题在汀州察院壁上：

题察院壁

四月戊午班师，上杭道中，都御史王守仁书。

吹角峰头晓散军，横空万骑下氤氲。
前旌已贺洗兵雨，飞鸟犹惊卷阵云。

---

[1] 《王阳明全集》卷二十。
[2] 此诗手书真迹在2007年秋季拍卖会（北京保利国际拍卖有限公司）上出现，并在"书法家王守仁个人网站"上公布。

南亩独忻农事动，东山休作凯歌闻。
正思锋镝堪挥泪，一战功成未足云。[1]

阳明在班师归途一路祷雨，及时霖雨一直伴他回到了赣州。四月十七日他到达汀州时，拜谒了晦翁祠，为察院时雨堂作了记，在时雨堂壁上题了一诗：

题察院时雨堂

三代王师不啻过，来苏良足慰童皤。
阴霾岩谷雷霆迅，枯槁郊原雨泽多。
纡策顿能清海岱，洗兵真见挽天河。
时平复有丰年庆，满听农歌答凯歌。[2]

四月二十九日，阳明到达瑞金，他又往东山寺向定光佛求雨。五月二日阳明到达会昌，他又往赖公祠向赖神求雨，还特去拜谒了罗田岩濂溪阁，作了一首怀周敦颐遗咏的怀古诗：

游罗田岩怀濂溪先生遗咏诗

路转罗田一径微，吟鞭敲到白云扉。
山花笑午留人醉，野鸟啼春傍客飞。
混沌凿来尘劫老，姓名空在旧游非。
洞前惟有元公草，袭我余香满袖归。[3]

---

[1]《嘉靖汀州府志》卷十七。
[2]《嘉靖汀州府志》卷十七。
[3]《光绪江西通志》卷五十六。

五月八日，阳明归至赣州，马上又开始了西平南安之乱的准备工作。

阳明首先全面处理了东征汀漳的善后事项。一归赣州，他就上了《闽广捷音疏》《申明赏罚以励人心疏》，并致札兵部尚书王琼，报告平漳乱情况，请加劝赏。五月二十八日，又上了《攻治盗贼二策疏》《类奏擒斩功次疏》。专门上了《添设清平县治疏》，奏请设平和县，于河头添设县治，枋头移设巡检司，加强地方安全控制。六月十五日，又上了《疏通盐法疏》，并致札王琼再恳。指出当初都御史陈金出于平乱军饷亟需，曾在赣州立厂抽收广盐，允许到袁、临、吉三府发买，但时间到正德九年为止。现在为保证平乱的军饷，希望暂时恢复这项盐税，一等乱平后即予停收。九月二十五日，阳明又上《议南赣商税疏》，调整南赣商税，事关军饷，请求革去折梅亭的抽税，而总合税于龟角尾，以防奸弊。阳明这些奏请处置，其实也都是为他以后的西平南安、南定粤北做了多方的准备。

在出兵征剿南安寇乱上，阳明主要做了三大方面的准备。首先，他大力改革兵制，整编军伍，实行兵符节制，加强军队的战斗力。他在五月发布了《兵符节制》，重组地方军伍，规定以二十五人为一伍，伍有小甲；五十人为一队，队有总甲；二百人为一哨，哨有哨长，有协哨二人佐之；四百人为一营，营有营官，有参谋二人佐之；一千二百人为一阵，阵有偏将；二千四百人为一军，军有副将。各级可以"递相罚治"，"务使上下相维，大小相承，如身之使臂，臂之使指，自然举动齐一，治众如寡，庶几有制之兵矣"[1]。伍设伍符，队设队符，哨设哨符，营设营符，

[1]《王阳明全集》卷十六《兵符节制》。

凡征调作战，发符对号而行。各部加强操练，务使习战之方落实到行伍，逐一讲求缉养训练之法，旗鼓进退之节，务济实战实用。

其次，鉴于巡抚之权有限，阳明自请总制军务，撤去南赣巡抚，统一事权。他在平汀漳之乱中深感到事权不专的弊害，先在五月八日上的《申明赏罚以励人心疏》中就提出了假臣以便宜行事、总制军权的乞请：

> 伏望皇上念盗贼之日炽，哀民生之日蹙，悯地方荼毒之愈甚，痛百姓冤愤之莫伸，特敕兵部俯采下议，特假臣等令旗令牌，使得便宜行事。如是而兵有不精，贼有不灭，臣等亦无以逃其死。夫任不专，权不重，赏罚不行，以至于偾军败事，然后选重臣，假以总制之权而往拯之，纵善其后，已无救于其所失矣。[1]

接着他在五月二十八日致札礼部尚书毛纪与兵部尚书王琼，明确提出撤销巡抚、设置总制的设想。他在致王琼札中详析说：

> 今闽寇虽平，而南赣之寇又数倍于闽，且地连四省，事权不一，兼之敕旨又有不与民事之说，故虽虚拥巡抚之名，而其实号令之所及止于赣州一城。然且尚多牴牾，是亦非皆有司者敢于违抗之罪，事势使然也……守仁窃以南、赣之巡抚可无特设，止存兵备，而统于两广之总制，庶几事体可以归一；不然，则江西之巡抚，虽三省之务尚有牵碍，而南、赣之事犹可自专。一应车马钱粮，皆得通融裁处，而预为之

[1]《王阳明全集》卷九。

> 所，犹胜于今之巡抚，无事则开双眼以坐视，有事则空两手以待人也。夫弭盗所以安民，而安民者弭盗之本。今责之以弭盗，而使无与于民，犹专以药石攻病，而不复问其饮食调适之宜，病有日增而已矣。今巡抚之改革，事体关系，或非一人私议之间便可更定，惟有申明赏罚，犹可以稍重任使之权，而因以略举其职。故今辄有是奏，伏惟特赐采择施行。[1]

阳明的奏请得到王琼的首肯，王琼遂上了《申明赏罚以励人心疏》，建议"合无请敕南、赣等处都御史，假以提督军务，名目照提督军务文臣事例，给与旗牌应用，以振军威"[2]。七月十六日，朝廷改授阳明提督南、赣、汀、漳等处军务，给旗牌八面，便宜行事。阳明由巡抚改为提督，总制军务，这对他后来平定南安、粤北直至平定宸濠叛乱都起了重大作用。

最后，阳明勘察分析了南安民乱的复杂局势，提出了先攻横水、左溪，后取桶冈、茶寮的平乱方略。南安四起的寇乱也是错综交织，气焰嚣张。就在七、八月，还有大股大庾、上犹流民来合攻南康、南安。大首领谢志珊伙同大头领钟明贵，约会广东大首领高快马等，大修战具，要攻破南康，入广剽掠。谢志珊两次在七月二十五日、八月二十五日率众攻打南安府城。南安的寇乱主要分布在横水、左溪、桶冈、茶寮一带。地方官员都主张须先攻桶冈。阳明却认为横水、左溪、桶冈三地军事形势各异，从湖广方面看，则桶冈为咽喉，而横水、左溪为腹心；从江西方面看，则横水、左溪为腹心，而桶冈为羽翼。现如不先去横水、左溪腹心之患，而

[1]《王阳明全集》卷二十七《与王晋溪司马》书五。
[2]《晋溪本兵敷奏》卷十。

要湖广之兵夹攻桶冈，进兵两者之间，腹背受敌，势必困败。唯有先攻取横水、左溪二地，再移兵桶冈，方能成破竹之势。由此阳明确定了先攻横水、左溪，后取桶冈、茶寮的作战方略。

根据这一总的平乱方略，阳明制定了江西、湖广、广东三省联合夹攻的战略。三省夹攻分三步走：第一步，先合湖广、江西之兵，并力击败上犹诸寇；第二步，合湖广、广东之兵，并力击败乐昌诸寇；第三步，合广东、江西之兵，并力攻克龙川。十月七日，阳明出师进攻横水、左溪，兵分七路，分进合击：

都指挥佥事许清率兵自南康县所溪入；知府邢珣率兵自上犹县石人坑入；知县王天与率兵自上犹县白面入。三路皆会于横水。

守备指挥郏文率兵自大庾县义安入；知府唐淳率兵自大庾县聂都入；知府季敩率兵自大庾县稳下入；县丞舒富率兵自上犹县金坑入。四路皆会于左溪。

知府伍文定、知县张戬候各路齐集，也率兵从上犹、南康分入，以遏奔窜。

阳明亲自率兵自南康进屯至坪，以期直捣横水，与诸军会合。

阳明的三省夹攻、分进合击的战略很快取得实效。阳明亲临前线指挥作战，先在十月九日领兵至南康，十日进屯至坪，十二日进兵至十八面隘。阳明遣数十名勇士攀崖夺险，众军跟进，攻破十八面隘，一直突进到横水大寨。横水居众险之中，大首领谢志珊、萧贵模倚为险固顽抗。这时各路官军也顺利斩关夺寨，邢珣、王天与、许清三路俱攻至横水，唐淳、郏文、舒富、季敩四路俱攻至左溪。七路军合攻下了横水、左溪，但周边山寨仍多有敌众据险顽抗。众官提出乘胜移师攻打桶冈。阳明认为此去桶冈尚有百余里，山路险峻，三日才能到达，而湖广夹攻之兵也要十一月一日才到。如现在不清剿横水、左溪周边的山寨敌众，就贸然移师桶冈，则势必有后顾之忧，进退失据。于是阳明下令各路再清剿横水、左溪周边地区的敌寨，到十月二十七日，以郏文攻破长河洞寨为标志，清剿结束，明军完全控制了横水、左溪地区，也打通了进攻桶冈的通道。

十月二十八日，阳明下令出师进攻桶冈。他设下了招降之计，先释放李正岩、刘福泰与桶冈大头领钟景，叫他们在夜间悬壁缒绳进入桶冈，说服大首领蓝天凤投降。众头领聚集商议受降之事，却遭到从横水、左溪奔来投靠的头领的反对，一时迟疑不决，不暇防备。阳明抓住战机，一方面遣舒富率兵进逼屯驻在锁匙龙，敦促蓝天凤出降；另一方面命邢珣、伍文定、唐淳、张戬兵分四路，在三十日夜间各自攻至茶坑、西山界、十八磊、葫芦洞。十一月一日，蓝天凤正在锁匙龙聚议受降事，听到各路官兵已攻破关寨，立即集众据险设隘，隔水为阵，奋勇抵抗。经过一天激战，明军攻入锁匙龙，敌众奔聚十八磊，继续扼险相持。十一月二日，明军各路分进合击大胜，邢珣攻破桶冈寨，张戬攻破西山界寨，唐淳攻破十八磊寨，伍文定攻破葫芦洞寨，王天与攻破背水坑寨，舒富攻破大王岭寨，完全控制了桶冈地区。茶寮在桶冈中峰，阳明亲率兵进屯茶寮，各路军分营驻屯横水、左溪、桶冈一线，与湖广兵相会于上章，展开夹剿桶冈残敌余众所控各寨。到十一月十三日，桶冈地区的敌众残余全部歼灭，桶冈之战胜利结束。十一月十四日，阳明以胜利者的姿态登上桶冈，与官员一起察看形势，相互唱酬，庆祝平南安之乱的大捷胜利。阳明作诗吟道：

桶冈和邢太守韵二首

处处山田尽入畲，可怜黎庶半无家。
兴师正为民痍甚，陟险宁辞鸟道斜！

胜世真如瓴水建，先声不碍岭云遮。
穷巢容有遭驱胁，尚恐兵锋或滥加。

戢乱兴师既有名，挥戈真已见风行。
岂云薄劣能驱策？实仗皇威自震惊。
烂额尚惭为上客，徙薪尤觉费经营。
主恩未报身多病，旋凯须还陇上耕。[1]

新城知县黄文鹭吟唱的一首次韵诗，成为对阳明这个文武全才平定南安乱的最好评价：

步王阳明都宪韵

一代人豪夙有名，玺书珍重董戎行。
三韬七略天人授，八阵五行鬼魅惊。
雨歇茅山青送马，晚晴岚影黛笼营。
经纶更有安民术，立县居民在左耕。[2]

阳明深谙文武之道，一张一弛，他在一平定桶冈之乱后，立即开始处置平乱的善后事宜。他开展了“归流亡，使复业”的工作，释放了一千余名胁从为寇的流民，让他们恢复田业，相度良地，让他们居住，凿山开道，以平山路险阻。他遣官员视察了横水，在横水创筑土城，设隘以控其险。他又率官员视察茶寮各处险要，伐木立栅，设立了茶寮隘，设兵把守。在茶寮竖立了《平茶寮碑》以雄镇南安，警示后人：

---

[1]《王阳明全集》卷二十。
[2]《正德新城县志》卷十。

> 正德丁丑，猺寇大起，江、广、湖、郴之间骚然，且三四年。于是上命三省会征，乃十月辛亥，予督江西之兵自南康入。甲寅，破横水、左溪诸巢，贼败奔。庚辛，复连战，贼奔桶冈。十一月癸酉，攻桶冈，大战西山界。甲戌，又战，贼大溃。丁亥，与湖兵合于上章，尽殪之。凡破巢大小八十有四，擒斩二千余，俘三千六百有奇。释其胁从千有余众，归流亡，使复业。度地居民，凿山开道，以夷险阻。辛丑，师旋。於乎！兵惟凶器，不得已而后用。刻茶寮之石，匪以美成，重举事也。提督军务、都御史王守仁书。纪功御史屠侨，监军副使杨璋，参议黄宏，领兵都指挥许清，守备郏文，知府邢珣、伍文定、季斅、唐淳，知县王天与、张戬，随征指挥明德、冯翊、冯廷瑞、谢昶、余恩、姚玺，同知朱宪，推官徐文英、危寿，知县黄文鹭，县丞舒富，千百户高濬、陈伟、郭璘、林节、孟俊、斯泰、尹麟等，及照磨汪德进，经历沈珵，典史梁仪、张淳，并听选等官雷济、萧庾、郭诩、饶宝等，共百有余名。[1]

阳明没有料到，他在《平茶寮碑》上没有写上镇守太监许满的名字，留下了隐患。十二月九日，阳明正式班师回赣。大军从兴灵观出发东归，黄文鹭却作了一首悲凉的送行诗：

班师兴灵观有作

班师岁尽踏春还，历尽汀湖大小山。

学剑未能诛饿虎，总戎鲁许斩顽貆。

[1] 邵启贤：《赣石录》卷二。

> 征途车马鸡前月，野观岚烟岛外云。
> 回首民痍今愈甚，道旁荆棘漫纷纷。
> （十二月班师）[1]

黄文鹭咏叹“回首民痍今愈甚，道旁荆棘漫纷纷”，仿佛是一种不祥的预感。果然，当阳明在十二月中旬一回到赣州时，御马监太监毕真已经上章奏论阳明不会同镇守太监许满合议，擅自调动人马。武宗马上下命阳明今后征剿须同江西镇巡官会议，联合调动人马，会合清剿。兵部尚书王琼立即下文通报了阳明。他在下发的《为公务事》中说：

> 看得御马监太监毕真奏称：先年都御史俞谏巡抚南、赣等处，一遇有警，会同镇守太监黎安动调人马。今都御史王守仁不行会同镇守太监许满，诚非旧规……本部行文提督军务都御史王守仁，今后遇有江西、湖广、广东腹里地方盗贼啸聚，应该会合剿除，或动调腹里府卫州县军兵钱粮，应与各该镇巡官会议者，仍照原奉敕旨，计议而行。其南、赣地方一应军机事务，遵照节次题奉，钦依事理，径自区画施行，不许推托，因而失误军机，罪有所归。正德十二年十二月二十六日具题。奉圣旨：“是。今后南、赣二府如有盗贼生发，还着调兵抚剿，仍驰报江西镇巡官，随宜策应施行。其江西报有别府贼情，南、赣巡抚官亦要依期遣兵策应，俱毋得违误。各写敕与他。钦此。”[2]

---

[1] 《正德新城县志》卷十。
[2] 《晋溪本兵敷奏》卷十一。

这个御马太监毕真，就是同宸濠内外勾结、后来宸濠叛乱时起来积极策应的浙江镇守太监毕真，他的奏论的阴险用心由此可见。武宗遣往各省的镇守太监其实都有“监军监政”的用意，他们随时可以向朝廷通报各地政情军情，有权监督、弹劾所在地区的文武官员，还有举荐、请留，甚至奏罢地方长官的权力，实际起着隐形“特务”的作用。正德以来镇守太监的权力急遽膨胀，可以对地方事务进行全面的干预，取得了统兵、巡历等特权，疯狂搜刮民财，甚至直接参与地方叛乱。在毕真、许满眼里，阳明由巡抚改授提督，总制军务，便宜行事，损害了他们镇守太监的权力，所以他们居然仍引昔日巡抚的旧例指责阳明提督擅自调动军马。而武宗竟然认可了毕真的奏论，显然是毕真触到了他的帝王心病。这个好大喜功的武宗已感觉到阳明快速平乱成功，独占鳌首，江西四处纷纷建生祠歌颂阳明，已有“功高震主”之嫌，心生不喜；而他钦派安插的镇守太监未能“代表”皇上参预立功，也是对皇上的大不敬，有损这个“武功皇帝”的脸面。所以他竟不顾刚刚许下的总制军务、便宜行事的允诺，用镇守太监来掣肘牵制阳明了。

阳明一时还没有看出武宗的用心，闰十二月二日，他上了《横水桶冈捷音疏》，奏请赏功，赏功人员中没有提到毕真、许满。这使武宗更为不快，他立即下了一道诏命，强行把毕真、许满列为首要奖赏的立功人员：

> 各官既剿贼成功，地方有赖。王守仁升右副都御史，并许满各荫他子侄一人，做锦衣卫世袭百户。毕真、孙燧各赏银三十两，纻丝二表里。屠侨升俸一级。杨璋等待功次文册至日，奏来升赏。先参有罪，今次有功的，也分别明白来说。

尔兵部累次拟奏，方略指授得宜，功可嘉尚，王琼通前写敕奖励，并陈玉、王宪各赏银三十两，纻丝二表里。该司郎中银八两，员外郎、主事五两。[1]

阳明还没有看出其中的凶险，倒是远在岭南的湛若水看出了他的危难处境，写给他一封忠告信，劝他功成身退，明哲保身：

闻老兄方事夹攻之兵，应甚勤苦。若此事一了，不论功之有无，可以此时不再回府，卧病他所，累疏极言自劾，决策引退。此一机会也，过此即他事又相继上手，吾莫知兄所脱驾矣。盖兄之隐祸，前有宰相之隙，后有江右未萌之忧，昔尝为兄两虑之矣。若不以此时决去，恐不免终为楚人所钳也。以兄负斯道之望，有明哲保身之资，而虑不出此，吾甚为兄不取也。语云："当断不断，反受其乱。"兄亟图之。若虑得祸，宁以此得祸耳，不犹愈于为他祸所中乎？兄其亟图之！图之不亟不力也，难乎善其后也。[2]

湛若水这里说的"隐祸""宰相""楚人"是指杨廷和（他是湖北麻城人），同阳明早有嫌隙，正好在正德十二年十一月服阕又入阁，他同朝中的权阉关系密切，在朝对阳明构成了威胁。"江右未萌之忧"，就指宸濠在江西的专横跋扈，已露叛乱之兆；甚至也包括了同宸濠勾结的镇守太监之辈。但阳明这时已骑虎在背，身不由己，他又匆匆投入到平三浰之乱的征伐中。

[1]《晋溪本兵敷奏》卷十《为捷音事》。
[2]《泉翁大全集》卷九《寄王阳明都宪》。

南征三浰，平定粤北

阳明一回到赣州，就展开了南征三浰的先行军事行动。粤北三浰水一带的民乱同赣南的民乱连成一气，龙南与龙川的寇众往来呼应，纵横驰骋。浰头的寇乱以豪酋池仲容（大鬓）为首，一雄独大，盘踞于崇山绝壑之中，僭称王号，伪设官职，成为最强悍猖獗的地方割据势力，三省之民尽受其害，阳明称池仲容是“众贼奸雄之巨擘，三省群盗之根源”。还在正德十二年二月，龙南大首领黄秀魁就纠合三浰大首领池仲容攻打焚掠龙南，池仲容割据的三浰已经成为赣、闽、粤三省寇乱之首，官府无力征剿。所以阳明在东征汀漳回来后，制定了“先攻横水，次攻桶冈，而末乃与广东会兵，徐图浰头”的方略，对南征三浰暗中已预先作了布置。他采取了先抚后剿之策，在正德十二年九月出兵征横水、左溪前夕，就先发布了一则《告谕浰头巢贼》说：

> ……尔等若能听吾言，改行从善，吾即视尔为良民，更不追尔旧恶。若习性已成，难更改动，亦由尔等任意为之。吾南调两广之狼达，西调湖湘之士兵，亲率大军，围尔巢穴，一年不尽，至于两年；两年不尽，至于三年。尔之财力有限，吾之兵粮无穷，纵尔等皆为有翼之虎，谅亦不能逃于天地之外矣。呜呼！民吾同胞，尔等皆吾赤子，吾终不能抚恤尔等，而至于杀尔，痛哉，痛哉！[1]

[1]《王阳明全集》卷十六。

阳明颁布这则《告谕浰头巢贼》一则在稳定三浰民心，二则在震慑三浰寇众。他派遣报效生员黄表与义民周祥携了这份告谕往三浰遍传各寨，还赐给他们银布，感化了敌众，各寨头领黄金巢、刘逊、刘粗眉、温仲秀等都表示愿意跟随黄表出降。但大首领池仲容悍然拒绝，他采用缓兵之计说："我等做贼已非一年，官府来招亦非一次，此亦何足为凭！待金巢等到官后，果无他说，我等遣人出投亦未为晚。"阳明的羁縻招抚之法还是取得了成效，黄金巢等头领果然来投诚，表示愿意杀敌立功，阳明便把他们带来的五百余众编入军中，参加征讨横水之战。到十月十二日阳明攻破横水、左溪，池仲容感到了恐惧，于是他召集了头领池仲宁、高飞甲等商议，派其弟池仲安率领二百余名老弱残兵来投降，表示愿意随众出征报效，实际是来探听虚实，乘机作内应。阳明假意允诺，在进攻桶冈时，命池仲安领其徒众往上新地截击，让他们远离归三浰之路，严加警备，防止内变。到十一月攻破桶冈，池仲容更加恐慌，加强了战备，企图顽抗。阳明依旧遣人到三浰各寨，赐各寨头领牛酒，静观其变。池仲容怕暴露自己的真面目，诈称说龙川新民卢珂、郑志高要来袭击，所以才加强战备防范。原来卢珂、郑志高、陈英等人都是以前龙川招降的新民，有徒众三千余名，独敢于同池仲容抗衡，所以池仲容非常仇恨他们。阳明假意听信了他的话，佯装对卢珂、郑志高拥兵反抗仇杀表示愤怒，传檄龙川地方查勘真情，命各寨伐木开道，说他将率大军班师回军取道浰头讨伐卢珂。池仲容信以为真，但又怕是假道伐己，便派人来辞谢，说是自己可以防御对付卢珂、郑志高，无劳官军来讨伐。阳明并没有取道浰头，十二月十五日他回军到达南康，卢珂、郑志高都急来告变，说池仲容已点集兵马，号召各寨头领起事，授给卢珂、郑志高等人"总兵""都督"等官，叫他们等三省夹攻官兵一到就并举起兵反抗。阳明采取了诱捕之法。先设反间之计，假说池仲容已诚心向化，还遣弟池仲安领兵来报效，怒斥卢珂等人是造谣诬蔑池仲容，假意将卢珂逮捕入狱，宣称要斩首，稳定池仲安之心，而暗中派人向卢珂告诉假意逮他入狱、准备诱捕池仲容的计谋，还叫他先遣手下兵众回三浰，等卢珂一回来就举事。同时阳明又派生员黄表、听选官雷济往浰头告谕池仲容，叫他不要生疑，买通了池仲容的亲信，再去说服池仲容，要他亲自来赣投诉。阳明定下了擒贼先擒王的计策，赣州已经张开了诱捕的口袋。

十二月二十日阳明回到赣州后，又设下罢兵疑敌之计，故布迷阵，制造停战罢兵的假象。他张乐设宴大享将士，庆祝平寇大捷，迷惑池仲容。布告全城，说南安寇巢悉已荡平，浰头新民也都诚心归化，地方已保无虞，从此息兵停征，散兵归农，不再征战了。他特发布了一则《示谕城中文》迷惑浰头敌寇说：

> 督抚军门示：向来贼寇抢攘，时出寇掠，官府兴兵转饷，骚扰地方，民不聊生。今南安贼巢尽皆扫荡，而浰头新民又皆诚心归化，地方自此可以无虞。民久劳苦，亦宜暂休息为乐，乘此时年丰，听民间张灯鼓乐，以彰一时太平之盛。乐户多住龟角尾，恐有盗贼藏匿，仰悉迁入城中，以清奸薮。[1]

与此同时，阳明又假意催促池仲安领徒众归浰头，叫他助池仲容防守三浰，还告诉说卢珂虽下大狱，但他的党羽徒众都怨恨不平，

[1] 《皇明大儒王阳明先生出身靖乱录》。按：这则《示谕城中文》，当出自王天与的《平寇录》。

要防他们不测生变。池仲安归浰头，向池仲容报告了情况，池仲容放松了戒备。接着阳明又派指挥余恩往浰头颁新历，赐池仲容，黄表、雷济进一步说池仲容道："今官府所以安辑劳来尔等甚厚，何可不亲往一谢！况卢珂等日夜哀诉反状，乞官府试拘尔等，若拘而不至者，即可以证反状之实；今若不待拘而往，因面诉珂等罪恶，官府必益信尔无他，而谓珂等为诈，杀之必矣。"池仲容信以为真，对部下徒众说："若要伸，先用屈。赣州伎俩，亦须亲往勘破。"于是带领麾下四十余人，亲赴赣州来见。阳明探知池仲容已经出发上道，马上秘密派人到各县，叫他们集合好兵马，待机而作。又派千户孟俊先往龙川，督促集合卢珂、郑志高、陈英的人马。考虑到兵马经过浰头会惊动敌寇，阳明特给孟俊一军牌，假以拘捕卢珂党羽为名作掩盖。众寇见到孟俊军牌，都拜倒在地，争相送孟俊出境。孟俊顺利到达龙川，很快部勒调动好了卢珂、郑志高的人马。池仲容的部下寇众蒙在鼓里，还以为是来拘捕卢珂部下徒众，全不在意。

闰十二月二十三日，池仲容到达赣州，看到赣州城里各营官兵都已解散，街市到处都张灯设戏为乐，喧阗热闹，相信阳明真的罢兵停战了。他还去买通狱卒，进牢中看到卢珂、郑志高真的关在狱里，马上派人回浰头，报告属下徒众说："乃今吾事始得万全矣！"这边阳明却连夜释放了卢珂、郑志高，叫他们驰归浰头发兵。他还命令官员大设羊酒，犒赏池仲容，快乐观灯度新年，稳住其心。到正德十三年正月三日，阳明估计卢珂、郑志高已到家，各县兵马也已大集，就在大庭中设犒宴，先埋伏下甲士，请池仲容和他的部众入席，甲士一拥齐出，擒住池仲容及其部众，全部投入大牢。阳明连夜派人去通告各县发兵，命令各路兵必须如期在正月七日进剿至三浰会合。

阳明擒贼先擒王的罢兵诱捕之计，是他一生用兵打仗出奇谋克敌制胜的经典之作，他的平三浰之战鲜明体现了自己独特的用兵之道、作战理念与军事思想。“兵者，诡道也。”阳明把这种兵家诡道发挥到了极致。他善于从军事的全局出发，制定方略，设妙计，出奇兵，察几应变，计谋连环而出，进退有据，攻防相成，策略灵活机动，战略高瞻远瞩，同他后来更宏大壮伟的平宸濠之乱有异曲同工之妙。这场生擒池仲容的连环秘计阳明自己没有全部道清楚，后来李文凤在《月山丛谈》中作了生动的叙述：

> 龙南、龙川之交有水曰浰，崇山绝壑，强梁不逞者，啸聚其间。酋池仲容，俗呼为“池大鬓”。弟仲安、仲宁，俱力格猛虎，捷竞飞猱，负固穷凶，称雄各峒。信丰、龙南、安远、会昌以切近受毒最惨。仲容有幻术，急则遁形水草中，名为“插青”。盖自正德以来剿之不克，抚之不从，当事者亦付之无可奈何而已。丁丑，王公至，廉知酋善遁，计欲生致之。十月，将征横水，先为告谕三浰，籍其五百人为兵。再征桶冈，则令仲安领所部把截上新地。及二巢破，仲容始惧，为备益严。公遣材官至浰，赐各酋长牛酒，觇贼动静。贼度不可隐，诈言曰：“卢珂、郑志高等，吾仇也。恐其掩袭而豫防之，非虞官兵也。”珂等皆龙川归顺民，不为贼所胁，故仇之。材官反命，公阳檄龙川，使核珂等擅兵仇杀之实，且趋浰刊木开道，俟回兵，声罪试之。贼闻，且喜且惧，复使来谢，请无劳官兵，自为备。公许之。十一月（十二月）班师，至南康，卢珂、郑志高等来告变，公复怒其诬搆，械系收赣狱，而使人密谕以欲诱致仲容之意。先纵其弟归，集兵以待。随遣参谋雷济等往谕仲容勿疑，因阴购其所亲信说之，使自来投诉。公还镇，大飨将士，下令城中：“今大征已

毕，民久劳苦，宜暂休为乐，可大闹灯会，以庆太平。”又曰：“乐户多住龟角尾，恐招盗，曷迁入城来。”散兵使各归农，示不复用，令仲安亦领众归，助兄防守。于是赣城街巷俱鼓吹赏灯，宴戏旬余矣。仲安归，具言其故。贼众喜，遂弛备。已，又遣指挥余恩及雷济等颁历三浰，戒令毋撤备，以防卢珂，贼众益大喜。济等因说仲容曰：“官府待汝等良厚，何可不亲往一谢？”前所购亲信者又从中力赞，仲容以为然，遂率豪健者九十三人来，先营于教场，而自以数人入见。公故笑谓曰：“君辈皆吾新民，未见而营教场，疑我乎？”仲容皇恐顿颡谢。先是，公闻仲容来，固已匿兵豫饬祥符宫，宽间以居，令参随数人馆伴，皆素与贼相狎者。已而引至宫，见止宿处皆整洁，喜出望外，时闰十二月二十三日也。贼欲私入卫狱觇珂，参随先期令禁卒柙束珂等甚苦，贼众入见，莫不唾骂数之，出而相语，益自喜。是夜即释珂等，使驰归发兵。逾日，仲容辞归，公曰：“自此至三浰八九日，岁前未必至；即至，又当谒正，徒劳苦道路耳。闻赣城今岁有灯，曷以正月归乎？”其少者固喜观灯冶游，诸参随复从而和之。于是贼众欣然忘归。公又制青长衣、油靴，教之习礼，令所属官僚以次宴犒，馆伴者又私饮仲容于倡家。既连日夜矣，则密令二三力士乘黄昏假使酒阑入，而与仲容密争，因而殴伤其目。馆伴属火甲缚酗酒者，当夜拥仲容击院鼓告急，公开门问故，阳大怒，绑诸酒徒出辕门，各杖五十收狱，责数仲容及诸馆伴听别治。已，复语仲容曰：“初意欲留汝等过元宵，今若此，须听汝等早回矣。”明日，令参随引医疗其目，密使用药翳其瞳子，毋令得插青遁也。贺元旦毕，仲容辞，公曰：“谒正尚未犒赏，奈何？”二日开印，令有司大烹于宫，以次日宴。

> 是夕，潜入甲士六百人，射圃计以六人制其一，余则伏左右防变，密语参随龙光曰：“每了十人，汝可立屏下安我，否则入告。”计已定，诘朝，集仲容等入院，盛张鼓乐，内外不得闻人声，乃召屠人刲牛割豕，阶下阶上凿银分历，令不得见前后，故数刻始一发。贼受赏，两手不胜，复以花红绊系。已，乃劳之酒，三叩头出，令谢。兵道既出甲士，尽殪之。门外未赏者尚有十余人，因候久，色稍变，附耳相嗫嚅，公挥尺喝曰：“后生不守礼！”伏兵起，尽反接以出。毕事而退，日已过未。公大眩晕，呕吐，晚食薄粥乃定，盖心神过劳故也。[1]

阳明在上奏的《浰头捷音疏》里不便讲到的设计生擒池仲容的诱捕细节，都在这里透露出来，一个神机妙算的兵家兼纵横家的形象跃然纸上。擒捉“奸雄巨擘”池仲容是关键一战，大局已定，接下来乘势征剿三浰已是水到渠成。于是阳明在正月三日就调兵遣将，命令三县九路官军分进合击，直捣三浰：

> 知府陈祥一路从龙川县和平都进击；
> 指挥姚玺一路从龙川县乌虎镇进击；
> 千户孟俊一路从龙川县平地水进击；
> 指挥余恩一路从龙南县高沙保进击；
> 推官危寿一路从龙南县南平进击；
> 知府邢珣一路从龙南县太平保进击；
> 守备指挥郏文从龙南县冷水径进击；

[1] 转引自《天启赣州府志》卷十八。参见阳明《浰头捷音疏》与钱德洪《阳明先生年谱》相关论述。按：《月山丛谈》所述同阳明《浰头捷音疏》与钱德洪《阳明先生年谱》所述合而加详，疑本自王天与之《平寇录》。

知府季敩一路从信丰县黄田冈进击；

县丞舒富一路从信丰县乌径进击。

阳明亲自率领帐下官兵，从龙南县冷水径直捣下浰大巢，指挥各哨分路同时并进，会于三浰。

阳明在正月三日南下直趋浰头。他自信胜券在握，大军过梅岭，他吟了一首诗：

过　梅　岭

处处人缘山上巅，夜深风雨不能前。
山林丛郁休瞻日，云树弥漫不见天。
猿叫一声耸耳听，龙泉三尺在腰悬。
此行漫说多辛苦，也得随时草上眠。[1]

到达龙南后，他立即写信给薛侃、杨骥，充满自信地说：

即日已抵龙南，明日入巢，四路兵皆如期并进，贼有必破之势……区区剪除鼠窃，何足为异？若诸贤扫荡心腹之寇，以收廓清平定之功，此诚大丈夫不世之伟绩。数日来谅已得必胜之策，捷奏有期矣，何喜如之！[2]

确实，阳明在写这封信时，三县九路的官军已经同时出兵进击，势如破竹。池仲容的部众有精锐一千余人，据险设伏，与官军大战于龙子岭，很快兵败奔溃，官兵乘胜追击，在正月七日攻克了

[1]《同治赣州府志》卷五。
[2]《王阳明全集》卷四《与杨仕德薛尚谦》。

上、中、下三浰。以后各路官兵又接连展开各巢各寨的清剿，到正月十六日，完全控制了三浰。但浰头余众又奔聚九连山，扼险抗拒，一时阻遏了官军的进攻。

九连山嵯峨高峻，横亘数百余里，四面危绝难攀。九连山东接龙门山，后面有敌巢一百余处。阳明考虑到那里没有重兵把截，如官军从旁县潜入，断敌后路，也至少半月才能到达。敌众屯聚的崖壁之下只有一条小道可通，也已被敌众据险控制，山上发擂石滚木，官兵无处避逃。于是阳明决定采取暗夜偷袭之计，精选七百余名骁勇壮士，都穿上敌寇的衣服，装成从三浰奔逃下来的徒众，借着暮色的掩盖，突袭直冲过崖壁下的间道，占据了险要高地。敌众还以为是从三浰败下来的同党，从崖下向他们打招呼。等到发现他们是官兵，这些骁勇兵士已经扼据险隘，切断了他们的后路。以后官军连日发起进攻，九连山各寨的敌众奋力抵挡，步步败退，各寨都被攻破。到二月二十六日，守备郏文攻破水源、长吉、天堂寨，九连山的敌众已全部歼灭。只剩下余党张仲全属下二百余个老弱残兵，多是远近村寨被土酋巨魁胁迫入山的穷民，聚集在九连山谷口呼号痛哭，表示愿意投降。三月三日，阳明便派黄表往九连山谷口探明虚实，带领张仲全一班余众来阳明处投诚。阳明马上派知府邢珣去安抚余众，接受招安，给他们编籍，安插在白沙居住。

九连山的平定，标志着南征三浰的胜利大捷。这时农功已动，农事渐忙，民心思安，阳明决定班师回军。他率领僚属视察险隘，督同副使杨璋、知府陈祥等官经理立新县，设险隘，以作长久治安之计。他亲自作《平浰记》刻在了玉石岩上：

> 四省之寇，惟浰尤黠，拟官僭号，潜图孔烝。正德丁丑冬，峯、猺既殄，益机险阱毒，以虞王师。我乃休士归农以缓

> 之。戊寅正月癸卯，计擒其魁，遂进兵击其懈。丁未，破三浰，乘胜追北。大小三十余战，灭巢三十有八，俘斩三千余。三月丁未，回军。壶浆迎道，耕夫遍野，父老咸欢。农器不陈，于今五年。复我常业，还我室家，伊谁之力？赫赫皇威，匪威曷凭？爰伐山石，用纪厥成。提督军务都御史王守仁书。时纪功御史屠侨，监军副使杨璋，领兵守备郏文，知府邢珣、陈祥，推官危寿等，凡二十有二人，列其名于后。[1]

《平浰记》的摩崖刻石，宣告了南征三浰的大功告成。三月八日，阳明班师北归。从龙川到龙南的回军路上，他的久被压抑的诗情骤然释放，联翩作诗喜咏南征三浰的凯旋：

回军九连山道中短述

百里妖氛一战清，万峰雷雨洗回兵。
未能干羽苗顽格，深愧壶浆父老迎。
莫倚谋攻为上策，还须内治是先声。
功微不愿封侯赏，但乞蠲输绝横征。

回军龙南小憩玉石岩双洞绝奇徘徊不忍去
因寓以阳明别洞之号兼留此作三首

甲马新从鸟道回，览奇还更陟崔嵬。
寇平渐喜流移复，春暖兼欣农务开。
两窦高明行日月，九关深黑闭风雷。
投簪最好支茅地，恋土犹怀旧钓台。

[1]《赣石录》卷二。

洞府人寰此最佳，当年空自费青鞋。
麾幢旖旎悬仙杖，台殿高低接纬阶。
天巧固应非斧凿，化工无乃太安排？
欲将点瑟携童冠，就揽春云结小斋。

阳明山人旧有居，此地阳明景不如。
但在乾坤俱逆旅，曾留信宿即吾庐。
行窝已许人先号，别洞何妨我借书。
他日巾车还旧隐，应怀兹土复乡闾。

再至阳明别洞和邢太守韵二首

春山随处款归程，古洞幽虚道意生。
涧壑风泉时远近，石门萝月自分明。
林僧住久炊遗火，野老忘机罢席争。
习静未缘成久坐，却惭尘土逐虚名。

山水平生是课程，一淹尘土遂心生。
耦耕亦欲随沮溺，七纵何缘得孔明？
吾道羊肠须蠖屈，浮名蜗角任龙争。
好山当面驰车过，莫漫寻山说避名。[1]

阳明在回军途中一面欣喜于战后"寇平渐喜流移复，春暖兼欣农务开"，一面已考虑起自己"恋土犹怀旧钓台""耦耕亦欲随沮溺"的归隐生活。但他更从这场四省寇乱中思考起"破心中贼

[1]《王阳明全集》卷二十。

难”的“人心”复善问题，要重振他的心学的“圣学”来救赎人心的陷溺与沉沦。在龙南，他奏凯献俘于庙，郑重向龙南县官们提出了重建庙学的问题，以振兴圣贤之学，收拾战后人心，命县学教谕缪铭总领重建庙学事。后来缪铭作了一篇《重建庙学记》，谈到他们重建庙学的经过说：

> 龙南庙学，建自宋元祐间，但近迫城南，兼以湫隘。成化辛卯，始徙于县治之西，为左庙右学之制。岁久湮汩，栋宇不支。正德丙子，铭由宜春承乏掌教事，大惧，无以妥圣贤而风士习，亟会诸生议，请允执政。越二年戊寅正月，都宪王公守仁、宪副杨公璋、郡守邢公珣，提兵征浰至邑，三月，奏凯献俘于庙。既而都宪王公顾瞻慨叹曰：“庙祀弗虔，教基弗妥，群有司之咎，典教者之责也。咨汝邪惟财用是资。”逾日，果罚干纪者金几百锾，贮县治，曰：“木石工需坐是以给。”谕缪铭总其事。稽其盈缩，以告命邑士李淳、月华。曰：“汝夙夜劳王事，主廪饩，务称功能，罔或不经，不经有罚。”铭等受命惟谨，而司训彭君智续至，亦协勤止。乃崇筑厥基，撤旧更新，相宜树表，唯是为大成殿，为庑，为戟门；其后也为明伦堂，为斋；其前也为棂星门，为儒学门。又唯是为藏库，为馔堂，为生徒舍宇；仍其右为学职之廨三区，仍其左为观德亭；垣墉关键，式考其制。经始于己卯正月，越八月而功就绪……[1]

[1] 《乾隆龙南县志》卷二十三。按：月华亦阳明弟子，《乾隆龙南县志》卷十七《文儒》：“月华，坊内堡人。郡廪生，性至孝。少以经学著名，后从阳明为良知之学。归，日坐一室，超然默悟，学者宗之。阳明平浰，回军驻邑中，有迁伦堂之举，以事属之。华即捐百金为助云。”

这就是阳明"文武交用"的用兵之道，在征战讨伐中，他善于交替用文与武的两手，"破山中贼"与"破心中贼"并举，他并不一味用"武道"以征剿杀戮取胜，而更注重用"文道"惩创"人心"、救赎"人心"，感化那些"作乱"的迷途者回到善心复萌的正道上来，使他们"能久于其道"。把阳明这种文武之道说得最透彻的，正是南海霍韬。就在阳明三月十五日一回到赣州，霍韬就寄来了一组平寇颂诗，道出了阳明这种文武用兵之道的真秘：

王阳明中丞平盗诗

十二年冬，钦命总制王公讨江、广诸盗悉平。十三年春，班师。是役也，王公实涖师斩悍将之不用命者以殉，由是军士莫敢有不效死以战者，以有成绩云。我南韶、惠州，西南抵湖湘，北抵南安、赣州，山谷丛囿，萃为盗区，则古已然。迩自孽瑾窃柄以来，流民从盗，如悬崖注水之得坎壑也，以故贼势益炽。公谓责是在予，乃请得命，檄三省兵掎角攻踣之。先致贼首某弃市，余党以诛以宥，寻悉平灭。公用兵不可测，于成效胜算，众谓如神。盖公以道学经济为天下重，武事特其小试者尔云。韬等躬见茂烈，谨赋之永言，不谀以诬，俾南仲召虎不尚专美于千万代。

天佑皇明，畀以全宇。
丕及中国，夷貊顺附。
治极蠹生，有蠢厥顽。
干天之纪，姙厥凶奸。
负山之岨，伏谷之坑。
祸我邦域，戕我士民。

我士我民，居赣之壤。
薄湖泊湘，韶连洛昌，
龙川惠阳，豃豃皇皇。
民是大棘，而水斯溺。
拯用不亟，木本斯拨。
藜有大艰，硕人斯责。

硕人维儒，儒以用武。
宪章濂洛，步趋伊吕。
为国股肱，为民心膂。
愍民大棘，不遑宁处。
赫我仁恕，誓我义旅。
运我神筹，期取我民仇。

硕人用武，雷霆自天。
硕人用武，山川震惊。
山川震惊，以莫不效灵。
硕人用武，四闭贼冲。
硕人用武，则钓渠凶。
渠凶就擒，宁我兆民。

宁我兆民，各遂理所。
以士以农，以工以贾。
昼出夕处，莫或予侮。
宁我兆民，食有廪庾。
乐有妻子，养有父母。

寔维硕人，代天作之祜。

天实惠民，硕人以生。
天实为国，硕人生德。
天实兆治，硕人在位。
硕人在位，鞠躬励勚。
皇曰硕人，汝则大勤。
衮职有亏，硕人旋归。

天佑六章，章十二句。[1]

"硕人维儒，儒以用武。宪章濂洛，步趋伊吕"，精辟概括了阳明的文武用兵之道。因此对阳明来说，南征三浰的胜利并不意味着平江西乱的结束，从此可以安享太平，他已认识到寇患诛不胜诛，江西民乱绵绵不断生发的根源在于"政教不行"，造成人心不古，风俗败坏，所以需要以文济武，用大倡政教来消弭乱源，巩固平乱的胜利，防止战乱再起。他一回到赣州，就在给顾应祥的信中谈到他的以文教济武治的思想说：

承喻讨有罪者，执渠魁而散胁从，此古之政也，不亦善乎！顾浰贼皆长恶怙终，其间胁从者无几，朝撤兵而暮聚党，若是者亦屡屡矣，诛之则不可胜诛，又恐以其患遗诸后人。惟贤谓："政教之不行，风俗之不美，以至于此。"岂不信然？然此膏肓之疾，吾其旬日之间可奈何哉？故今三省连累

[1]《渭厓文集》卷七下。

之贼，非杀之为难，而处之为难；非处之为难，而处之者能久于其道之为难也。[1]

回赣州以后，阳明就是怀着使“处之者能久于其道”的信念开始推行战后的政教文治，拨乱反正。四月，他下令赣州全力救济战后灾民，要各县官员“务须严禁富豪之规利，痛革奸吏之夤缘，庶官府不为虚文之应，而贫民果沾实惠之及”，并提出了详明的赈济措施说：“今出籴之数止及二千，而坐济之民不知几许，附郭者得遂先获之图，远乡者必有不霑之惠。近日赣县发仓，其弊可见。仰行知县林顺会同先委县丞雷仁先，选该县殷实忠信可托者十数辈，不拘生员、耆老、义民，各给斗斛，候远乡之民一至，即便分曹给散。仍选公直廉明之人数辈，在傍纠察，如有夤缘顶冒，即时擒拿，昭议罚治。”[2] 赈灾很快取得了成功。

阳明更关注招抚流民，解决他们的复籍、复居与复业的生计问题。五月，阳明上了《添设和平县治疏》，乞建和平县。他请新建和平县的主要目的就是要安置那些投诚归来的流民，耕田复业，以安民心，所以他在疏中说：“窃见龙川和平地方，山水环抱，土地坦平，人烟辏集，千有余家……可以筑城立县于此，招回投诚之人，复业居住。”同时设和平新县也有加强地方治安控制、谨防民变民乱的意义，这就是阳明说的要“处之者能久于其道”。后来他在十月又上疏请增设崇义县，建茶寮隘上堡、铅厂、长龙三巡检司，也是出于同一的目的。

由于战乱后府县城垣遭到破坏倒塌，又逢入夏以来久雨水灾，水倒灌进城，阳明在五月下命赣州府及各县修造城垣，加

[1]《王阳明全集》卷二十七《与顾惟贤》书三。
[2]《王阳明全集》卷十六《批赣州府赈济石城县申》。

强防守，从整顿城防进到整顿地方军政。阳明自己也借修造赣州城垣入手整顿提督军政，将提督都察院开拓一新。提督都察院地处府城东南，《顺治赣州府志》中记载了阳明大力拓新提督都察院说：

> 提督都察院……正德戊寅，王都御史守仁开拓一新。中为堂曰“肃清”，前为露台，东西为廊房，中为仪门，外为大门。正堂后为轩，曰“正大光明”；又为后堂，曰“抑抑”。后堂之左为思归轩，为宜南楼，为燕居，为仕学轩，左掖为射圃，为无逸亭、君子亭；后堂之右为观德亭。大门外左为府茶厅，右为三司茶厅，两翼为各属茶厅。外西边廊房三十间，以处各省、府、卫胥徒之听用者。门前为坊，曰“提督军务”；左右为坊，曰“肃清六道”“节制四藩”。辕门外，西为中军厅，南设坐营署。[1]

阳明在提督都察院中特建射圃与观德亭是有深意的，治政首先在治心，当政者首先要“存心”，自治其心。他专门作了一篇《观德亭记》，阐说了当政者“存心”以“治心”的施政理念：

> 君子之于射也，内志正，外体直，持弓矢审固，而后可以言中。故古者射以观德。德也者，得之于其心也。君子之学，求以得之于其心，故君子之于射，以存其心也。是故慄于其心者，其动妄；荡于其心者，其视浮；歉于其心者，其气馁；忽于其心者，其貌惰；傲于其心者，其色矜。五者，

[1] 《顺治赣州府志》卷四。按：志中此说乃据何乔新所作记。

> 心之不存也；不存也者，不学也。君子之学于射，以存其心也。是故心端则体正，心敬则容肃，心平则气舒，心专则视审，心通故时而理，心纯故让而恪，心宏故胜而不张、负而不弛。七者备而君子之德成。君子无所不用其学也，于射见之矣。故曰：为人君者，以为君鹄；为人臣者，以为臣鹄；为人父者，以为父鹄；为人子者，以为子鹄。射也者，射己之鹄也；鹄也者，心也。各射己之心也，各得其心而已。故曰：可以观德矣。[1]

阳明在提督都察院中既建射圃又建观德亭，是因为古人射以观德，射者，射己之鹄；鹄者，即心。射己之鹄，就是各射己之心，各得其心，所以说射可以观德。这是用“射”来喻君子的道德修养与当政者的施政，要求君子之射首先要存心，心正心端，心敬心平，心专心通，心纯心宏，才能射鹄中的，道德修成。当政者的施政也是如此，同样要求先自存心，心正心端，才能治心治人，政修事成。阳明的这篇《观德亭记》不仅成了当政者治心治人的施政纲要，而且也成了君子修心修己的道德准绳。所以提督都察院拓建一新后，射圃与观德亭竟成了四方学子纷纷来聚居问道的“圣地”。钱德洪在《阳明先生年谱》中说：“四方学者辐辏，始寓射圃，至不能容。”他提到阳明在上捷音后一次同诸生在射圃的讲学论道说：

> 一日，设酒食劳诸生，且曰：“以此相报。”诸生瞿然问故。先生曰：“始吾登堂，每有赏罚，不敢肆，常恐有愧诸君。

[1]《王阳明全集》卷七。

比与诸君相对久之，尚觉前此赏罚犹未也。于是思求其过以改之。直至登堂行事，与诸君相对时无少增损，方始心安。此即诸君之助，故不必事事烦口齿为也。"诸生闻言，愈省各畏。[1]

这就是阳明自己在射圃与观德亭的自正其心的"君子之射"。提督都察院的左旁门就通射圃，所以阳明可经常到射圃同学子诸生讲学论道。魏时亮在《大儒学粹》中提到一件逸事说：

先生在赣院，左有旁门通射圃，暇即走其中，与诸生论学，多至夜分，次早诸生入揖为常。一夕夜坐，诸生请休朝扣门，守者曰："昨夜公返未几，即出兵，不知何往。今可至数十里外矣。"其神速机变若此。[2]

因为四方学者纷纷来问道，射圃至不能容，九月，阳明便又重修了濂溪书院，接纳四方学者。濂溪书院建在郁孤台上，同府治宣明楼相接，成为阳明在江西同学子诸生讲学论道的最主要的场所。他的文治教化的施政，把军、政、学的建设统贯起来。

在推行文治教化中，阳明深感到江西军政中的种种弊病，必须痛加更革。江西的盐法事关平乱的军饷，一直是他关注的焦点。还在正德十二年六月，因军饷窘迫，他就上了《疏通盐法疏》，并同时写信给兵部尚书王琼说："惟赣州虽有盐税一事，迩来既奉户部明文停止。但官府虽有禁止之名，而奸豪实窃私通之利。又盐利下通于三府，皆民情所深愿，而官府稍取其什一，亦商人所悦从。用是辄因官僚之议，仍旧抽放。盖事机窘迫，势

[1] 按：钱德洪将此事系在建成濂溪书院之下，不当。
[2] 《大儒学粹》卷九《阳明王先生》。

不得已。然亦不加赋而财足，不扰民而事办，比之他图，固犹计之得者也。”[1] 江西盐法的症结，是用淮盐而罢广盐，弊端尤大，但朝廷却迟迟拖延不予解决。所以到正德十三年十月，阳明又上了《再请疏通盐法疏》，建议开复广盐。他分析淮盐与广盐的利弊说：

> 今呈前因，为照袁、吉等地方，溪流湍悍，滩石峻险，淮盐逆水而上，动经旬月之久；广盐顺流而下，不过信宿之程。故民苦淮盐之难，而惟以广盐为便……故广盐行则商税集，而用资于军饷，赋省于贫民；广盐止则私贩兴，而弊滋于奸宄，利归于豪右……臣窃以为宜开复广盐，著为定例；籍其税课，以预备军饷不时之急；积其羡余，以少助内府缺乏之需。实夹公私两便，内外兼资。[2]

开复广盐，有便于盐商，有利于税课，省赋于平民，资助于军饷，这是一个公私两便、军民两利的举措，对阳明后来平宸濠乱起了直接作用。这表明在经历了平江西乱的战伐后，面对江西依旧驱之不去的乱象，阳明在军政上有了更多的务实思考。十一月，他又寻访通兵法的军事人才，不拘一格降人才，选他们入院参赞军议。他选中了贬谪小臣三河驿驿丞王思、通衢马驿驿丞李中等人，发下《优礼谪官牌》说：

> 照得本院奉命提督军务，征剿四省盗贼，深虑才微责重，惧无以仰称任使，合求贤能，以资谋略。访得潮州府三河驿驿丞王思，志行高古，学问渊源，直道不能趋时，长才足以

[1]《王阳明全集》卷二十七《与王晋溪司马》书三。
[2]《王阳明全集》卷十一。

> 济用；惠州府通衢马驿驿丞李中，坚忍之操，笃实之学，身困而道益亨，志屈而才未展。合就延引，以匡不及。为此牌仰该府，照牌事理，措办羊酒礼币，差委该县教官赍送本官处，用见本院优礼之意，仍照例起关应付。以礼起送前赴军门，以凭咨访。[1]

这就是阳明高明的"儒以用武，宪章濂洛，步趋伊吕"。明朝的军政，上被权阉近侍所把持，以太监监军，将军、总兵之辈多是些不懂用兵之道、不会兵法谋略打仗的武夫，军队腐败，兵士骄惰，失却战斗力。阳明痛惩军政腐败之习，抵制镇守太监的掣肘干预，敢于以儒用武，选用那些懂兵法、善谋略的儒士任军事参谋，他甚至把画家郭诩、豪士龙光等人都招至幕下参议军事，咨询谋略。在阳明的帐下就聚集了这样一群懂兵法、善谋略的儒士谋臣，近身替他出谋划策，献计用兵，在后来的平宸濠叛乱中发挥了重大的军事参谋作用。

阳明自南征三浰归后在推行文治教化与整顿军、政、学上的巨大努力，虽然因突然爆发的宸濠叛乱而中断，但他的整顿军、政、学的种种努力并没有白费，却为他迅速成功平定宸濠叛乱及时准备了条件。

征战中的论道：江右王学的兴起

在戎马倥偬的平乱征战生活中，阳明并没有中断他的明辨心

[1] 《王阳明全集》卷三十。

学的讲学论道。他从血腥残酷的“破山中贼”中领略到了“破心中贼”的艰难与重要。还在正德十二年十月出师攻横水时，他已经从“破山中贼”的征战中认识到“破心中贼”之难，后来他写信给杨骥与薛侃说：

> 某向在横水，尝寄书仕德云：“破山中贼易，破心中贼难。”[1]

阳明说的“破心中贼难”，实际就是一个“人心”的救赎问题。在他看来，善的人心为恶的私欲所蒙蔽戕害，造成人心堕落，道德沦丧，自我异化，私欲就是戕害善心的“心中贼”，那些“山中贼”谢志珊、蓝天凤、池仲容之流就是人心遭到私欲的蒙蔽、蠹蚀、戕害，陷溺迷失，大义不明，心不能知善知恶，走上了叛乱作恶的迷途。所以“破心中贼”的武器不是刀枪杀戮，而是他的救赎人心的心学（圣贤之学）。大千世界中的芸芸众生，人人须破自家“心中贼”。在平江西乱中，阳明把讲学论道、明辨心学提到了人人“破心中贼”的高度，同士子学者展开了新的讲学与论战。阳明一到赣州，湛若水就写信给他，希望在心学问题上进一步展开商讨。到二月，阳明给徐爱写去了一封长信，分析江西的战乱，尤关注越中士子的讲学论道，也谈到了他与湛若水之间的往还讨论学问，说：

> ……近虽陆续有所斩获，然未能大捷，属邑贼尚相持，已遣兵四路分截，数日后或可成擒矣……过此幸无事，得地方稍

[1] 《王阳明全集》卷四《与杨仕德薛尚谦》。

> 定息，决须急求退。曰仁与吾命缘相系，闻此当亦不能恝然，如何而可，如何而可！行时见世瑞，说秋冬之间欲与曰仁乘兴来游。当时闻之，殊不为意，今却何因，果得如此，亦足以稍慰离索之怀。今见衰疾之人，颠仆道左，虽不相知，亦得引手一扶，况其所亲爱乎？北海新居，奴辈能经营否？虽未知何日得脱网罗，然旧林故渊之想，无日不切，亦须曰仁时去指督，庶可日渐就绪。山水中间须着我，风尘堆里却输侬，吾两人者，正未能千百化身耳，如何而可，如何而可！黄舆阿睹近如何？似此世界，真是开眼不得，此老却已省却此一分烦恼矣。世瑞、允辉、商佐、勉之、半珪凡越中诸友，皆不及作书。宗贤、原忠已会面否？阶甫田事能协力否？湛原明家人始自赣往留都，又自留都返赣，遣之还不可，今复来入越，须早遣发，庶全交好。雨弟进修近如何？去冬会讲之说，甚善。闻人弟已来否？朋友群居，惟彼此谦虚相下，乃为有益，《诗》所谓"谦谦恭人，惟德之基"也。趁曰仁在家，二弟正好日夜求益，二弟勉之！有此好资质，当此好地步，乘此好光阴，遇此好师友，若又虚度过日，却是真虚度也，二弟勉之！正宪读书极拙，今亦不能以此相望，得渠稍知孝弟，不汲汲为利，仅守门户足矣。章世杰在此，亦平安。日处一室中，他更无可往，颇觉太拘束，得渠性本安静，殊不以此为闷，甚可爱耳。克彰叔公教守章极得体，想已如饮醇酒，不觉自醉矣。……[1]

湛若水遣家人来奔走于赣州、南都与绍兴之间，就是传递相互的论学书信。阳明说的"二弟"指王守俭、王守文。到四月，阳明

[1] 王阳明：《与徐曰仁书》，《中国书法大成》（五），《支那墨迹大成》第十卷《补遗》。

在瑞金又专门写信给侄辈王正思等人，谈到了同一的立志于圣贤之学的问题，说：

> 近闻尔曹学业有进，有司考校，获居前列，吾闻之喜而不寐……吾非徒望尔辈但取青紫荣身肥家，如世俗所尚，以夸市井小儿。尔辈须以仁礼存心，以孝弟为本，以圣贤自期，务在光前裕后，斯可矣……习俗移人，如油渍面，虽贤者不免，况尔曹初学小子，能无溺乎？然惟痛惩深创，乃为善变。昔人云："脱去凡近，以游高明。"此言良足以警，小子识之！吾尝有《立志说》与尔十叔，尔辈可从抄录一通，置之几间，时一省览，亦足以发。方虽传于庸医，药可疗夫真病……读书讲学，此最吾所宿好，今虽干戈扰攘中，四方有来学者，吾未尝拒之……[1]

"十叔"就是指王守文。阳明曾经写过一篇《立志说》赠给他。所谓立志，就是要立志于做圣贤，立志于学圣贤之学，行圣贤之道，做到"以仁礼存心，以孝弟为本，以圣贤自期"。可以说，阳明就是同样用这种"立志"说开导江西的学者，展开讲学论道，以一个举世注目的文治武功的儒宗吸引了四方学子，赣州成为四方学子新的问道"圣地"。正好这年是大比之年，阳明的弟子蔡宗兖、许相卿、季本、薛侃、陆澄都春闱考中进士。中举的还有很多同阳明关系密切的士子如陈沂、陈逅、汪应轸、吾谨、柯相、席春、夏言、王冕、王韦、伦以训等，以及后来成为阳明弟子的如聂豹、郑洛书、舒芬等人。这些中举的和落第的举子不

[1]《王阳明全集》卷二十六《赣州书示四侄正思等》。

少都在三月以后陆续来赣州向阳明问学，这就是阳明在四月说的"今虽干戈扰攘中，四方有来学者，吾未尝拒之"。起初阳明在三月写信给中进士的蔡宗兖、许相卿、季本、薛侃、陆澄，盼他们能来赣讲学，说：

> 闻诸友皆登第，喜不自胜。非为诸友今日喜，为野夫异日山中得良伴喜也。入仕之始，意况未免摇动。如絮在风中，若非粘泥贴网，恐自张主未得。不知诸友却如何？想平时工夫，亦须有得力处耳。野夫失脚落渡船，未知何时得到彼岸。且南赣事极多掣肘，缘地连四省，各有抚镇，乃今亦不过因仍度日，自古未有事权不一而能有成者。告病之兴虽动，恐成虚文，未敢轻举，欲俟地方稍靖。今又得诸友在，吾终有望矣……[1]

最先来赣的是岭南落第举子伦以训与杨骥。杨骥先在京师遇见薛侃，由薛侃介绍，他便来赣州问学，受学数月。薛侃在《杨毅斋传》中谈到阳明与杨骥的论学说：

> ……会试入京师。遇中离，闻阳明先生之教，遂赴赣州，数月有省，驰简示知友云："古人致知工夫，自是直截易简，视后支离茫无可入大径庭矣。"时潮学未明，先生偕中离归自赣，发明合一之旨，锐浣旧习，直培本根。以圣人为必可师，万物皆吾一体，一时士友翕然兴起。[2]

可见阳明向杨骥主要讲论正心格物的易简工夫、知行合一之旨、

[1]《王阳明全集》卷四《与希颜台仲明德尚谦原静》。
[2]《薛侃集》卷七。

万物与吾一体之说。所谓“视后支离茫无可入”，就是暗指繁琐支离的朱学，隐然包含了阳明的“朱子晚年定论”思想。《传习录》上记录的一则阳明与杨骥的讲学揭开了这一秘密：

> 士德问曰：“格物之说如先生所教，明白简易，人人见得。文公聪明绝世，于此反有未审，何也?”先生曰：“文公精神气魄大，是他早年合下便要继往开来，故一向只就考索著述上用功。若先切己自修，自然不暇及此。到得德盛后，果忧道之不明。如孔子退修六籍，删繁就简，开示来学，亦大段不费甚考索。文公早岁便著许多书，晚年方悔是倒做了。”士德曰：“晚年之悔，如谓‘向来定本之误’，又谓‘虽读得书，何益于吾事’，又谓‘此与守书籍，泥言语，全无交涉’，是他到此方悔从前用功之错，方去切己自修矣。”曰：“然。此是文公不可及处。他力量大，一悔便转，可惜不久即去世，平日许多错处皆不及改正。”[1]

阳明完全在用他的“朱子晚年定论”的思想解说他的王学的“直截易简”和朱学的“支离繁琐”。阳明与杨骥的讲论学问足以表明，阳明在赣州主要就是用他的正心格物的易简工夫、知行合一、万物与吾浑然一体与“朱子晚年定论”的思想同四方来学的士子讲学论道，上接江西陆学的传统，传播他自己的易简广大的心学。紧接着杨骥之后，吉水的龙履祥也来赣州问学，阳明收他为弟子，还把其父冲虚龙光引为军门参谋。连远在莆田家居的见素林俊也遣其子林适来赣受学，后来他致书阳明说：

---

[1] 《传习录》卷上。

> 廷言大参回，承致书惠，兼审宪纪霜肃，道况玉润。漳寇毕功，寻转而经略赣之新关，儒为世道赖固然，而值今一遇，有余慨焉。执事中立时行，运醇镇躁，以大收儒效，少违枘凿，将欲委唾残弃之，其不诚知轻重大丈夫哉！夫假通以行志，犹欲强尺枉以望寻之直，直不得分，而枉不可反汗，孰肯立一恕以庇吾瑕哉！腹心之言，同道僭论以叹世也。达子承论及渠材犹可教，区区甚难，渠举之若易，惜不立坚苦志，玩日愒月，竟之无所似适。子文亦异常局，学较博，然亦欠坚苦，负美材。执事幸并下严督之教，收之弟子之末，道风吹鼓，固不在门墙间也。至惠，至惠！余惟吾道多爱。[1]

大约在四月阳明东征汀漳归后，泰和的大画家清狂郭诩也前来赣州投阳明幕下，他作了一幅题诗画赠给阳明，吐露自己的抱负志向。郭诩字仁弘，号清狂，画风狂逸，弘治以来同江夏吴伟、北海杜堇、姑苏沈周声誉并起。陈昌积的《郭清狂诩传》是这样描述郭诩的来投靠阳明的：

> 宸濠嗣王，敬公，尝召与语。公见其羯羠寡虑，易发怒，欲去。正德五年庚午，宸濠疏请中和之曲，公愕然曰：“是谋将凌其上，以此无贵种矣。吾不可与之俱垫水火也。”故露拙业，托微罪得去。去后，宸濠益猖獗，固不可胜数。己卯，反大有端矣。诩度其反，必劫己，居尝默默不得志，念右贵惟王都御史智权足解脱己。王都御史者，名守仁，余姚人也。

[1] 《见素集》卷二十二《复王阳明》。

> 以学为世儒宗工，时假节提军汀、赣。乃敬往依之，悬画题诗见志，阳明悟其志。[1]

陈昌积说郭诩在“己卯”来见阳明是错误的，因为阳明在正德十二年十二月作的《平茶寮碑》中就已提到郭诩：“并听选等官雷济、萧庾、郭诩、饶宝等，共二百余名。”这时郭诩已任“听选”之官，并在征横水、桶冈中立了功。从郭诩未参加东征汀漳来看，他应是在四月阳明东征汀漳归赣州以后，来见阳明，阳明选他为军门参谋，也同他讲论学问，在军中尤引人注目，更吸引了四方学子来赣问道受学。对这些学子，阳明也有自己循循善诱的独特的教导方法。就在九月阳明出师攻横水、左溪前夕，雩都洛村黄弘纲赶来赣州问学受业。罗洪先在《明故云南清吏司主事致仕洛村黄公墓志铭》中谈到黄弘纲的来赣受教说：

> 正德丁丑，阳明王先生以中丞督军于虔，延见士人，辄语以圣学。是时，虔中士人，无少长皆得其门，独雩都洛村黄君与何善山两人最有名。是时，君以《诗经》举丙子乡试第七人，丁外艰。往兄弘彝堕父赀不能偿，父怒，将杖之，君怜焉，自代三百金以解。先生闻而异之，尝谓士人曰：“黄君来何迟也？”既小祥，始上谒。三日而悟心理合一之旨，凡所诵说，即能无悖于先生。先生之教士人也，择资之近者，特置左右，时掖奖顿挫而造就之；知用力矣，则又谆谆操习其诵说，与己无悖。士人初至者，令先以意接引，且察其性行何若；俟渐领略，徐共面语，故己不劳而人易知。君首在

[1] 《国朝献征录》卷一百十五。

> 造就中，日以接引得朋友益，故从先生去虔，至归越，不忍离者四五年。[1]

与黄弘纲同时，善山何廷仁也来赣问学，当他得知阳明已提兵往征横水、桶冈，十分怅然地说："我不能于于而居，徐徐而俟也。"马上裹粮追到南康，拜阳明为师。罗洪先在《南京工部屯田清吏司主事善山何公墓志铭》中谈到何廷仁的来南康受学说：

> 君初名秦，字廷仁，晚以字行，字性之，号善山。当阳明先生以提督之节驻赣也，常聚四方君子论学。君闻黄君（弘纲）所闻于先生者，慨然曰："吾恨不及白沙之门，先生，今之白沙也。刻期往谒，又可失耶?"友人以不利举业尼之，不为听。会先生征桶冈，裹粮追从，相见于南康。是时，丁继母忧归，而斩然以礼自度，不徇流俗。先生闻之，曰："是能以身为学者。"久之，授以"万物一体"之论，与"致良知"之说。终夜思之，达旦不寐，忽有省悟……君以诸生事先生，在赣趋赣，在南浦（南昌）趋南浦，在越趋越，一不以举业为念。[2]

其实何廷仁并不是一个人来赣，他还带了其兄何春及雩都士子管登一起来赣问学。《康熙雩都县志》上有《何春传》就详细谈到了何春来赣向阳明问学说：

> 何春字元之，廷仁兄……王公守仁开府虔南，春谓弟廷

[1]《罗洪先集》卷二十。
[2]《罗洪先集》卷二十。

> 仁曰："此孔孟嫡派也，吾辈当北面矣。"乃偕弟师事焉。苦心研究，寝食几忘。久之，涣然有省，曰："心体自静，须冥默存养，静无不动，就随动处省察，几善，与即顺顺充养将去，若过为拘检，反成动气；几恶，与即发奋克治，若因循放过，便为丧志。丧志是忘，动气是正、助。诚时时刻刻念念为善去恶，即孟子有事集义、勿正勿忘勿助长也。更有甚闲情挂牵着外事！"阳明子语及门曰："何元之工夫，真所谓近里着己也。"一日，问于阳明子曰："心有动静，道无间于动静。故周子谓'动而无静，静而无动，为物'，谓'动而无动，静而无静，为神'也。且夫不睹不闻，静也，起念戒惧，则不可谓之静；隐见微显，动也，极深研几而心不放，则不可谓之动。故邵子曰：'一动一静之间，天地人之至妙至妙者与？'以此观之，人者，天地之心；性情者，天地之动静也。浑合无间，君子可以时以地而分用其功乎！分用其功，分用其心矣。天理间断，人欲错杂，精一之学，恐不如此。"阳明子亟肯曰："得之矣，得之矣！"[1]

又《管登传》详细谈到了管登来赣向阳明问学说：

> 管登，字弘升，义泉其别号也……弱冠，读《中庸》"尊德性"章，憬然曰："人性本高明，一为物欲所汩，其卑暗也畴委。"于是以致知为学问关键，亹亹忘倦。闻阳明先生论学虔中，登语何廷仁、黄弘纲曰："昔伊洛渊源，实肇此地。今日圣道绝续之关，其在斯乎？"乃偕何、黄诸子而受业

[1] 《康熙雩都县志》卷九。

> 焉。阳明子一见，即语及门曰：“弘升，盛德君子也。”语以格致之要，恍然有悟，如久歧迷途而始还故乡也。自是省察体验，终食不违。尝曰：“人于此道，如捕风捉影，未尝真知实究，往往半上落下。若知之真，则行在其中矣。”阳明子曰：“弘升可谓信道极笃，入道极勇者也。”[1]

雩都士子黄弘纲、何廷仁、何春、管登（后来还有袁庆麟）来赣问道受学，深得王学真传，回雩都后结成了一个传播宣扬阳明王学的群体，他们以黄弘纲、何廷仁为首，在江西形成了一股江右王学的中坚力量，所以后来人们论到浙中、江右的王学，都赞说“江有何黄，浙有钱王”。在黄弘纲、何廷仁之后，四方学子接踵而来，特别在十二月阳明平桶冈班师回赣州后，他的文治武功的声名大振，四方学子更涌入虔中。就在十二月阳明一回到赣州，靖轩薛俊、中离薛侃率领了一班弟侄薛侨、薛仲铠等人从玉山来赣州问学受业。薛俊是薛侃之兄，尤慕阳明之学，阳明说他“闻尚谦之言，遂不知己之为兄，尚谦之为弟；己之尝为尚谦师，而尚谦之尝师于己也，尽使其群子弟侄来学于予，而君亦躬枉辱焉”[2]。这样一个群子弟侄的薛氏“问道团”，就是由薛俊率领来赣的，薛侃在《薛靖轩传》中说：“弟侃侍阳明夫子于南康，登第归，因闻其说，叹曰：‘昔闻崑斋先生之论，亦有然者。此乃见人心至同，圣学在是矣！’遂率其弟薛侨、子宗铠而师之。”[3] 薛侨在《中离公行状》中更详细记述了他们这次来赣的问道受学说：

[1] 《康熙雩都县志》卷九。
[2] 《王阳明全集》卷二十五《祭国子助教薛尚哲文》。
[3] 《薛侃集》卷七。

> 丁丑，靖轩公奉母命促之北，登进士第。年三十有二也。先生自谂曰：“仕以行道，吾斯未信。”乃告归，获依亲之命，过怀玉，时太宜人就养靖轩公官邸。先生居数月，承颜顺志，孝养弥纯。一日，太宜人曰：“吾闻孝以养志为至，儿能尽忠致君，行道泽民，是吾志也。吾安汝兄养，亟往于虔，再侍阳明以终汝所学。”靖轩曰：“是宜从命。”乃携弟侨暨诸侄往处于虔者年余。阳明公提督军务，乐与讲聚而忘其冗剧。先生与友冀惟乾、郭浅斋（郭持平）、梁象峰（梁焯）日进请益，退则发明，以迪初学。[1]

薛侃后来把他这次来赣问道受学一年来所记的语录都编进了《传习录》（三卷）。薛氏家族两代人的问道受业，推动了王学在岭南的传播。与薛俊、薛侃同时，有一个南海士子梁焯也风尘仆仆来赣州问学。梁焯是正德九年进士，他到正德十二年十二月才得以谒选赴京师，途经赣州来向阳明问学，竟留恋不去，一住虔台九个月。阳明后来作《别梁日孚序》，详细谈到梁焯在赣的勤勉问学受业说：

> 进士梁日孚携家谒选于京，过赣，停舟见予。始与之语，移时而别。明日又来，与之语，日昃而别。又明日又来，日入而未忍去。又明日，则假馆而请受业焉。同舟之人强之北者，开譬百端，日孚皆笑而不应，莫不嚣且异，其最亲爱者曰：“子有万里之行，戒僮仆，聚资斧，具舟楫，又挈其家室，经营阅岁而始就道，行未数百里而中止，此不有大苦，

[1]《薛侃集》附录三。

必有大乐者乎？子亦可以语我乎？"日孚笑曰："吾今则有大苦，亦诚有大乐者，然未易以语子也。子见病狂丧心者乎？方其昏逸瞶乱，赴汤火，蹈荆棘，莫不恬然自信，以为是也。比遇良医，沃之以清泠之浆，而投之以神明之剂，始甦然以醒。告之以其向之所为，又始骇然以苦；示之以其所从归之途，又始欣然以喜，且恨遇斯人之晚也。彼病狂不复者反从而哂啮之，以为是变其常。今吾与子之事，亦何以异于此矣！"居无何，予以军旅之役出，而远日孚者且两月，谓日孚既去矣。及旋，而日孚居然以待，既以委其资斧于逆旅，归其家室于故乡，泊然而乐，若将终身焉。扣其学，日有所明而月有所异矣。然后益叹圣人之学，非夫自暴自弃，未有不可由之而至。而日孚出于流俗，殆孟子所谓"豪杰"之士者矣。复留余三月，其母使人来谓曰："姑北行，以毕吾愿，然后从尔所好。"知日孚者亦交以是劝。日孚请曰："焯焉能一日而去夫子，将复赴汤火，蹈荆棘矣！"予曰："其然哉？子以圣人之道为有方体乎？为可拘之以时，限之以地乎？世未有既醒之人而复赴汤火、蹈荆棘者。子务醒其心，毋徒汤火荆棘之为惧！"日孚良久曰："焯近之矣。圣人之道，求之于心，故不滞于事；出之以理，故不泥于物；根之以性，故不拘以时；动之以神，故不限以地。苟知此矣，焉往而非学也，奚必恒于夫子之门乎？焯请暂辞而北，疑而复求正。"予莞尔而笑曰："近之矣，近之矣！"[1]

阳明这篇序直可谓是他在江西向四方学子指点圣人之道、复归善

[1]《王阳明全集》卷七。

心的讲学论道大纲，精辟概括了他的人心救赎复归思想的精要。在他看来，人心堕落沦丧是“大苦”，人性救赎复得是“大乐”。失却人心的人是“丧心病狂者”，需要“良医”用圣人之道来救“醒”、救“复”。所以圣人之道求之于心，故不滞于事，反身复善；圣人之道出之以理，故不泥于物，格心求理。正是阳明这种醒世警世的人心救赎复归的思想，极大吸引了那些四方学子。

到正德十三年，在阳明征三浰归来后，越来越多的四方学子赴赣州问道受业。邹守益在《奠何善山先生文》中说：

> 昔阳明先师以圣学倡于虔台，一时豪杰不远四方以集，如大寝开钟，群渴饮河……在广东若薛子尚谦、子修、梁子日孚、杨子仕德、仕鸣，在南畿若周子道通，在楚若季子惟乾，在江右若夏子惟中、周子南仲、郭子昌修、王子宜学、李子子庸……[1]

钱德洪在《阳明先生年谱》中也说：

> 先生出入贼垒，未暇宁居，门人薛侃、欧阳德、梁焯、何廷仁、黄弘纲、薛俊、杨骥、郭治、周仲、周衡、周魁（当作刘魁）、郭持平、刘道、袁梦麟（当作袁庆麟）、王舜鹏、王学益、余光、黄槐密（当作王槐密）、黄鍪（当作黄鏊）、吴伦、陈稷刘、鲁扶黻、吴鹤、薛侨、薛宗铨、欧阳昱，皆讲聚不散，至是回军休士，始得专意于朋友，日与发明《大学》本旨，指示入道之方。

[1]《邹守益集》卷二十。

这是指正德十三年三月阳明征三浰归后的情况。但是钱德洪遗漏了太多的四方来学的士子，尤其遗漏了人数最多的江西本省来学的士子，而正是这些济济众多的江西士子源源来赣州问道受学，兆示了江右王学的崛起。在江西这方有深厚陆学传统的广袤土地上，王学更容易被求道若渴的江西的士子所信仰接受，所以几乎从江西的各个府县都有学子奔赴赣州来问学。在正德十三年阳明“回军休士”后，除了钱德洪提到的欧阳德、欧阳昱、何廷仁、黄弘纲、郭治、周仲、郭持平、袁庆麟、王舜鹏、王学益、余光、吴伦等人之外，还有更多的江西学子从四面八方一路一路走进了虔中——

泰和：欧阳德、欧阳昱、欧阳瑜、欧阳阅、刘魁、王思、李鎜、李绛、李涓。欧阳德是泰和人，他实际是在正德十三年四月携胞弟欧阳昱及族弟欧阳瑜、族兄欧阳阅一起来赣问学，表达了泰和士子崇仰王学的心声。阳明一见到欧阳瑜就开导说：“常歆然无自是而已。”欧阳瑜别归时，阳明向他传授了“六字符”：“常见自己不是，此吾六字符也。”欧阳阅发觉宸濠有异动，问阳明：“以时世论，将有七国之变，计将安出?”阳明私下里对他说：“书生何易谈天下事？可读《易》洗心。”他们都成了阳明王学在泰和的传人。

刘魁字焕吾，号晴川。他也是和欧阳德同时来赣问学。欧阳德在《送刘晴川北上序》中说：“阳明先生倡学虔台之岁，某从晴川子日受业焉。当是时，默坐澄心，游衍适性，《诗》《书》《礼》《乐》益神智而移气体者咸备，若春风被物，生植而不自知。”[1] 刘魁后来还向弟子谈到他在赣受阳明之教的情况说：

[1] 《欧阳德集》卷七。

“每举阳明遗事以淑门人，言：‘阳明转人轻快，一友与人讼，来问是非，阳明曰：“待汝数日后，心平气和，当为汝说。”后数日，其人曰：“弟子此时心平气和，愿赐教。”阳明曰：“既是心平气和了，又教什么？”朋友在书院投壶，阳明过之，呼曰：“休离了根。”’问阳明言动气象，先生曰：‘只是常人。’”[1]

同时来赣州的泰和士子还有李鳌、李绛、李淐及王贞善一路。李鳌号珠泉先生，他带了其兄李绛、其子李淐来赣问学，阳明后来聘请他主教虔学，一时赣州学子多出其门。

大庾：刘鲁、刘宰。两人都是大庾人，欧阳德说从大庾来赣的一路士子中，最颖悟的就是刘鲁、刘宰二人。他们深受阳明的心学之教，从此刊落词华，究心于心性之学。刘鲁说：“性含灵识，故神明其德，本于斋戒；情显功能，故高厚之业，积之忠恕。汩其性则神昏，虽多闻不足以精义；凿其情则才僻，虽利用不足以崇德。且鉴空而明，故垢净明莹，未闻设色以影将照之形；心虚而神，故欲净神应，未闻执迹以拟不测之变。”[2] 刘鲁、刘宰成了大庾阳明王学的中坚弟子。

宁都：赖元、赖贞、李经纶。他们都是宁都名士。赖元字善长，号蒙岩。赖贞是其弟，李经纶是宁都邑庠生。赖元受阳明心学之教，成为宁都阳明王学的领袖。黄弘纲在给刘龙山的信中说：“近得宁都朋友相次兴起，甚得力者，皆善长一人倡率之功也。”[3] 宁都县令陈大纶设讲堂，推赖元为首，诸生学子尊为儒宗。后来他又同邑人蒙泉李大集讲学于青原山中，被吉安士人尊为“二蒙”。

---

[1]《明儒学案》卷十九《员外刘晴川先生魁》。
[2]《欧阳德集》卷二十五《刘玄洲墓志铭》。
[3]《道光宁都直隶州志》卷二十二。

吉水：周仲、周汝员、周文炬、周汝方、罗琛。周仲字南仲，是周汝员、周文炬之父。他两次携周汝员、周文炬来赣问学，与邹守益关系密切，邹守益作有《和周南仲》云：“郁孤台上濂溪学，两度春风共坐之。尽把毁誉供一笑，从来饥饱更谁知？言如鹦鹉犹为鸟，道在盘盂举是师。回首文江天咫尺，片帆何日话幽思？”[1] 所谓“两度春风共坐之”，就指周仲两度来赣问学。所谓“郁孤台上濂溪学”，就指周仲在郁孤台上的濂溪书院受学。龙冈周汝方是罗洪先的姐夫，他受阳明学归吉水，对罗洪先产生了很大影响。罗琛字松坪，十二岁时为弟子员，听到阳明在赣讲学，立即赴赣拜阳明为师。所以罗洪先视罗琛为吉水罗姓大族的“颜子”。《光绪吉水县志》上记载他与阳明的一次讲学说：“一日，侍守仁招提，守仁问：‘钟声何如叩之即应？’答曰：‘钟空则鸣，心虚则灵。一物实其中，钟声必不应；一欲横于中，则心必不明。’守仁大然之。罗洪先尝叹曰：‘吾家颜子，伊、周非所求也。’”[2]

新建：郭昇、程度、张元相、王臣。郭昇是以孝闻名的新建士子，明经通礼。他来赣亲聆阳明之教有得，作有《大学中庸问答》，后来巡按延请他为白鹿洞书院山长。张元相与兄张元春、弟张元龙三人早有诗名，张元春任山阴知县时，张元相就已来向阳明问学。到阳明来赣平乱时，张元相秘密从南昌到赣州，向阳明告宸濠反状。宸濠逮捕张元相、张元龙下狱，严刑拷打。直到阳明平定宸濠乱，才把他们从监牢里救出。王臣字公弼，号瑶湖。问学阳明尤勤，邹守益说他“比拜阳明公，精思力证，訾诽哗然，不恤。时与四五同志居社稷坛，趋白鹿洞，日究所未至，遂中式，

[1] 《邹守益集》卷二十六。
[2] 《光绪吉水县志》卷三十六。

乡人始信讲学之益”[1]。这些新建士子极大推动了王学在南昌地区的兴起与传播。

万安：郭持平、刘业、刘道、王舜鹏。郭持平字守衡，号浅斋。他在正德九年入南雍卒业，已与阳明相识，这次再来赣受阳明学，《传习录》上记下了他与阳明的一次重要的讲学论道。丹峰刘业工于诗文，积学深宏，阳明每次讲学，刘业都列为高座。五山刘道受阳明教，长于礼乐刑政，后来任云南按察司佥事，留下了“天縠滇南，来有五山”的美誉。王舜鹏受阳明教，甘苦茹淡，敦朴守正，与万安乡士大夫博士弟子讲论阳明心学，终身不倦。他们都成了万安王学兴起的“领军人物”。

赣县：刘潜、余光、董欧。刘潜字孔昭，饱读经史，品性端方。他任铜陵县令，听到阳明在赣讲学，立即辞职归，来赣州问学，后来阳明说：“刘君所学，实措诸行事，犹程子令晋城也。惜未遇吕公，不得大展所学耳。”[2] 余光字缉之，自幼攻读诗书，刻苦自励。他就近来向阳明问学，独有所得。后来任广西南宁府同知，在平安南乱中立功，升南京刑部员外郎。归居乡里二十年，以讲学论道自乐。董欧字希永，号九宾主人。他受阳明之教，深得万物一体之旨。邹守益在《九宾主人辩》中称颂这个深得万物一体之教的九宾主人说：“阳明先师倡道于虔，予与希永同闻万物一体之学……善乎，九宾子之希永也！是非从六一传中来耶？予将何以赞子？其诸万物一体之教乎！”[3]

安福：邹守益、郭治、吴伦、刘宾朝、张崧、王学益、刘秉鉴、张鳌山、王钊、王镜、王铸、王皞、王玮、刘文敏、刘敬夫、

[1]《邹守益集》卷二十一《广西参议瑶湖王君墓志铭》。
[2]《同治赣县志》卷三十四。
[3]《邹守益集》卷十七。

刘阳、刘肇衮、刘邦采、刘独秀、易宽。在通往赣州"朝圣问道"的路上，从安福来的士子群体最引人耀眼注目。从江西各府县来赣问学的学子竟以安福为最多，一个小县的学子成群集队来赣拜师问学受业，在安福迅速涌现出一个人数众多的王门弟子群体，成为江右王学崛起的历史画卷中的一道奇特的文化风景线。所以连邹守益也说："昔阳明夫子倡道于虔，四方豪杰咸集……一时声应气求，私淑而与，吉郡视四方为胜，而安福视吉郡为胜。"[1] 安福的王学弟子群以邹守益为领袖，声气相求，活跃异常，成为江右王学的"南天一柱"。郭治号中洲，与邹守益为同年，他与欧阳德、刘魁一起来赣问学，又与邹守益同归。邹守益在《乾乾所箴》中说："阳明夫子之讲学虔州也，中洲郭子昌修偕晴川刘子焕吾、南野欧阳子崇一，往学焉。其后令孝丰，守嵩明，移守郁林，宣畅师训，甚宜其士民。"[2] 与欧阳德同来问学的吴伦，学道最为诚笃，得阳明默坐澄心、静专动直的工夫大旨，欧阳德在《吴伯叙卷》中说："先师阳明夫子讲学于虔，发明静专动直之旨，然闻其教者，或各以其意为学，而未究见夫所谓真静真动者……吴子伯叙昔在师门最称笃志，时或凝然端坐，若澄神内顾然者，朋友疑其偏静。比岁，会诸南雍，则吴子已改其旧辙，非复是内非外、喜静厌动者矣。"[3] 张崧号秋渠，博学赡文，问道阳明，充然有得，归著《丛录》《三传》《性理》《通鉴节要》等书。邹守益在《叙安福丛录》中评论说："秋渠张子崧……稽往乘，搜传记，博询山氓故老，凡为卷二十有二……往予与同志刘子肇衮、王生铸辈，议各记所闻所睹，细大必裒……

[1] 《邹守益集》卷二十一《彭子暗墓铭》。
[2] 《邹守益集》卷十七。
[3] 《欧阳德集》卷九。

秋渠子以独立成之。”[1] 刘秉鉴号印山，来赣问道，一生砥砺名节，正气凛然，触忤巨珰，下诏狱不屈，谪判韶州。族人三五刘阳评价他说：“先辈有言，名节一变而至道。印山早励名节，烈烈不挫，至临死生靡惑，宜其变而至道无难也。”[2] 王钊、王镜、王铸三兄弟同来赣受学于阳明，后卒业于邹守益。三人都志行坚确，一生往返于衡岳、石鼓、白鹿洞各书院之间，讲学不倦，邹守益题赠匾额曰“道侔二陆”。王学益也是安福惜阴会的王门中坚弟子，字虞卿，号大廓，筑室蒙冈山中，苦读自砺。他来赣问学，得阳明亲切之教，归安福蒙冈山讲论学问，阳明为他作了一首《蒙冈书屋铭》：“之子结屋，背山临潭。山下出泉，《易·蒙》是占。果行育德，圣功基焉。毋亏尔篑，毋淆尔源。战战兢兢，守兹格言。”[3]

在这些济济众多的安福来学士子中，又以安福刘氏子弟的结队来赣问学最夺人眼球。他们组成了安福刘氏的“问道团”，最大的一次问道受学，是两峰刘文敏、半洲刘敬夫、三五刘阳、石峰刘肇衮、狮泉刘邦采、湖山刘独秀（另还有台山易宽）等名士，在正德十三年冬间一起来赣问学一个多月。王畿在《半洲刘公墓表》中提到了这件鲜为人知的事实：

> 公讳敬夫，字敬道，别号半洲。始生之夕，父一洲翁梦张南轩至其家，因以命名……公性资静默，慎于交游，自刘两峰、石峰、易台山、刘狮泉、三五君、湖山诸君子外，罕所接与。时阳明先师倡学虔台，公与诸君子往从之，听讲余

[1]《邹守益集》卷四。
[2]《明儒学案》卷十九《御史刘三五先生阳》。
[3]《同治安福县志》卷十八。

> 月。始而信，中而疑，终而卒业焉。语同志曰："吾前所信者，信人也，非自信也；中所疑者，非疑人也，自疑也；终而信者，乃自信已。信故疑，疑故信。"[1]

王畿作刘敬夫的墓表是根据刘氏家人提供的行状，所以他的叙述是可信的。钱德洪在《阳明先生年谱》中没有提到安福刘氏来赣问学，显然是把正德十三年的安福刘氏来赣问学同嘉靖三年的安福刘氏来越问学混淆为一。王时槐在《御史刘先生阳传》中就清楚谈到了正德十三年安福刘氏的来赣受学：

> 三五刘先生阳，字一舒……弱冠，从彭石屋（彭簪）、刘梅源（刘晓）两先生受学，两先生深器之。阳明王公抚虔时，先生亟慕一见其人禀学焉，而梅源先生故是王公弟子，间示之语录，则益向往，遂专如虔。除夕，泊舟野水，风雪霏霏，齿牙上下，指麻木不得屈信，先生顾津津然喜也。旦日，见王公，称弟子。王公视其修干疏眉，飘飘然世外之态，顾谓诸生曰："此子当享清福。"已又谓先生曰："若能甘至贫至贱者，斯可为圣人。"先生跪受教。自是日两谒见，退则与冀君元亨等互相稽切。越数月，辞还。先是督学使者与王公持论不合，则发策诋之。先生明正学以为言，众皆谓先生且殿，而先生竟首选。[2]

刘阳是石屋彭簪、梅源刘晓的弟子，而刘晓早在正德九年已来南

[1] 《王畿集》卷二十。
[2] 《国朝献征录》卷六十五。按：石屋彭簪、梅源刘晓皆为阳明弟子。钱德洪《阳明先生年谱》："至吉安，大会士友螺川。诸生彭簪、刘阳、欧阳瑜等偕旧游三百余，迎入螺川驿中。先生立谈不倦。"

都向阳明问学。显然，这次就是刘晓指点安福刘氏众子弟来赣问学的。刘肇衮字内重，号石峰，王时槐在《二贤祠记》中谈到了他的来赣问学："……已而慕吴聘君康斋先生之风，得其书，喜读之。会阳明王公开府虔中，则往受学焉……与邹文庄公友善，然视公所为，少不惬意，必直言无讳，以是公益重之。"[1] 刘独秀字孤松，号湖山，《同治安福县志》上记述他来赣问学说："刘独秀，字孤松，性嗜学，淹贯群书，不求闻达。尝受业王守仁，称其存遏之功独至。"[2] 易宽字栗夫，号台山，《同治安福县志》上也提到了他来赣受学说："宽雅敦行诣，屡空自如。尝师事王守仁、邹守益，著有《释义》一编。"[3] 所以邹守益在《凤说赠易子督学之蜀》中称赞他说："易子栗夫，才敏而志端，事贤友仁，慨然九苞千仞之兴，仪于春卿。公卿荐其行谊，奉玺书以敷教宣化于蜀，兹非契与周、召重任乎?"[4] 刘邦采字君亮，号师泉，王时槐在《师泉刘先生邦采》中说："初，阳明公为南鸿胪，吉郡士未有及门者，惟先生从子晓最先受学，归以语先生，至老共学不衰，先生常称为'嘉谷之种'云。"[5] 刘晓往南都受阳明学归在正德九年，王时槐在这里漏叙了刘邦采往赣受阳明学的事实。刘文敏字宜充，号两峰。因为他后来又在嘉靖二年偕安福刘氏子弟刘文快、刘文恺、刘文悌、刘文协、刘子和、刘继权、刘祜、刘爆、刘熄（九刘）往越问学受业，后人把这次问学受业同他正德十三年来赣问学受业混淆起来，致使刘文敏正德十三年来赣问学一事湮没无闻。实际刘文敏在正德十三年来赣的安福刘氏"问

[1]《同治安福县志》卷十七。
[2]《同治安福县志》卷十一。
[3]《同治安福县志》卷十。
[4]《邹守益集》卷八。
[5]《国朝献征录》卷八十五。

道团”中也是一个领头人物，问学归来，很快成了安福王学的中坚弟子。

安福阳明王学门人群体的形成，是江右王学崛起的一道最亮丽的曙光。受安福士子的影响，从江西其他府县来赣问学的士子也日渐增多。像临川的陈九川、信丰的余庆、兴国的谢魁、永新的刘孔愚、永丰的罗文炳、雩都的袁庆麟等，他们的来赣受学，显示了阳明王学向整个江右的传播与深入。尤值得注意的是，正德十三年正是阳明思想上酝酿“良知”之学、心学发生重大新变转折的时期，到正德十四年他便首次提出了“致良知”的新学，首先在江右传播，被江西来学的士子所接受。阳明这一重大思想飞跃，又有力规范了江右王学的深化发展的走向，到邹守益四月来赣州问学，陈九川八月来南昌问学，就都已经是虔心受“良知”说的新教了。有悠远陆氏心学儒脉传统的江右大地又得阳明“良知”学新风气之先，所以，如果说正德十二年阳明在赣州开始的讲学论道标志着江右王学生成的起点，那么正德十四年邹守益、陈九川来赣州与南昌受“良知”新教就标志着江右王学的真正崛起，一时间江右王学骎骎有超越浙中王学之势。阳明首先在江右的大地播撒了“良知”学的种子，并正是在这种江右王学的崛起中对自己生平学问思想作了第一次总结。

体认心体：生平学问思想的第一次总结

在江西紧张繁冗的征战平乱的军旅生活中，阳明仍不忘同湛若水进一步展开讲学论道。可以说正是他同湛若水两人的讲学讨论，引领着他整个同四方来赣学子的讲学论道，直接导致了阳明对自己生平学问的第一次总结。龙江之会上提出的两个讨论的问题："不疑佛老""到底是空"与"随处体认天理"，实际并没有完全解决，所以在江西阳明与湛若水的讲学论道仍旧是沿着这两个问题展开。在"不疑佛老""到底是空"的问题上，阳明在正德十二年正月到赣州以后，曾有手谕给湛若水，仍坚持"不辟佛氏""到底皆空"之说，同他在《谏迎佛疏》中的说法一致。湛若水在四月有回信说："前叶以嘉来手谕，中间'不辟佛氏'及'到底皆空'之说，恐别有为。不肖顽钝，未能领高远之教。虽若小有异同者，然得于吾兄者多。此一节宜从容以候，他日再会，或有商量处也。"[1] 所谓"恐别有为"，就是暗指阳明为上《谏迎佛疏》而提出了三教同源、不辟佛氏的思想。湛若水后来说："父逾岭南，兄抚赣师。我病墓庐，方子来同。谓兄有言：学竟是空；求同讲异，责在今公。予曰岂敢，不尽愚衷？莫空匪实，天理流行。兄不谓然，校勘仙佛；天理二字，岂由此出？予谓学者，莫先择术；孰生孰杀，须辨食物。"[2] 就指这时两人在仙佛问题上的讨论，说不能合。阳明回避了对这一问题的正面回答。所以他们两人的讲学讨论后来主要沿着"随处体认天理"的问题逐渐展开。"随处体认天理"的问题归根到底还是一个如何"格物"的问题：是从心上体认天理（阳明），还是从物上体认天理（甘泉）？是体认心体，还是体认心物？前者是一个"心一分殊"的问题，以格物为正心，心体体认，为此阳明提出了"立志"（立心）说；后者是一个"理一分殊"的问题，以格物为穷理，分殊体认，为此湛若水提出了"随处体认天理"说。于是两人在对

[1]《泉翁大全集》卷九《答王阳明书》。
[2]《泉翁大全集》卷五十七《奠王阳明先生文》。

“随处体认天理”上的认识分歧就转化为“立志”说与“理一分殊”说的矛盾对立。在五月杨骥来赣州问学时，阳明就向他谈到了他的“立志”说与湛若水的“理一分殊”说的对立，杨骥把阳明的这一说法告诉了湛若水。湛若水立即回信给杨骥谈了自己的看法，要他转告给阳明：

> 书中所问阳明立志之教，与鄙见理一分殊之说，本并行而不悖者。立志其本也，理一分殊乃下手用功处也。盖所立之志，志此耳。若不见此理，不知所志者何事。如人欲往京师，此立志也；京师之上，自有许多文物，先王礼乐之遗教，一一皆有至理，此理一分殊之说也。惟其见此可慕可乐，是以志之益笃，求必至而不能自已也。中间学心之言，大段有病，非圣人之旨。更反复思之，以质阳明，言不能尽也。[1]

阳明的立志说立足于他的“心一分殊”，强调一切要从心上体认理，体认心体，所以他反复说“要实见此道，须从自己心上体认，不假外求始得”，“须于心体上用功”，“须反在自心上体当”，“见得自己心体，即无时无处不是此道”，“体认天理只是要自心地无私意”，“只是体当自心所见，不成去心外别有个见”。湛若水的“随处体认天理”说则立足于他的“理一分殊”，强调一切要随时随处从事事物物上（分殊）体认理，虽然他也强调心外无物，物是指心中之物，格物是格心中之物，但他还是认为体认天理不是体认“心”，而是体认心中之“物”，“分殊体认”是体认心中之物。简单地说，阳明的“心

[1] 《泉翁大全集》卷八《与杨士德》。

一分殊”是体认心体的“体心”的哲学，湛若水的“理一分殊”是体认心物的“体物”的哲学。心体与心物（理一与分殊）是体与用的关系，本体与工夫的关系，体认心体是从本体入手，体认心物是从工夫入手。可以说在“理一分殊”上，阳明更注重体认心体（理一），而湛若水更注重体认心物（分殊）。把湛若水的“理一分殊”的“体物”特点说得最清楚的，是湛若水在七月为陆澄作的《浩斋记》。他在记中说：

> 甘泉子曰：“夫先生居于斯，思于斯，养于斯，其广大与！其流行与！是亦孟而已矣！夫心无一物则浩，无一物不体则浩，是故知无物与无物不体者，可与语性矣；可与语性，斯可与知学矣；知学，斯可与广大流行矣。”元静曰：“请闻其说。”曰：“惟无物也，是以大生焉；惟无物不体也，是以广生焉；惟无物而无物不体也，是以流行生焉。先生苟自孝爱其亲之心充之，无弗用爱焉，斯亦无物不体耳矣，其至广与？自其不利己之心而充之，不有己焉，斯亦无物耳矣，其至大与？以是心而充之，存存不息，其流行与？是故至广配地，至大配天，流行配造化。至大配天，其盛德乎！至广配地，其大业乎！流行配造化，其悠久不息乎！生盛德者存乎仁，成大业者存乎义，运不息者存乎诚，合是三者存乎神。君子体诸天地，侔诸造化，以成德业于无疆，存神至矣！……”[1]

湛若水这些话是说给阳明听的，表述了他的重在“体物”（分殊

[1]《泉翁大全集》卷二十六。

体认）的"理一分殊"思想。在他看来，阳明的立志说是重在体认心体（理一），而他的理一分殊说是重在体认心物（分殊），二者并行不矛盾，"本并行而不悖者"。但实际上阳明的心体体认上本于陆九渊，湛若水的分殊体认上本于李侗、朱熹，所以阳明坚持认为二说大有不同，仍强调他的体认心体的立志说，在五月给顾应祥的信中说："近得甘泉书，已与叔贤同往西樵，令人想企……今时学者大患，不能立恳切之志，故鄙意专以责志立诚为重。同志者亦观其大意之所在，斯可矣。"[1] 两人分歧的焦点便又集中到"格物"上，大约在八月，阳明在为陆澄作陆璩墓碑志的同时，又写了一信给湛若水，谈了他对"格物"的看法。[2] 湛若水立即在九月回信给阳明，详谈了他对"格物"（实即是"体物"）的认识：

> 小僮归，承示手教，甚慰……格物之说甚超脱，非兄高明，何以及此！仆之鄙见大段不相远，大同小异耳。鄙见以为，格者，至也，"格于文祖""有苗格"之格；物者，天理也，即"言有物""舜明于庶物"之物，即道也。格即造诣之意，格物者，即造道也。知行并造，博学、审问、慎思、明辨、笃行，皆所以造道也。读书、亲师友、酬应，随时随处，皆求体认天理而涵养之，无非造道之功。意、身、心一齐俱造，皆一段工夫，更无二事。下文诚、正、修功夫皆于格物上用了，其家、国、天下皆即此扩充，不是二段，此即所谓止至善。故愚尝谓止至善，则明德、亲民皆了者，此也。如是方可谓之知至。若夫今之求于见闻之末，谓之知至可乎？

[1] 《王阳明全集》卷二十七《与顾惟贤》书一。
[2] 按：阳明此信，即湛若水《答阳明》中所说"小僮归，承示手教"之一信（《泉翁大全集》卷八）。此信今佚。

> 知至，即孔子所谓“闻道”矣。故其下文以修身释格物，而此谓知之至，可征也。故吾辈终日终身，只是格物一事耳。孟子“深造以道”，即格物之谓也；“自得之”，即知至之谓也；“居安资深逢原”，即修齐治平之谓也。近来与诸同志讲究，不过如此。未审高明以为何如？[1]

湛若水在这里全面论述了他的“理一分殊”与“分殊体认”（随处体认），反而暴露出他的思想同阳明的“心一分殊”与“心体体认”思想的差异：阳明把“格物”的“格”解为“正”，“物”解为“心”（心外无物），格物即正心，所以主张从心体上体认——正心；湛若水却把“格”解为“至”“造”，“物”解为“理”（理在物中），格物即穷理、造道，所以主张从分殊上体认——格物。从这一诠释的根本差异出发，阳明强调只须体认心体，不假外求，体认得自己心体，觉悟心本体，即无时无处不是此理此道；而湛若水却强调须一一分殊体认，要随时随处体认天理，格物求理，他把博学、审问、慎思、明辨、笃行直到读书、亲师友、酬应等都纳入分殊体认、格物造道的工夫之中，甚至认为“吾辈终日终身，只是格物一事耳”，这又无异于是用体认心物的工夫消解了体认心体这一“根本”，有格物而无正心，有工夫而无本体。阳明对湛若水的这一思想并没有作正面回答，但是却在冬间给在西樵的方献夫一连去了两封信，可以看作是他对湛若水的侧面回答。因为阳明与湛若水的讲学讨论向来是同他们与方献夫、黄绾的讲学讨论密切不分的（四人共论圣学），而这时方献夫也正在西樵与湛若水在一起讲学讨论，所以阳明才把自己

[1] 《泉翁大全集》卷八《答阳明》。按：此信以其中言“然以烟霞山居未完”，作在正德十二月九月间。

的看法写成信寄给了方献夫。方献夫不久便回信详细谈到了他对"格物"的看法：

> ……生近来见得此学稍益亲切，比往日似觉周遍，似觉妥帖，然实不出先生当时浚我之源也。真有所谓涣然自信者，而益以信先生也。盖天下之理，一本而已。惟其一本，所以推之四海而皆准，揆诸千古而皆同，此理弗见弗闻，无声无臭，然实体物而不可遗，要名言之，又无可得名者。古人不得已曰天、曰神、曰中、曰极、曰易、曰仁、曰诚、曰性、曰道、曰德，只是这一物，充实天地，贯彻古今，无一息不存，无一虑不到，无一物不该，无一事不为。从古圣贤只是干这一件事，无两件事，真是精一，真是易简，万化万变，千语万语，都从这里出来。从此出者为实，不从此出者为虚；从此出者为同，不从此出者为异。学者须从此学，方有来头，方有知识。古圣贤论学之要，曰敬，曰忠恕，曰集义，固皆不易之论，然无这个来头，无这个知识，如何会敬，如何会忠恕，如何会集义得？若有这个来头，便自无时无处不是此理发见，如水之有源，而流行不息，如日月之有明，而照物不穷，所谓敬恕，所谓集义，更无有内外，无有动静，都一以贯之……所以《大学》格物致知，许大事只是在知本，《中庸》始终只是立天下之本……后世儒者，除了程门，都是虚说虚见……明道之后，只有一个象山，是明道之学，是这个来头，明道所谓"德性之知"，象山所谓"实见"是也。四五百年来无人知得……如先生之见，真是天下一人者矣，但不知近来所以进于诚明者与汲汲明道之志何如耳……近与甘泉

往复书录去，中间亦见区区所得何如，望折衷之。[1]

方献夫表面像在漫无边际地纵论天地古今之理，称颂阳明“真是天下一人者”，其实不过是浅薄地把湛若水的“理一分殊”与“随处体认天理”的思想复述了一遍，而同阳明的体认心体的心学南辕北辙，暴露了方献夫从来就没有正确理解与真诚信仰过阳明的心学。方献夫在这封信中还说得很含蓄，后来到正德十四年八月他写给阳明信就十分露骨了。值得注意的是，与写信给方献夫差不多同时，阳明在正德十三年初也写信给黄绾，谈了他与湛若水思想的分歧，黄绾在回信中竟然也同方献夫一样唱起了质疑阳明心学的调子，他说：

……迩来又觉向者所谓静坐、所谓主敬、所谓静中看喜怒哀乐未发作何气象，皆非古人极则工夫。所谓极则工夫，但知本心元具至善，与道吻合，不假外求，只要笃志于道，反求诸己而已。夫笃志于道，即所谓“允执厥中”是也。于凡平日习染尘情，痛抉勇去，弗使纤毫溷于胸臆。日择日莹，随其事物之来，无动静，无内外，无小大，无精粗，无清浊，一皆此理应用。故无时而非入德之地，无事而非造道之工……若徒知静坐、主敬，观玩光景，而不先之以立志，不免动静交违，灭东而生西也。夫才说静，便有不静者在；才说敬，便有不敬者在；才说和乐，便有不和乐者在。如此用工，虽至没世，无所税驾。乃知笃志一语，真万世为学之要诀也。近世如白沙诸公之学，恐皆非圣门宗旨。宋儒自濂溪、

[1] 《西樵遗稿》卷八《柬王阳明》书一。按：方献夫此书约作于正德十二年十二月中。

明道之外，惟象山之言明白痛快，直抉根原，世反目之为禅而不信，真可恨也！伊川曰："罪己责躬不可无，亦不可留胸中为悔。"象山则不然，曰："旧过不妨追责，益追责，益见不好。"又曰："千古圣贤，何尝增损得？只为人去得病。"今若真见得不好，真以为病，必然去之，去之则天理自在，道自流行，所谓一旦克己复礼，天下归仁者也。往年见甘泉，颇疑先生拔病根之说，凡遇朋友责过，及闻人非议，辄恐乱志，只以静默为事。殊不知无欲方是真静；若欲无欲，苟非勇猛锻炼，直前担当，何能便得私欲净尽，天理纯全？此处若不极论，恐终为病。绾近寄一书，略论静坐无益，亦不敢便尽言及此。向见先生《送甘泉序》云："孔子传之颜子，颜子殁而不传。惟曾子以一贯之旨，传之今日。"恐亦未然。夫一贯之要，只在反己笃志而已。颜、曾资禀虽或不同，其为一贯之传，则必无二……[1]

黄绾这封信的主旨实际不过是在否定阳明的"静坐"（默坐澄心）、"静中看喜怒哀乐未发作何气象"，把批评矛头直接对准了阳明的体认心体的思想。因为阳明的体认心体就是强调默坐澄心的体认（后来提出"致良知"），心于静中体认喜怒哀乐未发时的气象（大本达道）。在这封信里已包含了一个重大秘密：黄绾含蓄不露地对阳明的"心体体认"与湛若水的"随处体认"都予以了否定，而提出了自己笃志于道的"允执厥中"说。而这种"执中"说正是黄绾后来用来同阳明的"致良知"说与湛若水的"随处体认"说相抗衡的思想，标举为自己"黄学"的圣门要诀，欲

[1]《黄绾集》卷十八《寄阳明先生书》三。

借以确立起自己同阳明、甘泉平起平坐的三大“夫子”的地位。后来吴国鼎在《明道编跋》中道出了这一大秘密：“先生（黄绾）深为此惧，因慨世之多言失塞道，本□□□□□，以斯道自任，顾谓四方来学者曰：‘予尝与阳明、甘泉日相砥砺，同升中行。然二公之学，一主于“致良知”，一主于“体认天理”，于予心尤有未莹。乃揭“艮止”“执中”之旨，昭示同志，以为圣门开示切要之诀，学者的确工夫，端在是矣，外是更无别玄关可入也。’”[1] 无怪黄绾的《久庵日录》开篇就大声宣告：“伏羲、尧、舜以‘艮止’‘执中’之学相传。伏羲之学具于《易》，尧、舜之学具于《书》。《易》之微言，莫要于‘艮止’；《书》之要旨，莫大于‘执中’。自是圣圣相传，率由是道。”“尧、舜‘执中’之学，即伏羲‘艮止’之学。”“‘艮止’之旨不明而失存心之要，‘执中’之旨不明而失体道之要。”无疑，黄绾独家标举的“执中”说包含了对阳明的“心体体认”与湛若水的“随处体认”的两面批判，如果说黄绾在这封信中对湛若水的“随处体认”的批评还隐而不露，那么在《久庵日录》中他对湛若水的“随处体认”的批判就完全暴露无遗：

> 今之君子（按：指湛若水），有为下乘禅学者，不见物则之当然皆在于己，以为天下之理皆在于物，故云“随处体认天理”，故谓工夫全在格物。其云格物曰：“格者，至也；物者，事理也。此心感通天下之事理也。格之者，意、心、身皆至也，即随处体认天理也。”其学支离，不足以经世，乃伊川、晦庵之为弊也。予尝扣其“随处体认”之旨。彼云：

[1] 见《明道编》卷末及《黄绾集》卷四十附。

> "随处体认天理者，皆在外而不在内。"然明道曰："某学虽有所受，至于'天理'二字，却是自家体贴出来。"此言甚切，皆在内而不在外也。由是观之，则其所谓"体认"者，果何如哉？

看来，黄绾后来在嘉靖"学禁"中走向反王学的立场，把王学的"良知"说与湛学的"随处体认"说都作为下乘的"禅学"来批判，而把自己"执中"说的黄学视为超越王学、湛学的一等"圣门之学"[1]，他的这种反王学与湛学的观点与立场早在这封信中已露出了端倪，表明黄绾一生除了在军事与政事上极度崇仰阳明外，对阳明的心学从来也没有真诚信仰过。其实黄绾在这封信中的说法也是自我矛盾的：一方面他批评陈白沙的"主静"（默坐澄心），说白沙之学"皆非圣门宗旨"；另一方面却又大加称颂最好静坐心悟的陆象山，说宋儒"惟象山之言明白痛快，直抉根原"。这种悖谬的说法在阳明与湛若水都是难以接受的。由此三人的讨论又进一步涉及主静、主敬、"无内外"、"允执厥中"等问题，所以在正德十三年二月以后阳明同湛若水、黄绾又沿着这些有争议的问题继续讨论下去。

阳明更强调他的立志说，在四月他接连写信给余姚闻人訚、闻人诠兄弟，都是强调立志的重要，在第三封信中更明确说："'源泉混混，不舍昼夜，盈科而后进，放乎四海，有本者如是。'立志者，其本也。有有志而无成者矣，未有无志而能有成者也。"[2] 五月，阳明在给余姚诸弟的信中更把立志明心说同精一执中说联系起来，谈了他对"允执厥中"的看法：

---

[1] 参见《久庵日录》卷一。

[2] 《王阳明全集》卷四《寄闻人邦英邦正》书三。

> ……本心之明，皎如白日，无有有过而不自知者，但患不能改耳。一念改过，当时即得本心……若尧舜之心而自以为无过，即非所以为圣人矣。其相授受之言曰："人心惟危，道心惟微，惟精惟一，允执厥中。"彼其自以为人心之惟危也，则其心亦与人同耳。危即过也，惟其兢兢业业，尝加"精一"之功，是以能"允执厥中"而免于过。古之圣贤时时自见己过而改之，是以能无过，非其心果与人异也。"戒慎不睹，恐惧不闻"者，时时自见己过之功。吾近来实见此学有用力处，但为平日习染深痼，克治欠勇……[1]

这种精一执中的体认本心的工夫，就是他在《传习录》中说的"为学须有本原，须从本原上用力，渐渐盈科而进"，是对黄绾笃志于道的"执中"说的委婉批评。在阳明这种精一执中的心体体认中，已经包含了对"主静"说（默坐澄心）的肯定与对"主敬"说的否定。"主敬"是朱熹的思想，阳明主张简易直截的心体体认，而反对主敬与格物叠床架屋的繁琐工夫，所以他早就对蔡宗兖批评朱熹的敬知双修说："如新本（指朱熹《大学》定本）先去穷格事物之理，即茫茫荡荡，都无着落处，须用添个'敬'字，方才牵扯得向身心上来……《大学》工夫只是诚意，诚意之极便是至善，工夫总是一般。今说这里补个'敬'字，那里补个'诚'字，未免画蛇添足。"阳明这些批评敬知双修的话实际也包含了对湛若水的"随处体认"（分殊体认）的批评，所以湛若水对阳明的说法表示完全不能接受，反从自己的"理一分殊"与"随处体认"思想出发，极力维护程朱的敬知双修（涵养须用敬，

[1]《王阳明全集》卷四《寄诸弟》。

进学则在致知）。他在给陈九川的信中着重详论了这一思想，实际是对阳明的回答：

……坐此不及致音，而以问于阳明，阳明莫吾报也……涵养须用敬，进学在致知，如车两轮。夫车两轮，同一车也，行则俱行，岂容有二？而谓有二者，非知程学者也。鄙见以为如人行路，足、目一时俱到，涵养、进学，岂容有二？自一念之微，以至于事为讲习之际，涵养、致知，一时并在，乃为善学也。故程子曰：“学在知所有，养所有。”……此道体用一原者也，故只是一段工夫，更无两事……阳明格物论未得其详。大抵心与天下不可分内外，稍云“求之本心”，又云“由内”，便有外物之弊。心体物而不遗，何往非心？……

“天下非身外也”一句甚好，甚得《西铭》“理一”及程子“仁者浑然与天地万物同体”之意。但理一之中自有分殊，不能不别也。此仁、义并行而不悖者也。昔朱元晦初见延平，甚爱程子浑然同体之说，延平语云：“要见理一处却不难，只分殊处却难。又是一场锻炼也。”愚以为未知分殊，则亦未知理一也；未知理一，亦未必知分殊也。二者同体故也。敬以直内，义以方外，所以体夫此也。敬、义无内外也，皆心也，合内外之道也。[1]

湛若水这封信表明，他与阳明从正德十二年到十三年的讲学讨论

[1] 《泉翁大全集》卷八《答太常博士陈惟濬六条》。按：陈九川正德十二年授太常博士，湛若水此书有云“自去秋拜疏，遂入西樵山筑室，携家来居之”，可见此书作于正德十三年。

在一些基本思想的认识上仍然多不能相合。湛若水的这篇《答太常博士陈惟濬六条》，隐然有总结他与阳明两人讲学论道的思想异同的意思。从阳明方面说，他从这两年来的讲学讨论中清醒看到了他与最亲近的道友湛若水、黄绾、方献夫等人之间存在的严重思想分歧，四方来问道的士子学者又多难以准确认识与领悟他的心学思想的真髓，而官方与学界指他的心学为“禅学”的“谤议”也愈见甚嚣尘上，世人几乎还都不理解他所倡导的圣门心学，感到需要对自己生平的学问思想作一个“易简广大”的总结，精要阐述自己心学的真谛，以便于向四方广大的士子学者“指示入道之方”，让世人及官方与学界都能理解他弘扬心学思想的苦心。四月，他在给黄绾的信中感慨说：“士风日偷，素所目为善类者，亦皆雷同附和，以学为讳。吾人尚栖栖未即逃避，真处堂之燕雀耳！原忠闻且北上，恐亦非其本心。仕途如烂泥坑，勿入其中，鲜易复出。吾人便是失脚样子，不可不鉴也。”[1] 这里已透露了他要总结自己生平学问思想的消息。正是在写这封信以后，他从编集刊刻三部著作入手，开始了对自己生平学问思想的简捷明快的总结。

（一）编集刊刻《朱子晚年定论》

阳明的《朱子晚年定论》初成于正德十一年，他到正德十三年六月编集刊刻了《朱子晚年定论》，是受到雩峰袁庆麟的直接推动。袁庆麟本是一个尊信朱学的雩都士子，他在四月携《蒭荛余论》来赣州问学，读了《朱子晚年定论》有悟，归心阳明心学，便建议刊刻《朱子晚年定论》于雩都。他在《朱子晚年定论跋》中谈到《朱子晚年定论》编集刊刻的经过与宗旨说：

---

[1] 《王阳明全集》卷四《与黄宗贤》书七。

> 《朱子晚年定论》，我阳明先生在留都时所采集者也。揭阳薛君尚谦旧录一本，同志见之，至有不及抄写，袖之而去者。众皆惮于翻录，乃谋而寿诸梓。谓：“子以齿，当志一言。”惟朱子一生勤苦，以惠来学，凡一言一字，皆所当守；而独表章是、尊崇乎此者，盖以为朱子之定见也。今学者不求诸此，而犹踵其所悔，是蹈舛也，岂善学朱子者哉？麟无似，从事于朱子之训余三十年，非不专且笃，而竟亦未有居安资深之地，则犹以为知之未详，而览之未博也。戊寅夏，持所著论若干卷来见先生。闻其言，如日中天，睹之即见，象五谷之艺地，种之即生，不假外求，而真切简易，恍然有悟。退求其故而不合，则又不免迟疑于其间。及读是编，始释然，尽投其所业，假馆而受学，盖三月而若将有闻焉。然后知向之所学，乃朱子中年未定之论，是故三十年而无获。今赖天之灵，始克从事于其所谓定见者，故能三月而若将有闻也。非吾先生，几乎已矣！……若夫直求本原于言语之外，真有以验其必然而无疑者，则存乎其人之自力，是编特为之指迷耳。[1]

袁庆麟说得很清楚，编刻《朱子晚年定论》是要为天下士子“特为之指迷”，即“指示入道之方”，道在陆学，要打破对朱学的迷信。阳明作《朱子晚年定论》并不是要人相信朱熹真的晚年已转向陆学，而是要人从盲目尊信朱学的迷途转向真正的得道圣学——陆学。所谓“朱子晚年定论”之说本身的真假并不重要，它不过是阳明不得已用来掩饰自己反朱学、尊陆学的“幌子”，

[1] 见《朱子晚年定论》后附。

阳明后来在给罗钦顺的信中也承认说："其为《朱子晚年定论》，盖亦不得已而然……盖不忍牴牾朱子者，其本心也；不得已而与之牴牾者，道固如是。"[1] 因此袁庆麟要人不要斤斤计较执著于"朱子晚年定论"的表面之"言"，而应去"直求本原于言语之外"之"意"，超越"定论"言语的束缚，直求阳明心学的本意，得意忘言。正是从这一意义上，阳明编集刊刻《朱子晚年定论》具有总结自己生平学问思想的用意。他在《朱子晚年定论序》中清楚道出了这一用意：

> 洙泗之传，至孟氏而息。千五百余年，濂溪、明道始复追寻其绪。自后辨析日详，然亦日就支离决裂，旋复湮晦。吾尝深求其故，大抵皆世儒之多言有以乱之。守仁早岁业举，溺志词章之习。既乃稍知从事正学，而苦于众说之纷挠疲苶，茫无可入，因求诸老、释，欣然有会于心，以为圣人之学在此矣。然与孔子之教间相出入，而措之日用，往往缺漏无归，依违往返，且信且疑。其后谪官龙场，居夷处困，动心忍性之余，恍若有悟，体验探求，再更寒暑，证诸《五经》《四子》，沛然若决江河而放诸海也。然后叹圣人之道坦如大路，而世之儒者妄开窦径，蹈荆棘，堕坑堑，究其为说，反出二氏之下。宜乎世之高明之士厌此而趋彼也，此岂二氏之罪哉！间尝以语同志，而闻者竞相非议，目以为立异好奇，虽每痛反深抑，务自搜剔斑瑕，而愈益精明的确，洞然无复可疑。独于朱子之说有相牴牾，恒疚于心，切疑朱子之贤，而岂其于此尚有未察？及官留都，复取朱子之书而检求之，然后知

[1] 《传习录》卷中《答罗整庵少宰书》。

> 其晚岁固已大悟旧说之非……予既自幸其说之不谬于朱子，又喜朱子之先得我心之同然，且慨夫世之学者徒守朱子中年未定之说，而不复知求其晚岁既悟之论……辄采录而裒集之，私以示夫同志，庶几无疑于吾说，而圣学之明可冀矣。

阳明在这里总结了自己前半生的思想发展历程，也就是总结了自己前半生的学问思想。他在《朱子晚年定论》中含蓄披露了自己由迷到觉的最终归心指向陆学（心学）的曲折心路跋涉，总结前路，指示来者，所以《朱子晚年定论》是一部向士子学者指明心学之路的"入道之方"的著作，"朱子晚年定论"是假，陆氏心学是真，他编集刊刻《朱子晚年定论》的真正目的也就在于要明陆氏心学之是，朱熹理学之非，自己王学之真，使天下士人"无疑于吾说，而圣学之明可冀矣"。他的门人弟子确实领悟了他总结自己学问思想的苦心，朝着他指示的"朱子晚年定论"之路——陆学（心学）奋进了。

（二）序定《大学古本》与《中庸古本》，编集刊刻《大学古本傍释》

阳明先在正德十年序定《大学古本》并作《格物说》，到正德十三年，他把序定的《大学古本》与《格物说》融合起来，增作"傍释"而成《大学古本傍释》一书，在七月刊刻于赣州。这部《大学古本傍释》，是阳明对自己心学的《大学》思想体系的总结，而同三百年来官方定于一尊的朱熹的《大学章句》相对立，反映了阳明在提出"良知"说之前（前半生）他的心学思想体系所达到的高度。他在《大学古本傍释原序》中全面阐述了自己心学诠释的《大学》思想体系：

> 《大学》之要，诚意而已矣；诚意之功，格物而已矣；诚意之极，止至善而已矣。正心，复其体也；修身，着其用也。以言乎己，谓之明德；以言乎人，谓之亲民；以言乎天地之间，则备矣。是故至善也者，心之本体也，动而后有不善。意者，其动也；物者，其事也。格物以诚意，复其不善之动而已矣。不善复而体正，体正而无不善之动矣，是之谓止至善。圣人惧人之求之于外也，而反复其辞，旧本析，而圣人之意亡矣。是故不本于诚意，而徒以格物者，谓之支；不事于格物，而徒以诚意者，谓之虚。支与虚，其于至善也远矣。合之以“敬”而益缀，补之以《传》而益离。吾惧学之日远于至善也，去分章而复旧本，傍为之什，以引其义，庶几复见圣人之心，而求之者有其要。噫！罪我者，其亦以是矣夫！正德戊寅秋七月丙午，后学余姚王守仁书。[1]

阳明是从两个方面建构起了自己心学的《大学》思想体系：一是在经典的诠释文本上，阳明考定了一个不分经、传的《大学》古本，取消朱熹的分传分章，恢复“亲民”的本意，剔除朱熹补写的《格物传》与“主敬”之说，从而建立了一个最好的心学诠释的《大学》古典文本，取代了朱熹的《大学》新本。事实上，阳明所定的“《大学》古本”，不过是指恢复《十三经》中《礼记》里的《大学》古本（郑玄注、孔颖达正义的本子），这是《大学》的原本，朱熹的《大学章句》实际也并没有改动这个原本的经文，而只是为便于章句解说把它作了经、传的分章（分经一章、

[1]　据罗钦顺《困知记》三续第二十章所引。

传十章）。阳明的"《大学》古本"取消了朱熹的经、传分章，只是给他用心学解说《大学》思想提供了便利的诠释空间。因此严格地说，阳明的《大学》古本与朱熹的《大学》新本并无根本的不同，差异只在两人对《大学》文本的诠释上。二是在心学思想的诠释上，阳明建构了一个以"诚意"为本体、以"格物"为工夫的《大学》思想体系。这实际就是一个体认心体与体认分殊（心物）相统一的心学思想体系。与朱熹将"至善"解释为"至理"（"事理当然之极"）不同，阳明将"至善"解释为"心体"，认为"至善也者，心之本体也"，因此所谓"止于至善"，就是一个本于诚意体认心体的心学本体论，所以他反复强调说"不本于诚意，而徒以格物者，谓之支；不事于格物，而徒以诚意者，谓之虚。支与虚，其于至善者也远矣"；与朱熹将"格物"解释为向外格物穷理不同，阳明将"格物"解释为向内正心求理，格物即正心，因此所谓"正心"就是一个复善、复心的心学工夫论，所以他反复强调说"正心，复其体也"，"格物以诚意，复其不善之动而已矣"，"不善复而体正，体正而无不善之动矣"。显然，如果说朱熹的《大学章句》以"至善"为性而提出了一个复性的"性学"思想体系，那么阳明的《大学古本傍释》就是以"至善"为心而提出了一个复心的"心学"思想体系。在阳明看来，诚意是本体论，格物是工夫论，诚意与格物的统一，就是他说的"心一分殊"，而同朱熹的"理一分殊"相对立。他特慎重其事地作了一篇《大学古本傍释后跋》阐释他的这一根本思想说：

> 万象森然时，亦冲漠无朕；冲漠无朕，即万象森然。冲漠无朕者，一之父；万象森然者，精之母。一中有精，精中

有一。正德戊寅秋七月丙午，后学余姚王守仁书。[1]

阳明这是在用二程的话语论述“心一分殊”：“冲漠无朕”指心体，“万象森然”指分殊。冲漠无朕与万象森然的统一，就是心一分殊，他的《大学》思想体系就是一个精一体认心体的心学思想体系。也就是说，他是在“至善也者，心之本体也”的心学思想原则下，把《大学》之道转化成为一个解决“人心”问题的思想体系，他的《大学》思想体系升华为了一个体认心体、精一执中复善复心的心学思想体系。他给《大学》作的简易的“傍释”，就是分段逐句精要诠释这个体认心体、精一执中复善复心的心学体系，同朱熹作的繁琐的“章句”也形成了对立。在简易直截、一气贯通的“傍释”中，阳明突显了他的心学的三个基本思想：

一是以至善为心体，体认心体。在开篇释《大学》的“三纲”时，他就开门见山说：

> 明德、亲民无他，惟在止于至善，尽其心之本体，谓之止至善。至善者，心之本体；知至善，惟在吾心，则求之者有定向。
>
> 心者身之主，意者心之发，知者意之体，物者意之用。

这是阳明用心学诠释《大学》思想的大纲，纲举目张，接着在释“修身在正其心”时说：“就诚意中体当自己心体，常令廓然大公，便是正心。”在释“道善则得之”时也说：“惟在此心之善否。善人只是全其心之本体者。”在最后释“惟仁人放流之”时

[1]《阳明先生文录》卷三《大学古本傍释后跋》。按：薛侃当时即将此跋语收入《传习录》，见《传习录》卷上。可见阳明乃常讲此语。

还是说："仁是全其心之本体者。"可见阳明体认心体的思想贯穿在他的整个"傍释"中。

二是格物即正心，向内正心求理。他在释"格物"时说：

> 格物，如格君心之格，是正其不正以归于正。

格物就是正心之不正以归于正，复归善心。这是一个向内心求至善的工夫，所以他在释"知其所止"时说："止于至善岂外求哉？惟求之吾身而已。"在释"修身在正其心"时说："正心之功，既不可滞于有，又不可堕于无。"这种正心复善的本体工夫论，体现了体认心体与体认分殊的统一，"不可滞于有"，是指心不可向外逐物求理，为外物所滞累；"不可堕于无"，是指心澄明内求不可堕于空无，沦于虚寂。故这里说的"滞有"与"堕无"也就是他序中说的"支"与"虚"："不本于诚意，而徒以格物者，谓之支；不事格物，而徒以诚意者，谓之虚。"

三是以诚意为本，以格物为功。他在释"君子必诚其意"时说：

> 诚意工夫实下手处惟格物。
>
> 惟以诚意为主，而用格物之工，故不须添一"敬"字。

这是一个以诚意为本、以格物为工夫的心学本体工夫论体系，显然否定了朱熹的以主敬为本、以致知为工夫（敬知双修）的理学本体工夫论体系。

值得注意的是，阳明在《大学古本傍释序》中没有提到"致知"这一环节，但是在《大学古本傍释》里却注意到了"八目"

中的“致知”，并作了新的解释：

> 知至善，惟在吾心。
>
> 知者意之体，物者意之用……知致，则意无所欺而可诚矣；意诚，则心无所放而可正矣。
>
> 诚意工夫实下手处惟格物……以下言格致。

在这里，阳明把“知”释为“体”（心，心体），他说的“致知”就有了“致心”、“致良知”的意义。这里又隐然包含了他思想上正在酝酿的一个重大飞跃——《大学古本傍释》开启了他对“致良知”说的新思考。

无疑，《大学古本傍释》是阳明对自己《大学》思想的一个总结。但阳明对《大学》思想的研究向来是同他对《中庸》思想的研究紧密联系、同步并行的，一个历来被人忽视的事实是，阳明在序定《大学古本》以总结自己的《大学》学思想的同时，他又序定了《中庸古本》以总结自己的《中庸》学思想，二者珠联璧合。原来阳明很早就已在为《大学》与《中庸》作注，陆澄在正德十一年曾来信请要他作的《大学中庸注》，阳明有信回答说：“所问《大学中庸注》，向尝略具草稿，自以所养未纯，未免务外欲速之病，寻已焚毁。近虽觉稍进，意亦未敢便以为至，姑俟异日山中与诸贤商量共成之，故皆未有书。其意旨大略，则固平日已为清伯言之矣。”[1] 这里说的“近虽觉少进”，就是指他正德十年以来对《大学》与《中庸》的进一步认识，已经初步形成了重新注解《大学》与《中庸》的“意旨大略”，所以他正是在正

[1] 《王阳明全集》卷四《与陆原静》。

德十年序定了《大学古本》，并作《格物说》以发其意。而他序定《中庸古本》并作《修道说》以发其意已在正德十三年。据今白鹿洞书院碑廊还存有阳明手书石刻《大学古本》、《修道说》、《中庸古本》三部，连写在一起，笔迹相同，可以确定这三书作在同时（正德十三年），刻在同时（正德十六年）。《大学古本》序定在正德十三年七月；《修道说》作在正德十三年（见题下注）；《中庸古本》石刻因缺后半段，不知文末所署年月，但据《修道说》与《中庸古本》连写在一石上，笔迹全同，一气贯下，显可知《中庸古本》也序定在正德十三年七月，而《修道说》实际就是序定《中庸古本》所作的序。费宏在《移置阳明先生石刻记》中明确说：

> 昔阳明王先生督兵于赣也……既以责志为教，肄其子弟；复取《大学》《中庸》古本，序其大端，与濂溪《太极图说》联书石于郁孤山之上，使登览而游息于此者，出埃墙之表，动高明旷远之志……[1]

这里说的“序其大端”，就是指一为《大学古本》作《大学古本序》，一为《中庸古本》作《修道说》，阳明在正德十三年也序定《中庸古本》，《修道说》就是《中庸古本》的序，由此得到确证。后来阳明在给黄省曾的信中说得更明确：

> 所示《格物说》《修道注》，诚荷不鄙之盛，切深惭悚，然非浅劣之所敢望于足下者也。且其为说，亦与鄙见微有未

[1] 此记见《王阳明全集》卷三十九《世德纪·附录》。

> 尽。何时合并，当悉其义，愿且勿以示人……古本之释，不得已也。然不敢多为辞说，正恐葛藤缠绕，则枝干反为蒙翳耳。短序亦尝三易稿，石刻其最后者，今各往一本，亦足以知初年之见，未可据以为定也。[1]

所谓《格物说》应即是黄省曾为阳明《大学古本序》作的解说，《修道注》应即是黄省曾为阳明《修道说》作的注解。所谓“各往一本”应即是指石刻《大学古本》与《中庸古本》二本。阳明实际在九月重建濂溪书院的时候，把他序定的《大学古本》《中庸古本》及周濂溪的《太极图说》《通书》“圣可学乎”一章刻上了郁孤山，这就是费宏说的“复取《大学》《中庸》古本，序其大端，与濂溪《太极图说》联书石于郁孤山之上”，钱德洪后来也为此石刻作跋说：“右《太极图说》与《中庸修道说》，先师阳明夫子尝勒石于虔矣。”[2] 这就是《大学古本》与《中庸古本》最早的第一刻。值得注意的是，阳明把《太极图说》与《通书》一章刻上郁孤山时，还作了一跋：

> 按濂溪自注“主静”云：“无欲，故静。”而于《通书》云：“无欲，则静虚动直。”是主静之说，实兼动静。“定之以中正仁义”，即所谓“太极”；而“主静”者，即所谓“无极”矣。旧注或非濂溪本意，故特表而出之。后学余姚王守仁书。[3]

---

[1]《王阳明全集》卷五《与黄勉之》书一。
[2] 钱德洪此石刻跋文，见日本《阳明学报》第一百五十三号所载。
[3] 王守仁：《书周子太极说通书跋》，见李诩：《戒庵老人漫笔》卷十。

这篇跋文实际是对他的《大学》学思想与《中庸》学思想的关键重要补证。所谓"旧注或非濂溪本意"，就是指朱熹的《太极图说解》。周敦颐提出了"主静"说，认为"无欲，故静"。但是朱熹却把"静"解释为"敬"，提出了"主敬"说，认为"敬"是动静的统一。阳明在这里指出了朱熹把"主静"解释为"主敬"的错误，对"心体"作了自己心学的解说：心，从它作为静中体认喜怒哀乐未发时气象的方面（主静）说，是"无极"；从它作为止于至善"定之以中正仁义"的方面（至善）说，又是"太极"。心即太极，心即无极，这种"以心说极"，正是自邵雍以来的心学家的根本思想，而同朱熹的"以理说极"（有理无形）相对立。有了这篇跋文的独特补充、诠释，阳明把他的《大学》学与《中庸》学统一起来了。

阳明的序定《中庸古本》，其实也只是恢复《十三经》中《礼记》里的《中庸》古本。朱熹的《中庸章句》本也是用《礼记》中的《中庸》原本，只是对它作了经、传的分章（分经一章、传十章），并没有改动经文。阳明的《中庸古本》取消了经、传的分章，并未作注，他的《中庸》思想主要就反映在《修道说》中：

> 率性之为道，诚者也；修道之为教，诚之者也。故曰："自诚明，谓之性；自明诚，谓之教。"《中庸》为诚之者而作，修道之事也。道也者，性也，不可须臾离也；而过焉，不及焉，离也。是故君子有修道之功。戒慎乎其所不睹，恐惧乎其所不闻，微之显，诚之不可掩也。修道之功若是其无间，诚之也，夫然后喜怒哀乐之未发谓之中，发而皆中节谓之和，道修而性复矣。致中和，则大本立而达道行，知天地

> 之化育矣。非至诚尽性，其孰能与于此哉！是修道之极功也。而世之言修道者离矣，故特著其说。[1]

阳明认为《中庸》是讲“诚”的本体论与“中”的工夫论的思想体系，他一方面认为《中庸》是“为诚之者而作”，是“修道之事”，心诚修道，是“自诚明”与“自明诚”的统一，这是同他的以诚意为本、以格物为工夫的心学本体工夫论体系一致的；另一方面，他又认为《中庸》是一个以“致中和”工夫以立大本、复心体的中庸思想体系，静中体认喜怒哀乐未发气象的“中”与动中体认发而皆中节的已发气象的“和”相统一，才能达到修道复心，大本立而达道行，正如他平时向学子所反复强调的：“诚是心之本体，求复其本体，便是思诚的工夫。”“‘中和’便是复其性之本体。”[2] 这又是同他的体认心体、精一执中复善复心的心学本体论思想体系一致的。《大学》的“诚意”与《中庸》的“自诚明”沟通，《大学》的“致知”与《中庸》的“致中和”沟通，阳明的心学思想体系统一了《大学》学的思想体系与《中庸》学的思想体系，这正是他所以同时序定《大学古本》与《中庸古本》以全面统摄自己的心学体系的真实用心。湛若水与方献夫正是步了他的后尘，也序定《大学古本》与《中庸古本》，作了《大学测》与《中庸测》、《大学原》与《中庸原》，同阳明的《大学》学与《中庸》学思想体系相对立。

（三）编集刊刻《传习录》（三卷）

一卷本《传习录》最初由徐爱编集于正德七年。以后阳明在南都与在江西同士人学者广泛讲学论道，语录越来越多，大致都

---

[1]《王阳明全集》卷七。
[2]《传习录》卷上。

由陆澄与薛侃记录下来，在士人学者中传播。正德十三年八月，薛侃便把徐爱、陆澄与自己所记的传习语录汇编成三卷，刊刻于赣州。后来薛侃在《阳明先生则言序》中说："先生之言始锓自赣，曰《传习录》，纪其答问语也；锓于广德，曰《文录》，纪其文辞者也；锓于姑苏，益之曰《别录》，纪其政略者也。"[1] 阳明编集刊刻《传习录》（三卷）（正德十三年）与《文录》（嘉靖六年）都有总结自己生平思想学问的深意，三卷本的《传习录》，记录下了阳明自弘治十八年到正德十三年的心学思想发展的步步轨迹，所以也可以说它是阳明对自己前半生的心学思想体系的总结，同他后来对自己后半生的"致良知"的心学思想体系的总结形成了鲜明的对照。但值得注意的是，阳明在这个对自己前半生的心学体系的总结中提出了一系列闪光独到的思想，已隐约兆示了他后半生的"致良知"的心学体系的诞生：

1. 提出了心学思想体系"心、意、知、物"的四重逻辑构架，包含了他后来的"王门四句教"的心学逻辑结构体系的雏形。

阳明的"王门四句教"的心学逻辑结构体系是由心、意、知、物的四重逻辑环节构建起来的，阳明在南都时已敏锐把握到了这一心学四重逻辑结构的构架。陆澄记的语录说：

> 问："身之主为心，心之灵明是知，知之发动是意，意之所着为物，是如此否？"先生曰："亦是。"

阳明第一次明晰地突显了心学逻辑结构中的"知"这一重要逻辑

[1]《薛侃集》卷五。

环节与逻辑层面，得以沟通了“心”与“物”的关系，建构起了心、意、知、物一道贯通、体用一如的完整的心学逻辑体系，也为阳明打开了向“致良知”的心学逻辑思想体系演进的通道。他把“知”明确规定为“心体”，规定为“心之灵明”（知善知恶），实际已经具有了“良知”的意义。对这心、意、知、物四重逻辑层面的统一关系，阳明也作了详细论说：

……（阳明）曰：“此等看善恶，皆从躯壳起念，便会错。”侃未达。曰：“天地生意，花草一般，何曾有善恶之分？子欲观花，则以花为善，以草为恶；如欲用草时，复以草为善矣。此等善恶，皆由汝心好恶所生，故知是错。”曰：“然则无善无恶乎？”曰：“无善无恶者，理之静；有善有恶者，气之动。不动于气，即无善无恶，是谓至善。”曰：“佛氏亦无善无恶，何以异？”曰：“佛氏着在无善无恶上，便一切都不管，不可以治天下。圣人无善无恶，只是无有作好，无有作恶，不动于气。”……曰：“不作好恶，非是全无好恶，却是无知觉的人。谓之不作者，只是好恶一循于理，不去又着一分意思。如此，即是不曾好恶一般。”……曰：“然则善恶全不在物？”曰：“只在汝心。循理便是善，动气便是恶。”曰：“毕竟物无善恶。”曰：“在心如此，在物亦然。世儒惟不知此，舍心逐物，将格物之学错看了，终日驰求于外，只做得个义袭而取，终身行不著，习不察。”曰：“如好好色，如恶恶臭，则如何？”曰：“此正是一循于理，是天理合如此，本无私意作好作恶。”曰：“如好好色，如恶恶臭，安得非意？”曰：“却是诚意，不是私意。诚意只是循天理。虽是循天理，亦着不得一分意。故有所忿懥好乐则不得其正，

> 须是廓然大公，方是心之本体。知此即知未发之中。”[1]

心是理之静，故无善无恶（至善），须静中体认心体；意是气之动，故有善有恶，须诚意循理；知是心之灵明，故知善知恶，须知行合一；心外无物，故物无善恶，须向内正心求理，不得舍心逐物。这些对“心一意一知一物”的心学本体工夫论逻辑体系的解说，显示了阳明对自己心学思想的超前认识，几乎已预先为后人设定了一把理解阳明后来的“王门四句教”甚至是“王门八句教”的钥匙。

2. 把“心”解为“真己”，心即自我（精神之我，心我）。

中国古代传统哲学说的“心”概念是指什么，以及心学说的“心”究竟指什么，向来模糊不明，理学家与心学家都有不同的理解与解说，给人们准确认识“心学”带来了困难。阳明对“心”有了自己明确的解说，在他看来，“心”并不是指人体内“一团血肉”的心（肉体之我），而是指人的“真己”本体（精神之我）。他说：

> 真己何曾离着躯壳！……这视听言动皆是汝心：汝心之视，发窍于目；汝心之听，发窍于耳；汝心之言，发窍于口；汝心之动，发窍于四肢。若无汝心，便无耳目口鼻。所谓汝心，亦不专是那一团血肉……所谓汝心，却是那能视听言动的，这个便是性，便是天理。有这个性才能生。这性之生理便谓之仁。这性之生理，发在目便会视，发在耳便会听，发在口便会言，发在四肢便会动，都只是那天理发生，以其主

[1]《传习录》卷上。

> 宰一身，故谓之心。这心之本体，原只是个天理，原无非礼，这个便是汝之真己。这个真己是躯壳的主宰。若无真己，便无躯壳，真是有之即生，无之即死。汝若真为那个躯壳的己，必须用着这个真己，便须常常保守着这个真己的本体，戒慎不睹，恐惧不闻，惟恐亏损了他一些。才有一毫非礼萌动，便如刀割，如针刺，忍耐不过，必须去了刀，拔了针，这才是有为己之心，方能克己。[1]

阳明这些话，真可以说是作为感性诗人的阳明从心底唱出的一曲“心我”的赞歌。他把人的肉体之我（躯壳）与精神之我（真已）相对立，把真已之我视为“心体”，身体之我视为“躯壳”，真已之我是身体之我的“主宰”，所以“真已”即“心”，“心”即“真已”。“真已”他又称为“真吾”，后来他在《从吾道人记》中说：“夫吾之所谓真吾者，良知之谓也……良知之好，真吾之好也……从真吾之好，则天下之人皆好之矣。”朱熹的“性学”，把人性解释为人的本质；阳明的“心学”，把人心解释为人的本我，“复性”与“复心”，这是两条不同的“人”的救赎之路。阳明说的作为“真已”“真吾”的“心”，具有真心、自我、本我、心我、心灵、灵魂、精神等含义，他的复心的心学思想体系是一个复真已真我、救赎真已真我（心我）的思想体系，而同朱熹复性复善、救赎善性（人性）的思想体系形成了对立互补的关系。

3. 提出了“致知”在“去蔽”、“扩充”的思想。

在《大学》的三纲八目中，阳明开始突显“致知”的一环，并与朱熹的解说截然不同，他把“致知”解说为“去蔽”、“扩

[1] 《传习录》卷上。

充"。他说：

> 惟乾问："知如何是心之本体?"先生曰："知是理之灵处。就其主宰处说，便谓之心；就其禀赋处说，便谓之性。孩提之童无不知爱其亲，无不知敬其兄，只是这个灵能不为私欲遮隔，充拓得尽，便完。完是他本体，便与天地合德。自圣人以下不能无蔽，故须格物以致其知。"[1]

作为心的本体，"知"的灵明就表现在能知善知恶，但因为受到私欲的蒙蔽戕害，使灵明的"知"不能明善知恶，因此需要"致知"。致知的"致"有二重意义：一就是指不断消除蒙蔽在知上的私欲垢染，使知的心体复明，这叫"去蔽""复心体"；二就是指不断扩充知的心体，"扩充到底"，使知扩充"具足"，将理推及于事事物物，这就叫"扩充""尽心"。阳明在这里说的"自圣人以下不能无蔽，故须格物以致其知"，就是指他的"去蔽"说；所谓"只是这个灵能不为私欲遮隔，充拓得尽，便完"，就是指他的"扩充到底""扩充具足"说。可见阳明在这里对"致知"的认识已包含了他后来的"去蔽""扩充"的"致良知"思想的萌芽。

4. 提出了"良知良能"说。

阳明虽然在正德五年就同周衡谈到了"良知"，但并没有引起他的特别关注。到正德十三年，阳明对"良知"终于有了敏锐的新思考，他把"良知"同"致知"的"知"联系起来，认为知即良知，良知即心体，这样，他给《大学》的"致知"赋予了

---

[1] 《传习录》卷上。

“致良知”的新含义。他说：

> 只要此心纯乎天理处同，便同谓之圣。若是力量气魄，如何尽同得！后儒只在分两上较量，所以流入功利。若除去了比较分两的心，各人尽着自己力量精神，只在此心纯天理上用功，即人人自有，个个圆成，便能大以成大，小以成小，不假外慕，无不具足。此便是实实落落明善诚身的事。后儒不明圣学，不知就自己心地良知良能上体认扩充，却去求知其所不知，求能其所不能，一味只是希高慕大。不自知自己是桀、纣心地，动辄要做尧、舜事业，如何做得！[1]

所谓从“良知”上体认，就是他说的“心体”体认。因此这里说的“就自己心地良知良能上体认扩充”，已接近于他后来的“致良知”说的“去蔽”“扩充”思想；所谓“个个圆成”“无不具足”，也接近于他后来的“致良知”说的“扩充具足”“扩充到底”思想。显然，在三卷本的《传习录》中，已隐约透露出“良知”学思想在阳明心中的萌生涌动。从提出“心—意—知—物”的心学逻辑体系构架，把“心”解为“真己”（自我），到提出“致知”在“去蔽”“扩充”，以知为“良知”，良知即心体，阳明已朦胧勾勒出了他的未来良知学体系的大致轮廓，展示出阳明心学思想未来发展的前景与走向。因此可以说，三卷本的《传习录》，是阳明对自己前半生的心学思想体系的总结，同时又是他未来“致良知”的心学思想体系的起点，隐隐兆示着他思想上更大的“良知之悟”的到来。

---

[1] 《传习录》卷上。

在正德十三年戎马征战的间隙，阳明用编集刊刻《朱子晚年定论》、《大学古本傍释》、《传习录》（三卷）三部书，实现了对自己生平学问思想的一次"简易广大"的总结，记录下了他前半生思想探索前进的心路历程，官方程朱理学的禁网没有能阻挡住他心学思想探索的脚步，仕途上的坎坷打击也没有摧垮他上下求索的不屈灵魂。对这个在心学之路上永恒跋涉的探索者来说，他的每一次思想探索的自我总结，又都成为他迈开新的思想探索脚步的起点。所以，阳明正德十三年的生平学问思想的总结具有总结过去、展望未来的双重意义，他的漫漫心学思想探索之路上没有终点。正是在他作了对自己生平学问思想的总结后，他又奋勇地迈开了心学思想探索的新步伐，面对汹汹而来的宸濠叛乱与"学禁""党禁"的狂澜，一无退缩停步。

第十三章

平定宸濠叛乱的悲喜剧

驱逐“伪帝”

——宸濠叛乱的爆发

正当阳明在赣州埋头总结自己生平的学问思想时，朝廷政局又发生动荡剧变，在南昌的宁王宸濠做着登极当皇帝的美梦，经过多年的经营谋划，暗中也做好了发动叛乱的一切准备。宁王宸濠是宁献王朱权的四世孙，朱权是太祖朱元璋的第十六子，所以说起来宸濠也自认为流淌着朱家王朝的正统嫡传血液与当皇帝的合法名分，继承了宁王一脉个个天生具有的反叛犯上的叛逆性格。宸濠是朱觐锡的庶子，母冯针儿是娼家出身。他在弘治十二年嗣宁王后，就迫不及待地做起了抢夺天下的皇帝梦。终日好喜弄兵权，暗地养死士，结私党，纠谋臣，收罗江湖上的大盗巨魁，劫夺郡邑府库巨万公帑，打造兵器战舰。正德以来，宸濠谋逆叛乱变本加厉。他的最大的心病就是护卫的查革一事。宁府本有护卫，但在景泰七年，宁王奠培坐事被革掉护卫，改为南昌左卫。正德二年，宸濠通过贿赂大阉刘瑾恢复了护卫，但在正德五年刘瑾伏诛后，护卫又被革除。到正德九年，宸濠再用重金贿赂兵部尚书陆完与权阉钱宁，终于又恢复了护卫，掌控了护卫、屯田的大权。从此宸濠自称为“国主”，称护卫为“侍卫”。他罗致了术士李自然、李日芳来推命相面，他们都称颂说宸濠“有天子分”，“骨相天子”。李日芳为他探测龙口风水，说南昌省城东南有天子气。于是宸濠就在那里盖起了一座阳春书院，作为他的离宫。又把西山一处先朝禁革的龙口旧穴，取名为青岚，定为葬母之地，以应东南天子之气。他看到东宫久虚位，太子不立，便密差万锐进京用重金贿赂钱宁，谋求将自己的长子大哥迎取来京师。又暗命手下军士藏伏于南北直隶、山东一带进京沿途的镇店，以做买卖为掩护，探听收报京中消息，待机举兵作反。宸濠深知谋逆叛乱成败的关键是收罗人才，尤其需要出谋划策的“国师”“军师”、谋臣与一批精通兵法能征善战的将帅人才。所以他不惜用重金招致了已致仕的都御史李士实，尊为“国师”；招致了科场落第的安福县举人刘养正，尊为“军师”。他从李士实、刘养正那里知道了阳明是一个文倡圣学、武精兵法的文武通才，而阳明在江西连连平叛的胜利也震惊了宸濠，把在江西的阳明视为他谋逆叛乱的心腹大患，也成了他首要笼络招诱的地方军政大员。从正德十二年阳明一进江西平乱，宸濠就悄悄向阳明展开了笼络诱引，邀结拉拢，想把阳明诱入彀中，消弭举兵叛乱的后顾之忧。

对宸濠在南昌猖狂谋逆叛乱，昏愦的武宗竟一无所知，朝廷也毫无察觉。任有知情大臣的上奏密告，武宗一概不信。早在正德九年，已看出宸濠反状的江西兵备副使胡世宁就痛切上奏说：“江西之祸，不止盗贼。宁府数年以来，威势日盛，不逞之徒，导以非法，上下官司，承奉太过……买办渐行于外郡，骚扰遍及于穷乡。臣恐良民不安，皆起为盗；臣下畏祸，多怀二心，礼乐政命，渐不出自朝廷矣。”武宗不信，宸濠反诬胡世宁“离间亲藩”，派遣缇校去逮捕胡世宁。胡世宁系狱中二年，最后谪戍辽东。到正德十二年，宁府的典宝副阎顺、典膳正陈宣、内史刘良潜入京师，告宸濠反状，说信典宝正涂钦与致仕左都御史李士实、都指挥葛江及吏人罗黄、卢荣、熊济等人凿池大造战船。武宗不信，反将阎顺等人下锦衣狱，杖脊五十，发戍孝陵卫，宸濠将幕后指使人周仪一家六十余口全部杀死，大臣个个如惊弓之鸟。

其实，这时好大喜功的武宗完全沉迷在微服出关北巡、希冀建盖世武功的狂热中，对南方如火如荼的民乱起义与宸濠的谋逆叛乱全不放在心上。原来在他专横独断的帝王心态中，躁动着一个要做武功赫赫的当代“汉武帝”的迷狂情结，患上了北巡亲征的妄想症，在近侍阉竖的怂恿诱引下，幻想出关亲征建立奇功。正德十二年八月，他自封为“总督军务威武大将军总兵官”，在江彬的诱引下，偷偷微服出京，度居庸关，直奔宣府。京都帝君失踪，储君又空缺，大臣惊慌失措，朝廷引发权力真空的危机，阁臣九卿们奔赴居庸关乞请銮驾回京，武宗不为所动。他在宣府大肆建造楼阁宫殿，称为“家里”，流连忘返，过了一个荒唐的立春节，大演戏剧，用几十辆豪车同载几百个僧侣与妇女嬉戏取乐，妇女们都手拿圆毬，敲打僧人的光头，武宗看了大笑。直到正德十三年正月六日，武宗才从宣府回京师。谁知到二十一日，他又突然微服单骑往宣府，只因太皇太后忽卒，武宗才在二月无功而返。到七月，武宗又自封为“总督军务威武大将军总兵官朱寿”，称要率兵巡辽东、宣、大等地，阁臣九卿泣谏不听。这次“亲征”武宗干脆把家搬到了宣府，把豹房的奇器玩好以及一班美女娇娃用大车装载到宣府“家里”，供他享用。他又装模作样地往大同、榆林、绥德、石州等地巡游一番，实际不过是到处抢掠民女，游龙戏凤淫乐。巡游到偏头关时，他更疯狂大掠民间良女，装载了几十车，尾随武宗銮驾，这些被掠的美女每天在道上都有死去，武宗不管。他还向太原索要女乐。有一个女乐刘良，是晋府乐工杨腾之妻，能讴善舞，武宗强行召来嬖幸，饮食起居伴侍在身边不离，尊为“刘娘娘”，下面江彬等辈都呼她为“国母”。武宗就这样巡游淫乐到正德十四年二月才回京师。这时宸濠谋逆叛乱已经箭在弦上，武宗又忽生奇念，提出要“南巡”，他自封为“总督军务威武大将军总兵官太师镇国公朱寿”，要往富庶的南方去抢掠民女游龙戏凤淫乐了。这吓坏了满朝的文武大臣，南方民间更是人心惊慌浮动，争先恐后携了妻子女儿逃避藏匿。三月，两京的六科给事中、十三道御史纷纷上奏劝谏南巡，在京的科道官齐齐伏阙泣谏。武宗怒不可遏，他马上捉拿黄巩等六人下锦衣狱，罚跪舒芬等一百零七人于午门外五日。接着又接连下周叙等十人于狱，下余廷瓒等二十三人于狱，命周叙等六人械系跪于阙下。将张英缚送诏狱，杖脊八十而亡。于午门外杖脊舒芬等一百零七人各三十，血肉横飞，呼号之声响彻宫掖。勒令首犯舒芬、陆俸、张衍、姜龙俱调外任，不得推举录用。科道官各罚俸六个月。到四月，武宗余怒未消，又杖脊黄巩等九人各五十，杖脊其余三十人各四十。黄巩、夏良胜、万潮、陈九川皆黜为民，周叙等三人降三级外补，徐鏊谪戍瘴疠之地，其余皆降二级。

这一场刀光血影的镇压劝谏南巡的言官的杀戮，比之正德元年镇压那些弹劾刘瑾的言官的杀戮有过之而无不及，朝廷上下、皇宫内外充满了恐怖的血腥之气。因为言官的奏论已露骨指斥到江彬怙权、宸濠叛乱的奸状，武宗杀戮更是心狠手辣。工部主事何遵上奏直言"（南巡）淫祀无福，万一宗藩中（指宸濠）有借口奉迎，潜怀不轨，则福未降而祸已堕"，又痛斥"江彬怙权倡乱"，武宗怒火中烧，把何遵逮捕下狱，廷杖四十，打得肢分体裂而亡，林公黼、余廷瓒、李绍贤、孟阳、詹轼、刘槩、李惠、刘校、刘珏也同死杖下。这场杀戮充分暴露了武宗独裁暴君的真面目，也给宸濠提供了举兵反叛驱逐暴君的最好的口实，直接成了宸濠叛乱的导火线。宸濠在初见到阳明时就抨击武宗朝政，慨叹"世无汤、武"，就是指斥武宗为当世暴君，阳明心知肚明，对此竟也不能道一字。宸濠公然说"世无汤、武"，包藏了一个被掩没的天大秘密：原来他就是自命为"汤、武"打起讨伐"伪皇帝”“真暴君”的旗号举兵反叛武宗的。明代藩王的叛乱都无不打着名正言顺的旗号起来篡权夺位，燕王朱棣打起了“清君侧”的旗号，安化王寘𫓹打起了除权奸刘瑾的旗号。宸濠不过是学着朱棣、寘𫓹的伎俩要取伪皇帝、真暴君的武宗而代之。后来在叛乱中由李士实、刘养正写的讨伐武宗的檄文，清楚道出了宸濠所以要举兵反上的堂皇正大的理由：

> 上以莒灭鄫，高皇帝不血食。建寺禁内，杂处妓女、胡僧。玩弄边兵，身衣异衣。至于市井屠贩，下流贱品，事靡不乐为。弃置宗社陵寝，而造行宫于宣府，称为家里。黩货无厌，荒游无度。东至永平诸处，西游山、陕、三边，所过掠民妇女，索取赎钱。……常悬都太监牙牌，称威武大将军。……既夺马指挥妻，称“马皇后”；复纳山西娼妇，称“刘娘娘”。原其为心，不能御女，又将假此妇人以欺天下，抱养异姓之子，如前所为也。[1]

宸濠在发动叛乱时也对着胁从监禁官员说出了同样的话：

> 宸濠盛设兵卫，出露台，奋膺高足曰：“高皇帝不血食，十四年于兹矣！孝宗无子，误子民间子，以莒灭鄫，岂义也哉！皇太后，女中汤、武也，有密旨，诏我起兵，伸大义天下，若等知之乎？”[2]

而《明史》中的《孙燧传》说得更明白：

---

[1] 《国朝献征录》卷一《宁庶人传》。
[2] 《名山藏》卷三十七。参见刘藚《后鉴录》卷二《宁府招由》。

> 宸濠伏兵左右，大言曰："孝宗为李广所误，抱民间子，我祖宗不血食者十四年。今太后有诏，令我起兵讨贼，亦知之乎?"[1]

宸濠指斥武宗暴君的种种罪行不能不说都是世人皆知而畏不敢言的事实，只不过朝廷一直极力掩盖宫廷淫秽秘事，禁绝传播，而宸濠却公然捅破了武宗是从民间抱养来的"异姓之子"的"伪皇帝"真面目。原来张太后并无生育能力，武宗是当年孝宗听信太监李广的蛊惑偷偷抱养宫中的"民间子"（郑金莲子?），他以异姓继位，是地地道道的"伪皇帝"，朱家皇统断绝，所以说"高皇帝不血食，十四年于兹"。这全类似于春秋时代的"以莒灭鄫"。周简王时，莒国君生有三女。长女嫁给了鲁成公。鄫国君先娶了莒君的二女，为先夫人，生有一子巫；后先夫人卒，又娶其小女，为后夫人，生有一女，还嫁莒国，又生下一子，为鄫家外孙。凶悍的后夫人强迫太子巫奔鲁投靠鲁襄公，莒国便将鄫家外孙继承了鄫国君位，鄫国名存实亡。所以史书上说："以外姓嗣位，灭亡之道也。"武宗也是以外姓嗣位，灭了朱家皇朝的血统。一个低贱抱养的异姓"民间子"的出身，成了武宗最大的心病，性无力的武宗甚至也想通过抢纳"马皇后"与"刘娘娘"来抱养一个"民间子"冒充太子。所以对批评反对他的正臣与揭他出身伤疤的知情人具有一种特别凶暴的残忍性，杀戮大臣如同儿戏。张太后不是武宗的生母，在宫中也受尽武宗的凌辱[2]，所以她有密旨召宸濠起兵，推翻这个暴虐无道的"伪皇帝"。

---

[1] 《明史》卷二百八十九《孙燧传》。

[2] 按：武宗凌辱张太后事，见王阳明《上海日翁大人札》（《式古堂书画汇考·书考》卷二十五）。

宸濠就是打起了受太后密诏驱逐“伪皇帝”、恢复朱明皇族血统的旗号举兵叛乱的。他自封为是灭桀伐纣的“汤、武”，起来讨伐武宗，现在只缺辅助他的“伊、吕”，而阳明成了他最看好的“伊、吕”，他在初见阳明时已吐露了这个意思。从正德十三年六月阳明因平乱立功升都察院右副都御史起，他加紧了对阳明的邀结笼络。因为都察院设在南昌，阳明照理在平乱胜利结束后应回南昌都察院。约在十一月，宸濠便以礼贤求学为名，送聘书来赣州邀请阳明赴南昌讲学。阳明乘机选派了门人冀元亨去南昌，一则是要借讲学向宸濠开陈君臣大义，规劝宸濠回头是岸；二则也是要探听南昌宁府的动静消息，以便好作防范备御。阳明后来自己提到这件事说：

> （冀元亨）近来南赣，延之教子。时因宁藩宸濠潜谋不轨，虐焰日张……偶值宸濠饰诈要名，礼贤求学，本职因使本生乘机往见宸濠，冀得因事纳规，开陈大义，沮其邪谋；如其不可劝喻，亦因得以审察动静，知其叛逆迟速之机，庶可密为御备。本生既与相见，议论大相矛盾。宸濠以本职所遣，一时虽亦含忍遣发，而毒怒不已，阴使恶党四出访缉，欲加陷害。本生素性愿悫，初不之知，而本职风闻其说，当遣密从间道潜回常德，以避其祸。[1]

《明史》上的《冀元亨传》也详细记述了冀元亨在南昌的讲学说：

> 冀元亨，字惟乾，武陵人。笃信守仁说。举正德十一年

[1] 《王阳明全集》卷十七《咨六部伸理冀元亨》。

> 乡试。从守仁于赣，守仁属以教子。宸濠怀不轨，而外务名高，贻书守仁问学，守仁使元亨往。宸濠语挑之，佯不喻，独与之论学，宸濠目为痴。他日讲《西铭》，反复君臣义甚悉。宸濠亦服，厚赠遗之，元亨反其赠于官。已，宸濠败，张忠、许泰诬守仁与通。[1]

冀元亨在讲学中用君臣大义规劝宸濠，反而得罪了宸濠，他竟暗遣党徒来杀害冀元亨。冀元亨回赣州后，对阳明说："濠必反，先生宜早计。"阳明说："祸在兹矣！"马上秘密从间道送冀元亨归武陵。

阳明从这件事感到了宸濠谋逆叛乱的严重性，开始考虑为平叛预先做军事准备。正好这时福建按察佥事周期雍因公事来赣州，阳明考虑到周期雍远在福建任职，由他秘密做平叛的军事准备，宸濠不会发觉，于是便同周期雍暗中商量，要他回去就招募骁勇，组建精兵，严阵以待。阳明后来提到这件事说：

> 正德戊寅之冬，福建按察佥事周期雍以公事抵赣。时逆濠奸谋日稔，远近汹汹。予思预为之备，而奸党伺觇左右，摇手动足，朝闻暮达；以期雍官异省，当非濠所计及。因屏左右，语之故，遂与定议。期雍归，即阴募骁勇，具械束装，部勒以俟。予檄晨到，而期雍夕发。故当濠之变，外援之兵惟期雍先至，适当见素公书至之日，距濠始事亦仅月有十九日耳。[2]

[1] 《明史》卷一百九十五《冀元亨传》。按：刘蕡《后鉴录》将冀元亨赴南昌讲学事叙在正德十三年二月中，似误。
[2] 《王阳明全集》卷二十四《书佛郎机遗事》。

周期雍对阳明说："水战精兵，惟海上诸卫，号称骁勇可用。"他一回去就巡视沿海，招募到精兵数千名，整饬训练，准备随时奉命赴江西。

宸濠在诱引冀元亨失败后仍不死心，到正德十四年二月，他又命"军师"刘养正亲自从南昌来赣州见阳明，以请阳明作母墓铭为名，再来邀结招诱。这件事后来给阳明带来很大麻烦，成为不明真相和别有用心的人纷纷指责他同宸濠勾结的罪证。原来刘养正因科场失利，早就投靠了宸濠。在罗洪先考订的《阳明先生年谱》中，记录了一则刘养正的重要资料：

> 刘养正，字子吉。尝举奇童。会试时，误入飞语，有诗曰："桃红李白年年是，谁讯园林借主非？"辛未后不复会试。制隐士服，部使者候其间，得而为幸。而士宾以名士，数受濠馈。闻变，就继为群妄，所守不得，死。白沙尝简以诗曰："风光何处可怜生，共把闲愁向酒倾。今日花非前日看，少年人到老年更。秦倾武穆凭张俊，蜀取刘璋病孔明。千古此冤谁洗得？老夫无计挽东溟。"[1]

后来正是白沙的岭南弟子张诩把习读兵书的刘养正举荐给了宸濠。刘养正诗说"桃红李白年年是，谁讯园林借主非"，就是用"李代桃僵"的典故暗指孝宗的借养民间子，让异姓取代朱姓当上皇帝，坐了朱家的江山。古乐府《鸡鸣》云："桃在露井上，李树在桃旁。虫来啮桃根，李树代桃僵。树木身相代，兄弟还相忘。"刘养正用"树木身相代"暗喻孝宗的以异姓子取代朱姓子，朱家

[1] 见钱德洪编次，罗洪先考订：《阳明先生年谱》。

皇统已"僵"，这同他在讨武宗檄文中说的"以莒灭鄫"（鄫代莒僵）、"抱养异姓之子"、"高皇帝不血食"是一个意思。所谓"飞语"，就是指关于武宗是民间子的流言传语，狂傲的刘养正竟把它写进了会试中，终于场屋落第。从正德六年以后他归居江西安福，和阳明有了往来，这就是罗洪先说的"刘与阳明先生素厚善"。这次刘养正就是以一个"素厚善"的士友身份来南昌请阳明为他作母墓铭。实际刘养正携弟子王储一起到赣州待了两天，主要目的是探听阳明的动静虚实。刘养正屡次用宸濠事挑诱阳明，阳明只装着听不懂，不予理睬。刘养正暗示说："宁王尊师重道，有汤、武之资，欲从公讲明正学。"阳明大笑说："殿下能舍去王爵否?"[1] 刘养正无功而返。相关的情况都被同时来赣州的龙冈周汝方无意中听到，告诉了罗洪先（周汝方是罗洪先姐夫）。后来罗洪先特作《别周龙冈语》揭明了事情的真相：

> 忆龙冈尝自赣病归，附庐陵刘子吉舟。刘与阳明先生素厚善，会母死，往请墓志，实以濠事暗相邀结，不合而返。至舟，顾龙冈呻吟昏瞀，意其熟寝也，呼其门人王储，叹曰："初意专倚阳明，两日数调以言，若不喻意，更不得一肯綮，不上此船明矣。此事将遂已乎？且吾安得以一身当重担也?"储拱手曰："先生气弱，今天下大事属先生，先生安所退托？阳明何足为有无哉?"刘曰："是固在我，多得几人更好，阳明曾经用兵尔。"储曰："先生以阳明为才乎？吾见其怯也。"刘曰："诚然。赣州峒贼，髦头耳，乃终日练兵，若对大敌，

[1] 黄绾：《阳明先生行状》。按：邹守益《王阳明先生图谱》则云："刘养正为濠说以'伊、吕事业'，先生正色曰：'遇汤、武，则为伊、吕；遇桓、文，则为管仲、狐偃；遇桀、纣，则为飞廉、恶来。'"可参看。

> 何其张皇哉！”相与大笑而罢。龙冈反舍，语予若此，己卯二月也。其年六月，濠反，子吉与储附之。七月，阳明先生以兵讨贼。八月，俘濠。是时议者纷然，曰：“是附濠而资以为利者也。”或曰：“与刘期，而中变卖友也。”或曰：“擒濠者伍吉安，而攘为功也。”予与龙冈窃叹，莫能辨。比见诋先生者问之，曰：“吾恶其言是而行非，盖其伪也。”龙冈舌尚在，至京师，见四方人士，犹有为前言者否乎？盍以语予者语之，以解其惑。[1]

刘养正发觉阳明“不上此船明矣”，但还是认为“多得几人更好”，并没有放弃争取笼络阳明的打算。阳明答允为刘养正母作墓志铭，这就为刘养正再来邀结笼络留下了一条后路。刘养正归南昌后，宸濠加快了谋逆叛乱的步骤。针对“民间子”武宗不孝顺张太后的丑行，宸濠尤要树立自己朱家皇族孝子贤孙的形象，邀买人心，便伙同李士实、王春、毕真捏造了一大堆孝行，写成呈文，逼迫南昌府县学官与生员代表“民意”送呈都、布、按三司。江西巡抚右副都御史孙燧、巡按御史林潮居然真的会同镇守太监毕真向朝廷进上了宸濠孝行，请朝廷旌褒。毕真改任浙江镇守太监，他一到浙江，便以操演官军为名，大造盔甲兵器几千余副，堆积在镇监衙门，等待时机起兵助宸濠叛乱。宸濠的亲信徐纪自京师回宁府，报告武宗将要南巡山东泰安州等地方，宸濠马上派秦荣等人在宁府大院里张设勾栏，扮演杂剧，由李士实等人亲自撰写疏词，派人到浙江、直隶各处张贴，故意让消息传入京师，诱引武宗銮驾临幸，伏兵暗杀。到五月，宸濠密谋叛乱已大

---

[1]《罗洪先集》卷十五《别周龙冈语》。

致准备就绪，暗底定下八月十五日乘乡试入试官吏生校时举兵起事。

阳明在刘养正走后，更清醒看到了宸濠反迹已著，但他无论对暴君武宗还是野心家宸濠都早已看穿，无意卷入朱明皇族自家内部凶人之间抢夺帝位、争霸天下的血腥厮杀，自取其祸。所以他一面发符牒给已暴露形迹的郭诩，叫他避祸他游；一面催请朝廷允准养病归休，逃离这可怖的凶险之地。他在正月就上了《乞放归田里疏》，以后又不断写信给兵部尚书王琼与御史朱节，催促尽快放归田里。他在给蔡宗兖的信中甚至表现了不等王命弃官归居的坚决态度："縻于职守，无由归遁。今复恳疏，若终不可得，将遂为径往之图矣。"[1] 但是在二月福州发生了兵变，朝廷断然不允准阳明归养田里，而强命他即速往福建勘处叛军。福建的兵变可上溯到正德十三年八月的福州兵士索军饷闹事。当时镇守太监罗仑以修筑城为名征要三千饷金，左布政使伍符只发给六分之一，罗仑便唆使军士鼓噪闹事。伍符被逮下诏狱，赎杖还秩。但到十四年正月又有进贵、叶元保煽动士卒叛乱，巡按福建御史程昌上奏说："比者延平、建宁、邵武、福州等处士卒强狠，相继煽乱，乞简命大臣一人巡抚其地。"御史周鹓也上奏说："逆贼进贵等，近已就擒，其余胁从军士原非得已，宜抚处以安人心。"[2] 事下兵部集议，认为福建向来不设巡抚，现只须命南赣都御史王守仁去勘处，事毕仍旧还原职。这给归心急切的阳明出了一道难题。阳明最后把勘处军乱与便道归省结合起来，作出了两全其美的打算：他携带家眷赴福建勘处军乱，先北上往南昌，将家眷安顿在都察院（阳明为都察院右副都御史，犹在孙燧之上），然后

[1] 《王阳明全集》卷四《寄希渊》书四。
[2] 《明武宗实录》卷一百七十一。

自己一人赴福州，勘处福建军乱事毕，不回赣州，而从福州直接往南昌，携家眷便道从南昌归居绍兴。后来阳明在《飞报宁王谋反疏》中透露了他这一从福州、南昌便道归居绍兴的秘密打算："今兹扶病赴闽，实亦意图便道归省……入闽了事，即从此地冒罪归逃。"又在《乞便道省葬疏》中也说："近者奉命扶疾赴闽，意图了事，即从此地冒罪逃归。"[1] 殊不料这一打算使阳明差一点陷入了险境。

就在阳明准备赴福建勘处军乱时，五月，朝局发生突变，激发宸濠提前发动了叛乱。原来南昌人谢仪与东厂太监张锐相好，他向张锐报告了宸濠密谋叛乱的反状。同钱宁有嫌隙的张锐决定揭发钱宁与宸濠勾结谋反的罪状。御史萧淮便上疏奏论宸濠密谋不轨，说"宸濠招纳亡命，西山牧马殆万匹，南康私船千艘。虐遍江西，毒及他省。旗校内使，接踵京师，不知其故。且群党如致仕右都御史李士实，仪宾顾官祥，指挥葛江、王信，引礼丁璜，内使陈贤、寿山、熊寿、涂钦、梁伟，义官倪庆、卢孔章、徐纪、赵七、谢培，省察官黄海、秦梁，舍人李显忠，校尉查五，乐工秦营，皆昼夜密谋。又招建昌盗凌某、闵某等为翼。不早制之，后患何极"[2]。钱宁竟将萧淮的奏疏带回家藏匿，攻诋萧淮是诬说妄造。数日之后，萧淮的奏疏才下到内阁。到这时，昏愦的武宗与朝廷大臣仍不信宸濠会造反叛乱，只认作是一般藩王的专横独断行径，对叛乱大祸临头都毫无警觉，更不想方设法如何应对防范宸濠的叛逆谋反，首辅杨廷和居然荒唐地提出只须派大臣往南昌去向宸濠"戒谕"一番，叫宸濠悔过，交出护卫即可。廷臣们集议于左顺门，全都赞同杨廷和的腐说。于是在五月二十四日，

[1] 《王阳明全集》卷十二。
[2] 《国榷》卷五十一。

朝廷便遣太监赖义、驸马都尉崔元、左副都御史颜颐寿三人赍了武宗的"谕书"赴南昌。谕书说：

> 叔祖在宗室，属望尊重，朝廷礼待有加。但道路流传，不无可疑。往者典宝副阎顺等奏诸不法，朕未遽信。近言官所奏亦同。廷臣谓宗社大计，宜存远虑。朕念至亲，且不深究。然隐忍不言，彼此怀疑，亦无两全之道。昔我宣宗皇帝，因赵府烦言，特遣驸马袁容等书谕，即幡然改悔，献还护卫，至今永享富贵。今遣书奉告，可仿此意，以原革护卫并屯田献还，所夺官民田土皆复故主，贼党散遣，朕亦俯从宽典，并不深究。此朕至情，叔祖其图之！[1]

胆小的杨廷和这时想命兵部发兵观变，兵部尚书王琼却说："此不可泄。近给事中孙懋、易赞建议选兵操江，为江西流贼设备。疏入，留中日久，第请如拟行之，备兵之方无出此矣。"赖义等人拖迟到六月初才上路，这里钱宁已秘密遣侦卒林华星夜赶往南昌报信。林华跑到会同馆，得马狂奔，十一日夜赶到南昌。但心怀鬼胎的宸濠误解了朝廷派赖义等人来南昌"宣谕"的用意，以为是自己的叛乱阴谋已经完全败露，朝廷遣人来查勘惩办叛乱谋反的人事，他心急火燎，决定赶在赖义等人到来之前提前举兵叛乱。他立即召集了李士实、刘吉、王春、娄伯、涂钦、黄瑞、王麒、王信、李世英、闽念八、凌十一、闵念四、吴十三等五十余名心腹入宁府商议。宸濠发狠说："如今差官勘我府中事情，革我护卫，若不起手，断然不好！十三日是我寿日，镇巡三司等官必来

[1] 《国榷》卷五十一。

庆贺。候其次日谢酒，就胁令各官顺从起兵。彼若不从，即行斩首警众。大事就定。”宸濠当场便封李士实为“国师”，刘吉为“太监”，并宣布：“事定，李士实为左丞相，加封国公；王春尚书，其余俱升极品。文职王信等俱极品，武职李世英等俱封驸马。”到十三日，镇巡三司要官以及一些府县官员纷纷进宁府祝贺宸濠生辰，大开宴席，他们都不知已进入了宸濠给他们埋下的“圈套”。到十四日一早，宸濠密令凌十一、闵念四、火信等凶徒暗藏凶器傍立，镇巡三司诸官都一起来谢酒，宸濠登上露台高呼：“孝宗为李广所误，抱民间子，我祖宗不血食者十四年。今太后有诏，令我起兵讨贼，亦知之乎?”[1] 都御史孙燧说：“既有密旨，请看。天无二日，民无二王，此是大义，不知其他。”宸濠指着孙燧说：“你既说我孝行，如何又遣人奏我，如此反覆，岂知大义!”又指着问按察司副使许逵，许逵也回答说：“只有一点赤心。朝廷所遣大臣，反贼敢擅杀耶!”宸濠马上命凌十一等人将孙燧、许逵二人绑缚，押到惠民门内杀害，将首级悬挂城上示众。镇巡三司官俱被绑送仪卫司等处监禁。宸濠又差涂钦到各衙门追收印信，搬取库银。召集所有宗室与内外官员进宁府，宣布举兵起事，下面齐声山呼“万岁”。宸濠立即传命十七日发兵起程，攻打南京。

阳明在赣州，对朝廷与南昌快如闪电的惊天巨变毫无所知。他虽已知道宸濠的谋逆反状，但是却绝想不到宸濠会这么快起兵

---

[1] 按：钱德洪编次、罗洪先考订《阳明先生年谱》也云：“濠出，立露台，宣言于众曰：‘孝宗为李广所误，抱养民间子，我祖宗不血食者，十四年于兹矣。太后有旨，令起兵讨贼，共伸大义，汝等知否?’”《皇明大儒王阳明先生出身靖乱录》亦云：“诈言于众曰：‘昔孝宗皇帝为太监李广所误，抱养民间子，我祖宗不血食者，今十四年矣。太后有密旨，命寡人发兵讨罪，共伸大义，汝等知否?’”钱德洪有意将“孝宗为李广所误，抱养民间子，我祖宗不血食者，十四年于兹矣”删去，不当。

叛乱。六月五日，朝廷札再下到赣州，催阳明“福州三卫军人进贵等胁众谋反，特命尔暂去彼处地方，会同查议处置，参奏定夺”。但是却隐瞒了南昌形势紧张、朝廷派赖义等人来戒谕宸濠的事实。阳明不知前路的凶险，六月九日，他依旧奉命携带家眷北上赴南昌。宸濠十三日的庆寿主要是邀请镇巡及都布按三司的要员与地方府县的官员，而阳明是都察院右副都御史，带重兵在外，宸濠对他最不放心，按理说正是宸濠第一个要邀结的三司大员。所以估计宸濠必定会派人来邀请阳明赴十三日的寿庆的。[1] 阳明初不为意，但是他北行在道肯定是听到了朝廷派赖义等人来戒谕宸濠的事，这引起了他的高度警觉，所以他在道有心放慢缓行，徘徊观望，故意错过了宸濠十三日的寿庆。这使他躲过了一劫。六月十五日，他行进到丰城县的黄土脑地方，离丰城还有五里路，丰城知县顾佖飞快来向他报告了宸濠十四日已举兵叛乱，孙燧、许逵等官被杀，所有巡按及三司、府、县大小官员俱被拘囚，现宸濠战舰蔽江而下，扬言要直取南京，一面又分兵北上。劝阳明不要再往南昌。阳明到这时才如梦方醒。实际在庆寿谢宴会上，宸濠将江西三司的地方大员一网打尽，只剩下一个在外的阳明。所以就在十五日这一天，宸濠已发兵攻打九江、南康，差喻才领兵暗伏在生米观的地方捉拿阳明，并派出了千余兵卒夹江并进，前来追捕阳明，汹汹将至。阳明冷静应变，临危不乱，立即命顾佖坚守丰城，自己变服回舟南返，决计起集义兵勤王平叛。这时南风正急，大舟不行，阳明拜天哭告说：“天若悯恻百万民命，幸假我一帆风！”不一会真的北风大作。阳明先叫诸夫人、公子正宪登舟，诸夫人手提剑向阳明说：“公速去，毋为母子忧。脱有急，

[1] 按：如来赴宸濠寿庆的人员中，有“南赣守备郏文”，可见宸濠确尝派人来赣邀南赣官员赴寿庆。疑或是刘养正在二月来赣时即邀请阳明赴宸濠六月寿庆。

吾恃此以自卫尔！”阳明另叫来一条小渔船，亲自缚好了敕令，叫参谋雷济、萧禹持米二斗，脔鱼五寸，一同上了小渔船，与家人告别。临行阳明又对雷济、萧禹说：“还少一物。”指着舟头的黄罗盖说：“到地方无此，何以示信？”于是又取下了黄罗盖，船才急速开行。

在渔船上，阳明首先冷静考虑了宸濠叛乱后的险恶局势，感到宸濠叛乱神速，江西地方群龙无首，如宸濠眼下径直出兵攻袭南京，再犯北京，两京都仓卒无备，形势危急，必须想法阻挠拖住宸濠从南昌倾巢出兵，只要拖迟得半月时间，两京自然可以有备无患。于是阳明设下了疑兵之计，他假写了一块两广都御史火牌：

> 提督两广军务都御史杨为机密军务事：准兵部咨及都察院右副都御史颜咨俱为前事，本院带领狼达官兵四十八万，齐往江西公干。的于五月初三日在广州府起马前进，仰沿途军卫有司等衙门，即便照数预备粮草，伺候官兵到日支应。若临期缺乏误事，定行照依军法斩首。朝廷先差颜等勘事，已密于两广各处提调兵马潜来，袭取宸濠。[1]

火牌假称朝廷已先差颜颐寿等来勘事，密于两广各处起调兵马，潜行来袭取南昌。阳明笑着对雷济十分自信地说：“得渠一疑，彼之大事去矣。”又说：“宸濠素行无道，残害百姓，今虽一时从逆者众，必非本心，徒以畏劫利诱，苟一时之合耳。纵使奋兵前去，我以问罪之师徐蹑其后，顺逆之势既判，胜负预可知也。但贼兵

[1] 钱德洪：《征宸濠反间遗事》。

早越一方，遂破残一方民命。虎兕出柙，收之遂难。为今之计，只是迟留宸濠一日不出，则天下实受一日之福。"于是便命雷济等人派一些乖巧徒役持火牌打入南昌城，四处散发。宸濠见到火牌，果然心生疑惧，一时不敢轻进。

十六日，阳明到达临江蛇河，见到临江知府戴德孺。戴德孺请阳明入城调度军马，阳明认为："临江居大江之滨，与省城相近，且当道路之冲，莫若吉安为宜。"但是他却胸有成竹地向戴德孺提出了应变筹对三策："濠若出上策，直趋京师，出其不意，则宗社危矣；若出中策，则趋南都，大江南北亦被其害；若出下策，但据江西省城，则勤王之事尚易为也。"[1] 因此当务之急就是要想方设法拖得宸濠在南昌，不敢贸然出兵趋南都，江西三司大官均被囚禁，唯有自己挺身而出，神速起集义兵勤王，平定宸濠叛乱才有指望。

十八日，阳明到达吉安。雷济、萧禹对着吉安城头举起了黄罗盖，城中爆发出一片欢呼："王爷爷还矣！"

在吉安，阳明招集义兵勤王平叛真正开始了。

从吉安集兵起义到鄱阳湖火攻大战

当阳明回到吉安时，形势已经非常严峻。宸濠叛兵有十八万，原定六月十七日出兵，宸濠自己于二十二日在南昌起马，统率大军直捣南京，谒陵即位，然后直犯北京。所以他在十五日就命闵

[1] 黄绾：《阳明先生行状》。

廿四等人同涂钦等人分攻九江、南康，抢掠吴城。遣校尉赵智飞速往浙江命镇守太监毕真起兵。差李蕃、王春、娄伯等人往各府县募兵招军，又命王纶檄召姚源峒兵。十六日，闵廿四攻陷南康。十七日，涂钦攻陷九江。阳明这时在吉安无一兵一卒，为了阻遏叛军进攻的势头与拖迟宸濠出兵，加快集结义兵，阳明先展开攻心战，设下了空城计、疑兵计与反间计。他召集众官商议说："贼若出长江顺流而下，则南都不可保。吾欲以计挠之，少迟旬日无患矣。"于是他先假写了给南雄、南安、赣州等各府县的报帖，说："都督许泰、郤永将边兵，都督刘晖、桂勇将京兵，各四万，水陆并进。南赣王守仁、湖广秦金、两广杨旦各率所部，合十六万，直捣南昌。所至有司缺供者，以军法论。"[1] 派人打入南昌省城，疑沮宸濠出兵之心。然后他又假写了一篇《迎接京军文书》：

> 提督军务都御史王为机密军务事：准兵部咨该本部题奉圣旨："许泰、郤永分领边军四万，从凤阳等处陆路径扑南昌；刘晖、桂勇分领京边官军四万，从徐州、淮安等处水陆并进，分袭南昌；王守仁领兵二万，杨旦等领兵八万，秦金等领兵六万，各从信地分道并进，刻期夹攻南昌。务要遵照方略，并心协谋，依期速进，毋得彼先此后，致误时机。钦此。"等因咨到，职除钦遵外，照得本职先因奉敕前往福建公干，行至丰城地方，卒遇宁王之变，见已退住吉安府起兵。今准前因，遵奉敕旨，候两广兵齐，依期前进外，看得兵部咨到缘由，系奉朝廷机密敕旨，皆是掩其不备，先发制人之

[1] 《明史》卷一百九十五《王守仁传》。

谋。其时必以宁王之兵尚未举动，今宁王之兵已出，约亦有二三十万，若北来官兵不知的实消息，未免有误事机。以本职计之，若宁王坚守南昌，拥兵不出，京边官军远来，天时、地利两皆不变，一时恐亦难图。须是按兵徐行，或分兵先守南都，候宁王已离江西，然后或遮其前，或击其后，使之首尾不救，破之必矣。今宁王主谋李士实、刘养正等各有书密寄本职，其贼将凌十二、闵廿四亦各密差心腹前来本职递状，皆要反戈立功报效。可见宁王已是众叛亲离之人，其败必不久矣。今闻两广共起兵四十八万，其先锋八万，系遵敕旨之数，今已到赣州地方。湖广起兵二十万，其先锋六万，系遵敕旨之数，今闻已到黄州府地方。本职起兵十万，遵照敕旨，先领兵二万，屯吉安府地方。各府知府等官各起兵快，约亦不下一万之数，共计亦有十一二万人马，尽已彀用。但得宁王早离江西，其中必有内变，因而乘机夹攻，为力甚易。为此今用手本备开缘由前去，烦请查照裁处。并将一应进止机宜，计议停当，选差乖觉晓事人员，与同差去人役，星夜回报施行，须至手本者。[1]

这本假文书写成手本以后，阳明立即叫雷济选派几个能走善递的家人，藏带文书星夜潜往南京及淮、扬等处去迎接官兵；同时又叫雷济寻访素与宸濠交通往来的人，厚加贿赂结纳，叫他们去密报这些家人的行踪。宸濠立即差军士四路追捉这些家人，搜到手本，果然心生疑惧。配合这本假文书，阳明又同龙光设计假写了两封回报李士实与刘养正书。报李士实书说：

[1] 钱德洪：《征宸濠反间遗事》。

> 承手教密示，足见老先生精忠报国之本心，始知近日之事迫于势不得已而然，身虽陷于罗网，乃心罔不在王室也。所喻密谋，非老先生断不能及此。今又得子吉同心协力，当万万无一失矣。然几事不密则害成，务须乘时待机而发乃可。不然，恐无益于国，而徒为老先生与子吉之累，又区区心所不忍也。况今兵势四路已合，只待此公一出，便可下手，但恐未肯轻出耳。昨凌、闵诸将遣人密传消息，亦皆出于老先生与子吉开导激发而然。但恐此三四人者皆是粗汉，易有漏泄，须戒令慎密，又曲为之防可也。目毕即付丙丁，知名不具。[1]

另又写了一封同样的报刘养正书。阳明叫雷济差人送递李士实，叫龙光差人送递刘养正。这两个差递人都被宸濠叛军捉住杀死，宸濠得到这两封报书，更加怀疑李士实、刘养正，李士实与刘养正也更加疑惧不安。阳明又派遣素与刘养正厚善的指挥高睿致书刘养正，派遣雷济、萧禹去引诱内官万锐私下写书信给内官陈贤、刘吉、喻木。又写数以千计的告示、招降旗号与木牌，叫雷济、萧禹、龙光、王佐等差遣役夫潜入叛军贼垒，把告示四处张贴，将旗号、木牌四路标插。张布疑兵于丰城一带，做出佯攻态势。又派遣雷济、龙光把刘养正家属接来吉安，厚加看养，秘密差遣家属的家人潜入刘养正处传递消息。

阳明的空城—疑兵—反间的连环攻心之计，拉开了他平定宸濠叛乱之战的序幕。在军队还没有集结到位的危急情势下，他故布疑兵迷阵，一时间风声鹤唳，虚虚实实，扑朔迷离，离间宸濠

[1] 钱德洪:《征宸濠反间遗事》。

君臣，相互猜忌，扰乱叛兵军心，涣散斗志，使宸濠顿生迟疑畏惧，终于不敢在二十二日发兵攻南京，这也给阳明集兵倡义勤王争得了宝贵的时间。阳明初到吉安时，自己并未带兵，吉安府地方也只有少量军队，多是些老弱兵卒，如往南、赣调兵，又路途太远。况且南、赣旧虽有屯兵四千之众，本一遇警可朝发夕至，却因粮饷无所供给在三个月前全被解散。他唯有以最快的速度自行调度集结好各路人马，才能从容对敌，实施他的主动出击、乘虚攻克南昌平定叛乱的战略。他完全不指望坐等朝廷的京边军迅速南下征讨，为此他采取了双管齐下的集兵办法：一是向外省请调兵勤王，二是向江西本省十二府请集兵勤王。

在向外省请兵勤王上，阳明接连行文下福建布政司调兵勤王，行文下南京各衙门勤王，咨文请两广总制都御史杨旦共勤国难，致书福建御史周鹓、周震敦促福建出兵，咨文请在浙的都御史颜颐寿调兵进讨。奇怪的是江西宸濠叛乱已经沸反盈天，南京及周边的各省湖广、两广、福建、浙江等居然没有丝毫动静，他们都采取了各自拥兵守城自保的消极态度，没有响应阳明的起兵勤王，发兵来援。只有福建布政使席书与兵备佥事周期雍统领了万名海沧打手来援，而当他们到达吉安时，宸濠叛乱已经平定。可以说，在整个平宸濠叛乱的战争中，只有阳明以过人的胆勇采取了集义起兵主动出击的战略（进攻战），化守为攻，牵制住宸濠，而其他各省各府都消极采取了守城守地自保的错误战略（保卫战），终不免被动挨打，甚至作为留都的南京，设有兵部，统率南直隶军队，面对宸濠沿江汹汹东下的攻势，居然也只采取修筑城防守城自保的战略，以安庆为挡箭牌，阻遏叛军东下来攻。就连自诩为"武功皇帝"的武宗，高唱要"御驾亲征"，竟也可笑地命各省大员王守仁、秦金、李充嗣、丛兰等在江西、湖广、镇江、瓜洲、仪真等就地“防遏”自守。[1] 那些各省的大员所以敢拥兵自守自保、不肯出兵来援，真是吃透了武宗就地防遏的“御意”。安庆首先成了南京与各省自守自保的牺牲品。阳明在吉安，本来也完全可以奉武宗之命像其他各省一样采取拥军自保的战略，只须自守阻遏一面，自保无虞。对阳明倡义起兵主动出击，当时人都笑他愚蠢之极。[2] 殊不知阳明如不挺身出来倡义起兵，就等于失掉了唯一的一股对抗牵制宸濠叛军困陷在江西省城的力量，反给宸濠提供了一无掣肘长驱直捣南京与直犯京师的战机，造成阳明说的“宗社危矣”的败局。正如他在给朝廷当道大臣的信中所说：“不意忽遭此变，本非生之责任。但阖省无一官见在，人情涣散，汹汹震摇，使无一人牵制其间，彼得安意顺流而下，万一南都无备，将必失守。彼又分兵四掠，十三郡之民素劫于积威，必向风而靡。如此，则湖、湘、闽、浙皆不能保。及事闻朝廷，大兵南下，彼之奸计渐成，破之难矣。”[3] 因此可以说，正是阳明的集义起兵主动出击（二次）挽救了各省消极拥兵防遏自守自保造成的危局。他向那些拥兵自守自保的外省请调兵勤王没有成功，只有把希望寄在了向江西本省十二府的集兵勤王上。

在向江西十二府的调兵勤王上，阳明全力以赴。吉安知府伍文定同他看法一样，对他说：“贼乌合，势必败，而一时猝变无抗者。公威望素重，宜即吉安起义，集诸路兵捣其穴，必溃。身敢

---

[1] 按：《国榷》卷五十一：“正德十四年七月甲辰，宸濠反闻，议亲征。敕南和伯方寿祥、右副都御史王守仁、秦金、李充嗣、右都御史丛兰各驻江西、湖广、镇江、瓜洲、仪真防遏。”

[2] 按：《王畿集》卷十三《读先师再报海日翁吉安起兵书序》云：“师之回舟吉安，倡义起兵也，人皆以为愚，或疑其诈。时邹谦之在军中，见人情汹汹，入请于师。师正色曰：‘此义无所逃于天地之间，使天下尽从宁王，我一人决亦如此做。’”

[3] 《王阳明全集》卷二十七《与当道书》。

任麾下之役。"于是阳明督同伍文定调集兵粮，号召义勇。约会前右副都御史王懋中、养病评事罗侨等人定谋划策。召募旧部来共商谋略，副使罗循、罗钦德、郎中曾直、御史张鳌山、周鲁、同知郭祥鹏、进士郭持平、谪官驿丞王思、李中、编修邹守益等纷纷来吉安谋划效力。广发行文下赣州、南安等十二府以及奉新等县，募兵率军策应。调发梅花峒等乡义勇兵民，调取吉水县各户义兵，调发龙泉等县军兵策应丰城，调拨福建军马预备水战。上《留用官员疏》，奏请留用两广清军御史谢源、刷卷御史伍希儒。仅半个月的时间，阳明就快速调集到八万军马。在这紧张的调集义兵的过程中，阳明审势度时，高瞻远瞩，形成了他的主动出击、乘虚攻克南昌的进攻战略。还在六月十七日，阳明在所上《飞报宁王谋反疏》中，就陈述了自己同伍文定、王懋中、罗侨等密谋，定下集兵起义、乘虚攻捣南昌的谋略：

> 督同知府等官伍文定等调集兵粮，号召义勇。又约会致仕乡官右副都御史王懋中、养病评事罗侨等，与之定谋设策，收合涣散之心，作起忠义之气，相机乘间，务为蹑后之图，共成犄角之势。牵其举动，而使进不得前；捣其巢穴，而使退无所据……再照宁府逆谋既著，彼若北趋不遂，必将还取两浙，南扰湖、湘，窥留都以断南北，收闽、广以益军资。若不即为控制，急遣重兵，必将噬脐无及。[1]

在六月二十一日，他在给朝廷当道阁臣杨廷和等人的札中，又进一步谈到了自己主动进攻、乘虚攻克南昌的谋略：

[1]《王阳明全集》卷十二。

> 今亦一面号召忠义，取调各县机快，且先遣疲弱之卒，张布声势于丰城诸处，牵蹑其后。天夺其魄，彼果迟疑而未进。若再留半月，南都必已有备。彼一离窠穴，生将奋捣其虚，使之进不得前，退无所据。勤王之师，又四面渐集，必成擒矣。此生忆料若此，切望诸老先生急赐议处，速遣能将，将重兵声罪而南，以绝其北窥之望。飞招各省，急兴勤王之师。[1]

到七月初，阳明勉强调集到八万兵马，都是江西十三府的府兵与民间勤王的义民，要依靠这些人马来实施他的主动出击、攻克南昌的平叛谋略，他还是感到势单力薄，孤掌难鸣，所以他深谋远虑，又提出了各省联合夹击共讨的方案，一面上疏请朝廷尽快兴王师来征剿，一面行文各省，请他们统兵来合攻共讨。他急切行文给近在浙中的都御史颜颐寿说：

> 照得南畿系朝廷根本重地，今宁王谋逆搆乱，举兵北行，图据南都，必得四面合攻，庶克有济。及照贵院奉命行勘前事，即今逆迹已露，别无可勘之事，合咨前去，烦为随处行令所属，选取骁勇精兵，及民间忠义约二三万名，选委谋勇官员分领，会约邻近省郡，合势刻期进讨。仍烦贵院亲督兼程前来，共勤国难。[2]

各省联合四面夹击共讨，不失为攻克南昌、歼灭宸濠的上上策。但是各省都只顾拥兵自守自保，武宗御驾亲征与朝廷的王师大军

[1] 《王阳明全集》卷二十七《与当道书》。
[2] 《王阳明全集》卷十七《咨都察院都御史颜权宜进剿》。

又迟迟不来，阳明的联合夹击共讨的作战方案还是流产了，竟让宸濠占得先机，抢在阳明集结好义军之前展开了猛攻，阳明只有孤军率先发难。六月二十七日，从疑惧中回过神来的宸濠派出了二三万大军攻打安庆，妄图打开直捣南京的通道。二百余艘战船蔽江东下，一路焚掠彭泽、湖口、望江，席卷如风骤至安庆城下。守备都指挥杨锐、知府张文锦、指挥崔文、通判何景旸奋起拼死拒守，军民苦战，伤亡惨重。近在咫尺的南京居然淡定遵奉留都守城自保的“御旨”，不发一兵一卒来救援安庆，击溃叛军解围，这使宸濠气焰更加嚣张。在安庆危急的情势下，倒是在江西鹅湖的费宏、费寀看到了乘虚进攻南昌的战机，遣人间道来吉安投书阳明，进献三策，劝阳明乘机攻击南昌巢穴，控扼上游，坚守要害，牵制宸濠叛军围攻安庆、直下南京的势头。费寀在《上王阳明公书》中献策说：

> 天生我公，翊造中兴之运，明天道，伸皇威，以坐消无涯之患。功覆簿海，岂直一方之蒙其庇，而定万世之大分，又不止杜僭逆于一时而已。至诚格天，明神拱护，怪鲸张吻，而不能侵者，天留公以醢鲸也。公实生吾人，微公，不可以国。自是子孙延一世之祀，则戴公一世之仁，与世相殉，以戴于终始而已。始闻变，乡之缙绅咸为愚兄弟庆，以此贼举事必败，寒家不共戴天之仇可雪，可为寒家百口幸。理固则然，亦非知生者也。必潴宫灰骨以谢朝廷，谢孙、许，谢天下，而区区一家仇何恤！且此贼得志，则忠臣正士受惨祸者无数，而奚但不肖百口之利害哉！去年承静学之教，奉以周旋弗坠，复启中曾及难脱虎口之忧，兹赖我公以脱之矣。不然，乐内官之冲进贤来蔽郡，意将何为？其希承者，噬齰决

裂之素心也；其挟带者，仇家在家之囚，及阴匿之囚，而又有余孽以应之者也。一郡之祸固赊，而寒家或先夷戮矣。危哉！幸哉！明公屡降告谕，父老子弟闻者，莫不感慨涕泣，人人坚殉国之心，此贼已奄奄泉下人矣，复何所虑？若先定洪州，以覆其巢穴；据上游，以遏其归路；守要害，以虑其穷奔，则此贼虽衄于前，就死江中，决不敢逋归，以冀延喘息之命，而成功更速矣。贼势虽蹙，防戒当周，《夬》之九二是也。明公知侔造化，岂不及此？掬涓流以裨瀚海，亦区区忠愤之不能自遏者耳。幸乞宥其不自量也。难靖凯旋，尚当匍匐稽首军门以贺。愚者一得，或有可采，伏惟尊裁。[1]

其实阳明对此“三策”早已成竹在胸，只待义兵集结齐备，便可发兵乘虚进攻南昌。安庆保卫战挡住了宸濠东下南京的锋锐，也为阳明集结义兵争得了时间，在平宸濠叛乱的大战中立下了首功。愤怒的宸濠这时得知阳明还没有齐集好义兵，决定冒险倾巢出动，直攻安庆。七月一日，宸濠亲自统兵发南昌，留下宜春王栱樤守南昌城，命九江王宸澅为进攻前驱。宸濠领兵八九万，一千余艘战舰沿江东进，舳舻连接六十余里，遮天蔽日攻至安庆城下。安庆形势危急，南京方面仍不发一兵一卒来救。宸濠乘黄舰，泊黄石矶，亲自督战。叛军造几十架云楼俯瞰城中，杨锐率兵民苦战，也造几十架飞楼，凌空万箭射敌，夜间派勇士缒城下烧毁云楼。叛军又造天梯，广二丈，比城楼还高，伏兵其中，推轮迫近城墙下。城上兵士纷纷将浸油燃烧的束苇投下，烧死伏兵，云梯焚毁。安庆的军卫兵卒不满一百，杨锐又叫兵民登城，老弱妇女齐上阵，

[1]《费钟石先生文集》卷二十，又《铅书》卷六。

搬石头上城楼，堆积如山。敌兵来攻，石头投掷如雨，又将滚沸的油水倾下，杀死无数敌兵。到夜间，又遣死士劫敌营，敌兵乱成一团。八日，宸濠船泊南岸，亲自率众分攻五城，每路兵举木为遮蔽，攻势凌厉。杨锐撕裂方布，覆上层纸，包裹火药，做成一千多个"炸弹"，投在敌寇遮蔽的木上，大火熊熊燃烧，敌寇纷纷逃窜。到十二日，又在北濠扎木架栈道，与城相接，敌兵从栈道上猛攻而上。杨锐见城池危急，在城楼上架起了大将军火铳，将金鼓放置城上。敌寇一见，全都胆战心惊溃退逃窜。杨锐再遣兵卒从间道潜出，烧毁了栈道。正是安庆军民十二天的守城死战，阻遏住了宸濠东趋南京的攻势，给阳明集结好义兵进攻南昌提供了充分的时间保证。十三日，阳明正式从吉安出兵。

阳明还在最初得知宸濠已统率大军趋安庆，南昌城内空虚，便迅速在七月二日初步调集好义兵，并发兵到丰城各处分布，作出了乘虚进攻南昌的作战部署。他在这一天写信给父王华，谈到他的调集义兵与作战部署说：

> 寓吉安男王守仁百拜书上父亲大人膝下：江省之变，昨遣来隆归报，大略想已如此。时宁王尚留省城，未敢远出，盖虑男之捣其虚，蹑其后也。男处所调兵亦稍稍聚集，忠义之风日以奋扬，观天道人事，此贼不久断成擒矣。昨彼遣人赍檄至，欲遂斩其使，奈赍檄人乃参政季敩，此人平日善士，又其势亦出于不得已，姑免其死，械系之。已发兵至丰城诸处分布，相机而动。所虑京师遥远，一时题奏无由即达。命将出师，缓不及事，为可忧尔。[1]

[1]《王阳明全集》卷二十六《上海日翁书》。

到八日，在出兵前夕，阳明对后方防守作了周密安排，行文下到各府县，命府县佐贰之官负责地方防守，敦请乡士夫协助共守城池。阳明自己命令吏役将吉安公署四周堆满了柴薪，对守官说："傥前报不利，即举火爇公署。"表示了破釜沉舟的决心。同时敦促各府县集结好军队，务必在十五日各路兵马齐会于临江樟树镇。十三日，阳明率先兵发吉安，同伍文定率兵顺流而下。十五日到达樟树镇，这时知府戴德孺引兵自临江来，知府徐琏引兵自袁州来，知府邢珣引兵自赣州来，通判胡尧元、童琦引兵自瑞州来，通判谭储，推官王暐、徐文英，新淦知县李美，泰和知县李楫，宁都知县王天与，万安知县王冕，也都引兵来会，合八万人马，号称二十万，声势大震，进攻南昌已箭在弦上。就在这一天，宸濠在黄石矶督战，听到了阳明在樟树镇大会师，南昌危在旦夕。他问舟人："地何名?"舟人回答说："黄石矶也。"宸濠感到地名凶险，立即从安庆撤兵，率大军还救南昌。殊不知安庆保卫战牵制拖住宸濠主力军十八天，已经回救不及，大势已去了。

十八日，阳明统率大军自樟树镇北进至丰城。这时众多谋臣提出安庆被围，宸濠率军回援，我应当引兵顺江直趋安庆，与安庆方面兵东西夹击，"合安庆兵蹙之江中"，将宸濠兵合围在江中，一举歼灭。阳明否定了谋臣错误的作战方略，提出了"围点打援"的作战方针：先乘虚攻克南昌，摧毁宸濠巢穴；待宸濠回军来救，则可以逸待劳，全歼宸濠来援疲溃之师。南昌城里尚有二三万守军，如不先攻取南昌，则我有后顾之忧，反被宸濠兵夹击围困。他反复对谋臣说："不然！我起南昌，与相持于江，安庆之师，仅能自保，必不能援我江中，而南昌兵绝我后，南康、九江兵犄角我，非计也。不若先攻南昌，贼解围还救，蹙之易耳。""今南康、九江皆为贼据，我兵若越二城，直趋安庆，贼必回军死斗，是我腹背受敌也。莫若先破南昌，贼失内据，势必归援。如此，则安庆之围自解，而贼成擒矣。"他又进一步分析说：

> 先是臣等驻兵丰城，众议安庆被围，宜引兵直趋安庆。臣以九江、南康皆已为贼所据，而南昌城中数万之众，精悍亦且万余，食货充积，我兵若抵安庆，贼必回军死斗，安庆之兵仅仅自守，必不能援我于湖中，南昌之兵绝我粮道，而九江、南康之贼合势挠蹑，四方之援又不可望，事难图矣。今我师骤集，先声所加，城中必已震慑，因而并力急攻，其势必下。已破南昌，贼先破胆夺气，失其根本，势必归救。如此则安庆之围自解，而宁王亦可以坐擒矣。[1]

一切正如阳明所料。在丰城，阳明定下了分十二哨攻打南昌七门的作战方案：

> 伍文定为一哨，攻广润门入，直入布政司屯兵，分兵把守王府内门；
>
> 邢珣为二哨，攻顺化门入，直入镇守府屯兵；
>
> 徐琏为三哨，攻惠民门入，直入按察司察院屯兵；
>
> 戴德孺为四哨，攻永和门入，直入都察院提学分司屯兵；
>
> 胡尧元、童琦为五哨，攻章江门入，直入南昌前卫屯兵；
>
> 李楫为六哨，攻夹攻广润门入，直入王府西门屯兵；
>
> 李美为七哨，攻德胜门入，直入王府东门屯兵；余恩攻进贤门入，直入都司屯兵；

[1]《王阳明全集》卷十二《擒获宸濠捷音疏》。

王天与为八哨，夹攻进贤门入，直入钟楼下屯兵；

谈储为九哨，夹攻德胜门入，直入南昌左卫屯兵；

王冕为十哨，夹攻进贤门入，直入阳春书院屯兵；

王暐为十一哨，夹攻顺化门入，直入南、新二县儒学屯兵；

邹琥、傅南乔为十二哨，夹攻德胜门入，随于城外天宁寺屯兵。

在丰城，阳明得谍报宸濠在新、旧坟厂伏兵一千余人，以备省城南昌之援。他立即命奉新知县刘守绪、典史徐诚领兵四百名，从间道快速夜袭攻破，肃清了南昌城外围敌兵。一切进攻准备就绪。

十九日，阳明在市汉举行誓师出兵大会，薄暮时分，以伍文定为先锋，大军出发攻打南昌。到二十日黎明，大军到达南昌城外，各哨进入屯驻阵地，四面包围了南昌。南昌城内的宸濠守军，因为阳明攻破新、旧坟厂，早已胆颤心惊；这时见阳明大军铺天盖地而来，四面鼓噪猛攻，更是惊惧万分，丧失了战斗力。伍文定用大炮轰开了城门，各哨兵士登绳梯而上，守城叛军纷纷倒戈逃窜，南昌城很快攻破，生擒宜春王栱樤。宁王宫中眷属宫人多纵火自焚，大火蔓延烧及民居房屋。阳明进城，立即发布“闭门者生，迎敌者死”号令，命令各官分道救火，释放胁从，封存府库，谨守关防，安抚军民，迅速稳定了南昌城局势，立即谋划下一步的进攻作战方略。

当南昌城破之时，宸濠还远在回兵救援的路上。他听到南昌城被攻破，仰天悲叹说：“大势去矣!”李士实向他提出了败中求胜的险招：或者回军直捣南京，即登大位；或者径出蕲、黄，直趋京师。但方寸已乱的宸濠均不敢采纳，一心只想尽快回救夺取南昌的大本营，正好步步堕入了阳明布设的"围点打援"的陷阱。在南昌，阳明召集了领兵知府、监军，倡义各乡官商讨对付宸濠回军来犯之策，众官都认为眼下宸濠仍兵多势众，凶焰炽盛，兵力强于我，"归师勿遏"，我只宜收兵入城，坚壁自守，等待四邻援军到来，再相机决战。这实际还是不敢打进攻战，而主张打守城保卫战。阳明认为坚壁自守城中，势必被动挨打，陷入围困绝境，自取其败。必须打进攻战，主动出击，以精锐之师掩袭宸濠疲劳之兵，才能稳操胜券，起到"围魏救赵"的效果。他对众官说："宸濠气焰虽盛，徒恃焚劫之惨，未逢大敌，所以鼓动煽惑，其下亦全恃封爵之赏。今出未旬日辄返，众心阻丧，譬之卵鸟破巢，其气已堕。坚守待援，适以自困。若出锐卒，乘其惰归而击之，一挫其锋，众将不战自溃矣。"[1] 他精辟分析说：

> 当臣督同领兵知府会集监军及倡义各乡官等官，议所以御之之策，众多以宁王兵势众盛，气焰所及有如燎毛。今四方之援尚未有一人至者，彼凭其愤怒，悉众并力而萃于我，势必不支。且宜敛兵入城，坚壁自守，以待四邻之援，然后徐图进止。臣以宁王兵力虽强，军锋虽锐，然其所过，徒恃焚掠屠戮之惨，以威劫远近，未尝逢大敌，与之奇正相角，所以鼓动扇惑其下者，全以进取封爵之利为说。今出未旬月，而辄退归，士心既已摧沮，我若先出锐卒，乘其惰归，要迎掩击，一挫其锋，众将不战自溃，所谓"先人有夺人之气""攻瑕则坚者瑕"也。[2]

[1]《王畿集》卷十三《读先师再报海日翁吉安起兵书序》。
[2]《王阳明全集》卷十二《擒获宸濠捷音疏》。

阳明坚决主张打主动出击的进攻战，击灭宸濠回援疲惰之兵。他先展开攻心战，稳定南昌城民心军心，开仓大赈城中军民，发布了一则《告示七门从逆军民》：

> 督府示谕省城七门内外军民杂役人等：除身犯党逆不赦另议外，其原被宁府迫胁，伪授指挥、千、百户、校尉、护卫及南昌前卫一应从乱杂色人役家属在省城者，仰各安居乐业，毋得逃窜。有能寄声父兄子弟改过迁善，擒获首恶，诣军门报捷者，一体论功给赏；逃回报首者，免其本罪。仍仰各地方将前项人役一名，名赴合该管门官处开报；令各亲属一名，每五日一次打卯，其有收藏军器，许尽数送官，各宜悔过，毋取流亡。[1]

二十一日，他遣伍文定、邢珣、徐琏、戴德孺合领五百精兵，分道并进，出其不意攻击宸濠疲兵。遣余恩领兵四百往来于鄱阳湖上，诱引敌兵。命陈槐、胡尧元、童琦、谈储、王暐、徐文英、李美、李楫、王冕、王轼、刘守绪、刘源清等各领百余精兵，四面张疑设伏，待伍文定交战，然后四起合击。阳明张好了歼灭宸濠援兵的“口袋”。

二十三日，宸濠先锋部队到达樵舍，随后宸濠战舰千余艘蔽江而至。阳明立即分督各路兵乘夜进击，命伍文定以先锋兵当于前，余恩领兵继其后，邢珣引军绕到敌背，徐琏、戴德孺展开两翼以分其兵，形成合攻之势。二十四日，两军大战于黄家渡。宸濠兵来势凶横，伍文定、余恩佯作兵败后退，诱敌深入，宸濠兵

[1]《王阳明全集》卷十七。

争先恐后追逐散乱，前后部不能呼应。这时邢珣率兵突击，前后横截，直贯其中，宸濠兵溃散败退。伍文定、余恩乘机追击，徐琏、戴孺合势夹攻，四面伏兵并起，宸濠兵大溃，伍文定率兵追击十余里，宸濠兵退保八字脑。宸濠重整旗鼓，收拾败兵，遣人尽发九江、南康之兵来援。阳明考虑到九江不破，湖广兵终不敢越九江来援救；南康不复，我兵也无法越南康以蹑敌后。于是便遣陈槐领兵四百，合饶州知府林城之兵攻取九江；遣曾玙领兵四百，合广信知府周朝佐之兵攻取南康。二十五日，两军大战于八字脑。阳明坐镇都察院中指挥，大开中门，听报战况，与士友笑谈论学不辍。一旦军报至，便登堂行遣。起初风势不利，伍文定兵受挫后退。谍兵来报，阳明立即派人斩杀了先退却的兵卒，回坐堂上，镇定自若。众官个个惊疑不安，阳明平静地说："适闻对敌小却，此兵家常事，不足介意。"稳定了前方军心，伍文定立定于铳炮之间，身冒矢石，火烧胡须不退，奋勇督领各兵死战。刘文礼执白旗指挥，亲持矛刺杀敌骑指挥，敌兵纷纷逃入水中溺死。伍文定用大炮轰击宸濠的大舟，宸濠吓得仓皇败走，退保樵舍。这时宸濠兵众尚有十来万人，宸濠观风势有利，立即联大舟为方阵，准备作最后的殊死拼搏。

二十六日，两军大战于樵舍，鄱阳湖面上，战云笼罩。当凌晨宸濠还在朝见群臣之际，阳明军已发起了攻击。阳明采用了赤壁火攻战法，先由伍文定募来四十艘船，装满束油苇，暗遣满总领军五百人，从下流潜渡，伏藏敌后，另调来他军屯驻满总故地以作掩盖。昧爽时分，满总从北面潜伏处发舟攻击，四十艘船点燃起满载的束油苇，大火熊熊，如条条火龙乘风直向宸濠军营驰去，伍文定统兵在船后紧随，须臾冲进宸濠军营。宸濠联接的大舟方阵胶着浅水，舳舻联络，惶急之中无法开动。舟帆又是用布与竹茅做成，遇火即燃。只见鄱阳湖上，宸濠千余艘战船熊熊燃烧，烟焰涨天，火光映红湖面，大炮齐发，宸濠兵纷纷跳舟逃生，烧死、溺死三万余众。余兵逃上湖岸，阳明伏兵四出邀击，宸濠兵大溃。伍文定用大炮击中宸濠副舟，火光腾起，宸濠兵四散逃窜。大舟眼看将沉，娄妃与宫女纷纷赴水而死。宸濠挟带了四名宫女登上小船逃跑，万安知县王冕领兵来追。宸濠跳入水中，水太浅没淹死，被王冕活捉。当宸濠得知王冕是万安知县后，对王冕说："赖汝活我，当厚爵汝。"王冕径直把宸濠押解到中军阳明处。宸濠见到阳明，还抱一线希望说："王先生，我欲尽削护卫，请降为庶民可乎?"阳明只回答了一句说："有国法在。"直到宸濠被械系槛车中，他才长叹一声说："纣用妇言亡，而我不用妇言亡，天哉!"

这场鄱阳湖火攻大战，宸濠全军覆没，生擒宸濠世子、郡王、将军及李士实、刘养正、刘吉、涂钦、王纶、熊琼、卢珩等伪官数百名。有百余艘战船逃散，阳明立即遣各官分路追剿。二十七日，先攻破樵舍，又进而攻破吴城，平宸濠叛乱胜利结束。二十八日，阳明押解宸濠凯旋，省城内外军民倾城迎接这位解民倒悬的平叛大儒英雄，欢呼声震天动地。一个南昌官员陈寰描绘南昌军民欢迎阳明入城的盛大场面说：

喜王阳明先生平宁藩归二首

一夜欢声遍九天，胜旗捷节耀山川。
可怜元老擒王到，无数勋臣迓马前。

羽旆悠悠入帝城，三军歌舞庆回生。
黄昏月照清营里，满地裳衣醉卧声。[1]

[1]《祭酒琴溪陈先生集》卷八。

江西上空的战乱阴霾扫荡，阳明吟了一首鄱阳之战大捷诗：

鄱阳战捷

甲马秋惊鼓角风，旌旗晓拂阵云红。
勤王敢在汾淮后？恋阙真随江汉东。
群丑漫劳同吠犬，九重端合是飞龙。
涓埃未遂酬沧海，病懒先须伴赤松。[1]

三十日，阳明上了《擒获宸濠捷音疏》，向朝廷报告了平定宸濠叛乱的胜利大捷，这时武宗亲征的御驾与京都的十万雄师竟然还没有起驾出发，阳明已隐隐预感到了不祥的降临。

从六月十四日宸濠发动叛乱，到七月二十七日攻破樵舍与吴城，阳明以一个当代"诸葛孔明"的大智大勇集兵起义勤王，定计设谋，运筹帷幄，主动进攻，战术灵活，一军独抗，砥柱屹立，指挥若定失萧曹，历经四十三天出生入死的战斗，神速平定了宸濠叛乱。他在宸濠突然发动叛乱、江西群龙无首的危险情势下，大无畏挺身而出，集兵起义，设计牵制、阻遏住了宸濠直攻南京的势头；他以弱势兵力，在两次关键时刻抓住战机，提出了主动出击、打进攻战的战略，始终掌握了平宸濠叛乱战斗的主动权；他在鄱阳湖决战中灵活采用赤壁火攻的战法，火船与佛郎机火炮并用，保证了平定宸濠叛乱的最终胜利。当颂诗贺启联翩飞来时，阳明却又紧张投入到更凶险的平叛善后事务的处置中。八月三日，他下令犒赏周期雍统领的唯一来援的福建官军，致札周鹓、周震二位侍御表示深谢。他在致周鹓札中万分感慨说：

---

[1]《王阳明全集》卷二十。

> 宁贼不轨之谋，积之十年有余，举事之日，众号一十八万，而旬月之内，竟就俘擒，非天意何以及此！迂疏偶值其会，敢叨以为功乎？远承教言，曲中机宜，多谢多谢！所调兵快，即蒙督发，忠义激烈，乃能若此。四邻之援，至今尚未有一人应者，人之相去，岂不远哉！使回，极冗中草此不尽。友生守仁顿首，文仪侍御先生道契执事。泉翁、三林老先生均乞道意，冗中不及另启。[1]

又在致周震札中同样感慨说：

> 宁贼之变，远近震慑，阅月余旬，而四方之援，无一人至者，独闽兵闻难即赴，此岂惟诸君忠义之激烈，亦调度方略过人远矣。区区有所倚赖，幸遂了事，未及一致感谢，而反辱笺奖，感怍，感怍！使还，冗极未能细裁，草草，幸心照。守仁顿首启，世亨侍御先生道契。[2]

阳明正好这一天见素林俊遣人送佛郎机铳到达，更是感慨万端，他作了一篇《书佛郎机遗事》说：

> 见素林公闻宁濠之变，即夜使人范锡为佛郎机铳，并抄火药方，手书勉予竭忠讨贼。时六月毒暑，人多道渴死。公遣两仆裹粮从间道冒暑昼夜行三千余里以遗予，至则濠已就擒七日。予发书，为之感激涕下。盖濠之擒以七月二十六，距其始事六月十四仅月有十九日耳（按：十九疑是十四形

[1] 王守仁：《与周文仪手札》，见叶元封《湖海阁藏帖》卷二。
[2] 王守仁：《与世亨侍御书》，见叶元封《湖海阁藏帖》卷二。

误）。世之君子当其任，能不畏难巧避者鲜矣，况已致其事，而能急国患逾其家如公者乎！盖公之忠诚根于天性，故老而弥笃，身退而忧愈深，节愈砺……为作佛郎机私咏，君子之同声者，将不能已于言耳矣！

佛郎机，谁所为？
截取比干肠，裹以鸱夷皮；
苌弘之血衅不足，睢阳之怒恨有遗。
老臣忠愤寄所泄，震惊百里贼胆披。
徒请尚方剑，空闻鲁阳挥。
段公笏板不在兹，
佛郎机，谁所为？[1]

诗是歌颂林俊三千里迢迢送来佛郎机铳的赤胆忠心，林俊的佛郎机铳虽然来迟未用，但从当时众多的和诗来看，阳明实际在平宸濠叛乱中使用了佛郎机炮。唐龙作《见素公会宸濠反持佛郎机遗阳明公以助军威阳明公壮其忠义歌咏之为和此》云：

佛郎机，公所为。
一声震起壮士胆，两声击碎鸱臣皮，
三声烈焰烧赤壁，四声灵耀奔燕师，
五声飒飒湖水立，六声七声虓虓风霆披。
博浪铁椎响，尚父白旄麾，
白首丹心今在兹。
佛郎机，公所为！[2]

[1]《王阳明全集》卷二十四。
[2]《唐渔石集》卷四。

费宏作《赋得佛郎机》云：

佛郎机，异铳之名也。王公伯安起兵讨宸濠时，林见素范锡为此铳，且手抄火药方，遣人遗之。伯安有诗记其事，邀予同赋。

谁将佛郎机，远寄豫章城？
逆濠无君谋不轨，敌忾赖有王阳明。
莆阳林见素，与公合忠诚。
身虽家食心在国，恨不手刃除欃枪。
火攻有策来赞勇，驶足百舍能兼程。
洞濠之胸毁濠穴，见素之怒应征平。
濠擒七日铳乃至，阳明发书双泪零。
二颜在昔本兄弟，二老在今犹弟兄。
吁嗟乎，世衰道愈降，嫉邪余愤常填膺。
武安多取汉藩赂，贺兰不救睢阳兵。
义殊蜂蚁有臣主，行类鬼蜮犹簪缨。
吁嗟乎，阳明之功在社稷，见素之志如日星。
臣欲死忠子死孝，讵肯蓄缩甘偷生？
走于二老何敢望，朴忠自许为同盟。
濠今澌尽无余毒，得随二老同安宁。
闻兹奇事不忍默，特写数语抒吾情。[1]

邹守益作《佛郎机手卷为见素林先生赋》云：

[1]《费宏集》卷一。

狂鲸掉尾豫章城，磨牙势欲啗神京。
鳞鳐杂沓江水腥，怀襄汩汩东南倾。
天遣砥柱屹阳明，铁壁万仞障秋冥。
鄱湖一战妖氛清，坐令四海洗甲兵。
见素老翁天下英，孤臣血泪滴沧溟。
佛郎机铳手所试，间关远寄忧国诚。
震霆一击鬼魅惊，犹向累囚振天声。
忠臣孝子气味同，发蒙振落羞汉廷。
当年还记圭峰节，易箦含愤犹峥嵘。[1]

黄绾作《佛郎机次阳明韵》云：

佛郎机，老臣为。
赤心许国白日照，蜀岭归来空骨皮。
东越山人旧知己，尺书千里情不遗。
巨蟒思吞蹴天纪，黄霾澒洞谁敢披？
山人九族奋不顾，赤手仗剑当云挥。
佛郎机，迟尔来，神交不远应尔为。[2]

一般多认为佛郎机铳炮是在嘉靖中才传入中国，但从林俊已会范锡制造佛郎机铳与阳明、唐龙、费宏、邹守益、黄绾作的佛郎机诗看，清楚可见佛郎机铳炮在正德年间已传入中国，并且明人自己已会制造，并用在实战中。唐龙诗说的“一声震起壮士胆，两声击碎鸱臣皮，三声烈焰烧赤壁，四声灵耀奔燕师，五声飒飒湖

[1] 《邹守益集》卷二十六。
[2] 《黄绾集》卷三。

水立，六声七声虩虩风霆披”，就是清楚描绘了在鄱阳湖火攻大战中阳明用佛郎机大炮火烧宸濠大舟方阵的全过程。林俊制造的佛郎机铳虽然因迟到没有派上用场，但阳明军队中实际有强大的佛郎机炮。这时传入明朝的佛郎机炮有一种重炮，称为“大将军炮”，长 1.4 米，口径 114 毫米，重达 1 050 斤，每门配子炮三座，轮流发射，一发五百子，火力威猛。陈沂在《杨公锐墓志铭》中就提到杨锐在安庆保卫战中使用了这种“大将军炮”：“寇于北濠结木为栈，与城楼接，挟兵而进，城中大惊。公曰：‘事急矣!’乃诡以大将军火铳，实石被绯，金鼓置城上，向寇兵。寇望见，大溃。”[1] 杨锐用的大将军火铳，就是指佛郎机重炮，因为威力惊人，所以宸濠兵吓得溃逃。显然，阳明就是用这种佛郎机重炮轰开了南昌城的大门，迅速攻克南昌城；也是用这种佛郎机重炮投入鄱阳湖的火攻大战，轰毁宸濠的副舟，活捉了宸濠。邹守益《王阳明先生图谱》上说：“二十六日，官军用火攻之。濠方朝群臣，责诘所执三司，铳声四起，回顾无兵，乃与妃嫔泣别。”这里说的火攻的“铳声四起”，应就是指佛郎机火铳。无怪费宷寄来《贺王阳明平西启》，把这场鄱阳湖大战称为大儒的“赤壁火攻”大战：

伏审儒者知兵，相臣出将，歼渠魁以昭王度，除群丑以奏肤功。九域同欢，一家尤幸。微君子，其何能？国在丈人，

[1] 《国朝献征录》卷一百〇八。按：早在明弘治年间已有走私海商经东南亚获得这种佛郎机铳炮，以后便有研究仿制。故到正德中林俊能范锡制造佛郎机铳炮，杨锐在安庆保卫战中使用佛郎机大将军炮，阳明在鄱阳湖火攻大战中使用佛郎机火炮，一点也不奇怪。现代中国兵器史家都未能注意到阳明这一重要史实记载资料。胡宗宪《筹海图编》上有云：“佛郎机炮，以铁为之，长五六尺，巨腹长颈，腹有长孔，以小铳五个，轮流贮药安于腹中，放之。铳外又以木包铁箍，以防决裂。海船舷下，每边置放四五个，于船舱内暗放之。他船相近，经此一弹，则船板打碎，水进船漏。”（此书成于嘉靖四十一年）阳明于鄱阳湖火攻大战中或即用此种佛郎机炮。

乃克帅师。方叔显允，而制荆蛮；仲尼文武，而盟夹谷。恭惟大中丞阳明老先生执事，天畀弘猷，世基硕德。行高而心独古，才大而用不穷。爰直道以事人，肆忤奸而去位。孤忠自许，百折不回。继承前席之求，亟拜赐环之命。历扬中外，所至皆赫赫有声。概视险夷，无入不怡怡自得。盛名允副，重荷攸归。来控三垂，独当一面。下车平贼，境内晏然。退食受徒，吾道南矣。快若鸾凤瑞世，隐然虎豹在山。乃值宁藩，忍干天纪。其所贤者五，而智伯不仁；不足畏者三，而楚武心荡。构言可丑，盖秽德之彰闻；国事日非，惟奸回之崇信。无罪而杀民杀士，非辟而作福作威。何患无词，能入端人之罪；惟知有利，辄倾厚殖之家。神人共愤者数年，道路以目者千里。魄由天夺，怒激主知，惧隐恶之弥彰，恣逆谋之大露。驱囚徒而出战，磔命吏以张声。罪浮于淮南之谋刺将军，律可同吴王之招纳亡叛。矫诬惑众，僭拟称尊。计窃鼎于南都，大扬帆而东下。虽乱臣贼子，人知不共戴天；而后顾前瞻，畴肯率先报国？况长安之日远，兼蜀道之时难。守臣尽入网罗，疆宇谁其犄角？人心骚动，事势几危。幸天不废其所兴，而公可托之大事，身名两得，智勇俱全。一驰河北之文，尽下山东之泪。群僚响应，壮士先登。况志久奋于祖鞭，而力莫劳于佩甓。悦安社稷，诚动鬼神。宜兹先发后闻，倏尔一月三捷。长江天堑，既回魏虏之功；赤壁火攻，悉烬曹瞒之舰。室家胥庆，海宇一新。事可方之古人，功实盖于天下。西人胆破，魏公之勋望预隆；下蔡功成，晋国之经营先定。似兹隽举，夫岂幸成？虽公匡国，以兴六月之师；实天赐公，以活一方之命。某依凭善类，旧忝登龙，居处乱邦，素伤谈虎。托二天而幸免，频九死以更生。喜陨自天。

> 恩酬无地。惭请缨之已后，忍击壤之莫前。恐门高而言则难，幸惟俯纳；然室远而心则迩，可遽遐遗？伏惟君子龙光，茂德音于不爽；大人虎变，守谦吉以有终。未遂参承，益深企荷。[1]

而费宏更寄来《贺大中丞阳明王公讨逆成功序》，对阳明从集兵起义攻克南昌到鄱阳湖火攻大战的平叛功绩作了最好的总结：

> 大中丞阳明王公，学究大原，体兼众器，早以忠直负天下之望。方逆瑾之擅权也，疏陈时弊，言极剀切，甘受摈斥，处远恶而不辞。赖天子圣明，旋复召用。惟其所在必竭诚图报，而委任亦日益以隆。宏尝谓其操存正大，可拟诸葛亮、范仲淹；言议剀达，可拟贾谊、陆贽。盖古之君子，可当大事而不负其所学者。至于分阃授钺，运筹制胜，则又赵充国、裴度之流，而吾侪咸自叹以为弗及也。顷缘闽卒弗靖，特命公往正厥罪。公自南、赣而东，六月既望至丰城，闻逆藩之变作矣。时江右抚巡方岳诸官，或戕或执，列郡无所禀承。贼众号数十万，舟楫蔽江，声言欲犯留都；且分兵北上，而万里告急，又不可遽达于九重。公慨然叹曰："事有急于君父之难者乎？贼顺流东下，我苟不为牵制之图，沿江诸郡万有一失焉，旬月之间必且动摇京辅。如此则胜负之算未有所归，此诚天下安危之大机，义不可舍之而去也。"遂徇太守伍君文定之请，暂驻吉安，以镇抚其军民。且礼至乡宦王公与时、刘公时让、邹公谦之、王君宜学、张君汝立、李君子庸辈，

[1]《费钟石先生文集》卷二十。

与之筹画机宜，待衅而动。会侍御谢君士洁、伍君汝珍以使归自两广，皆锐意勤王，乃相与移檄远近，号召义勇，期必成讨贼之绩。旬浃，赣守邢君珣、袁守徐君琏、临江守戴君德孺、瑞君通守胡君尧元，率僚属各以其兵至矣。又旬浃，则抚州守陈君槐、信州守周君朝佐、饶州守林君瑊、建昌守曾君玙，率僚属又各以其兵至矣。时贼已破南康，陷九江，方围安庆，其东侵之焰甚炽。公议先取其巢，然后引兵追蹑，使之退无所据，而进不得前，庶几其气自沮，而殄灭为易。七月望日，集旁郡先至之兵会于樟树。越五日辛亥，进克省城，贼遂解安庆之围，率兵归援。公曰：“吾固料贼且归，归则成擒必矣。”众方汹惧，公设方略，督伍守等严兵待之。又分遣抚、饶、信之兵往复南康、九江，以成犄角之势。乙卯，败之于樵舍。丙辰，与战，复大败之。丁巳，用火攻之策，遂擒首恶，逆党若干，前后俘斩无算，其纪诸功载者，实一万一千有奇。首恶累系入城，军民聚观，感泣叹声动地，皆曰：“天赐公活吾一方万姓之命，微公，吾其如何？”其君子则曰：“惟天纯佑我国家，实生公以拨其变，兹惟宗社之庆，独一方云乎哉？”盖此贼之恶，百倍淮南。其睥睨神器已非一日，中外之人皆劫于积威，恐其阴中，而莫之敢发。其称兵而起也，吾党之庸懦，类佐吾朱骄如者，犹以为十事九成；四方智勇，即有功名之念，欲与一决，而窃计利害，迟回观望者，又十人而九也。公出于危途，首倡义旅，知道义之当狥，而不知功利之可图；知乱贼之当诛，而不知身家之可虑。师以顺动，豪杰响应，甫旬月而大难遂平，不啻如摧枯振落。非忠诚一念，上下孚格，其成功能如是之神速耶？《传》曰：“为人臣而不通《春秋》之义者，遭变事而不知权。”则以今

> 日之所处观之，语分地则无专责，语奉使则有成命。而忘身赴义，不恤其他，虽其资禀器局向与人殊，然非学有定力，达于权变，亦未必能如此其勇也。[1]

费宏在这里总算说出了真话。确实，阳明是一个通春秋大义、遭大变而知权的儒宗，学有定力、行有智勇的儒将，宸濠发动叛乱时，他不过是一个“分地则无专责”“奉使则有成命”的“局外人”，却在十分之九的人徘徊观望、相信宸濠叛乱有十分之九成功把握的孤危情势下，首倡集兵起义，孤军发难，运筹制胜，打主动出击的进攻战，旬月之间摧枯拉朽歼灭了叛军，他才真正是第一的平叛功臣。但费寀、费宏也向他暗示了“功高震主”的危险。这时早已按捺不住的“武功皇帝”武宗，在近侍权阉的簇拥下起驾“南巡”，来抢夺平叛的胜利果实了。“福兮祸所倚，祸兮福所伏”，平定宸濠叛乱的凯旋胜利，成了阳明个人悲剧的开始。

三次“献俘”：平叛功臣悲剧命运的浮沉

进驻南昌的阳明其实还没有意识到，他的神速平定宸濠叛乱已触犯了武宗潜藏心底的两个迷狂情结：一是武宗久幻想当武功赫赫的“汉武帝”一类人物，妄图通过轻松游戏式的“北巡”“南巡”建立南征北战的盖世奇功，现在他的“北巡”“南巡”大

[1]《费宏集》卷十四。

计受到大臣的阻挠，让阳明抢了平定宸濠奇功的风头，鳌首独占，丢了他这个“武功皇帝”的脸面，心头之恨之痛可想而知。善于揣摩“帝心”的近侍权阉向他提出了演一出命阳明再把宸濠放回鄱阳湖让武宗亲自来捉的荒唐闹剧，正中武宗下怀，便兴致勃勃率领近侍权阉们南巡来演“捉放曹”的武戏了。二是武宗极力掩饰自己“民间子”出身与无生育能力的迷狂情结，他一方面想狂热通过豹房御女秘术的修炼来增强自己的生育能力，另一方面通过强占民女来抱养一个“民间子”立为太子，这就是李士实、刘养正在讨武宗檄文中说的“既夺马指挥妻，称‘马皇后’；复纳山西娼妇，称‘刘娘娘’。原其为心，不能御女，又将假此妇人以欺天下，抱养异姓之子”。在这场宸濠反上叛乱的战争中，宸濠向天下世人揭露了武宗是异姓民间子的真面目，讨武宗檄四处散布，尽人皆知，武宗已万难遮掩，忧惧愤怒到了极点。偏偏阳明在这时捅了这两个情结“禁区”，引来了不测之祸。大祸的激发恰在他上了《奏闻宸濠伪造檄榜疏》与《擒获宸濠捷音疏》。先是在七月五日，阳明上《奏闻宸濠伪造檄榜疏》，提出了立“国本”的事：“今天下之觊觎，岂特一宁王？天下之奸雄，岂特在宗室？……伏望皇上痛自刻责，易辙改弦。罢出奸谀，以回天下豪杰之心；绝迹巡游，以杜天下奸雄之望。定立国本，励精求治，则太平尚有可图，群臣不胜幸甚。”[1] 说“罢出奸谀”（近侍权阉），武宗已感到恼火；说“绝迹巡游”（南巡北巡），武宗更感到愤怒；到说“定立国本”，武宗已经完全不能容忍了。所谓立定国本，就是要择皇储，立太子，这显然是因为讨武宗檄中指斥武宗是异姓民间子的伪皇帝，天下已汹汹议论，阳明认为现在封毁讨武宗

[1] 《王阳明全集》卷十二。

檄已经没有用，武宗唯有当机立断立定太子，昭示天下，才可以破除宸濠的诬说，堵住天下人的议论，洗清武宗自己身世的清白。到七月三十日，他又上了《擒获宸濠捷音疏》，再次提出建立“国本”说：“尤愿皇上罢息巡幸，建立国本，端拱励精，以承宗社之洪休，以绝奸雄之觊觎，则天下幸甚，臣等幸甚。”[1] 阳明的建议择立太子的奏请是经过深思熟虑的，实际早已是当时朝臣与士大夫们的一致呼声。就在这时，阳明的弟子、原吏部员外郎夏良胜特地投书给阳明，告诉他朝臣早已有请武宗立太子禅帝位的谋议：

> 良胜少且贱，又不肖，特辱知遇，汲引进之于学，使知向往，感恩知己诚亦兼之。以坐叔向之嫌，仅能一削牍致问左右。而于汝信教纸，更见齿及。然时已在罪，修敬无阶。严、衢闻变，取道入闽，并日及庐，期赴大举，寻得骏功报矣。计军门休暇，请益有地，而狂愚樗散，知无庸效尺寸，命仆旋止者数四，不承颜色，真怀古人，敢布深衷，以祈曲宥，而牵连时务，幸俯听焉。方其逆贼肆凶，侦臣塞道，非义檄交驰，则观望进止，未可知也；君门奔奏未达，非以义制命，则坐失几会，未可知也。故曰：凡此骏功，惟权乃成。夫道至于能权，斯用大矣。非阁下，其孰当之！然而治乱兴坏，诚非偶然。朱子谓：“于乱也，必生能弭乱之人以拟其后。”天生之，君用之，故人望之。向阁下有南、赣功，道次侍枫山翁教，谓“天其有意于斯乎！”他镇或当一面，斯则居高御下，而连三省；他则或权珰制驭，或副属参焉，斯则进退在握，懋功方结，主知已，若逆谋待发，预处在殿以歼之者。近归复谒，又谓“是

[1]《王阳明全集》卷十二。

在阁下当无过忧"。因及夏忠靖公在文皇时，仁宗在储，同汉府猎公知有不测机，矫制召还，盖一仅见，用权之难可知也已。今去君远，亲宠如靖公未可知，则在阁下之用权，尤所难也。今则若易为之矣。所谓弭乱之人，天亦启之。阁下其能以守谦而先避之与？抑惟君用是承人望是副与？盖乱之克，治之机也，治之本是在储贰，知阁下面有敷陈，斯载首简，但闻先时士大夫于此段事，极欲标致题目，固大议论，然竟付虚谈而已。如宋时贤君既烛先几，并育宫中，简慧亦定，如范如司马，相得为深，主张国是，又何如人立论正名，其难若是，以今视昔，数者相去何如也！况夫立草禅诏，泫然下涕，遽属太子，犹或改容，父子间且然，固通情也。尝与二三同志漫议及此，谓须默夺潜定，意可幸中，敢尽布之。盖自逆瑾首乱祖制，使司香日侍亲王，并遣就国，强藩谋逆，或基于此。瑾诛，此制竟未议复，识者有遗憾焉。前几既失已，知阁下当必使后日无今日再失憾也。然此亦非欲诡遇为获，且冀长贤与选，使彼利于昏，幼者之为隐然自丧，无启乱阶，长久治安，庶其在此。又闻往者邃翁（杨一清）、东川（刘春）既已成谋，而今当柄（按：指杨廷和，杨一清已致仕去）一二委之于卜，谓得"鸟焚其巢"，竟以中沮。故又曰："凡此隐功，惟断乃成。"呜呼！草野罪人，何敢僭妄，辄及大议。亶始以枫山（章懋）深望，而庆阁下以必副天下功也；继以邃翁、东川之未为，而期阁下以必成万世功也。阁下其亦谅良胜所以图报知己，复何事哉！不然，则真弃物之先，草木甘腐，阁下其初知而教者并负之矣！虽死何赎大戾。干冒㠯威，无任悚息。[1]

[1]《东洲初稿》卷十三《奉阳明先生书》一。

夏良胜信里说“治之本是在储贰，知阁下面有敷陈，斯载首简”，就是指阳明上的《奏闻宸濠伪造檄榜疏》与《擒获宸濠捷音疏》。所谓“先时士大夫于此段事，极欲标致题目，固大议论，然竟付虚谈而已”，就是指朝廷早已有人提出了立太子的事，只是后来未能付诸实现。所谓“况夫立草禅诏，泫然下涕，遽属太子，犹或改容，父子间且然，固通情也”，就是说当时朝臣的谋议是要请武宗立太子，然后草诏禅帝位给太子，这肯定会遭到武宗的抵制反抗。所谓“尝与二三同志漫议及此，谓须默夺潜定，意可幸中，敢尽布之”，就是说请武宗立太子、禅帝位只能“默夺潜定”，由大臣暗中谋议商定，强请武宗接受。所谓“往者邃翁、东川既已成谋，而今当柄一二委之于卜，谓得‘鸟焚其巢’，竟以中沮”，就是说当时已由阁臣杨一清、刘春等人谋划已成，却因后来的当柄者（杨廷和等朝官）占卜得《旅》卦上九：“鸟焚其巢，旅人先笑后号咷。丧牛于易，凶。”事情中途受阻未行。夏良胜所说都是事实，也是他所亲见（时夏良胜在朝任吏部员外郎）。夏良胜在这封《奉阳明先生书》中揭开了一个被掩埋的惊天秘密：原来朝中武宗与朝臣早已在建皇储、立太子的国本大事上展开了潜争暗斗，一派以阁臣杨一清、刘春等人为首，主张建皇储，从真正的朱家皇族血统的皇子皇孙中选择一人立为太子，以实现帝位向朱家皇族血统的回归；一派以武宗与近侍权阉为首，想从“异姓义子”乃至马皇后、刘娘娘的“异姓子”中选一人立为太子，以保证武宗自己的皇统后继有人。其实武宗不过是明皇朝政治舞台上的一个心灵扭曲失常的喜剧小丑皇帝，他的种种荒淫残暴的行事已到了匪夷所思的地步。由于这个败家子皇帝断子绝孙的荒淫暴虐，几乎把朱明的江山社稷玩完，朝政发生了最严重的危机，大臣个个忧心如焚，他们无法疗救武宗病入膏肓的心狂病，只有把建皇储、立太子看作是挽救武宗统治、扭转朝政危机的唯一出路。到正德十年杨一清以武英殿大学士直阁，择立太子的国本大事提上了议事日程。南京监察御史范辂首先上奏捅破朝政症结说："今日大计未定，大疑未决。陛下独御于上，而皇储不预建也。宗室之贤，孰与异姓义子？陛下日驰逞于骑射戎阵，曾念不及此，其如宗庙社稷何！"[1] 所谓"宗室之贤"，就是指在朱家血统中选择一人立为太子。武宗不予理睬。到正德十一年正月，南京礼科给事中徐文溥等再上奏请"择立皇储"[2]。武宗仍不予理睬。实际杨一清、刘春、徐文溥等人早已商定好皇储太子的宗室人选，这就是夏良胜说的"邃翁、东川既已成谋"[3]。但听到这个消息的宸濠却大喜过望，他马上派遣内官万锐携重金入都，以三万两贿赂钱宁，以一万两贿赂臧贤，谋求将他的长子大哥以上太庙烧香为名，迎取进京，作为立储贰的合适人选。[4] 武宗当然不会允诺杨一清、刘春、徐文溥等人的奏请，在选"异姓义子"立为储贰受阻的情况下，武宗便在抱养民间子上打起了主意，自己没有生育能力，想强纳民间孕妇来现成占有一个"民间子"。当时延绥总兵马昂因犯法被撤职，他有一个妹妹马伶儿貌美如花，已嫁给一个指挥毕春，有了身孕。她能歌善舞，还善于骑射，懂鞑靼语。武宗立即叫江彬找到马昂，

[1] 《国榷》卷四十九"正德十年十月"条。

[2] 《国榷》卷五十"正德十一年正月"条。按：《国榷》卷九十九《广东按察司副使徐公文溥墓志铭》云："凡朝廷大利害事，敢言弗惮……若论救侍郎罗玘，因求建储；又特进建储，若因灾异陈二十余事，以匡圣躬……"《明史》卷一百八十八《徐文溥传》亦只云"又请择建储贰，不报"。徐文溥所请择储贰为何人不明，然当与杨一清、刘春所择储贰一致可知。

[3] 按：杨一清、刘春等所定储贰人选，应即"伦序当立"的兴献王长子朱厚熜（时方十岁），故后来武宗一死，朝廷便按礼部拟定的仪注请朱厚熜以"皇太子"的身份进京即位。

[4] 见刘瓒《后鉴录》卷中《宁府招由》。

提出以恢复官职为条件，让马昂把马伶儿夺回，献给武宗。武宗特宠有身孕的马伶儿，中官都称她为“马皇后”，称马昂为“舅”，武宗心中已有立她所生子为皇储的意思。[1] 这急坏了朝廷大臣，三月，吏科都给事中吕经等人上奏说：“马昂女弟之人，皇上果为皇储计，宜博选世族，使备嫔御，奈何溺卑污以自亵乎！望诛昂，并斥孕妇。”[2] 紧接着阁臣杨一清等也上书斥武宗纳民间孕妇。[3] 武宗依旧独断自行，杨一清反在八月被迫致仕而去。直到九月，武宗有一天往马昂的宅第饮酒，见到马昂的美妾，吃醉的武宗竟要召幸马昂妾。马昂不答应，武宗大怒，马昂吓得称疾逃之夭夭，自此武宗疏远了马皇后。但他的淫心不死，继续寻找民间孕妇，四处索要妇女。直到正德十三年十二月机会终于来了，武宗“北巡”到偏头关索求到一个新的民间孕妇——女乐刘娘娘（刘美人），武宗又把立皇储的希望寄托在刘娘娘所生的“民间子”上。[4] 当阳明在正德十四年七月上书请择立皇储国本时，正是武宗与刘娘娘新婚燕尔、等待生子之时，刘娘娘实际已以皇后自居，干预朝政，钱德洪在《阳明先生年谱》中就提到刘娘娘的一件秘事说：

> 始，濠闻武宗嬖伶官臧贤，乃遣秦荣就学音乐，馈万金及金丝宝壶。一日，武宗幸贤，贤以壶注酒，讶其精泽巧丽，曰：“何从得此？”贤吐实。武宗曰：“宁叔何不献我？”是时小刘新得幸，濠失贿，深啣之。比罢归，小刘笑曰：“爷爷尚

[1] 见《国榷》卷五十“正德十一年二月”条。
[2] 《国榷》卷五十“正德十一年三月”条。
[3] 按：《国榷》卷五十：“甲辰，阁臣言马昂纳妹事，不报。”此“阁臣”即指杨一清、刘春等人。
[4] 见《国榷》卷五十“正德十三年十二月”条。

> 思宁王物，宁王不思爷爷物足矣！不记荐疏乎？"武宗乃益疑忠、彬，因赞萧疏，遂及贤，贤不知也。濠遣人留贤家，多复壁，外钥木橱，开则长巷，后通屋，甚隐，人无觉者。有旨大索贤家，林华遽走会同馆，得马，故速归。

所谓"不记荐疏乎"，就指臧贤受贿荐引宸濠的长子大哥进京定为皇储候选人，这正是刘娘娘所最嫉恨的。武宗已有意选定刘娘娘所生子为皇储，对刘娘娘言听计从，无怪这次南巡武宗竟硬要带领了刘娘娘一起御驾亲征，其实无非是要堵住一班大臣请择立宗室子弟为皇储的嘴。夏良胜在这时希望阳明出头来完成杨一清、刘春立皇储的未竟大事，"继以邃翁、东川之未为，而期阁下以必成万世功也"，不知阳明恰好撞到了枪口上，大祸随着武宗南巡的到来降临了。

阳明在南昌已预感到危险的逼近，所以他一面在八月十七日上了《请止亲征疏》，乞请由自己亲押宸濠人犯解赴京都；一面在八月二十五日上了《乞便道省葬疏》，乞请朝廷履行"贼平来说"的前诺，放归田里。他同时写信给御史朱节谈到自己的危险处境说："近因祖母之痛，哀苦狼籍，兼乞休疏久未得报，惟日闭门病卧而已。人自京来，闻车驾已还朝，甚幸，甚幸！但闻不久且将南巡，不知所指何地，亦复果然否？区区所处，剥床以肤，莫知为措，尚忆孙氏园中之言乎？京师人情事势何似？便间望写示曲折。"[1] 他不知道武宗已在八月二十二日在近侍权阉的保驾下，率军御驾南征发京师。武宗煞有介事地自封为"总督军务威武大将军总兵官后军都督府太师镇国公"，命安边伯许泰为总督军

[1] 王守仁：《与朱守忠手札》二。此手札真迹藏上海博物馆。

务，充总兵官，平虏伯江彬为提督，赞画机密军务，左都督刘晖为总兵官，太监张忠为提督军务，太监张永为提督，赞画机密军务，勘查宸濠反逆罪状，清理库藏宫眷等事，太监魏彬为提督等官，兵部侍郎王宪为督理粮饷，左都督朱周协赞，锦衣卫都督朱宁随征。其实谁都明白这时早已无叛可征，无逆可讨，武宗迟迟御驾南巡征讨的真正目的是明摆的：不过一是来抢夺擒捉宸濠平定叛乱的首功，二是来查勘宸濠反叛的罪状及朝廷里外官员与宸濠勾结的罪证，这两方面都必然会集中打击到阳明头上，这就是阳明说的“剥床以肤，莫知为措”。为此武宗将征讨大军分为两路南下：一路由张忠、许泰、刘晖率领京边军，直往江西南昌，查勘宸濠反状及官员与宸濠勾结的罪证（主要是阳明）；一路由近侍权阉陪侍武宗悠然巡游到留都南京，恬然领受御擒宸濠的盖世奇功，满足他的要做当代“汉武帝”的迷狂情结。

武宗出京后，表面上一路悠哉游哉，九月七日才到达临清，却迟迟不进发。奇怪的是他忽然在二十二日偷偷乘单舟北行，不知所往。后来史载说他是去张家湾接刘娘娘，《国榷》上说：“癸丑，上自临清单舸疾趋而北，从官不知也。数人追及之。初，幸妓刘良女赠簪为约，驰芦沟失之，召刘不至。遂晨夜抵张家湾，偕而南。值湖广参议林文缵舟，入夺其妾。”[1] 其实这里包藏了一个大阴谋，《国榷》上另有一则记载解开了这个秘密：“正德十四年八月乙酉（二十四日），谕南京守备、参赞等官毁宸濠伪檄，违者罪之。杖教坊司乐官臧贤、施钺、司鉴于于门，戍驯象卫，

[1] 《国榷》卷五十一“正德十四年九月”条。按：《明通鉴》卷四十八叙说较详：“方上之南发也，刘姬疾不从，约以玉簪召。上过芦沟桥，驰马失簪，索之不得。及至临清，遣使召姬，姬以无信约不肯往。于是上复自临清北行，乘单舸，晨夜疾趋至张家湾，载与俱南，从官无知者。凡往返者逾月。”

籍其家。朱宁使盗夜杀之张家湾以灭口。"原来李士实、刘养正在讨武宗檄中揭露了刘娘娘是武宗强纳的民妇，要想抱养民间子立为皇储，最为武宗与刘娘娘所痛恨；而偏偏臧贤最知悉武宗抢纳刘娘娘抱养民间子的内幕，又同宸濠暗中勾结，荐引宸濠的长子大哥入京作为皇储的合适人选，武宗与刘娘娘都早欲除掉臧贤而后快。所以武宗与刘娘娘先在宫中定下了杀臧贤灭口的计策，到南巡启程出京后，先是刘娘娘装着生病与臧贤一同留在张家湾；接着由朱宁派盗贼深夜潜入张家湾，杀掉了臧贤；然后再把朱宁囚禁在张家湾杀掉。武宗在临清等待，听到了臧贤被杀的消息，于是马上赶到张家湾把刘娘娘接回。[1] 讨武宗檄烧毁，臧贤也死，连知情人朱宁也被羁押在临清，武宗便可名正言顺地带了他的宠妃刘娘娘御驾南征，威慑那班奏请择立皇储的顽固大臣，钳制天下人的议论之口。所以他人还在临清，就迫不及待地下命阳明将宸濠一班逆党械系献俘来南都，并差张永由镇江入浙，来接受宸濠一班囚犯。

九月十一日，阳明偕同抚州知府陈槐亲自押解宸濠，献俘从南昌出发。他深知这次献俘南都一路的凶险，他的弟子东洲夏良胜又给他写来一信，替他谋算见武宗面陈的办法，鉴于武宗还迟迟在途不知何时到南都，而张忠、许泰已率京边军往江西，夏良胜劝他最好献俘到广信停驻，观望形势，待武宗到达南都后，再献俘北上入南都，可以见到武宗面陈。夏良胜周密分析处事经权说：

偶闻诸帅抵省，作威骇听，虽未必尽然，而鸱张矫虔，

[1] 按：武宗犹恐事情败露，又将朱宁羁押在临清，后杀之。见《国榷》卷五十一"正德十四年十一月"条。

> 机械毕露，挟主威以争能，期必得而后已。隐度阁下功高天下，守之以谦，而浚浑艾会之隙，必有隐然消阻，儒家作用，所谓潜孚者若此。但俘获在道，进止维谷，必遂初志，是本敌忾献功常典也。既云龙驭度江而西，莫有所归，尼而旋归，迹涉拘忌。左右惟其适意先几定见，必有处之裕如，而瘰忧过计，窃亦思以自效而未敢。盖天下之宝，当为天下惜之，况尝侧足先后乘而被其余照者哉！故与邦君商略尽瘁，直达记室，不识以为可否？初举义时，宗社大计，专制阃外意也。今既有命帅，而阁下得抚治（按：指阳明兼任江西巡抚），固守臣也，始可矫制以兴师，兹必得请而离任。大抵“权”之一字，固人臣之盛美，亦人臣之大忌。当变则可，不得已也；乱既靖，斯守经时矣。戒严属从待于境上（按：指江西境上），以避河阳坐致之迹理道宜然。六师左途，还而归之。若既越境，自开化，自严，取道自徽州，皆可至省，形迹俱泯。献俘纪绩，俱属军门事体，宪节暂守信州，且以抚循为常职，俟巡辙且至迎觐，如古方岳之礼，使天下复见唐虞盛典，别有一段开物成务意象，古今冠绝事也。彤弓宴锡，其何之哉！是谓不矜，莫与争能，阁下雅量然也。公论昭灼，万世炳然。但彼席威以压溪壑之欲，荼戮之惨，或未可知。尝闻阁下有云：“甘九族之诛，救一方之命。”不肖耿耿之怀，诚亦在此。若稽核功次，诸统兵官获送审单具在，勿与成籍维实，乃是窥测不破，更复何事！[1]

阳明采纳了夏良胜的意见。但武宗一心想要到鄱阳湖上大显身手

[1]《东洲初稿》卷十三《再奉阳明先生书》。

亲自擒捉宸濠，他与刘娘娘又尤怕阳明到南都来面奏择皇储、建国本的事，他又改变主意，差遣御马太监张忠、安边伯许泰来取宸濠一班逆囚，送回南昌。阳明在二十五日到达广信，张忠的取囚照会与许泰的取囚手本也差诸将送到，阳明不肯把宸濠囚犯交给他们。席书暗中来拜见他，支持他直接将囚犯押送入南都，不要把囚犯交给张忠、许泰，他后来提到这件事说：“曩岁江州事宁，书幸谒于信州。执事曰：‘行将献捷行在，归阳明山，遂乃志。’书亦谓：盛名难居，功高不赏，履谦持盈，时道然也。今则不同矣，孔孟终身弗遇，非得已也。”[1] 陈槐进言说：“请付囚与诸将，与之同见行朝，则功成于我者，皆朝廷威命所致，不可抗也。”阳明不听。费宏、费寀都来劝说，阳明仍不肯交囚。二十六日，阳明继续押解囚犯乘夜过玉山、草萍驿。他上了《献俘揭帖》说明事情的原委说：

> 本职已将宁王并逆党，亲自量带官兵，径从水路，照依原拟日期（指阳明先自拟定九月十一日）启行，解赴京师，已至广信地方外，今又准前因，及该差官留本职并宁王及各党类回省（指回江西南昌）。为照前项人犯，先监按察司，责委官员人等，昼夜严加关防，有病随即拨医调治。数内谋党李士实、王春、刘养正等，已多医治不痊，俱各身故，随差官吏仵作人等前去相验，责付浅殡，拨人看守。其宁王及谋党刘吉等，俱系恶焰久张之人，设若淹禁不行解报，纵有官兵加谨防守，恐或扇诱别生他奸。今若留回省城，中途疏虞，尤为可虑。兼且人犯多生疟痢，沿途亦即拨医调治。又有数内镇国将军栱槭并世

[1] 《元山文选》卷五《与王阳明书》四。

> 子二哥，各行身故，又经差官相明，买棺装殓，责仰贵溪县拨人看守。其余尚未痊可，若更往返跋涉，未免各犯性命愈加狼狈，相继死亡，终无解京人犯，亦恐惊摇远近，变起不测。本职亲解宁王，先已奏闻朝廷……除将宁王宸濠等，各另差官分押，官眷妇女，行各将军府取有内使管伴，俱照旧亲自解京外，所有库藏等项，奉有明旨，自应查盘起解……[1]

阳明不将囚犯交张忠、许泰，大大得罪触怒了张忠、许泰，他们（包括江彬）造飞语诬告阳明与宸濠勾结，有拥兵叛乱的野心，居功自傲，不肯让武宗来鄱阳湖擒捉宸濠，就从这时开始了。在草萍驿，阳明听到张忠、许泰率领京边军已到了徐、淮一带，连忙又乘夜速发进入浙中，以避开张忠、许泰。他作诗愤慨而又自怜地咏叹道：

书草萍驿二首

九月献俘北上，驻草萍，时已暮。忽传王师已及徐、淮，遂乘夜速发。次壁间韵纪之二首。

一战功成未足奇，亲征消息尚堪危。
边烽西北方传警，民力东南已尽疲。
万里秋风嘶甲马，千山斜日度旌旗。
小臣何尔驱驰急？欲请回銮罢六师。

千里风尘一剑当，万山秋色送归航。
堂垂双白虚频疏，门已三过有底忙？

[1]《王阳明全集》卷三十一。

羽檄西来秋黯黯,关河北望夜苍苍。
自嗟力尽螳螂臂,此日回天在庙堂。

寄江西诸士夫

甲马驱驰已四年,秋风归路更茫然。
惭无国手医民病,空有官衔縻俸钱。
湖海风尘虽暂息,江湘水旱尚相沿。
题诗忽忆并州句,回首江西亦故园。[1]

阳明明确说他所以不把囚犯交张忠、许泰而要亲自献俘至南都,是要面见武宗,“欲请回銮罢六师”,他更加预感到前路的凶险。果然,当他在十月初到达杭州府时,御马太监张永已经奉命到杭州府来向他领取宸濠一班囚犯,送回南昌,让武宗来擒捉。他还带来了“大将军”(武宗)的“钧帖”。阳明同他展开了一场争辩。杨一清在《司礼太监张公永墓志铭》中真实记载了两人的争辩说:

江彬、张忠、许泰劝上以六师亲征宁王。彬遣忠、泰等自南京溯大江入江西,分命永自浙江入,欲以邀守仁献俘,令守仁复纵宁王于江西,彬等得更亲挎战而俘之,以为功。且百计毁守仁于上前,谓:“守仁镇江西,与王有私。”上疑之。守仁俘至浙省,会永遮要之,不得前,且谓:“已禁使御仗钺,抚臣不得与抗礼。”阖中扉者数日。守仁一旦诣永馆,直坐其卧榻,永为夺气。已而聆守仁言议忠慨,且稍持其阴事,永益靡,然尚持气岸曰:“公何为国苦辛如是?盍早投向我怀中?”

[1] 《王阳明全集》卷二十。

> 守仁曰："岂有投人王节使耶？公投我怀中，则可与共成国事耳。"永因言："己非负国者，且公不见安化王事耶？"守仁曰："公非负国，何为令主上南征？"永曰："南征亦何害？"守仁曰："自宁藩图衅，江右为墟。顷又继以军兴郊郭，数千里间，无不析骸而炊，易子而食者，而余孽窜伏江湖，尚觊时候。设王师果南，非特此辈得以乘间，即百姓不支，必揭竿而起矣。"永大悟，始许以调剂，则指江上公所槛与俱来者，不可不归我。守仁曰："我安用此？"于是以俘归永。[1]

阳明又着重同张永谈到了约束张忠、许泰来江西的军队、促其尽快班师的事，阳明说："仗祖宗之灵，逆藩就缚，忠等犹领军至彼，恐江西民不堪重毒。阁下胡不早赴，少约束之，其犹有苏乎？"张永说："吾出此，正欲监制群小，使不得肆，如足下言耳。"阳明强调说："足下此时与其赴江西，何不听守仁以濠相付，借足下诣阙献俘？忠等闻俘已献，久驻师无名，将遂班师，则江西之民阴受足下赐多矣。"张永高兴答允。[2] 显然，张永表示回去一定劝说武宗南征罢兵回师，陈告阳明耿耿忠心，辨白阳明诬枉，约束监制张忠、许泰军队，阳明才将宸濠等囚犯交张永。后来张永回见武宗，果然以一家为担保，陈诉阳明忠心不贰，无辜被诬，说："往年寘镭反，今年宸濠反，天下王府、将军、中尉七千余家，安保无今日事？王守仁一人受诬得罪，他日谁肯向前平乱？"但阳明还是不放心，他决定以养病为名留在杭州，等待武

---

[1] 《国朝献征录》卷一百十七《司礼太监张公永墓志铭》。按：阳明与张永争辩事，各书说法多异，当以张永与陈槐（《闻见漫录》）所说为是（两人皆当事人）。

[2] 陈槐：《闻见漫录》卷上。

宗来到行在南京，再向武宗面陈。他在《案行浙江按察司交割逆犯暂留养病》中说明留驻杭州的原因说：

> 今照前事，本职自度病势日重，猝未易愈，前进既有不能，退回愈有不可，若再迟延，必成两误。除本职暂留当地，请医调治，俟稍痊可，一面仍回省城，或仍前进，沿途迎驾，一面具本乞恩养病另行外；所据原解逆犯，合就查明交割，带回省城，听候驾临审处通行。[1]

阳明的真意实际是以养病为借口，留在杭州等待武宗到南都，好迎驾入都面奏辨诬；如这时回南昌，无异于羊入虎口。在杭城，他寓居在西湖净慈寺，开始了漫长的等待。原来这时武宗还在临清逍遥淹留，直到十月二十二日才从临清起驾出发。阳明感到万般无奈，想到了不如归居田园，解脱困厄，他痛苦地作诗吟道：

宿净寺四首

老屋深松覆古藤，羁栖犹记昔年曾，
棋声竹里消闲昼，药裹窗前对病僧。
烟艇避人长晓出，高峰望远亦时登。
而今更是多牵系，欲似当年又不能。

常苦人间不尽愁，每拼须是入山休。
若为此夜山中宿，犹自中宵煎百忧。

[1]《王阳明全集》卷十七。

百战江西方底定，六飞南甸尚淹留。
何人真有回天力，诸老能无取日谋？

百战归来一病身，可堪时事更愁人。
道人莫问行藏计，已买桃花洞里春。

山僧对我笑，长见说归山。
如何十年别，依旧不曾闲？

归　兴

一丝无补圣明朝，两鬓徒看长二毛。
自识淮阴非国士，由来康节是人豪。
时方多难容安枕？事已无能欲善刀。
越水东头寻旧隐，白云茅屋数峰高。[1]

但武宗行踪诡秘不定，坐等不是办法，阳明决计采用迎驾北上的办法，直入南都迎接武宗。约在十月中旬，他便从杭州出发北行，一路访友论学。到苏州，他拜访了南濠都穆。到无锡，他访问了补庵华云的山庄，为华云所藏的唐寅画题字，为唐寅的《山静日长图》题写《玉露》文，又为门人华夏的祖母钱硕人作寿序。约十一月初，他到达镇江，往待隐园拜访了致仕家居的杨一清。待隐园在丁卯桥的杨一清别墅石淙精舍内，阳明与杨一清两人放情讲学论政，都对眼下的时局感到忧愤泪下，面对岩花山竹、亭台楼榭的待隐园，阳明胸中油然涌起归隐之念，

[1] 《王阳明全集》卷二十。

他一连作了五首诗吟道：

杨邃庵待隐园次韵五首

嘉园名待隐，专待主人归。
此日真归隐，名园竟不违。
岩花如共语，山石故相依。
朝市都忘却，无劳更掩扉。

大隐真廛市，名园陋给孤。
留侯先谢病，范老竟归湖。
种竹非医俗，移山不是愚。（是日公方修山石）
对时存燮理，经济自成谟。

绿野春深地，山阴夜静时。
冰霜缘径滑，云石向人危。
平难心仍在，扶颠力未衰。
江湖兵甲满，吟罢有余思。

兹园闻已久，今度始来窥。
市里烟霞静，壶中结构奇。
胜游须继日，虚席亦多时。
莫道东山僻，苍生或未知。

芳园待公隐，屯世待公亨。
花竹深台榭，风尘暗甲兵。
一身良得计，四海未忘情。

语及艰难际，停杯泪欲倾。[1]

杨一清也作了五首次韵诗：

得王阳明诗依韵寄答

闻变幡然作，亲提一旅孤。
欃枪浮太白，氛祲暗重湖。
慷慨平原义，周旋宁武愚。
成功何易易，帷幄妙讦谟。

冰霜为别日，转眼又春归。
许国身方健，除凶愿不违。
寒暄今契阔，道谊昔因依。
抱膝浑无语，阴云暝夜扉。

戎马艰关际，风尘澒洞时。
心应悬社稷，身已系安危。
功大翻招忌，愁多恐易衰。
冯唐年未老，终动汉皇思。

多士从河饮，俗儒徒管窥。
平生抱经济，应变益权奇。
风雨孤灯夜，莺花漫兴时。
彩云何处扎，聊得慰相知。

[1]《王阳明全集》卷二十。

历尽风波险，履兹阳道亨。
通儒自适用，大勇不须兵。
急雨惊春梦，停云系远情。
中泠有玄酒，相见为公倾。[1]

"功大翻招忌"，道出了问题的根本症结。镇江离南京已经近在咫尺，这时武宗却还远在徐州、淮安一带钓鱼打鸟作乐，不思南下。阳明在镇江遥望南京，日日空等，大祸突然降临。专横跋扈的帝侧奸佞江彬派缇骑四出，大索民间鹰犬，珍宝古玩。他竟派遣了几十名中贵，拿了武宗的"大将军牌"气势汹汹来镇江，向阳明索要宸濠贿赂朝中中贵大臣的簿籍名单。索要不到，便拿出大将军牌勒令阳明回南昌巡抚江西，不得进南都。后来欧阳德揭露了阳明在镇江最终不得进南都的这一秘密说：

> 江西之变，献俘北上……为社稷计，逆知上意必怒，诸奸党必谗，而不暇顾也。亲行以当之，又先题知以杜诸奸之口，中间遣回旗牌，不奉大将军钧帖，皆有曲折。得宸濠赂馈要津簿籍，立命焚之。江彬欲假此有所罗织，以大将军牌遣中贵数十辈来诘，遇诸镇江，气势汹汹。谕以祸福，晓之义理，其人罗拜而去。竟以此为诸奸所沮，不得见上。初欲乘机遘会，拨乱反正，竟亦不得行矣。[2]

所谓"大将军牌"，就是指自封为"威武大将军"的武宗的圣旨。可见正是武宗拒绝见阳明，不准阳明进南都面奏，命令他

[1] 《石淙诗稿》卷十四。按：杨一清此次韵诗已作在正德十五年春间。
[2] 《欧阳德集》卷二《寄王龙溪》书二。

回南昌去巡抚江西。阳明做梦也没有想到，正是他在镇江苦苦等待之时，在徐州的武宗竟派遣礼科左给事中祝续，监察御史章纶、许孟和，兵科左给事中齐之鸾“四纪功”往江西同张忠、许泰、刘晖一起查勘阳明的反状。[1] 武宗的阴险狡诈由此可见。到此阳明要见武宗面陈的一切努力都白费了，杨一清劝他还是赶快回南昌，明哲保身。他这次献俘赴南都之行，一受阻于张忠、许泰，二受阻于张永，三受阻于江彬，最终由武宗一手钦定封杀。

十一月中旬，阳明怀着无限悲愤告别杨一清，沿湖口南下归南昌。他预感到了回南昌的凶险，舟过彭泽时，他登上结冰雪的小孤山，把一腔忠愤悲情都倾诉在即兴吟啸的《登小孤书壁》长诗中，大书在山崖上：

人言小孤殊阻绝，从来可望不可攀。
上有颠崖势欲堕，下有剑石交巉顽。
峡风闪壁船难进，洪涛怒撞蛟龙关。
帆樯摧缩不敢越，往往退次依前山。
崖傍沙岸日东徙，忽成巨浸通西湾。
帝心似悯舟楫苦，神斧夜辟无痕斑。
风雷倏翕见万怪，人谋不得容其间。
我来锐意欲一往，小舟微服沿回澜。
侧身胁息仰天窦，悬空绝栈蛛丝悭。
风吹卯酒眼花落，冻滑丹梯足力孱。
青鼍吹雨出仍没，白鸟避客来复还。

[1] 见齐之鸾《蓉川集·历官疏草》中《救王文成公疏》及汪天启《送蓉川齐公之崇德序》。

峰头四顾尽落日，宛然风景入瀛寰。
烟霞未觉三山远，尘土聊乘半日闲。
奇观江海讵为险？世情平地犹多艰。
呜呼！
世情平地犹多艰，回瞻北极双泪潺！[1]

阳明把登小孤山比喻为世路仕途的险巇不平，“世情平地犹多艰，回瞻北极双泪潺”，是他对这场平定宸濠叛乱与失败的献俘南都之行的沉痛总结，也吐露了他对昏君武宗的怨愤而又瞻恋之情，胸中又升起了归居田园的避世伤感。舟过湖口时，他登上石钟山，吟了一首次邵宝石钟山诗韵：

献俘南都回还登石钟山次深字韵

我来扣石钟，洞野钧天深。
荷蒉山前过，讥予尚有心。[2]

舟到南康，已经离南昌不远，阳明过鞋山，遥望庐山，更悲从中来，他把自己比为遭谗放逐的屈子，穷途哭返的杨朱，吟了一诗：

过鞋山戏题

曾驾双虬渡海东，青鞋失脚堕天风。
经过已是千年后，踪迹依然一梦中。
屈子漫劳伤世隘，杨朱空自泣途穷。

[1] 《王阳明全集》卷二十。
[2] 《石钟山志》卷十三。按：《石钟山志》于阳明此诗下录有邵宝《上钟石几》：“有石平堪隐，南溟一望深。万峰青不了，一一点湖心。”

正须坐我匡庐顶，濯足寒涛步晓空。[1]

但他很快从悲悼自伤中振作起来，面对凶险莫测的南昌，他从巍然屹立的“庐山”汲取抗击宦海风浪的力量与信念，作诗吟道：

望　庐　山

尽说庐山若个奇，当时图画亦堪疑。
九江风浪非前日，五老烟云岂定期？
眼惯不妨层壁险，足跰须著短筇随。
香炉瀑布微如线，欲决天河泻上池。[2]

阳明就怀着这样的信念回到南昌。这时的南昌城已笼罩在一片恐怖骚乱中。原来张忠、许泰、刘晖在十月已领京边军快速到达南昌，张忠自称是“天子弟”，刘晖自称是“天子儿”，许泰自称是“威武副将军，与天子同僚”。他们名义上称是来勘查宸濠叛乱事状，捕捉宸濠同党案犯，实际是要来媢夺阳明平叛之功，罗织阳明与宸濠勾结、拥兵反上的罪状。他们放纵京边军大肆骚扰，掠夺民财，诛求万端，靡费巨亿。乱捕所谓宸濠“余党”，士民被诬陷为“逆党”的有数十万。甚至把功臣伍文定也逮捕捆缚起来，伍文定大骂：“吾不恤九族，为国家平大贼，何罪？汝天子腹心，屈辱忠义，为逆贼报仇，法当斩！”张忠大怒，用铁椎将伍文定刺倒在地。他们又四出搜罗阳明罪状，故纵京边军侵凌阳明，呼名嫚骂，冲道寻衅闹事。诬告说阳明攻进南昌后，纵兵抢掠杀

[1]《王阳明全集》卷二十。
[2]《王阳明全集》卷二十。

戮，"贪功妄杀，图利焚掠"，张忠、许泰责问阳明："宁府富厚甲天下，今所蓄安在?"阳明回答说："宸濠异时尽以输京师要人，约内应，籍可按也。"齐之鸾在《荐举将材疏》中描述阳明在南昌的处境说：

> 方宸濠之反报一闻也，莫不畏行而失措；及王守仁之捷书一至也，莫不趋利而兼程。许泰、张忠既嫉地方独成其功，复愤宸濠归之张永，日夜媒孽王守仁之过而将甘心焉者，无所不至，或构成交通之形，或造为指斥之语，流闻先皇（武宗），大致疑忌……许泰术给张忠、刘晖，教以安静，乃自分遣爪牙，四缉余党。刘晖觉其卖己，从而效之……[1]

最可怕的还是武宗派来的"四纪功"祝续、章纶、许孟和、齐之鸾，他们奉帝命秘密来南昌，密切配合张忠、许泰、刘晖，千方百计搜查阳明的叛反罪状。后来汪天启在《送蓉川公之崇德序》中揭开了这一骇人听闻的秘密：

> 先帝亲征，驾已离京师，召瑞卿（齐之鸾）及礼科左给事中祝续、御史章纶、许孟和等还候于彭城（徐州）。面请回銮，不从，且谕令同诸将至江西剪遗孽。瑞卿戒诸将不可妄杀，巨阉势焰太盛，轹轹守臣，瑞卿独持词执礼以当之，不为屈。会鞫宸濠于府第中，宸濠诬守仁，瑞卿责以大义，卒噤不语。帝驻跸南都，瑞卿屡上疏请还宫，帝以其不便，已舍之江干，令无入城，乃作《回銮赋》以自遣。诸将夺江

[1]《蓉川集·历官疏草》。

> 西守臣功，王侍郎宪拉瑞卿造册，且言："勿违上意速祸。"瑞卿正色曰："臣子不当陷君于不义。"由是议遂不合。宪独迎上意造册以进，迟回一年，江彬、张忠等每有问，辄对曰："不纪江西守臣功，而滥及诸贵，何以示天下后世？之鸾等愿褫职得重罪，此册不忍造也！"……[1]

武宗在十一月六日到达徐州，他就是在这时遣"四纪功"往南昌查勘叛乱始末的，齐之鸾在《救王文成公疏》中记录下了武宗这一遣"四纪功"的威武大将军钧帖："尔等公同太监张永、张忠、安边伯朱宁、左都督朱晖，从公备细查勘宸濠反叛事情，要见始末、来历、根由。及据安庆府知府张文锦本内称'贼首吴十三、凌十一、涂承奉等口称"倒被两京一二人误赚了我事"等语。又据都御史王守仁等差来赍本奏事人役供称："有宸濠在阵前说称：'我是正宗枝，有娘娘秘旨来取我。'及擒获宸濠在监，又说：'被人哄了我了'"等情'。尔等务要亲问宸濠，追究往还结交何人，真情下落等因。"这封"大将军钧帖"就是与阻止阳明入南都的"大将军牌"在同时发下的。实际除了齐之鸾外，祝续、章纶、许孟和都望风附会张忠、许泰、刘晖，罗织阳明罪名。他们从宸濠嘴里听到阳明曾派冀元亨来南昌讲学，如获至宝，立即逮捕了冀元亨，造为飞语，诬陷阳明与宸濠私通，回报武宗，酿成大案，以至后来齐之鸾七上奏疏援救阳明。

阳明在南昌，面对这些大大小小的瘟神，十分镇定自如，想方设法尽快打发这班瘟神班师回南都，化解困境。针对满城骄横跋扈的京边军，他展开攻心战，发布了一则《告谕军民文》，教

[1] 《蓉川集·历官疏草赠言》。

民善待京边军说：

> 今京边官军，驱驰道路，万里远来，皆无非为朝廷之事，抛父母，弃妻子，被风霜，冒寒暑，颠顿道路，经年不得一顾其家，其为疾苦，殆有不忍言者，岂其心之乐居于此哉？况南方卑湿之地，尤非北人所宜，今春气渐动，瘴疫将兴，久客思归，情怀益有不堪。尔等居民，念自己不得安宁之苦，即须念诸官军久离乡土，抛弃家室之苦，务敦主客之情，勿怀怨恨之意，亮事宁之后，凡遭兵困之民，朝廷必有优恤。今军马塞城，有司供应，日不暇给，一应争斗等项词讼，俱宜含忍止息，勿辄告扰，各安受尔命，宁奈尔心。[1]

京边军见到这则谕告，个个生起思乡之念。十一月二十二日是冬至节，南昌经过宸濠乱后，饿殍遍野，骸骨未葬。阳明下命全城居民进行巷祭，家家上坟，哭亡酹酒，招魂举奠。阳明亲自作文，发布了一则《济幽榜文》：

> 伏以乾坤世界，沧海桑田，一日十二百刻时，自古有生有死；百年三万六千日，几多胡作胡为。论眼前谁不利己损人，于世上孰肯立纲陈纪？臣弑君，子弑父，转眼无情者多；富欺贫，强欺弱，经官动府者众。以身亡桎梏，而以命堕黄泉，故知君子小人，历年有几；盖为乱臣贼子，何代无之？往者难追，近者当籛。若宁王做场说话，幸示我辈磊个根源。只图帝王高荣，不顾王基败坏，陷若干良善，红楼富家女，何曾

[1] 《王阳明全集》卷十七。

得见画眉郎，白面少年儿，未必肯为短命鬼？往往叫冤叫屈，茕茕无依无倚。三岁孩童哭断肝肠，难寻父母；千金财主创成家业，化为灰尘。侯门宰相也凄惶，柳巷花街浑冷落。浮生若大梦，看来何用苦奔忙；世事如浮云，得过何须尽计较？难免天□鉴察，何容罪孽可逃？木有根，水有源，谁念门中之宗主；阳为神，阴为鬼，孰怜境上之孤魂？三年两不收，倾沟壑岂无饿殍；十去九不回，溺江湖亦有英雄。并山川草木之精灵，及贫穷鳏寡之孤独，怆惶凄惨，寂寞萧条。几个黄昏几个夜，吊祭有谁；一番风雨一番沙，超生无路。幸斋官建坛而修水陆，为汝等施惠而修斋，因重上君子堂，即请朝□于我佛，便是神仙境，何须更问妙严宫。一段因缘，无边光景。[1]

这就是阳明特有的玩世不恭的反讽笔法，实际是说给张忠、许泰、刘晖与祝续、章纶、许孟和之流听的，他发布这则榜文非唯在“济幽”，更要在促成“罢兵”，送走瘟神。张忠、许泰、刘晖都听出了他的弦外之音，要想折服阳明，邀他到教场比试射箭。阳明射箭，三发三中，压住了张忠、许泰、刘晖的凶焰。[2]

张忠、许泰、刘晖后来在十一月底罢兵班师回南都，后人（钱德洪等）都说是阳明比箭三发三中使他们“大惧”所致，显

[1] 阳明此《济幽榜文》，今存有《王守仁罢兵济幽榜文等抄稿本》，由“孔夫子旧书网”公布。

[2] 按：关于阳明教场比箭三发三中事，最早载于钱德洪《阳明先生年谱》，后魏时亮在《大儒学粹》中作了夸饰叙说，到《皇明大儒阳明先生出身靖乱录》更作了过分不实的演义虚造。但当时亲在南昌的邹守益作的《王阳明先生图谱》不载其事。徐开任的《明臣言行录》详记阳明在南昌行事，也不载其事，只云：“适冬至，城中民乍罹干戈，骸骨有葬者，有存者。公令部阴谕居民曰：‘此节气各宜致斋祀亡者，兴尽哀，否者以不孝论。’于是一日夜城中招魂，哭恸酸楚。北军闻之，尽起故乡之思。忠等见军士不肯辱公，又思归，遂班师。”兹记疑于此待考。

然是完全说不通的。张忠、许泰、刘晖都有“尚方宝剑”在手，奉皇命行事，岂会“大惧”阳明一人而班师？祝续、章纶、许孟和也是奉皇命来查勘阳明的反状的，怎么会“大惧”而空手归南都？后来尚书霍韬说：“是役也，罪人已执，犹动众出师；地方已宁，乃杀民奏捷。误先朝于过举，摇国是于将危。盖忠、泰之攘功贼义，厥罪滔天，而续、纶之诡随败类，其党恶不才亦甚矣。”[1] 真实的原因显然是武宗这时已到了宝应、扬州，马上要进入南都，而张忠、许泰、刘晖与祝续、章纶、许孟和这时也正好查勘掌握到了阳明与宸濠勾结、意图反乱的“证据”，所以张忠、许泰、刘晖连忙率军赶回南都保驾，一则是要“攘功贼义”，“欲自献俘袭功”；二则是向武宗报告阳明反状，请求武宗派锦衣卫校去捉拿阳明。事情果真如此。武宗在十二月二十六日进入南都，而张忠一班人也恰好在这时到达南都，向武宗进谗言说阳明与宸濠有勾结，有谋反意。武宗立即派遣锦衣卫校去江西捉拿阳明。杨一清在《司礼太监张公永墓志铭》中揭开了这一惊人阴谋的真相：

> 永至南京，见上，具言守仁忠，且有大功劳不可掩。时彬等方日夜短守仁于上前，会与上弈戏，永曰：“是赖守仁。不然，江西变不可支，主人安得乐此？”又见遣校之江西，永曰：“校何往？”上曰：“逮守仁耳。”永曰：“何故逮之？”上曰：“闻守仁尝与宁王有私，故逮之耳。”永曰：“甚善。”上曰：“何谓也？”永曰：“逮谋反者，岂不甚善？第恐不真耳。守仁尝以论瑾遭酷讯，而无改辞者，试问侍上左右，有能与之质对者耶？”于是遍讯侍者，皆谢不敢，避去。彬等计不

[1] 见钱德洪《阳明先生年谱》“正德十五年七月”条下引。

> 行，则复诡上曰：“今即不逮守仁，试使召守仁，守仁不即来，则反真矣。”上然之。永乃赏健走者百金告守仁，以故使至召守仁，守仁不退食而与使俱行。[1]

原来武宗已经派遣锦衣卫校要往江西逮捕阳明，幸有张永救解，武宗才改为遣使试召阳明，看他来不来南都。具体的办法就是一面遣使往南昌命阳明献俘来南都；一面又遣张永赴南昌，由他亲自押解宸濠回南都。显然，这时的武宗因找不到阳明与宸濠勾结、有心谋反的真凭实据，要想再去南昌大演鄱阳湖捉宸濠的闹剧，只会招致世人的嘲笑唾骂，所以才遣张永去南昌把宸濠押解回南都，由武宗一手裁决，名义上算作是武宗南征“亲捉”宸濠了。

阳明在南昌，还不知道张永替他化解了一次危难，但新的凶险又已向他逼近。除夕日，他岁暮感怀，与御史伍希儒赋诗唱酬，咏叹自己一年来平叛的风风雨雨，命运浮沉：

除夕伍汝真用待隐园韵即席次答五首

一年今又去，独客尚无归。
人世伤多难，亲庭叹久违。
壮心都欲尽，衰病特相依。
旅馆聊随俗，桃符换早扉。

向忆青年日，追欢兴不孤。
风尘淹岁月，漂泊向江湖。
济世浑无术，违时竟笑愚。

[1]《国朝献征录》卷一百十七。

未须悲蹇难，列圣有遗谟。

正逢兵乱地，况是岁穷时。
天运终无息，人心本自危。
忧疑纷并集，筋力顿成衰。
千载商山隐，悠然获我思。

世道从卮漏，人情只管窥。
年华多涉历，变故益新奇。
莫惮颠危地，曾逢全盛时。
海翁机已息，应是白鸥知。

星穷回历纪，贞极起元亨。
日望天回驾，先沾雨洗兵。
雪犹残岁恋，风已旧春情。
莫更辞蓝尾，人生未几倾。[1]

这五首诗几乎可称是阳明对自己一生悲剧命运的总结。他还在期待"日望天回驾，先沾雨洗兵"，不料正是这一天，张永派来的顺天检校钱秉直到了南昌，向他急告了内情；武宗派遣的特使也同时到达南昌，命他立即献俘赴南都。阳明知道这是武宗要试探他有无"反心"，马上"不退食"便与特使俱行。

正德十五年正月初一，阳明押解了刘吉一班逆党囚犯上路，

[1]《王阳明全集》卷二十。

这是他的第二次献俘南都之行。[1] 最初三天，他都有诗咏叹这次献俘南都道途的艰辛，道出了他这次入南都的目的：

元　日　雾

元日昏昏雾塞空，出门咫尺误西东。
人多失足投坑堑，我亦停车泣路穷。
欲斩蚩尤开白日，还排阊阖拜重瞳。
小臣谩有澄清志，安得扶摇万里风！

二　日　雨

昨朝阴雾埋元日，向晓寒云迸雨声。
莫道人为无感召，从来天意亦分明。
安危他日须周勃，痛苦当年笑贾生。
坐对残灯愁彻夜，静听晨鼓报新晴。

三　日　风

一雾二雨三日风，田家卜岁疑凶丰。
我心惟愿兵甲解，天意岂必斯民穷！
虎旅归思怀旧土，銮舆消息望还宫。
春盘浊酒聊自慰，无使戚戚干吾衷。[2]

[1] 按：钱德洪说阳明这次北赴南都是武宗召面见，乃误。阳明自称这次是奉命解逆党囚犯至南都，所谓“献俘”也。其《又与克彰太叔》云：“正月廿六日得旨，令守仁与总兵各官解囚至留都。”又《舟过铜陵野云县东小山有铁船因往观之果见其仿佛因题石上》诗，亦称此次是“献俘还自南都”。又邹守益《九华山阳明书院记》亦明云：“正德庚辰，以献俘江上。”（《邹守益集》卷八）显是武宗命阳明献俘来南都，以观其有无反心而已。

[2] 《王阳明全集》卷二十。

初七日立春，他仿佛有一种不祥的预感，作诗悲叹人间冻梅不开、东风无力的离仳春色：

立春二首

才见春归春又来，春风如旧鬓毛衰。
梅花未放天机泄，萱草先将地脉回。
渐老光阴逢世难，经年怀抱欲谁开？
孤云渺渺亲庭远，长日斑衣羡老莱。

天涯霜雪叹春迟，春到天涯思转悲。
破屋多时空杼轴，东风无力起疮痍。
周王车驾穷南服，汉将旌旗守北陲。
莫讶春盘断生菜，人间菜色正离仳。[1]

果然，初八日他一到芜湖，江彬、张忠已派人来阻挠阳明进南都。阳明被挡在芜湖不得进，处在了进退失据的两难困境：如继续强行前进入南都，江彬、张忠便可以他违抗武宗君命擅自进南都之罪论处；如往后退回南昌，江彬、张忠也就可坐实他不赴帝召有心反叛之罪。困境中的阳明使出了破釜沉舟的一招：他决计弃官离职，遁入九华山，不进不退，听凭武宗处置裁决。

在九华山，阳明身陷绝境，每天宴坐于草庵中，默坐澄心，体认心体（良知），让九华山圣境弥漫的佛风禅云熨平他的伤痕累累的灵魂。他日日徜徉于九华胜境名迹，吟诗作赋，几近绝望

[1] 《王阳明全集》卷二十。

的沉重心境获得了解脱，反变得更乐观自信起来。青阳县学诸生江学曾、施宗道来见阳明，陪侍他冒雨登山寻奇，阳明放怀作了一首长篇歌行：

江施二生与医官陶埜冒雨登山人多笑之戏作歌

江生施生颇好奇，偶逢陶埜奇更痴。
共言山外有佳寺，劝予往游争愿随。
是时雷雨云雾塞，多传险滑难车骑。
两生力陈道非远，野请登高觇路岐。
三人冒雨陟冈背，既仆复起相牵携。
同侪咻笑招之返，奋袂径往凌嵚崎。
归来未暇顾沾湿，且说地近山径夷。
青林宿霭渐开霁，碧巘绛气浮微曦。
津津指譬在必往，兴剧不到傍人嗤。
予亦对之成大笑，不觉老兴如童时。
平生山水已成癖，历深探隐忘饥疲。
年来事务颇羁缚，逢场遇境心未衰。
野本求仙志方外，两生学士亦尔为。
世人驱逐但声利，赴汤踏火甘倾危。
解脱尘嚣事行乐，尔辈狂简翻见讥。
归与归与吾与尔，阳明之麓终尔期。[1]

困厄在九华山中，前途茫茫，但阳明仍没有忘记讲学论道，自求良知精神境界的超越，他专往休宁去吊祭了仁峰汪循。在那里，

[1]《王阳明全集》卷二十。

他探访太极岩，游览仁峰精舍，题了四首诗：

书汪进之太极岩二首

一窍谁将混沌开？千年样子道州来。
须知太极元无象，始信心非明镜台。

始信心非明镜台，须知明镜亦尘埃。
人人有个圆圈在，莫著蒲团坐死灰。

题仁峰精舍

仁峰山下有仁人，怪得山中物物春。
莫道山居浑独善，问花移竹亦经纶。

山居亦自有经纶，才恋山居却世尘。
肯信道人无意必，人间随地著闲身。[1]

汪循在正德十四年二月上旬有一书寄阳明，很快在二十日去世，阳明没有来得及作答书，告诉他的“良知”新说。这次阳明来凭吊汪循，题诗太极岩、仁峰精舍，成了对汪循最后一封信的最好回答，也圆了汪循请他作仁峰精舍记的梦。阳明在四首诗中实际是针对以前他与汪循的论辨，以“心”咏“良知”，认为周敦颐说的“太极元无极”就是指“心”，“心非明镜台”，所以心即良知，“人人有个圆圈在”，这同他后来说“个个人心有仲尼”，“人人自有定盘针”，“人人有路透长安”，“谁人不有良知在”，“尧舜

[1]《汪仁峰先生外集》卷四。

人人学可齐”，是一个意思，这个“太极圆”就是“心”，就是“良知”。阳明自正德十四年初以来的“良知之悟”，在遁入九华山的厄境中得到了一次升华。

阳明在九华山困处了半月，武宗在南都才终于有了说法。阳明的遁入九华山给武宗出了一道棘手的难题，他在十五日下旨命张永等会同研究处置办法，齐之鸾便乘机出来极力援救阳明。他在《救王文成公疏》中谈到了这次援救的内幕说：

> ……于正月十八日，会同钦差提督赞画机密军务、御用监太监张永，钦差提督军务、御马监太监张忠，钦差提督军务、挂威武副将军印、充总兵官、安边伯朱泰，钦差提督军务、挂平贼将军印、充总兵官、左都督朱晖等，亲拟监所公同结问。彼时宸濠骄傲之态尚存，凶狠之性犹在，指斥乘舆，出语无状，且曰：“有恩报恩，有仇报仇。”臣等细问前项情节，俱称无有，止说南京初逢，讲起是王守仁。臣等窃惟修怨者必怀反噬之心，诬人者多为溢恶之语，仇家之口，大抵难凭。宸濠潜蓄异谋，积有岁月，天夺其魄，遽尔举兵，将谓大事可以倖成，天位可以力取，固已悍然无所顾忌矣。而都御史王守仁仰仗神算，戮力擒之，遂使奸雄一旦失望，则宸濠之深仇，孰有过于守仁者？所以必加诬构，始遂其心，是犹己则为盗而指擒获之人为同盗也。臣等愚昧，伏计圣明固已洞烛其奸，必不听信。但所虑者，王守仁忘身殉国，功在社稷，而一旦为仇人所诬如此，将使英雄豪杰作戒前车，长养窚持禄之风，沮图功立事之志，国家缓急，何以使人？此臣等所以日夜思惟，深惜国体，而冒死为陛下言之。若必任罪以宸濠之言为实，臣等请以数口之家，为天下第一流赎

> 也。再照钧帖内别项事情俱行，参政严铉、佥事谢豸查勘未报，臣等在彼多方询访，官军入城之时，如贪功妄杀、图利焚掠等事，难保必无，然皆各哨领军官员故违节制之罪，且承委官员亦称前事已经太监张永等先已勘明，难再别议。若复再加锻炼，恐于国体有伤。伏望圣明裁察，幸甚![1]

齐之鸾的援救起了关键作用，但多疑的武宗还是不放心，他又派遣锦衣卫往九华山侦伺阳明动静。锦衣卫到九华山，只见阳明学金地藏在东岩宴坐澄观，虔心修道，一无反状。锦衣卫回南都报告了阳明情况，武宗不得不说：“王守仁学道人也，召之即至，安得反乎?”于是他在二十三日再下旨命阳明献俘赴南都。

阳明在二十六日受到武宗旨命，立即走出了九华山，押解囚犯北行，一直到达南都的上新河。谁知江彬、张忠这时又进谗言，阻止阳明入都见武宗，命他立即回南昌巡抚军民。原来上新河地处南京江心洲夹江之东，是明时官船往来停泊处，宸濠及一应逆党囚犯就都囚槛于上新河江上。阳明本是想通过献俘入都面见武宗，但武宗本来就不想见阳明，只是差他献俘来南都，所以阳明押解囚俘一到上新河，他的“献俘”任务已告完成，自然叫他回南昌，不让他入都面见武宗了。阳明遭谗受谤，武宗竟这样奴使阳明，招之即来，挥之即去，面对浊浪滚滚的上新河，阳明如五雷轰顶，钱德洪描述阳明这时的悲愤心境说：

> 先生赴召至上新河，为诸幸谗阻不得见。中夜默坐，见

[1] 《蓉川集·历官疏草》。按：齐之鸾七上《救王文成公疏》，此载《蓉川集》中者为一上《救王文成公疏》，其余六上《救王文成公疏》，估计因涉及并批评武宗与当时人之行事，有所顾忌，未收入《蓉川集》中。

> 水波拍岸，汩汩有声。思曰：“以一身蒙谤，死即死耳，如老亲何?”谓门人曰：“此时若有一孔可以窃父而逃，吾亦终身长往不悔矣。”江彬欲不利于先生，先生私计彬有他，即计执彬武宗前，数其图危宗社罪，以死相抵，亦稍偿天下之忿。徐得永解。其后刑部判彬有曰：“虎旅夜惊，已幸寝谋于牛首；宫车宴驾，那堪遗恨于豹房。”若代先生言之者。[1]

阳明的第二次献俘南都之行又失败了。他怀着怨愤难抑的悲情驾舟归南昌。经过铜陵时，他特地去观访了有名的铁船，作了一首“行路难”的长歌大书在船石上：

舟过铜陵野云县东小山有铁船
因往观之果见其仿佛因题石上

铜陵观铁船，录寄士洁侍御道契，见行路之难也。

青山滚滚如奔涛，铁船何处来停桡?
人间刳木宁有此? 疑是仙人之所操。
仙人一去已千载，山头日日长风号。
船头出土尚仿佛，后冈有石云船稍。
我行过此费忖度，昔人用心无乃忉?
由来风波平地恶，纵有铁船还未牢。
秦鞭驱之不能动，奡力何所施其篙?
我欲乘之访蓬岛，雷师鼓舵虹为缫。
弱流万里不胜芥，复恐驾此成徒劳。
世路难行每如此，独立斜阳首空搔。

[1]　钱德洪：《阳明先生年谱》。

阳明山人书于铜陵舟次，时正德庚辰春分，献俘还自南都。[1]

阳明借沉陷的千年"铁船"悲悼自己这次献俘南都的凶险之行，"世路难行每如此"，这首诗成了他对这次失败的献俘南都之行的总结，也预感到还会有新的世路风波袭来。

阳明约在二月一日回到南昌，果然武宗在行在留都又无端再掀波澜。原来武宗最忌阳明捉宸濠之功，所以他只命阳明押解一般的囚犯献俘南都，而暗命张永往南昌将首犯宸濠械系押解来南都。张永故意让阳明押解刘吉一班囚犯先发，他则与抚州知府陈槐押解宸濠后行，到二月六日也械系宸濠至南京上新河。陈槐后来曾透露了这一秘密：

张永（原作守仁，误）使押发宸濠诣行在，面奏目前急务，宜表死节，录遗功，宽胁从，恤民困。上嘉纳之。时槐泊舟江上，太监张永夜招槐过其舟，密语曰："上欲得内外官交通宸濠姓名，吾已得其籍，犹未上，事当若何？"槐力陈其不可，谓："史载光武烧吏人交关王郎书，使反侧子自安。近日李贤奏请内外官与曹钦通者不问。此俱圣王贤相事，上宜远法光武，公宜近学李贤，为万世所颂。若此事竟行，非但祸延天下，即公亦身为怨薮，将悔无及矣。"次日，永再招槐，执手曰："夜来思先生言，诚大爱我。"即取箧中交通书籍焚之。槐复言："群小导上欲航海观普陀。且闻圣体违和，呕血者三，此诚可寒心。太皇太后命

[1]《王阳明全集》卷二十。按：此诗今有真迹藏北京故宫博物院。

> 公扈驾，正在今日。公宜力劝上回跸，此万世勋也。”永乃危言胁江彬辈，上遂班师。[1]

但武宗对押解宸濠回来的张永很不满意，一是他将武宗最急要的朝内外官员与宸濠交通勾结的簿籍烧毁，二是他没有将作为阳明与宸濠交通勾结重要“证据”的要犯冀元亨押解到南都。所以武宗不肯就此班师回京，竟再次下旨命阳明将最后一批囚犯（包括冀元亨）押解送南都。冀元亨先在南昌被捕；后解送至南都，受酷刑；最后又械系至京师诏狱。《明史》上说：“宸濠败，张忠、许泰诬守仁与通。诘宸濠，言无有。忠等诘不已，曰：‘独尝遣冀元亨论学。’忠等大喜，搒元亨，加以炮烙，终不承，械系京师诏狱。”[2] 齐之鸾在《清理刑狱疏》中也说：“亦有未经送审，径自起解者。除将情法显然可矜可疑季（冀）元亨等九十三名题奉大行皇帝（武宗）圣旨，法司看了来说。”[3] 可见冀元亨最后也起解押往南都受刑，至闰八月班师再械系送京师诏狱（见齐之鸾《杜革冒滥疏》）。这个负责把冀元亨等最后一批囚犯送往南都的，就是阳明。而他所以急于亲解囚俘赴南都，实际真意也在入南都面见武宗陈情，为冀元亨辨诬雪冤。阳明后来在《咨六部伸理冀元亨》中说：“本职义当与之同死，几欲为之具奏伸理。”这显然就是指他解囚至南都欲申奏冀元亨之冤，而他最终没有能具奏伸理，也必然又是受到了张忠、江彬的阻抑，未能入都见到武宗。

约在三月初，阳明偕同江西参政徐琏押解冀元亨一班囚犯启程。这是他的第三次献俘南都之行。他行进到芜湖，果然江彬、

[1] 《光绪鄞县志》卷三十五《陈槐传》。
[2] 《明史》卷一百九十五《冀元亨传》。
[3] 《蓉川集・历官疏草》。

张忠又派人来阻挠他入都，命令阳明将囚犯交给他们带往南都，阳明即速回去巡抚江西。阳明要进南都见武宗为冀元亨雪冤的心愿顿成泡影，他与冀元亨的命运也更凶险莫测。无限悲愤之下，他只有再次遁入九华山，寻求精神慰藉。在九华山，他同少林来的周经和尚在东岩说法谈禅，机锋棒喝，问“安心法”，阳明赠给了他一首偈：

赠周经和尚偈

不向少林面壁，却来九华看山。
锡杖打翻龙虎，只履踏破巉岩。
这个泼皮和尚，如何容在世间？
呵呵！会得时，与你一棒；
会不得，且放在黑漆桶里偷闲。
正德庚辰三月八日，阳明山人王守仁到此。[1]

周经禅师宴坐石窦中已有三年，他同医官陶埜一起来见阳明说禅，阳明赠给了他一首诗：

送周经和尚

岩头有石人，为我下嶙峋。
足曳破履五千两，身披旧衲三十斤。
任重致远香象力，餐霜坐雪金刚身。
夜寒猛虎常温足，雨后毒龙来伴宿。
手握顽砖镜未成，舌底流泉梅渐熟。

[1]《民国九华山志》卷四。

夜来拾得过寒山，翠竹黄花好共看。
同来问我安心法，还解将心与汝安。

岩僧周经，自少林来，坐石窦中且三年。闻予至，与医官陶埜来谒。经盖有道行者，埜素精医，有方外之缘，故诗及之。[1]

阳明甚至为这个洞中岩僧作了一首诗来砥砺自己的同志：

有僧坐岩中已三年诗以励吾党

莫怪岩僧木石居，吾侪真切几人如？
经营日夜身心外，剽窃粃糠齿颊余。
俗学未堪欺老衲，昔贤取善及陶渔。
年来奔走成何事？此日斯人亦起予。[2]

三月九日是清明节，阳明在池州知府何绍正等人的陪同下又游访了齐山。他登上寄隐岩，卜居归隐之念顿生，吟了一诗：

游寄隐岩题

每逢山水地，便有卜居心。
终岁风尘里，何年沧海浔？
洞幽泉滴细，花暝石房深。
青壁留名姓，他时好共寻。[3]

[1] 顾元镜：《九华山志》卷五。按：《王阳明全集》卷二十有《无题》诗，即此《送周经和尚》诗，但无后题，疑皆钱德洪所删。
[2] 《王阳明全集》卷二十。
[3] 《齐山洞岩志》卷十五。按：此诗题在上清岩。《王阳明全集》卷二十著录有阳明此《游寄隐岩题》诗，却误题作《寄隐岩》（不知何意），竟定为阳明正德五年在南京作。

阳明在寄隐岩壁上大书一题刻石，有意透露了他这次献俘之行的秘密：

> 正德庚辰清明日，阳明山人王守仁献俘自南都还，登此。时参政徐琏、知府何绍正同行，主事林豫、周昺、评事孙甫适至，因共题名。陶埜刻。[1]

在齐山，唐人杜牧的诗引发了阳明心境的最大共鸣，他作了两首和诗大书在上清岩壁上：

春日游齐山寺用杜牧之韵二首

即看花发又花飞，空向花前叹《式微》。
自笑半生行脚过，何人未老乞身归？
江头鼓角翻春浪，云外旌旗闪落晖。
羡杀山中麋鹿伴，千金难买芰荷衣。

倦鸟投枝已乱飞，林间暝色渐霏微。
春山日暮成孤坐，游子天涯正忆归。
古洞湿云含宿雨，碧溪明月弄清辉。
桃花不管人间事，只笑山人未拂衣。[2]

在这二首诗中，阳明倾注了他对这第三次失败的献俘之行的悲恨之情，也表白了他要买芰荷衣与麋鹿为伴的归隐之心。三月中旬，阳明就怀着这样的悲情回到了南昌，但是新的打击迫害又笼罩住了他。

---

[1] 《齐山洞岩志》卷十五。
[2] 《王阳明全集》卷二十。

“归去休”
——平叛悲剧命运的结局

阳明回到南昌后，归隐心切，唯想逃归避祸。他一方面抓紧处置平叛的善后事宜，上疏请乞宽免钱粮，急救民困，上疏计处宁藩变产官银，代民上纳；另一方面不断上疏乞归省葬，投札给朝中大臣请允准放归。他在给朱节的信中谈到自己如陷“火炕”般的处境说：

> 欲投劾径去，虑恐祸出不测，益重老父之忧；不去，即心事已乱，不复可强留。神知恍恍，终日如梦寐中。省葬之乞，去秋尝已得旨，“贼平来说”。及冬底复请，而吏部至今不为一覆。岂必欲置人于死地然后已耶？仆之困苦危疑，当道计亦闻之，略不为一动心，何也？望守忠与诸公相见，为我备言此情，得早一日归，即如早出一日火坑，即受诸公更生之赐矣，至祷，至祷！宸濠叛时，尝以伪檄免江西各郡租税，以要人心。仆时亦从权宜蠲免，随为奏请，至今不得旨。今江西之民重罹兵革诛求之苦，无复生意，急赈救之，尚恐不逮，又加征科以速之，不得已复为申请。正如梦中人被锥，不能不知疼痛，聊复一呻吟耳，可如何如何！[1]

三月二十五日，阳明第三次上疏乞省葬，并致札阁臣毛纪恳允。

---

[1]　王守仁：《与朱守忠手札》三，此手札真迹藏上海博物馆。

毛纪却虚与委蛇回信说："朝廷方将丕视功载，以寻带砺之盟，圣谟弘远，天心久定，固有不待言者。执事雅德扮谦，乃置而不居，顾以私为请，恐非所宜也，亦非天下之所望于执事者也。"[1] 阳明痛呼"岂必欲置人于死地然后已耶"，其实这早已是事实。从宸濠、冀元亨押解到南都以后，武宗便把指证阳明与宸濠勾结交通、图谋反乱的希望全部押在了冀元亨案上，江彬、张忠承帝意对冀元亨刑讯逼供，动用炮烙，严刑拷打，妄图锻炼成大狱，置阳明于死地。他们迫害冀元亨是假，嫁祸阳明是真。但冀元亨坚贞不屈，宁死不吐一字诬阳明，加上齐之鸾也出来疏救阳明，明辨事实真相[2]，冀元亨案终于未炼成冤狱，祸及阳明。但武宗仍不死心，齐之鸾等大臣屡次劝武宗班师回京都，他都不听，死乞白赖在南都，等待着江彬、张忠再罗织炮制冀元亨、阳明的罪状，以便把他们一起网罗逮捕回京。

在南昌的阳明十分清楚南都动静的险恶，他不能坐以待毙。五月十五日，他借江西水灾愤上了一道《水灾自劾疏》，不胜愤懑地说："伏惟皇上轸灾恤变，别选贤能，代臣巡抚。即以臣为显戮，彰大罚于天下，臣虽陨首，亦云幸也。即不以之为显戮，削其禄秩，黜还田里，以为人臣不职之戒。"[3] 武宗不予理睬。为了避开南京方面江彬、张忠、许泰的迫害，阳明决定南下赴赣州，巡抚地方，处置赣州宸濠叛乱善后的一些棘手事情。六月上旬，他偕同巡按御史唐龙起程南下，一路感到一种跳出"火坑""死地"的精神解脱。由新淦、章口进入道教的"第十七洞天"玉笥山，他以一个虔诚的"阳明真人"游大秀宫，访云腾飙驭祠，感

[1] 《鳌峰文集》卷十八《答王阳明书》。
[2] 按：齐之鸾六上《救王文成公疏》，即在此时。
[3] 《王阳明全集》卷十三。

觉自己俨然成了崆峒山上的“广成子”，一连咏了四首道诗吐露自己的“道心”：

大秀宫次一峰韵三首

兹山堪遁迹，上应少微星。
洞里乾坤别，壶中日月明。
道心空自警，尘梦苦难醒。
方峤由来此，虚无隔九溟。

清溪曲曲转层林，始信桃源路未深。
晚树烟霏山阁静，古松雷雨石坛阴。
丹炉遗火飞残药，仙乐浮空寄绝音。
莫道山人才一到，千年陈迹此重寻。

落日下清江，怅望阁道晚。
人言玉笥更奇绝，漳口停舟路非远。
肩舆取径沿村落，心目先驰嫌足缓。
山昏欲就云储眠，疏林月色与风泉。
梦魂忽忽到真境，侵晓遁迹来洞天。
洞天非人世，予亦非世人。
当年曾此寄一迹，屈指忽复三千春。
岩头坐石剥落尽，手种松柏枯龙鳞。
三十六峰仅如旧，涧谷渐改溪流新。
空中仙乐风吹断，化为鼓角惊风尘。
风尘惨淡半天地，何当一扫还吾真?
从行诸生骇吾说，问我恐是兹山神。

君不见广成子，高卧崆峒长不死，
到今一万八千年，阳明真人亦如此。[1]

云腾飙驭祠诗

玉笥之山仙所居，下有元窟名云储。
人言此中感异梦，我亦因之梦华胥。
碧山明月夜如昼，清溪涓涓流阶除。
地灵自与精神冥，忽入清虚睹真境。
贝阙珠宫炫凡目，鸾舆鹤辂分驰骋。
金童两两吹紫霄，玉笥真人坐相并。
笑我尘寰久污浊，胡不来游凌倒景？
觉来枕席尚烟霞，乾坤何处真吾家？
醒眼相看世能几，梦中说梦空咨嗟。[2]

十八日阳明到达吉安，邹守益等一班乡贤士夫都来相见，会聚于文山祠。然后阳明偕同唐龙、李素、伍希儒、邹守益、王時一班文士往游七祖行思道场青原山，登上山顶，阳明慷慨论张忠、许泰领京边军来南昌骚扰杀戮的经过，感叹说："这一段劳苦，更胜起义师时。"青原山绵延横亘几十里，阳明看到山头黄山谷的青原山诗碑，更是感慨万千，"道心"大发，他作了一首次韵诗：

青原山次黄山谷韵

咨观历州郡，驱驰倦风埃。
名山特乘暇，林壑盘萦回。

[1]《王阳明全集》卷二十。
[2]《同治峡江县志》卷二。

云石缘攲径，夏木深层隈。
仰穷岚霏际，始睹台殿开。
衣传西竺旧，构遗唐宋材。
风松溪溜急，湍响空山哀。
妙香隐玄洞，僧屋悬穹崖。
扳衣俨龙象，陟降临纬阶。
飞泉泻灵窦，曲槛连云榱。
我来慨遗迹，胜事多湮埋。
邈矣西方教，流传遍中垓。
如何皇极化，反使吾人猜？
剥阳幸未绝，生意存枯荄。
伤心眼底事，莫负生前杯。
烟霞有本性，山水乞归骸。
崎岖羊肠坂，车轮几倾摧。
萧散麋鹿伴，涧谷终追陪。
恬愉返真淡，阒寂辞喧豗。
至乐发天籁，丝竹谢淫哇。
千古自同调，岂必时代偕？
珍重二三子，兹游非偶来。
且从山叟宿，勿受役夫催。
东峰上烟月，夜景方徘徊。[1]

在吉安，阳明真做了一件“从行诸生骇吾说”的事：他命地方有司葬了刘养正母，自己给刘养正母作了一篇祭文：

[1]《王阳明全集》卷二十。

嗟嗟！刘生子吉，母死不葬，爰及干戈；一念之差，遂至于此，呜呼哀哉！今吾葬子之母，聊以慰子之魂。盖君臣之义，虽不得私于子之身；而朋友之情，犹得以尽于子之母也。[1]

阳明与刘养正的"朋友"关系，正是江彬、张忠全力查勘锻炼的阳明与宸濠交通勾结的一条重要"罪状"，阳明在"剥阳幸未绝，生意存枯荄"的危境中却依旧给刘养正母作祭文，称"聊以慰子之魂"，这既表明了他对江彬、张忠之流的炼狱者们的轻蔑，也洗刷了自己与刘养正关系的清白。

阳明在六月下旬到达赣州，马上整顿军政，大抓操阅士卒，教练战法，命各县官兵均来赣州教场驻扎操阅。他发布了一则《行岭北道申明教场军令》：

照得本院调到宁都等县官兵机快人等，见在赣州教场住扎操阅，中间恐有不守军令，罪及无辜，应合禁约。随据副使王度呈开合行事宜，参酌相同。为此仰抄案回道，即行出给告示，张挂教场，晓谕官兵机快，各加遵守。如有违犯，事情重大者，拿送军门，依军令斩首；其事情稍轻者，该道径自究治发落。[2]

没想到就是阳明这样在赣州整顿军政、操兵教战，引起了南都江彬、张忠、许泰等权奸的恐慌，他们造谣说阳明在赣州要调动军队"清君侧"。先是许泰对江彬说："王阳明起兵，清君侧之恶。"

[1] 钱德洪：《阳明先生年谱》。
[2] 《王阳明全集》卷三十一。

江彬惊问何故，许泰说："朱泰是第一名，提督亦不免。"江彬马上派人到赣州来侦伺阳明动静，诸司也纷纷下文帖，命阳明马上回南昌，不要处凶险的用兵之地，同僚知交与门人也都来劝阳明速回省城，离开这是非危疑之地。阳明不为所动，他作了一首《啾啾吟》讽刺道：

知者不惑仁不忧，君胡戚戚眉双愁？
信步行来皆坦道，凭天判下非人谋。
用之则行舍即休，此身浩荡浮虚舟。
丈夫落落掀天地，岂顾束缚如穷囚？
千金之珠弹鸟雀，掘土何烦用镯镂？
君不见，
东家老翁防虎患，虎夜入室衔其头。
西家儿童不识虎，执竿驱虎如驱牛。
痴人惩噎遂废食，愚者畏溺先自投。
人生达命自洒落，忧谗避毁徒啾啾！[1]

当时正好来赣州问学的陈九川耳闻目睹了这谗谤危疑的一幕，他后来说：

昔武宗南巡，先生在虔，奸贼在君侧，闻有以疑谤危先生者，声息日至，诸司文帖，络绎不绝，请先生即下洪，勿处用兵之地，以坚奸人之疑。先生闻之，泰然不动。门人乘间言之，先生姑应之曰："吾将往矣。"一日，惟濬亦以问，

[1]《王阳明全集》卷二十。

> 先生曰："吾在省时，权竖如许势焰疑谤，祸在目前，吾亦帖然处之。此何足忧？吾已解兵谢事乞去，只与朋友讲学论道，教童生习礼歌诗，乌足为疑！纵有祸患，亦畏避不得。雷要打，便随他打来，何故忧惧？吾所以不轻动，亦有深虑焉尔！"又一人使一友亦告急。先生曰："此人惜哉不知学，公辈曷不与之讲学乎？"是友亦释然，谓人曰："明翁真有赤舄几几气象。"[1]

陈九川所述，是对阳明的《啾啾吟》的最好解说。

阳明并没有回南昌，他在赣州更进一步整顿军政，实施教化，用大兴社学回击了南都帝侧的权奸。他对陈九川说："吾在此与童子歌诗习礼，有何可疑？"又说："公等何不讲学。吾昔在省城，处权竖，祸在目前，吾亦帖然，纵有大变，亦避不得。吾所以不轻动者，亦有深虑焉耳。"[2] 这就是阳明对江彬、许泰的回答。陈九川说阳明在赣州"只与朋友讲学论道，教童生习礼歌诗"，就是指阳明大兴社学，教学生习礼乐歌诗。[3] 阳明从宸濠叛乱中痛感到人心的险恶堕落，世风的浇薄日下，社会动乱腐败的根源还在"人心"，所以他从整顿推广礼乐教化入手，大兴社学书院，从最基层的社学乡馆的童生教育抓起，教化人心，敦厚礼俗，这也是他一贯的文治教化之道。他先向府县发布了一则《兴举社学牌》，说：

> 看得赣州社学乡馆，教读贤否，尚多淆杂。是以诗礼之

[1] 钱德洪：《刻文录叙说》，见《王阳明全集》卷四十一。
[2] 钱德洪：《阳明先生年谱》。
[3] 按：钱德洪《阳明先生年谱》将阳明大兴社学定在正德十三年四月班师归后，乃误。

> 教，久已施行，而淳厚之俗，未见兴起。为此牌仰岭北道督同府县官吏，即将各馆教读，通行访择，务学术明正，行止端方者，乃与兹选。官府仍籍记姓名，量行支给薪米，以资勤苦；优其礼待，以示崇劝。以各童生之家，亦各通行戒饬，务在隆师重道，教训子弟，毋得因仍旧染，习为媮薄，自取愆咎。[1]

接着颁发了《社学教条》，各府县闻风而动，兴办社学。赣州府城里办起了五大社学：东为义泉书院，南为正蒙书院，西为富安书院与镇宁书院，北为龙池书院。各县社学也如雨后春笋兴起，多选行端德淳的师儒为讲读，选秀慧子弟分入书院，教之以歌诗习礼，申之以忠义孝悌。阳明亲自作了《教约》《训蒙大意》，连同自己的《传习录》一起颁发给各社学。他也亲自下到社学开导教习童生歌诗、习礼、读书。与追名逐利的官方府县学校教育不同，阳明认为，社学“惟当以孝悌忠信礼义廉耻为专务”，以歌诗习礼诵读为涵育培养之方，“诱之歌诗，以发其志意；导之习礼，以肃其威仪；讽之读书，以开其知觉”。他对社学的歌诗、习礼、读书提出了具体的三大要求：

> 凡歌诗，须要整容定气，清朗其声音，均审其节调，毋躁而急，毋荡而嚣，毋馁而慑。久则精神宣畅，心气和平矣。每学量童生多寡，分为四班，每日轮一班歌诗，其余皆就席，敛容肃听。每五日则总四班递歌于本学。每朔望，集各学会歌于书院。[2]

[1] 《王阳明全集》卷十七。
[2] 按：阳明后来由此发明“九声四气”歌法。

> 凡习礼，须要澄心肃虑，审其仪节，度其容止，毋忽而惰，毋沮而怍，毋径而野，从容而不失之迂缓，修谨而不失之拘局。久则体貌习熟，德性坚定矣。童生班次，皆如歌诗，每间一日，则轮一班习礼，其余皆就席，敛容肃观。习礼之日，免其课仿。每十日则总四班递习于本学。每朔望，则集各学会习于书院。
>
> 凡授书，不在徒多，但贵精熟。量其资禀，能二百字者，止可授以一百字。常使精神力量有余，则无厌苦之患，而有自得之美。讽诵之际，务令专心一志，口诵心惟，字字句句紬绎反复，抑扬其音节，宽虚其心意。久则义理浃洽，聪明日开矣。[1]

在社学中，阳明尤特别注重孝悌忠信的礼义教育与礼仪教习，他专门给童生制定了适用的社学仪礼，命童生们认真演习。当时来赣问学的古源李呈祥记录下了阳明制定社学仪礼教童生遵行的一幕：

> 予尝至赣，见阳明行社学之法，甚善。[2]
>
> 阳明先生在赣，立社学法，教童子晨昏行定省之礼节，约冠礼，并祀先文庙礼，令童子朔望演习之。其定祀先位次，则高祖居中面南，曾与祖位于东西两旁稍前，一面西，一面东。考位于曾东之下，稍却而后，面西。祖较曾稍下，考较祖又稍下。此与古者合祭昭穆之礼颇相似，比之《家礼》，

[1] 《传习录》卷中《教约》。
[2] 《古源山人日录》卷六上。

> 高曾祖考同为一列，且从右而至左者，尊卑失次，于心终不安矣。[1]

在阳明看来，礼乐歌诗是统一的，它们都应当求之于“心”，他认为，“元声只在你心上求”，“古人为治，先养得人心和平，然后作乐。比如在此歌诗，你的心气和平，听者自然悦怿兴起。《书》云‘诗言志’，志便是乐的本；‘歌永言’，歌便是作乐的本；‘声依永，律和声’，律只要和声，和声便是制律的本。何尝求之于外?”[2] 因此礼乐歌诗之学就是“心学”，歌诗习礼诵读都是在涵泳体认“心学”，阳明振兴社学教育具有推广理学、宣播心学的鲜明目的，他的《传习录》也成了社学诸生“口诵心惟，字字句句细绎”的“教科书”。兴国县在复书院、立社学上最能领会阳明的兴学理念，知县黄泗在《移易风俗申文》中向阳明汇报他们立社学的设想说：

> 卑职见得县治后有大乘寺遗址……欲得此地，截据其半，改建安湖书院。中为讲堂，后为退省堂，为尊经阁，以据书院之胜；东为先贤祠，祀三程，如前例，配以元公，侍之二子；西为乡贤祠，祀钟绍京等六人；东西祠之两旁，各建斋舍若干间，并移文天祥、方逢辰残碑于此为证。及于城隅中拆去淫祠基址，各立社学一所，考选能通经学、素行端谨社师各一名，并报选民间俊秀子弟，凡可进取者，悉充社学童生，冀以成学，进补邑庠；弟子员缺，仍于生儒中择其有志

[1] 《古源山人日录》卷四。
[2] 《传习录》卷下。

> 向上者，令入书院，拔其望者为之长，日事讲磨，求古圣贤成法，以淑其身。卑职且将以所闻当道传习之录（指《传习录》），条教之方（指《教约》），日相劝课于其间，使凡若俊秀者，举知瞻向周程四先生之学行，钟绍京、李朴等之德业，有所感发而兴起焉。[1]

阳明立即批文施行，称赞黄泗"修举职业，留心教化，所申事理，悉照准拟施行"。赣州各县基本上都是采取了兴国县的社学模式，文教大兴。

然而正当阳明在赣州大兴社学时，在南都的武宗与江彬、张忠、许泰又打起了新的鬼主意。因为冀元亨案没有任何进展，又找不到任何阳明与宸濠勾结、拥兵谋反的真凭实据，驻跸南京厌倦的武宗又想南游苏杭、江浙、湖湘、武当，大臣们伏宫门泣谏，武宗总算表示愿意回銮归京师。江彬、张忠、许泰一班奸党便提出"欲自献俘袭功"，张永说："不可。昔未出京，宸濠已擒，献俘北上，过玉山，渡钱塘，经人耳目，不可袭也。"但武宗却同意了他们的奏请，因为江彬、张忠、许泰是代表武宗往江西征讨捉俘的，肯定了他们的功绩也就是肯定了武宗的功绩，武宗御驾亲征立下擒捉宸濠的盖世武功也就可以名正言顺地成立。于是武宗下旨命阳明重上江西捷音疏，重定立功人员的功次册（纪功册），命令一定要把江彬、张忠、许泰、刘晖、王宪等作为朝廷的首功人员写进《重上江西捷音疏》与功次册中。在赣州的阳明不知他们包藏的祸心与阴谋，七月十七日，他上了《重上江西捷音疏》，里面着重添加了这样几句话：

[1] 《乾隆兴国县志》卷十六《明文移》。

又蒙钦差总督军门发遣太监张永前到江西查勘宸濠反叛事情，安边伯朱泰，太监张忠，左都督朱晖，各领兵亦到南京、江西征剿。续蒙钦差总督军务威武大将军总兵官后军都督府太师镇国公朱（按：即武宗）统率六师，奉天征讨，及统提督等官司礼监太监魏彬，平虏伯朱彬等，并督理粮饷兵部左侍郎等官王宪等，亦各继至南京。[1]

阳明无意间中了他们的圈套。武宗正是以他上的《重上江西捷音疏》，把张永、许泰、张忠、刘晖、魏彬、江彬、梁储、王宪全列为平宸濠乱的一等功臣，抢先赏功赐爵，窃夺了阳明平宸濠叛乱的头等功臣的资格，也压抑排斥了江西地方的首功人员（如伍文定）。至于功次册原是由谢源、伍希儒重造所上，阳明很不满意，又叫他们再造上报，但都不合武宗上意与奸党的需要，朝廷没有采用，竟另外叫同江彬狼狈为奸的王宪重造，把这班奸党都作为一等功臣写进了功次册。汪天启在《送蓉川齐公之崇德序》中揭露了他们的阴谋说：

诸将夺江西守臣功，王侍郎宪拉瑞卿（齐之鸾）造册，且言："勿违上意速祸。"瑞卿正色曰："臣子不当陷君于不义。"由是议遂不合。宪独迎上意造册以进，迟回一年，江彬、张忠每有问，辄对曰："不纪江西守臣功，而滥及诸贵，何以示天下后世？之鸾等愿褫职得重罪，此册不忍造也！"[2]

齐之鸾在《急黜文武奸邪大臣疏》中更痛斥说：

[1]《王阳明全集》卷十三。
[2]《蓉川集·历官疏草赠言》。

> 朱泰……及抵江西，术使张忠箠系伍文定，强要三司之跪。意授江彬谗害王守仁，痛抑地方之首功……前兵部侍郎、今升尚书王宪，始则纳贿于张锐，继则附势于江彬。前叨扈跸之行，惟事逢君之恶，撒网藏阉，甚渎尊卑之体，爷爷奴婢，是何礼法之称！挟势凌人，而抚臣被其气使；党恶忌功，而正议因之不伸。[1]

后来王宪正是按照自己造的荒唐的功次册，把江彬一班奸党列为一等功臣，上奏请武宗升赏：

> 整理兵粮、兵部左侍郎兼左佥都御史王宪等奏：江西之捷音，随驾太监魏彬等，内阁大学士梁储等，朱彬、张永、张忠、朱泰、朱晖，及都督朱周、朱琮、白玉、宋赟，太监于经、刘祥、朱政、王镐等，锦衣指挥张玺、张伦，都察御史王守仁……功各有差，俱宜升赏。[2]

阳明与一班出生入死的江西地方首功人员都压在最下等，甚至不列入升赏立功人员之列。可以说，从阳明重上《重上江西捷音疏》与重上功次册开始，他的作为平宸濠叛乱第一功臣的地位就被武宗及其帝侧的权奸们剥夺，抛开了阳明，武宗也就坐享其成地恬然械系宸濠一班囚犯銮驾回京了。

阳明也预感到武宗班师回京的凶险，冀元亨解押进京，投入诏狱，无异又羊入虎口，让权奸们再炼冤狱，危及自己，凶多吉少。眼下只有让朝廷六部来审理冀元亨案，或许还有一线平反的

[1]《蓉川集·历官疏草》。
[2]《明武宗实录》卷一百九十三"正德十五年十一月"条。

希望。八月，阳明便向六部上了一道《咨六部伸理冀元亨》，痛陈冀元亨无辜冤情说：

> 本职往年谪官贵州，本生曾从讲学。近来南赣，延之教子，时因宁藩宸濠潜谋不轨，虐焰日张，本职封疆连属，欲为曲突徙薪之举，则既无其由；将为发奸摘伏之图，则又无其实。偶值宸濠饰诈要名，礼贤求学，本职因使本生乘机往见宸濠，冀得因事纳规，开陈大义，沮其邪谋；如其不可劝喻，亦因得以审察动静，知其叛逆迟速之机，庶可密为御备。本生既与相见，议论大相矛盾，宸濠以本职所遣，一时虽亦含忍遣发，而毒怒不已，阴使恶党，四出访缉，欲加陷害。本生素性愿悫，初不之知，而本职风闻其说，当遣密从间道潜回常德，以避其祸。后宸濠既败，痛恨本职起兵攻剿，虽反噬之心无所不至，而天理公道所在，无因得遂其奸，乃以本生系本职素所爱厚之人，辄肆诋诬，谓与同谋，将以泄其雠愤。且本生既与同谋，则宸濠举叛之日，本生何故不与共事，却乃反回常德，聚众讲学？宸濠素所同谋之人如李士实、刘养正、王春之流，宸濠曾不一及，而独口称本生与之造始，此其挟雠妄指，盖有不待辩说，行道之人皆能知者。但当事之人，不加详察，辄尔听信，遂陷本生一至于此。本生笃事师之义，怀报国之忠，蹈不测之虎口，将以转化凶恶，潜消奸宄，论心原迹，尤当显蒙赏录。乃今身陷俘囚，妻子奴虏，家业荡尽，宗族遭殃。信奸人之口，为叛贼泄愤报雠，此本职之所为痛心刻骨，日夜冤愤不能自已者也……又恐多事纷纭之日，万一玉石不分，竟使忠邪倒置，徒以沮义士之志，而快叛

贼之心，则本职后虽继之以死，将亦无以赎其痛恨……[1]

但阳明所上咨文如石沉大海，武宗却在刘娘娘的劝说下于闰八月十二日起驾回京师。阳明听到这一消息，只有把希望寄托在了张永身上，他立即投信给费宏，请他作序送张永还朝。费宏作了《奉贺提督赞画机密军务大内相守庵张公献凯还朝序》，传达了阳明的心意。序中特地点明说：“左参政徐君琏偕其僚邢君珣、周君文光，按察使伍君文定偕其僚陈君槐、谢君豸，皆德公甚，而谋所以报之。知公志于不朽，雅好文辞，余不足以为赠也。乃专使责宏一言，欲以颂公之德之盛。已而巡抚王君伯安，又特贻书来致其拳拳之意焉……萃兹众美，有古贤臣名将之风，巡抚君及藩臬诸君之所谓感激，盖由衷而不容已。”[2] 但阳明还是低估了这一班权奸的险诈狡猾。

武宗正是在得到阳明所上的《重上江西捷音疏》与功次册后起驾北归京师的。[3] 齐之鸾说武宗在南都时已常呕血，病势不轻。武宗却依旧一路游山玩水，携带通秘术的胡僧淫乐。九月十二日到达清江，他又驾小舟到积水池钓鱼作乐，舟翻落水受寒，得了“夹阴伤寒”的绝症。阳明就是在这个时候从赣州回到了南昌，以为一班权奸瘟神已去，他可以在南昌放手整顿军政教化。不料到达通州的武宗竟在十一月六日以“通宸濠”的受贿罪逮捕

[1] 《王阳明全集》卷十七。

[2] 《费宏集》卷十四。

[3] 按：钱德洪《阳明先生年谱》云：“武宗留南都既久，群党欲自献俘袭功。张永曰：‘不可。昔未出京，宸濠已擒，献俘北上，过玉山，渡钱塘，经人耳目，不可袭也。’于是以大将军钧帖令重上捷音。先生乃节略前奏，入诸人名于疏内，再上之。始议北旋。”又《国榷》卷五十一：“（正德十五年闰八月）癸巳，受江西俘，令王守仁重奏捷，叙及亲征所遣张忠、朱晖等功。丁酉，上旋跸，发龙江。”这里所叙“王守仁重奏捷”，应是指阳明所上《重上江西捷音疏》到南京时。

了阳明门人、监察御史张鳌山，投入锦衣狱。实际真正的原因是张鳌山当年弹劾“八虎”时得罪了张永、张忠，二张便诬告他与宸濠私通；后来张鳌山又屡次上书请择储贰，立太子，“请择亲序近而贤者纳之宫中，以消奸雄觊觎”[1]，大大触犯了帝忌，也威胁到了阳明。在南昌的阳明与邹守益、王思都上奏以辞爵赏论救，愿意献功爵以赎张鳌山之死，武宗均不允准。

武宗急忙在通州赐宸濠死后，在十二月十日总算进入京师，结束了长达四个月的班师回程，开始了对冤狱受害人新一轮的迫害。冀元亨首先被投入锦衣狱，毒刑拷打，矛头还是对准阳明。蒋信在《乡进士冀暗斋先生元亨墓表》中说：“初权奸江彬辈欲重祸于阳明子，鞫问之朝，箠楚备至。先生曰：‘元亨方弱冠时，已愿为忠臣孝子，今不能为义徒乎？’”阳明在南昌终日生活在惶恐不安之中。正德十六年的正月新春降临，阳明已是五十岁的人，他作了一首《归怀》无限悲愤地吟道：

> 行年忽五十，顿觉毛发改。
> 四十九年非，童心独犹在。
> 世故渐改涉，遇坎稍无馁。
> 每当快意事，退然思辱殆。
> 倾否作圣功，物睹岂不快？
> 奈何桑梓怀，衰白倚门待！[2]

这时困处在南昌的阳明，也只有弃官归居一路可走。所以他写给在京的御史谢源，恳求他促成归省，雪冀元亨冤：

---

[1] 详见《罗洪先集》卷二十二《明故文林郎监察御史致仕石磐张君墓志铭》。
[2] 《王阳明全集》卷二十。

> 别久，益想念。京师凡百，得士洁在，今汝真（伍希儒）又往，区区心事当能一白矣。老父衰病日深，赏功后得遂归省，即所谓骑鹤扬州矣！诸老处，望为一一致恳。冀生事，闻极蒙留意，甚感，甚感！今汝在，复遭此，不识诸君何以解之？此间凡百，王金略能道。适牙痛，临楮不能一一。守仁拜手，士洁侍御道契文侍。[1]

朝廷依旧不予理睬。武宗更热衷于升赏提拔那班"立首功"的权奸宠臣，在正月，他升王宪为兵部尚书，提督团营。升李充嗣为工部尚书，兼管水利。三月，他又命太监张忠，安边伯许泰，平虏伯江彬，都督朱洪、朱晖、朱周、朱琮俱提督团营，拓建团营教场。直到三月十四日武宗暴毙于豹房，他一生荒唐的倒行逆施才终于戛然结束，阳明的命运出现了一线转机。原来武宗早就因豹房秘术淫乐得了不治之症，这次在积水池钓鱼落水，淫病已不可救药，在归京师的路上经常呕血倒地。但他依旧带病御女狂淫。除刘娘娘外，有一名妖女王满堂，嫁给会法术的妖道段铱，两人谋逆造反，改伪号"大顺"。夫妻二妖很快被捕，王满堂被打入浣衣局。武宗却淫心大发，连夜召王满堂侍豹房，抱病御女，顿时暴毙。[2]

人有旦夕祸福，暴君武宗的驾崩，总算破除了岌岌危殆的混乱朝政的死局，笼罩在阳明心头的巨大梦魇顿除，悬挂在他头顶

---

[1] 王守仁：《与谢士洁书》二，此书真迹今藏温州博物馆。

[2] 按：《国榷》卷五十一："（正德十六年二月）霸州王氏女满堂，以色选入内，罢归，耻不欲嫁。俄梦赵万兴为贵匹，道士段铱挟妖术，诡为万兴得婚，出妖书煽惑。寻携满堂逃峄县谋逆，伪号改元'大顺'。已捕诛，中旨入满堂浣衣局。寻侍豹房。及上晏驾，始出。"抱病召幸王满堂御女，是武宗豹房暴毙的直接原因，史书皆讳言。

的“达摩克利斯之剑”终于跌落尘埃。四月二十二日，大臣们早已选定好的“贤太子”兴献王长子朱厚熜即位为帝，大赦天下。为了显示新帝更化的升平气象，世宗完全一反武宗之道而行，首先平反冤狱，升赏平宸濠叛乱的立功人员。二十四日，冀元亨冤白释放出狱（五日后即卒）。二十五日，褒录阳明平南、赣之乱战功，荫子王正宪为锦衣副千户。二十六日，齐之鸾接连上《赏功抑倖疏》《杜革冒滥疏》，奏请朝廷议处阳明等人平宸濠功次升赏事宜。新帝上任三把火的世宗却比这班大臣走得还要更远，他不允准阳明归居，先在五月下旨召阳明入朝，要论功行赏，说：“王守仁擒斩乱贼，平定地方，朕莅政之初，方将论功行赏，所请不允。其敕守仁亟来京。”[1] 接着在六月世宗又改了口，下旨命阳明奉诏急速驰驿来京，入朝重用，说：“以尔昔能剿平乱贼，安靖地方，朝廷新政之初，特兹召用。敕至，尔可驰驿来京，毋或稽迟！”[2] 这几近十万火急的召阳明进京入朝“畀以大政”的诏命，却吓坏了在朝的内阁大臣，厄运又降落到阳明头上。

原来世宗登帝位后，虽然惩处清洗了江彬、张忠、许泰、魏彬、刘晖、朱洪、朱周一班麇集在武宗帝侧的奸佞，所有当初劝谏武宗巡游被贬的官员全部复职起用，但是从武宗朝过来的阁臣与受宠大官仍占居要位，他们妒嫉阳明平定宸濠的大功，更忌阳明此时入朝入阁，夺了他们养尊处优的阁老饭碗。首辅杨廷和与阳明本来就政事不和，是一个最忌阳明这时入朝抢了他的阁老风头的人物。阁臣梁储以莫须有的平叛首功受到奖赏，王宪、李充嗣也以莫须有的平叛首功升了尚书高位，眼睛已经

---

[1] 《明世宗实录》卷二“正德十六年五月”条。
[2] 《王阳明全集》卷十三《乞便道归省疏》。

盯上了阁老的肥缺，对阳明的入朝更心存畏惧。还有一班旧朝的大臣和一些得到升赏的在朝官员（如祝续、章纶、许孟和之流），向来从心底仍坚持认为阳明有与宸濠勾结私通之罪，不为阳明辨白，尤不欢迎阳明入朝重用。更还有一些功高受封大臣像费宏、乔宇等，他们自认为在平宸濠叛乱中立了比阳明还大的功，也做起了当阁老的梦，他们得到私交相好朝臣的举荐，抢在阳明之前就已入朝入阁。四月，世宗召费宏进京，入阁。五月，世宗又召乔宇进太子太保，袁宗皋也进礼部尚书，入阁。他们为保自己权位，也都是暗中极力阻挡阳明入朝入阁的两面人物。实际朝中要位都已给他们占满，到世宗六月急召阳明入朝，朝廷也实在拿不出什么像样的官位可给阳明，世宗不过给他吃了个"空心汤团"。

阳明对这一切都心中有数，还是决意归居。他把自己比作是一个任人宰割杀戮的"埘下鸡"，一个渴望自由飞向云天的"笼中鹤"。当广东右布政使邵蕡致仕，归经南昌来拜访他时，阳明作了一首送别诗，痛苦地吟道：

送邵文实方伯致仕

君不见埘下鸡，引类呼群啄且啼，
稻粱已足脂渐肥，毛羽脱落充庖厨。
又不见笼中鹤，敛翼垂头困牢落，
笼开一旦入层云，万里翱翔从廖廓。
人生山水须认真，胡为利禄缠其身？
高车驷马尽桎梏，云台麟阁皆埃尘。
鸱夷抱恨浮江水，何似乘舟逃海滨？
舜水龙山予旧宅，让公且作烟霞伯。

拂衣便拟逐公回，为予先扫峰头石。[1]

阳明不愿做“笼中鹤”，当世宗的召命下到时，他在给王邦相的信中说了真话：

此等事如浮云粪土，岂至今日反动其心？凡百付之公论，听命于天而已，不必更有所希望也。至于人有望于我，而我报之者，此自是忠厚之道，但在今日便涉干求，断不可行耳。冀生事却望极力与之扶持，非独区区师友之义有不容已，亦天理人心所在，行路之人皆知为之不平，况在邦相亦尝与之相识者乎？……余情宗海想亦自有书，冗次不一一。阳明山人拜手邦相宗弟契家。省亲本若有旨，须遣人作急回报，恐前赏奏人或在路延迟耳。[2]

这时林俊也起用为工部尚书，他并未赴召，但有信给阳明，勉劝阳明赴任说：

适闻召命北上。天子仁圣，群贤和会，诸老之弼亮不孤，泰平召致今日矣。惟白岩未至旧都，犹居洛也。纲纪之地，治体风化所关，略细瑕，崇大体，第一义也。言路开矣，高取难，烦取厌，则开者恐塞；幸门塞矣，短取媒，隙取伺，则塞者且开。今日可幸也，亦可虑也。然此时士风亦须一还，服用之侈，威福之过，送迎之盛，巡守不时历，诸司不治事，官习于邪，吏肆其奸，学校廉耻道丧，杂流朋党风兴，不副

[1] 《王阳明全集》卷二十。
[2] 王守仁：《与邦相书》，此札真迹今藏山东省青岛市博物馆。

人意，其不尽指也。夫有德义以正其身，礼义以正其俗，我者皆正，则群小自帖，是谓不威之威。世道之责，非执事诸老，谁耶？不具。[1]

阳明似乎给林俊说动了心，他再次写信给林俊咨询"趋召"事宜。林俊回信更勉劝他赴召说：

辱书惠，兼承趋召之教。圣明在位，可谓千载一时矣。缀皋、夔以赞唐、虞之治，少知用世者身先之，某敢后乎哉！桑榆景暮，班行无更七十之老，石老一二外，无更相识之人，精力久衰，经济素乏，何以副上知，塞人责哉！乡康懿公六十九，翁司徒公六十八，某径速其归，在惠安公六十四时也。尽人固尽己哉！近传执事以左辖召，虚殊爵以须后封，高奇之绩，乃今显白，载诏书，播华夷，而传之来世，掀揭柄人何在哉？公固天所与也。幸颛其行，副侧席治道至意。[2]

阳明最终决定赴召，还是席书起了关键作用，他写信给阳明勉劝说：

……天子隆兴，书初拟之汉文帝，近又思之，盖三代以还所未有者。天启不世出之君，必有不世出之臣，今上应期而出，执事应期而起，明良千载，不在今日乎！书愿执事此行，以伊、傅事业为己任，以尧、舜君民为可期，无负一代昌期可也……太老先生处（王华）不敢具书。趋庭月余，尚

[1]《见素集》卷二十三《寄阳明》。
[2]《见素集》卷二十三《复阳明》。

> 当早赴天陛，以慰天子思贤之望。东望会稽，不胜仰止之至！[1]

席书把登极的世宗捧为“天启不世出之君”，打动了阳明。阳明有心赴召，这固然是出于帝命难违，但另一方面也是新帝世宗的真面目还没有暴露，臣民上下都以为他真的是一个不同于昏君武宗的仁圣天子，一个“天子仁圣，群贤和会”的时代已经到来，世宗真的要行治道，任正臣，爱黎元，对阳明真的要“虚殊爵以须后封，高寄之绩”，把他当作当代“皋、夔”以副“侧席治道”之用了。这是“天所赐与”的机会，虚幻的假相也一时激起了困处南昌的阳明的用世之心，他终于决定趋召入京了。

六月二十日，阳明应召起程北上赴京。唐龙把他这次的赴召说成是“大畀以政”的还朝之行，作了《送阳明先生还朝序》歌颂说：

> 正德丙子，中丞阳明先生领节钺，镇虔州路。虔居江之上流，兵尤善斗。先生乃蒐乘阅卒，部勒俟焉。己卯之六月十四日，濠戕杀守臣，浮江济师，攻诸郡邑，以袭留都。会先生舟趣闽，濠遣巨筏邀之。距百里，先生闻变，亟驰吉州，告于众曰：“人臣出境，有安社稷者，专之可也。予兹往讨贼。”遂檄布濠之罪于四境，下令督诸郡县，征兵以从。既吉州、虔州、袁州、临江诸路兵咸集，先生誓之曰：“日濠所荼毒，非尔父兄，即尔子弟，亟执尔仇，而后朝食。”众曰：“惟命。”七月十九日，克豫章城，捣濠巢穴。民稽首再拜

[1] 《元山文选》卷五《与王阳明书》四。

> 曰："非公，濠逞不已，民胥乱矣。"越六日，执濠于江，悉俘其党。民稽首再拜曰："非公，濠复来，民胥死矣。"夫濠轻用磔人之躯，沉人之族，积威深矣。况拥众数万，凭恃江湖，故反之日，远迩震恐。先生声义致讨，首婴其锋，止暴戢乱，保大定功；而克镇抚其社稷，曰社稷之臣，先生其庶几乎！天子即位，嘉乃丕绩，玺书召还，将大畀以政。龙乃次其功，俾史氏采焉。[1]

从唐龙的序中可以清楚看到，阳明这次是以平定宸濠叛乱的大功赴召还朝重用，并不是进京论功行赏；从唐龙把他比之为"傅说"一样的"保大定功"的"社稷之臣"，玺书召还将"大畀以政"来看，也显然应是指世宗有意要召阳明还朝为辅弼新帝的阁臣。所以连这时移疾居南昌的严嵩也作诗送阳明说：

送王中丞赴召前在豫章有平难之绩

绣斧清霜避，楼船绿水开。
风云千历会，麟凤众贤来。
投老仍严召，当途赖上才。
向来筹策地，投檄净烽埃。[2]

阳明却头脑十分清醒，他并不认为自己是"傅说"，更不认为自己入朝会当什么"阁老"。他七月五日到达广信，给唐龙写了一封信回答说：

---

[1]《唐渔石集》卷二。
[2]《钤山堂集》卷七。

> 相与两年，情日益厚，意日益真，此皆彼此所心喻，不以言谢者。别后又承雄文追送，称许过情，末又重以傅说之事，所拟益非其伦，感怍何既！虽然，故人之赐也，敢不拜受！果如是，非独进以有为，将退而隐于岩穴之下，要亦不失其为贤也已，敢不拜赐！[1]

阳明做好了归隐讲道的准备。事情果如他所料，当他在七月下旬到达钱塘时，朝中辅臣们早已经联合行动起来阻挡阳明入朝了，首辅杨廷和暗中讽使科道官上言说："朝廷新政，武宗国丧，资费浩繁，不宜行宴赏之事。"于是朝廷急速派人到钱塘，告诉阳明说朝廷已命他任南京兵部尚书，参赞机务，立即回南昌，不必入京。朝命的这一搪塞之词是十分荒唐的，阳明是应召还朝重用，不是来庆功行赏的，如何扯到什么"不宜行宴赏之事"？当时众多官员都纷纷起复入朝，连费宏也在这时还朝入阁，袁宗皋升礼部尚书入阁，对他们怎么不说"资费浩繁，不宜行宴赏之事"？后来杨一清当面向世宗揭露了杨廷和的阴谋说：

> 是时，朝命未卜，独先勤王，武宗亲征至保定，而捷报已至矣。论功行赏，封拜实宜。杨廷和忌其功高名高，不令入朝，乃升南京兵部尚书。[2]

---

[1] 王守仁：《与唐虞佐侍御》，见《上海图书馆藏明清名家手稿》。

[2] 《杨一清集·密论录》卷五《论王守仁为人如何奏对》。按：霍韬《地方疏》云："当时大学士杨廷和、尚书乔宇，亦忌王守仁之功，遂不与辨白，而黜伍希儒、谢源，俾落仕籍。"又《明史》本传亦云："世宗深知之，甫即位，趋召入朝受封。而大学士杨廷和与王琼不相能。守仁前后平贼，率归功琼，廷和不喜。大臣亦多忌其功。会有言国哀未毕，不宜举宴行赏者，因拜守仁南京兵部尚书。守仁不赴。"这里所说"大臣"，即指费宏、王宪、乔宇之流。

其实阻挡阳明还朝入阁是全体阁臣的阴谋，不过由杨廷和主谋而已。[1] 正是堂堂阁老们暗地封杀了阳明入朝入阁的进路，阳明心里洞若观火，看穿了世宗朝廷的可怕又可憎的真面目，他的在武宗朝的悲剧命运又要延续到世宗朝继演了，愤怒使他的致仕归居的态度坚决起来。朝廷在七月二十八日升阳明为南京兵部尚书，阳明在八月上旬领受到任南京兵部尚书敕文，他既不赴南京任，也不回南昌，而是就地在钱塘先在八月十四日上了一道《乞致仕疏》，乞请致仕归居；朝廷不允，阳明又在八月十七日在钱塘再上了一道《乞便道归省疏》，乞请便道归省，说："臣取道钱塘，迂程乡土止有一日。此在亲交之厚，将不能已于情，而况父子天性之爱，重以连年苦切之思乎？……故臣敢冒罪以请。伏望皇上以孝为治，范围曲成。"[2] 阳明乞请便道归省，实际也就是乞请致仕归居，这就是他说的"虽以暂归为请，实有终焉之念"。心怀鬼胎的朝中阁臣自然心中有数，正巴不得阳明自乞归居而去，所以朝廷竟很快允准阳明便道归省了。

阳明在八月底回到了绍兴故居。他在江西风尘仆仆讨乱平叛五年，在刀丛剑林中踏出了一条战场生死出入浮沉、替皇家天子卖命拼杀的血路，最终落得一个凄凄归休林下的结局。他心里很清楚，这次归省实际就是归休，从此世宗不会再请他入朝了，他胸中反而升起一种像陶渊明跳出官场旋涡、归居田园

---

[1] 按：钱德洪《阳明先生年谱》云："先生即于是月二十日起程，道由钱塘。辅臣阻之。""辅臣"即指全体阁臣。

[2] 《王阳明全集》卷十三。按：《明世宗实录》卷五："正德十六年八月癸巳，巡抚江西右副都御史、升南京兵部尚书王守仁疏乞致仕，优诏不允，促赴新任。八月丙申，先任巡抚江西右副都御史王守仁，疏乞便道归省，许之。"可见阳明实上了两次疏：一在八月十四日上了《乞致仕疏》（此疏今佚），乞请致仕归居；二在八月十七日上了《乞便道归省疏》，乞请便道归省。钱德洪将此两次不同乞请相混。

的解脱愉悦。他吟哦了二首诗，从心底发出了“归去休”的长啸呼喊：

归兴二首

百战归来白发新，青山从此作闲人。
峰攒尚忆冲蛮阵，云起犹疑见虏尘。
岛屿微茫沧海暮，桃花烂漫武陵春。
而今始信还丹诀，却笑当年识未真。

归去休来归去休，千貂不换一羊裘。
青山待我长为主，白发从他自满头。
种果移花新事业，茂林修竹旧风流。
多情最爱沧洲伴，日日相呼理钓舟。[1]

[1]《王阳明全集》卷二十。

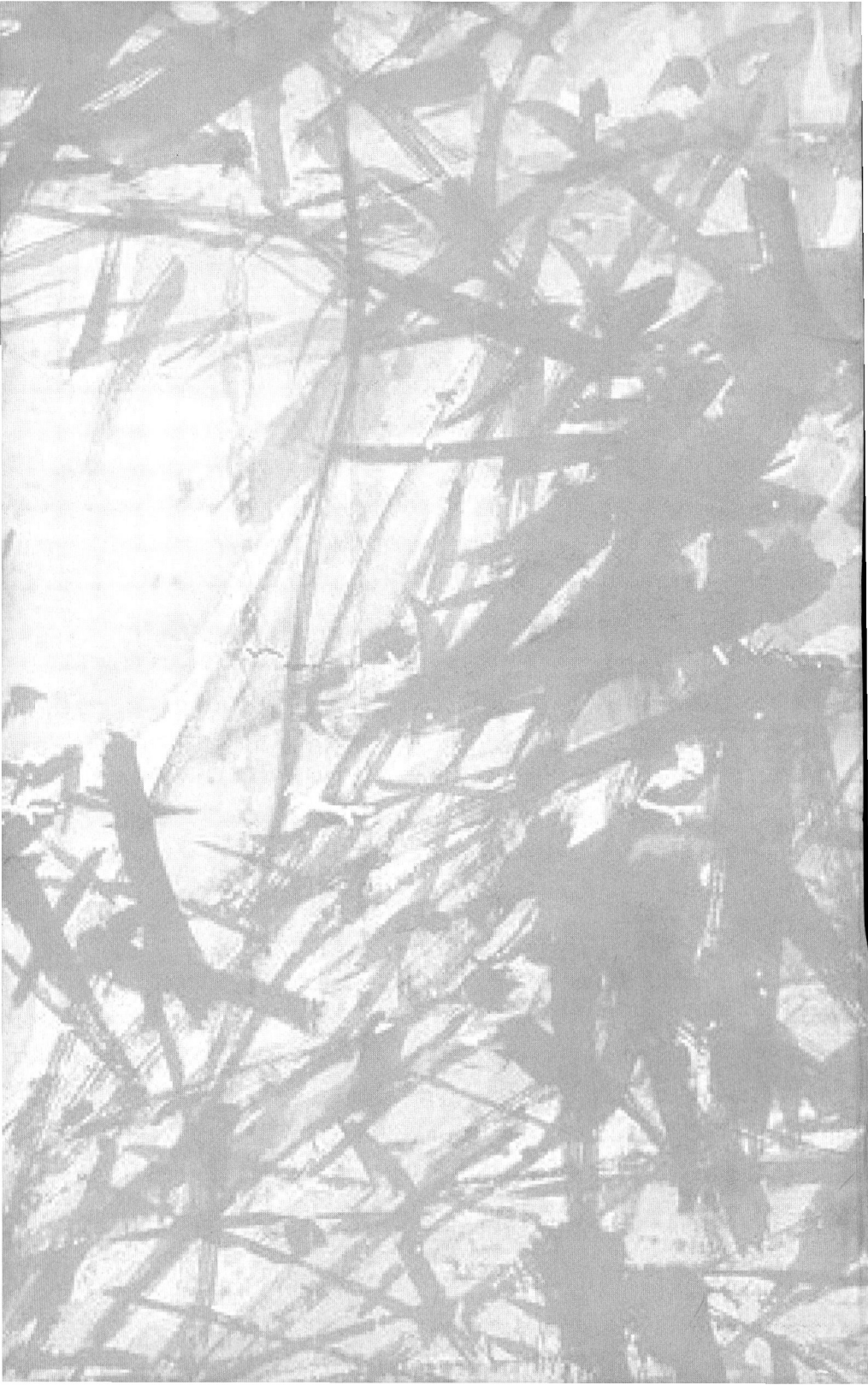